Gerhard Herm · Die Diadochen

Gerhard Herm
Die Diadochen

Alexanders Erben kämpfen um die Weltherrschaft

C. Bertelsmann Verlag

Für meinen Vater

©1978 C. Bertelsmann Verlag GmbH München
Gesamtherstellung Mohndruck Reinhard Mohn GmbH, Gütersloh
ISBN 3-570-00434-1. Printed in Germany

INHALT

1
Von den Bergen des Balkans nach Babylon 7
Die Pläne des Vaters 9
Die Taten des Sohnes 23

2
Auftritt der Diadochen 37
Der Grieche, der keine Chance hatte 39
Der Makedone, der ein Reich verspielte 51

3
Aus Generalen wurden Könige 69
Sie schufen eine neue Welt 72
Sie scheiterten an den Frauen 85

4
Götter, Propheten und Philosophen 95
Im Zeichen des Dionysos 97
Im Namen der Pflicht 116

5
Ein Kampf um Makedonien 129
Der Philosophenkönig 131
Der Abenteurer aus Epiros 142

6
Der Versuch, die Welt in Ordnung zu bringen 159
Utopie und Wirklichkeit 161
Revolution und Verrat 179

7
Vor und hinter den marmornen Kulissen 191
Die Stadt der Dichter und Gelehrten 193
Die Stadt der entfesselten Statuen 218

8
So lebten und so dachten sie 233
An den Ufern des Latmos 235
Im Schatten des Aristoteles 254

9
Zwischen Himalaya und Berg Zion 273
Griechen in Buddhas Land 276
Juden in Alexanders Welt 292

10
Die Senatoren und die Könige 307
Der Sieg der Legionen 309
Die Macht des Kapitals 330

11
Ein glorreicher Untergang 347
Der Tod des Dionysos 349
Der Roman einer Dynastie 371

Alexanders letzte Erbin 387

Literaturverzeichnis 395

Register 397

KAPITEL 1

VON DEN BERGEN
DES BALKANS
NACH BABYLON

»›Ach, ich habe wesentlich gefehlt ‹— Dieses reuevolle Wort hatte der bewanderte Engel noch aus keines Griechen Munde gehört. So fühlte er: dieser war reif. Und er verhieß ihm, sicherer als das erstemal: ›Du wirst wiederkommen in anderer Erscheinung.‹ Alexander darauf, wißbegierig wie als Knabe im Brunnenhain: ›Um das Reich aufzurichten, mein Engel? Um das Reich aufzurichten?‹«

KLAUS MANN
Alexander, Roman der Utopie

»Unzählige Stämme hatte Alexander unterworfen; bevor er noch ein Mann geworden war, starb er, durch Trunk und Unmäßigkeit dahingerafft. Er watete durch Blut und versklavte ganze Länder und Städte. Das Schicksal verdarb ihn jung, ohne Kinder und Nachkommen in der feindlichen Fremde, damit das Menschengeschlecht nicht zu lange geschändet werde; sein Reich zerfiel.«

EUSEBIUS PAMPHILI
Vita Constantini

ZEITTAFEL

Nach 700 v. Chr.:	Beginn der makedonischen Expansion auf dem Balkan.
476 v. Chr.:	Alexander I. wird zu den Olympischen Spielen zugelassen.
414–399 v. Chr.:	Regierungszeit des Archelaos. Gründung von Pella.
359 v. Chr.:	Regierungsantritt Philipps II.
357 v. Chr.:	Philipp erobert die Chalkidike. Isokrates beginnt mit der Entwicklung seiner nationalen Utopie.
352 v. Chr.:	Philipp gewinnt Thessalien.
351 v. Chr.:	Demosthenes veröffentlicht seine erste Philippika.
349/48 v. Chr.:	Philipp zerstört Olynth.
346 v. Chr.:	Philipp schlägt die Phoker und wird in die Delphische Amphiktyonie aufgenommen.
343–342 v. Chr.:	Philipp erobert Thrakien.
338 v. Chr.:	Die Makedonen siegen bei Chaironeia. Isokrates begeht Selbstmord.
337 v. Chr.:	Gründung des Korinthischen Bundes.
336 v. Chr.:	Ermordung Philipps. Regierungsantritt Alexanders III.
334 v. Chr.:	Eröffnung des panhellenischen Rachefeldzugs gegen Persien. Schlacht am Granikos.
333 v. Chr.:	Schlacht bei Issos.
332–331 v. Chr.:	Besetzung der Ostküste des Mittelmeers einschließlich dem Hinterland (Syrien, Babylonien, Phönizien, Judäa). Unterwerfung Ägyptens. Gründung von Alexandria. Besuch Alexanders in Siwah.
331 v. Chr.:	Schlacht bei Gaugamela.
330 v. Chr.:	Zerstörung von Persepolis. Beendigung des panhellenischen Rachefeldzugs. Hinrichtung des Philotas. Ermordung Parmenions.
328 v. Chr.:	Alexander heiratet die sogdianische (afghanische) Fürstentochter Roxane, führt das persische Hofzeremoniell ein, tötet den Kleitos.
327 v. Chr.:	Pagenverschwörung. Verurteilung des Kallisthenes.
326 v. Chr.:	Meuterei am Hyphasis. Rückmarsch des Heeres aus Indien.
324 v. Chr.:	Massenhochzeit zu Susa. Entlassung der Veteranen und Versöhnungsbankett in Opis.
323 v. Chr.:	Am 12. Juni stirbt Alexander.

DIE PLÄNE DES VATERS

Eine Falle, gestellt von Mördern?

Wenn es ein Mord war, dann muß er in der Nacht vom neunundzwanzigsten auf den dreißigsten Mai des Jahres 323 v. Chr. begangen worden sein.
Alexander III. von Makedonien, später »der Große« genannt, residierte damals in Babylon. Er war zweiunddreißig Jahre alt, Herr über ein Imperium, das von der Adria bis zum Indus und vom unteren Nil bis zum Schwarzen Meer reichte, ein ausgedörrter Veteran seines eigenen elfjährigen Feldzugs, innerlich einsam, ruheloser denn je.
Von der Euphratmündung aus wollte er als nächstes die arabische Küste des Persischen Golfs kolonisieren, danach – aber das mutmaßten nur seine Offiziere – entweder nach Äthiopien vorstoßen oder Karthago erobern. Wie er alle diese Anstrengungen seinem von Verwundungen gezeichneten Körper abringen wollte, dürften freilich nicht einmal die ihn umgebenden Ärzte gewußt haben.
Schon jetzt war er nach jedem Jagdausflug völlig erschöpft und mußte nach jedem Zechgelage bis zu sechsunddreißig Stunden schlafen, ehe er wieder seinen Regierungsgeschäften nachgehen konnte. Trotzdem ließ er sich weder zur Erholung noch zur Mäßigung zwingen.
Auch am Abend dieses neunundzwanzigsten Mai begab er sich zu einem Saufgelage. Es fand im Quartier seines alten Kampfgenossen, des Thessaliers Medeios, statt.
Über das, was dort geschehen sein soll, gibt es drei voneinander abweichende Berichte. Dem einen zufolge, er stammt aus der Feder seines Zeitgenossen Ephippos, trank Alexander bis zur Bewußtlosigkeit, mußte nach Hause getragen werden und erlitt dort einen Fieberanfall, dem er wenig später erliegen sollte.
Einer zweiten Quelle dagegen, den nur auszugsweise erhaltenen *Königlichen Tagebüchern*, ist zu entnehmen, daß er sich keineswegs völlig betrunken, sondern das Haus des Medeios wieder auf eigenen Füßen verlassen habe.
Die (anonymen) Verfasser eines dritten Dokuments aber behaupten, das bewußte Gelage sei nichts anderes gewesen als eine Falle, gestellt von Mördern. Sie wissen noch mehr.
Im Gegensatz zu den beiden vorher erwähnten Berichten nennt der ihre auch noch die Namen der Gäste, die außer dem Thessalier mit am Trinktisch saßen. Da ist von Perdikkas die Rede, dem obersten Beamten des Reiches, von Lysimachos und Ptolemaios, zwei hohen Offizieren; von Kassander, dem Sohn des in Makedonien residierenden Statthalters Antipater, der eben aus Pella eingetroffen war; von Eumenes,

dem Chef der königlichen Kanzlei, von Admiral Nearchos, von einem
Arzt namens Philippos, und endlich von Iollas, der Kassanders Bruder
und Alexanders Mundschenk war.
Warum gerade jene neun sich, neben elf anderen, bei Medeios getroffen hatten, bleibt in dem Bericht unerwähnt, doch kann man durchaus vermuten, die Einladungsliste sei mit berechnender Sorgfalt zusammengestellt worden. Alexander konnte sich unter Freunden wähnen.
Nur zweien der Genannten ließe sich unterstellen, daß sie ihm grollten, den beiden Antipater-Söhnen. Ihr Vater hatte den Befehl erhalten, von seinem Sitz in Makedonien nach Babylon zu kommen, vorgeblich, um Ersatztruppen heranzuführen, in Wirklichkeit jedoch, weil er sich mit Olympias, der Mutter des Königs, nicht vertrug und deshalb seines hohen Postens enthoben werden sollte. Für Kassander und Iollas mag dies ein Grund gewesen sein, um ihre eigenen Stellungen zu fürchten. Die übrigen sieben dagegen haben zunächst einmal Anspruch darauf, als Alexanders treue Gefolgsleute zu gelten. Alles, was sie hatten und darstellten, verdankten sie ihm. Ohne seine Hilfe wären sie niemals von kleinen Landadeligen oder mäßig bezahlten Hofbeamten zu Herrn über Heer, Provinzen und Millionenvermögen aufgestiegen, weshalb ihnen eigentlich nichts hätte unwillkommener sein dürfen als der Tod des Mannes, der sie gemacht hatte und der sie hielt.
Doch ist nicht einmal das völlig sicher. Die in Babylon versammelte Elite des Alexanderreichs verkörperte keineswegs nur dessen Macht, sondern auch seine innere Unstabilität.

Raum voll Zukunft und Abenteuer

Natürlich wurde griechisch gesprochen am Tisch des Medeios, wenn auch mit unterschiedlicher Gewandtheit. Alexander dürfte, dank hervorragender Lehrer, die Sprache formvollendet beherrscht haben, ebenso Eumenes, Nearchos und Philippos. Aber schon von dem Gastgeber kann man vermuten, er habe seinen schwerfälligen thessalischen Heimatdialekt benutzt, und mit den Makedonen am Tisch mag es ähnlich gewesen sein. Ob Perdikkas und Ptolemaios, Lysimachos und die Antipater-Söhne das hellenische Theta (es wird wie das stimmlose englische th gesprochen) richtig herausbrachten, ob sie mit dem Phi (ph) und dem Chi (ch) einigermaßen fertig wurden, ist nicht bekannt. Durchaus möglich, daß sie, wie die meisten ihrer Landsleute, statt dessen einfach d, b und g sagten, aus Athena etwa eine Adena machend, aus Philomela, der Nachtigall, eine Bilomela – vorausgesetzt natürlich, sie berührten überhaupt solch poetische Themen.
In jedem Fall markierten diese unterschiedlichen Sprechgewohnheiten jedoch eine der feinen Nähte, welche erkennen ließen, daß die zum

Trunk versammelten Männer durchaus keine homogene Gruppe bildeten. Nicht nur aus Vertretern verschiedener Stämme und Völkerschaften setzte sie sich zusammen, sondern auch aus Repräsentanten einzelner historischer Entwicklungsstufen.

Perdikkas etwa, das dürfte der älteste unter ihnen gewesen sein, hatte noch eine Zeit erlebt, in der Makedonien als kleiner, unbedeutender Balkanstaat angesehen und seine Bewohner in Athen, Theben oder Korinth keineswegs für vollgültige Hellenen gehalten worden waren. Wie es aber dazu hatte kommen können, daß diese Halbbarbaren nun plötzlich die, nach damaligen Vorstellungen, halbe Welt beherrschten, haben die Südhellenen vielleicht gar nie richtig begriffen. Der »Makednon Ethnos«, der Makedonenstamm, war ihnen jahrhundertelang kaum eine ernsthafte Untersuchung wert gewesen.

Sie wußten, daß er ursprünglich jenes Gebiet bewohnte, in dem heute Jugoslawien, Griechenland und Bulgarien zusammenstoßen. Sie hatten vielleicht gehört oder gelesen, daß seine Stammeshäuptlinge ihre Gefolgsleute noch regierten, wie es auch bei ihnen in alten, homerischen Zeiten üblich gewesen war – abends saßen sie beim Wein zusammen, Hunde unterm Tisch, an den Kleidern das Blut der erlegten Bären, Füchse oder Fasanen, und die Rauchschwalben schossen haarscharf über ihre Köpfe hinweg. Und sicherlich war ihnen zu Ohren gekommen, daß die Makedonen sich etwa ab dem siebenten vorchristlichen Jahrhundert langsam und wie von einem Instinkt getrieben in Richtung auf die Nordägäis vorzuschieben begannen. Daß sich aber eine ihrer ersten, damals gegründeten Städte schon so ausnahm wie ein Programm für die weitere Zukunft, hat man in Athen und anderswo sicherlich nicht erkannt. Dennoch war es so.

Edessa lag inmitten einer üppigen Gartenlandschaft. Aus rötlicher Erde wuchsen Weizen und Wildobst, gelb-weiß-blaue Frühlingswiesen schäumten, Wasserfälle rauschten zu Tal, von einer breiten Felskanzel – heute ragen dort die zerfallenen Türkenhäuser und die Hotels des modernen Edessa empor – erschloß sich der Blick auf ein weites, fast kreisrundes Tal und wurde durch dessen einzige Öffnung geradezu hinausgerissen in die dunsterfüllte Ebene westlich des heutigen Saloniki.

Das Programm, welches diese Szenerie zu verkörpern schien, hätte klarer nicht sein können: im Rücken die steilaufschießenden Berge, Heimat der Ahnen, voraus ein weiter offener Raum voll Zukunft und Abenteuer.

Wenn die Makedonen in den nun folgenden Jahren auch diese Ebene noch eroberten und Pella, ihre neue Hauptstadt (Aigai, die ältere, so glaubt man seit kurzem zu wissen, lag rund vierzig Kilometer weiter südlich, im Rücken des Olympmassivs), da mitten hineinsetzten, so geschah dies dennoch nicht nur, weil ein tatkräftiges, dank fetter Weiden und fruchtbarer Äcker rasch wachsendes Volk eben das Bedürfnis hat, zu gewinnen, was sich ihm so verlockend darbietet. Ihre Könige, und das können ja stets nur die stärksten, gerissensten, geschicktesten unter vielen miteinander rivalisierenden Clanchefs gewesen sein, waren auch gezwungen, den ständigen Druck innerer Spannungen nach außen abzuleiten. Wer seinen Gefolgsleuten die reichste Beute versprach, der wurde von der Heeresversammlung zum obersten Führer gewählt.

Indes schuf die Expansion nach Süden und Osten für die Herrscher auch neue Probleme. In dem Maße, in dem sie mit den zivilisierteren griechischen Gemeinwesen in Kontakt kamen, erkannten sie ihre kulturelle Rückständigkeit, sahen sich in ein Licht gestellt, das die Vorstellungen von eigener Großartigkeit mitleidlos reduzierte. Und das wiederum gehörte zu den Dingen, welche man in Südgriechenland wußte.

Ist Zeus ein Makedone?

Alexander I., siebenter Nachfahr jenes Perdikkas, der als frühester aller bekannten Makedonenkönige gilt, sei, so erzählt Herodot, 476 v. Chr. nach Olympia gekommen, um an den fünfundsiebzigsten Spielen teilzunehmen. Als man ihm dort aber, etwas von oben herab vermutlich, erklärte, zu den Wettkämpfen seien nur Griechen zugelassen, gab er zurück, diese Ausschließlichkeitsklausel betreffe ihn keineswegs. Seine Familie habe mit den Makedonen nichts gemein, sie komme ursprünglich aus Argos und sei von dem nördlichen Stamm lediglich mit der Herrscherwürde betraut worden. Einer anderen Quelle zufolge soll der junge Fürst sogar behauptet haben, daß er nicht nur aus ältestem hellenischem Adel, sondern in direkter Linie von dem Halbgott Herakles abstamme.

Im Süden muß man das natürlich als einigermaßen komisch empfunden haben. Ein König erklärt sich selbst zum Fremden im eigenen Land, nur um nicht als einer von denen gelten zu müssen, die ihn gewählt hatten! Doch taten die Nachfolger des ersten Alexander alles, was sie konnten, um auf solche Hilfskonstruktionen in Zukunft nicht mehr angewiesen zu sein.

Archelaos zum Beispiel, er regierte von 414 bis 399 v. Chr., förderte den Kult des olympischen Zeus, weil der Olymp sich auf seinem Staatsgebiet erhob und weil, wie er wohl folgerte, niemand einem Volk die Bezeichnung Hellenen vorenthalten konnte, dessen Heimatland den Sitz des höchsten aller hellenischen Götter umschloß. Außerdem fing er damit an, alles, was in der griechischen Kunst, Literatur oder Philosophie einen Namen hatte, nach Pella einzuladen. Ob ihm das viel mehr einbrachte als spöttische Bemerkungen hinter vorgehaltener

Hand, ist freilich zweifelhaft. Die attischen Intellektuellen behielten ihre Meinung über die Makedonen bei, und das waren Vorurteile, gegen welche die Nordgriechen heute noch ankämpfen.

Ist denn, so fragt der Archäologe Manlios Andronicos aus Saloniki, die Anstrengung des Archelaos, den Olymp wieder aufzuwerten, wirklich nur ein Manipulationsversuch gewesen? Sind die griechischen Götter nicht tatsächlich aus diesem Gebirgsmassiv gekommen oder die Musen, Verkörperungen des Geistes hellenischer Kultur, aus der Landschaft zu dessen Füßen? Und stiegen nicht einst auch die Dorer, Vorfahren der Spartaner, von den nördlichen Hügeln herab, in denen Makedonen hausten? War deren Stammesgebiet also vielleicht sogar das eigentliche Ur-Hellas? Ist Zeus ein Makedone?

So wenig sich diese Überlegungen verifizieren lassen, von der Hand zu weisen sind sie keineswegs. Die Makedonen mögen durchaus eine Art konservativer, hausbackener Hinterwäldler gewesen sein, die altes griechisches Erbe und ältere Dialekte noch treulich bewahrten, als sie anderswo schon halb vergessen waren. Dieser altväterischen Züge wegen scheint man sie denn im Süden doch auch ein bißchen geschätzt zu haben – und noch aus einem weiteren Grund. Kein Landstrich lieferte so starke, gesunde, rotbackige, anstellige, zuverlässige und vor allem auch schöne Hausangestellte wie die Berge im Norden. Noch auf nachchristlichen römischen Märkten wurden für makedonische Sklavinnen und Sklaven höhere Preise bezahlt als für die Angehörigen irgendeines anderen Volksstammes.

Wer heute an einem Kaffeehaustisch in Saloniki Platz nimmt oder eine Bouzoukiakneipe in, sagen wir, Kavala aufsucht, wird manchmal meinen, er verstünde, warum. Besser gewachsene Körper, stolzer erhobene, gutgeschnittene Gesichter, weniger Bauch und weniger schlechte Haltung werden selten irgendwo so nahezu pausenlos an einem vorübergetragen wie dort. Und das, obwohl Mazedonien heute kaum noch von Nachfahren des alten Bauern-, Hirten- und Kriegervolks bewohnt sein dürfte.

Römer und Türken haben das Land entvölkert. Nach 1922 wurde es wieder besiedelt mit Griechen, die Atatürk aus ihrer anatolischen Heimat vertrieben hatte. Doch mögen – diese hübsche Überlegung hat Peter Bamm angestellt – eben unter diesen Rücksiedlern auch Abkömmlinge jener Soldaten gewesen sein, die einst von ehrgeizigen Königen nach Osten geführt wurden, so weit, daß sie schließlich Indien erreichten und, von dort wieder zurückgekehrt, in Babylon ihre Erfolge feiern konnten.

In die Jagd vernarrt, für den Krieg befähigt

Den Höhepunkt und Abschluß der makedonischen Expansion in Griechenland hatten alle Gäste am Tisch des Medeios noch miterlebt. Sie hatten auch alle den Mann noch gekannt, der die Bühne, auf welcher dieses Ereignis sich abspielte, ebenso gewaltig wie gewalttätig beherrschte: Alexanders Vater Philipp II. Gleich seinen Vorgängern wollte auch er die Griechen von der Ebenbürtigkeit der Makedonen überzeugen, bediente sich dazu freilich häufiger der Waffen als der Worte.
Zunächst einmal faßte er die Haufen seiner gesunden, wohlgenährten, in die Jagd vernarrten, für den Krieg befähigten Gefolgsleute zu einer Armee zusammen, derengleichen es in Hellas bis dahin noch nicht gegeben hatte. Wer den Kampfplatz ohne Befehl verließ, wurde niedergehauen. Niemand durfte sich mit warmem Wasser waschen. Angetreten und operiert wurde in sogenannten Phalangen, acht Glieder tiefen Formationen, die blitzschnell umgruppiert werden konnten.
Als Hauptwaffe der makedonischen Infanterie galt die »Sarissa«, eine bis zu sechs Meter hohe Pike, deren dreißig Zentimeter lange Klingen wie eiserne Igelborsten über die Einheiten emporgeragt haben müssen.
Die Kavallerie dagegen war mit Stoßlanzen bewaffnet. Sie griff in Keilformation an und mußte versuchen, die feindliche Reiterei zu zersprengen, um dann, von den Flügeln her, die gegnerischen Fußtruppen gegen den Block der eigenen Infanterie zu drängen. Philipp hatte dieses Konzept, der meistens über eine Flanke vorgetragenen Attacke, die sogenannte »schiefe Schlachtordnung«, von dem genialen thebanischen Heerführer Epaminondas übernommen. Er konnte es aber schon deswegen vervollkommen, weil er über mehr Berittene verfügte als irgendein anderer zeitgenössischer Staat in Griechenland und weil er Berufssoldaten kommandierte.
In raschen harten Schlägen verbreiterte der Makedone seine Basis nach allen Seiten hin. Er schlug die benachbarten Völker der Illyrer und Paionen, eroberte die Hafenstadt Amphipolis an der nordägäischen Küste, brachte bei dieser Gelegenheit die reichen Gold- und Silberbergwerke am Pangeiongebirge in seine Hand, griff die Stadt Pydna am Olymp an, nahm sie ein, zog wieder nach Norden, um die Thraker anzugehen, und engagierte sich endlich in Thessalien, wo der sogenannte »Heilige Krieg« gegen die Phoker tobte, ein armes Bergvolk, das die Tempel von Delphi geplündert hatte.
Aus zeitlicher Distanz betrachtet, muten alle seine Aktionen wie eine Serie wilder Rundschläge an, doch könnte nichts irriger sein als dieser Eindruck. Planlos war nahezu nichts, was Philipp jemals unternahm. Er schlug immer nur den Gegner, der sich als bezwingbar anbot, be-

sorgte sich stets, was er gerade am nötigsten brauchte, und hinterging notfalls alle, die sich gutgläubig mit ihm eingelassen hatten. Amphipolis zum Beispiel war eigentlich den Athenern zugesichert gewesen, aber mit diesem Versprechen hatte er sich nur ihre übermächtige Flotte vom Leib halten wollen; Makedonien selbst besaß nämlich damals noch keine. Und nach Thessalien hatte ihn weniger die Sorge um das Delphische Orakel geführt als vielmehr dessen berühmte pferdereichen Ebenen. Er brauchte Remonten für seine Kavallerie.
Wenn er aber doch einmal einen von ihm gewonnenen Platz vertragsgemäß anderen überließ, dann nur aus taktischen Überlegungen und in der Absicht, ihn später wieder zurückzuholen. Das sollte vor allem Olynth erfahren.

Jeder kämpfte gegen jeden

Den Regenten dieser Handelsstadt auf der Chalkidike hatte Philipp 356 v. Chr. Poteidaia, einen ihr nahegelegenen Hafen, versprochen und abgetreten. Acht Jahre später jedoch kassierte er ihn erneut und den einstigen Vertragspartner dazu. Das reiche Gemeinwesen, angeblich durch Verrat in seine Hände gefallen, wurde vollkommen zerstört. Die beiden Hügel, die es einst krönte, blieben – von unzähligen wilden Rosenbüschen abgesehen – bis heute kahl. Der makedonische Kriegsherr setzte auch den Schrecken ganz bewußt als Waffe ein.
Schrecken freilich, wenn er wirken sollte, mußte zu jener Zeit in starken Dosen verabreicht werden. Ganz Griechenland war von blutigen Fehden zerrissen. Jeder kämpfte gegen jeden. Jeder verbündete sich notfalls mit seinem eben noch bittersten Feind. In den Auseinandersetzungen mit den Phokern etwa standen die alten Rivalen Athen und Sparta auf der Seite der Tempelschänder, nur weil ihr gemeinsamer Erzrivale Theben auf der anderen focht.
Philipp, in das Geflecht dieser traditionellen Feind- und Partnerschaften nicht eingebunden, operierte auf der griechischen Walstatt wie ein Ameisenbär unter Ameisen. Er hielt sich nur an seine eigenen Regeln. Auf diese Weise brachten ihm die meisten seiner Züge Gewinn, der, mit dem er 346 v. Chr., nach der Erschöpfung der beiden anderen Parteien, das Phokerproblem endgültig löste, sogar dreifachen.
Durch die Bestrafung der Tempelschänder hatte er eine, im Sinne der griechischen Tradition, gute Tat vollbracht; dafür stand ihm allgemeine Anerkennung zu. Da sein Heer nun im befreiten Delphi stand, hatte er außerdem die makedonische Südgrenze bis an den Golf von Korinth vorgeschoben. Und endlich war es ihm auf Grund des Unternehmens auch gelungen, in die delphische Amphiktyonie aufgenommen zu werden. Diese Zwölf-Stämme-Institution aber – sie verwaltete

und betreute das Apollonheiligtum – könnte man den vornehmsten aller griechischen Traditionsclubs nennen. Wer ihm angehörte, durfte fürderhin von niemandem mehr Barbar genannt werden – zumindest war das die Theorie.

Daß es in der Praxis immer noch möglich blieb, bewies damals ein Athener, der Philipp stets für die größte Gefahr gehalten hatte, welche dem freien Hellas drohe. Er hieß Demosthenes und war Rhetor, genauer: Anwalt, Publizist und Politiker in einem.

Die erste seiner vier großen Reden gegen den Eroberer aus dem Norden, gehalten im Jahre 351 v. Chr., nannte er, wie auch die folgenden, *Philippika*. Dreihundertundfünf Jahre später schleuderte ein anderer Rhetor, der Römer Marcus Tullius Cicero, vierzehn weitere *orationes philippicae* gegen seinen Landsmann Marcus Antonius, dem er diktatorische Gelüste unterstellte. Mit einiger Übertreibung könnte man sagen, daß diese beiden Demonstrationen bürgerlichen Freiheitswillens ein Zeitalter begrenzen, das von rücksichtslosen, teilweise barocken Gewaltherrschern wie kaum ein anderes geprägt wurde. Philipp war der erste, Antonius der letzte dieses speziellen Schlages, und Demosthenes hat sie am frühesten gewittert.

Wie in den Tagen der Perserkriege

Wer den athenischen Politiker mit heutigen Begriffen klassifizieren wollte, müßte wahrscheinlich sagen, er sei ein Liberaler mit sozialrevolutionärem Einschlag gewesen. Das Ideal, dem er anhing, war die freie griechische Stadt, deren Bürger sich selbst regierten.

»Ihr seid«, rief Demosthenes seinen Mitbürgern einmal zu, »nur Diener und Anhänger eurer Führer und vollkommen zufrieden, wenn euch diese ein bißchen Geld und ein paar magere Rinder zukommen lassen. Sie halten euch eingeschlossen in der Polis, gewöhnen euch an sich und machen euch auf diese Weise handzahm. Unmöglich kann aber der große und kühne Gedanken hegen, der in Unfreiheit und Elend lebt; denn so wie die Lebensbedingungen der Menschen sind, so ist auch ihre Denkungsweise.«

Übersetzt in moderne Formeln hieß das: Athens Volk werde von einer reichen Bourgeoisie in wirtschaftlicher und politischer Abhängigkeit gehalten, der einzelne dadurch in seiner persönlichen Selbstentwicklung behindert. Demosthenes beschwor, um solchem Mißstand zu begegnen, eine bessere Vergangenheit. Er forderte seine Mitbürger auf, die Taten der Vorfahren nicht nur zu rühmen, sondern deren Tugenden auch zu üben.

Demgegenüber entwarf sein bedeutendster Kontrahent so etwas wie eine nationale Utopie. Isokrates, ebenfalls Rhetor, aber von viel zu schwacher Stimme, als daß er seine Reden öffentlich hätte vortragen können, wollte weniger Athen retten oder irgendeine andere Gemeinschaft von sich selbst genügenden Bürgern, er träumte vielmehr davon, ganz Hellas neu zu gestalten.

Unter einem starken Führer und mit der Unterstützung eines wohlwollenden Patriziats sollten die Griechen sich wieder zusammenschließen wie in den Tagen der Perserkriege und sollten auch dem alten Erbfeind heimzahlen, daß König Xerxes 480 v. Chr. die Akropolis von Athen geplündert hatte.

Auch das zielte auf Reform, doch versprach Isokrates sie sich von übergreifender ordnender Macht, während Demosthenes auf den Einzelnen setzte, ihm als Lohn für liberales Engagement ein größeres Maß an individueller Freiheit und menschlicher Würde versprechend. Ihr Grundsatzstreit ist eigentlich bis heute aktuell geblieben. Damals freilich sprachen die Zeichen der Zeit eher für die Realisierbarkeit des nationalen Konzepts.

Ein neuer Agamemnon

Spätestens seit dem Jahr, in welchem Philipp die Phoker endgültig niedergeworfen hatte, gab es ja die politische Kraft, die imstande gewesen wäre, Hellas zu einen, eben den Makedonenkönig. Isokrates hatte ihn denn auch schon lange vor diesem Krieg schriftlich aufgefordert, sich an die Spitze aller griechischen Stämme zu setzen und mit ihnen Persien anzugreifen. Der Adressat dürfte die Botschaft mit Genugtuung aufgenommen haben. Zunächst einmal hielt er es jedoch für dringlicher, nach seinen Erfolgen im Süden, das an die Adria grenzende Epiros unter seinen Einfluß zu bringen. Sobald dies geschehen war, zog er von Westen gen Osten und eroberte den Rest des von ihm noch nicht gewonnenen Thrakien, ein riesiges Gebiet zwischen dem Unterlauf der Donau, dem Schwarzen Meer sowie dem Marmarameer. Aber daraus entwickelte sich alles weitere dann ohnehin von selbst.

Athen, nicht gewillt, seinen wichtigen Handelsweg in die Kornkammern Südrußlands makedonischem Zugriff auszusetzen, gab endlich dem Drängen des Demosthenes nach und rüstete zum Kampf gegen Philipp. Das eben noch bis aufs Blut bekämpfte Theben wurde als Bundesgenosse gewonnen. Die Poleis hatten sich entschlossen, für ihre Sache mit der Waffe einzutreten.

In der Entscheidungsschlacht des solcherart ausgebrochenen Krieges – sie fand am 1. September 338 v. Chr. bei Chaironeia statt, knapp hundert Kilometer westlich von Athen – obsiegten die Makedonen. Demosthenes, der als einfacher Soldat an dem Treffen teilgenommen haben soll, kam unverletzt davon. Isokrates, der zu Hause geblieben war, verlor sein Leben. Er beging voreiligerweise Selbstmord. Wäre der Achtundneunzigjährige noch ein bißchen länger am Leben geblieben, dann hätte er erfahren, wie bei Chaironeia seine, nicht des Demosthenes Utopie auf den Boden der Realität herabgeholt wurde. Philipp nämlich machte den Geschlagenen ein derart maßvolles Friedensangebot, daß auf dessen Grundlage der sogenannte »Korinthische Bund« entstehen konnte. Das war eine lose Föderation, welcher, mit Ausnahme Spartas, alle Städte und Staaten des Landes angehörten. An ihrer Spitze stand natürlich der Makedone, doch hatte er weder monarchische noch gar diktatorische Vorrechte. Was er für sich beanspruchte, waren lediglich Status und Titel eines obersten Feldherrn. Nach innen und nach außen blieben die Poleis völlig unabhängig. Und das ist keineswegs alles gewesen.

Auch die andere Hälfte vom Traum des Isokrates wollte Philipp nun verwirklichen: den Krieg des solcherart vereinten Griechenlands gegen die Perser. Und den alten Rhetor hätte es wahrscheinlich kaum gestört, daß der Makedone dafür seine eigenen, höchst makedonischen Gründe besaß. Einmal glaubte der Herrscher aus dem Norden, sich vor seinen neuen Bundesgenossen mit einer spektakulären Großtat als nationalbewußter Hellene legitimieren zu müssen. Zum anderen dürfte er es, wie schon seine Vorfahren, wenn sie sich in ähnlichen Situationen befunden hatten, für nützlich gehalten haben, latente innergriechische Spannungen nach außen abzuleiten.

Um den ganzen Plan aber auch propagandistisch abzusichern, setzte Philipp die Einigungs- und Rache-Ideologie auf das Kugellager des Mythos. Er präsentierte sich der hellenischen Welt als ein neuer Agamemnon. So wie der Mykener einst die Fürsten des Landes nach Osten geführt hatte, gen Troja, so stand er nun bereit, den Zug von damals zu wiederholen und erneut einen asiatischen Feind zu besiegen. Aber das hieß ja vor allem, daß er die *Ilias* zur Basis seiner Politik machte – ein stabileres Fundament hätte sich im politisch so unstabilen Griechenland nicht finden lassen. In Homers Epos und nur dort erkannten die Hellenen sich als ein einziges Volk.

Sein schwarzbärtiges Porträt ließ Philipp in den Tempeln aufstellen, was offensichtlich niemand als Blasphemie empfand. Gottkönige wurden von da an üblich, und wenn auch kaum einer sie für unsterblich gehalten haben dürfte, so waren sie doch so etwas wie die Stars der nun angebrochenen neuen Zeit.

Alexanders Vater freilich hat ihre Tore nicht mehr durchschritten. 336 v. Chr. mußte der sechsundvierzigjährige neue Agamemnon einem zwanzigjährigen neuen Achilles Platz machen, seinem Sohn. Im Theater von Aigai wurde er meuchlings erstochen. Manlios Andronicos glaubt seine Überreste 1977 gefunden zu haben. Sie lagen in einem goldenen Schrein unter einem dreizehn Meter hohen Erdhügel.

Im Nervenzentrum eines Großunternehmens

Daß das Gespräch im Haus des Medeios auch auf den Mord an Philipp kam, auf den nie völlig widerlegten Verdacht, Alexander habe ihn stillschweigend gebilligt, und auf die schnellen, geschickten, brutalen Manöver, mit denen der junge Prinz sich gegen alle Mitbewerber den Weg zum Thron freikämpfte, ist äußerst zweifelhaft. In dieses blutige Drama waren einige der am Tisch versammelten Männer bereits als Akteure verwickelt gewesen, die übrigen zumindest als heimliche oder offene Parteigänger. Keiner von ihnen dürfte sich gern daran erinnert haben. Perdikkas hatte schon dem Korps der höheren Offiziere angehört. Eumenes muß als Privatsekretär Philipps zumindest geschwankt haben, auf welche Seite er sich schlagen sollte. Lysimachos und Ptolemaios waren unter den engsten Gefährten Alexanders gewesen, allein von Nearchos und Medeios kann man annehmen, sie hätten am Rande der Ereignisse gestanden. Alle zusammen aber verkörperten einen Teil der Probleme, welche neben anderem des jungen Königs Erbe ausmachten.

Die Hellenen unter ihnen waren von Philipp nach Pella geholt worden, weil er wußte, daß seine weitausgreifenden Pläne sich mit hausgemachten makedonischen Mitteln allein kaum verwirklichen lassen würden. Er hatte Kenner der zu erobernden Gebiete gebraucht, Fachleute für ihre Befriedung und Verwaltung, Marine-, Transport- und Wirtschaftsspezialisten, aber auch Intellektuelle, deren Anwesenheit dokumentieren sollte, daß er im Namen Griechenlands und seiner Kultur auftrat – was den adelsstolzen älteren Makedonen überhaupt nicht gefiel.

Sie begegneten den Protégés des Königs mit arroganter Herablassung, behinderten ihre Arbeit, wo immer sie konnten, und begehrten etwas Besseres zu sein als diese hergelaufenen Fremden. In Philipps Konstruktion war das ein erster feiner Haarriß. Zwei Bauelemente paßten nicht völlig zusammen, zwei verschiedene Materialien weigerten sich, miteinander zu verschmelzen. Indes hatte er diese Schwierigkeiten vorausgesehen.

Schon frühzeitig scheint ihm klargeworden zu sein, daß er sich einen Teil jener menschlichen Werkzeuge, deren er bedurfte, selbst heranziehen mußte. Von Leuten, die in engen, alten Stammestraditionen aufgewachsen waren und aus ihnen alle ihre Maßstäbe bezogen, konnte er kaum bedingungslose Anpassung an die völlig anderen Erfordernisse eines zentralistisch regierten Großstaates erwarten. Deshalb hatte er, als eine Art Kadettenanstalt, das Korps der königlichen Pagen geschaffen. Söhne einheimischer Adeliger wurden schon in jungen Jahren nach Pella geholt und dort – abgesehen davon, daß sie ihm auch als Geiseln dienten – Eindrücken ausgesetzt, welche ihre Köpfe zunächst einmal völlig verwirren mußten. Wie schon zu Zeiten des Archelaos tummelten sich ja auch jetzt die merkwürdigsten Gestalten am Hof, eben Philipps importierte Intellektuelle. Die meisten von ihnen waren, wie der zeitgenössische Historiker Theopompos behauptet, ständig damit beschäftigt, »zu trinken, zu spielen und das Geld aus dem Fenster zu werfen«, außerdem sollen sie es wilder noch getrieben haben »als Zentauren, die zur Hälfte Bestien sind«. Doch hat es unter diesen Hellenen sicherlich auch Männer gegeben, welche imstande waren, alle Themen zu diskutieren, die eine gebildete Welt beschäftigten, Literaten, die Gedichte zu zitieren, Schauspieler, die Tragödienverse mit Aufwand vorzutragen, Philosophen, die Theoreme zu zergliedern und Maler oder Bildhauer, die über die Gesetze ihrer Kunst zu diskutieren vermochten.

Ein Page konnte also im Umgang mit ihnen griechisches Wesen kennenlernen, konnte erfahren, wie die Welt außerhalb seiner heimischen Berge beschaffen war. Und natürlich lernte er nicht nur in Literatenzirkeln, traf vielmehr auch mit Philipps hellenischen Ingenieuren zusammen, den Spezialisten, die er aus Persien abgeworben hatte, den Stabsoffizieren, die das Rückgrat seiner Armee bildeten, und den vielen Glücksrittern, welche glaubten, von Pella aus das Geschäft ihres Lebens machen zu können. Er lebte im Nervenzentrum eines Großunternehmens und bekam einen Eindruck von der Vielfalt menschlicher Verhaltensweisen, Träume, Ideen, Projekte, das mußte ihn in einer bestimmten Weise prägen.

»Ihre Hoffnungen sind hochfliegend«

Ptolemaios, der aus der Landschaft Eordaia an der heutigen griechisch-jugoslawischen Grenze stammte und immer rot geworden sein soll, wenn man ihn nach seiner Großmutter fragte, war einer dieser Pagen, ebenso Lysimachos aus Pella, aber auch Alexander selbst. Als Prinz hatte er mit den Grundbesitzersöhnen studiert, gerauft und diskutiert. Er gehörte zu ihnen, wußte, wie sie dachten und dachte weitgehend wie sie. Zu der Elite, die sie bildeten, gab es in ganz Griechenland keine Parallele.

Von ihren Vätern hatten sie die Kraft, die Wildheit und die rauhe Ritterlichkeit (auch Frauen gegenüber) geerbt, welche die Makedonen auszeichnete, freilich auch deren Bereitschaft, notfalls über Leichen zu gehen. In der Schule Philipps hatten sie militärischen und höfischen Schliff erhalten, Vertrautheit mit technischen Fragen erworben und ein Gefühl dafür, wie man große Vorhaben anpackt und planmäßig durchführt. Doch wäre ihr Porträt nicht vollständig, wenn man außer acht ließe, daß sie einen gewissen bäurischen Charme gehabt haben

müssen und daß sie, im Gegensatz zu ihren südhellenischen Altersgenossen, aus einer üppigen Wald- und Wiesenwelt kamen. Dieses letzte Merkmal hatten sie auch mit dem bedeutendsten Gelehrten gemein, der jemals am Hof von Pella weilte, mit Aristoteles.
Er stammte aus dem kleinen Ort Stageiros – heute heißt er Stagira – einem regenfeuchten Bergnest im Norden der Chalkidike. Das moderne Marmorstandbild des Philosophen, mit dem sich seine Heimatgemeinde schmückt, steht vor einem Hintergrund aus Eichen- und Ahornwald. Hügel, deren Farbe mit dem Grau des Himmels verschmilzt, begrenzen den niedrigen Horizont. Wer in solcher Umgebung aufwuchs, mag mit dem Sezieren von Fröschen begonnen und dann den Wunsch entwickelt haben, die ganze lebendige Natur auch geistig zu durchdringen oder, je nach Veranlagung, sie auf abenteuerlichen Reisen zu durchstreifen.
Aristoteles, damals ein Mann Anfang Vierzig, hat sich für die erstere Möglichkeit entschieden und später auf etwas säuerliche Weise von der Jugend Abschied genommen. »Junge Männer«, schrieb er rückblickend, »sind ihren wechselhaften Gelüsten schutzlos ausgeliefert. Sie sind leidenschaftlich, schnell erregbar und sie gehorchen ihren Impulsen ... Ihre Hoffnungen sind hochfliegend, wie die eines Trunkenbolds.«
Aber solche Hoffnungen zu wecken hatte er wenigstens einmal mitgeholfen – als Kronprinzenerzieher in Pella. Die »Gelüste« Alexanders und seiner Freunde wurzelten zum Teil in reiner, jungenhafter Neugierde. Sie waren fasziniert von dem, was ihnen erzählt und beigebracht wurde, von fremden Völkern, exotischen Tieren, fernen Religionen, aber natürlich auch vom Ruhm der homerischen Helden und von den reichen Preisen, die dem Wagemutigen zu winken schienen. Sie fühlten sich bereit, Welt zu erfahren, aber das konnte für sie, die Abkömmlinge kriegerischer Geschlechter, nur heißen, die Welt zu erobern.
Ihr stürmischer, romantisch getönter Tatendrang machte sie denn auch zu einem Motor im Riesenapparat des makedonischen Heeres. Sie schienen durchaus in der Lage zu sein – da war Philipps Kalkül aufgegangen – die Älteren mitzureißen, anzuspornen und immer wieder neu zu motivieren, aber – und da konnte das Kalkül nicht aufgehen – sie erregten ebenso deren Neid, Mißgunst und Eifersucht. Den weiteren Riß, der sich hier aufzutun drohte, konnte nur Alexander selbst überbrücken. Wie schon Philipp, trat er deshalb seinen Offizieren und Soldaten in homerischer Pose entgegen. Hatte jener sich mit Agamemnon identifiziert, so wollte er ein strahlender Achilles sein, der sein Volk gen Osten führte. Das war außerordentlich wirkungsvoll, hielt sich im Rahmen der mythos-verbrämten Isokrates-Ideologie und bezauberte auch abgebrühte Haudegen.

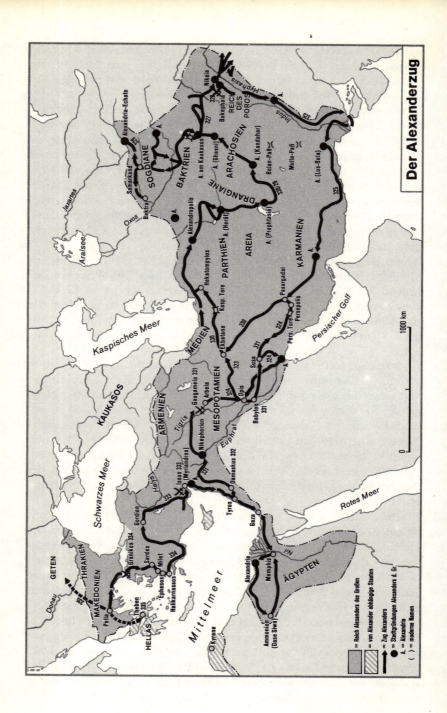

DIE TATEN DES SOHNES

Inszenierung eines Dardanellenübergangs

Der Stil, in dem das von Philipp geplante Großunternehmen gegen Persien endlich eröffnet wurde, entsprach ganz dem Geist, aus dem es geboren worden war. Bei Troja bot Alexander die grandiose Inszenierung einer Dardanellenüberquerung. Ihre symbolträchtigen Details vermochten nur *Ilias*-Kenner voll zu würdigen.

In voller Kriegsrüstung am Bug seines Flaggschiffes stehend, schleuderte er an einem Maitag des Jahres 334 v. Chr. seinen Speer weit in das fremde Land hinein. Dann sprang er, wie einst der Held Protesilaos, als erster von Bord. Beim Einzug in den sagenumwitterten Ort – er dürfte damals nur noch ein größeres Dorf auf dem Schutt einer achthundertjährigen Vergangenheit gewesen sein – ließ er sich eine goldene Krone aufsetzen. Der Mann, der sie ihm reichte, hieß Menoitios, genauso wie der Vater jenes Patroklos, der Achilles' engster Freund gewesen war. Und schließlich rannte er nackt um das Grab des von ihm zum Leitbild erkorenen Heroen, während sein Lieblingsgefährte Hephaistion das gleiche Ritual am Grab des Patroklos vollzog.

Mit alldem war auch noch einmal überdeutlich demonstriert worden, wie Alexander seinen Eroberungszug vor der Mit- und Nachwelt zu »verkaufen« gedachte, als Wiederholung des in der *Ilias* beschriebenen Unternehmens. Eingewickelt in diese glänzende Verpackung waren politische Motive: ›Rache für die Zerstörung der Akropolis‹ und ›Befreiung der seit 448 v. Chr. unter persischer Herrschaft lebenden kleinasiatischen Griechen‹. Indes dienten selbst sie ebenfalls mehr oder weniger nur als Dekoration. Was Alexander in Wirklichkeit unternahm, war ein Überfall, hochstilisiert zur großen, romantischen Gebärde. Fragt sich dennoch, wie weit diese pure Lust am blutigen Spektakel den jungen König innerlich tragen konnte.

Zunächst einmal schien der Erfolg ihn zu rechtfertigen. In nur drei großen Feldschlachten zerschlug er die Militärmacht seines Opfers, Dareios III. Kodomannos. Die erste fand, noch im Monat des Aufbruchs, an dem Flüßchen Granikos statt, das es vom Kampfplatz aus nicht weit zum Marmarameer hat, die zweite eineinhalb Jahre später bei Issos am Golf von Iskenderun, die dritte am 1. Oktober 331 v. Chr. bei Gaugamela, östlich des oberen Tigris. In den zwei Jahren zwischen Issos und Gaugamela aber besetzte Alexander außerdem noch die ganze Ostküste des Mittelmeers samt deren Hinterland und die persische Provinz Ägypten.

Irgendwann um diese Zeit scheint jedoch der Schwung, der ihn soweit getragen hatte, nachgelassen zu haben. Auf dem Scheitelpunkt einer aberwitzig steilen Erfolgsbahn muß ihm klar geworden sein, daß er für sein weiteres Tun einer neuen umfassenderen Legitimation bedurfte. Für ihn stellte sich dieses Problem offensichtlich in der Form einer Frage, die so geartet war, daß moderne Psychologen möglicherweise auf eine spätpubertäre Identitätskrise bei Alexander schließen würden: Er wollte wissen, wer er sei.

Zur Herrschaft über die Welt berufen

Im Sommer des Jahres 332 v. Chr. entschloß sich der junge König, das Orakel des ägyptischen Gottes Amun in der Oase Siwah aufzusuchen. Der Weg dorthin galt als außerordentlich unsicher und gefährlich; er ist es noch heute.
Wer ihn einschlägt, fährt von Alexandria aus, entlang der Mittelmeerküste, bis Marsa Matruh und biegt dort nach Süden in die Libysche Wüste ab. Die Straße ist im Sommer teilweise von Wanderdünen, in der Regenzeit von dickem Schlick bedeckt. Sie folgt einer Reihe von Zisternen, die oft nur noch Reste brackigen Wassers enthalten. Ein Heer, das der persische König Kambyses 525 v. Chr. gegen Siwah marschieren ließ, ist im Sandsturm bis auf den letzten Mann zugrunde gegangen. (Seine Überreste wurden 1977 von ägyptischen Archäologen gefunden.)
Auch Alexander hätte sein Ziel beinahe nicht lebend erreicht. Mehrmals kam er mit seinen Begleitern vom Weg ab, während eines plötzlichen Gewitters wären sie fast ertrunken. Sie durchquerten, wegen der Kühle meist bei Nacht reisend, Felsformationen, deren Silhouetten wie bizarre Geisterschlösser vor dem sternflimmernden Himmel standen, und erreichten endlich eine in der Hitze kochende Kiesebene, die sanft hinabführte zu der dreißig Meter unter dem Meeresspiegel liegenden Oase.
Aus dem grellen, von Salzsümpfen reflektierten Licht traten ihnen dann die Priester entgegen. Sie empfingen den Makedonen, als sei er der Pharao. In einem Boot, das auf den Schultern stämmiger Tempeldiener ruhte, schwankte das Wüstenidol heran, geschmückt mit den für Amun charakteristischen Widderhörnern. Endlich führte man Alexander in die innerste Zelle des Heiligtums, damit er sich an das Orakel wende.
Über das, was dort geschah, gibt es keine Augenzeugenberichte. Auch die Fragen, die der König dem Gott vorlegte, sind nie bekannt geworden. Von den Antworten jedoch, die er erhielt, wurde die wichtigste später veröffentlicht. Sie lautete: Alexander ist ein eingeborener Sohn des Zeus.

Ein Sohn des Zeus? Für unsere Ohren klingt das ebenso gewaltig wie nichtssagend, ebenso donnernd wie hohl. Für ihren Adressaten indes muß die Formel durchaus einen Sinn und eine sehr große Bedeutung gehabt haben. Amun, den die Griechen Ammon nannten und zuweilen mit dem obersten aller Olympier gleichsetzten, gehörte fortan zu Alexanders wichtigsten Nothelfern. Unglücklicherweise läßt sich aber nicht einmal erraten, in welchen Vorstellungen er sich bewegte, wenn er ihm opferte.

War, wie ein Gerücht besagt, dem König nur bestätigt worden, daß seine Mutter Olympias ihn nicht von Philipp, sondern – das soll sie selbst behauptet haben – von einem Himmlischen empfangen hatte? Zweifellos ergäbe dies die simpelste Antwort. Doch läßt sie sich ausweiten, wenn man weiter vermutet, er hätte in Siwah erst begriffen, warum ihm ein ganzes Riesenreich so nahezu mühelos zugefallen war, deshalb nämlich, weil für ihn die Beschränkungen nicht existierten, die normalen Sterblichen gesetzt sind. Trifft das aber zu, glaubte er von nun an wirklich, eine übermenschliche oder eine neue geschichtliche Kraft zu verkörpern, dann mußten alle seine bisherigen Motive gegenüber dieser neuen Überzeugung an Bedeutung verlieren, denn dann war er vielleicht zur Herrschaft über die Welt berufen.

Tatsächlich scheint die zweifellos von Priestern suggerierte Antwort auf Fragen eines unsicher gewordenen jungen Mannes bewirkt zu haben, daß Alexander von nun an auf zwei Ebenen agierte. Soldat unter Soldaten, kühler Rechner im Generalstabszelt, setzte er seinen Vormarsch nach Osten fort, einsam in seinem Quartier hingegen oder allenfalls im Kreis engster Vertrauter hing er Vorstellungen nach, die nicht mehr allen seinen Offizieren verständlich gewesen wären. Die Welt, in welche sein Vater ihn hineingestellt hatte, war ihm schon immer zu eng erschienen, jetzt versuchte er, sie zu sprengen und ihre Reste wie Eierschalen abzuwerfen, jetzt wurde er zu dem Mann, den die Geschichte »den Großen« nennt. Es erübrigt sich jedoch, diesen Prozeß erklären zu wollen, denn zu ihm gibt es keine Parallelen.

Und beschlossen, den König zu ermorden

330 v. Chr. eroberte Alexander den iranischen Königssitz Persepolis, ließ – niemand weiß, ob er betrunken war oder es aus kalter Berechnung tat – den Palast, in dem auch Xerxes residiert hatte, niederbrennen und befreite sich dann von einem Teil der Kräfte, welche ihn bis hierher getragen hatten. Die Truppen des Korinthischen Bundes wurden nach Hause geschickt, der panhellenische Rachefeldzug für beendet erklärt. Alle weiteren Aktionen mußten damit neu motiviert werden, oder vielmehr: sie waren es zu dieser Zeit bereits.

Erst nach dem Tod Dareios' III. jedoch – sein Satrap Bessos hatte ihn ermordet – dürften die klügeren unter den makedonischen Offizieren allmählich begriffen haben, worauf ihr König sich nun ausrichtete. Er begann plötzlich so aufzutreten, als ob er der Nachfolger des Mannes sei, den er um seinen Thron und, wenn auch indirekt, ums Leben gebracht hatte. Er legte die rot-weiß gestreifte Tunika der persischen Herrscher an, trug auf seinem purpurfarbenen makedonischen Schlapphut ihr Diadem. Außerdem scharte er iranische Höflinge um sich, übernahm den traditionellen Harem – ohne ihn freilich, wie Plutarch höflich anmerkt, allzu häufig zu besuchen – und führte das persische Hofzeremoniell zumindest teilweise ein.

Die letztere Anordnung, obwohl nur ein Detail des ganzen Konzepts, erregte beim Heer den größten Ärger. Von Kriegern, die es gewohnt waren, ihrem König aufrecht und ohne mehr als eine knappe Ehrenbezeigung entgegenzutreten, wurde nun erwartet, daß sie sich vor ihm verbeugten, ihre Hand mit den Lippen berührten und sie dann leicht emporhielten, so, als ob sie den Kuß an die Majestät weiterreichen wollten. Ihnen schien diese »Proskynesis« (abgeleitet wahrscheinlich vom griechischen kynéo, ich küsse) eine Demonstration der Unterwürfigkeit zu sein. Mit dem selbst-heroisierenden Pathos, zu dem Soldaten neigen, fragten sie sich, ob ihre Kameraden dafür gefallen seien, daß nun ein Makedone über sie herrsche, als ob er ein asiatischer Despot und sie seine Sklaven seien.

Im Grunde war jedoch ihr Groll nur Symptom einer allgemein wachsenden Spannung und Unsicherheit. Niemand wußte genau, warum Alexander sich nicht zufriedengab mit dem, was an Beute und Land gewonnen war und weshalb er selbst von Persepolis aus noch weiter nach Osten vordringen wollte. Auf den Gedanken, daß er sich selbst als Welteroberer erfahren wollte und daß ihm vielleicht schon ein Reich vorschwebte, das weder griechisch noch makedonisch, noch persisch war, sondern viele Völker samt ihren Kulturen in sich vereinigte, wäre kaum einer seiner Lanzer gekommen. Wahrscheinlich erkannten sie nicht einmal, daß ein so vergleichsweise kleines Volk wie das ihre ein so riesiges, fremdes Reich wie das persische kaum hätte beherrschen können, ohne wenigstens dessen wichtigste Einrichtungen, Sitten und Traditionen zu respektieren. Daß Alexander es begriff, vergrößerte, wie sich alsbald zeigen sollte, den Spalt zwischen ihm und denen, die er anführte.

Noch im Todesjahr des Dareios taten sich sechs Offiziere zusammen und beschlossen, den König zu ermorden. Als Haupt dieser Verschwörung wurde Philotas angeklagt, der Sohn des großen alten Heerführers Parmenion. Und obwohl seine Schuld nicht zweifelsfrei bewiesen werden konnte, ließ Alexander nicht nur ihn hinrichten, sondern auch, vorsichtshalber, seinen siebzigjährigen Vater ermorden.

Damit hatte, ob beabsichtigt oder nicht, nach der Entlassung der Griechen, nun auch die Demontage der älteren makedonischen Kernmannschaft begonnen.
Der nächste aus ihren Reihen, den es traf, war der »schwarze Kleitos«, Bruder der Amme Alexanders, Chef der Reitergarde, die ihm am Granikos das Leben gerettet hatte, einer der erfahrensten Kavallerieoffiziere des Heeres. In der afghanischen Stadt Balkh erschlug ihn der König beim Streit um eine Versetzung hinter die Linien, die der eigensinnige Alte als Degradierung empfand. Er ahnte damals noch nicht, daß selbst zu den Männern, die ihn in seiner Verzweiflung über den begangenen Affektmord trösteten, einer gehörte, von dem er sich bereits sechs Monate später ebenfalls bedroht fühlen sollte. Das war Kallisthenes.

Erst die Folter – dann den Tod

Dieser Großneffe des Aristoteles hatte das Heer begleitet, um die Geschichte des panhellenischen Rachefeldzugs zu schreiben, war aber nach dessen Abschluß keineswegs heimgereist. Er muß ein ziemlich arroganter Intellektueller gewesen sein, der es liebte, sein Hellenentum bei jeder passenden und unpassenden Gelegenheit hervorzukehren. So verweigerte er nicht nur die Proskynesis, sondern sogar den unverdünnten Wein, der, entgegen den Bräuchen seiner Heimat, an der königlichen Tafel gereicht wurde. Kein Wunder, daß er sich mit solchen Demonstrationen einer, wie er glaubte, höheren und freiheitlicheren Gesittung unbeliebt machte, vor allem bei den jüngeren Offizieren, die, zusammen mit ihrem Generationsgenossen Alexander, noch am mühelosesten in die neuen Lebensformen hineinglitten, ohne deswegen die alten völlig aufgegeben zu haben.
Als darum – noch immer in Afghanistan – eine neue Verschwörung aufgedeckt wurde, behaupteten einige von ihnen, es sei Kallisthenes gewesen, der etliche Pagen dazu aufgefordert habe, den König zu ermorden. Wie bei Philotas beruhte auch diese Anschuldigung nur auf Hörensagen, wie in dem früheren Fall reichte sie dennoch für die Verurteilung aus. Der Historiograph wurde in Ketten gelegt und noch bis Indien mitgeschleppt, wo er starb. Die Pagen, die konservativere Lehrer gehabt zu haben scheinen als Alexander, erlitten erst die Folter, dann den Tod.
Aber selbst dieser blutige Eklat hatte noch zu den Vorspielen gehört dessen, was kommen sollte. Der schwerste Konflikt zwischen der Armee und ihrem Oberbefehlshaber brach am Hyphasis (heute: Satlaj), einem Nebenfluß des Sindh (früher: Indus), im Pandschab aus. Als Alexander dieses Gewässer überschreiten wollte, um den nach sei-

nen Vorstellungen letzten Rest Asiens zu erobern, weigerten sich nicht mehr nur einige Offiziere, ihm zu folgen, sondern nahezu das ganze Heer. Achtzehntausend Kilometer von Pella entfernt kam es zur offenen, wenn auch noch recht disziplinierten Meuterei. Alexander mußte nachgeben und gleichzeitig einsehen, daß er mit den Mitteln, die ihm zur Verfügung standen, sein äußerstes Ziel nicht zu erreichen vermochte. Der von Philipp geschaffene Apparat erwies sich endgültig als überbeansprucht – zumindest in den Augen des Sohnes.

Ein utopischer Homunculus

Zwei Jahre nach dem Aufstand am Hyphasis gab Alexander dem Heer seines Vaters praktisch den Abschied. In Opis am unteren Tigris ordnete er an: zehntausend makedonische Veteranen, sechzig- bis siebzigjährige Männer zum Teil, sollten in die Heimat abgeschoben und durch dreißigtausend Perser ersetzt, seine vier Garderegimenter mit Iraniern aufgefüllt, in das Offizierskorps Adelige aus dem unterworfenen Land eingestellt werden.

Der Befehl schlug im Lager wie die sprichwörtliche Bombe ein. Tausende von Soldaten versammelten sich vor des Königs Quartier und brüllten: »Kämpfe nur weiter, mit deinem Vater zusammen!« – damit war Amun gemeint – »aber wenn du die Veteranen entläßt, mußt du uns alle entlassen.«

Alexander, von dem Ausbruch nicht allzu überrascht – schließlich hatte er ihn bewußt provoziert –, sprang mit wenigen Leibwächtern unter die rasenden Männer, bezeichnete dreizehn von ihnen als Rädelsführer und ließ sie zur Hinrichtung abführen. Dann erklärte er quasi achselzuckend, wenn die Makedonen sämtlich gehen wollten, so sollten sie es eben tun. Er würde in diesem Fall ein neues Heer aus Persern zusammenstellen und mit ihm den Rest der Welt erobern. Sprach's, wandte sich ab und war nicht mehr zu erreichen.

Die Meuterer dürften in einer höchst zwiespältigen Stimmung zurückgeblieben sein. Sie kannten die allgemeine Situation sicherlich gut genug, um zu wissen, daß Alexander seine Drohung durchaus hätte wahrmachen können. Allein die Provinz Persien bot genug Rekruten, um jeden einzelnen von ihnen mehrfach zu ersetzen. Und beim Adel des Landes, dem potentiellen Offiziersreservoir, war er ohnehin beinahe besser angeschrieben als bei seinen eigenen Landsleuten. Aber andererseits: wollte er tatsächlich – denn das hätte es ja bedeutet –, statt wie bisher ein makedonischer König zu sein, nun eben ein persischer Herrscher werden? Hatte er vor, seine Wurzeln zu kappen und in fremdem Boden völlig neue zu schlagen?

Natürlich wollte Alexander nichts weniger als dies. Alles, worauf es ihm ankommen konnte, war vielmehr die Schaffung eines erneuerten Machtapparats, mit dessen Hilfe sich seine Vision von einem Weltreich verwirklichen ließ. Um ihn zu bekommen, mußte er vorgehen wie Philipp. Auch jener hatte schon gewußt, daß die Realisierung neuer Ideen neue Menschen erforderte, Leute, die nicht alten Vorurteilen verhaftet blieben. Aber die Schwierigkeiten, denen sich der Vater einst gegenübersah, waren beinahe nichts im Vergleich zu denen, die der Sohn nun zu bewältigen hatte. Um alle die Länder zwischen Pandschab und Pella zusammenzuschweißen, brauchte er Mitarbeiter, die nicht mehr in Begriffen wie Griechen hier, Barbaren dort zu denken gewohnt waren, sondern solche, die sich praktisch als Weltbürger, zumindest als Weltreichsbürger fühlten. Sie mußten bereit sein, den von ihm konzipierten Vielvölkerstaat als ihr neues Vaterland zu akzeptieren. Aber da zum Vaterland eben doch immer die Väter, die Ahnen und die traditionellen Bindungen an sie gehören, hätte Alexanders Idealtypus eigentlich nur aus der Retorte kommen können: ein utopischer Homunculus. Immerhin unternahm er den Versuch, ihn zu schaffen.

Keine Feindschaft zwischen Europa und Asien

Nachdem die aufgebrachten Soldaten vor seiner Drohung kapituliert und kniefällig um Versöhnung mit ihm gefleht hatten, bereitete der König ihnen ein ebenso großartiges wie symbolträchtiges Bankett. In Kreisen angeordnet saßen dabei seine dienstältesten Kampfgefährten um ihn herum, während eine große Anzahl vornehmer Perser weiter außen und Vertreter der anderen Reichsvölker am äußersten Rand des Mehrfach-Zirkels lagerten. Insgesamt ergab diese Aufteilung ein geradezu überdeutliches Inbild dessen, was Alexander anstrebte: Makedonien sollte den Kern eines Imperiums bilden, um den sich in konzentrisch-harmonischer Ordnung alle anderen Völker scharten.
Mit einem ähnlich sorgfältig geplanten Fest in Susa war der königliche Visionär wenige Wochen zuvor noch deutlicher geworden. Neunzig makedonische Offiziere, darunter er selbst, hatten da einundneunzig iranische Mädchen geheiratet – das scheinbar überzählige kam mit auf ihn, denn er nahm zwei. Der äußere Rahmen für diese Massenhochzeit hätte prunkvoller kaum sein können. Ein Zelt, getragen von zehn Meter hohen Masten, ausgeschmückt mit kostbaren Teppichen, purpurnen Tüchern, edelsteinverzierten Gold- und Silberplatten, diente dem Gelage, den Darbietungen griechischer Schauspieler, persischer Sänger und indischer Gaukler, ein zweites enthielt neunzig Schlafabteile, bestückt mit üppigen Betten. Was zwischen deren Linnendecken vollzogen wurde, könnte man tatsächlich als einen Versuch betrachten, den neuen Reichsbürger gleich mehrfach in die Welt zu setzen. Er sollte

aus einer Vermischung der dem Makedonenkönig untertanen Völker geboren werden und die Grenzen nicht mehr respektieren müssen, welche jene zwischen sich aufgerichtet hatten.

Den tieferen Sinn dieser Operation dürften freilich nur Alexanders jüngere Offiziere erfaßt haben, die, die gemeinsam mit ihm die Pagenschule durchlaufen und dabei gelernt hatten, in Dimensionen zu denken, welche herkömmliche Vorstellungen sprengten. Sie rechneten mit abstrakten Kräften, die man bändigen, umleiten, zusammenfügen, in Dienst nehmen konnte. Ein bißchen war das schon technokratisch gedacht, wenn auch – wie eben die feierliche Massenpaarung von Susa erkennen läßt – mit noch bäuerlichem Ansatz. Viehzüchter operieren so, aber Viehzüchter versuchen ja ebenfalls zu manipulieren.

Der Reichskonstrukteur Alexander bediente sich freilich auch noch anderer Mittel. Eines davon war seine Kolonisierungspolitik. Östlich des Euphrat hatte er rund zwanzig Städte gegründet, die nicht nur als Militärstützpunkte, Handelsplätze und Verwaltungszentren dienen sollten, sondern auch als Kristallisationskerne für eine neue Mischzivilisation gedacht waren: hellenische Kulturböden geimpft mit asiatischen Keimen.

Ein weiteres Mittel war schließlich auch seine neue Ideologie. Sie ließ sich reduzieren auf die zwei Grundbegriffe »Homonoia« (Eintracht) und »Koinonia« (Gemeinschaft), was gewiß etwas mager anmutet. Trotzdem dürften die beiden Schlagworte genügt haben, um zu dokumentieren, daß die nicht minder simplen Vorstellungen des Isokrates endgültig als überholt gelten konnten: keine Feindschaft mehr zwischen Europa und Asien. Außerdem kam ja noch dazu, daß sie von einem Sohn des Zeus, einem lebenden Gott also, personifiziert und vorgelebt wurden. Das mußte ausreichen, sie auch mythologisch abzusichern.

Reichte es aber aus? Waren die verstreuten Pflanzstädte, die beiden Wortsäulen stark und wirkungsvoll genug, ein so kompliziertes Gebilde zu tragen, wie Alexander es errichten wollte? Schließlich zielte er darauf ab, riesige Völkerherden auf eine friedliche, von den Grenzen seines Reiches umzäunte Weide zu treiben und sie dort zu halten. Wie sehr deckte sich diese Vision mit der Realität?

Hätte ein moderner Staatsrechtler das zusammeneroberte Imperium Alexanders unter die Lupe genommen, er wäre zu einer niederschmetternden Beurteilung gekommen.

In Ägypten Gott und absoluter König

Philipps Sohn war, wie der englische Historiker William Tarn feststellte, in seinem Geburtsland halbkonstitutioneller, da von der Heeresversammlung gewählter Herrscher, in Ägypten Gott und absoluter König und in Persien absoluter König, aber kein Gott. Am Ostufer des Mittelmeers regierten mit ihm zusammen die einheimischen phönizischen Stadtkönige als unterworfene, auf Zypern einige lokale Regenten als freie Verbündete. In Judäa teilte er seine Macht mit den Hohenpriestern von Jerusalem, in den Tempelstaaten Kleinasiens mit Vertretern der vielfältigsten Götter. Das Land Karien im Südwesten der heutigen Türkei regiere eine Fürstin, zu der er im Verhältnis eines Adoptivsohns stand, die Stadt Babylon einheimische Notabeln, denen er beträchtliche Selbstverwaltungsrechte zugestanden hatte. Seine Provinzen im Nordosten Persiens und in Afghanistan wurden von Nomaden bewohnt, die außer ihren Häuptlingen kaum jemand anderen als Führer anerkannten, im Pandschab lag die eigentliche Staatsgewalt bei den Ältesten der Dorfgemeinschaften, und was die Rajs in den von ihm unterworfenen anderen Provinzen Indiens taten, konnte er von seiner fernen Residenz aus ohnehin kaum kontrollieren.

Am kompliziertesten aber war zweifellos sein Verhältnis zu Hellas. Staatsrechtlich gehörte das Land seinem Reich überhaupt nicht an. Trotzdem fungierte er als gewähltes Haupt der Thessalischen Liga, als Bundesfeldherr der Korinthischen Föderation und war in einigen Städten wiederum Gott, aber, zumindest nach allgemeinem Verständnis, deswegen durchaus kein absoluter Herrscher. Bei den Ratsversammlungen der Delphischen Amphiktyonie endlich standen ihm nicht mehr als zwei Stimmen zu. Daß Griechenland de facto dennoch seiner Autorität vollkommen unterstand, verdankte er im Grunde allein den makedonischen Garnisonen in Korinth, Theben, Eretria und Chalkis, also nackter Militärmacht.

Das letztere aber galt, trotz all der komplizierten rechtlichen Konstruktionen, mehr oder weniger auch für die anderen Reichsteile. Er konnte sein Imperium zusammenhalten, weil und solange er dazu stark genug war. Basis seiner Pläne blieb also fürs erste das Heer und der aus ihm hervorgegangene, von ihm getragene Verwaltungsapparat, zwei, wie sich erweisen sollte, reichlich stumpfe Instrumente.

Ein teilweise schmutziges Geschäft

Nachdem Alexander von Indien zurückgekehrt war, stellte er zunächst einmal fest, daß während seiner Abwesenheit aus dem königlichen Gestüt in Nisaia (vermutlich zu Füßen des Elbursgebirges gelegen) die kostbarsten, für seine Kavallerie so ungeheuer wichtigen Zuchtpferde verschwunden waren, daß sein Schatzmeister Harpalos sich mit einer Millionensumme nach Griechenland abgesetzt und ein anderer hoher Beamter ägyptischen Weizen auf eigene Rechnung und zu Wucher-

preisen ins arme Hellas verkauft hatte. Aus dem goldenen, blutgedüngten Boden des Reichs blühte zunächst einmal weniger die verwirklichte Utopie als vielmehr Korruption.
Der König bemühte sich, auch diesem Übel zu steuern. Er begann, sein Imperium straff zu zentralisieren, verkleinerte Verwaltungseinheiten, um Satrapenmacht zu beschneiden, trennte die militärische von der zivilen Gewalt, in der Hoffnung, die Vertreter der einen würden die Vertreter der jeweils anderen unter Kontrolle halten, und löste alle privaten Söldnerarmeen landsässiger Adeliger auf. Damit freilich tat er zwei Dinge gleichzeitig, er predigte Gemeinschaft, beschwor Eintracht und institutionalisierte doch, wie alle Herrscher, das Mißtrauen der Mächtigen gegenüber denjenigen, die ihnen unterworfen sind. Wäre er ein Zyniker gewesen, er hätte diese Doppelmethode »Zuckerbrot und Peitsche« nennen können, doch von Alexander ist eigentlich nicht überliefert, daß er zum Zynismus neigte.
Vorstellbar ist dagegen, daß er in seinem letzten Lebensjahr härter, herrischer, menschenfeindlicher wurde. Eine eroberte Welt lag zu seinen Füßen, aber es war ihm nicht gestattet, götterhoch über ihr zu thronen. Das Umformen der Realität erwies sich als ein bitteres, teilweise schmutziges Geschäft. Mit Blut hatte er sein Reich geschaffen, mit Blut mußte er es zusammenhalten – und letztlich immer noch mit den Mitteln, die ihm Philipp an die Hand gegeben hatte. War er also wirklich so sehr über die Welt seines Vaters hinausgewachsen? Gerechterweise hat die Geschichte ihm auch seine Pläne, Träume und Visionen gutgeschrieben. Selbst in afghanischen und türkischen Sagen lebt er fort als ein Mann von unfaßbarer Einzigartigkeit.
Aus den Berichten über seine Tage in Babylon aber tritt er uns eher als ganz normaler Mensch entgegen, als ein Freund, dem der beste Freund, Hephaistion, ganz unerwartet weggestorben ist und der nun um ihn trauert; als ein Mann, der offensichtlich das Bedürfnis hat, der unangenehmen Wirklichkeit gelegentlich zu entfliehen, der sich berauscht an neuen großen Eroberungsplänen, aber auch am Wein. Das letztere im Übermaß.
Wenn es eine große Sorge gegeben haben sollte, die ihn besonders beherrschte, dann könnte sie aus dem Wissen erwachsen sein, daß das Imperium, so wie es existierte, letztlich nur durch ihn zusammengehalten wurde und daß das, was aus ihm werden sollte, praktisch erst in seinem Kopf vorhanden war. Die Zukunft hing also davon ab, wie lange er noch das Herrscherdiadem tragen würde – was den Männern, welche sich am Abend dieses neunundzwanzigsten Mai 323 v. Chr. im Haus des Medeios zusammengefunden hatten, freilich ebenfalls bewußt gewesen sein dürfte.

Pella, die zweite Hauptstadt der Makedonen

Das von Philipp zerstörte Olynth

Demosthenes, Philipps gefährlichster Gegner

Ptolemaios I., Alexanders letzter Adjutant, König von Ägypten

Seleukos I., Herrscher des Ostens

Demetrios Poliorketes, Sohn des Antigonos

Ptolemaios II. und Arsinoë II.

Ihre Heimat: seine Träume

Der Staat Alexanders garantierte keinem Würdenträger seine Position auf Lebenszeit. Jeder aus ihren Reihen lebte von Diensten, die er dem König erwiesen hatte, und von dessen Vertrauen. Unter seinem Nachfolger, selbst wenn er einer der Ihren hätte sein sollen, liefen sie noch einmal Gefahr, von vorne beginnen zu müssen, denn natürlich waren sie sich keineswegs alle in brüderlicher Liebe oder alter Schulfreundschaft zugetan. Ihre verschiedenen Positionen mögen sie sogar eher voneinander getrennt haben; die gemeinsam bestandenen Abenteuer hatten sich für den einen besser, den anderen schlechter ausgezahlt.
Perdikkas, um noch einmal mit dem Ältesten und Ranghöchsten zu beginnen, repräsentierte halb das alte Makedonien, dessen staatstragende Bedeutung durch Alexander vermindert worden war, halb auch schon das neue Reich, dem er immerhin als Chiliarch, eine Art Chefminister, diente.
Die Antipater-Söhne mußten sich fragen, wohin das Pendel der Regierungsgewalt ausschlagen würde, wenn der jetzige König abtrat; zurück zum heimatlichen Machtzentrum, das ihr Vater (noch) kontrollierte, oder standen die zukunftsentscheidenden Bataillone (schon) in Babylon?
Lysimachos und Ptolemaios gehörten zu einer Gruppe von Offizieren, die in dem Maße vorangekommen waren, in dem das Imperium wuchs. Ihr Standort war der Staat, den Alexander anstrebte, ihre Heimat seine Träume, die realisierten wie die noch nicht verwirklichten. Würden sie deren bunte Fahne aber auch nach seinem Tod noch hochhalten können? Und würde ihnen jemand nachfolgen, wenn sie es täten?
Doch wogen selbst ihre Probleme gering im Vergleich mit denjenigen der vier Griechen am Tisch. Medeios, Nearchos, Philippos und Eumenes, vor allem der letztere, vertraten ein Element im alexandrinischen Staatswesen, das dieses geistig durchsäuert und kulturell geprägt hatte, dem aber in den Apparaturen der Militärmacht kaum ein nennenswertes Gewicht zukam. Der Thessalier hätte sich im Fall eines plötzlichen Zusammenbruchs vielleicht auf ein oder zwei Reiterregimenter, gebildet aus seinen Landsleuten, stützen können. Der Kreter Nearchos verfügte über eine eigene Satrapie und hatte möglicherweise noch Freunde bei der Flotte. Die beiden anderen jedoch waren Hellenen unter makedonischen und persischen Soldaten und damit hoffnungslos dem Mißtrauen ausgesetzt, das zwischen diesen Völkern schwelte.
Alles in allem bot also die Tischrunde, zumal wenn man annimmt, daß ihr auch noch einige Iranier angehörten, ein fast vollständiges Konterfei des von Babylon aus regierten Reiches, samt der entwicklungsbedingten Sprünge und Risse, die seinen Kern durchzogen. Niemand

konnte vorhersagen, was dieses Gebilde im Notfall aushalten würde, doch hätte auf seinen ewigen Bestand wohl keiner der Trinkkumpane eine größere Summe gewettet.

»Als ob ein Pfeil seine Leber durchbohrt hätte«

Immerhin, des Medeios Gäste wußten, was sie hatten – wenigstens im Moment. Ob sie noch mehr bekommen würden, mehr Einfluß, mehr Macht, mehr Geld, wenn Alexander das Reich weiter vergrößerte, oder ob sich ihre Chancen dadurch eher zugunsten der Vertreter anderer Völker verminderten, war schon wieder eine offene Frage. Durchaus möglich deshalb, daß der eine oder andere von ihnen bereits mit dem Gedanken gespielt hatte, das ganze atemberaubende Unternehmen, das so lange gut gegangen war, zu liquidieren und den enormen Spekulationsgewinn einzustreichen. (Unter den älteren makedonischen Offizieren, das ist überliefert, gab es viele, die so dachten. Ihre Landsleute waren nie davor zurückgeschreckt, die Könige abzuschaffen, die ihnen nicht mehr paßten. Von Alexanders Vorfahren ist keiner im Bett gestorben.)

Weil das aber so war, bringen die Urheber des Gerüchts, auch Philipps Sohn sei einem Anschlag zum Opfer gefallen, im Grunde alle kursierenden Mutmaßungen, Überlegungen, Verdächte auf den einfachsten Nenner. Ihr Bericht ist Teil des sogenannten *Alexanderromans,* einer stellenweise phantastischen Geschichtsklitterung aus dem dritten nachchristlichen Jahrhundert. Niemand würde ihn als seriöse Quelle betrachten, wenn Philologen nicht in mühsamen Textvergleichen herausgefunden hätten, daß seine unbekannten Verfasser auch Dokumente verarbeitet haben, die weniger als zehn Jahre nach dem Tod des Königs entstanden sein müssen. Es waren inoffizielle Dokumente, doch möglicherweise enthielten sie eine Wahrheit, die offiziell, das heißt, von Alexanders Nachfolgern, einigen der Männer also am Tisch des Medeios, geflissentlich unterdrückt wurde. So soll sie ausgesehen haben: Antipater in Makedonien, um seine Stellung fürchtend, hatte Kassander für seine Reise nach Babylon ein tödliches Gift mitgegeben, »das man weder in bronzenen, noch gläsernen, noch irdenen Gefäßen aufbewahren konnte, weil es sie gleich zerstörte. Er schüttete es (deshalb) in eine bleierne Büchse, barg diese in einer anderen, eisernen, diese in einem Maultierhuf.« Kassander nun händigte das gefährliche Paket seinem Bruder Iollas aus, weil er als königlicher Mundschenk das Mittel am leichtesten ihrem gemeinsamen Opfer beibringen konnte. Und Iollas waltete seines tödlichen Amtes.

Nach einem ersten harmlosen, reichte er Alexander einen zweiten Becher mit dem Gift. Der »nahm ihn zu seinem Unheil und trank –

aber plötzlich schrie er auf, als ob ein Pfeil seine Leber durchbohrt hätte«. Kurz darauf ging er nach Hause, am anderen Tag, so der Roman, war er tot.
Von den zwanzig Gästen am Tisch sollen nur sechs an dem Anschlag nicht beteiligt gewesen sein, unter ihnen Perdikkas, Ptolemaios, Lysimachos und Eumenes. Alle anderen, auch Medeios, auch der Admiral Nearchos, auch der Arzt Philippos hätten jedoch durchaus gewußt, daß sie einem Attentat beiwohnten.
Geheime, nunmehr enthüllte Wahrheit? Bösartiges Gerücht? Bloße Spekulation? Die Antwort der modernen Alexanderforscher auf diese Fragen präsentiert sich als eine lose Indizienkette. Da der König, entgegen der Behauptung der Romanverfasser, erst dreizehn Tage nach dem Gelage bei Medeios starb, scheine, so meint der Brite C. Bradford Welles, »die Dauer der Krankheit ... eine Vergiftung auszuschließen«. Sein Landsmann, der junge, brillante Oxfordianer Robin Lane Fox, fügt ergänzend hinzu, im antiken Griechenland habe kein Bedarf an langsam wirkenden Giften bestanden, man hätte sich dort immer schnelltötender Mittel bedient. Der Makedone sei also wohl eher an einer Malaria gestorben, die er sich auf den babylonischen Kanälen zuzog. Doch schreibt Fox auch: »Wer mit den Todesursachen mächtiger Männer vertraut ist, wird nicht davon überrascht sein, daß das Sterben Alexanders ein Rätsel darstellt, welches nur schwerlich jenseits aller Zweifel zu lösen sein wird.«
Die Romanautoren selbst ziehen einen poetischeren Schleier über dieses Ende. »Ein großer Stern«, so fabulieren sie, »senkte sich aus dem Himmel auf das Meer herab, mit ihm ein Adler ... Der Stern erhob sich wieder in den Himmel, ihm folgte der Adler. Und sobald der Stern im Himmel verschwand, sank Alexander in den ewigen Schlaf.«
Was er zurückließ, war ein Berg von unerledigten Problemen, ein halbfertiger Staat und ein verklärtes Bild seiner selbst. Zusammen ergab dies den Komplex von Schwierigkeiten, dem seine Nachfolger sich gegenübersahen. Jeder von ihnen wollte ein neuer Alexander sein, keiner war es. Selbst die geschicktesten und klügsten unter ihnen mußten sich damit begnügen, ihn nachzuahmen und aus seiner Hinterlassenschaft so viel herauszuschneiden, wie sie eben bekommen konnten. Das Schauspiel, das sie dabei boten, war blutig, abstoßend und doch auch faszinierend. Mit seinen vielen Verlängerungen dauerte es nahezu dreihundert Jahre lang, und der tote König blieb stets sein eigentlicher Held, jünglingshaft, strahlend, göttergleich.
In seiner Heimat ist es üblich, daß Männer mit einer leichten Neigung des Kopfes zur rechten Schulter hin danken. Man sagt, sie ahmten damit noch immer Alexander nach, für den diese Kopfhaltung charakteristisch gewesen sei.

KAPITEL 2

AUFTRITT
DER
DIADOCHEN

»*Alexander starb nach zwölfjähriger Regierung. Seine Edelleute traten nun die Herrschaft an, ein jeder an seinem Orte. Nach seinem Tod setzten sie alle Kronen auf, ebenso ihre Söhne nach ihnen, viele Jahre lang. Sie brachten viel Unheil über die Erde.*«

Erstes Makkabäerbuch 1,7–9

»*Als Haupttriebfeder des Menschen sehe ich den unstillbaren und nagenden Hunger nach Macht und abermals Macht. Nicht etwa, daß der Mensch nach immer größerem Wohlbehagen strebte oder mit seiner geringeren Macht nicht zufrieden sein könnte, er kann sich nur seine gegenwärtige Macht und die Mittel, die ihm jetzt Glück schenken, nicht sichern, ohne immer noch mehr zu erwerben.*«

Thomas Hobbes
Leviathan

ZEITTAFEL

323 v. Chr.:	Perdikkas, Antipater und Krateros teilen sich in die Regierung über das Alexanderreich.
322 v. Chr.:	Ein Aufstand der Athener gegen Makedonien wird von Antipater niedergeschlagen. Demosthenes begeht Selbstmord.
321 v. Chr.:	Antipater, Krateros, Antigonos und Ptolemaios verbünden sich gegen Perdikkas. Eumenes schlägt Krateros. Perdikkas wird ermordet. Neuverteilung der Ämter in Triparadeisos.
319 v. Chr.:	Antipater stirbt. Sein Nachfolger Polyperchon verbündet sich mit Eumenes gegen Antigonos, Lysimachos, Ptolemaios und Kassander.
317 v. Chr.:	Kassander vertreibt Polyperchon aus Makedonien.
316 v. Chr.:	Eumenes wird von Antigonos geschlagen und umgebracht. Die übrigen Diadochen verbünden sich gegen Antigonos.
315 v. Chr.:	Antigonos erobert Südsyrien und Babylon. Seleukos flieht zu Ptolemaios nach Ägypten.
312 v. Chr.:	Ptolemaios schlägt Demetrios bei Gaza und setzt Seleukos wieder in Babylon ein.
311 v. Chr.:	Ende des Krieges zwischen Antigonos und den anderen Diadochen.
310 v. Chr.:	Kassander ermordet Alexanders Sohn.
310–308 v. Chr.:	Krieg des Antigonos gegen Seleukos.
307 v. Chr.:	Demetrios gewinnt Athen und große Teile Griechenlands.
306 v. Chr.:	Demetrios schlägt Ptolemaios in der Seeschlacht von Salamis. Er und sein Vater nehmen den Königstitel an. Sie versuchen, Ägypten zu erobern.
305 v. Chr.:	Demetrios belagert Rhodos.
304 v. Chr.:	Auch Ptolemaios nimmt den Königstitel an.
301 v. Chr.:	Schlacht von Ipsos. Tod des Antigonos.
299 v. Chr.:	Seleukos heiratet eine Tochter des Demetrios.
298 v. Chr.:	Kassander stirbt.
295 v. Chr.:	Demetrios erobert Athen zum zweiten Mal.
294 v. Chr.:	Demetrios wird König von Makedonien.
287 v. Chr.:	Pyrrhos und Lysimachos vertreiben Demetrios aus Makedonien.
286 v. Chr.:	Seleukos interniert Demetrios.
283 v. Chr.:	Tod des Demetrios.

DER GRIECHE, DER KEINE CHANCE HATTE

Neigung zur Arroganz und zum Zynismus

Eumenes, Gast am Tisch des Medeios bei dem letzten Gelage, das Alexander bereitet wurde, war der Sohn eines Fuhrunternehmers aus der athenischen Pflanzstadt Kardia auf Gallipoli. Er wird von seinen Biographen als klein und zierlich beschrieben, muß aber den Mut und die Angriffslust eines Terriers besessen haben. Als Siebzehnjährigen hatte ihn Philipp bei einem Sportwettbewerb gesehen, hatte Gefallen an dem flinken, gescheiten Burschen gefunden und ihn mit nach Pella genommen.

Das war der Beginn einer Karriere gewesen, die von der Ebene gutbürgerlichen Mittelstands emporführte bis dicht unter den Gipfel der Macht, vom Geheimkabinett des alten in jenes des neuen Königs. Wer sich in solchen separierten Zirkeln aufhält, lernt freilich von den Menschen vor allem die Seiten kennen, an denen die Herrscher sie zu packen pflegen: ihre schwachen. Privatsekretäre erfahren oftmals mehr als ihnen guttut, das fördert, falls vorhanden, ihre Neigung zur Arroganz und zum Zynismus. Von Eumenes kann man sich vorstellen, daß er sie gehabt hat. Der kleingewachsene Grieche blickte aus sehr großer Höhe auf alle die athletischen Helden in klirrender Rüstung herab, die Philipp und Alexander umgaben.

Der Vorwurf von Neoptolemos, einem Führer der Leibwache, er habe den beiden Königen nur Schreibtafel und Griffel nachgetragen, konnte ihn aber nicht treffen. In Indien hatte Eumenes erfolgreich ein ganzes Korps geführt und nach der Beförderung des Perdikkas zum Chiliarchen war ihm dessen Kommando über die »Hetairoi« (Gefährten), eine Elitetruppe des Heeres, zuerkannt worden. Er scheint also ein Mann gewesen zu sein, der nicht nur hinter, sondern auch vor den Kulissen Figur machte, der Schläue, Verschwiegenheit und Intelligenz mit Tatkraft und Härte verband – eine seltene Kombination. Aber erst seine Schwächen runden das Bild von Eumenes vollkommen ab.

Nicht nur arrogant muß er gewesen sein, er hatte auch eine ziemlich böse Zunge, war leicht zu beleidigen und vor allem nachtragend. Die Sticheleien des Neoptolemos etwa verzieh er nie; mit Hephaistion, Alexanders Liebling, zankte er sich, einiger Bagatellen wegen, wie ein altes Weib herum. Außerdem scheint er am Geld gehangen zu haben. Als ihm der König einmal eine Abgabe von dreihundert Talenten (knapp acht Tonnen Edelmetall) auferlegte, behauptete er – das Heer stand in Indien – mit Mühe und Not allenfalls hundert auftreiben zu können. Alexander ließ daraufhin das Zelt des Griechen in Brand stecken und jedermann sah, was er wirklich unter seinen Decken verborgen

hatte, nämlich über tausend Talente an Gold und Silber, eine ungeheure Summe. Isios aus Aitolien, der reichste Mann Griechenlands, ein mehrfacher Millionär nach den Begriffen seiner Zeit, verfügte damals gerade über ein Vermögen von zweihundert Talenten.
Freilich, Eumenes, den zu Hause kein Rittergut erwartete, mag seinen gehorteten Schatz auch als Sicherheit für eine Zukunft betrachtet haben, von der er nicht wußte, was sie ihm bringen würde. Jetzt, am Totenbett seines Herrn, war dieses Problem so brennend wie nie zuvor.

Die makedonische Reaktion

Der sterbende Alexander hatte seinen Ring an Perdikkas übergeben und ihn damit – so konnte man es deuten – zu seinem Nachfolger bestimmt. Bei Licht betrachtet war diese Geste jedoch nicht mehr als der verzweifelte Versuch, dem Reich einen Führer zu hinterlassen, eher eigentlich schon eine Bitte an die Generale, zusammenzuhalten, was er geschaffen hatte. Rechtliche Bedeutung kam ihr keineswegs zu. Wenn ein makedonischer Herrscher abgetreten war, fiel die Macht immer an das Heer zurück.

Dieses Heer indessen war längst nicht mehr der disziplinierte Körper, als den Philipp es in das asiatische Abenteuer entlassen hatte. Von Alexander in ihrem Selbstverständnis verletzt, wußten die Soldaten kaum noch, was sie wollten oder wollen sollten, dafür aber um so besser, was ihnen auf gar keinen Fall gefiel: die Utopie des Toten. Der Staat, in dem Perser, Afghanen, Inder, Griechen, Juden, Phönizier die gleichen Rechte gehabt hätten wie jeder Makedone, war ihnen, trotz der aufwendigen symbolischen Veranstaltungen, ein Greuel geblieben. Nun lautete ihre einzige Devise: Zum Teufel mit Homonoia! Zurück zu dem Zustand, der vor der Eroberung von Persepolis geherrscht hatte! Was von ihnen erkämpft worden war, sollte wieder als »speergewonnenes«, das heißt unterworfenes Land gelten. Der Historiker Eduard Meyer bezeichnet diese Haltung als »makedonische Reaktion«. Perdikkas wurde als erster von ihr betroffen.

Kaum hatte er bekanntgegeben, daß er das Reich im Namen von Alexanders noch ungeborenem Sohn verwalten werde – das Kind reifte im Leib der afghanischen Prinzessin Roxane, einer Ehefrau des Toten –, da empörte sich auch schon ein Teil der besonders konservativen Fußtruppen. Ihre Forderung: nur ein reinblütiger Makedone dürfe König werden. Als Thronprätendenten hatten sie Alexanders Halbbruder Arrhidaios im Auge, der in Pella lebte. Daß er schwachsinnig war, schien keinen von ihnen sonderlich zu stören. Seinen Namen auf den Lippen, drangen sie in den Raum ein, in dem Alexander aufgebahrt war, und drohten, die dort versammelten Offiziere umzubringen.

Mit Hilfe seiner Reiterei konnte der Chiliarch diesen Aufstand zwar niederschlagen, an einem Kompromiß mit den Meuterern kam er aber dennoch nicht vorbei. Er mußte ihn schon deshalb schließen, weil er keineswegs über die ganze Macht im Staat verfügte. Krateros, ein bei den Soldaten besonders beliebter General aus Philipps Schule, war mit den zehntausend entlassenen Veteranen auf dem Weg nach Makedonien. Dort aber stand aufbruchbereit der ebenfalls hochangesehene Antipater mit der ganzen Heimatarmee und allen Reserven. Von den beiden Generationsgenossen war anzunehmen, daß sie sich rasch verständigen und dann ihren Anspruch auf einen Teil der Macht oder sogar die Herrschaft über das ganze Reich anmelden würden.

Eine Heeresversammlung, die am zehnten Juni 323 v. Chr. in Babylon zusammentrat, arbeitete deshalb die folgende Formel aus: Roxanes Kind, vorausgesetzt, es würde ein Junge sein, sollte die Königswürde gemeinsam mit Arrhidaios repräsentieren, Perdikkas würde in beider Namen Asien, Antipater Makedonien verwalten und Krateros »Vorsteher des Königtums« werden, was immer das faktisch bedeuten mochte. Es war ein Vorschlag, den das Bestreben kennzeichnete, die drei wichtigsten Machtfaktoren im Reich auszubalancieren, doch krankte er daran, daß an seinem Zustandekommen Krateros und Antipater persönlich nicht beteiligt waren. Niemand wußte deshalb, ob sie bereit sein würden, mit Perdikkas zu kooperieren.

Eumenes, der sicherlich klug genug war, die Schwächen dieser Konstruktion zu erkennen, muß dennoch den Eindruck gewonnen haben, das Reich Alexanders könne durch sie erhalten werden, und suchte sich seinen Platz darin zu sichern. Er setzte auf Perdikkas, den er kannte und mit dem er sich offensichtlich noch nicht, wie mit so vielen anderen, verkracht hatte. Ob er es auch tat, weil ihm an der Verwirklichung der Ideen seines toten Herrn lag, wissen wir nicht, doch ist es keineswegs unwahrscheinlich. In dessen Reich wäre er immerhin mehr gewesen als nur ein von Makedonen verspotteter und angepöbelter Grieche.

Ein anderer aus der Tischrunde im Haus des Medeios scheint die Lage anders interpretiert zu haben.

Im Lotteriespiel um Alexanders Erbe ein Hauptgewinn

Ptolemaios, Sohn des makedonischen Adeligen Lagos (deshalb, wie auch seine Nachfahren, »Lagide« genannt), mütterlicherseits mit den Argeaden, dem makedonischen Königshaus, weitläufig verwandt – von der Großmutter, die Grund seines ständigen Errötens gewesen sein soll, weiß man nichts –, hat, anders als Eumenes, im Altertum keinen Biographen gefunden, dafür aber Bildhauer, die uns übermitteln, wie er aussah.

Ein silbernes Vierdrachmenstück aus der Zeit um 290 v. Chr. zeigt, in seltener Prägnanz, seinen markanten Gebirglerkopf. Aus hoher, etwas fliehender Buckelstirn springt die Nase wie ein Felsen hervor. Der Mund, halb geöffnet, ist straff, ohne schmallippig zu wirken, das Kinn gewaltig, das Auge groß und eindrucksvoll. Natürlich trägt er sein Haar so, wie auch Alexander es trug, in wilden, ungebändigten Locken. Sein breiter Hals läßt auf eine eher stämmige Statur schließen. Er scheint vor Tatkraft und Willensstärke geradezu zu bersten und strahlt sogar so etwas wie Charme aus. Außerdem erweckt er das Gefühl, in gefährlichen Situationen hätte man sich auf ihn verlassen können.

Sein Name, in dem das Wort »polemos«, der Krieg, zu stecken scheint, wurde dem ersten Lagiden zwangsläufig zum Lebensprogramm. Unter Alexander tat er sich vor allem durch seine hervorragende Begabung für Planung und Militärverwaltung, aber auch durch einige kühne Husarenstücke hervor. Er war es gewesen, der nach gefährlicher Parforcejagd durch die Turkmenensteppe Bessos, den Mörder des Dareios, stellte, er hatte – zusammen übrigens mit Eumenes – die Eroberung der scheinbar uneinnehmbaren Felsenfestung Pir-Sar am Indus durch ein abenteuerliches Bergsteigerunternehmen überhaupt erst möglich gemacht.

Andererseits fehlte es ihm durchaus nicht an Geduld und Anpassungsfähigkeit. Bis zur Verurteilung von Philotas scheint er eher im Hintergrund gestanden zu haben, danach wurde er »Somatophylax«, Leibwächter des Königs, was etwa der Stellung eines persönlichen Adjutanten, allerdings mit hoher Kommandogewalt, entsprach. Wann Ptolemaios geboren wurde, steht nicht genau fest, man nimmt jedoch seit neuestem an, es sei um das Jahr 360 v. Chr. gewesen. Das würde ihn um vier Jahre älter machen als seinen ehemaligen Schulkameraden Alexander.

In späteren Jahren hat der Lagide aus seiner Freundschaft mit dem Toten einen wahren Kult entwickelt. Ob er auch schon in Babylon für dessen Ideen, vor allem für die Reichseinheit kämpfte, ist dagegen eher zu bezweifeln. Sie stand dort wohl nicht allzuhoch im Kurs.

Neben den drei designierten Erbverwaltern warteten auch noch andere hohe Würdenträger auf ihren Anteil an der Macht. Außer Ptolemaios waren das vor allem der einäugige Antigonos, ferner Lysimachos, Eumenes und der schlachtenerprobte Seleukos. Perdikkas, der einzige anwesende Vertreter der Führungstroika, mußte sich mit ihnen arrangieren.

Er ernannte Seleukos zum Satrapen der reichen Provinz Babylonien, bestätigte Antigonos als Statthalter von Phrygien in Westanatolien und teilte Lysimachos das wilde Thrakien zu. Nach außen hin war das eine reine Verwaltungsreform, gedeckt durch die Annahme, daß das Reich in seiner alten Gestalt weiterbestehen würde. In Wirklichkeit je-

doch – und darüber dürften sich alle Beteiligten insgeheim im klaren gewesen sein – wurden den neuen Provinzregenten Stellungen zugewiesen, in denen sie die weitere Entwicklung zunächst einmal beobachten konnten, um erst dann zu entscheiden, welche Rolle sie wirklich spielen wollten. Zumindest einer von ihnen scheint das freilich schon jetzt gewußt zu haben: Ptolemaios.
Er sicherte sich bei den Verhandlungen in Babylon Ägypten, einen Reichsteil, der eigentlich keines neuen Gouverneurs bedurft hätte, denn er wurde von dem Griechen Kleomenes aus der milesischen Pflanzstadt Naukratis am Nil sehr zufriedenstellend verwaltet. Daß der Lagide dennoch darauf bestand, ihn zu übernehmen, läßt erkennen, worauf er abzielte.
Er muß das afrikanische Land gewollt haben, weil es reich war, weil es ein in sich geschlossenes Staatsgebilde mit uralter Tradition darstellte und weil es, geschützt vom Delta und der Libyschen Wüste, leicht gegen jedermann zu verteidigen sein würde. Wer hier saß, konnte müheloser als andere entweder ein eigenes unabhängiges Königreich gründen oder, von unangreifbarer Position aus, in die Reichspolitik eingreifen, um selbst größere Ansprüche auf die Macht im alexandrinischen Staat anzumelden.
Daß seine Kollegen dies nicht von Anfang an sahen, ist unverständlich, spricht aber vielleicht für die Fähigkeit des Ptolemaios, anderen Sand in die Augen zu streuen. Möglicherweise haben sie diesem so offen wirkenden Mann gar nicht zugetraut, daß er insgeheim derart weitreichende Pläne zu entwickeln vermochte. Als Perdikkas endlich erkannte, wie sehr er von ihm getäuscht worden war, war es schon zu spät. Ptolemaios hatte im Lotteriespiel um Alexanders Erbe einen Hauptgewinn gezogen.

»Eher Leib und Leben als die Treue opfern«

Ein weitaus schlechteres Los wurde Eumenes aus Kardia zuteil. Er erhielt Paphlagonien und Kappadokien, zwei Provinzen zwischen Taurusgebirge und Schwarzem Meer, die erst noch erobert werden mußten. Seine Satrapie hat er denn auch zunächst einmal gar nicht erreicht. Schon auf dem Marsch dorthin wurde ihm hinterbracht, daß einige der Alexandererben mit den Beschlüssen von Babylon bereits nicht mehr einverstanden seien und daß sich offensichtlich ihre Reichstreue zu verflüchtigen begann, seit sie ihre selbständigen Positionen eingenommen hatten. Den Anstoß zum Staatsstreich gaben jedoch die beiden Generale, die in Babylon nicht zugegen gewesen waren.
Antipater, Statthalter in Makedonien, schloß ein Bündnis mit Krateros ab. Beider Heere überquerten die Dardanellen und rückten nach

Osten vor, um Perdikkas, der offensichtlich bei allen unbeliebt war, aus seiner Stellung zu verdrängen. Dem Komplott gehörten auch Antigonos und Ptolemaios an. Der neue Herr Ägyptens stand – nachdem er Kleomenes ermordet hatte – am Nil bereit, seinen Besitz durch Schwächung der Zentralmacht abzusichern, der Einäugige in West-Kleinasien.

In dieser für ihn gefährlichen Situation hatte Perdikkas nur einen Freund: den sofort nach Babylon zurückgeeilten Eumenes. Ihm befahl er deshalb, die von Westen heranrückenden feindlichen Truppen abzufangen, während er selbst sich nach Ägypten wandte – unter Mitnahme der besten Regimenter. Eumenes blieben lediglich einige in Armenien stationierte Einheiten, zwanzigtausend Mann zu Fuß und fünftausend Reiter, kommandiert von seinem Intimfeind Neoptolemos. Den jagte er jedoch davon und trieb ihn damit dem Statthalter von Makedonien in die Arme.

Als Antipater erfuhr, daß sich auf seinem Weg nach Babylon ein Hindernis aufbaute, schickte er den Krateros gegen Eumenes vor. Auch Krateros verfügte über zwanzigtausend Infanteristen, hatte aber nur zweitausend Mann Kavallerie. Doch was konnte der bunt zusammengewürfelte Haufen aus Armenien ausrichten gegen eine Truppe, zu der zehntausend nie besiegte makedonische Veteranen gehörten? Und vor allem: Wer war Eumenes, verglichen mit einem der fähigsten alten Generale aus Philipps Schule?

Wie es schien, wog er jedoch so wenig nun auch wieder nicht. Antipater immerhin hielt es für geraten, dem ehemaligen Sekretär Alexanders Verhandlungen anzubieten, wobei er durchblicken ließ, dieser könne die ihm zugewiesenen Provinzen behalten und werde vielleicht noch weitere dazubekommen, wenn er sich auf ihre Seite schlage. Es war eine Offerte, die Respekt vor den Fähigkeiten des Gegners erkennen läßt und Klugheit.

Eumenes' briefliche Antwort dagegen zeugt eher von Stolz, Mißtrauen und einer spitzen Zunge. Er habe, ließ er wissen, Antipater nie ausstehen können, nun sei es zu spät, mit ihm noch Freundschaft zu schließen. Was aber den Krateros anbetreffe, »so erböte er sich, ihn mit Perdikkas auf gerechte und billige Weise auszusöhnen. Sollte dieser aber zuerst einen ungerechten Krieg beginnen, würde er . . . dem beleidigten Teil beistehen und eher Leib und Leben als seine Treue opfern.« (Plutarch)

Es war trotz allem auch ein listiges Wort, abzielend vielleicht auf Spannungen, die zwischen Krateros und Antipater bestehen mochten, und ein großes. Eingelöst wurde es mit Witz, Geschick und Tapferkeit.

Einer der meistbewunderten Kriegshelden seiner Zeit

Um seinen Truppen beim ersten Treffen die Angst zu nehmen, redete Eumenes den Soldaten ein, nicht die gefürchteten makedonischen Phalangen stünden ihnen gegenüber und nicht der große Krateros, sondern ihr ehemaliger Chef Neoptolemos mit einigen Hilfskräften. Auf dieser Lüge basierte auch sein ganzes taktisches Konzept.
Am Tag der Schlacht – wo in Anatolien sie stattfand, ist unbekannt – ließ er entgegen allen herkömmlichen makedonischen Praktiken seine Infanterie in derart raschem Tempo vorrücken, daß die Angriffsspitze erst erkannte, wer ihr Gegner war, als sie ihn praktisch schon geworfen hatte. Und noch ehe die ebenso verdutzten Veteranen sich wieder hatten sammeln können, kam der Grieche bereits mit seiner Reiterei herangejagt, um sie völlig auseinanderzusprengen. Krateros, so verblüfft wie irgendeiner, wurde im allgemeinen Wirrwarr aus dem Sattel gestoßen. Er geriet unter die Pferde seiner eigenen Kavallerie, die ihn nicht erkannte.
Eumenes aber, und das charakterisiert ihn ebensosehr wie sein Brief, suchte vor allem Neoptolemos. »Ihre Pferde«, erzählt Plutarch, »stießen mit der Gewalt zweier Galeeren zusammen. Sie ließen deshalb die Zügel fahren, packten sich mit den Händen und suchten einander die Helme vom Kopf und die Rüstungen vom Leib zu reißen.« Man erkannte, so ergänzt Cornelius Nepos, ein anderer Biograph des Griechen, »daß sie sich aus wirklichem Haß ineinander verbissen hatten und daß mehr ihre gegenseitigen Gefühle als ihre Kräfte den Kampf bestimmten. Erst als einer von beiden tot war, konnte man sie voneinander trennen. Eumenes blutete zwar aus mehreren Wunden, zog sich aber nicht aus dem Gemetzel zurück, sondern wütete noch ärger als zuvor.«
Am Abend stand er als Sieger auf dem Kampfplatz, doch in Wirklichkeit hatte er mehr verloren als gewonnen.
Daß es ihm, dem Griechen, dem Schreibtafelträger, dem Griffelspitzer, gelungen war, den berühmten Krateros zu besiegen und den fast noch berühmteren makedonischen Veteranen die erste Niederlage in der Geschichte ihrer Einheiten beizubringen, machte Eumenes zwar zu einem der meistbewunderten Kriegshelden seiner Zeit, doch es brachte ihm auch den Haß all derer ein, die sich mit der makedonischen Tradition identifizierten. Tatsächlich war es ein Fehler gewesen, den Verbündeten des Antipater niederzuwerfen, und zwar in mehr als einer Hinsicht. Krateros hatte nicht nur als bedeutender Stratege gegolten, sondern auch als ein ehrlicher, integrer, nüchterner Makedone vom alten Schlag. Seine Soldaten hatten ihn geliebt wie keinen anderen General. Daß er nun einem klugen, kühnen, aber schlecht beratenen Hellenen zum Opfer gefallen war, kam einer Tragödie gleich, denn

zusammen mit Antipater wäre er wahrscheinlich der einzige gewesen, der das Reich, wenn auch nur auf makedonischer, nicht-alexandrinischer Basis, einigermaßen hätte zusammenhalten können. Eumenes hatte also geschwächt, was er eigentlich verteidigen wollte, und muß es begriffen haben. Er beweinte den Toten bitterlich. Für seine Leichenfeier gab er ein Vermögen aus.

Tage später wurde dem Griechen vor Augen geführt, wie sehr er sich vergaloppiert hatte. Aus Ägypten kam die Nachricht, Perdikkas sei beim Versuch, einen Nilarm zu überqueren, von seinen Offizieren ermordet worden.

Wem sollte Eumenes nun die Treue, wem die Stange halten? Aber wichtiger noch: Wer hielt jetzt ihn?

Eumenes aber sollte vernichtet werden

»Das Glück«, glaubte Plutarch zu wissen, »hebt wohl auch kleinere Geister zu edlen und erhabenen Stimmungen empor. Der Mann von wahrhaft großem und festem Charakter hingegen wird erst dadurch erkennbar, daß er sich auch in Widerwärtigkeiten und Unglücksfällen aufrecht hält – was gerade bei Eumenes der Fall ist.«

In der Tat bestätigt der Ex-Kanzleivorsteher die psychologische Beobachtung seines Landsmannes insofern, als er in den Widrigkeiten, die ihn nun erwarteten, sich selbst ganz offenbar veränderte. Von Boshaftigkeit, Spitzzüngigkeit, Geldgier oder den hahnenhaften Reaktionen eines Vielgelästerten auf Spott und frühere Beleidigungen wissen seine Biographen plötzlich nichts mehr zu berichten, statt dessen nur noch von wohlabgerundeten großen Gesten und nobler Haltung. Allein in gelegentlichen ironischen Bemerkungen blitzt sein altes Ich zuweilen noch durch. Wahrscheinlich hat er sich jedoch auch den Ansprüchen einer Rolle gefügt, die ihn zwang, auf der Hauptbühne des Zeitalters als einer von den vielen selbsternannten Nachfolgern Alexanders zu agieren.

Ob Eumenes sich wohl fühlte in dem Spiel, in das er hineingeraten war, kann bezweifelt werden, aber spielen mußte er es und sei's nur, um zu überleben.

An der Spitze seiner Feinde standen nun Antipater und Antigonos. 321 v. Chr. hatte sich im nordsyrischen Triparadeisos die ganze alte Garde darauf geeinigt, daß der makedonische Statthalter als Reichsverweser fungieren und der Einäugige den größten Teil der Kräfte übernehmen würde, die bis zu dessen Tod Perdikkas unterstellt gewesen waren. Eumenes aber sollte vernichtet werden. Trotzdem gab er nicht auf.

Nach eher fluchtähnlichen Märschen durch ganz Ostanatolien zog er sich 320 v. Chr. mit einem Teil seiner Leute in die uneinnehmbare Festung Nora an den Abhängen des Taurus zurück. Dort überstand er gelassen eine winterliche Belagerung durch Truppen des Antigonos und brachte es sogar fertig, das eintönige Leben zwischen engen Mauern für sich und die ihm untergebenen Männer einigermaßen angenehm zu gestalten.

Da die Magazine des Felsennestes außer Brot und Salz nicht viel enthielten, dies aber reichlich, lud er die Soldaten einzeln an den eigenen Tisch »und würzte das Mahl durch seinen freundlichen und erheiternden Umgang«. (Plutarch) Da sie kaum Gelegenheit hatten, sich zu bewegen, richtete er ein Haus als Gymnastikraum ein. Und da auch die Pferde steif zu werden drohten, ließ er sie durch Stricke, die über Rollen liefen, an den Köpfen so hoch emporziehen, daß ihre Vorderbeine den Boden nicht mehr erreichten. »Dann zwang man sie durch Peitschenhiebe aufzuspringen und auszuschlagen, wodurch sie ebenso in Schweiß gerieten wie beim Galopp auf offenem Gelände.« (Cornelius Nepos)

Als das Frühjahr kam, täuschte Eumenes die Bereitschaft vor, sich zu ergeben, zog aber, noch während die Bedingungen ausgehandelt wurden, heimlich ab.

Eroberte Babylon, verlor es wieder

Inzwischen hatte sich die allgemeine Lage erneut geändert. 319 v. Chr. war Antipater in Makedonien gestorben, hatte seinen Posten aber nicht dem eigenen Sohn, sondern seinem Generationsgenossen Polyperchon überlassen, einem geistig etwas unbeweglichen, aber zuverlässigen Mann. Den jedoch erkannten weder Antigonos noch Ptolemaios, Lysimachos oder gar sein zurückgesetzter Sohn Kassander als Reichsverweser an. Und damit werteten sie Eumenes wieder auf.

Da das Spiel um die Macht nun neu geordnet werden mußte, suchte jede der daran beteiligten wichtigen Parteien, sich den Schwertarm und die strategischen Fähigkeiten des Griechen zu sichern. Antigonos wünschte ihn plötzlich »zum Freund und Gehilfen«, der alte Mann in Pella und Alexanders Mutter Olympias begehrten ihn als Stütze des Argeadenhauses und des inzwischen längst geborenen Alexanders IV., Roxanes Sohn.

Zweifellos hätte Eumenes Angebote einholen und das vorteilhafteste annehmen können, aber er entschied zugunsten der in seinen Augen einzig legitimen Macht, zugunsten Pellas also. Ob er es aus Treue gegenüber seinem verstorbenen Herrn tat, oder, was bei ihm durchaus vorstellbar ist, aus Abneigung gegen Antigonos, wissen wir nicht. Auf jeden Fall ehrt ihn sein Beschluß. Er bot auch Vorteile.

Polyperchon erteilte ihm Vollmacht, seine Kassen in einem der königlichen Schatzhäuser, der Festung Kuinda in Kilikien, aufzufüllen und dazu den Auftrag, die Truppen, die den Hort bewachten, in Dienst zu nehmen. Das waren Alexanders berühmte »Argyraspiden« (Silberschildner), eine Spezialeinheit, welche vor dem Zug nach Indien aufgestellt worden war. Der Umgang mit ihnen erwies sich freilich als schwierig.

Ihre Kommandeure, Antigenes und Teutamos, mochten den Griechen so wenig wie die meisten Makedonen. Um überhaupt mit ihnen reden zu können, brachte er sie deshalb in ein Zelt, das einen Alexander geweihten Thron enthielt und behauptete, der tote König habe ihm im Traum offenbart, daß er hier stets gegenwärtig sei, um sozusagen als Vierter an ihren Gesprächen teilzunehmen.

Dann, nachdem er sich die beiden Haudegen mit dieser List gefügig gemacht hatte, führte er seine jetzt wieder recht schlagkräftige Truppe in eine Serie von Abenteuern, von denen William Tarn meint, sie zählten insgesamt zu den »Heldensagen der Geschichte«. Zunächst griff er das von Ptolemaios besetzte Phönizien an, kämpfte gegen Seleukos, zog weiter nach Mesopotamien, eroberte Babylon, verlor es wieder, wäre am Euphrat fast mit seinem ganzen Heer ertrunken, weil der Gegner einen Deich durchstochen hatte, in dessen Schutz er lagerte, und erreichte endlich im iranischen Hochland die Satrapie des ebenfalls mit Pella verbündeten Ex-Leibwächters Peukestas. Dessen Kräfte verstärkten das legitimistische Heer noch mehr und verliehen ihm auch beträchtlichen äußeren Glanz. Daß es im Innern faul war, sollte sich jedoch schon wenig später erweisen.

Abfallprodukt der alexandrinischen Weltmachtpolitik

Die makedonischen Soldaten, vor allem auch die Silberschildner, hatten ein Leben hinter sich, dessen Inhalt Krieg und Beutemachen gewesen war, sonst nichts. Sie hatten Kommandeure kommen und gehen sehen, waren erst auf die panhellenische Racheidee eingeschworen worden, dann auf Alexanders Utopie, jetzt wußten sie längst nicht mehr genau, wofür oder worum sie kämpfen sollten. Sie standen letztlich nur noch für ihre zusammengerafften Privatschätze und ihre Familien, die sie in riesigen Troßzügen von Schlachtfeld zu Schlachtfeld, von Lager zu Lager schleppten. Mit Schlagworten, auch mit Begriffen wie Ehre und Treue, konnte sie keiner mehr ködern. Sie waren das Abfallprodukt der alexandrinischen Weltmachtpolitik und repräsentierten deren entscheidende Schwäche, den moralisch überforderten Menschen.

Der Mann, der Krateros besiegt hatte, ist denn auch nicht an seinen

Feinden, sondern an ihnen gescheitert. In seine letzte Schlacht gegen Antigonos – Schauplatz: Gabiene in Karmanien am Persischen Golf – stürzten sich die Silberschildner noch mit dem Ruf: »Was, ihr jungen Schurken, ihr wollt euch an euren Vätern vergreifen!« Aber dann, nach einem fast totalen Sieg, wurden sie zu Verrätern.

Antigonos hatte den Troß von Eumenes' Heer erbeutet, nun bot er an, den Makedonen ihre Habseligkeiten zurückzuerstatten, wenn sie ihm dafür den Griechen auslieferten. Er hatte sie richtig eingeschätzt. Ohne sich um die Proteste der anderen Truppenteile zu kümmern, riß die Meute dem Feldherrn das Schwert ab »und band ihm mit dem Gürtel die Hände auf den Rücken«. Plutarch zufolge soll sie ihm dann zwar noch Gelegenheit gegeben haben, in einer bewegenden Ansprache an ihre Soldatenehre zu appellieren, doch dürfte diese Szene eher ein Produkt seines als ihres Stils gewesen sein.

Mit dem Argument, man könne von ihnen nicht erwarten, daß sie nun im Alter – jünger als sechzig war ja keiner – ihr Brot vor fremden Türen suchten und ihre Weiber dem Feind überließen, »schleppten sie Eumenes, so geschwind sie konnten, nach dem feindlichen Lager«.

Im Jahr 316 v. Chr. war dies das Ende einer schillernden Karriere, und es war kläglich. Als einer seiner Bewacher den Gefangenen fragte, warum er nicht lieber den Tod auf dem Schlachtfeld gesucht habe, soll jener erwidert haben: »Ach, wenn das doch möglich gewesen wäre! Aber ich hatte das Pech, daß mir niemand in die Quere kam, der besser war als ich.«

Zwar scheint Antigonos auch jetzt noch mit dem Gedanken gespielt zu haben, den Griechen auf seine Seite herüberzuziehen, aber dann entschloß er sich doch, ihn lieber aus dem Weg zu räumen, so zumindest weiß es Plutarch. Cornelius Nepos dagegen berichtet, Eumenes sei ohne Wissen des Einäugigen und gegen dessen Willen heimlich erdrosselt worden.

Er hatte in der Tat Pech gehabt, der Grieche, aber das erklärte sich weniger aus seiner überlegenen Fechtkunst und Tapferkeit, als vielmehr aus den Umständen, in die er hineingeraten war. Der ehemalige Kanzleichef war offenbar nie, wie erst Ptolemaios und dann auch die übrigen seiner Rivalen, auf die Idee gekommen, sich aus dem Alexandererbe ein Stück herauszuschneiden und es mit Klauen und Zähnen zu verteidigen. Das läßt auf mangelnde Einsicht in die allgemeine Lage schließen oder auf einen Charakter, dem es einfach zuwider war, an diesem blutigen Geschäft teilzunehmen, nachdem er einmal die Vision erblickt hatte, die das zusammeneroberte Reich überwölben sollte. Trifft das letztere zu, dann hätte ihm eigentlich das Recht zugestanden, neben Alexander begraben zu werden, als dessen letzter treuer Gefolgsmann.

Die, die ihn überlebten, erwiesen sich im Licht der Raketenbahn seines

Lebens ohnehin als Figuren aus dem groben, aber harten Material Makedoniens. Sie wähnten alle, neue Alexander zu sein, waren aber bestenfalls kleine Philippe. Die Methoden des Vaters verstanden sie, den Sohn begriffen sie nicht immer. Von der Geschichte werden sie dennoch als »Diadochen« verbucht (nach dem griechischen Wort »diadochoi«, die Nachfolger): Lysimachos, Kassander, Seleukos, Ptolemaios und Antigonos, samt denen, die wiederum ihnen nachfolgten. Jene letzteren freilich heißen bei manchen klassischen Schriftstellern auch »Epigonen« (Nachgeborene).

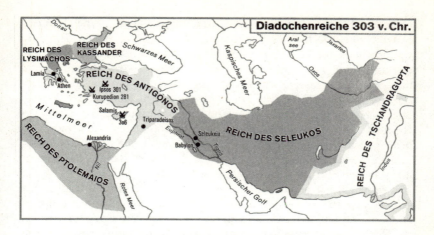

DER MAKEDONE, DER EIN REICH VERSPIELTE

Hochgewachsener Mann, erfüllt von brennendem Ehrgeiz

Warum unter allen Diadochen gerade Antigonos glaubte, Anspruch auf das ganze Erbe Alexanders zu haben, ist nicht recht einzusehen. Er hatte sich im Krieg gegen Persien einen guten Namen gemacht, aber keinen großen. Seine Aufgabe war es gewesen, von Phrygien aus die Verbindungswege nach Makedonien zu sichern, was darauf schließen läßt, daß sein König ihn zwar für umsichtig und zuverlässig hielt, aber nicht für jemand, der Vorausabteilungen führen und Schlachten entscheiden konnte.

Aus den Berichten, die es über ihn gibt, tritt er als hochgewachsener Mann hervor, erfüllt von brennendem Ehrgeiz und unersättlichem Tatendrang. Welcher Umstand ihm seinen Beinamen »Monophthalmos« (der Einäugige) verschafft hatte, ist unbekannt, doch scheint ihn dieser körperliche Schaden bei seinen Aktivitäten nicht behindert zu haben.

Jetzt, im Todesjahr des Eumenes, war er sechsundsechzig Jahre alt und der mächtigste Mann in Asien, damit freilich auch der am meisten gefährdete. Das Gesetz des Spiels, an dem er sich beteiligte, zwang ja alle kleineren Partner, sich immer gegen den jeweils größten zusammenzuschließen. Nur eine gewisse Balance of Power garantierte ihnen Existenz und errungene Position. Vor allem galt dies für den Herrscher in Ägypten, aber auch für Kassander.

Antipaters Sohn hatte sich im Jahr 317 v. Chr. auf die Seite des Antigonos geschlagen und mit seiner Unterstützung dem Polyperchon eine ganze Reihe griechischer Städte entrissen, darunter Athen. Ein Jahr später war es ihm gelungen, auch Makedonien zu erobern. Olympias, die kurz zuvor den schwachsinnigen Arrhidaios sowie dessen Mutter hatte hinrichten lassen, wurde dabei gefangengenommen und nun ihrerseits getötet. Der kleine Alexander geriet in Kassanders Gewalt, doch betrachtete ihn dieser nicht länger als den künftigen Herrscher des Reiches, sondern als gewöhnlichen Kriegsgefangenen. An seiner Statt beanspruchte er selbst den Titel eines rechtmäßigen Königs von Makedonien, was dem Bruch mit Antigonos gleichkam, denn dieser hielt ja noch an der Fiktion vom ungeteilten Erbe fest.

Um seinen Anspruch darauf zu verteidigen, holte der Einäugige nun seinen ehemaligen Gegner, den von Kassander vertriebenen Polyperchon zu sich und ließ wissen, daß er, als dessen Vorgesetzter, künftig die Rechte des in Pella gefangenen Kronprinzen wahrnehmen werde. Damit brach das bisherige Bündnissystem vollends zusammen. Ptolemaios, Seleukos und Lysimachos fielen von Antigonos ab und paktierten mit Kassander, womit sich die Lage allerdings auch wieder stabilisiert hatte, denn eigentlich gab es jetzt nur noch ein für sämtliche Kontrahenten verbindliches Grundmuster: hier der Mann, der im Namen des Reiches auftrat, dort die Meute der Rivalen und Neider. Im Jahr 315 v. Chr. wurde die Hatz eröffnet, und zwar durch den, der gejagt werden sollte. Antigonos vertrieb Seleukos aus Babylonien und nahm Ptolemaios die kurz vorher von ihm besetzten ostmittelmeerischen Küstenländer ab. Dann ließ er in den phönizischen Libanonhäfen eine gewaltige Flotte auf Kiel legen und versprach gleichzeitig allen hellenischen Städten die Restituierung der Freiheiten, die sie unter Alexander gehabt hatten und die ihnen von Kassander genommen worden waren. Mit beiden Aktionen, der propagandistischen wie der maritimen, zielte er auch auf Lysimachos in Thrakien. Aber bald schon erwies es sich, daß Antigonos seine Kräfte über- und die der anderen Partei unterschätzt hatte. In Griechenland konnte er keine durchschlagenden Erfolge verbuchen, im Osten vertrieb Ptolemaios die antigonidischen Truppen aus Südsyrien und verhalf gleichzeitig dem Seleukos erneut zu seiner babylonischen Satrapie.

Zwar holte Antigonos etwas später einen Teil der Gebiete zwischen Sinai und dem Libanongebirge wieder zurück, doch an Seleukos biß er sich die Zähne aus, und das gefährdete seine Position beträchtlich. Wer das Gebiet am unteren Euphrat beherrschte, kontrollierte auch den Zugang zu den noch weiter östlich gelegenen Provinzen, diesen scheinbar unerschöpflichen Reservoirs an Soldaten, Kriegselefanten, Pferden und Gold. Nach vier Jahren Kampf wich er deshalb von der militärischen auf die diplomatische Front aus.

Der Bär, der zur Strecke gebracht werden mußte

Vermutlich mit dem Hinweis darauf, daß nun Seleukos zu mächtig geworden sei (genau weiß man das freilich nicht), gelang es Antigonos, seinen drei übrigen Kontrahenten einen Friedensvertrag abzulisten. Darin ließ er sich den Besitz des ganzen Ostens einschließlich der babylonischen und persischen Provinzen bestätigen, erhielt auch Küstengebiete und Hinterland des Ostmittelmeers zugesprochen und hatte damit die Hände frei, den Riegel am Tor nach Asien aufzusprengen.
Wie er dabei vorging, welche Mittel er einsetzte, wie das ganze Unternehmen überhaupt verlief, weiß man ebenfalls nicht genau. Das wenige, was über seine Expedition bekannt wurde, muß einer babylonischen Keilschrift entnommen werden, zwei Tontafeln, welche der englische Assyriologe Sidney Smith 1924 aus den Schätzen des British Museum herausgesucht und übersetzt hat. Sie sind unter der Bezeichnung *Diadochenchronik* bekannt geworden und haben inzwischen mehrere wissenschaftliche Kongresse beschäftigt. Michael Iwanowitsch Rostovtzeff, der 1952 verstorbene, aber bis heute wohl bedeutendste unter den Erforschern der Zeit nach Alexander, nannte sie »eine typische Illustration der Tatsache, daß unsere Informationen über diese Periode der politischen Geschichte ... unvollständig sind, und zwar nicht nur im Hinblick auf Einzelheiten, sondern auch bezüglich der grundlegenden Ereignisse«.
Das heißt: es wurden damals Schlachten geschlagen, Feldzüge unternommen, Städte zerstört und um einen halben Kontinent gekämpft, ohne daß sich davon einigermaßen genaue Kunde erhalten hat. Über den Krieg des Antigonos gegen Seleukos etwa weiß man nur, daß der erstere ihn nicht gewann. Er scheint zwar Babylon erobert, verwüstet und geplündert zu haben, auch muß es ihm gelungen sein, den Gegner aus weiten Teilen seiner Satrapie zu verdrängen, aber halten konnte er diese Eroberungen nicht. Seleukos kehrte mit starken Kräften aus dem östlicheren Asien zurück, Antigonos resignierte und wandte sich wieder westlichen Gefilden zu. Auch dort stand es nicht gut für ihn.
Im Jahr 310 v. Chr. hatte Kassander den kleinen Alexander ermorden lassen und damit endgültig zu verstehen gegeben, daß das Reich für ihn nicht mehr existierte und er sich selbst als einen unabhängigen Herrscher betrachtete. Ptolemaiòs war es gelungen, die antigonidischen Besatzungen der Städte Korinth und Sikyon zu verjagen und sich außerdem einige der Inseln zu unterwerfen, die dem Einäugigen als Marinestützpunkte dienten, darunter das wichtige Zypern. Der Friede von 311 v. Chr. hatte diesem also nicht viel genützt. Was immer damals abgemacht worden war, er galt nach wie vor als der Bär, der zur Strecke gebracht werden mußte – dies aber um so mehr, als es ihn mittlerweile quasi in doppelter Ausfertigung gab.

Dem inzwischen Fünfundsiebzigjährigen war ein Sohn herangewachsen, welcher die besten Eigenschaften des Vaters zu verkörpern schien und also in der Lage war, ihm einen Teil seiner Last und Verantwortung abzunehmen. Plutarch hat diesem Diadochen der zweiten Generation eines seiner anekdotenreichen Porträts gewidmet.

»Mischung von Grobheit und Sensibilität«

In die Geschichte führte sich Demetrios, genannt »Poliorketes«, der Städtebezwinger, auf höchst unvorteilhafte Weise ein. Er war es nämlich gewesen, dem Ptolemaios in der Schlacht von Gaza die Gebiete am Ostufer des Mittelmeers abgenommen hatte.
Das Verhältnis zwischen Demetrios und seinem Vater wurde durch diesen frühen Mißerfolg jedoch keineswegs getrübt. Wie Plutarch berichtet, soll es sogar ganz ungewöhnlich eng gewesen sein. Der Einäugige verteidigte den Sprößling gegen jede Kritik, der wiederum verehrte den Alten schon deshalb, weil er aus der Umgebung Alexanders kam, des großen Vorbilds, das er sich gesetzt hatte und das er sogar imitierte. Er trug den Kopf wie dieser häufig nach rechts geneigt und, wie alle Diadochen, nicht mehr Philipps Bart, sondern das glattgeschabte Kinn, welches Alexander einst zur modischen Norm erhoben hatte.
Münzbilder von Demetrios zeigen einen jünglingshaft wirkenden Kopf, dessen Träger freilich in einem modernen Filmbesetzungsbüro immer nur die Rolle des Bösewichts zugesprochen bekommen hätte. Die lange, tief herabreichende Nase bildet, wie das klassische Schönheitsideal es fordert, mit der Stirn eine fast ungebrochene Linie, verleiht dem Gesicht aber gleichzeitig einen schnüffelnden, leise gemeinen Ausdruck, oder, wie Lawrence Durrell es formuliert, »die deutlich ausgeprägte Mischung von Grobheit und Sensibilität«. Der Mund, auf einem in Amphipolis geprägten Porträt wie im Ekel geschürzt, wirkt mädchenhaft weich, ebenso die Wangen. Das nährt den Verdacht, der Künstler habe diese Gesichtspartie etwas aufgeschönt, denn von Demetrios ist bekannt, daß er das gute Leben liebte, insbesondere die Tafel. Und auf alle Fälle scheint Plutarch zu übertreiben, wenn er schreibt, Demetrios sei so schön gewesen, daß »kein Maler, kein Bildhauer imstande war, ihn vollkommen zu treffen«. Wahr dagegen könnte es wiederum sein, daß er »mit jugendlicher Lebhaftigkeit eine heroische Miene verband«. Er hat sein ganzes Leben eher gespielt als wirklich gelebt – allerdings in Rollen, um die ihn jeder Bühnendarsteller beneiden müßte.

Später nahm er noch andere Frauen

Aufgewachsen war der Sohn des Antigonos in Kelainai, der phrygischen Satrapenresidenz seines Vaters (heute ein kleines westtürkisches Städtchen namens Dinar). Er muß als Kind dorthin gekommen sein, kannte also sein Geburtsland Makedonien so gut wie gar nicht, sondern lebte von frühester Jugend an in einem Heerlager, einer Militär- und Versorgungsbasis, die erfüllt war vom Echo der Taten Alexanders. Kein Wunder, daß diese speziellen Eindrücke ihn ganz und gar prägten, kein Wunder auch, daß er hier zu einem Mann heranwuchs, der mit Soldaten umgehen konnte und ein intimer Kenner der zeitgemäßen Eroberungsmaschinerien war.

Vor allem aber dürfte ihm die Begegnung mit Offizieren aller Rangstufen, mit Abenteurern, Geschäftsleuten, Gesandten, Projektemachern, die von traditionellen Maßstäben nicht eingeengte Überzeugung vermittelt haben, das Leben bestünde aus einer Reihe von großartigen Möglichkeiten, sich Ruhm, Reichtum und Macht zu verschaffen, die Welt sei ein Schachbrett, auf dem man Armeen und Flotten hin und her schieben konnte. Staaten ließen sich zerschlagen und wie in einem Puzzlespiel neu zusammensetzen, Menschen dienten als Mittel zum Zweck. Trotzdem gab es auch ideelle Werte, die er durchaus ernst nahm. Zu ihnen gehörte seltsamerweise der hohe, aber etwas anarchische Freiheitsbegriff der griechischen Stadtbürger. Desgleichen konnte man ihm nie Mangel an Großmut gegenüber Besiegten vorwerfen oder fehlenden Familiensinn. Was ihm abging, war eher Härte, vor allem Härte gegen sich selbst.

Als er fünfzehn war, hatte man Demetrios mit Phila, der beträchtlich älteren Witwe des Krateros, einer Tochter von Antipater, verheiratet. Später nahm er sich noch weitere Frauen, ohne deswegen die früher geehelichten zu verstoßen. Das machte ihn zum ersten Diadochen, der, wie sein großes Vorbild, ganz offen in Polygamie lebte, doch dürfte dies weniger aus Leidenschaft als vielmehr aus politischer Berechnung geschehen sein.

Seine vierte Gemahlin, die Tochter von Agathokles, dem damaligen Beherrscher der Stadt Syrakus, verschaffte ihm ein Bündnis mit diesem mächtigen sizilischen Gemeinwesen sowie die westgriechischen Inseln Korfu und Leukas. Seine fünfte, eine Tochter des Ptolemaios, sollte ihn wohl aus den Schwierigkeiten retten, in die er sich gegen Ende seines Lebens hineingeritten hatte, das gelang freilich nicht mehr.

Im Jahr 307 v. Chr. trennten ihn jedoch von dieser bitteren Zeit noch vierundzwanzig Jahre voll glänzender Erfolge, grandioser Niederlagen und immer neuer Versuche, durch einen nächsten Coup hereinzuholen, was er mit einem jeweils früheren verspielt hatte.

»Demetrios, den sie ihren Retter nannten«

Der Krieg, den Antigonos gegen Kassander und Ptolemaios vom Zaun brach, nachdem es sich erwiesen hatte, daß er den Seleukos nicht niederringen konnte, begann mit zwei spektakulären Offensiven. Beide leitete Demetrios; die erste richtete sich gegen Athen. Dessen damaliger Regent hieß ebenfalls Demetrios, war aber kein Kriegsmann, sondern ein Philosoph aus der Schule des Aristoteles. Kassander hatte ihn über die Stadt gesetzt, damit er deren Gesetzgebung, Verwaltung und Wirtschaft reformiere und sie im übrigen bei der makedonischen Stange halte.
All dieser Aufgaben entledigte sich der Mann aus dem attischen Städtchen Phaleron so geschickt, daß Cicero ihn später als die ausgewogenste Verkörperung des platonischen Ideals vom streng, aber gerecht regierenden Denker pries. Den Athenern ging es gut während der zehn Jahre, in denen er ihr Oberhaupt war. Sie lebten in Frieden, Wohlstand mehrte sich, Ruhe galt als erste Bürgerpflicht – Demosthenes war tot. (Nach einem letzten Aufstand gegen die Macht aus dem Norden, den Antipater 322 v. Chr. niederschlug, hatte der demokratische Feuerkopf Selbstmord begangen.)
Der andere Demetrios sollte dieses autoritäre Idyll zerschlagen. Mit einer Flotte von angeblich zweihundertfünfzig Schiffen fuhr er in den Saronischen Golf ein, ohne damit jedoch eine Seeschlacht heraufzubeschwören. Da er völlig überraschend aufgetaucht war, hatten die Athener keine Zeit gefunden, den Eingang zum Piräus zu versperren. Ehe sie begriffen, was geschah, füllten die Wolken seiner Segel schon den Hafen – womit die etwa neun Kilometer landeinwärts liegende Stadt selbst freilich noch keineswegs gewonnen, allenfalls bedroht war. Dennoch flog auch jetzt kein Pfeil, wurde kein Katapult gespannt. Ein Herold verkündete vielmehr vom Bug des Flaggschiffes herab, Antigonos' Sohn sei gekommen, die alte freiheitliche Verfassung des Gemeinwesens wiederherzustellen. Damit, so heißt es, habe er den Sieg schon errungen gehabt.
»Die meisten Athener setzten nun ihre Schilde ab, klatschten in die Hände und forderten den Demetrios, den sie ihren Retter und Wohltäter nannten, mit lautem Geschrei auf, er möge sich an Land begeben.« (Plutarch) Sein Namensvetter kam daraufhin zu der Erkenntnis, daß Widerstand sinnlos sei, und erklärte mit schöner philosophischer Gelassenheit, man müsse den Sieger aufnehmen, obwohl dieser zweifellos seine Versprechen nicht halten werde – womit er irrte. Der Städtebezwinger gewährte dem Statthalter Kassanders freies und ehrenvolles Geleit zum Fluchtort seiner Wahl und hat später kein einziges der alten Bürgerrechte verletzt. Eher könnte man den Athenern vorwerfen, daß sie selbst an den Säulen ihrer Freiheit gerüttelt haben.

Sie feierten Antigonos und Sohn als »theoi sotêres« (rettende Götter), nannten sie Könige und fügten den zehn Phylen (Stämmen), in die sich ihre Gemeinde gliederte, zwei neue mit den Namen Antigonis und Demetrias hinzu.
Der unter Aufwand von soviel Speichel Beleckte gewährte dafür fürstliche Revanche. Er streute Geschenke aus und heiratete als seine zweite Frau die vornehme Athenerin Eurydike. Außerdem begründete er damals seinen Ruf, ein Freund üppiger Gelage zu sein.
Aber dann rief ihn der Vater nach Zypern, mit dem Auftrag, Ptolemaios die Insel abzunehmen.

Unter nervenzerreißendem Kreischen auf Salamis zu

Hatte der Zug gegen Athen dem Sohn des Antigonos kaum die Möglichkeit geboten, vorhandene strategische Talente unter Beweis zu stellen, so verschaffte ihm sein nächstes Unternehmen immerhin Anspruch darauf, zu den bedeutenden Feldherrn der Geschichte gerechnet zu werden. Es ist denn auch von den klassischen Autoren ausführlich beschrieben worden, am detailliertesten von Diodorus aus Agyrion (heute Agira) auf Sizilien, der nach seiner Heimat Siculus genannt wird. Er lebte zwischen 80 v. Chr. und 20 n. Chr. und interessierte sich vor allem für die beiden Hauptereignisse der zyprischen Kampagne: die Eroberung von Salamis und eine Seeschlacht, mit welcher sich Demetrios an Ptolemaios für die Niederlage von Gaza rächen konnte.
Salamis, ungefähr zehn Kilometer nördlich von Famagusta gelegen, heute wegen seines Marmorforums aus römischer Zeit, einem eindrucksvollen weißen Säulenwald, berühmt, war damals schon seit nahezu tausend Jahren das Zentrum der zypriotischen Griechen. Hinter seinen starken Mauern barg sich Menelaos, der Bruder des ägyptischen Regenten.
Da, so schreibt Diodorus, Demetrios sah, »daß die Stadt nicht im Handstreich genommen werden konnte, entschloß er sich, sehr große Belagerungsmaschinen bereitzustellen, außerdem Bolzenschußmaschinen, steinschleudernde Katapulte aller Kaliber und sonstiges schreckenerregendes Gerät. Er sandte nach geschulten Handwerkern in (das benachbarte Klein-) Asien, nach Schmiedeeisen, nach großen Mengen von Holz und allem, was er sonst noch an zusätzlichem Material benötigte. Sobald ihm dies beschafft worden war, entwarf er eine Konstruktion, die ›helepolis‹ genannt wurde; sie hatte eine Grundfläche von fünfundvierzig cubiti im Quadrat und eine Höhe von neunzig cubiti.« Demetrios ergab sich seiner Leidenschaft für die Technik.
Die Helepolis – wörtlich übersetzt: Stadteinnehmerin – war ein fahr-

barer Belagerungsturm. Wenn man davon ausgeht, daß ein makedonischer Cubitus (lateinisch für Ellenbogen) etwa fünfunddreißig Zentimetern entsprach (er war kürzer als der klassische attische), dann ergibt sich, daß das von Diodorus beschriebene Monstrum die Grundfläche eines recht komfortablen Bungalows gehabt haben muß, nämlich rund zweihundertfünfzig Quadratmeter, daß es aber im übrigen mit seinen etwa dreißig Metern Höhe das Format eines zehnstöckigen Wohnhauses besaß. Es war in neun Geschosse eingeteilt, die unteren vollgestopft mit Ballisten, von denen einige anderthalb Zentner schwere Balken abschießen konnten, die mittleren und oberen bestückt mit leichterer Artillerie. Seine vier Räder wiesen einen Durchmesser von nicht ganz drei Metern auf. Über die Achsen, auf denen sie saßen, sagt Diodorus leider nichts, ebenso verschweigt er, mit welchen Schmiermitteln der ungeheure Reibungswiderstand vermindert wurde, der auftreten mußte, sobald das Ungeheuer in Fahrt geriet. So kann man nur vermuten, es habe sich am Tag des Angriffs unter nervenzerreißendem Kreischen auf Salamis zubewegt – aber das war viel Lärm um nichts.

Menelaos, der Stadtverteidiger, offensichtlich ein in allen Techniken der damals modernen Kriegführung erfahrener Mann, wartete kaltblütig, bis es dunkel geworden war, ließ dann – »um Mitternacht«, schreibt unser Gewährsmann – trockenes Holz auf den Belagerungsturm hinüberwerfen und befahl seinen Bogenschützen, es mit Brandpfeilen anzuzünden.

»Als die Flammen plötzlich emporschossen, versuchte Demetrios zu retten, was zu retten war, doch das Feuer überholte ihn, und alle seine Maschinen (also nicht nur die Helepolis) waren verloren, samt vielen von denen, die sie bemannt hatten.«

»Der Kampf war wild und voller Überraschungen«

Der Kampf um Zypern trat in sein nächstes Stadium. Ptolemaios, inzwischen alarmiert, segelte mit einer gewaltigen Flotte heran. Was er vorhatte, war nicht schwer zu erraten. Er wollte in den Hafen von Salamis eindringen und den Belagerungsring des Demetrios sprengen. Der jedoch fing ihn auf See noch ab, so daß es zum Kampf Schiff gegen Schiff kommen mußte. Diodorus schwelgt in blutigen Einzelszenen. Steinschleuderer eröffneten die Schlacht auf weite Distanz. Als die Armaden einander näher kamen, wurden auch die Bogenschützen aktiv, dann zischten Wurfspeere durch die Luft, endlich krachten die Dreidecker, Vierdecker, Fünfdecker aufeinander, versuchten, sich die Ruder abzufahren oder Entermannschaften abzusetzen. »Einigen gelang es, auf das (jeweils) feindliche Schiff hinüberzuspringen, wo sie

Wunden empfingen und schlugen, doch andere verfehlten den Tritt, fielen ins Wasser und wurden von denen, die über ihnen standen, mit Speerwürfen getötet... Der Kampf war wild und voller Überraschungen: oft hatten Schwächere den Vorteil davon, daß ihr Schiff höher war, und die Stärkeren sahen sich behindert durch ungünstige Positionen oder nicht vorhergesehene Manöver, wie sie bei solcher Art Gefechten üblich sind.«
Aber das Treffen wurde nicht durch persönliche Tapferkeit einzelner Kämpfer entschieden. Es zahlte sich jetzt vielmehr aus, daß Antigonos einst Nearchos, Alexanders besten Admiral, zu sich geholt und daß sein Sohn offensichtlich bei ihm gelernt hatte.
Demetrios, der den Krieg wie ein Spiel betrieb und unter vielen möglichen Zügen immer den ausgeklügeltsten wählte, übertrug die schiefe Schlachtordnung, in welcher die Makedonen zu attackieren pflegten, vom Land- auf den Seekrieg. Er zog seine stärksten Schiffe auf dem linken Flügel zusammen und griff mit ihnen, als ob es Kavallerieeinheiten seien, den schwächeren rechten des Ptolemaios an. Das muß er vorher ausführlich geübt haben, denn sein Manöver gelang. Dem Aufprall der riesigen schnellen Fahrzeuge mit ihren fünf Ruderdecks war die ägyptische Flankendeckung nicht gewachsen, sie wurde völlig auseinandergesprengt. Und noch ehe ihr Oberkommandierender im Zentrum recht begriff, was da geschah, hatte der Stoßkeil seines Gegners schon gewendet und schoß mit peitschenden Riemen auf die ungeschützten Längsseiten der um ihn gescharten Schiffe zu. Sie ihrerseits zu drehen und mit dem Bug in Feindrichtung zu bringen, gelang nicht mehr. Ptolemaios mußte fliehen. Es war das Ende auch für seinen Bruder Menelaos und Salamis.
Der Rest Zyperns fiel Demetrios nach dieser Entscheidungsschlacht beinahe kampflos zu. Die ptolemäischen Besatzungstruppen traten, offensichtlich ohne allzu große Skrupel, in seine Dienste über, Antigonos aber, als er vom Sieg seines Sohnes erfuhr,»freute sich derart, daß er das Diadem annahm und sich von dieser Zeit an wie ein König gebärdete; Demetrios erlaubte er, den gleichen Titel und Rang zu führen«. Seine Rivalen mochten auf dieses Signal schon lange gewartet haben.
Zwei Jahre später setzte sich auch Ptolemaios die Krone auf, Lysimachos, Kassander und Seleukos taten desgleichen. Die Diadochen traten endgültig aus dem Riesenschatten Alexanders heraus und begruben die Fiktion, sein Reich bewahren zu wollen.
Doch hatten, schreibt Plutarch, die neuen Titel »nicht bloß einen Zusatz zum Namen oder eine Veränderung des äußeren Prunks zur Folge; sie regten auch den Stolz dieser Männer an, erhöhten ihre Aussichten und teilten ihrer Lebensweise und ihrem ganzen Betragen eine unnahbare Größe und Hoheit mit, so wie tragische Schauspieler mit

der Kleidung auch Gang, Stimme, selbst die Art, sich zu setzen und zu grüßen, ändern«.

Demetrios freilich, der schon immer Alexander hatte spielen wollen, dürfte die Ernennung zum »basileios«, zum König, kaum als einen Rollenwechsel empfunden haben. Er bekräftigte seine Absicht jetzt lediglich mit der Anbringung zweier kleiner Stierhörner an seinem Kopfputz; der in Siwah zum Gott Erklärte hatte Ammons Widderhörner getragen.

Trotzdem konnte er auch mit dieser Beschwörung des großen Vorbilds das Glück nicht an sich fesseln. Das nächste Kapitel seiner Biographie trägt wieder den Titel: Mißerfolg und Niederlage.

Mit der größten Flotte, die er je zusammengebracht hatte

Noch im Jahr des Sieges von Salamis, 306 v. Chr., beschloß Antigonos, Ägypten anzugreifen, und zwar in einer kombinierten Land- und Seeoperation. Er selbst wollte vom Sinai her gegen das Nildelta vorrücken, Demetrios sollte bei dem heutigen Dumyat (Damiette) einen Brückenkopf errichten und ihn dort erwarten. Beide Aktionen waren unzureichend vorbereitet und viel zu hastig geplant, beide scheiterten denn auch. Dem Vater gingen zu früh die Vorräte aus, der Sohn fand den Platz nicht, an dem er landen sollte. Unverrichteterdinge mußten sie abziehen, doch scheint der Mißerfolg sie in ihrem Selbstbewußtsein kaum getroffen oder ihre Unternehmungslust gedämpft zu haben. Schon wenige Monate später wandten sie sich gegen Rhodos, wie es scheint, ohne jeden begründbaren Anlaß.

Die Insel des Helios und der Rosenpappeln war ein freies griechisches Gemeinwesen, das dem Reich Alexanders nie angehört hatte. Wo immer es ging, verließen sich seine Bürger auf ihr Geld, ihr diplomatisches Geschick und eine Flotte, deren Wirksamkeit mit der Redensart »zehn Rhodier, zehn Schiffe« umschrieben wurde. Sie wollten neutral sein, Handel treiben und Frieden haben, sonst gar nichts.

Als ihnen Antigonos nun ein anti-ptolemäisches Bündnis vorschlug, in dem sie seine Partner sein sollten, bekam er die höflich-korrekte Antwort, darauf könnten sie sich leider nicht einlassen, da sie bereits durch Handelsverträge an Ägypten gebunden seien. Antigonos nahm es als Kriegserklärung.

Mit der größten Flotte, die er je zusammengebracht hatte, mit zweihundert Kriegsschiffen, einhundertsiebzig Frachtern und vierzigtausend Mann Belagerungstruppen tauchte Demetrios vor der Inselkapitale auf. Es muß ein unerhörtes Schauspiel gewesen sein. Die Rhodier konnten es von den oberen Rängen ihrer amphitheatralisch angelegten

Stadt aus in allen Einzelheiten beobachten. Ob sie den Anblick auch genossen, ist freilich mehr als zweifelhaft. Sie selbst nämlich verfügten nur über fünftausend waffenfähige Vollbürger, tausend Paröken (Einwohner ohne Stimmrecht) und, so schätzt man, etwa sechzehntausend Sklaven. Glücklicherweise kamen dazu aber noch starke Mauern und mächtige Türme; Rhodos war eine wohlbewehrte Festung.

Seltsamerweise scheint gerade das den Kriegsspieler Demetrios besonders gereizt zu haben. Der Trophäenjäger in ihm sah eine Beute von seltenem Wert vor sich liegen, der Ingenieur, der er auch war, wollte beweisen, daß technische Hindernisse, wie schwierig auch immer, mit raffinierten technischen Mitteln bewältigt werden konnten. Alexander hatte 334 v. Chr. die phönizische Inselfestung Tyros durch einen sechshundert Meter langen künstlichen Damm mit dem Festland verbunden und sie dann gestürmt. Hier bot sich eine Chance, ihn auf elegantere Weise zu übertreffen. Der Sohn des Antigonos bereitete seine Aktion bis ins kleinste vor.

Eines der Sieben Weltwunder

Piraten wurden angeheuert, die ungeschützten Siedlungen der Insel zu plündern, Bauernhöfe niedergebrannt, Wälder abgeholzt, ein befestigtes Lager errichtet und mit Vorräten angefüllt. Dann führte Demetrios seine neuesten Waffen vor.

Das waren schwimmende, gedeckte Batterien, entfernt vergleichbar den gepanzerten Monitoren, die im amerikanischen Bürgerkrieg das Zeitalter der modernen Schlachtschiffe eröffnet haben, sogenannte Schildkröten. Auf jeweils zwei aneinandergetäuten Lastbooten erhob sich ein vier Stockwerke hoher Turm, gespickt mit Wurfgeschützen aller Art, geschützt durch schußsichere Wände und Dächer. Ihnen voraus schwammen riesige Holzflöße voll eiserner Stacheln, ihnen nach folgten ungedeckte Fahrzeuge mit Steilfeuergeschützen. Das Ganze war ein höchst ingeniöses Arrangement. Die Stachelflöße sollten feindliche Rammschiffe aufhalten, die Besatzungen der Schildkröten in direktem Beschuß die Mauerkronen leerfegen, die ungedeckten Boote durch indirektes Feuer über die Wälle hinweg die Verteidiger bei der Heranführung von Ersatztruppen behindern. Ähnlich arbeiten noch heute im Landkrieg Maschinengewehrabteilungen und Granatwerfereinheiten zusammen.

Die Rhodier sahen mit Schrecken, was da auf sie zukam, aber sie waren nicht unvorbereitet. Da sie die Werften einsehen konnten, in denen Demetrios seine Armada montieren ließ, hatten sie gewußt, was auf sie zukam, und deshalb ihre Mauerkronen im Schnellverfahren überhöht. Außerdem lagen brennbares Material und Munition für ihre Ballisten in Fülle bereit. Demetrios würde kein leichtes Spiel haben. Tatsächlich fuhren seine Schilkröten am Tag X in ein Sperrfeuer von Steinen, Balken, Speeren und brennenden Pfeilen hinein, das sie nicht durchbrechen konnten. Zwar gelang es den Angreifern, eine Hafenmole zu besetzen und sich an ihr festzukrallen, aber das war kein entscheidender Gewinn. Die Verteidiger bewiesen, daß ihre Stadt nicht nur tollkühne Seeleute und geschickte Kaufleute beherbergte, sondern auch harte Kämpfer.

Nach acht verlustreichen Tagen, nach blutigen Kämpfen, die halb im Wasser, halb an Land stattfanden, zog Demetrios sich aus dem Hafen wieder zurück. Er schickte seine halbzerstörten schwimmenden Batterien auf eine Reparaturwerft und beschloß dann, es noch einmal mit einer Helepolis zu versuchen. Natürlich fiel sie größer aus als die von Salamis, natürlich war sie technisch noch perfekter.

Die Achsen ihrer acht Räder hatte er an senkrechten Zapfen derart befestigen lassen, daß sie, ähnlich wie bei einer Möbellaufrolle, in jede Richtung gedreht und das Fahrzeug ebensogut seitwärts wie vorwärts geschoben werden konnte. Dreitausendvierhundert Mann sollen, laut Diodorus, notwendig gewesen sein, den Turm anzuschieben. Er war das Produkt eines Denkens, das auf die Vorstellungen Philipps und noch älterer assyrischer Machttechniker vom Krieg zurückging. Apparate steigerten die Kräfte und Möglichkeiten des kämpfenden Menschen ins Überdimensionale und machten ihn selbst, innerhalb ihres Rahmens, zu einem einigermaßen berechenbaren Faktor. Dem Demetrios brachte das bewegliche Monstrum jedoch wiederum nichts ein. Da er gezwungen war, der Helepolis eine möglichst hindernisfreie Rollbahn zu schaffen — das kostete Hunderte von Arbeitsstunden —, wußten die Rhodier bald genau, an welcher Stelle der Angriff drohte und trafen erneut ihre Gegenmaßnahmen. Sie fielen ihnen um so leichter, als ihre Flotte die wichtigsten Verbindungswege offengehalten und inzwischen Verstärkung aus Ägypten herangeschafft hatte. Was sie freilich genau unternahmen, um den Belagerungsturm auszuschalten, ist aus dem Wust der teils legendenhaften Berichte nicht mehr einwandfrei herauszuschälen.

Wie Diodorus erzählt, sollen sie hinter der bedrohten Stelle des Hauptwalls eine zweite, halbmondförmige Mauer errichtet haben, außerdem berichtet er von einem tiefen Graben, der quer über die Angriffsbahn der Helepolis gezogen wurde. Es gibt aber auch noch eine weitere Version, die zu gleichen Teilen unwahrscheinlich und anrüchig wirkt. Ihr zufolge leitete Diognetos, der Stadtbaumeister von Rhodos, alle Abwässer der Siedlung an einer bestimmten Stelle zusammen und schuf auf diese Weise einen künstlichen Sumpf. In ihm, so die Pointe, blieb der fahrende Turm ganz einfach stecken.

Demetrios jedoch blieb selbst in dieser peinlichen Situation noch immer der beste Alexanderdarsteller seiner Epoche, ein Mann, der nicht nur Schlachten, sondern auch sich selbst zu inszenieren verstand.
Auf Anraten seines Vaters schloß er einen für beide Seiten gerade noch akzeptablen Friedensvertrag mit den Rhodiern. Dann schenkte er ihnen mit großer Gebärde die ganze Ausrüstung, die er hergebracht hatte, und forderte sie auf, das Material zu verkaufen. Aus dem Erlös sollten sie eine Statue finanzieren, die für alle Zeiten an seine Belagerung erinnerte.
Die Inselbewohner nahmen ihn beim Wort und überboten seine Geste durch eine noch größere. Sie schufen eines der klassischen Sieben Weltwunder: den Koloß von Rhodos.
Chares aus Lindos, ein Schüler von Alexanders Lieblingsbildhauer Lysippos, hat ihn entworfen. Er soll zweiunddreißig Meter hoch gewesen sein, eine Darstellung des Sonnengottes Helios. Gekostet hat er den Gegenwert von etwa acht Tonnen Gold.
Fragt sich freilich, wofür die kupferne Landmarke eigentlich stand. Für einen Mann, den man Städtebezwinger nannte? Oder für eine Stadt, der es gelungen war, diesen Titel so zu entwerten, daß man ihn künftig eher als eine ironische Floskel betrachten durfte?
Der Koloß wurde 227 v. Chr. durch ein Erdbeben gefällt. Wie er aussah, ist nicht genau überliefert, doch könnte man sich vorstellen, daß um seine riesigen Mundwinkel ein winziges Lächeln spielte.

Die fünfhundert Elefanten des Seleukos

Um Demetrios beginnen sich nach dem Mißerfolg von Rhodos Legenden, Anekdoten und schlüpfrige Witze etwa folgender Art zu ranken: Als Antigonos ihn einmal am Krankenbett besuchte, begegnete er einem Lustknaben, welcher eben das Zimmer verließ. Er fühlte den Puls seines Sohnes, aber dieser sagte, das Fieber habe ihn bereits wieder verlassen. »Weiß ich«, erwiderte trocken der Alte, »ich sah es ja gerade gehen.«
Das Histörchen könnte einen wahren Kern haben. Von Demetrios ist nämlich überliefert, daß er als Liebhaber weder Frauen noch Männer verschmähte, doch machten ihm die ersteren wesentlich mehr zu schaffen. Als er, nach dem Debakel von Rhodos, wieder in Athen residierte, und zwar auf der Akropolis, der Tempelburg also, geriet er sogar unter den Pantoffel. Eine Hetäre namens Lamia, die er bei Salamis erbeutet hatte, gewann, wie Plutarch es formuliert, »die Herrschaft über ihn«. Von weiteren politischen Heiraten konnte sie ihn freilich ebensowenig abhalten wie von Gelagen, die an das herangereicht haben müssen, was man sich landläufig unter Orgien vorstellt. ›Üppigkeit, Verschwen-

dung und Völlerei« lauten die Standardvorwürfe, die ihm ab jetzt gemacht werden. Nur im Krieg, so seine Biographen, habe er mäßig gelebt, aber der Krieg war ohnehin sein Lieblingslaster.

Er konnte jetzt auch wieder einige Erfolge verzeichnen. Ptolemaios' Truppen wurden von ihm völlig aus Griechenland hinausgedrängt, der Korinthische Bund unter seiner Vorherrschaft neu gegründet. Beide Aktionen machten Antigonos und Demetrios zu den mächtigsten Männern in Hellas und Kleinasien. Aber dann zeigte es sich, daß in den zurückliegenden fünf Jahren auch ihre alten Feinde nicht geschlafen hatten.

Lysimachos war es gelungen, die übrigen Diadochen in einer neuen Koalition wieder zu vereinigen. Das lief, da er selbst in Thrakien, Kassander in Makedonien, Seleukos in Babylon und Ptolemaios am Nil saß, auf eine Einkreisung von Antigonos und Sohn hinaus. Gegen Bedrohungen aus sämtlichen Himmelsrichtungen hatten sie vor allem eine Küstenlinie zu verteidigen, die von der Peloponnes bis zum Sinai reichte.

»Damit«, so Plutarch, »führen die Begebenheiten und Glücksfälle des Mannes, von dem wir reden, unsere Erzählung gleichsam von der komischen Bühne (seiner Athener Extravaganzen) auf die tragische über.« Das kurze Zwischenhoch war schon vorbei. Demetrios ging seiner bisher größten Niederlage entgegen. Sie wurde ihm bei Ipsos im mittleren Anatolien bereitet, heute heißt der Platz Sipsin.

Über einhundertfünfzigtausend Mann sollen sich hier im Jahr 301 v. Chr. gegenübergestanden haben, achtzigtausend auf der Seite, die der nunmehr einundachtzigjährige Antigonos kommandierte, siebzigtausend auf der der Koalition. Demetrios führte die Reiterei.

Wie die Schlacht von Ipsos genau verlief, ist nur in Umrissen bekannt. Was Diodorus darüber schrieb, blieb nicht erhalten, und Plutarch liefert lediglich eine grobe Skizze. Immerhin weiß man jedoch, dank ihm, daß Demetrios den gegnerischen Reiterflügel auseinanderjagte, aber dann darauf verzichtete, die Infanterie im Rücken zu packen, so wie es die makedonische Regel vorgeschrieben hätte. Statt dessen verfolgte er die Fliehenden »mit gar zu großer Hitze« und fand, als er endlich zurückkehrte, an der von ihm aufgerissenen Flanke die fünfhundert Elefanten des Seleukos stehen, womit er schon verspielt hatte. Gegen die grauen Rüsselschwinger vermochte Kavallerie so gut wie gar nichts auszurichten, das wußten Alexanders Offiziere noch von Indien her.

Aber auch Antigonos, der vermutlich im Zentrum kämpfte, war nun verloren. Gegen ihn rückte eine Sturmwelle heran, der er nur die lanzenstarrenden Blöcke seiner Phalangen entgegenstellen konnte. Zwar sagte er noch in väterlichem Vertrauen auf den tüchtigen Sohn, diese glänzende Gestalt, in der er sich selbst bewundert haben muß, »Demetrios wird mir schon zu Hilfe kommen«, aber er erfuhr nicht mehr, daß

Laodikeia in Phrygien (heutige Türkei), eine der vielen seleukidischen Städte gleichen Namens

Zenon aus Kition, der Begründer der Stoa. Büste in seiner Heimatstadt, dem heutigen Larnaka auf Zypern

Aspendos, eines der klassischen Theater aus hellenistischer Zeit

Der auf dem Panther reitende Dionysos, Kieselmosaik aus Pella

das bereits unmöglich geworden war.« Eine Menge von Geschossen, die aus allen Richtungen auf ihn zuflogen«, beendeten sein stürmisches, buntes, langes Leben, beendeten aber auch den ersten Abschnitt der Diadochengeschichte.
»Die Schlacht bei Ipsos«, schreibt der Historiker Hermann Bengtson, »war eine der Schicksalsschlachten des Altertums. Der Traum vom Universalreich, den Antigonos und Demetrios geträumt hatten, war zerstoben, die partikularen Gewalten, verkörpert durch Lysimachos und Seleukos, hatten ihre Überlegenheit bewiesen... Was sollte Demetrios tun?«
In der Tat. Aber wo steckte er überhaupt?

Demetrios also am Ende?

Nach seinem verschenkten Erfolg, so Plutarch, »entkam der Städtebezwinger mit fünftausend Mann Fußvolk und viertausend Reitern und nahm seinen Weg so geschwind als möglich nach Ephesos«.
Dort schiffte er sich ein, um nach Athen zu segeln, doch schon auf dem Weg dorthin erfuhr er, was ein »rettender Gott« noch wert war, der eben den größten Teil seiner Macht eingebüßt hatte. Vor einer Kykladeninsel fingen Boten der geliebten Stadt ihn ab und baten höflich, er möge von einem Besuch in ihren Mauern absehen.
Demetrios also am Ende?
Mit dieser Vermutung überschätzte man zumindest die Festigkeit der gegnerischen Koalition. Seine Feinde teilten zwar unter sich auf, was sie Antigonos an Land genommen hatten, gaben Lysimachos den größten, Seleukos einen bedeutend geringeren Teil Kleinasiens, beließen Kassander, was er besaß und nahmen es hin, daß Ptolemaios Syrien bis hinauf nach Damaskus besetzte, aber sie fürchteten auch schon wieder, einer von ihnen könnte auf der Basis dessen, was er nun gewonnen hatte, zu mächtig werden. Und das war die nächste Chance des Geschlagenen.
Nach einem zweijährigen Seeräuberdasein, über das man wenig weiß, traf er sich in Rhossos am Golf von Iskenderun mit Seleukos, um einen Pakt gegen die anderen drei Diadochen zu schließen und sich gleichzeitig mit ihm zu verschwägern. Der Herrscher in Babylon nahm Stratonike, eine Tochter des Demetrios, zur Frau. Sie schienen sich beide von dieser Verbindung viel zu versprechen und hatten auch Grund dazu.
Der verwaiste Sohn des Antigonos mochte zwar keinen wesentlichen Landbesitz mehr haben, verfügte aber immer noch über eine mächtige Flotte mit Stützpunkten auf einigen Inseln sowie in den von Ptolemaios unabhängig gebliebenen Häfen Sidon und Tyros. Seleukos dagegen hatte auf See überhaupt nichts zu bestellen, gebot dafür aber

über riesige Reserven an Menschen und Geld. Zusammen glaubten sie also wohl in der Lage zu sein, vor allem dem auf Machtzersplitterung bedachten Beherrscher Ägyptens Paroli bieten zu können.

Günstig für ihre Absichten wirkte es sich auch noch aus, daß Kassander im Jahr 298 v. Chr. starb und Demetrios damit Gelegenheit bekam, Athen ein zweites Mal von dessen Statthalter zu befreien, denn natürlich war es nach Ipsos wieder unter makedonischen Einfluß geraten. Er schnitt die Stadt von jeder Zufuhr ab und zog dann durch ihre diesmal erbrochenen Tore ein. Wieder jubelten die Bürger ihm zu, wieder ließ der Städtebezwinger es sich gefallen. Er verzichtete auf jeglichen Akt der Rache, denn, wie gesagt, kleinlich oder nachtragend ist er nie gewesen.

Und dann lachte ihm sogar noch einmal das große Glück.

Verwechselte Erfolg und Leistung

Um 294 v. Chr. konnte Demetrios sich in die Streitigkeiten einschalten, die zwischen den zwei Söhnen Kassanders ausgebrochen waren. Er verbündete sich mit dem einen von ihnen und nahm dann beiden ihr Erbe ab. Die Heeresversammlung rief ihn zum König von Makedonien aus, womit er, sieben Jahre nach seiner schwersten Niederlage, wieder einer der stärksten Diadochen und, dementsprechend, zum Feind mindestens zweier der drei noch übrigen Alexandernachfolger geworden war.

Trotzdem hielt er sich in seiner neuen Stellung nochmals sieben Jahre lang, baute in dieser Frist sogar, am Pagasäischen Golf, in der Mitte etwa zwischen der Peloponnes und Makedonien, eine Hauptstadt, deren Befestigungsanlagen all die Erfahrungen zugute kamen, die er als Belagerer gemacht hatte. Sie hieß Demetrias und wurde später als eine der »drei Fesseln Griechenlands« bekannt (die beiden anderen waren Chalkis und Korinth). Ihr acht Kilometer langer Mauerring, der zum Teil heute noch erhalten ist, hat den Demetrios indessen nur vor äußeren Feinden geschützt, nicht aber, was wichtiger gewesen wäre, vor sich selbst.

Im Gegensatz zu Kassander, der es bis zu seinem Lebensende nicht ertragen haben soll, ein Bildnis Alexanders zu sehen und einerseits ein strenger Autokrat, andererseits aber auch ein fähiger Regent war, hat der Sohn des Antigonos es keineswegs verstanden, ein Land in Ruhe zu verwalten und zu fördern. Selbst Makedonien, die Heimat seiner Väter, galt ihm bestenfalls als Startbasis für jene Art von Abenteuern, auf die er erpicht blieb, und als Bühne seiner aufwendigen Selbstdarstellungen. So sehr er Alexander bewunderte, er begriff nicht, daß dieser König keineswegs nur Eroberer, Reiterführer, Schlachtenheld, technisch versierter Belagerer gewesen war, sondern ebensosehr Staatsmann, konstruktiver Planer und hervorragender Menschenkenner. Er sah am Genie nur das Genialische, verwechselte Erfolg mit Leistung, vertraute weniger auf zähe Kleinarbeit als auf Inspiration und mußte deshalb scheitern, dies aber um so schneller, als zu den alten Feinden Lysimachos und Ptolemaios sich inzwischen noch ein dritter gesellt hatte: Sein Ex-Adjutant Pyrrhos, der junge König von Epiros. Er war mit Alexander verwandt und glaubte darum, ein größeres Recht auf den makedonischen Thron zu haben als Demetrios. Außerdem mußte der Rotschopf (Pyrrhos heißt »der Rote«) aus zwei weiteren Gründen als besonders gefährlich eingestuft werden. Er galt als glänzender Stratege und gefiel den Makedonen schon deshalb besonders gut, weil er ein wortkarger Mann ihres eigenen Schlages war und weil sie an dem verschwenderischen Lebensstil ihres derzeitigen Königs ständig wachsenden Anstoß nahmen. Das erklärt denn auch, weshalb die Phalangen fast geschlossen zu ihm überliefen, als er 287 v. Chr. in Makedonien einfiel. Von den Soldaten wurde er durch Akklamation zum König erhoben, sein Widersacher mit dem gleichen Akt einfach wieder abgewählt.

Statt Geld ehrenvolle Internierung

Demetrios überließ seinem Sohn Antigonos nun alles, was ihm in Hellas noch gehörte – das waren Korinth mit seiner als uneinnehmbar geltenden Burg, der Hafen von Piräus (ohne Athen), Demetrias samt etwas Hinterland sowie die Flotte –, und marschierte mit zehntausend Mann nach Kleinasien, in der nun schon verzweifelten Hoffnung, wenigstens Lysimachos wieder aus der ehemaligen Satrapie seines Vaters vertreiben zu können. Damit entpuppte er sich endgültig als das, was er eigentlich immer gewesen war: ein Abenteurer, welcher nach Königreichen jagte, als ob es Diamanten oder Elefantenzähne seien. Und nun spielte er sein letztes Spiel.
Mehrere, teilweise sogar erfolgreiche Gefechte gegen den Sohn des thrakischen Herrschers brachten keinen durchschlagenden Erfolg. Er mußte sich nach Osten zurückziehen, geriet dabei aber auf das Gebiet seines Verbündeten Seleukos und bat um Hilfe. Der jedoch hielt ihn, zurecht muß man sagen, für nicht mehr koalitionsfähig. Statt Geld oder Truppen bot er nur ehrenvolle Internierung an. Da endlich, in seinem fünfzigsten Lebensjahr, gab Demetrios auf.
Er schrieb seinem Sohn, man möge ihn als tot betrachten und künftig keiner Botschaft mehr trauen, die in seinem Namen oder unter seinem Siegel bei ihm abgegeben werde. Dann ließ er sich nach Chersonesos in Syrien führen, einer Stadt am Fluß Nahr el-Asi (damals Orontes),

die nur von einer Seite her zugänglich war (woher sie auch ihren Namen hatte, er bedeutet Halbinsel). »Bei Trunk und Würfelspiel ist er hier allmählich verfallen.« Zwar meint Plutarch, dem Genußmenschen hätte dieses dreijährige Dasein vielleicht sogar behagt, doch darf seine Vermutung wohl mit Fug angezweifelt werden. Wer es gewohnt ist, um Kronen und Reiche zu spielen, wird sich kaum damit abfinden, daß er plötzlich nur noch Silberstücke setzen kann.

Spektakulum von unübertreffbarem Schauwert

Nach seinem Tod überführte Antigonos junior den Städtebezwinger in die von ihm erbaute und nach ihm benannte Festung am Pagasäischen Golf und ließ den Vater dort beisetzen. Es war das Ende eines großartig vertanen Erdendaseins. Trotzdem wurde das Denkmal für den Verblichenen aus dem dauerhaftesten Material geformt, das es überhaupt gibt: aus Worten. Es hat sich bis heute erhalten und wird länger bestehen bleiben als manches scheinbar solidere Monument, das einem größeren Herrscher errichtet wurde. Die Erklärung dafür ist ebenso simpel wie ernüchternd: zum einen war Demetrios mit dem Historiker Hieronymus aus Kardia befreundet gewesen, auf dessen (verlorenen) Berichten alle späteren fußen, zum anderen hatte er ein Spektakulum von unübertrefflichem Schauwert geliefert, obwohl es nur eine barocke Travestie des Lebens von Alexander war.

Auch zwischen Eumenes und ihm klaffen unüberbrückbare Abgründe. Die Taten des Griechen waren bestimmt gewesen von bitterer Notwendigkeit, er ist am Erbe seines Königs auf tragische Weise gescheitert. Demetrios dagegen hat auf der Bühne, die von jenem geschaffen worden war, agiert wie eine selbständig gewordene Marionette. Sein Vorbild Alexander hat ihn weniger beflügelt als vielmehr, gleich einem süßen Gift, berauscht. Er war trunken von der Möglichkeit, gewaltige Aktionen ins Werk setzen zu können, aber da er sie nicht sinnvoll zu koordinieren vermochte, brachten sie ihm auch letztlich nichts ein. Zur Größe fehlten ihm Wille, Konzept und die Einsicht in das, was möglich ist.

Seine und seines Vaters drei überlebende Rivalen Lysimachos, Seleukos und Ptolemaios haben, ohne deswegen auf die Alexanderpose oder die großen Haupt- und Staatsaktionen zu verzichten, über solchen nüchternen Realitätssinn durchaus verfügt. Das gilt vor allem für den überaus klugen Herrscher von Ägypten, der sich damit begnügte, in kleinerem Maßstab und auf seine Weise zu verwirklichen, was dem großen Toten vorgeschwebt hatte, vor allem aber auf seine Weise.

KAPITEL 3

AUS GENERALEN WURDEN KÖNIGE

»*Wenn diesem nicht die Götter, wie sie öfter tun*
Für wenige Zeit nur wundernswürdige Gestalt,
Erhabnen Anstand, liebenswerte Gegenwart
Vorübergänglich liehen, wird ihm jedesmal,
Was er beginnt, gelingen, sei's in Männerschlacht,
So auch im kleinen Kriege mit den schönsten Fraun.«

JOHANN WOLFGANG GOETHE
Faust, »Zweiter Teil«

»*Zum Herrschen braucht man keineswegs dumm und brutal zu sein, wie eitle*
Intellektuelle zuweilen meinten, wohl aber bedarf es zum Herrschen einer
ungebrochenen Freude an einer nach außen gewendeten Aktivität, einer Leidenschaft
des sich Identifizierens mit Zielen und Zwecken, und gewiß auch einer gewissen
Raschheit und Unbedenklichkeit in der Wahl der Wege zum Erfolg.«

HERMANN HESSE
Das Glasperlenspiel

ZEITTAFEL

321 v. Chr.:	Seleukos beteiligt sich am Attentat auf Perdikkas. Ptolemaios heiratet Eurydike.
317 v. Chr.:	Ptolemaios verläßt Eurydike zugunsten von Berenike.
316 v. Chr.:	Seleukos flieht nach Ägypten. Geburt der Arsinoë.
312 v. Chr.:	Seleukos kehrt nach Babylon zurück.
311–304 v. Chr.:	Seleukos weitet seine Macht bis zum Kabulfluß aus.
304 v. Chr.:	Seleukos nimmt den Königstitel an.
301 v. Chr.:	Nach der Schlacht von Ipsos tritt Seleukos das Teil-Erbe von Antigonos an, Ptolemaios enthält ihm jedoch Koilesyrien vor, was den Bruch zwischen beiden besiegelt. Arsinoë heiratet Lysimachos.
300 v. Chr.:	Antigoneia wird umbenannt in Antiocheia am Orontes.
298 v. Chr.:	Seleukos heiratet Stratonike.
293 v. Chr.:	Seleukos tritt Stratonike an Antiochos ab.
290 v. Chr.:	Ptolemaios macht Berenike zur Königin.
287 v. Chr.:	Ptolemaios Keraunos wird enterbt und verstoßen.
283/82 v. Chr.:	Ptolemaios stirbt.
281 v. Chr.:	Seleukos schlägt Lysimachos bei Kuropedion. Lysimachos fällt. Keraunos ermordet Seleukos.
280/79 v. Chr.:	Keraunos fällt im Kampf gegen die Kelten. Arsinoë kehrt von Samothrake nach Alexandria zurück.

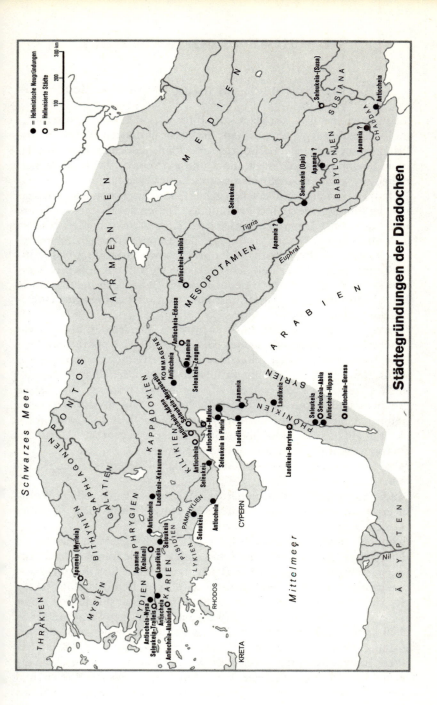

SIE SCHUFEN EINE NEUE WELT

Wollte Ptolemaios ein neuer Pharao werden?

Wie umfassend und wie genau die Informationen waren, die Ptolemaios sich über Ägypten beschafft hatte, ehe er danach griff, ist natürlich nicht mehr zu belegen. Sollten seine Pläne jedoch nur auf der relativen Unangreifbarkeit des Landes und auf seinem Reichtum basiert haben, so wären sie mehr als unzureichend gewesen.
Er hätte dann nämlich übersehen gehabt, daß die ehemaligen Untertanen der Pharaonen seit über zweihundert Jahren des Krieges entwöhnt und auch sonst kaum geeignet waren, einer Armee makedonischen Stils als Soldaten zu dienen. Es wäre ihm ferner verborgen geblieben, daß Ägypten – abgesehen von der griechischen Gründung Naukratis im Zentrum des Deltas und dem eben erst im Bau befindlichen Alexandria – keinen Hafen von nennenswerter Bedeutung besaß, daß es keine Flotte sein eigen nannte und daß es nur über wenige gute einheimische Seeleute gebot.
Die Wirtschaft des Landes hätte er insofern überschätzt, als sie zwar sehr produktiv, insgesamt jedoch ein schwerfälliger Apparat war, welcher den Erfordernissen zeitgenössischen Welthandels kaum gerecht wurde. Und endlich wäre ihm nicht bewußt geworden, daß die Niloase allen Griechen als ein unbegreifliches Rätsel erschien. Sie hatten Ägypten immer nur angestaunt, bewundert und mystifiziert, aber kaum je begriffen. Ihre Beziehungen zu seiner Kultur beschränkten sich auf ein paar religiöse Spekulationen und gelegentliche Versuche, Pharaonengötter hellenisch zu interpretieren.
Wie also sollten der Lagide und sein Gefolge in diesem fremden Boden Wurzeln schlagen?
Andererseits freilich: warum hätte er Wurzeln schlagen sollen? Wollte er etwa ein neuer Pharao werden? Es lag bestimmt nicht in seiner Absicht.
Schon Alexander, mit dem er 331 v. Chr. am Nil gewesen war, schien den Plan gehabt zu haben, das Land anders als die übrigen unterworfenen Provinzen des persischen Reiches zu behandeln. Obwohl es seinen geliebten Amun hervorgebracht hatte, kam ihm in den Projekten des Makedonenkönigs lediglich die Stellung einer ausbeutbaren Kolonie zu – was nur heißen kann, daß er seine vielfältigen Strukturschwächen kannte. Die von ihm am äußersten Westzipfel des Nildeltas gegründete Stadt hieß nicht etwa Alexandria »in«, sondern Alexandria »bei« (oder »vor«) Ägypten. Sie sollte auch keineswegs, wie alle die asiatischen Pflanzsiedlungen, ein Schmelztiegel zweier Rassen und Kulturen, sondern ein rein griechisches Gemeinwesen sein. Daraus

geht hervor, daß wohl Perser als geeignet für eine Vermengung mit Hellenen galten, weniger jedoch die Anrainer des Nils. Anders als sein toter König scheint auch Ptolemaios nicht gedacht zu haben. Und das heißt: er muß über seinen neuen Besitz doch ausreichend informiert gewesen sein. Möglicherweise wertete er die Mängel sogar als Vorteile.

Ein Staat mit zwei Stockwerken

Ein Land, mit dem er sich kaum zu identifizieren brauchte, konnte ja wie ein reines Wirtschaftsunternehmen behandelt werden. Seine siebeneinhalb Millionen Bewohner, die nicht nur fleißig waren, sondern, getreu dem Ethos ihrer Ahnen, auch noch gern arbeiteten, stellten eine ungeheure ökonomische Potenz dar. Man mußte um so größere Erträge mit ihnen erwirtschaften können, je »sach«licher und distanzierter sie behandelt wurden. Wenn die Makedonen das Nilland also nur von der Kommandobrücke aus wahrnahmen, konnten sie selbst bleiben, was sie waren, seine Bewohner aber fungierten dann tief unter ihnen lediglich als stumme Maschine: gebeugte Rücken und gespannte Muskeln unter brauner Haut, eine Masse, zu der man so wenig in menschliche Beziehung trat wie zu Ochsen oder Pferden.

Tatsächlich hat Ptolemaios Ägypten im wesentlichen nach diesen Prinzipien verwaltet. Alexandria wurde so rasch wie möglich weiter ausgebaut und der Handel modernisiert. Die einheimischen Regenten des Nillands hatten jahrtausendelang im Innern nur Tauschgeschäfte zugelassen und alles durch Ausfuhr verdiente oder in eigenen Bergwerken gewonnene Edelmetall zinslos gehortet. Nun versuchte man, diese Gold- und Silberschätze flüssig zu machen, schuf eine eigene Währung nach phönizischem Münzfuß, investierte einen Teil des so gewonnenen Kapitals in Exportunternehmen, die wiederum Bargeld hereinbrachten. Das Heer dagegen blieb eine rein griechisch-makedonische Institution, an der die Eingeborenen keinen Anteil hatten.

Ptolemaios beherrschte auf diese Weise einen Staat mit zwei Stockwerken. Im Erdgeschoß lebten die Fellahin, Handwerker, niederen Verwaltungsbeamten, geringen Priester, in der Beletage die Zugezogenen, die aber Miete nicht bezahlten, sondern, in Form von Abgaben, kassierten. Eine explosionsträchtige Situation sollte man meinen, doch blieb sie über hundert Jahre lang stabil. Es wäre möglicherweise anders gekommen, wenn der Lagide und seine Nachfolger sich wirklich nur mit den geschilderten Maßnahmen begnügt hätten. Sie taten aber noch mehr.

Makedonische Garnisonen wurden über das ganze Land verteilt. Im Süden entstand, als Gegengewicht zur oberägyptischen Hauptstadt

Theben, die befestigte Siedlung Ptolemais. Ein wohlfunktionierender Nachrichtendienst versorgte die Machthaber rechtzeitig mit allen notwendigen Informationen. Vornehme Ägypter bekamen die Möglichkeit geboten, auf mittlerer Verwaltungsebene mitzuarbeiten. Eingewanderte Hellenen besiedelten neuerschlossene Landstriche. Eingesessene Griechen, aber auch die Mitglieder der starken jüdischen Gemeinden, durften sich am Wirtschaftsleben beteiligen. Vor allem jedoch wuchs eben Alexandria zu einer Metropole heran, derengleichen es in der damaligen Welt nicht gab.

Keineswegs ein Provinzregent

Gelegen auf einer Nehrung zwischen dem Mareotis-See (heute Maryut), geschützt durch eine vorgelagerte Insel, war Alexanders Gründung steingewordener Hauptpunkt des ptolemäischen Regierungsprogramms. Durch diese Stadt wurde kundgetan, daß ihr Herr sich keineswegs als Provinzregent fühlte, sondern die Absicht hatte, von seiner Machtbasis aus in die griechische »Welt«politik einzugreifen.
Dafür, daß man dieses Zeichen auch verstand, sorgte unter anderen jener Philosoph, der durch den Sohn des Antigonos 307 v. Chr. aus Athen vertrieben worden war: Demetrios von Phaleron. Ptolemaios hatte ihn zusammen mit weiteren Gelehrten, Ärzten, Dichtern, Architekten an seinen Hof geholt und sich (vermutlich) von ihm zur Gründung einer Institution inspirieren lassen, die so einzigartig war wie seine Hauptstadt, dem sogenannten »Museion«. Wissenschaftler aller Sparten konnten hier unter dem Schutz der Musen (daher der Name, der bei uns als Museum fortlebt) und unter dem Patronat des Herrschers, ohne Sorgen um Leib, Leben und tägliche Notdurft ihre speziellen Interessen lebenslang verfolgen. Der Geist, der sich in den Mauern dieser Akademie verdichtete und artikulierte, sollte das ganze Zeitalter zwischen Alexanders Tod und Ptolemaios' letzter Nachfahrin Kleopatra VII. prägen. Daß der Lagide dieses Behältnis aber schuf, weist ihn als einen Mann aus, der in der Pagenschule zu Pella gelernt und im Lager seines Königs begriffen hatte: politische Gebilde, wenn sie lebensfähig sein sollen, müssen im Immateriellen verankert sein.
Auch andere seiner kultur- und religionspolitischen Maßnahmen lassen den Schluß zu, er habe gut aufgepaßt, als die Kollegen des Aristoteles sich bemühten, Philipps jungen Leuten die Welt zu erklären. Er konnte sozusagen vierdimensional denken. Das Universum begriff er nicht nur als ein Aktionsfeld für Kämpfer und Eroberer, er wußte vielmehr von dem geistig-mythischen Überbau, den die Menschen darüber aufgewölbt hatten und verachtete ihn keineswegs. Freilich hätte er, im

Gegensatz etwa zu Antigonos und Demetrios, etwaiges Desinteresse an allem, was sich nicht in irdischer Aktivität ausdrückte, auch kaum gedeihlich pflegen können. Seine Situation war anders als die der beiden eisenklirrenden Kämpen.
Während sie in ihrem zusammeneroberten, immer von außen her gefährdeten Revier jeden begangenen Fehler notfalls mit dem Schwert wieder korrigieren konnten, hatte er sich auf einer relativ isolierten Basis eingerichtet und war auf deren Stabilität angewiesen. Dabei dürften ihm die fügsamen Ägypter geringere Probleme verursacht haben als der unruhige, bunt zusammengewürfelte Haufe seiner eigenen Leute. Es ist ja nicht einzusehen, warum etwa der makedonisch-hellenische Gegensatz, der Alexander Sorge bereitet hatte, oder der Generationskonflikt zwischen Philipp-Veteranen und den jungen Aufsteigern aus seiner eigenen Generation nach dem Tod des Königs plötzlich nicht mehr existiert haben sollte. Auch in den ägyptischen Garnisonsorten dürften derlei Zwiste noch ausgetragen worden sein. Während die einen sich in heißen Sommern nach den kühlen Bergen der Heimat sehnten, hielten andere ihnen spottend die Vorzüge ihres derzeitigen Lebens vor. Sie zu einigen und ihnen klarzumachen, daß Ägypten nun für immer der Ort sein sollte, in dem sie sich einzurichten hatten, bedurfte es deshalb eines bildhaften Begriffs, mit dem sich beide Gruppen zu identifizieren vermochten. Ptolemaios entwickelte ihn.

Widerpart alles Bösen in der Welt

Als Modell für seine Operation mag ihm Alexanders Experiment mit Homonoia und Koinonia gedient haben. Auch jene beiden Ideale hätten ja früher oder später wahrscheinlich die Form von Göttern angenommen, denen man Opfer darbringen und Tempel errichten konnte. Der Lagide vermied diesen Umweg.
Er griff gleich nach Apis, einem in Stierform verehrten einheimischen Gott, der nach dem Tod des Fruchtbarkeitsverkörperers Osiris dessen Seele aufnimmt, der dadurch zu etwas wird, was gleichzeitig Apis und Osiris ist und von da an den Namen Osor-Apis trägt. Ihm, einem mystischen Wesen, welches für Tod und Wiedergeburt steht, verlieh Ptolemaios den Namen Serapis (oder Sarapis) und erhob es zu einer Art Allgott mit der äußeren Erscheinungsform des Zeus. Das aber war mehr als nur eine verkörperte Idee. Es war Symbol, also Bild und somit Kristallisationskern für irrende religiöse Phantasien, die, halb noch im griechischen Olymp verwurzelt, halb auch schon in die ägyptische Vorstellungswelt eingedrungen, sich nun sammeln und neu verdichten konnten. In diesem Sinn hat Serapis denn auch gewirkt, er war gleichzeitig Fahne, Wappenbild sowie Ideologie. Der im Wüstensand verlo-

rene, unter Palmen schmachtende griechisch-makedonische Haufe hatte ein Totem erhalten. Darum geschart, konnte er sich zum Stamm entwickeln. Gleichzeitig erleichterte der Gott die Identifikation mit dem Volk, unter dem man lebte und diesem – möglicherweise – eine bessere Beziehung zu seinen neuen Herren.

Ob der letzte Zweck erreicht wurde, ist freilich zweifelhaft. Die Eingeborenen der Niloase scheinen an der künstlichen Schöpfung des Königs keinen rechten Gefallen gefunden zu haben, um so mehr aber die Griechen, und zwar nicht nur jene, die im Lande lebten. Serapis wurde von ihnen mit Zügen des Heilgottes Asklepios ausgestattet. Er kurierte Lahme, Blinde, Fallsüchtige, galt als Widerpart alles Bösen in der Welt, erlöste die Seelen der Toten und bekam den Beinamen »Sieger« verliehen – später trug ihn der die Hölle überwindende byzantinische Christus. Insgesamt glich das einem kleinen Wunder.

Gerufen von kühlen Technokraten war ja aus dem Dunkel der »Geheimnisse Ägyptens« ein Wesen hervorgetreten, so unbegreiflich, daß man ihm einfach vertrauen mußte. Man konnte es um so mehr tun, als sich ihm auch noch eine weibliche Gottheit zugesellte. Isis, die Schwester und Frau von Osiris, avancierte zur Gemahlin des Serapis und später, an ihm vorbei, zu der am meisten verehrten Nothelferin eines ganzen Zeitalters. Sie hat im Ostmittelmeerraum noch frühchristlicher Mariengläubigkeit den Boden bereitet.

Ob der Lagide ahnte, daß dem Produkt seiner doch sehr kecken Manipulation dieser gewaltige Erfolg beschieden sein würde, weiß niemand. Immerhin drängt sich jedoch die Frage auf, was ihn befähigt hat, sie zustande zu bringen. Hatte der Bauernbub aus Eordaia (sehr viel mehr kann er ursprünglich kaum gewesen sein) hier ganz einfach naiv, aber sehr konkret vor sich hin fabuliert? Oder war ihm in der Schule von Pella tatsächlich klar geworden, was die menschliche Welt im Innersten zusammenhält? Wie immer es gewesen sein mag, die Schaffung des Serapis macht ihn nicht nur zum einzigen Menschen, der einen Gott auf die Erde brachte, sie weist ihn auch als einen ebenso starken wie scharfen Geist aus. Er war zum Herrschen geboren, wäre jedoch – und das allein läßt sich mit Sicherheit sagen – nie zum Herrschen gekommen, wenn Philipp und Alexander nicht das von ihm mitverkörperte makedonische Potential mobilisiert und in die Welt geschleudert hätten.

Ptolemaios' drei herausragende Leistungen, die Schaffung des stabilen hellenisch-makedonischen Staates in Ägypten, die Gründung des Museions und die Einführung des Serapiskults heben ihn weit über Zeitgenossen vom Schlag eines Antigonos und Demetrios hinaus. Im Gegensatz zu ihnen scheint der Lagide dem Krieg eher abhold gewesen zu sein. Wenn er dennoch immer wieder einmal die Rüstung überstreifte, dann deshalb, weil er es sich nicht leisten konnte, von

Ländern abgeschnitten zu werden, aus denen sein ganzer Nachwuchs kam, von Griechenland, Phönizien und dem hellenisch besiedelten Libyen.

Nach Lage der Dinge war es freilich unvermeidbar, daß er sich dabei auch in schwere persönliche Konflikte verstrickte. Einer von ihnen resultierte aus seiner Freundschaft mit Seleukos und nahm zuletzt fast tragische Dimensionen an.

Des Seleukos Start

Wer ein Bildnis des Lagiden mit dem seines späteren Rivalen in Asien vergleicht, meint auf Anhieb zu verstehen, warum die zwei zunächst einmal lange zusammenarbeiteten: sie gleichen einander beinahe wie Brüder. Die breite Stirn, die mächtige Nase, das gewaltige Kinn sind in beiden Darstellungen nahezu identisch. Seleukos strahlt jedoch eine größere Gelassenheit aus als der ägyptische Herrscher, auch scheint in seinen herabgezogenen Mundwinkeln eine Spur von Resignation zu nisten. Freilich, die erhaltenen Münzporträts zeigen ihn alle als alten Mann.

In seiner Jugend war der Sohn des Landadeligen Antiochos – er wurde 358 v. Chr. in dem kleinen, heute nicht mehr existenten Ort Europos nördlich von Pella geboren – an Philipps Hof gekommen. Als Königspage hatte er dort den um zwei Jahre älteren Ptolemaios kennengelernt und zusammen mit ihm die den Besten aus diesem Elitekorps vorbehaltene Karriere durchlaufen. Als Alexander starb, war er Kommandeur von dessen Ehrengarde, den sogenannten Schildträgern, gewesen, nach unseren Begriffen also mindestens General. Eumenes hat ihn aus Gründen, die nicht überliefert sind, gehaßt, Perdikkas mochte ihn.

Des Seleukos Start zum Rennen um den großen Erbschaftspreis war trotzdem etwas unglücklich. Er setzte zunächst auf Perdikkas und marschierte mit ihm auch noch nach Ägypten, also gegen Ptolemaios. Am Nil jedoch muß er sich dann entschlossen haben, die Seite zu wechseln. Er soll zu denjenigen gehört haben, die Perdikkas ermordeten. Ob er mit dieser Tat auch seinem Jugendgefährten einen Dienst erweisen wollte oder ob er gar im Einverständnis mit ihm handelte, ist freilich unbekannt, es wäre jedoch denkbar. Der Lagide jedenfalls hat von da an jahrelang seine schützende Hand über Seleukos gehalten und ihm den Weg zu seiner späteren Diadochenstellung geebnet. Man könnte dies als eine Geste höchst königlicher Dankbarkeit deuten. Als 321 v. Chr. auf der Konferenz von Triparadeisos das Reich zum zweiten Mal verteilt wurde, erhielt Seleukos die Satrapie Babylonien endgültig zugesprochen, was ohne die Stimme des Ptolemaios sicherlich nicht möglich gewesen wäre, denn ihm hatte die Versammlung das Amt des Reichsverwesers angetragen. Erst als Ptolemaios ablehnte, kam Antipater zum Zug, doch war er ebenfalls ein Freund von Seleukos. In den nun ausbrechenden Wirren hat diesem freilich nicht einmal solche doppelte Protektion etwas genützt.

Ein Unternehmen verzweifelter Kühnheit

Antipater starb, Eumenes drang mit seinen Silberschildnern in Babylonien ein und Seleukos mußte entscheiden, auf welche Seite er sich schlagen sollte, auf die des neuen Thronaspiranten oder die des Beauftragten von Pella. Zu seinem Unglück versuchte er, einen Zickzackkurs zu steuern. Erst durchstach er den Damm, der das Lager des Eumenes vor den Euphratwassern schützte, dann, nachdem Eumenes den Fluten entronnen war, schloß er einen Vertrag mit ihm, bat aber gleichzeitig Antigonos um Truppenunterstützung. Als Eumenes endlich in das persische Hochland entwichen war, verband Seleukos sich endgültig mit Antigonos, erntete dafür aber nicht mehr die Dankbarkeit, auf die er vielleicht hätte rechnen können, wenn er rechtzeitig an dessen Seite in den Kampf gezogen wäre. Antigonos wollte ihm nur noch die Rolle eines untergeordneten Provinzverwalters zugestehen und die Amtshoheit über das reiche, strategisch wichtige Babylonien für sich selbst reservieren. Das Ende des Streits wartete Seleukos jedoch gar nicht erst ab. Mit nur fünfzig Begleitern floh er nach Ägypten, wo Freund Ptolemaios ihn mit offenen Armen empfing.
Vier Jahre lang, von 316 bis 312 v. Chr., hat er dann unter ihm gedient. Er führte eine Reihe jener Nadelstichunternehmen, mit welchen der Lagide die Macht des Antigonos schwächen wollte, war an der Eroberung Zyperns beteiligt, versuchte, die Inseln Kos und Lemnos zu besetzen, was jedoch mißlang, und muß dies alles als recht frustrierend empfunden haben. Ptolemaios verfügte einfach nicht über die Macht, Antigonos entscheidend zu treffen. Seleukos entwich denn auch sofort aus seinem ägyptischen Käfig, als dieser sich durch die Schlacht von Gaza, in der Demetrios besiegt wurde, ein wenig öffnete. Es war ein Unternehmen von so verzweifelter Kühnheit, daß allein schon daraus deutlich wird, wie sehr er in der Zeit des Exils seine vormalige Unentschlossenheit bereut haben muß.
Mit achthundert Fußsoldaten und zweihundert Reitern wagte er eine gefährliche und strapaziöse Reise durch die Arabische Wüste in Richtung Babylon, hoffend, wie Diodorus angibt, die Bewohner der Riesenstadt am Euphrat würden sich »auf Grund des guten Rufes, den er dort genossen hatte, sofort mit ihm vereinigen«. Glücklicherweise ging diese riskante Spekulation auch auf.

Seine ehemaligen Untertanen begrüßten ihn mit stürmischem Jubel. Landsässig gewordene Makedonen schlossen sich der kleinen Truppe in offensichtlich derart großen Mengen an, daß sie ein heranrückendes antigonidisches Heer mühelos zerstreuen konnte. In raschen Zügen dehnte Seleukos dann sein Herrschaftsgebiet bis weit in das persische Hochland hinein aus. Und natürlich wurde Freund Ptolemaios in ausführlichen Briefen über alle diese Erfolge informiert – es schien ihn gar nicht zu freuen.
311 v. Chr. trat der ägyptische Herrscher jenem Friedensvertrag der anderen Diadochen mit Antigonos bei, welcher seinen ehemaligen Schützling scheinbar rettungslos dem mächtigen Gegner auslieferte. Freilich kam dieser unfreundliche Akt in gewisser Weise auch einem Ritterschlag gleich. Seleukos galt jetzt als gleichberechtigter Teilnehmer am Spiel um die Macht – und damit als potentieller Feind aller übrigen Alexandernachfolger.

Er mußte Alexanders Zug wiederholen

Was diesem Ereignis folgt, sind die Vorgänge, die von der in Babylon gefundenen *Diadochenchronik* so bruchstückhaft skizziert werden: Vorstoß des Antigonos an den Euphrat, Vertreibung von Seleukos aus seiner Residenzstadt, Zerstörung eines Teils von Babylon, Antigonos' Rückzug, Seleukos' Triumph. Als Antigonos wieder westwärts abgezogen war, fand der Mann aus Europos sich wie durch ein Wunder im Besitz des größten aller Diadochenreiche, zumindest de jure. Er mußte seine bis zum Indus reichende Herrschaft jetzt nur noch festigen. Das aber heißt: er mußte Alexanders Zug wiederholen.
Auch über dieses weitgespannte Unternehmen ist nicht mehr viel bekannt. Es dürfte jedoch kein reiner Eroberungskrieg gewesen sein. Überall zwischen Mittelmeer und Hindukusch gab es ja makedonische Garnisonen und bereits einmal unterworfene einheimische Fürsten. Seleukos' Hauptaufgabe wird also vor allem darin bestanden haben, den verstreuten und wohl auch schon entmutigten Siedlern griechischer Zunge neue Hoffnungen zu machen und sie einzugliedern in ein funktionierendes Herrschaftssystem. Dabei führte er aus, was Alexander nur skizziert hatte. Allerdings, ganz so weit wie jener kam er nicht mehr.
In Indien trat ihm Tschandragupta entgegen, der Begründer der mächtigen Maurya-Dynastie, eines Herrscherhauses, mit dem die Seleukiden auch später noch einmal zusammenstoßen sollten. Ihm mußte die Provinz Gandhara, das waren Peschawar, Teile des Kabultals, Kandahar und etwa die Hälfte Belutschistans, abgetreten werden. Der braunhäutige Arier bezahlte dafür mit jenen fünfhundert Kriegsele-

fanten, an welchen Demetrios vier Jahre später in der Schlacht von
Ipsos scheitern sollte. Als noch wichtiger erwies es sich aber, daß durch
diesen Kompromiß eine Situation geschaffen worden war, welche es
Indern und Griechen ermöglichte, höchst fruchtbare wirtschaftliche
und kulturelle Kontakte miteinander anzuknüpfen.
Indessen gilt Seleukos nicht deshalb als einer der bedeutendsten Diadochen, weil er, mit ursprünglich nur tausend Mann, ein derart riesiges
Gebiet gewonnen hatte, sondern weil er seinen Besitz dann auch auf
höchst praktikable Weise zu ordnen verstand. Eduard Meyer nennt ihn
und seinen Sohn »die größten Städtegründer« keineswegs nur ihrer
Epoche, »sondern der Weltgeschichte überhaupt«.

Ein von der Wüstensonne bestrahltes Griechenland

Von welchen Überlegungen sich Seleukos bei seiner Kolonisierungstätigkeit leiten ließ, verdeutlicht vielleicht am besten die Geschichte des
heutigen Es Salahiye am oberen Euphrat. Dort wo diese syrische Mittelstadt sich staubgrau gegen den Himmel stemmt, hatte ursprünglich
eine kleine Militärkolonie namens Dura existiert. Sie wurde nun auf
des Herrschers Befehl hin zur Großsiedlung ausgebaut und, bezeichnenderweise, mit dem Namen jenes makedonischen Dörfchens versehen, darin ihr Besitzer zur Welt gekommen war: Europos. (Inzwischen
ist Dura-Europos durch Ausgrabungen französischer und amerikanischer Archäologen weltbekannt geworden.) Babylons Herr, so scheint
es, hatte Heimweh. Das läßt sich auch mit anderen Beispielen belegen.
Der hügelige Quellgrund des Tigris erhielt, nach einem Seengebiet in
der nördlichen Chalkidike, den Namen Mygdonien zugesprochen.
Westlich davon gab es eine Landschaft, die wie das alte Samos jetzt
Anthemusia hieß, darin eine Stadt namens Edessa. Weiter südlich lagen ein Amphipolis, ein Chalkis und ein Larisa. All das mutet an, als
habe Seleukos versucht, Mesopotamien samt Nordsyrien in ein neues
Makedonien oder Hellas umzuwandeln. Tatsächlich wiesen die von
ihm geschaffenen Siedlungen Theater, Gymnasien, Marktplätze, säulengetragene Steintempel auf, so daß, wer darin hauste, wähnen
konnte, in einem von der Wüstensonne bestrahlten Griechenland zu
leben. Aber das war ja wohl die planerische Absicht. Soldaten und
Beamte sollten sich in der Ferne zu Hause fühlen, sollten an Euphrat
und Tigris heimisch werden.
Auch Seleukos selbst behagte die fremdartige Riesenstadt Babylon mit
der Zeit immer weniger. Als er sie endgültig nicht mehr ertragen
konnte, ließ er deshalb bei Opis, dem Schauplatz von Alexanders symbolischem Gastmahl, eine neue Hauptstadt aus dem Boden stampfen.

Sie lag am Ende einer Tigrisstrecke, welche von Seeschiffen gerade noch befahren werden konnte, war ein Kreuzungspunkt wichtiger Karawanenstraßen und blühte aus allen diesen Gründen rasch auf. In ihrer Blütezeit soll sie, dem römischen Historiker Plinius zufolge, sechshunderttausend Einwohner gehabt haben. Der ihr verliehene Name lautete Seleukeia. Im östlichsten aller Diadochenreiche gab es noch mindestens sieben weitere Städte, welche ebenso hießen. Andere benannte Seleukos nach seinem Vater Antiochos, seiner Mutter Laodike oder seiner afghanischen Ehefrau Apame – sie war ihm auf der Massenhochzeit von Susa angetraut worden.

Von allen seleukidischen Antiocheias, Laodikeias und Apameias ist Antiocheia am Orontes als spätere Seleukidenhauptstadt besonders berühmt geworden. Eigentlich war sie von Antigonos gegründet und auch mit seinem Namen versehen worden. Nach der Schlacht von Ipsos übernahm jedoch sein siegreicher Rivale die Siedlung, taufte sie um und baute sie großzügig aus. In römischen Tagen galt Antiocheia dann als Hort von Luxus, Laster und Lebensfreude, in christlicher Zeit beherbergte sie einige der mächtigsten byzantinischen Patriarchen. Heute durchdringt der inbrünstige Kanon der Muezzins die Luft, wenn vom Habib Neccar, dem antiken Silpiosberg, das erste Sonnenlicht auf die bescheidenen Hohlziegeldächer des türkischen Antakya herabrieselt.

Sie dienten gern, selbst noch mit sechzig

Natürlich hat Seleukos mit seinem Bauprogramm in erster Linie auch strategische Ziele verfolgt. Alle von ihm gegründeten Städte fungierten quasi als Stützen für ein weitgespanntes Netz aus Militärkolonien, wie es sie in fast allen Diadochenstaaten gab. In ihnen war jedem Einwohner ein sogenannter »Kleros« zugewiesen, ein Stück Land, das ihn ernährte und das er auch verkaufen oder vererben konnte, obwohl es immer Königsgut blieb.

Bezahlen mußte er für solchen Nießbrauch mit Militärdiensten. Doch sollen die meisten »Kleruchen« ohnehin jedesmal aufgeatmet haben, wenn der Amtsbote sie von ihren Äckern weg zur Musterung rief. Sie dienten gern, selbst noch mit sechzig, und bildeten alles in allem sowohl das Rückgrat der Armee wie der Zivilverwaltung.

Da ihre Siedlungen meist in der Nähe eines Eingeborenendorfes lagen, dürften sie auch als eine Art Polizeistation gedient haben. Da die Bewohner ausschließlich Makedonen oder Griechen waren, kam ihnen überdies die Funktion von kulturellen Missionsstationen zu, ferner von Relais' für königliche Kuriere und Steuereinnehmer, von Informationssammelstellen und Beobachtungsposten. Schmelztiegel jedoch im alexandrinischen Sinn sollten sie keineswegs sein. Auch die größeren unter den neugegründeten Städten hatten überwiegend hellenisches Gepräge.

Ob man daraus aber schließen kann, daß Seleukos der Utopie Alexanders des Großen untreu geworden sei, daß er sie überhaupt nicht begriffen hatte oder daß er ein Anhänger jener makedonischen Reaktion war, die alles im Osten gewonnene Land als speergewonnen betrachtete, muß trotzdem eine offene Frage bleiben. Was dieser Mann gedacht hat und wie er die Welt sah, läßt sich aus den spärlichen Informationen, die wir über ihn haben, kaum noch rekonstruieren. Immerhin scheinen die Pagenschule und Alexanders Vorbild ihn jedoch soweit beeinflußt zu haben, daß er sich für die Kulturen der von ihm beherrschten Länder lebhaft interessierte. Anders nämlich kann man sich kaum erklären, warum die Babylonier ihn dem Antigonos vorgezogen haben. Er muß zumindest etwas von dem Welthunger und der Neugierde bewahrt haben, die am Hof von Pella mit soviel Erfolg gepflegt und geweckt worden waren, blieb ebenfalls ein Teil des weltverändernden makedonischen Kräftepotentials. Das gilt auch für seine Mitarbeiter.

Diese scheinen die Einheimischen weniger in Gettos abgedrängt als vielmehr versucht zu haben, deren geistige Elite auf die Seite des von ihnen vertretenen Griechentums herüberzuziehen. Jedoch hielt sie das keineswegs davon ab, ihrerseits die »chaldäischen« Wissenschaften zu fördern und sich selbst für Astronomie, Astrologie oder die geschichtlichen und mythologischen Dokumente zu interessieren, die in den babylonischen Archiven gestapelt waren. Eine ganze Reihe von wichtigen philosophischen Lehren der Zeit nach Alexander wären ohne solches Engagement und die Kreise, die es zog, kaum zustande gekommen.

Auf Seleukos persönlich scheint der Orient trotz alledem nur wenig abgefärbt zu haben. Je älter er wurde, desto stärker kehrte er vielmehr den Makedonen heraus. Mit seinen Offizieren versuchte er, wie ein Kamerad zu verkehren. Er gab sich rauh und herzlich als Reiteroffizier, berief einen Freundeskreis ein, der ihn beraten durfte und ließ die Münzen, die in seinem Auftrag geschlagen wurden, mit dem Kopf Alexanders schmücken.

In der Legende, die er sich zulegte (oder die um ihn gesponnen wurde), erschien Apollon als Ahnherr seines Hauses. In sein Wappen nahm er den Greif auf, jenes Fabelwesen, das, Löwe mit Adlerkopf und Flügeln, aus Assyrien stammte und dennoch auch dem griechischen Gott der Musik heilig gewesen sein soll.

Außer dem Mord an Perdikkas ist von Seleukos keine Tat überliefert, die geeignet wäre, einen Schatten auf seinen Charakter zu werfen. Er galt als aufrecht, ehrlich, großmütig und ist es, wie etwa sein Verhalten gegenüber dem gescheiterten Demetrios beweist, wahrscheinlich auch gewesen. Ptolemaios hätte sich eigentlich keinen besseren Freund wünschen können als diesen geradlinigen Mann. Aber Ptolemaios durfte sich seine Bundesgenossen nicht nach ihren menschlichen Vorzügen auswählen.

Phönizien als strategisches Vorfeld

Auseinandergeraten sind der Herrscher in Seleukeia und der Herrscher in Alexandria aus Gründen, die das Verhältnis zwischen allen Diadochen bestimmten: sie kannten sich und ihren Ehrgeiz zu gut, um einander nicht zu mißtrauen. Bei Ptolemaios scheint sich eine erste Regung dieses Gefühls gezeigt zu haben, als sein ehemaliger Schützling durch die Besetzung Babylons von ihm unabhängig geworden war. Noch stärker flammte es nach der Schlacht von Ipsos auf, an welcher der vorsichtige Lagide übrigens gar nicht teilgenommen hatte. Seleukos konnte nun ja, als Teilnachfolger von Antigonos, auch dessen Besitz an der phönizisch-palästinensischen Küste beanspruchen. Dort aber, im sogenannten Koile-Syrien, saßen längst schon die Ägypter.
Ihr Einflußbereich war ein schmaler Landstreifen, der, ohne alle wichtigen Hafenstädte mit einzuschließen, vom heutigen Port Said hinauf nach Damaskus reichte und auch das Libanongebirge umfaßte, den ökonomisch wichtigsten Teil des Landes. An dessen Flanken wuchs nämlich in großen Mengen jener Baum, von dem es beim Propheten Ezechiel heißt:
»Schön hatte ich sie gemacht, in der Fülle ihrer Zweige, und es beneideten sie alle Bäume Gottes im Garten Eden.«
Ohne das zähe Holz der Libanonzeder war kein Schiffbau möglich im waldlosen Ägypten. Ohne die, die es schlugen und vermarkteten, konnte Ptolemaios seine Flotte nicht ausreichend mit Schiffahrtsexperten bemannen. Abgesehen davon diente ihm Phönizien als strategisches Vorfeld. Schon die Pharaonen hatten es für sich beansprucht, freilich auch die Assyrer und Babylonier, und deren Erbe war nun Seleukos.
Den von der Historie vorprogrammierten Streit auszufechten (er schimmert noch heute in der durch gelegentliche Vereinigungsversuche nur verdeckten Rivalität zwischen Kairo und Damaskus durch), hat indessen die Lebenszeit beider Diadochen keineswegs mehr ausgereicht. Er vergiftete lediglich das Verhältnis zwischen ihnen noch mehr und brach erst unter ihren Nachfolgern richtig aus. Um Phönizien und Palästina haben Ptolemäer und Seleukiden in den folgenden zweihundert Jahren nicht weniger als sechs blutige Kriege geführt. Dem ersten Lagiden indes blieb noch erhalten, was er sich nach der Schlacht von Gaza genommen hatte, weil es Seleukos immer stärker gen Westen zog.

Die Auswirkungen dieser neuen Politik aber – man ist tatsächlich versucht, ein wildes Heimweh in sie hineinzuinterpretieren – bekam bald der dritte noch lebende Alexandergeneral zu spüren: Lysimachos.

Nördlicher Markgraf der Diadochenimperien

Unglücklicherweise ist von dem König in Thrakien so wenig bekannt, daß sein Bild sich nur aus den Aktionen herausschälen läßt, mit denen er in das Zeitgeschehen eingriff. Dieser Teilnehmer am Gastmahl des Medeios hat zu den Gegnern von Antigonos gehört, hat auch Demetrios bis zu dessen Ende bekämpft und war nach dem Tod des Städtebezwingers im Kampf gegen seinen vormaligen Bundesgenossen Pyrrhos Herr über Makedonien geworden. Er gründete im Norden Gallipolis die Stadt Lysimachaia, muß aber – und das erklärt, warum er so sehr im Schatten stand – den größten Teil der zweiundvierzig Jahre, um die er Alexander überlebte, mit höchst unspektakulären Kämpfen gegen Kelten und andere an der Donau lauernde Wanderstämme verbracht haben. Das machte ihn zum nördlichen Markgrafen der Diadochenimperien – eine undankbare Rolle. Erst gegen Ende seines Lebens konnte er sie abschütteln.

Der Sieg von Ipsos hatte ihm einen Besitz beschert, dessen östliche Grenze in der Nähe des heutigen (und damaligen) Ankara verlief. Den aber vermochte er wohl gegen die letzten Angriffe des Demetrios zu verteidigen, nicht jedoch – das Wort drängt sich hier auf – gegen das Schicksal.

Die Art und Weise, in der Lysimachos, aber auch Seleukos endeten, scheint jene tief eingewurzelte Vorstellung zu rechtfertigen, der zufolge die allzu groß Gewordenen, die allzu rasch und rücksichtslos Aufgestiegenen letztlich scheitern müssen an einer Schuld, welche ihnen die Götter ebenso zugewiesen haben wie ihr Glück. Beide verstricken sich in eine Familientragödie, deren verschiedene Akte an jeweils einem der drei Diadochenhöfe spielen, der erste in Alexandria.

SIE SCHEITERTEN AN DEN FRAUEN

Kein gewöhnliches Offiziersliebchen

Sollte man – um nochmals auf sie zurückzugreifen – unter all den Bildnissen, die von Alexanders Nachfolgern erhalten geblieben sind, dasjenige heraussuchen müssen, welches landläufigen Vorstellungen von einem homme à femmes am ehesten gerecht wird, man käme kaum umhin, sich für Ptolemaios zu entscheiden. Seine Züge scheinen unter anderem jenen zupackenden Leichtsinn widerzuspiegeln, den Damen aller Altersklassen an Skilehrern und Bergführern besonders zu schätzen pflegen – was in seinem Fall durchaus nichts damit zu tun hat, daß er militärische Kräfte stets vorsichtig und zögernd einsetzte. Auch Bergführer sind ja am Berg nie wirklich leichtsinnig, eher schon in Frauenaffären. Und Ptolemaios hat durchaus Affären gehabt, die erste (unter den bekanntgewordenen) mit einer Hetäre.

Thaïs, so hieß das Mädchen, war, Gerüchten zufolge, eine abgelegte Geliebte Alexanders. Der Lagide dürfte sie im Kriegslager kennengelernt haben, traf in ihr aber keineswegs auf ein gewöhnliches Offiziersliebchen. Die Athenerin soll nicht nur schön, sondern, wie viele ihrer Berufsgenossinnen – die man ja insgesamt als die Emanzipierten ihrer Zeit bezeichnen könnte – auch ausgesprochen klug und gebildet gewesen sein, so klug zumindest, daß Ptolemaios ihrem Charme völlig verfiel.

Dem Liebesverhältnis mit Thaïs entsprangen denn auch zwei Söhne und eine Tochter. Außerdem ist es vorstellbar, daß die Lebenserfahrung der Dame einen wesentlichen Teil vom planenden Verstand des Ptolemaios ausmachte. Die Perserin Artakame dagegen, die ihm auf der Massenhochzeit von Susa angetraut worden war, hatte der Lagide einer dritten Frau zuliebe schon frühzeitig wieder verstoßen.

In den Händen willensstarker Frauen

Wie das Verhältnis zwischen seiner Geliebten und der zweiten Gemahlin des Ptolemaios war, ist nicht überliefert, doch mag diese – sie hieß Eurydike und war eine Tochter von Antipater – schon besser in der Lage gewesen sein, ihr Ehebett zu verteidigen. Mit einer adeligen Makedonin konnte man wohl kaum so rücksichtslos umspringen wie mit dem fügsamen Produkt eines orientalischen Harems. Ptolemaios hatte von Eurydike wiederum drei Kinder, die Töchter Lysandra und Ptolemais sowie einen Sohn, der ebenfalls nach dem Vater benannt wurde und der sich später den Beinamen »Keraunos«, der Donnerkeil, erwarb oder zulegte. Er ist eine der Hauptfiguren des nun beginnenden Dramas.

Seinen Anfang nahm es damit, daß Eurydike ihre verwitwete Nichte an den Hof von Alexandria holte – was ein Fehler war. Diese Berenike nämlich muß nicht nur äußerst ansehnlich, sondern, wie sich aus dem Fortgang der Geschichte schließen läßt, auch außerordentlich gerissen gewesen sein. Es gelang ihr – man nimmt sogar an mit Unterstützung von Thaïs –, die Tante in der Gunst des Königs zu verdrängen. Ptolemaios wurde dazu gebracht, seine Gemahlin samt Töchtern zu verstoßen (den Sohn behielt er noch, vermutlich aus Gründen der Erbsicherung) und die Jüngere an ihrer Statt neben sich auf den Thron zu heben. Das war ein Vorgang, der es ermöglicht, das Porträt des Lagiden mit einigen zutiefst menschlichen Zügen zu versehen. Mag er auch imstande gewesen sein, einen Staat und einen Gott zu erschaffen, in den Händen willensstarker makedonischer Frauen blieb er Wachs.

Bei einem Privatmann wäre die letzte Affäre des ehemaligen Alexander-Adjutanten trotzdem nichts weiter gewesen als eben ein pikantes biographisches Detail. Da er jedoch kein Privatmann, sondern einer der drei mächtigsten Herrscher seiner Zeit war, muß man sie anders bewerten. Er gehörte dem exklusiven Club der Diadochen an, betrachtete seine ehemaligen Kameraden wohl als Rivalen, aber auch als ihm ebenbürtige Kollegen und dürfte von ihnen entsprechend eingeschätzt worden sein. Sie hatten ja (fast) alle von Anfang an eine Heiratspolitik betrieben, welche darauf abzielte, die Bande zwischen ihnen zu verstärken, Demetrios und Seleukos nicht weniger als Antipater und der Herrscher in Ägypten. Das scheint sie als Männer auszuweisen, die zwar alle ihre jeweils eigene Dynastie gründen wollten, die sich jedoch trotzdem derselben gesellschaftlichen Spitzenschicht zuzählten, einer Aristokratie, welche aus dem makedonischen Adel hervorgegangen war und ihre Weihen von Alexander empfangen hatte. Alle Duelle, die sie miteinander austrugen, fanden deshalb eigentlich unter Brüdern statt. Der Spieltisch, an dem sie um Länder und Reiche würfelten, blieb ihresgleichen vorbehalten und sie achteten darauf. Weil das aber so war, weil es soviel gab, das sie miteinander verband und ihre Schicksale zusammenflocht, konnte nahezu alles, was einer von ihnen unternahm, sich auch auf die anderen auswirken, selbst der Frauenwechsel des Ptolemaios. Tatsächlich ist genau dies geschehen.

Ehestrategie

Die verstoßene Eurydike ging mit ihren zwei Töchtern nach Griechenland zurück, bemächtigte sich (wie, weiß man nicht) der von ihrem Bruder gegründeten Stadt Kassandreia auf dem westlichsten der drei

Chalkidikefinger, taufte sie um in Eurydikeia und begann, Politik zu betreiben. Ptolemais, ihre Jüngste, wurde mit Demetrios Poliorketes verheiratet (es war dessen fünfte und letzte Ehe), die Ältere, Lysandra, mit Agathokles, dem Sohn des Lysimachos. Was die Ex-Königin damit bezweckte, ist allenfalls zu erraten, doch kann sich solche Ehestrategie eigentlich nur gegen den Lagiden gerichtet haben. Jeder ihrer Schwiegersöhne hätte ja im Fall von dessen Tod einen einigermaßen begründbaren Anspruch auf Ägypten gehabt. Zur Waffe wurde ihr geknüpftes Netz indessen erst, als auch Keraunos in Eurydikeia eintraf.

Dreißig Jahre nach der Vertreibung von Frau und Töchtern, einundzwanzig Jahre nach der Geburt eines Thronfolgers durch Berenike, hatte Ptolemaios seinen ältesten legitimen Sohn ebenfalls außer Landes gejagt. Man muß annehmen, daß er erst zu diesem späten Zeitpunkt, dem Jahr 287 v. Chr., sicher war, der Sprößling aus zweiter Ehe werde in der Lage sein, nach ihm die Regierungsgeschäfte ordentlich zu führen. Außerdem mag natürlich Berenike für ihr Kind entsprechend gekämpft und intrigiert haben. Der Donnerkeil jedenfalls, ein Mann in den späten Dreißigern, stand nun genauso wie vor ihm die Schwestern unter der Tür des mütterlichen Palastes, heimatlos, seiner Würden und Privilegien beraubt. Er mußte versorgt werden. Eurydike schickte ihn zu seinem Schwager Lysimachos und beendete damit den ersten Akt der Tragödie.

Der zweite spielt in Lysimacheia. Er fängt jedoch ähnlich wie der vorhergehende an.

Schurke von nahezu shakespeareschem Format

Auch Lysimachos hatte schon früh jene Gemahlin verstoßen, die ihm in Susa zugeführt worden war und statt ihrer eine Griechin zur Frau genommen. Aber auch er fiel dann im überreifen Alter von sechzig Jahren noch einer dritten, jüngeren zum Opfer, einer Fünfzehnjährigen. Das Wort Opfer ist dabei insofern angebracht, als man durchaus sagen könnte, er habe sich mit dieser letzten Ehe im Netz der diadochischen Heiratspolitik verfangen und sei von ihm erdrosselt worden. Arsinoë nämlich war die älteste Tochter von Ptolemaios und Berenike, eine jüngere Halbschwester also ihrer nunmehrigen Schwiegertochter Lysandra. Sie muß der Mutter ziemlich ähnlich gewesen sein. Dem grauhaarigen Ehemann konnte sie alles abschmeicheln, was sie haben wollte, unter anderem die Stadt Ephesos. Nur in einem gab er ihr nicht nach: Agathokles, sein ältester Sohn, ein tüchtiger Soldat, sollte keineswegs, wie sie es wünschte, zugunsten von Ptolemaios, dem ältesten der drei Kinder, die ihm Arsinoë gebar, als Thronfolger abgehalftert

werden, er sollte seinen Rang behalten. Die Lagidentochter akzeptierte es – wenigstens tat sie so.
In Wirklichkeit griff sie aber nach jedem Mittel, welches geeignet schien, Agathokles doch noch auszuschalten. Wie sie ihr Ziel schließlich erreichte, läßt sich nicht mehr genau rekonstruieren. Fest steht nur, der Kronprinz wurde bei seinem Vater verdächtigt – möglicherweise mit Hilfe der damals schon alterprobten Geschichte vom Sohn, der seine Stiefmutter begehrt – und von diesem ins Gefängnis geworfen. Dort brachte ihn dann ein Mörder um, doch weiß bis heute niemand genau, wie er hieß oder wer ihn zu seiner Tat anstiftete.
Von den mannigfachen Deutungen, die der blutige Kriminalfall provozierte, lautet die bislang populärste, Ptolemaios Keraunos habe den tödlichen Streich geführt. Aufgestellt wurde sie von dem im ersten nachchristlichen Jahrhundert lebenden Historiographen Memnon aus Herakleia, möglicherweise auf Grund der Überlegung: dem verzweifelten, rücksichtslosen Donnerkeil sei jede Schandtat zuzutrauen gewesen. Und in der Tat wird sich Eurydikes Sohn im weiteren Verlauf unserer Geschichte noch als ein Schurke von nahezu shakespeareschem Format entpuppen. Doch ist auch denkbar, daß er nur so übel war, weil man ihm so übel mitgespielt hatte.
Sohn eines Vaters, der aus dem Nichts zum Herrn über Heere, Länder und riesige Tempelschätze aufgestiegen war, aufgewachsen – wie Demetrios – in einer Welt, in der man durch Einsatz von Gewaltmitteln nahezu alles erreichen konnte, hatte er erfahren müssen, daß selbst engste familiäre Bande nach Belieben gestreckt und zerrissen werden konnten, wenn das politische Kalkül es erforderte. Sollte er diese Erfahrungen aber nach der Logik seiner Zeit und seines Standes analysiert haben, dann muß sich ihm die Erkenntnis aufgedrängt haben, daß Macht einfach alles legitimierte, jeden Betrug, jeden Mord, jeden noch so hinterhältigen Schachzug und daß es deshalb nur darauf ankam, Macht zu erlangen. Es war eine rein diadochische Schlußfolgerung, die, wenn man sie dem Donnerkeil unterschiebt, wirklich die Vermutung zuläßt, er habe sich mit Arsinoë zusammengetan und Agathokles aus ihrer beider Weg geräumt. Daß die beiden einander nahestanden, wird sich nämlich ebenfalls noch zeigen.
Dennoch, so fugenlos Memnons Motivkette anmuten mag, der deutsche Historiker Heinz Heinen vertritt inzwischen die besser begründete Auffassung, nicht Ptolemaios Keraunos, sondern der älteste Sohn des Lysimachos und der Arsinoë, der ja auch Ptolemaios hieß, habe den Thronfolgermord begangen.
Kaum zu leugnen ist dagegen, daß der Donnerkeil den Tod von Agathokles sehr geschickt dazu benutzte, sich in das Spiel um die Macht über Thrakien und Makedonien einzuschalten. Zusammen mit der Frau des Gemeuchelten, seiner Schwester Lysandra, begab er sich zu

Lysimachos' Rivalen Seleukos, forderte diesen auf, das Intrigenopfer zu rächen und löste damit eine Entwicklung aus, die von allen Beteiligten nur er selbst kurze Zeit überleben sollte.

Auf beiden Seiten in Makedonien

Seleukos hatte ja schon seit längerer Zeit danach getrachtet, den Nachbarn im Westen auszuschalten, um endlich dort regieren zu können, wo seine Alterssehnsucht ihn hinzog, in Makedonien. Nun bekam er von Keraunos einen ausgezeichneten Vorwand für die Verwirklichung dieses Plans geliefert. Er warf sich zum Fürsprecher der Agathokles-Witwe auf, versprach – das wenigstens berichtet Memnon – dem Keraunos Unterstützung beim Kampf um dessen Erstgeborenen-Recht auf Ägypten und griff an. Bei Kuropedion, unweit des heutigen Izmir, kam es im Februar 281 v. Chr. zur Entscheidungsschlacht. Welcher der beiden Diadochen sich dabei besser schlug, ist nicht überliefert, aber auch nicht sehr wichtig. Nachdem Lysimachos durch einen Speerwurf getötet worden war, hatte Seleukos so oder so gewonnen, denn das Heer des Gefallenen trat daraufhin, wie sich das bei den makedonischen Kriegstechnikern längst eingebürgert hatte, auf die Seite des Gegners über – es war die naheliegendste Lösung.
Keiner der an der Schlacht beteiligten Berufssoldaten und Wehrsiedler kämpfte ja für Heimat, Ehre oder Vaterland, sondern, auf dem weiten Spielfeld der Alexandernachfolger, nur für Herren, die alle aus demselben Holz geschnitzt und deshalb beliebig austauschbar zu sein schienen. Auf beiden Seiten wurden die gleichen Kommandos gegeben, gab es den gleichen Sold, die gleiche Verpflegung, dasselbe Militärrecht. Auf beiden Seiten befand man sich in Makedonien.
Und so ist denn dies das Ende des zweiten Akts. Der Diadoche Lysimachos war von dem Diadochen Seleukos, seinem alten Kameraden, ebenso liquidiert worden, wie dieser schon vorher mit Hilfe des ersteren seinen alten Kameraden, den Diadochen Antigonos beseitigt hatte.
War aber Seleukos tatsächlich der Sieger von Kuropedion? Oder triumphierte in Wirklichkeit der eiskalte Keraunos?

Und sah der Wahrheit ins hübsche Gesicht

Wenn der Herr des nunmehr größten aller Diadochenstaaten – er reichte von der Donau bis zum Kabulfluß – sich in einem Punkt von Ptolemaios und Lysimachos besonders deutlich unterschied, dann darin, daß ihm Frauen offensichtlich nicht besonders gefährlich werden konnten. Wie Antigonos scheint er eher den Typ des treuen Familienvaters verkörpert zu haben.

Einmal allerdings bereitete auch Seleukos der Apame bitteren Kummer, da nämlich, als ihm Demetrios seine Tochter Stratonike zuführte. Aber wenigstens verstieß er deswegen die Ältere nicht und schließlich gab er auch die Jüngere wieder ab. Wie es dazu kam, ist eine Geschichte in der Geschichte.

Antiochos, so lautet sie, des Seleukos ältester Sohn, habe sich, nachdem sie dem Vater bereits eine Tochter geboren hatte, in die schöne Stiefmutter verliebt. Er unterdrückte diese Neigung so gut und so lange es ging. Schließlich ging es aber gar nicht mehr. Die verhohlene Leidenschaft warf ihn aufs Krankenbett. Seleukos' Ärzte standen vor einem Rätsel.

Einer von ihnen, obwohl er von der modernen Psychosomatik so wenig wußte wie noch unsere Großväter, begann am Ende doch zu ahnen, auf welche Weise die Psyche das »Soma« (den Körper) von Antiochos belästige und beschloß, seinen Verdacht durch einen Test zu erhärten. Er fühlte den Puls des Patienten, dann befahl er allen Damen am Hofe, die sich durch Schönheit auszeichneten, an dessen Lager vorbeizugehen. Als plötzlich die Ader besonders heftig klopfte, blickte er auf – und sah der Wahrheit ins hübsche Gesicht. Der kluge Mediziner muß arg erschrocken sein.

Nachdem er lange überlegt hatte, auf welche Weise dem König seine delikate Diagnose zu übermitteln sei, entschied er sich für eine frei erfundene Geschichte. Mit ihrer Hilfe gelang es ihm, zu erklären, wie heftige Leidenschaft sich im Extremfall auf den Organismus eines Menschen auswirken könne. Dazu lieferte er gleich die hypothetische Therapie. Sie bestand seiner Ansicht nach darin, daß man dem Kranken zu gewähren habe, wonach es ihn verlange. Als Seleukos dies durchaus einleuchtend fand, rückte er mit der Wahrheit heraus – und hatte gewonnen. Ohne große Worte darum zu machen, trat der Vater seine junge Frau an den Sohn ab.

Es war eine Geste, so schockierend und so zart, daß sie zwangsläufig zum Romanmotiv werden mußte (was sie allerdings auch schon von Anfang an gewesen sein könnte). Im dritten nachchristlichen Jahrhundert hat der Schriftsteller Heliodoros aus Emesa es in seinen Liebesroman *Aithiopika* hineingearbeitet, im *Wilhelm Meister* spielt noch Goethe darauf an.

Die ganze Affäre war solcher literarischer Fürsorge durchaus wert, sie wäre es selbst dann gewesen, wenn Seleukos weniger aus väterlicher als vielmehr aus politischer Sorge, aus Angst um den Bestand seiner Dynastie gehandelt hätte. Indes mag er tatsächlich der Güte fähig gewesen sein; an seiner Gutmütigkeit jedenfalls sollte er scheitern.

Nach Kuropedion marschierte der letzte noch lebende Alexandernachfolger (Ptolemaios war damals schon seit zwei Jahren tot) in Makedonien ein und ließ sich vom Heer zum König des Landes ausrufen. Kurz darauf, Ende August oder Anfang September 281 v. Chr., traf er bei Lysimacheia mit Keraunos zusammen, dem Flüchtling, welchem er Asyl gewährt sowie Hilfe versprochen hatte – und wurde von diesem ermordet.

Es ist das Ende des dritten Akts, aber es gleicht dem des zweiten. Die Armee, wiederum ohne nachweisbare Zeichen der Erschütterung, erhob den Attentäter zum nächsten makedonischen König und folgte ihm willig in seine Kämpfe gegen Seleukos' Sohn Antiochos, der jetzt Herr über Asien war, gegen den rothaarigen Pyrrhos, der seine alte Stellung wiederzuerringen suchte, gegen Demetrios' Nachkommen Antigonos, der ebenfalls in Pella regieren wollte, und gegen die noch lange nicht abgeschreckten Kelten. Freilich gehört dies schon zum Nachspiel der Tragödie, ebenso wie die letzte Affäre, die Arsinoë auf europäischem Boden erleben sollte.

Was die offizielle Diadochengeschichte verschleiert

Berenikes Tochter stand ja seit Lysimachos' Tod mit drei Kindern ziemlich allein auf der Welt. Die nunmehr Fünfunddreißigjährige hatte alles verspielt, was ihr jemals zugefallen war und wußte offensichtlich nicht recht, ob sie Ptolemaios II. um Asyl bitten oder noch einmal am Spiel um die Macht teilnehmen sollte. Zu ihrem Unglück entschied sie sich für die zweite Möglichkeit.

Als der Donnerkeil ihr Hand und Krone anbot, eilte die völlig Verblendete nach Lysimacheia, ließ sich feierlich versichern, daß er sie stets als einzig rechtmäßige Gattin halten werde und bereitete dann in Eurydikeia ein glänzendes Hochzeitsfest vor. Sollte dabei auch Liebe im Spiel gewesen sein, so wurde sie ihr allerdings übel vergolten.

Keraunos nämlich kam in Waffen, ließ die Stadttore besetzen und erschlug dann Arsinoës jüngere Söhne, den sechzehnjährigen Lysimachos und den dreizehnjährigen Philipp. Er wollte von vornherein alle fremden Erbansprüche auf Makedonien und Thrakien aus der Welt schaffen, hatte ja auch gelernt, wie wichtig das war. Allein Arsinoës Ältester, der schlaue Ptolemaios, konnte dem Blutbad entkommen, weil er, in richtiger Einschätzung der Lage, gar nicht erst nach Eurydikeia gekommen war. Ihm muß frühzeitig klargeworden sein, was für ein Mensch der Sohn seines Großvaters war.

Die Lysimachos-Witwe aber gab nach dem Tod der beiden Jungen auch nicht mehr viel für ihr Leben und entwich zunächst nach Samothrake, jene rätselumwitterte nordägäische Insel, auf der von einem

Priesterbund die sogenannte »Kabeiroi« verehrt wurden, geheimnisvolle Götter, über die man so gut wie gar nichts weiß. Die Teilnahme an deren Mysterien scheint der hart geprüften femme fatale immerhin über den Schock hinweggeholfen zu haben, in dem sie sich befunden haben muß, denn später ließ sie auf dem Eiland das sogenannte »Arsineion« errichten, den größten überdachten Rundbau jener Zeit. Die Reste davon sind zu besichtigen.

Während sie dort weilte, wurde auch Keraunos von seinem Schicksal ereilt. Er hatte zunächst noch nach Alexandria gemeldet, daß er auf alle Erbansprüche in Ägypten verzichte, hatte dann den Sohn des Demetrios in einer Seeschlacht vernichtend geschlagen und trat endlich einem keltischen Heer entgegen. Dessen Sturmhaufen war es gelungen, halb Makedonien plündernd zu durchstreifen und allen Gefallenen, nach keltischer Sitte, die Köpfe abzuschneiden. Als der Donnerkeil in offener Feldschlacht mit ihnen zusammentraf, wurde er, Diodorus zufolge, »erschlagen und die ganze makedonische Armee auseinandergetrieben«. Das geschah 280/79 v. Chr. Der Mörder des Seleukos hatte sein Opfer also gerade um ein Jahr überlebt, es schien nur gerecht zu sein.

Dennoch, wäre ihm ein Epitaph zu setzen, man müßte darauf festhalten, daß dieses blutbesudelte Scheusal lediglich in extremer Weise verkörperte, was die offizielle Diadochengeschichte mit ihren langen Listen von Schlachten und weltverändernden Taten eher verschleiert: die von moralischen Erwägungen völlig unberührte Skrupellosigkeit der meisten ihrer glänzenden Helden. Sollte aber auch Tragik um Keraunos gewebt haben, so wäre es die eines Sohnes gewesen, welcher seinem Vater nacheifern wollte und daran scheitern mußte, daß er dessen unbegrenzte Möglichkeiten schon nicht mehr alle besaß. Dieser hatte, nach seinem Maß, eine neue Welt mitgeschaffen, jener mußte in ihr leben, das ist allemal schwieriger. Auch Arsinoë sollte es erfahren, allerdings in anderer Weise.

Ihre eigentliche Karriere begann erst an dem Tag, an dem sie Samothrake verließ und nach Ägypten zurückkehrte – doch ist das schon eine neue Geschichte, eine von den vielen aufregenden Frauenbiographien, die alle am Nil spielen und insgesamt wie die Glieder einer langen Kette ineinandergreifen. Die erste davon hat das Leben und die Taten von Berenike I. zum Inhalt, die letzte das Schicksal Kleopatras VII., der Geliebten Caesars. Zusammengenommen erwecken sie den Eindruck, der Lagide habe, was an Feuer in ihm glühte, vor allem seinen weiblichen Nachkommen hinterlassen. Allerdings dürfte er am Ende seines Lebens unter den Frauen am Hof von Alexandria auch ziemlich gelitten haben.

»Dieser übermächtigen Frauen müde geworden«

Als Ptolemaios Berenike zu sich genommen hatte, war er dreiundvierzig, sie selbst zwanzig Jahre jünger gewesen. Diesen Altersunterschied mag er damals noch mühelos überspielt haben. Bis zum Hals in Kriegen, in Arbeit, in politischen Projekten steckend, lebte Alexanders Ex-Adjutant aus der Fülle seiner Kraft und seiner weitreichenden Ideen. Er muß ein Mann gewesen sein, der sich genoß und sein Familienleben quasi mit der linken Hand bewältigte. Immerhin – dafür sprechen seine beiden Kinder aus zweiter Ehe – kann es nicht ganz unglücklich gewesen sein.
Als sich dann aber sein Staat festigte, als er sicherer wurde und auf starken Fundamenten stand, setzte zwangsläufig eine andere Entwicklung ein. Der nunmehrige König brauchte nicht mehr an allen inneren und äußeren Fronten persönlich einzugreifen, sein Apparat arbeitete selbständiger. Er hatte zu repräsentieren, ja zu verkörpern, was entstanden war; das lieferte ihn auch den Frauen aus.
Um Ptolemaios herum entstand ein Hof. Er selbst verschwand hinter jenem gleißenden Über-Ich, das gekrönte Häupter vor sich herzutragen pflegen: ihrer (eigenen) Majestät. Am Anfang seiner Laufbahn war das noch anders gewesen, da hatte es genügt, daß die Erinnerung an Alexander ihn überragte und er in dessen Kult mitgefeiert wurde – der tote König lag am Mareotis-See begraben. Aber allmählich mußte der fremde Glanz dann doch durch eigenen ersetzt werden. Der Lagide bekam den Beinamen »Soter« verliehen, das heißt: Retter aus höchsten Nöten. Man drängte ihn langsam aber sicher in die Rolle des Halbgottes hinein. Soter war einer der Titel des Zeus und nahm später die Bedeutung etwa von »Heiland« an. (Auch Antigonos hat ihn geführt, während Seleukos sich »Nikator«, der Siegende, nannte, womit freilich ebenfalls übermenschlicher Rang beansprucht wurde.)
Die Errichtung eines Tempels für sich selbst und die Schaffung des entsprechenden Kultes dagegen hat Ptolemaios (ebenso wie Seleukos) zu seinen Lebzeiten nie zugelassen. Das schafften seine Hinterbliebenen erst, nachdem er tot war; es entsprach der zeitgemäßen Staatsräson. Um ein aus dem Nichts geschaffenes Reich zu legitimieren, bedurfte es einfach des Hinweises auf die Göttlichkeit seines Gründers. Als pures Menschenwerk hätte es von Menschen auch allzuleicht wieder in Frage gestellt werden können; schon den Pharaonen war das bewußt gewesen. Wie sie hatten deshalb auch jene drei Diadochen, denen es als einzigen gelungen war, eine Dynastie zu gründen, in der Verklärung zu enden: Ptolemaios, Seleukos und – Antigonos.
Dem Einäugigen, der bei Ipsos sein Leben verloren hatte, war ja ein Enkel erstanden, der ihn, was er nicht mehr erfuhr, glänzend rehabilitieren und, neben dem ptolemäischen und seleukidischen, das antigo-

nidische Herrscherhaus installieren sollte. (Davon, wie er es schaffte, wird noch die Rede sein.) Mit diesen drei Monarchien aber war etwas in die Welt getreten, das die Idee des alexandrinischen Weltreichs wenigstens bruchstückhaft verkörperte, ein Staatenblock, der insofern eine Einheit bildete, als sich seine Bestandteile machtmäßig etwa die Waage hielten und damit ein gewisses Maß an politischer Stabilität gewährleisteten. Ob ihre drei Gründer mit diesem Ergebnis zufrieden gewesen wären, muß freilich offen bleiben.

Ptolemaios jedenfalls hat als alter Mann noch einmal seine von größerem Glanz überstrahlte Vergangenheit aufgesucht. »Dieser, übermächtigen Frauen müde geworden«, müde also der Berenike, der Thaïs (falls sie noch lebte) und ihrer jeweiligen Töchter, zog er sich, wie der Kulturhistoriker Carl Schneider schreibt, »zurück, um Geschichte zu schreiben«. An Hand der Tagebücher Alexanders schuf er dessen Biographie, die ja auch ein Teil seiner eigenen war. Dabei soll er zwar sich selbst ein wenig zu sehr herausgestrichen und andere Bewerber um die Gunst des Königs etwas zu sehr abqualifiziert haben, aber das berechtigt uns kaum, dem Lagiden zu unterstellen, er habe nicht seine, also wenigstens die subjektive Wahrheit gesagt. Von dem Werk sind nur wenige Bruchstücke erhalten geblieben. Ein größerer Teil ging in die Alexanderbiographie des griechischen Historiographen römischer Nationalität Flavius Arrianus ein und muß aus dieser mühsam herausgefiltert werden.

Im Lebensbild ihres Verfassers kommt der Arbeit ohnehin nur eine einzige Bedeutung zu: sie zeigt ihn als einen Mann, der groß und skrupellos war, der aber wenigstens über seine Taten auch reflektierte. Er scheint gewußt zu haben, daß selbst ein Gewaltherrscher wie er vor dem Gericht der Nachwelt zu bestehen haben werde.

Im satten Alter von siebenundsiebzig ist Ptolemaios verschieden, der einzige Diadoche, der auf dem Bett starb. Aber langlebig sind sie ja alle gewesen, diese zähen Söhne eines als halbwild geltenden Bauern- und Kriegervolks.

Fragt sich dennoch, ob es nur körperliche Kraft und eingeborenes Ungestüm waren, was die Makedonen befähigt hatte, die halbe Welt zu erobern und umzuformen, oder ob sie auch eine neue geistige Entwicklung repräsentierten.

KAPITEL 4

GÖTTER, PROPHETEN UND PHILOSOPHEN

»*Diese meine Welt, wer ist hell genug dazu, sie zu schauen, ohne sich Blindheit zu wünschen? Stark genug, diesem Spiegel seine Seele entgegen zu halten? Seinen eigenen Spiegel dem Dionysos-Spiegel? Seine eigene Lösung dem Dionysos-Rätsel?*«

FRIEDRICH NIETZSCHE
Also sprach Zarathustra

»*Die Moral ist nicht eigentlich die Lehre, wie wir uns glücklich machen, sondern wie wir der Glückseligkeit würdig werden sollen.*«

IMMANUEL KANT
Kritik der praktischen Vernunft

ZEITTAFEL

Euripides:
485/4 v. Chr.: geboren auf Salamis bei Athen.
438 v. Chr.: Aufführung seiner ersten Trilogie.
421 oder 415 v. Chr.: Aufführung des *Herakles*.
408 v. Chr.: Der Dichter folgt einer Einladung von König Archelaos und geht nach Pella. Dort schreibt er *Die Bakchen*.
407/6 v. Chr.: in Pella gestorben.
Diogenes von Sinope:
Um 395 v. Chr.: geboren als Sohn eines hohen Finanzbeamten.
um 325 v. Chr.: in Athen gestorben.
Krates von Theben:
360 v. Chr.: geboren als Sohn reicher Leute.
um 280 v. Chr.: in Athen gestorben.
Epikur:
341 v. Chr.: auf Samos geboren.
327–324 v. Chr.: Studium in Teos.
323–321 v. Chr.: Militärdienst in Athen.
311–306 v. Chr.: Lehrtätigkeit in Mytilene und Lampsakos.
306 v. Chr.: Gründung einer eigenen Schule in einem Garten vor Athen.
270 v. Chr.: gestorben an einer Krankheit des Unterleibs.
Zenon von Kition:
336 v. Chr.: geboren als Sohn eines phönizischen Vaters.
314/12 v. Chr.: Handelsreise nach Athen, unterwegs Schiffbruch.
um 301 v. Chr.: Gründung einer Schule in der Stoa poikile.
264 v. Chr.: allgemeiner Annahme zufolge in Athen gestorben.
256/5 v. Chr.: frühestens gestorben, wenn er tatsächlich achtzig Jahre alt geworden sein sollte.

Der Apollontempel von Didyma, Staatsheiligtum der Seleukiden

Pyrrhos von Epiros, König der Molosser

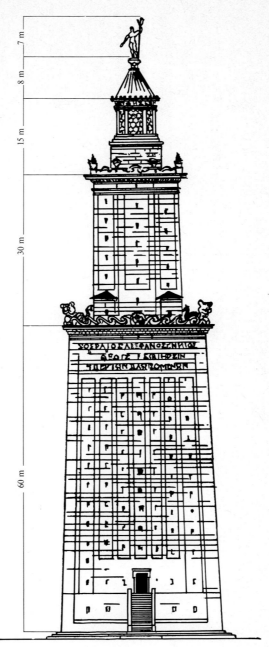

Der Pharos von Alexandria, eines der Sieben Weltwunder

Blick von der obersten Stufe des Asklepieions auf Kos

IM ZEICHEN DES DIONYSOS

Wichtigster Bestandteil: Orgien

Die Nachricht, mit der König Pentheus empfangen wurde, als er von einer Reise in seine Residenzstadt Theben zurückkehrte, klang ebenso seltsam wie beunruhigend. Frauen aus besseren und höchsten Kreisen hatten sich eheherrlicher Gewalt entzogen, saßen in dem »schatt'gen Dickicht des Waldes« bei Krügen voll Wein, stahlen sich ab und zu ins Gebüsch, »wo Männern sie zum Beischlaf dienten«, sangen Lieder zu Ehren eines Gottes, der sowohl »Reiche als auch Ärmere« von ihrem »Kummer« befreien wollte, tanzten in entfesselten Schwärmen, efeugeschmückte Stäbe schwingend, durch Wald und Tag und zerrissen alles, was sich ihnen feindlich entgegenstellte mit bloßen Händen, sei es Tier oder Mensch.
Verständlich, daß Pentheus als erstes wissen wollte, wie diese Weiberrevolte ausgebrochen und wer dafür verantwortlich zu machen sei. Man sagte es ihm.
»Ein Fremdling, ein Gaukler, Sänger, aus den Gauen Lydiens her, / mit blondgelocktem Haar, verbreitend süßen Duft, / weinrot die Augen glühend in Aphrodites Reiz« war in sein Land gedrungen und hatte, »bakchische Weihen« vorschützend, die Frauen in seinen Bann geschlagen. Jetzt war er Tag und Nacht mit ihnen zusammen und riß nieder, was um sie herum an Grundsätzen, Moralbegriffen, Vorstellungen von Zucht und Züchtigkeit aufgerichtet worden war, also alles, womit man sie auch in Schach hielt.
Kein Zweifel, daß dadurch die Grundfesten der staatlichen Ordnung bedroht waren, kein Zweifel auch, daß es nur ein Mittel gab, dieses gefährliche Treiben im Keim zu ersticken. Man mußte den Fremdling festnehmen und dann: »Schneid' ihm den Hals durch, trenn den Kopf vom Rumpf!«
Daß der Seher Teiresias, sein eigener Großvater, vorbrachte, dieser Frauenverführer stehe tatsächlich im Dienst eines Gottes, des Dionysos nämlich, konnte Pentheus von seinem Entschluß nicht abbringen. Er befahl, den Blonden zu verhaften, was auch ohne Schwierigkeiten gelang. Freiwillig, so berichteten die ausgesandten Häscher, sei er mit ihnen gekommen, widerstandslos habe er sich fesseln lassen. Das Verhör leitete der König persönlich, doch kam nicht viel dabei heraus. Mit dem ironisch getönten Hochmut eines Mannes, der sich im Besitz höheren Wissens glaubt und davon überzeugt ist, sein Gegenüber könne ihn doch nicht begreifen, wich der Gefangene allen gezielten Fragen aus. Er bestätigte lediglich, daß er aus Lydien in Kleinasien stamme und daß er einen Kult propagiere, dessen wichtigster Bestand-

teil »Orgien« seien. Über diese selbst verweigerte er jede Auskunft. Seine Begründung: »Undeutbar sind sie ungeweihter Menschen Geist.«
Im übrigen war er vollkommen davon überzeugt, daß sein Gott »bei ihm« oder, wie Teiresias zuvor gemeint hatte, »in ihm« sei, daß dessen Gegenwart jedoch unfrommen Gemütern verborgen bleibe und deshalb jeder, der ihn einsperre, den Gott Dionysos selbst ins Gefängnis werfe. Der König, dem diese doppeldeutigen Worte unbegreiflich bleiben mußten, tat es trotzdem. Die Folgen waren katastrophal.
Zunächst zerstörte ein Erdbeben das Gebäude, in dem der Verhaftete lag. Gleichzeitig meldeten ausgesandte Soldaten, sie seien von den Weibern, deren sie habhaft werden wollten, blutig zurückgeschlagen worden. Und als daraufhin Pentheus befahl, die ganze Armee zu mobilisieren, trat ihm aus den Trümmern des zerborstenen Verlieses lächelnd der befreite Dionysos-Missionar entgegen. Er schien auf einmal kompromißbereit zu sein.
»Willst im Gebirge du vereint sie lagern sehen«, die Frauen? fragte er. Pentheus bejahte und wurde aufgefordert, sich vorher selbst als Frau zu verkleiden – aus Gründen der Tarnung offensichtlich. Er bekam eine Lockenperücke aufgesetzt, »ein Schleppgewand« angezogen und »eine Binde um den Kopf«, womit er dem Fremden völlig ausgeliefert war.
Seltsamerweise genügte nämlich die äußere Verwandlung, ihn auch innerlich vollkommen zu verändern. Mit dem Verlust so männlicher Attribute wie Rüstung, Schwert und Helm kamen ihm alle Vorstellungen abhanden, durch deren Filter er die Welt bisher betrachtet hatte. Er sah den Fremden plötzlich in Stiergestalt, er geriet außer sich, verfiel in die Zuckungen des Weibertanzes und glaubte, mit bloßen Händen einen Berg umstürzen zu können. Er war berauscht und sei's nur davon, daß er nicht mehr sein mußte, was er bisher gewesen war. Er schien im Begriff, selbst ein Dionysosjünger zu werden.
Indes sein Begleiter begnügte sich keineswegs mit der Befriedigung, die ihm diese erzwungene Selbstaufgabe des ehemaligen Verfolgers eigentlich bereitet haben müßte. Am Lagerplatz der Frauen angekommen, rief er laut, hier sei ein Mann, der versuche, in ihre geheimen Zirkel einzudringen. Daraufhin stürzten sich die gottesberauschten Weiber, an ihrer Spitze Agaue, Pentheus' Mutter, auf das preisgegebene Opfer und machten sich, »Schaum vorm Mund, die Augen hin und her / wild rollend«, daran, es buchstäblich zu zerreißen.
»Er stöhnt' und schrie, soweit ihm dazu Atem blieb; / sie jauchzten auf. Es trug die eine einen Arm, / einen Fuß die andere samt dem Schuh; bloß wurden / durch Ausreißen seine Rippen.« Agaue aber bekam den Kopf zu fassen, steckte ihn auf ihren »Thyrsosstab«, den efeuumwundenen, und trug ihn im Triumph nach Theben. Erst dort

erkannte sie: es war nicht, wie sie im Wahn geglaubt hatte, ein Berglöwe, der von ihnen zerfleischt worden war, sondern der eigene Sohn. Noch grausamer mutet an, was diesem schrecklichen Erwachen folgte. Der Fremde, sich nunmehr in der göttlichen Gestalt des Dionysos zeigend, erklärt Agaue zur Verbrecherin und verheißt ihr, samt Familie, die Vertreibung aus Theben. Begründung: »Es wär' nicht fromm, / wenn Mörder blieben bei dem Grab Gemordeter.«
Rausch, Taumel, Irrsinn, Traum, Vision also zerstoben, geblieben, so scheint es, die kalte Logik des Strafgesetzes. Zwar hatte ein Gott geholfen, es zu brechen, aber das zählte nicht. Pentheus, und darin bestand offensichtlich die Schuld, die auf allen lastete, war es verborgen geblieben, daß »das Göttliche vielfältige Gestalt aufweist«.
»So«, heißt es im Text, »vollzog sich auch dieses Geschehen.«

Wäre Dionysos nicht getötet worden

Der Dichter Euripides, der in seiner Tragödie *Die Bakchen* das Schicksal des Pentheus beschwor, war den Athenern als ein mürrischer, stets in Gedanken versunkener Intellektueller bekannt gewesen. In seiner Jugend hatte er zwei radikalen Aufklärern angehangen, die beide, angeblich atheistischer Lehren wegen, aus ihrer Heimatstadt verbannt wurden, dem Philosophen Anaxagoras und dem geistigen Oberhaupt der Sophisten, Protagoras. Der erstere hatte die Meinung vertreten, alles Geschehen in der Welt lasse sich auf ein zweckvolles, also vernunftgemäßes Prinzip zurückführen, von dem anderen stammt die berühmt gewordene Formulierung, »der Mensch ist das Maß aller Dinge, der seienden, daß sie sind, der nichtseienden, daß sie nicht sind«. Auch mit Sokrates soll der jüngste der drei großen Tragiker Griechenlands befreundet gewesen sein, und ihm hatte man ja ebenfalls vorgeworfen, er glaube nicht an die offiziellen Götter. Kein Wunder, daß sein erbitterter Feind, der Komödiendichter Aristophanes, dies auch von Euripides behauptete – nicht ohne Belege dafür zu bieten.
In den achtzehn Stücken, die von ihm erhalten geblieben sind, kommen Sätze vor, wie »Die Götter sind nicht wahrer als Träume« oder »sagt jemand nach, es gibt im Himmel Götter? Es gibt keine, keine.« Beide, und noch andere, ähnliche dazu, wären durchaus geeignet gewesen, in einem Ketzerprozeß gegen ihn vorgebracht zu werden. An den *Bakchen* jedoch, seinem letzten Stück, hätten selbst die konservativsten Kritiker nichts aussetzen können und sei's nur deshalb, weil sie es nicht korrekt zu interpretieren vermochten. Schon von dem Mythos, aus dem es herausgefiltert wurde, sagt der ungarische Religionsforscher Karl Kerényi, er lasse sich in gedanklicher Ausprägung nur unvollkommen darstellen.

Das folgende meint er dennoch darüber sagen zu können: Pentheus ist einerseits ein Gottesfeind, der bestraft werden muß, andererseits kommt er dem Dionysos in seinem Wahnsinn und Leiden so nahe, daß er am Ende sogar stellvertretend für ihn stirbt. Damit verkörperte er eine allgemein menschliche Eigenschaft, denn jeder, der auf Erden wandelt, ist Gottesgegner, »hat aber auch etwas von eben jenem Gott, dem göttlichen, unzerstörbaren Leben in sich«.

Als unzerstörbar, so Kerényi weiter, galt den Griechen etwas, das sie »zoé« nannten, eine Art von Sein, aus dem »bios«, das Leben des einzelnen, seine »Bio«graphie, nur herausgeschnitten war. Bios endete mit dem jedem Wesen zugedachten eigenen Tod, Zoé endete nie. Es ließe sich am ehesten mit dem vergleichen, was wir »unsterbliche Seele« nennen. Der Gott Dionysos aber sei eine jener mythischen Chiffren gewesen, mit deren Hilfe man sich dieses Prinzip verdeutlichte. Zu den vielen Geschichten, die sich um ihn spinnen, gehört diese:

Uranos, Kronos und Zeus waren die ersten Herrscher der Welt, ihnen folgte als vierter Dionysos nach. Bevor er die Macht übernehmen konnte, zerrissen ihn jedoch die beiden Titanen, kochten ihn und aßen ihn auf. Zeus erschlug sie daraufhin mit seinem Blitz. Der Ruß ihrer verbrannten Leiber verwandelte sich in einen Stoff ohne Namen. Aus ihm gingen die Menschen hervor.

Nimmt man diese Sage als Bilderrätsel, dann lautet seine Lösung ebenfalls: wir alle enthalten Substanz aus den Körpern der finsteren Riesen Uranos und Kronos, aber, da diese ja den Gott verspeisten, auch Substanz von ihm. Wir sind also ein lebender Widerspruch, gemacht von dem Material, aus dem die Mörder sind, und jenem anderen, aus dem die Opfer bestehen. Wäre Dionysos nicht getötet worden, so gäbe es uns nicht. Er ist, obwohl zum Herrn der Welt bestimmt, für die Menschen gestorben.

Zwar handelt es sich hier um die sehr späte, schon von christlichen Vorstellungen mit geprägte Interpretation einer uralten Sage, doch stützt sie sich, wie auch Euripides' Tragödie, auf noch ältere kultische Überlieferungen.

Jenes vielnamige Wesen

Von Dionysos wußte schon Homer, der ja im achten vorchristlichen Jahrhundert lebte. Er identifizierte den Gott mit Rausch, Raserei, Ekstase und stand ihm ziemlich distanziert gegenüber – was verständlich ist. »Bromios«, der Tosende, wie er auch genannt wurde, ließ sich kaum in die klaren Umrisse zwingen, die der Schöpfer der *Ilias* bevorzugte, er war zu vielgestaltig, zu formlos, zu wenig körperhaft. Die einzige Möglichkeit, ihn populär zu machen, bestand darin, seinen Namen mit dem Wein zu verknüpfen, welchen er nach Griechenland gebracht haben soll.

Von wo er selbst herkam, ob aus Kleinasien, aus Kreta oder Phönizien, blieb dabei offen. Der Name »Bakchos«, den der Gott ebenfalls trug, hat jedenfalls Euripides veranlaßt, ihn aus der heutigen Türkei kommen zu lassen, das Wort ist lydischen Ursprungs. Andererseits gehören aber zu den Tieren, welche Dionysos umgeben, viele, die auf alt-kretische Kulte hinweisen, so etwa der Stier, aber auch Biene und Schlange. Und endlich könnte man die Heimat des Umstrittenen noch in Thrakien suchen, denn seine Mutter Semele war ursprünglich eine Göttin aus den Gefilden nördlich von Makedonien gewesen.

Aber das alles heißt nur: jenes vielnamige Wesen war das Produkt einer ganzen Reihe verschiedener Überlieferungen, die sich nie völlig verdrängen, aber auch nie auf einen einzigen Nenner bringen ließen. So wurde es mit Bedeutungen befrachtet, für die sich sonst kein geeignetes Götterbild bot, so verkörperte es Mächte und Kräfte, denen man keine bessere Bezeichnung zu geben vermochte. Und ganz zweifellos war es auch älter als Zeus, samt den ihn umgebenden indogermanischen Aristokraten. Daß man es dennoch unter anderem zu dessen Sohn machte, dürfte ein weiterer eher hilfloser Versuch gewesen sein, Dionysos-Bakchos-Bromios in die anerkannte Götterhierarchie einzuordnen und auf diese Weise zu bändigen. Wenn es nicht völlig gelang, so sind daran die Frauen schuld.

Gleichnisse aus dem Leben der Winzer

»Dionysos«, schrieb Johann Jakob Bachofen, Verfechter der Theorie von einem frühgeschichtlichen Mutterrecht, »ist im vollsten Sinn des Wortes der Frauen Gott, die Quelle aller sinnlichen und übersinnlichen Hoffnungen, der Mittelpunkt ihres ganzen Daseins.« Euripides scheint das ebenfalls geglaubt zu haben. In seinen *Bakchen* rekrutiert der Gott nur weibliche Gefolgsleute und führt sie gegen die ihm und ihnen feindlichen Männer. Es sind die »Mainades«, rasende, blutdürstige, von Wahnvorstellungen besessene Weiber. Auch sie hat es gegeben. Athenische Frauen, so berichtet Plutarch, seien in jedem zweiten Spätwinter aufgebrochen, um, an Delphi vorbei, ins Parnassosgebirge zu ziehen und dort bei klirrender Kälte Dionysos zu »erwecken«. Unter schneebeladenen Fichten, auf vereistem Grund, im schneidenden Bergwind zelebrierten sie einen orgiastischen Ritus, dessen Sinn es war, den Gott der scheinbar toten Natur ins Leben zurückzurufen – als Kind. Im Flackerschein rußender Fackeln wurden gemeinsam Wehen und Geburtsschmerz nachempfunden, so lange, bis aus hitziger Trance ihr Herr zu ihnen kam. Wichtigstes Requisit war dabei das

Geschlechtsteil eines männlichen Opfertieres, meist eines Bocks, den sie vorher zerrissen und teilweise auch verzehrt hatten. Wenn sie endlich – gelegentlich halb erfroren – wieder zurückkehrten in die Ebene, konnte ein neues Dionysos-Jahr beginnen, es entsprach zwei normalen Sonnenjahren. Aber zweifellos ist das ebenfalls nur ein einzelner Aspekt des ganzen Kultes um den Weinbringer – was schon daraus hervorgeht, daß man auch außerhalb Griechenlands auf Götter stößt, die ihm glichen.

In der ägyptischen Mythologie setzen Frauen den zerstückelten Osiris wieder zusammen, wobei sie von seinem Phallus ausgehen. In Phönizien spielte der geopferte und wieder belebte Attys-Adonis eine ähnliche Rolle. Und hier wie dort ist in diesem Zusammenhang immer wieder vom Weinstock die Rede. Das, so Kerényi, gilt aber selbst noch in bezug auf einen weitaus jüngeren Heilsbringer, auf Christus. Der Nazarener, meint er, sei ja nicht nur »Zeuge einer massiven nicht-griechischen Dionysosreligion zwischen dem See von Genezareth und der phönizischen Küste« gewesen, er habe seine Gleichnisse auch mit Vorliebe aus dem Leben der Winzer genommen. »Er sagte von sich selbst: ›Ich bin der wahre Weinstock‹«, und vom Wein: »Das ist mein Blut.«

Nach den Regeln des Traumes

Sollte Euripides alle oder auch nur einen Teil der vielfältigen Bedeutungen des Dionysos-Kultes gekannt und auch begriffen haben, daß aus ihnen eine ungeheuere Sehnsucht nach Erlösung von Zwängen sprach, wie die halbherzig anerkannte Schicksalsmechanik sie den Menschen jener Zeit auferlegte, so müßte ihm neben seinem prominenten Platz in der Weltliteratur ein ebensolcher in der Religionsgeschichte eingeräumt werden.

Sein Gott tritt als ein Verkünder auf, der nicht daran glaubt, daß »maßvollen Sinns sein« das »Beste« ist. Er zerschlägt hergebrachte Normen und gibt sich als Prophet einer neuen Unordnung, womit auch schon angedeutet wird, daß die von Olympierstatuen eingefriedete »klassische« Welt nicht länger heil und ergo ein ganzes Kapitel griechischer Geschichte abgeschlossen sei – ein glorreiches freilich.

Die große geistige Leistung der Hellenen hatte ja unter anderem darin bestanden, daß sie – beginnend spätestens mit Homer – ihre Götter zähmten, domestizierten, vermenschlichten. Aus Naturgewalten waren teils heroische, teils aber auch possierliche Marmorfiguren geworden. Der Donnerer Zeus etwa hatte leicht lächerlich gewirkt, wenn er sich als Schwan der Leda, als Stier der Europe näherte, nur um von seiner eifersüchtigen Frau nicht entdeckt zu werden. Und Aphrodite, vom eigenen Ehemann mit Ares in flagranti ertappt, paßte eher in

einen Herrenwitz als in einen Tempel. Man konnte lachen über Wesen, denen dergleichen widerfuhr, aber dieses Lachen war auch ein Manifest der menschlichen Unabhängigkeit von allzu übermächtigen himmlischen Diktatoren. Aus ihr erwuchs die Fähigkeit, das Leben mit dem Verstand zu begreifen, Wissenschaft zu betreiben, zu philosophieren, Tabus wegzuerklären und sie schließlich zu vergessen.
Doch dann stieß auch diese Emanzipationsbewegung an ihre natürlichen Grenzen. Alle Daseinsrätsel konnte das Gehirn nicht aufhellen. Das Unterbewußtsein des Volkes, seine Mythen widerstrebten der vollständigen Bändigung durch die Vernunft. Nach den Regeln des Traums warfen sie Bilder empor, die der Gedanke keineswegs zu zergliedern vermochte. Das alles staute sich an dem von der Ratio errichteten Damm, suchte Schleusen, welche er nicht besaß, drohte ihn niederzureißen. Zuletzt scheint dann der bekannteste unter den nicht völlig domestizierten Göttern die gesammelten Zweifel und Ängste als einziger verkörpert zu haben – und er durchbrach den Deich.
Hatte Dionysos sich ursprünglich auch von umherziehenden, verkleideten Männerschwärmen verehren lassen, die in der »Komödie« den »komos« feierten, die neue Weinernte, oder den Hymnus auf das ihm geheiligte Opfertier anstimmten, den Bocksgesang »tragodia«, so entwickelten sich daraus allmählich Liturgien in Form von jeweils drei Tragödien und einem ihnen nachfolgenden Satyrspiel. Solche »Dionysien« zu realisieren, schlossen sich Dichter, Schauspieler, Tänzer, Musiker, Sänger zu ordensähnlichen Vereinigungen zusammen. Ab dem dritten vorchristlichen Jahrhundert bildeten sie schon fast so etwas wie den Klerus einer Kirche, einer Kirche freilich, die im Zeichen des Phallus und der Maske stand, aber beide Symbole galten als heilig.

Eine Art Messias

Hinter der Larve, die den Gott selbst symbolisierte, fühlten Menschen sich auf andere Weise frei als jene, die (gelegentlich) durch Nachdenken bewirkt wird. Ihr Lebensgefühl steigerte sich, Hemmungen fielen ab, kamen berauschende Getränke dazu, dann dehnte sich der Augenblick, erweiterte sich die Welt, verschmolzen Individuum und Kosmos – ein Vorgang, der nicht erklärt, nur erlebt werden konnte. Auch Pentheus war dies widerfahren, auch er geriet ja außer sich, als seine Männerkleidung von ihm abgefallen war und das Schleppgewand ihn einhüllte. Maskiert hatte er eine der Grenzen überschritten, die Menschen gesetzt sind, jene des Geschlechts, und war so in mannigfacher Weise erlöst.
Da aber wirkliche Gotteserfahrung mehr voraussetzte als nur einen

Kostümwechsel, nämlich innere Bereitschaft, Versenkung, Weihen, mußte der Thebanerkönig für sein Erlebnis auch so schrecklich bezahlen – zumindest scheint Euripides dies andeuten zu wollen. Der Dichter gleicht ohnehin einem Moses, welcher auf das möglicherweise gelobte Land des Taumels und der Ekstase nur hinweist, ohne es jedoch selbst betreten zu wollen. Auch den göttlichen Helden seiner Tragödie scheint er zwar als eine Art Messias zu sehen, erweckt aber keineswegs den Eindruck, er selbst habe ihm folgen wollen. Ob er geahnt hat, daß andere es tun und damit ein Zeitalter abschließen würden, in dem kritische Verunft dominiert hatte, wissen wir nicht, es ist aber möglich.

Der damals Zweiundsiebzigjährige hat sein bedeutendstes und weitaus erfolgreichstes Stück, eben *Die Bakchen* ja nicht im aufgeklärten Athen, sondern in Pella geschrieben. Von Archelaos, jenem König, der die Makedonen so dringend als ein hellenisches Volk anerkannt wissen wollte, war er dorthin eingeladen worden. Und vielleicht ist dem Schüler von Anaxagoras und Protagoras erst in den grünen, gelegentlich auch nebelverhangenen Bergen des Nordens klargeworden, welcher Art die Macht sein mußte, die Dionysos verkörperte.

Hier oben, an den Grenzen Thrakiens, stand man ihm bedeutend näher als in den scharfkonturierten, lichtüberglänzten Landschaften des südlichen Griechenlands. Der Stamm der Satrer, der an den Hängen des (heute überwiegend bulgarischen) Rhodopegebirges hauste und, Herodot zufolge, reichlich laxe Sitten gehabt haben soll – »die jungen Mädchen lassen sie ... mit denen, die es selbst wollen, Geschlechtsverkehr treiben« – bewachte ein »auf den höchsten Bergen« gelegenes, uraltes Heiligtum des Dionysos. Und Alexanders Mutter, die mit gezähmten Schlangen spielende Olympias, galt als eine seiner mainadischen Priesterinnen. Daß aber der Tosende dann gerade von Pella aus die mittelmeerische Welt schließlich umgestalten würde, hat Euripides wohl kaum voraussehen können. Das bahnte sich erst nach seinem Tod an – mit dem Alexanderzug.

Auf einem Panther zurückgeritten

Der makedonische Vorstoß erscheint, wenn man ihn von seinem Ausgangspunkt her betrachtet, als ein durchaus doppelbödiges Unternehmen. Seine Teilnehmer waren nicht nur von wilder Eroberungslust und homerischem Pathos beseelt, sie wurden auch getragen, um nicht zu sagen vorangeschwemmt von einem rauschhaften Lebensgefühl, das alle, mit denen sie in Kontakt kamen, beeindrucken, erschrecken oder überwältigen und faszinieren mußte. Und wahrscheinlich hätten sie eine so uralte und reiche Kultur wie die persische keineswegs von Grund auf zerstören können, wenn sie nur gut gedrillte Militärroboter gewesen wären. Primitive Horden, Hunnen etwa oder Mongolen, haben große Zivilisationen nie wirklich vernichtet; nach ersten Siegen wurden sie meist von ihnen aufgesogen. Daß den Makedonen dies nicht widerfuhr (obwohl der feinnervigere Alexander es manchmal gewünscht zu haben scheint), weist sie deshalb auch als die Verkörperungen einer neuen geschichtlichen Kraft aus. Und dessen scheinen sie sich halb und halb sogar bewußt gewesen zu sein.

Zu den Legenden, welche um ihren Zug nach Osten gewoben wurden, gehörte auch die, er sei nur Wiederholung eines älteren ähnlichen Unternehmens, als dessen Held Dionysos galt. Euripides zufolge hatte der Rauschgott schon lange vor den Heerscharen des Philippsohnes »der Perser sonn'ge Fluren« erreicht, das »glückselige Arabien« und »ganz Asien, das längs dem salz'gen Meere liegt«. Von Indien soll er, anderen Überlieferungen zufolge, auf einem Panther zurückgeritten sein. Makedoniens Soldaten stießen also in einen mythologisch bereits erschlossenen Raum vor, was ihrem Unternehmen eine zusätzliche Dimension verlieh. Sie glaubten mit himmlischen Mächten zusammenzuarbeiten, wandelten auf Gottesspuren – und behielten in gewisser Weise damit recht.

Aus den Trümmern, die sie hinterließen, blühte wie kein anderer, der Dionysoskult empor. Nach Alexander konnten Götter nicht mehr allein mit Donner, Blitz und jähen Schicksalsschlägen regieren, sie mußten sich auch, mehr als vorher, offenbaren, mußten Gelegenheit bieten, ihre Nähe zu erfahren, mußten menschliches Hoffen und Sehnen (wieder) auf vielfältigere Art befriedigen als in den Tagen, da sie nur marmorglatt einen fernen Himmel bewacht hatten. Sogar sterben mußten sie für die Irdischen, mußten sie in die Hölle fahren und zurückkommen, mußten lieben, um geliebt zu werden. Mit einem Wort: man drängte sie nicht mehr, um der eigenen Unabhängigkeit willen, von sich weg, man forderte und man suchte sie.

Zu denen, die dies als erste erkannten, scheint auch Ptolemaios gehört zu haben, denn anders kann man sich wohl kaum erklären, weshalb er aus Apis- und Osiris-Mythen den todüberwindenden Serapis zusammenfügte. In äußerlich griechischer Form konnte nun ohnehin alles geborgen werden, was die neuen religiösen Bedürfnisse befriedigte, aber Form war überwiegend nur noch Hülle, Inhalt wichtiger.

Einige spätere Interpreten glaubten deshalb wirklich – Kerényi deutet es an –, in solchen gewandelten Vorstellungen habe sich bereits die Sehnsucht nach dem abgezeichnet, was später im geopferten Gottessohn Gestalt werden sollte. Nietzsche, der sich sowohl für Dionysos als auch »den Gekreuzigten« hielt, scheint ebendas gemeint zu haben. Für Friedrich Hölderlin wurde es zur visionären Gewißheit. Er sang: »... zu sehr O Christus! häng ich an dir / Wiewohl Herakles' Bruder, und kühn bekenn' ich, du / Bist Bruder auch des Eviers.«

»Evier« war einer der vielen späteren Namen des Dionysos. Man nannte ihn so, weil die Römer bei seinen Festen in den Ruf »evoë« (griechisch euoi) auszubrechen pflegten.

Aber natürlich haben auch moderne Wissenschaftler diese Entwicklung zur Kenntnis genommen und Schlüsse aus ihr gezogen.

»Aus dem Griechentum zum Christentum hinüber«

Der deutsche Historiker Johann Gustav Droysen vertrat schon 1831 in seiner Doktorarbeit die These, nach dem Tod Alexanders sei im Mittelmeerraum eine Kultur aufgeblüht, die man nicht mehr hellenisch nennen könne und für die es deshalb einen besseren Namen zu finden gelte. Ihre Neuartigkeit erklärte er sich aus einem Eindringen orientalischer Elemente, Formen und Kräfte in die geistige Welt der Griechen.
Bei der Suche nach eben dieser besseren Bezeichnung – bis dahin hatte man sie überwiegend die »alexandrinische« genannt – stieß er dann in der Apostelgeschichte (6,1) auf eine Textstelle, in der Hellenen nicht, wie es korrekt gewesen wäre, als »Ellenoi«, sondern als »Ellenistai« bezeichnet werden. Er vermutete nun, daß dieses ihm unbekannte Wort Menschen charakterisiere, welche die von jüdischen Bestandteilen durchsetzte griechische Sprache des Neuen Testaments gesprochen hätten, ein Mischidiom also. Und weil er ohnehin nach der passenden Bezeichnung für eine Mischform – in seinem Fall eine Mischkultur – gespürt hatte, griff er dankbar zu. Aus Ellenistai entstand der von ihm eingeführte Begriff »Hellenismus«. Er verdrängte den älteren Begriff »Alexandrinismus« um so rascher, als er auch früher gelegentlich schon benutzt worden war, damals etwa im Sinn von Klassizismus. (Das hieß: Hellenistisches unterschied sich von Hellenischem etwa so, wie die dorischen Säulen vor einem Bankgebäude des neunzehnten Jahrhunderts von den genuinen eines klassischen griechischen Tempels. Das -istisch war abwertend gemeint.)
Indes hätte man Droysens neueingeführten Begriff spätestens 1925 eigentlich schon wieder abschaffen müssen. In diesem Jahr nämlich stellte Richard Laqueur, damals Rektor der Universität Gießen, fest, das griechische Wort »ellenismos«, das es auch gibt, meine eigentlich genau das Gegenteil dessen, was Droysen ausdrücken wollte. Aristoteles verwende es im Sinne von »reines Griechisch sprechen«, von »keine Dialektfärbung und schon gar keine fremdsprachlichen Einschübe zulassen«. Aber da war es bereits zu spät.
Der Name Hellenismus hatte sich eingebürgert und ist geblieben, doch er blieb auch schwammig. Nahezu jeder Gelehrte, der heute über die Zeit nach Alexander arbeitet, fühlt sich deshalb veranlaßt, ihn neu zu

interpretieren, was dazu führte, daß er inzwischen einer ganzen Reihe von variierenden Bedeutungen gerecht werden muß.

So schrieb etwa der aus Rußland in die USA emigrierte Rostovtzeff, mit »hellenistische Welt« meine er jene, die durch Alexanders Eroberungen geschaffen worden sei »und die solange existierte als die Staaten, in welche sie zerfiel, ihre politische Selbständigkeit wahren konnten und die Griechen in diesen Staaten ihre Führungsrolle in allen Lebensbereichen beibehielten«. Das heißt, »ungefähr von der Zeit Alexanders bis zu der von Augustus«.

Jacob Burckhardt dagegen postuliert aus seiner speziellen Sicht, Hellenismus sei »die große Verwandlung des Hellenentums aus einer politischen in eine Kulturpotenz«, während William Tarn ironisch einwirft, eigentlich diene der Begriff nur »als bequemes Etikett für das kulturelle Leben jener knapp drei Jahrhunderte (323–30 v. Chr.), da die griechische Kultur weit über ihre Heimat ausstrahlte«.

Und schließlich vertrat Arnold J. Toynbee die Auffassung, hellenistisch müsse man sowohl die Zivilisation der nach-alexandrinischen Griechen als auch jene der Römer nennen; das Wort überwölbe also einen Geschichtsabschnitt, der im vierten vorchristlichen Jahrhundert beginne und bis zum siebten Jahrhundert nach Christus reiche.

So viele Gelehrte, so viele Meinungen, jede davon klug begründet. Generell läßt sich festhalten, daß französische Wissenschaftler mit »hellenistisch« heute vor allem die Kultur der Diadochenreiche und ihrer Nachfolgestaaten kennzeichnen, daß Briten – sprachlich am korrektesten – den Begriff auf die Zeit anwenden, in der Griechisch, vor dem Aufkommen des Lateinischen, die Lingua franca der Mittelmeerwelt war, und daß für Deutsche mit Droysens Wortschöpfung noch immer die Epoche charakterisiert ist, die, wie er selbst sagte, »aus dem Griechentum zum Christentum hinüberführt«. Aber alles das zielt ja wirklich auf »jene knapp drei Jahrhunderte« zwischen dem Tod Alexanders und dem Tod Kleopatras VII., von denen Tarn spricht.

Und Vertreter aller Nationen geben auch zu, am Hellenismus fasziniere sie weniger das, was Herrscher wie Seleukos oder Ptolemaios unternahmen und zustande brachten, als vielmehr die durch den Alexanderzug ausgelösten geistigen, religiösen, wirtschaftlichen und gesellschaftlichen Umbrüche, der Prozeß, in dem eine neue Welt sich formte. Egon Friedell fand: »Sie hat eine große Ähnlichkeit mit der unserigen.«

Alles was der Erlösung diente

Neu war an dieser neuen Welt zunächst einmal ihre scheinbare Grenzenlosigkeit. Hellenischer Lebensraum endete nicht mehr hinter Bergen, die man vom Marktplatz einer Polis aus erkennen konnte, sondern weit jenseits der Horizonte. Wo immer ihre Füße, ihre Reittiere, ihre Schiffe sie hintrugen, stießen Griechen auf Griechen oder zumindest auf griechisch radebrechende Barbaren. An die Stelle der überkommenen Stadtstaaten waren Großreiche getreten, die sich selbst wiederum als Teile eines von einer einzigen Kultur geprägten Lebensraums betrachteten, der »oikumene« (wörtlich: bewohnte Erde). Oikumene war ein später Abglanz des alexandrinischen Traums vom allesumfassenden Weltreich. Das mußte erst mal bewältigt werden. Diejenigen, die es kalt anwehte aus solchem Riesenraum, konnten ins Private fliehen, in kleine, geschlossene Zirkel. Sie traten etwa alten Mysterienvereinen bei, deren jeder seinen Mitgliedern bestimmte Antworten auf die Frage nach dem Sinn des Lebens anbot. Um sie zu erhalten, mußte man sich an einen oder mehrere Götter binden und versuchen, mit ihnen eins zu werden.

Arsinoë hat diesen Weg beschritten, als sie vor Keraunos und ihren eigenen Problemen nach Samothrake flüchtete. Vor ihr waren schon Philipp II. sowie Demetrios Poliorketes in Eleusis, Griechenlands ältester Mysterienstätte, gewesen. Und von beiden wird berichtet, die dort empfangenen Weihen hätten sie sowohl erschüttert als auch beseligt. Worin sie bestanden, ist leider nicht überliefert, doch vermutet der Religionswissenschaftler Richard Reitzenstein, durch »eine Art momentanen Todes« sei ihr altes Leben beendet worden, »durch eine Art Wiedergeburt« seien sie neu und als Neue auf die Welt gekommen. Der Gott habe sie fürderhin als seine Gefangenen beansprucht, aber auch als seine Gefährten anerkannt. Im Grund scheinen die Mysterienpriester also auf subtilere Weise ähnliches bewirkt zu haben wie, mit ihren ekstatischen Kultfeiern, jene des Dionysos: sie vermittelten den Menschen das Gefühl, mit der Welt und deren Beherrschern eins zu sein.

Droysen aber stand möglicherweise etwas zu sehr im Bann des »Ex oriente lux«, als er meinte, die neuen, den Hellenismus prägenden religiösen Praktiken seien überwiegend östliches Importgut gewesen. In dem für sich selbst missionierenden Weinbringer und in ihren alten Mysterien besaßen die Griechen ja durchaus eigene Fermente zur Zersetzung erstarrter Vorstellungen von Gott und Welt, allenfalls mögen diese im thrakisch-makedonischen Norden neu aktiviert worden sein.

Zutreffend dagegen ist, daß etwa die Prinzipien, für welche Dionysos stand, von orientalischen Einflüssen leicht durchdrungen, befruchtet und umgestaltet werden konnten, zumal von solchen mit orgiastischer Grundtendenz. Einmal nämlich stellte dessen »Lehre« ja kein geschlossenes System dar, andererseits schienen die von ihm angerührten Menschen eher bereit zu sein, sich von Göttlichem in jeder nur vorstellbaren Weise durchdringen zu lassen. Sie akzeptierten alles, was der Erlösung diente, und bürdeten vieles davon dem Tosenden auf. Ihre Heilssehnsucht machte ihn zum Kind, zur Frau, zum geschlechtslosen

Wesen, zum Inbild der Grausamkeit wie der Güte, zu einem, der gestorben und wiederauferstanden ist, zum Opferer und zum Geopferten. Er bot die populärste Alternative zu den anspruchsvolleren Mysterien, außerdem konnte die breite Masse der Gläubigen ihm auf seinen Festen mühelos näherkommen.
Schiffsschnäbelige Karren, wie sie auch in deutschen Karnevalszügen gelegentlich noch vorkommen, wurden dabei durch die Straßen gezogen (der »carrus navalis« scheint also unter anderem daran zu erinnern, daß Bakchos einst von Kreta nach Griechenland segelte), prächtige Prozessionen bewegten sich auf die geheiligten Opferstätten zu. Dort floß der Wein, steigerten sich entfesselte Kulttänzer in wilde Raserei hinein, drängte sich das Volk um die Altäre – ein Teil des dargebrachten Fleisches wurde ausgeteilt – und strömte endlich in die Theateraufführungen, die alles krönten, Gottesdienst, selbst das aber, daneben, Show, Genuß, Vergnügen.

Äquivalent zu den Domen

Wer über Milet, Priene, Aphrodisias auch nur den Maiandros (türkisch: Menderes) hinauffährt, der wird von den neun bedeutenden Städten, die im Einzugsbereich dieses Flusses lagen, teilweise bloß spärliche Reste vorfinden, immer aber stößt er auf mindestens ein relativ gut erhaltenes, weil stabil gebautes Amphitheater. Das größte davon (in Milet) faßte fünfundzwanzigtausend Zuschauer, die beiden kleinsten in Nysa und Laodikeia vielleicht sechstausend. Und alle sind das Produkt eines gewaltigen Arbeitsaufwands. In der Regel wurden sie an einem Hang so angelegt, daß sich von den oberen Plätzen ein Blick über die Szene hinweg auf die Landschaft erschließt. Berge, Flußtäler, Olivenhaine waren der Hintergrund, vor dem Dionysos sich offenbarte. Ein Hauch von Grün scheint immer um ihn gewesen zu sein – das hatte schon Euripides gewußt und deshalb, als einer der ersten Griechen in den *Bakchen* quellende Natur beschworen. Beim Betrachten aber jener Spielstätten drängt sich der Eindruck auf, sie seien, mehr noch als Tempel und Altäre, ein hellenistisches Äquivalent zu den Domen des mittelalterlichen Europas gewesen.
Überlieferte Berichte, doch auch städtische Verordnungen aus jener Zeit, bestätigen, daß ihnen eine eminente Bedeutung beigemessen wurde. In Priene, Milet und Magnesia (alle drei einander benachbart) waren die Hüter der Theater, die Dionysospriester, von jeglichen Abgaben befreit und genossen auch sonst noch mancherlei Vergünstigungen von der Art, wie man sie einem mächtigen Klerus zugestehen mag.
Wenn es ihnen dennoch nicht gelang, auf der Basis ihrer Lehren und

ihrer geistlichen Vormachtstellung eine alleinseligmachende Kirche zu errichten, so unter anderem deshalb, weil der Gott, dem sie dienten, letzten Endes zu gestaltlos blieb. Er befriedigte so viele Bedürfnisse auf so vielfältige Weise, daß man ihn, um allen seinen Erscheinungen »theologisch« gerecht zu werden, allmählich in mehrere Einzelgötter zerlegen mußte – was natürlich überkommenen Vorstellungen von einem in viele Herrschaftsbereiche aufgeteilten Himmel wieder entgegenkam.

Mit einiger Überspitzung könnte man aber auch sagen, im Siegeszug des Dionysos spiegle sich die Tendenz zu einem einheitlichen Weltreich, welches von der Donau bis zum Indus gereicht hätte, in seiner späteren Aufsplitterung dagegen der Zerfall eben dieses Gedankens und dieses Imperiums. Der Traum, die Sehnsucht, die der Tosende verkörperte, reichten so wenig zur Verwirklichung einer einheitlichen Religion, wie die politische Kraft der Makedonen zur Erhaltung dessen, was durch Philipp und Sohn geschaffen worden war.

Dennoch: etwas von den Vorstellungen, die im Kult um Dionysos-Bakchos-Bromios Ausdruck gesucht hatten, blieb nicht nur im Bild von der Oikumene erhalten, jenem sehr frühen Niederschlag eines enthusiastischen Ganze-Welt-Gefühls, sondern auch in der sogenannten »Interpretatio Graeca«.

Mit diesem Stichwort wird eine Überlegung umrissen, welche, obwohl älter als der Hellenismus, erst in nach-alexandrinischer Zeit einigermaßen zu Ende gedacht wurde, die Überlegung nämlich: Es gibt nur einen Gott, und der hat viele Namen. Oder umgekehrt: Hinter allen Göttern verbirgt sich immer derselbe. Möglicherweise haben die Mysterienpriester schon von Anfang an eben dies gelehrt.

Jetzt, in der Zeit der sich konsolidierenden Diadochenreiche, kam die »Griechische Deutung« vor allem auch den alten Olympiern sowie ihren ägyptischen und asiatischen Konkurrenten zugute. Neu gestärkt, aber auch verändert, tauchten sie aus den von Dionysos aufgerührten Wassern wieder empor.

Herr und Richter des Alls

Zeus war, wie Carl Schneider meint, »größer und kleiner zugleich« geworden. Einerseits sahen ihn seine Verehrer als eine dem Geruch des Skandals und der Brünstigkeit weit entrückte, fast völlig vergeistigte Größe, als Herrn und Richter des Alls. Andererseits stellte man sich ihn auch als eine väterliche Gestalt vor, die liebevoll mit Kindern spielt und den Menschen so zugetan ist wie ein strenger, aber gerechter Lehrer seinen Schülern. Wenn er strafen mußte, dann schmerzte ihn das selbst. Er beschützte vor irdischen Gefahren aller Art, repräsentierte in den von Fremden umlagerten, von Ausländern überfluteten makedonisch-griechischen Kolonialstädten die alte hellenische Tradition, verbot aber seinen Anhängern auch, ihre Haussklaven zu mißhandeln. Und verständlicherweise geriet er vielen zur majestätischen Verkörperung jenes Einen, das (oder der) in (oder hinter) allen Göttern ist. Später verhalf ihm dieser Status sogar zu der Ehre, von den angeblich zweiundsiebzig Gelehrten, die das Alte Testament aus dem Hebräischen ins Griechische übersetzten, an die Stelle Jahwes gesetzt zu werden – allerdings nur mit seinem Beinamen »Theos Hypsistos«. Das ist eben: der höchste aller Götter.

Den weiten Sternenmantel eines Großmagiers

Eine noch erstaunlichere Karriere als Zeus durchlief in hellenistischer Zeit der flinke, gescheite, witzig-boshafte Götterbote Hermes. Ursprünglich nichts weiter als ein Schutzgeist der Gemarkungen, ein Behüter der Viehhüter, ein Kumpan der Kaufleute und der Diebe, rückte er nun zum Freund und Gefährten des Dionysos auf. Er spielte mit dessen oft sonderbaren Gefolgsleuten und führte – das entsprach auch wieder einer seiner älteren Aufgaben – die Gestorbenen zu den elysischen Feldern, auf denen »Blumen blühen und sanfte Winde wehen, die erlösten Seelen lachend in einer Art von geistigem Weinrausch leben«. (Carl Schneider)

Im Späthellenismus machte man ihn dann noch zum »Trismegistos«, zum Dreimalgrößten, drapierte den weiten Sternenmantel eines Großmagiers und Künders geheimer Weisheiten um seine ehemals so jünglingshaften Schultern, verschmolz ihn sogar mit dem ibisköpfigen ägyptischen Mondgott Thot. Für spätantike Mystiker konnte Hermes so ebenfalls zum Allgott werden – was man ihm zweifellos nicht gesungen hatte, als er noch damit beschäftigt gewesen war, listige Ganoven vor ihren Verfolgern zu schützen.

Apollon dagegen hätte man einen derartigen Aufstieg schon eher prophezeien mögen. Ihn umgaben von Anfang an die Rätsel seiner geheimnisvollen Herkunft – gewissen Überlieferungen zufolge soll er aus dem hohen Norden nach Hellas gekommen sein –, aber auch der Glanz des großen Arztes, des begeisternden Sängers, des Herrn der Orakel. Daneben konnte er noch unbegreiflich schrecklich sein. Mit »fernhintreffenden« Pfeilen brachte Phoibos (er wurde außerdem auch Lykeios, der Wolfsgott, oder Sminthios, der Vertreiber der Feldmäuse, genannt) gelegentlich Pest und Tod über die Welt. Material genug, so sollte man wirklich meinen, ihm glänzende Triumphe zu sichern in einer Zeit, die sich ihre Götter aus alten disparaten Elementen neu erschuf. Indes, bei ihm genügte es offensichtlich nicht.

Gewiß, in Didyma, unweit von Milet, errichteten ihm die Seleukiden einen der gewaltigsten Tempel der hellenistischen Epoche. Zwanzig Paar Säulen an der sechzig Meter breiten Vorder- und Rückfront, zweimal zweiundvierzig an den hundertzwanzig Meter langen Längsseiten umschlossen einen dreizehnhundert Quadratmeter großen Hof, den nur die Priester betreten durften. Darin befand sich die Orakelstätte. Apollon selbst jedoch hat die Riesenanlage weniger geholfen, als ihre Erbauer wahrscheinlich annahmen. Die Branchiden, Angehörige einer milesischen Priesterfamilie, welche das Heiligtum über Generationen hinweg verwalteten, betrieben mit den Weissagungen Politik, wirksame vielleicht, doch das machte den Tempel auch zum Gefängnis mit Marmorgittern, den darin verehrten Gott zum himmlischen Repräsentanten des von Seleukos gegründeten Staates.

Überhaupt wurde er, zumal in Kleinasien, mehr und mehr als ein Symbol königlicher Macht und Ordnung beansprucht. Das ließ ihm nur geringe Chancen, auf jene einzuwirken, welche im bakchischen Chaos Befreiung und göttliche Hautnähe suchten. Ohnehin verkörpert Dionysos, wie es später auch die deutschen Romantiker und Nietzsche empfanden, ein Gegenprinzip zu dem, was der hoheitsvolle Apollon mit Leier, Bogen und Strahlenkrone vertrat. Deswegen hat der ihn auch in hellenistischer Zeit besiegt.

Der strengen, dem klaren Gedanken verpflichteten Pallas Athene erging es ähnlich. Sie diente Lysimachos in gleicher Funktion wie Phoibos dem Seleukos, erfreute sich nach dessen Tod noch beträchtlicher Verehrung in den Städten seines Reiches, sank aber schließlich zu einer eher gesichtslosen Kommunalpatronin herab. Was ihr abging, war die Fähigkeit zu leiden und mitzuleiden. Einem ihrer ehemaligen Schützlinge schrieb man sie um so eher zu.

Wurde schließlich in den Himmel entrückt

Für den Aufstieg des Herakles ist Euripides in ähnlicher Weise mitverantwortlich wie für den Triumph des Dionysos. In seiner *Alkestis* läßt er ihn zur Unterwelt hinabsteigen, damit er, getreu mythologischen Vorlagen, dem Tod die Frau des thessalischen Königs wieder entreiße. In einer anderen Tragödie um den Keulenschwinger fällt der Titelheld in momentanen Wahnsinn, erschlägt Weib und Kinder und kann dennoch davor bewahrt werden, aus Scham über diese Tat Selbstmord zu begehen. Statt dessen versucht er, in einem neuen Leben zu sich selbst zurückzufinden.

All das nun, Selbstgefährdung im Dienste anderer, Leiden und Befreiung vom Leid durch eigene Kraft, sind Motive, die sich im Bild eines hellenistischen Gottes besser unterbringen ließen als menschenferne

Unnahbarkeit. Herakles erschien seinen Anhängern selbst als Erlöser, er leistete Übermenschliches, um die Welt vom Übel zu befreien, starb unter schrecklichen Umständen – einem lateinischen Text zufolge mit den Worten »peractum est«, es ist vollbracht – und wurde schließlich in den Himmel entrückt. Altes griechisches Sagengut auch dies, doch eine neue Zeit deutete es neu.

Der Löwen- und Schlangenwürger genoß ähnliches Ansehen wie Dionysos und wurde mit Hermes in einem Atemzug genannt. Er war anständig, gutmütig, hilfsbereit, treu. Von ihm ließ sich sagen »niedergefahren zur Hölle« und »auferstanden von den Toten«, was ihn zu einem weiteren Beleg für die These macht, der Hellenismus sei die Epoche gewesen, die »zum Christentum hinüberführte«.

Dazu kam bei Herakles noch, daß er sich mit dem ebenfalls gelegentlich als Keulenträger dargestellten phönizischen Baal-Melkart vergleichen ließ und daß die Perser ihn ihrem Mithras ähnlich fanden. Er wurde so an vielen Küsten heimisch – nur nicht am Nil. Dort hielten Dionysos und Serapis das Feld bereits besetzt.

Überhaupt tritt in Ägypten besonders deutlich zutage, daß die Interpretatio Graeca sich keineswegs nur an Zeus oder Hermes bewährte, sondern ebenso an dem religiösen Beutegut, welches unter Alexander und seinen Nachfolgern zusammengekommen war. Das beste Beispiel dafür ist Isis.

Zeitgemäßer Emanzipationsprozeß

Noch in der alten Osiris-Sage war die spätere Serapisgattin nicht mehr gewesen als die Frau, die einen gestorbenen Fruchtbarkeitsgott beklagt und ihm postum ein Kind gebiert. Doch bereits in der Mitte des dritten vorchristlichen Jahrhunderts lernten die Griechen sie kennen, fanden Gefallen an ihr und machten die Ägypterin endlich zu einer Muttergöttin, in deren Bild sich alle anderen weiblichen Gottheiten spiegelten.

Dargestellt als junges Weib, ihr Kind, den kleinen Horus auf dem Arm, bekrönt mit Lotosblüten oder der Mondsichel, zog Isis alles an sich, was die Welt angenehm machte. Sie spendete Schönheit, Glück, Überfluß, Weisheit und Liebe. Da sie auch mit Demeter verschmolz, der alten populären Erdgöttin und Schutzherrin von Eleusis, konnten in ihrem Namen Mysterienkulte entstehen, an denen nur Eingeweihte teilnehmen durften.

Vor allem aber war Isis eine Göttin für die Frauen, eine Freundin der Verheirateten wie der Verlobten, eine Trösterin jener vielen, die mit der strengen Athene, der kalten Artemis, der üppigen Aphrodite nicht zurechtkamen. In einer auf der Kykladeninsel Ios gefundenen Isis-

Hymne heißt es von ihr: »Ich bestimmte, daß Frauen von Männern geliebt werden sollen. Ich verband Gattin und Gatten und erfand das Ehegelübde.«

Und auch das ist neu: »Für die Hälfte des Menschengeschlechtes«, schreibt William Tarn, »war es bis dahin schlecht um einen Freund am Hof der Himmlischen bestellt gewesen.« Nun hatte sie ihn, nun war sie repräsentiert in olympischen Kreisen, nun konnte sie auf Erden mit größerer Anerkennung, größerem Respekt und größerer Freiheit rechnen.

Fast alle Interpreten stimmen deshalb in einem Punkt überin: die Zeit des Hellenismus war auch eine Zeit der Frauen. Nie vorher hatten sie in Religion, Literatur, Politik und Gesellschaft eine ähnlich bedeutende Rolle gespielt wie während der von Isis mitbeherrschten Epoche. Zum Teil verdankten sie das freilich der nun über die Welt verbreiteten ritterlichen Tradition Makedoniens.

Andererseits muß man sich fragen, ob die männerfeindlichen Mainaden des Euripides und die hoheitsvolle Beschützerin der Ehe und der Familie nicht auch Anfang und Höhepunkt eines zeitgemäßen Emanzipationsprozesses markieren: vom Weiberaufstand zur Frauenherrschaft. Thaïs, Berenike, Arsinoë und schließlich Kleopatra scheinen jedenfalls auf ihre Weise zu verdeutlichen, was Isis ebenfalls bewirkt hatte.

Schlug zu ohne erkennbaren Grund

Was die männlichen Götter des Hellenismus auf Erden bewirkten, läßt sich in einzelnen Fällen auch beinahe mit Händen greifen. Dionysos etwa – wer könnte ihm ähnlicher gewesen sein als der sich im Rausch des Eroberns und bei brausenden Gelagen austobende Demetrios Poliorketes? Und wenn der disziplinertere Seleukos den Apollon zu seinem Schutzpatron erkor, so geschah das wahrscheinlich ebenfalls nicht nur aus politisch-ideologischen Gründen, sondern deshalb, weil der Mann aus Europos das Gefühl hatte, von jenem Gott in angemessener Weise repräsentiert zu werden.

Ähnlich wie er suchten allerdings auch die anderen Diadochen nach einem ihnen genehmen himmlischen Image. Ihre Nachfolger schlossen das ganze Unternehmen damit ab, daß sie die Gründer der jeweiligen Dynastien selbst in den Rang von Göttern erhoben. Alle zusammen schufen so eine pyramidenförmige Konstruktion, deren Basis auf der Erde stand, deren Spitze in die Wolken ragte und auf deren Stufen sich Olympier und Heroen begegneten – was den ersteren so wenig bekam wie die Domestizierungsversuche früherer griechischer Mythologen. Doch scheint auch diese Entwicklung zwangsläufig gewesen zu sein; sie spiegelt restaurative Tendenzen wider. Dionysos war auf seine Weise Revolutionär gewesen. Er hatte, wie Alexander (und mit ihm) die Grenzmauern einer alten, engen Welt niedergerissen, die Schaffung einer neuen ermöglicht. Nun, nachdem sie bestand, richteten die Menschen sich darin ein. So wie Seleukos und Ptolemaios ihre Reiche ordneten, so ordneten sie den Himmel, zwangen in gefälligere Form, was vormals wild und erschreckend gewesen war, versuchten, gleich ihren Vorfahren, die Überirdischen eigenen Nöten, Bedürfnissen und Vorstellungen anzupassen. Vordergründig ergab das neue Bilder, neue Marmorfiguren, neue Tempel, hintergründig auch wieder neue Leerräume. Begriffene, festgelegte, definierte Götter bewältigen nun einmal nicht, was unbegriffen und undefiniert bleiben muß: die namenlose Angst, der nicht wegzudiskutierende Schrecken des Todes.

Die dunklen Räume im Rücken etablierter Fassaden füllten deshalb auch jetzt neue und uralte Schattenwesen aus. Thanatos etwa, der archaische Totengott, behielt seine Rechte. Die finstere Unterweltsgöttin Hekate hatte sich weder zähmen noch verdrängen lassen. Dazu kam, neben anderen, die äußerst rätselhafte Tyche.

Übersetzt wird ihr Name am häufigsten mit »Schicksal«, doch deckte er wohl mehr das Gefühl menschlicher Ohnmacht gegenüber den nicht vorhersehbaren Zufällen des Lebens ab. Tyche stand für alles, was man den guten Überirdischen nicht zuschreiben wollte und konnte, für das, was selbst deren Absichten durchkreuzte. Sie schlug zu oder half, ohne erkennbaren Grund, ohne Rücksicht auf dargebrachte Opfer oder Verdienste, ohne Plan oder eben nach einem Plan, der die Essenz aller Pläne war und also dem grundlegenden, unerforschlichen Gesetz des Lebens entsprach.

Dieses wiederum entzog sich jeglichem Verständnis so sehr, daß man auch seiner Verwalterin keine klarumrissene Gestalt zu geben vermochte, was jedoch nicht heißt, es hätte von ihr keine Bilder gegeben. Man suchte sie durchaus einzunehmen etwa für die eigene Stadt, man baute auch ihr Tempel und Altäre. Aber im Grunde beschwor, wer zur Tyche betete, eher die Würfel des Schicksals als einen bestimmten Gott. Tyche war Teil des ungeklärten Rests, der bei allen den kunstvollen Operationen mit göttlichen Zuständigkeitsbereichen und Wirkungssektoren übriggeblieben war, war eine Art schwarzes Loch im Pantheon der hellenistischen Zeit.

Daß die Priester es nicht auf völlig befriedigende Weise auszufüllen vermochten, kam freilich den Philosophen zugute.

IM NAMEN DER PFLICHT

Genannt wurde er Zenon

Im Jahr 314 v. Chr. traf aus Kition (Larnaka) auf Zypern ein zweiundzwanzigjähriger Mann in Athen ein. Er sei, so wurde später erzählt, Purpurkaufmann gewesen, habe aber sein Schiff samt Ladung auf der Reise zum Piräus im Sturm verloren. Zeitgenossen beschrieben ihn als eine ziemlich große, hagere Erscheinung von dunkler Hautfarbe. Seine Haltung soll schlecht, seine Waden dick, aber seine Hände sollen zart gewesen sein. Er liebte es, stundenlang in der Sonne zu sitzen und dabei grüne Feigen zu essen. Als ziemlich sicher galt, daß er, aus einer phönizischen Siedlung gekommen, selbst auch von Phöniziern abstamme. Genannt wurde er Zenon.
Sein erster Gang über athenischen Boden führte den fremdartigen Gesellen in eine Buchhandlung. Schweigend durchblätterte er dort mehrere Schriften, darunter Xenophons *Memorabilia*, und erkundigte sich dann bei dem Ladenbesitzer, wo man hierorts denn Leute treffe, wie sie in dem Buch beschrieben seien, Leute gleich Sokrates und seinen Schülern. Die Frage muß naiv geklungen haben. In Athen wimmelte es geradezu von Philosophen.
Da gab es im Nordwesten der Stadt, außerhalb ihrer Mauern und nahe einem Heiligtum des altattischen Heros Akademos, die nach diesem benannte, von Platon gegründete Akademie. Da war 317 v. Chr., unter dem Patronat von Demetrios aus Phaleron, die Schule der aristotelischen Peripatetiker neu gegründet worden, ein Konkurrenzunternehmen zur Akademie, das seinen Namen von Peripatos ableitete, einer Wandelhalle, in der die diskutierenden Denker auf und ab zu gehen pflegten. Da hätte sich auch das Institut des Samiers Epikur nennen lassen, der 307 v. Chr. aus Lampsakos gekommen war und seine Schüler in einen Garten, ebenfalls vor den Mauern, einlud. Schließlich wären, neben einer ganzen Reihe weiterer philosophischer oder literarischer Zirkel, auch die Kyniker zu erwähnen gewesen, unabhängige Geister, welche es verschmähten, sich irgendwelche Stützpunkte zu verschaffen und statt dessen als Arme unter Armen lebten und diesen ihre Erkenntnisse zu vermitteln suchten.
Der befragte Buchhändler jedoch ersparte sich diese ganze Aufzählung. Statt dessen wies er auf einen vorüberschlendernden Mann in nicht eben feinem Gewand und sagte: »Folge ihm!«
So fand Zenon seinen ersten Lehrer. Er hieß Krates.

Menschen in gröbster Weise beleidigt

Krates stammte aus wohlhabender thebanischer Familie und hätte wohl ein recht angenehmes Leben führen können, wenn es ihm nicht eines Tages ähnlich ergangen wäre wie nun dem gestrandeten Purpurhändler. Seinen Weg hatte der aus Sinope an der kleinasiatischen Schwarzmeerküste zugereiste Diogenes gekreuzt, jener Verächter aller Konventionen, der in einer Tonne lebte, nur das Billigste aß und seiner schamlosen Frechheit wegen von den Athenern »kyon«, Hund, genannt wurde. Da er den Spitznamen akzeptierte, bezeichnete man später alle, die ihm nachfolgten, als Kyniker und seine Lehre als Kynismus – was jedoch keineswegs heißt, daß sie zynisch gewesen wäre, ganz im Gegenteil.

Antisthenes, der Mann, der wiederum Diogenes beeinflußt hatte, war ein Schüler des Sokrates und, gleich diesem, davon überzeugt gewesen, daß Tugend, da sie auf Einsicht beruhe, lehrbar sei. Weiterhin hatte er die Ansicht vertreten, ein Mensch, der anständig leben wolle, müsse »autark«, also selbstgenügsam sein. Er müsse unabhängig werden von sinnlosen Genüssen, von Konsumzwang und Statussymbolen. Aus sich selbst heraus habe er zu leben, und dazu bedürfe es nicht einmal sonderlich umfassender Bildung.

In extremer Weise hatte Diogenes dieses Ideal dann zu verwirklichen gesucht. Er hatte Menschen in gröbster Weise beleidigt, um den Panzer ihrer Selbstzufriedenheit zu durchbrechen und sie seinen bohrenden Argumenten zugänglich zu machen. Als er sich endlich zu gebrechlich fühlte, seine harte Existenz noch länger weiterzuführen, war er freiwillig aus dem Leben geschieden. Nach ihm setzte Krates die kynische Tradition fort.

Der Thebaner war liebenswürdiger als sein berühmter Meister. Obwohl äußerlich häßlich, gewann er die schöne Hipparchia, ein junges Mädchen aus reicher Familie, zur Frau und veranlaßte sie dazu, sein ärmliches Leben mit ihm zu teilen. Er lehnte die Bindung an jede Gemeinschaft und jeden Staat entschieden ab, gilt auch als der Erfinder des Wortes »Kosmopolit«.

Die Stoiker waren auch populär

Zenon, so berichtet Diogenes Laertios, der Verfasser eines monumentalen Werkes über *Leben und Meinungen der großen Philosophen* (veröffentlicht gegen Ende des zweiten Jahrhunderts n. Chr.), folgte dem Krates längere Zeit getreulich nach. Er lernte, was ein Kyniker zu lernen hatte: Verachtung des äußeren Scheins, Mitleid mit den Armen, Unabhängigkeit von gängigen gesellschaftlichen Maßstäben. Disku-

tierend, zuhörend und, wie sein Lehrer es nannte, »Seelen heilend«, durchzog er mit ihm die Slums (also den größten Teil) von Athen – es muß ein ernüchternder Anschauungsunterricht gewesen sein. Die beiden zerlumpten Philosophen verkündeten keine Heilslehren, sie predigten nur immer wieder, daß es wichtiger sei, anständig zu leben, als zweifelhafte materielle Erfolge zu erringen.
Auf die Dauer scheint diese Tätigkeit den Mann aus Kition dann aber doch nicht völlig befriedigt zu haben. Immer öfter stahl er sich weg, um die Vorlesungen des gewandten Dialektikers Stilpon zu besuchen und bei ihm zu lernen, wie man Allgemeinbegriffe auf ihren wesentlichen Kern reduziert. Oder er lauschte dem Xenokrates aus Chalkedon (am Bosporus), einem Platonschüler und strengen Systematiker. Bei ihm an der Akademie wurde über Logik, Ethik und Physik gearbeitet. Götter galten als abstrakte Begriffe oder Elemente, doch stand auch Dämonologie, die Lehre von guten und bösen Geistern, auf dem Unterrichtsplan.
Nachdem Zenon den Krates endlich ganz verlassen hatte, soll er sich noch an die zehn Jahre lang systematischen akademischen Studien gewidmet haben. Am Ende dieser zweiten Hälfte seiner »Ausbildungszeit« lobte er dann ein Schicksal, das ihn dem Handel entfremdet und zum Philosophen gemacht habe. Und nun begann er auch selbst zu lehren.
Der Ort, den er sich aussuchte, um seine Schüler zu versammeln, hätte lauter und unruhiger kaum sein können, es war die Agora, der Marktplatz von Athen. Unterhalb der Akropolis gelegen, dürfte sie zu Zenons Zeit lediglich von ein paar kleineren Gebäuden begrenzt gewesen sein, doch gab es an ihrer Nordseite (heute verlaufen dort die Gleise der städtischen Metro) bereits eine wahrscheinlich nicht sonderlich pompöse, aber mit Wandgemälden ausgestattete, überdachte Kolonnade, die sogenannte »Stoa poikile« (bunte Halle). In ihr traf sich die neue Gruppe, und nach ihr wurde sie auch benannt. (Man möchte annehmen, daß der Name »Stoiker« aus dem Volksmund stammt und daß er auch einer gewissen Ironie Ausdruck verlieh. Es gab ja viele solcher Debattierzirkel; wie sollte man sie alle voneinander unterscheiden können, wenn nicht nach einigen ihrer äußerlichen Merkmale?)
Indes, die Stoiker waren auch populär. Von den jungen Leuten, die sich um den schwärzlichen Ausländer mit seinem unmöglichen Dialekt scharten, dürfte kaum einer so akademisch gespreizt aufgetreten sein, wie man es den Nachfolgern Platons und Aristoteles' nachsagte. Taten sie es aber doch, dann wurden sie, in bester kynischer Tradition, von ihrem Lehrer mit reichlich groben Sprüchen zurechtgestutzt, so etwa ein Jüngling namens Ariston. Ihm sagte Zenon, nachdem er sich in besonders pompöser, witzloser Rede geäußert hatte: »Dein Vater muß besoffen gewesen sein, als er dich zeugte.« Einem anderen erklärte er

aus ähnlichem Anlaß: »Wir haben zwei Ohren, damit wir gut zuhören können, aber nur einen Mund, damit wir entsprechend weniger dummes Zeug reden.« Ein dritter endlich, der die Theorie vertrat, es sei das Schicksal der Armen, stehlen zu müssen, erhielt die Antwort: »Gewiß, aber es ist auch ihr Schicksal, dafür geprügelt zu werden.«
Der phönizische Zypriot war der Ansicht, eine Rede müsse stets knapp und präzise sein, und eigentlich sei es schade, daß man nur die Sätze, nicht aber die Worte und Silben kürzen könne. Kein Zweifel, er hatte kauzige Züge. Rohes Obst und Gemüse zog er jeder gekochten Speise vor, seine Kleidung war ärmlich, sein Lebensstil spartanisch. Er lehrt, schrieb Zeitgenosse Philemon, »daß man hungern müsse; und trotzdem findet er Schüler«.
Die offensichtliche Verwunderung des Komödienverfassers ist so verständlich, daß man sich fragen muß, was es nun wirklich war, das die jungen Leute in Zenons Bannkreis zog und ihn selbst mit der Zeit zu einem der meistgeachteten Bürger Athens machte.

Schönste aller Lüste

270 v. Chr., als der Mann in der Stoa, ein mittlerweile rüstiger, nie von Krankheiten geplagter Greis, den Höhepunkt seiner Popularität erreicht hatte, lag, fern dem Staub und Lärm der Agora, in seinem wunderschönen Garten der andere große Philosoph von Athen auf dem Sterbebett.
»Harndrangbeschwerden«, so notierte er, »folgen einander und Durchfallkrämpfe, deren Schmerzhaftigkeit nicht mehr zu steigern ist.« Daraus könnte man schließen, er sei seinen eigenen Prinzipien zum Opfer gefallen. Hatte er nicht gesagt: »Ich weiß kaum, was ich noch das Gute nennen soll, wenn ich die Lust des Geschmacks, die Lust der Ohren und den Reiz beim Anblick einer schönen Gestalt beseitige.« Ein Sinnenmensch, so sieht es aus, bezahlte mit schrecklichen Qualen für das genußbetonte Leben, das er geführt hatte, denn er muß ja wohl zu den Leuten gehört haben, die man noch heute nach ihm »Epikureer« nennt. Doch ist dieser Begriff, richtig angewendet, so eindeutig nicht, wie er es zu sein scheint.
Epikur, damals einundsiebzig Jahre alt, hat in seinen Bericht vom eigenen Sterben auch noch hineingeschrieben: »Entgegen tritt all den Schmerzen die Freude über Erinnerungen an jegliche mir zuteil gewordene Erkenntnis.« Das aber läßt zumindest andeutungsweise erkennen: er war nichts weniger als ein seine eigene Schwäche eben verherrlichender Gourmet.
In der Tat hat er nur gelehrt, Genuß sei deswegen wichtig, weil man durch ihn auf die natürlichste Weise Unlust vermeiden und damit

Unabhängigkeit von äußeren Einflüssen, wie Furcht und Schmerzen, gewinnen könne. Es bedürfe keineswegs ausschweifender Gelage oder rauschender Feste, um den erstrebten Zustand der Gemütsruhe zu erreichen. Glücklich werde eher der, dem es gelinge, bei der Befriedigung seiner Bedürfnisse maßzuhalten und alles zu vermeiden, was ihm unangenehm sei. Im übrigen gelte nicht jede Freude als erstrebenswert, sondern nur die mit Verstand ausgewählte. Angenehm zu leben gleiche einer Kunst.

Wäre also Epikur (was natürlich nicht nachzuweisen ist) tatsächlich den Folgen wilder Ausschweifungen erlegen, er hätte mit solchem Tod seine eigene Lehre im Grunde ad absurdum geführt. Das höchste Ziel, welches er zu erreichen trachtete, war »ataraxia«, eine Art innerer und äußerer Harmonie, die auf Erkenntnis beruht. Nachzudenken über den Zusammenhang der Dinge und die Götter galt ihm als die schönste aller Lüste.

Friedliches Dasein unter schattigen Bäumen

Von den schriftlichen Arbeiten des »Philosophen aus dem Garten« sind leider nicht viele auf uns gekommen; alle seine Hauptwerke gingen verloren. Man weiß jedoch, daß er eher materialistisch dachte und sich vorstellte, die Welt sei aus einer chaotischen Urmasse von Atomen hervorgegangen. Von der menschlichen Erkenntnis etwa glaubte er, wir verdankten sie kleinen Bilderchen, welche von der Oberfläche aller Dinge abgestoßen würden und durch die Poren des Körpers in die Seele eindrängen. Jegliche Wahrnehmung sei infolgedessen auch wirklich wahr, Irrtümer entstünden nur, wenn man diese ständig zufließenden Informationen falsch interpretiere. Ähnliches hatte schon, zwei Generationen früher, Demokrit gelehrt.

Im Gegensatz zu dem ersten griechischen »Atomtheoretiker« ist Epikur allerdings nicht seines Gedankengebäudes, sondern seines scheinbar so simplen Lebensrezepts wegen populär geworden. Die von ihm propagierte Existenzform schien ein erstrebenswertes Ziel zu sein: friedliches Dasein unter schattigen Bäumen, umgeben von Freunden, uninteressiert an Tagesereignissen, politisch und wirtschaftlich ehrgeizlos, den Tod nicht fürchtend, weil er ja doch nur Auflösung in Atome bedeutete und weil man ihn schon immer gelassen ignoriert hatte. Die Welt wurde gewiß von der Tyche regiert, aber das ließ sich auf angenehme Weise vergessen.

Indessen hatte das Ideal des Samiers auch einen bedeutenden Makel: wer es verwirklichen wollte, mußte materiell unabhängig sein, es war eine Philosophie für reiche Leute. So kamen nur wohlhabende Zeitgenossen zu ihm, darunter Mithres, der Finanzminister des Lysimachos,

Idomeneos, ein einflußreicher Politiker, und Frauen aus besseren Kreisen. Ärmere Leute – auf die Epikur freilich keineswegs herabsah – mußten damit zufrieden sein, die Spruchsammlungen zu memorieren, die er herausgab oder sich gelegentlich, im Gespräch mit ihm, einer gründlichen Selbstprüfung unterziehen. »Gemeindemitglieder«, die außerhalb Athens lebten, wurden brieflich betreut, und eine Gemeinde immerhin hatte er. Gegen Ende seines Lebens widerfuhr es Epikur sogar, daß man ihn als Gott anbetete – eine Ehre, die Zenon nie zuteil geworden ist.

Aber den phönizischen Knurrhahn kann man sich ohnehin nur schwer als milden Patriarchen inmitten einer anbetungsvollen Jüngerschar vorstellen. Er war aus härterem Stoff als sein so elend gestorbener Kollege aus dem Garten vor der Stadt, hatte freilich auch einiges mit diesem gemein.

Nicht einmal Tod war real

Epikureern wie Stoikern galt der Mensch nicht als Bestandteil einer Gemeinschaft, eines Volkes oder eines Stammes, sondern als Einzelwesen. Beide Schulen bemühten sich weniger um die äußerste erkennbare Wahrheit als vielmehr um Regeln für die Bewältigung des Lebens. Beide legten großes Gewicht auf Ethik und Moral, geringeres auf Bildung und Wissen. Der theoretische Unterbau beider wurde aus den Thesen früherer Philosophen zusammengezimmert – was für Epikur Demokrit gewesen ist, war für Zenon der nicht minder materialistische Heraklit.

Abgesehen von diesen (und weiteren) Gemeinsamkeiten verfolgten die beiden Zeitgenossen jedoch durchaus verschiedene Ziele. Der Mann in der bunten Halle sprach nicht so sehr diejenigen an, welche da hofften, vor den Stürmen des Lebens auf eine abgeschiedene Insel, in einen stillen Garten, flüchten zu können. Er wandte sich an Menschen, die die Welt durchaus akzeptierten. Der Phönizier fand ohnehin, daß sie keineswegs schlecht sei.

Gewiß, das Universum wurde regiert von einer dunklen Macht, welche man Zeus nennen konnte oder kosmisches Gesetz oder natürlich auch Tyche, aber diese Macht war weise. Gott offenbarte sich in dem, was er geschaffen hatte. Er war Meer, Sternenhimmel, Blume, Baum, Tier und die Regel, der alle Natur gehorchte. Das All insgesamt galt den Stoikern als eine Intelligenz von höchstem Rang und deshalb als vollkommen. Innerhalb eines perfekten, geschlossenen Systems konnten letztlich weder Fehler noch Irrtümer, noch Ungerechtigkeit vorkommen, nicht einmal Tod war real, denn die Welt bot sich als eine Wesenheit dar, die immer wieder neues Leben aus sich selbst hervorbrachte.

Allerdings konnte, aus eben diesen Gründen, in ihr auch nichts Neues passieren. Alles, was sich ereignete, war schon einmal geschehen. Das Universum ging, wie auch Heraklit geglaubt hatte, ins Feuer ein und wieder daraus hervor. Wenn ein Aion, eine Ewigkeit, sich vollendet hatte, begann ein nächstes. In ihm würde Zenon erneut auf den Stufen der Stoa sitzen und grüne Feigen essen. Das hätte eigentlich auch heißen müssen: alles ist vorbestimmt, der Mensch hat keinen freien Willen. Weshalb sollte er also versuchen, recht zu handeln und anständig zu leben?
Indes, die Stoiker negierten diese an sich logische Konsequenz. Sie sagten vielmehr: einen freien Willen habe der Mensch durchaus, nur werde dieser quasi aufgehoben durch die Pflicht, sich dem göttlichen Plan anzupassen. Gutes tun und gut sein heiße, eine Welt anerkennen, die ja gut sein müsse, heiße, ihren natürlichen Gesetzen gehorchen. Das wiederum sei nur durch Weisheit möglich, aber unter Weisheit könne man nichts anderes verstehen als eben die Erkenntnis, daß alles vollkommen ist.
Auf der höchsten Stufe solcher Einsicht ahne man dann bereits, was die Vorsehung jeweils für einen bestimmt habe, und beziehe aus dessen Hinnahme die größte Lebensfreude. Anders ausgedrückt: Glück empfindet, wer sich nur wünscht, was er schon hat oder was er ohnehin bekommt, wer alles akzeptiert, was ihm geschickt wird, sei es auch Krankheit, Not oder Tod. Im Grund ist der Mensch immer geborgen, er muß sich dessen nur bewußt werden. Daraus ergaben sich natürlich noch weitere Folgerungen.
Eine davon lautete: Luxus, Reichtum, Vergnügen, Erfolg verdecken nur, was wirklich ist und sind deshalb für nichts zu achten. Eine andere: Selbst der menschliche Körper hat keine wesentliche Bedeutung. Wirkliche Philosophen verachten ihn vollkommen und konzentrieren sich ganz auf die ewige Wahrheit, die nur ihre Seele wahrnimmt. Die dritte (sie ist wiederum aus der vorhergehenden zu ziehen): Alle Menschen gleichen sich oder können einander gleich werden, weil jeder von ihnen die Möglichkeit hat, sich ganz nach innen zu wenden, und zwar unter jeder äußeren Bedingung. Der Bauer auf dem Feld kann es tun, der König auf dem Thron, ja selbst der an seinen Leidensgenossen geschmiedete Bergwerkssklave.

Auch kommunistische Grundanschauungen

Es sind denn wohl auch solche Lehren gewesen, die junge Leute veranlaßten, dem Zenon nachzulaufen. In ihnen stecken sowohl die Ansätze zu jener mönchisch-intellektuellen Leibfeindlichkeit, von der später das Christentum ein gehöriges Maß übernahm, wie auch kommunistische Grundanschauungen. Freilich zielten die letzteren auf einen Kommunismus, welcher dem modernen nur insofern geglichen hätte, als er – Klassenkampf quasi durch Erkenntnisprozesse ersetzend – auf eine Eintracht zielte, die für Marxisten erst nach langwierigen Gesellschaftsveränderungen vorstellbar ist. Der Staat, in welchem er hätte verwirklicht werden können, wäre ein Weltstaat gewesen. Seine Bürger hätten sich in ihren verschiedenen sozialen Stellungen alle als Glieder einer Kette empfunden. Die Homonoia Alexanders scheint auch diese Vorstellung bereits als vage Ahnung enthalten zu haben, das Bild von der Oikumene spiegelt sie unscharf wider. Und das heißt: Zenon atmete wohl den Geist seiner Zeit, verdichtete ihn aber gleichzeitig zu einer Utopie, die Leitbegriff sowohl für die hellenistischen als auch noch spätere Jahrhunderte bleiben sollte. In ihrer jugendlichen Anfälligkeit für Visionen und für Verinnerlichung mögen seine Schüler das immerhin geahnt haben. Auf alle Fälle lehrte sie der Phönizier die Welt zu begreifen, in der sie lebten.

Bis zu ihrer Zeit war Gemeinschaft ja noch räumlich und personell faßbar gewesen. In der Polis hatte jeder Bürger jeden gekannt und sich mit ihm durch gemeinsame Eigeninteressen, gemeinsame Abstammung von den Stadtgründern, Verehrung derselben Götter oder auch nur durch Verwandtschaft und gutnachbarliche Zusammenarbeit verbunden gefühlt. Aber nun waren die Poleis am Ende, nun gingen sie in Großreichen auf und diese in der Welt. Nun mußte die Oikumene so bewohnbar gemacht werden, wie es bisher nur der von einer Mauer umgebene Heimatort gewesen war.

Epikur hatte einen derartigen Versuch gar nicht erst unternommen, sondern von vornherein den Rückzug ins angenehme Privatleben gepredigt. Zenon dagegen tat es. Er rückte die Grenzen der Polis derart weit hinaus, daß sie mit den Grenzen des Alls zusammenfielen, und gewährte in diesem weiten Revier jedem Lebewesen Bürgerrecht, nicht nur den Menschen. Ein Naturgefühl, das auch in der Dionysosreligion zutage getreten war, verfestigte sich zum neuen Vorstellungsgebäude. Schließlich wurde aus ihm die Idee eines neuen Rechts geboren.

»Das Recht, das mit uns geboren«

In den griechischen Stadtstaaten waren Gesetze überwiegend durch Beschlüsse einer freien Volksversammlung zustande gekommen. Das Recht hieß »nomos« und bezog sich im ursprünglichen Wortsinn auf Weideplatz, Gau oder Landstrich. Man hätte es eine Regel nennen können, deren Anwendung im Idealfall jedem seinen angemessenen Teil am gemeinsamen Grundbesitz oder dessen Erträgen sichern sollte. Aber nun mußten nicht mehr Gemeindeäcker, nun mußte die Welt aufgeteilt werden, eine Wesenheit, welche sich nach stoischem Verständnis keineswegs nur als Ausbeutungsobjekt darbot, sondern selbst eine Verkörperung vernünftiger Gesetze war. Mit Hilfe der überkommenen Begriffe schien das nicht mehr möglich zu sein.

Konsequenterweise verwarfen deshalb die Zenon-Schüler den alten Gegensatz zwischen Nomos und Physis (Gesetz und Natur) und postulierten statt dessen: die Natur ist das Gesetz. Das aber war nicht nur eine Behauptung, sondern auch eine Forderung, und zwar wiederum eine utopische.

Einerseits, schreibt der Philosoph Ernst Bloch, lagen ihr »Assoziationen an ein Goldenes Zeitalter zugrunde ... mythologische Erinnerungen an die Urkommune, an die Zeit ohne Privateigentum, Amt, Krieg, an die Herrschaft des ungeschriebenen Nomos.« Andererseits zielte sie auf »Gleichheit« sowie »Einheit aller Menschen, um Glieder einer internationalen Gemeinschaft, eines Vernunftreiches der Liebe zu sein«.

Durchgesetzt haben die Stoiker von allen diesen hohen Ansprüchen freilich nur einen: sie etablierten ihr sogenanntes »Naturrecht« als etwas, das der »Thesis«, dem gesetzten oder, wie man heute sagt, dem »positiven« Recht gegenüber und oftmals auch entgegen stehe. Damit bewirkten sie, daß die abendländische Philosophie sich immer wieder mit diesem »ius naturale« auseinandersetzen mußte, daß sie ständig zu prüfen hatte, wie die »Bestimmung des Menschen« (Fichte), »das Recht, das mit uns geboren« (Goethe) gegenüber den Ansprüchen des Staates zu verteidigen sei. Außerdem begründeten sie ein Bewußtsein, ohne das unsere »Menschenrechte« nie zustande gekommen wären.

Nicht versucht haben die Anhänger Zenons jedoch, den Kampf um die Verwirklichung der von ihnen formulierten Ansprüche philosophisch zu legitimieren. Sie waren weniger Revolutionäre als vielmehr Taktiker.

Ihre Idealfigur, der vollkommene Weise, schien ihnen letzten Endes doch ein zu rares Geschöpf zu sein, als daß sie es ihm (und das heißt ja mehr oder weniger: sich selbst) hätten gestatten können, seine Kräfte in den Niederungen des politischen Kampfes zu verschleißen. Wenn er seiner Pflicht, an der Welt teilzunehmen, nachkommen wollte, dann sollte er, wie später Cicero schrieb, lieber »der Staatsordnung mit seinem Wissen als Staatslenker dienen«, sollte also nicht von unten, sondern von oben her in die Geschicke der Menschen eingreifen.

Das Naturrecht, so meinten sie weiter, sei auf diese Weise im Regierungsapparat wenigstens repräsentiert. Es hätte einen Anwalt, der alle erlassenen Gesetze an ihm messen könne – wobei es dem natürlich auch vorbehalten bleiben mußte, diese Maßstäbe, zum Wohl der mit einem beschränkten Verstand behafteten Untertanen, gelegentlich einmal zu vergessen.

Im Grunde war das eine Rechtfertigung des hellenistischen Königtums, und zwar für ihre Zeit eine durchaus aufgeklärt-realistische. Großreiche konnten nun einmal nicht so regiert werden wie ein Stadtstaat mit seinen durchschnittlich drei- bis fünftausend stimmberechtigten Vollbürgern. Sie bedurften einzelner Herrscher und straffer Machtapparate. Wenn man deshalb etwa einen Diadochenstaat im stoischen Sinn reformieren wollte, dann mußte man versuchen, dessen Regenten umzuerziehen oder ihm eben weise Ratgeber an die Seite zu stellen. Auch das war utopisch gedacht, aber es war, wie in der Gegenreformation die Jesuiten auf ihre Art beweisen sollten, praktikabel. Utopisch: die Vorstellung von einem Machthaber, der es als Pflicht betrachtete, Tugend zu erlangen und geduldig, leidenschafts-, aber auch mitleidlos amtierend, mit geradezu sportlichem Ehrgeiz den Grad der eigenen Vollkommenheit immer wieder an seinen Taten maß. Praktikabel: die entsprechenden Ideale den Regierenden wenigstens nahezubringen oder geprüfte Stoiker in ihre engere Umgebung einzuschleusen.
Den Nachfolgern Zenons ist beides gelegentlich gelungen. Er selbst bekam die Möglichkeit, das eine wie das andere zu tun, sogar auf goldenem Tablett angeboten.

Zweimal an Philosophen geraten

»König Antigonos grüßt Zenon, den Philosophen.«
Mit dieser Anrede begann ein Brief, den der Ex-Purpurhändler aus Kition kurze Zeit vor seinem Tod empfing. Weiter heißt es in ihm: »Überzeugt davon, daß ich Dir an Reichtum und Ruhm überlegen, an Weisheit, Bildung und in der vollkommenen Zufriedenheit, die Du erlangt hast, unterlegen sei, habe ich beschlossen, Dich um Deinen Besuch zu bitten ... Setze Dich sofort mit mir in Verbindung! Wir müssen bei unseren Gesprächen davon ausgehen, daß Du nicht nur mich selbst, sondern alle Makedonen lehren sollst. Es ist ja offensichtlich, daß jeder, der den Lenker eines Staatswesens unterrichtet und ihm den Weg zur Tugend weist, auch dessen Untertanen zu guten Menschen erzieht. Wie der Herrscher ist, so, das muß man zumindest annehmen, werden die von ihm Regierten sein.«
Es war ein Schreiben, wie es gewiß nicht alle Tage verfaßt wird. Der Sohn von Demetrios Poliorketes, König in Makedonien, forderte einen Philosophen auf, die höchste moralische Autorität in seinem Land zu werden. Dem Adressaten hätte dieses Angebot um so lieber sein müssen, als er wußte, daß des Einäugigen Enkel jedes geschriebene Wort auch meinte. Die beiden kannten sich seit Jahren. Antigonos, der seinen Erzeuger nur selten gesehen haben dürfte und

das, was er sah, wohl nicht allzusehr mochte, hatte schon früh nach einem Ersatz für väterliche Autorität gesucht. Dabei war er zweimal an Philosophen geraten. Einmal an Menedemos aus Eretria (auf Euboia), einen Sokratesnachfolger, das andere Mal eben an Zenon. Es muß, bei dem Prinzen wenigstens, Zuneigung auf den ersten Blick gewesen sein.

Der einfach lebende Phönizier schien alles zu verkörpern, was dem damals noch nahezu landlos umherziehenden Diadochensproß erstrebenswert vorkam. Er besuchte ihn deshalb sooft es ging, saß zu seinen Füßen, überschüttete ihn mit Geschenken und ließ es sich gefallen, daß er, wie die anderen Schüler, gelegentlich hart gerüffelt wurde. Nun, nachdem er in langen Kämpfen die Herrschaft über das Stammland Alexanders errungen hatte, lag für ihn nichts näher als der Gedanke, den verehrten Freund an seinen Hof zu laden und ihm Gelegenheit zur Etablierung einer von stoischem Geist durchtränkten Regierung zu geben. Jedoch der Meister fühlte sich diesem Angebot nicht gewachsen.

Wer den größten Teil seines Lebens plaudernd, lehrend, diskutierend und die eigenen Marotten pflegend, ohne jede praktische Verantwortung, ja ohne jeden wirklichen Bezug zum realen Leben in der Sonne gesessen hatte, der riß sich nicht plötzlich aus allem heraus, was ihm lieb und gewohnt war, um sich in das Abenteuer eines völlig neuen Daseins zu stürzen.

»Ich bin«, schrieb Zenon denn auch zurück, »inzwischen achtzig Jahre alt (womit er wahrscheinlich übertrieb, denn anderen Quellen als Diogenes Laertios zufolge kann er im Krönungsjahr des Antigonos bestenfalls sechzig gewesen sein) und vermag aus diesem Grund nicht zu Dir zu kommen. Aber ich schicke Dir einige Studiengenossen, deren Geisteskraft der meinen nicht unterlegen, deren körperliche Stärke aber größer ist. Wenn Du Dich mit ihnen zusammentust, wird es Dir an Möglichkeiten, die vollkommene Zufriedenheit zu erlangen, keinesfalls mangeln.«

Eröffnet hatte er sein Schreiben mit der simplen Floskel: »Zenon an König Antigonos«, und das klang ja, bei aller vorgegebenen Zurückhaltung, doch auch wie eine Fanfare. War von ihm ein Zeitalter eröffnet worden, in dem Denker und Herrscher auf gleicher Ebene miteinander verkehrten?

Ebenso heroisch wie verzweifelt

Es ist gewiß Zenons größtes Verdienst, daß er eine Lehre begründete, die den mit ihm aufgekommenen Großkönigen Normen bot, an welchen sie ihr Verhalten überprüfen konnten, wenn sie sich dazu bemü-

ßigt fühlen sollten. Außerdem hat er mit der Idee vom Naturrecht den Menschen einen Freiraum innerhalb absolut regierter Staaten erschlossen, was zusammen den hellenistischen Gemeinwesen eine gewisse geistige Struktur gab. Auf Humanisierung jedoch, auf Veränderung bestehender Zustände zielte die Stoa nicht in erster Linie ab. Sie bot vorwiegend ein Rezept, alle Lebenslagen würdig, gefaßt und gelassen zu bestehen, womit sie jegliche Realität rechtfertigte, auch die Könige. Wenn es deshalb, dank ihr, nun eine Brücke gab zwischen Philosophenschulen und Palästen, dann waren diese Gedanken die Pfeiler. Innere Zufriedenheit, von einem Regenten erlangt, stärkte dessen Majestät, innere Zufriedenheit, von Untertanen gewonnen, deren Gehorsam.
Im übrigen ist auch die dunkle Macht der Tyche von den Stoikern nicht wirklich gebrochen worden. Sie schlugen lediglich vor, man solle sich dem Walten des Schicksals anpassen, in der eher resignierten Erwartung, dafür mit einer kalten Ruhe belohnt zu werden, welche jener des Todes glich. Dies blieb aber ebenso ein Fluchtweg wie der dionysische Rausch. Weder die Geborgenheit in der vollkommenen Welt, noch das Versunkensein im Gott führten zu einer tröstlichen Gewißheit etwa von der Art, es könne auch Liebe sein, die das Universum regiere, Liebe eines Schöpfers zu seinen Geschöpfen, Liebe, die weitergegeben werden müsse – das blieb allenfalls Hoffnung.
Von unserem Standpunkt aus betrachtet, läßt denn gerade dieses Manko die Bemühungen der Stoiker ebenso heroisch wie verzweifelt erscheinen. Wer ihren Weg ging, der »brannte seinen Leib«, tötete seine Erwartungen ab, beging letztlich Selbstmord aus Angst vor intensivem Leben. Die Epikureer taten im Prinzip etwas Ähnliches, nur wurde es ihnen angenehmer, da sie die stoische »Pflicht« nicht kannten.
Wenn Zenon seine Art zu existieren dennoch genossen haben mag, so deshalb, weil er wohl immer ein Kyniker geblieben war und alle Ideen aus deren Lebenshaltung heraus entwickelt hatte. Ihm genügten nun einmal dünnes Gewand und billige Sandalen. Seine Armut war überglänzt von dem ungeheuer befreienden Bewußtsein, alles sei ziemlich eitel. Im Grunde war der Phönizier den Weg des für ihn selbst geringsten Widerstands gegangen.
Seine Grabinschrift, verfaßt von Antipater aus Sidon, einem Landsmann also, scheint dies auf etwas ironische Weise zu bestätigen. Es heißt darin, Zenon habe »die Mühen des Herakles« nicht auf sich genommen, sondern vielmehr einen »anderen Weg zu den Sternen« gefunden, jenen »der Mäßigung allein«.
Heute liegt über dem Platz, an dessen Rand er lehrte, im Mai ein Duft von Kamillen. Klatschmohn, Wegerich und Löwenzahn blühen zwischen den Ruinen der Agoragebäude. Touristen picknicken, Mütter

führen ihre Kinder spazieren, Fremdenführer bieten sich an. Zenons letzte Ruhestätte ist verschollen, doch hatte ihn die Stadt Athen mit großem Aufwand beerdigen lassen. Seine Schüler gründeten neue Schulen. In Makedonien trauerte ein König um ihn.

KAPITEL 5

EIN KAMPF
UM
MAKEDONIEN

»*Der Weise allein kann beurteilen, ob einzelne Maßnahmen letztlich für ihn und die Gesamtheit zweckdienlich und gut sind. Er allein handelt darum in allem richtig; er ist nicht nur fromm und gerecht, sondern auch der wahre Künstler, Redner, Feldherr, König.*«

STOA, FRAGMENTE

»*Ein Held ist, wer sich nicht zurückwendet. Man sollte sich nie zurückwenden. Denn was vorbei ist, ist vorbei. Alles Vergangene ist der Tod.*«

ALEXANDER LERNET-HOLENIA
Die Auferstehung des Maltravers

ZEITTAFEL

319 v. Chr.:	Geburt von Gonatas und Pyrrhos.
317 v. Chr.:	Der zweijährige Pyrrhos muß vor Kassander in Sicherheit gebracht werden.
306 v. Chr.:	Pyrrhos kehrt nach Epiros zurück.
303 v. Chr.:	Demetrios heiratet die Schwester des Pyrrhos.
302 v. Chr.:	Kassander verdrängt Pyrrhos aus Epiros.
301 v. Chr.:	Pyrrhos nimmt an der Schlacht von Ipsos teil.
298 v. Chr.:	Kassander stirbt.
297 v. Chr.:	Pyrrhos kehrt aus Ägypten nach Epiros zurück.
287 v. Chr.:	Pyrrhos vertreibt Demetrios aus Makedonien.
286 v. Chr.:	Nach dem Tod seines Vaters betritt Gonatas die politische Bühne.
284 v. Chr.:	Lysimachos vertreibt Pyrrhos aus Makedonien.
280/79 v. Chr.:	Kelteneinfall in Hellas. Gonatas kämpft in Kleinasien. Pyrrhos geht nach Italien. Rom verbündet sich mit Karthago. Schlacht bei Herakleia.
279 v. Chr.:	Schlacht bei Ausculum.
278 v. Chr.:	Nikomedes ruft drei Keltenstämme nach Kleinasien.
277 v. Chr.:	Gonatas schlägt die Kelten bei Lysimacheia.
276 v. Chr.:	Gonatas wird König in Makedonien.
275 v. Chr.:	Schlacht bei Maleventum (das danach in Beneventum umbenannt wird). Pyrrhos kehrt nach Epiros zurück.
274 v. Chr.:	Pyrrhos fällt in Makedonien ein.
272 v. Chr.:	Pyrrhos kommt in Argos ums Leben. Gonatas gewinnt die Kontrolle über Makedonien zurück.

Stammtafel der Antigoniden

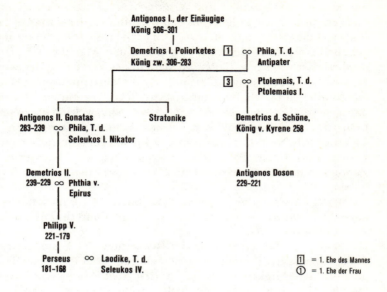

DER PHILOSOPHENKÖNIG

Eine glanzvolle Sklaverei

Antigonos, dem Bewunderer Zenons, hat eine späte Nachwelt üppigere Kränze geflochten als den meisten seiner königlichen Rivalen. Moderne Historiker bescheinigen ihm »politische wie militärische Geschicklichkeit« (Rostovtzeff), »schlichten, geraden Charakter« (Tarn), sie nennen ihn »einen der bedeutendsten Männer des Hellenismus« (Bengtson) und stilisieren ihn sogar – wie wiederum Tarn – »zum ersten Philosophenkönig« empor.

Seine Zeitgenossen dagegen haben wenig dergleichen getan, hinterließen vielmehr so dürftige Nachricht über ihn, daß man heute nicht einmal mehr weiß, weshalb er mit dem Beinamen »Gonatas« in die Geschichte einging oder was dieser bedeutet. Zwar gibt es die Erklärung, man habe ihn nach seinem Geburtsort Gonoi in Thessalien so genannt, doch ist auch das nur eine Vermutung, denn es steht nicht einmal fest, ob er dort zur Welt kam. Einigkeit herrscht lediglich darüber, daß es »um« 319 v. Chr. geschehen sei. Das heißt übrigens auch, daß sein Vater Demetrios Poliorketes damals siebzehn, seine Mutter Phila, eine Tochter Antipaters, aber mindestens dreißig Jahre alt gewesen sein muß und läßt den Verdacht zu, ungleichere Eltern als diese beiden hätten sich nur selten über eine Wiege gebeugt. Fragt sich deshalb, wie ihr Verhältnis zueinander wohl den beeinflußte, der darinnen lag. Phila war die erste von Demetrios' fünf Frauen. Sie soll überaus intelligent und von großer Herzensgüte gewesen sein. Man darf sie sich vermutlich als eine jener resoluten Makedoninnen vorstellen, die, wie ihre Schwester, die Ptolemaios-Gattin Eurydike, auch mit eigener Hand in die politischen Geschäfte eingriffen, wenn es sein mußte. Demetrios dagegen war dieser barocke Alexanderdarsteller, welcher bis zu seinem Lebensende ein Spielball der eigenen Leidenschaften, Lüste und Träume blieb. Natürlich liegt es angesichts solcher Kontraste nahe, die spätere Vorliebe des Prinzen für geistige Väter wie Menedemos und Zenon psychologisch auszuleuchten, was einige Historiker auch getan haben – mit mageren Ergebnissen.

Nicht viel besser erging es jenen, die Gonatas als Philosophenkönig darstellen wollten. Sie mußten zunächst einmal mit drei überlieferten Anekdoten operieren.

Die erste zeigt den Helden bei der Belagerung der Festung Kassandreia. Einer seiner Freunde tritt ins Zelt und bittet ihn, einen Traktat über die Gerechtigkeit vorlesen zu dürfen. Sagt jener: »Wie kannst du mir über Gerechtigkeit predigen wollen, wenn ich gerade dabei bin, die Stadt meines Nachbarn zu erobern?«

In der zweiten Geschichte bezeichnet ihn ein liebedienerischer Dichter – womit er sich durchaus in gängigen hellenistischen Vorstellungen bewegt – als Gott. Erwidert Gonatas: »Der Sklave, der sich um den Nachttopf des Herrschers zu kümmern hat, dürfte darüber anders denken.«

Am berühmtesten jedoch wurde sein dritter bekanntgewordener Ausspruch: »Weißt du nicht, daß unsere Königsherrschaft eine glanzvolle Sklaverei (griech.: ›douleia‹) ist?« Das erinnert, da man Douleia zur Not auch mit ›Dienst‹ übersetzen könnte, an die insgesamt sechsmal getroffene imperative Feststellung Friedrichs des Großen: »Der Fürst ist der erste Beamte und der erste Diener seines Staates.« Und Friedrich hat sich ja selbst als den »Philosophen von Sanssouci« bezeichnet.

Gonatas also ein Mann, der die stoische Pflicht anerkannte und sie zum Maßstab seines Handelns machte?

Vorsichtigere Beurteiler konzedieren allenfalls, er habe sich in Selbstanspruch und Haltung vorteilhaft von den gleichzeitig mit ihm regierenden Diadochennachfolgern abgehoben. Sie weisen aber auch darauf hin, daß er sich als politischer Akteur kaum von ihnen unterschied. Den größten Teil seines Lebens verbrachte er damit, ein Stück aus dem Erbe Alexanders an sich zu bringen und es dann mit Klauen und Zähnen festzuhalten.

Weiterhin zeigt sich bei der Betrachtung seiner Laufbahn, daß sie, zu Beginn wenigstens, gekennzeichnet ist von jähen Wendungen und Umschwüngen, die häufiger dem Zufall als eigenem Verdienst oder Versagen zuzuschreiben sind, daß sich aber kaum ein großes Konzept oder gar eine Vision ausmachen lassen, welche seinen Aktivitäten zugrunde gelegen hätten. Er wollte König werden, am liebsten in Makedonien, notfalls hätte er aber auch mit einem anderen Land vorlieb genommen. Seine Leistung besteht deshalb vor allem darin, daß er, unter widrigsten Bedingungen, dieses erste Ziel schließlich erreicht und sich danach als ein fähiger Herrscher erwies.

Bis zu seinem einundvierzigsten Lebensjahr, jenem, in dem sein Vater von Pyrrhos aus Makedonien vertrieben wurde, dürfte Gonatas ein Prinz gewesen sein, der sich auf prinzliche Weise vergnügte. Zwar liebte er es, zu Füßen weiser Männer zu sitzen, doch überfiel er auch, wie Diogenes Laertios berichtet, gelegentlich den eigenbrötlerischen Zenon mit der lärmenden Horde seiner Gefolgsleute und schleppte ihn auf Bankette, bei denen philosophische Würde kaum sonderlich honoriert wurde. Außerdem soll er zumindest darin ein echter Sohn des Demetrios gewesen sein, daß er gerne trank und, wenn ihm etwas gelungen war, in wilde Freudentänze ausbrach.

Kein in sich gekehrter Grübler also, dieses Produkt einer seltsamen Paarung, eher ein etwas grobschlächtiger Makedone, der seine innere Unsicherheit durch gutmütige Derbheit kaschierte. Er wollte mehr sein als nur ein aristokratischer Abenteurer, wobei es ihm aber schwerfiel, Verlangen und Wesensart auf einen glaubwürdigen Nenner zu bringen. Andererseits scheint der Sprung, der durch seinen Charakter lief, immerhin verhindert zu haben, daß er sich zu einer jener hemmungslosen Spielernaturen entwickelte, die bedingungslos auf jede Chance setzten.

Nach dem Tod von Demetrios mußte er trotzdem gerade dieses tun. Er hatte gar keine andere Wahl.

Sein Blick fiel auf Kleinasien

Das dem Gonatas hinterlassene Erbe bestand aus einigen verstreuten Stützpunkten auf der griechischen Halbinsel – vor allem den Städten Korinth, Chalkis, Demetrias und dem Hafen Piräus (ohne Athen) – sowie einer kleinen Flotte plus einem bescheidenen Heer. Alles übrige hatte Papa verjubelt.

Der Sohn aber konnte nicht einmal hoffen, diesen spärlichen Rest vom einstigen Riesenbesitz Antigonos' des Einäugigen zu behalten. Als Gonatas, nach der Ermordnung von Seleukos, das für kurze Zeit herrenlos gewordene Makedonien besetzen wollte, stellte er fest, daß Vetter Keraunos (Sohn seiner Tante Eurydike) ihm bereits zuvorgekommen war. Als dieser ihm dann auch die Flotte zerschlug, war jede Chance, ihn zu vertreiben, dahin. Und als Gonatas auch noch bei dem Versuch scheiterte, wenigstens das seit dem Tod des Demetrios wieder selbständige Athen zu erobern, hatte er sein Spiel in Hellas schon ziemlich ausgereizt. Er mußte sich in eine andere Richtung wenden. Sein Blick fiel auf Kleinasien.

Dort war Antiochos I., Seleukos' Sohn, in einen Krieg gegen die weder von Alexander noch seinen Nachfolgern jemals unterworfenen Bithynier verwickelt. Deren Staat – er lag im Winkel zwischen Marmarameer, Bosporus und Schwarzmeerküste – zählte die ebenfalls unbezwungenen Städte Byzantion (europäisches Istanbul), Chalkedon (asiatischer Teil des heutigen Istanbul), Herakleia Pontika (Eregli am Schwarzen Meer) sowie einige weitere freie Hafen- und Handelsplätze des sogenannten »Nordbundes« zu seinen Verbündeten – ein insgesamt beachtliches Kräftepotential. Dennoch war Nikomedes, der Fürst der Bithynier, nicht abgeneigt, Gonatas zu engagieren, als dieser sich ihm anbot. So kam es, daß der Makedone, auf den Spuren seines Vaters wandelnd, eine Zeitlang gegen dessen Tochtermann, den Gemahl der Stratonike, Krieg führte. Und dieses Unternehmen brachte ihm, überraschenderweise, zum ersten Mal Gewinn.

Im Jahr 279 v. Chr. scheinen nämlich die beiden Schwäger über die Fronten hinweg Verbindung aufgenommen zu haben. Sie trafen schließlich folgendes Abkommen: Gonatas schrieb jeden Anspruch auf Kleinasien ab, den er als Erbe seines Großvaters, des Einäugigen, hätte geltend machen können. Antiochos überließ ihm dafür großzügig alle Rechte auf Makedonien, welche bis dahin, als Teil der Hinterlassenschaft von Seleukos, sein juristisches Faustpfand gewesen waren. Ihren Pakt besiegelten sie, wie üblich, mit einer Heirat. Gonatas nahm seine Nichte Phila, eine Tochter aus der ersten Ehe der Stratonike, zur Frau, wodurch er immerhin den mächtigen Seleukiden zum Verbündeten bekam. Aber auch Antiochos mag begrüßt haben, daß die Lage nun entschärft war, denn an die Tore der Welt, in welcher er und Gonatas lebten, pochte der Schrecken.

Das Barbarenvolk aus dem Norden

Die Kelten, die eben in diesem Jahr 279 v. Chr. nach Makedonien vorgedrungen waren und Keraunos samt Heer vernichtet hatten, repräsentierten mehr als nur einen der vielen Störfaktoren, mit denen die Erben Alexanders zu rechnen gewohnt waren. Sie schienen eine Ausgeburt des Chaos zu sein. Ihre entfesselte Wildheit, ihre zur Raserei hochgepeitschte Kampfeswut, ihre Sitte, in der Hitze des Gefechts die

Kleider abzuwerfen und nackt auf den Gegner loszugehen, muteten unbegreiflicher an als alles, was den Griechen bis dahin begegnet war. Das Barbarenvolk aus dem Norden verletzte jegliche Vorstellung von dem, was menschlich war, und blieb für lange Zeit ein völlig unbegreifliches Phänomen.
Als deshalb, wenige Monate nach dem Tod des Donnerkeils, ein zweiter Keltenhaufe bis nach Delphi vorstieß, vereinigten alle nördlich des Isthmus von Korinth gelegenen Staaten ihre Truppen, um – was ja in Griechenland selten genug geschah – ihr gemeinsames Erbe gemeinsam zu verteidigen. (Auch Antiochos und Gonatas hatten kleinere Kontingente gestellt.) Und als es dieser Streitmacht gelang, die Eindringlinge wenigstens zurückzuschlagen – das geschah, so hieß es später, mit Unterstützung der Götter, die rechtzeitig einen hilfreichen Schneesturm geschickt hätten –, da jubelte ganz Hellas auf. Es begründete zur Erinnerung an diese Schlacht eine »Sotería«, ein Erlösungsfest, welches anfangs jährlich, später nur noch alle fünf Jahre, aber immer mit größtem Aufwand begangen wurde. Der Hilfeleistungen des Seleukos- und des Demetriossohnes scheint man dabei zwar weniger gedacht zu haben, doch war der Sieg über die »Galatai« auch für sie von einschneidender Bedeutung.
Antiochos hatte die gelbmähnigen Krieger bald selbst am Hals, weil Nikomedes, von ihrer Kampfkraft beeindruckt, drei Stämme des Barbarenvolkes, die Trokmer, Tolistoager und Tektosagen, als Ersatz für die Gonatas-Truppen nach Kleinasien holte. Gonatas aber muß begriffen haben, daß jeder, der den Eindringlingen eine Niederlage beizubringen vermochte, von den Makedonen als Retter gefeiert und möglicherweise als König akzeptiert werden würde. Seit dem Tod des Keraunos gab es ohnehin niemand mehr, der in der Lage gewesen wäre, die militärische Kraft des Landes zusammenzufassen. Das war seine Chance.
Da er jetzt über ein durch Anwerbungen in Kleinasien verstärktes Heer verfügte, brauchte er eigentlich nur noch einen Keltenhaufen, der geeignet schien, mit dieser Streitmacht geschlagen zu werden. 277 v. Chr. traf er ihn.
Rund achtzehntausend Hosen tragende, mit Halsringen geschmückte, in schreiend bunte Umhänge gehüllte keltische Krieger waren zu Beginn dieses Jahres bis in die Nähe der Stadt Lysimacheia auf Gallipoli vorgedrungen. Darüber, wie Gonatas sie schlug, gibt es zwei voneinander abweichende Berichte.
Dem einen zufolge überfiel er sie nachts in ihrem Lager und erschlug die meisten von ihnen, ehe sie richtig auf die Beine gekommen waren.
Nach der anderen Version lud er die Häuptlinge der Barbaren zu einem Festmahl ein, zeigte ihnen alle vorhandenen Gerätschaften samt der Kriegskasse und zog sich dann unauffällig, ohne die Zelte abzubre-

chen, aus seiner Stellung zurück. Als die Kelten kurz darauf mord- und plünderungslustig das leere Camp erstürmten, brach er aus dem Hinterhalt hervor und überraschte sie in einer Situation, in der sie nur bedingt abwehrbereit waren. Er muß sie fast vollständig aufgerieben haben, hatte damit aber mehr als nur eine Schlacht gewonnen.

Griechenland fand immer noch, daß der Sieg über die Kopfabschneider einen Jubelsturm wert war – das zeigt, wie furchtbar der keltische Alptraum gewesen sein muß. Freund Menedemos beantragte bei den Stadtoberhäuptern von Eretria eine Dankadresse, in der es hieß: »Nach der Vernichtung der Barbaren kehrt König Antigonos in sein eigenes Land zurück« – das machte ihn quasi nachträglich zum unrechtmäßig vertriebenen Emigranten. Und die Makedonen schienen bereit, ihm alles zu verzeihen, was sein Vater Demetrios ihnen jemals zugemutet hatte. Den Weg zum Herrschersitz in Pella versperrten jetzt nur noch drei schwache Mitprätendenten.

Der erste, ein Mann namens Arrhidaios, gab sich für den Abkömmling von Alexanders schwachsinnigem Bruder gleichen Namens aus. Der zweite war Arsinoës und Lysimachos' Sohn Ptolemaios. Der dritte beherrschte die wichtige, von Eurydike für kurze Zeit umgetaufte Stadt Kassandreia auf der schmalsten Stelle des südlichen Chalkidikefingers. Gonatas konnte sie alle, zum Teil mit Hilfe seines Schwagers und einiger ihm befreundeter Piratenhäuptlinge, im Laufe weniger Monate ausschalten. Danach ließ er sich – man nimmt an, im Jahr 276 v. Chr. – von der Heeresversammlung des Landes zum König erklären. Er saß jetzt also auf Philipps Thron.

Ein Mann von großen geistigen Gaben

Das Makedonien der nun beginnenden Antigonidenzeit deckte sich nicht mehr mit dem Makedonien, das Alexanders Vater nach dem Abschluß seiner innergriechischen Expansion beherrscht hatte. Thessalien und Euboia gehörten noch dazu, aber schon südlich der berühmten pferdereichen Ebenen begannen die Grenzen auszufransen. Auf der Peloponnes wurde das nördliche Staatswesen lediglich von Korinth, Megalopolis und Argos mit ihren Besatzungen repräsentiert sowie einigen landsässigen Stadttyrannen, die zu Gonatas hielten, weil er ihre Herrschaft überhaupt ermöglichte, und im Norden war das Land nahezu auf seine vorphilippinischen Grenzen zurückgeschrumpft. Thrakien befand sich wieder im Besitz seiner halbzivilisierten Bergbewohner und einiger zugewanderter Keltenstämme. Dazwischen hatten sich an der Küste ägyptische Einflußzonen gebildet.

Was aber noch schwerer wog als diese Gebietsverluste: Makedonien besaß längst nicht mehr den furchterregenden Namen, welchen Philipp

ihm verschafft hatte. Seinen Nachbarn war es gelungen, die Erinnerung an dessen brutale Machtpolitik aus dem Gedächtnis zu verbannen. Sie wußten jetzt: selbst die lanzenstarrenden Haufen der Phalangen konnten überwunden werden. Nicht zuletzt hatten ihnen das ja die Diadochen vorexerziert. Und deren kräfteverzehrendes Spiel um Macht und Prestige wurde von ihren Nachfolgern fortgesetzt.
Ptolemaios II. etwa verfolgte immer noch die Außenpolitik seines Vaters, die darin bestanden hatte, sich in Griechenland und der Ägäis einen möglichst großen Einflußbereich zu sichern. Da er aber von den drei nun regierenden Herrschern der inzwischen weitaus reichste war, reicher auf alle Fälle als Gonatas, konnte er ein maritimes Imperium aufbauen, welches mit der Zeit alle wichtigen Handelsstädte des südlichen Hellas und des westlichen Kleinasiens kontrollierte. Sein Machtapparat glich einem Kraken, der vom Nildelta aus Fangarme bis an die Küsten Attikas und Thrakiens einerseits sowie die Gestade Phöniziens andererseits ausstreckte – für den neuen Herrn in Pella eine ständige Gefahr. Zwar hatte Gonatas sich kaum vor einer ägyptischen Invasion zu fürchten, doch stand ägyptisches Geld allen seinen Gegnern zur Verfügung. Der einzige, auf den er sich in dieser Lage stützen konnte, war der ebenfalls von Ptolemaios bedrohte Antiochos. Dessen Hilfe freilich mußte damit bezahlt werden, daß Makedonien auch an den Kämpfen um das weit von ihm entfernte Libanongebiet teilnahm. Aber ein Diadochensproß konnte solchen Zwängen einfach nicht entkommen. Die alten Clubregeln hatten immer noch ihre Gültigkeit.
Wenn Gonatas also geglaubt haben sollte, daß er nach seiner Ausrufung zum König das ihm untertane Land in Ruhe würde regieren können, so hatte er sich getäuscht. Er war dreiundvierzig Jahre alt, als er den Thron bestieg, und sollte noch einmal siebenunddreißig Jahre leben, aber in seiner zweiten Lebenshälfte stand er öfter im Feld als vorher. Trotzdem gelang es ihm während dieser Zeit, seinen Bewunderern einen weiteren Beleg für die These zu liefern, er sei ein Mann von großen geistigen Interessen gewesen.
An den beiden Residenzen, die er bevorzugte, dem im Sommer ziemlich heißen Pella und dem kühleren Beroia (heute: Veria), blühte etwas empor, das man durchaus als Musenhof bezeichnen könnte. Ob er ein Paradies für freie, unabhängige Geister war, ist dennoch fraglich. Zenon zumindest scheint es nicht geglaubt zu haben.

Ungeheurer Propagandawert

Der ablehnende Bescheid, den der Begründer der stoischen Schule seinem Anhänger Gonatas übermitteln ließ, weckt den Verdacht, er habe Königen, die ihre Staatswesen angeblich auf philosophische Grundlagen stellen wollten, im Grunde mißtraut. Wenn er dabei Alexandria im Auge gehabt haben sollte, so wäre seine Haltung sogar verständlich gewesen. Dort, so spottete ein Zeitgenosse, wurden »zahlreich gefüttert im stämmereichen Ägypten / Bücherkritzler im Käfig der Musen«. Das war ein nicht völlig unzutreffendes Bild. Die Gelehrten und Poeten, welche sich dem Schutz der Ptolemäer anvertraut hatten, kannten zwar keine leiblichen Sorgen, aber sie hatten dem Staat, der sie bezahlte, auch zu dienen – Kritik war unerwünscht. Anzunehmen also – davon könnte der schlaue Alte ausgegangen sein –, daß Makedoniens neuer König den Geist ebenfalls weniger fördern als vielmehr ausbeuten wollte. Es wäre eigentlich natürlich gewesen.

Einerseits mußte ja alles, was gedacht oder von irgendeinem Kopf gewußt wurde, für die damaligen Herrscher von eminenter Bedeutung sein. Es konnte ihnen entweder gefährlich werden oder, wenn sie es sich aneigneten, ihren Blick für die gefährliche Realität schärfen. Andererseits – das betraf die Dichter – kam jedem formvollendeten Vers über ihre Person oder ihre Taten ein ungeheurer Propagandawert zu. Da es noch keine Massenmedien gab, wurde öffentliches Bewußtsein von jenen wenigen repräsentiert und bestimmt, die Zugang zur Literatur besaßen. Das hatte schon Archelaos erkannt, der Mäzen des Euripides, aber auch Philipp, Alexander und deren Nachfolger.

Indessen sollte man dem Gonatas nicht unterstellen, er habe einige der berühmtesten Schriftsteller und Denker der griechischen Welt lediglich deshalb an seine Residenz geholt, weil er sich ihrer kühl bedienen wollte, sollte es schon deshalb nicht tun, weil es keineswegs zu beweisen wäre. Wie er mit diesen Leuten umging, läßt sich ohnehin nur erraten, wenn man die Hofkarrieren einiger von ihnen genauer verfolgt. Da war zum Beispiel Persaios aus Kition, jener junge Zypriot, den Zenon als Ersatz für sich selbst nach Makedonien geschickt hatte.

Höfische Verbeugung vor der Macht

Der Landsmann des ersten Stoikers gilt als Verfasser einer Schrift *Über das Königtum* und einer anderen über den spartanischen Staat, die beide verschollen sind. In Pella scheint er bald zu Themen übergegangen zu sein, die dem Geist dieses Königssitzes vielleicht adäquater waren. Er schrieb *Dialoge über Bankette*, woraus sich möglicherweise schließen läßt (das Werk ist ebenfalls nicht auf uns gekommen), er habe, an einem Ort, an dem der Wein in Strömen floß, die Tafelfreuden bald dem Streitgespräch mit seinen Kollegen vorgezogen und sei damit abgerückt vom stoischen Ideal der Bedürfnislosigkeit. Seinem König hat ihn das jedoch keineswegs entfremdet, im Gegenteil. Er wurde als Kronprinzenerzieher angestellt und avancierte später zum Kommandanten der Festung Akrokorinth. Aus einem Philosophen war also ein den Gegebenheiten angepaßter Höfling und Karrieremacher geworden, was die weitere Vermutung zuläßt, Gonatas habe von seinen intellektuellen Schützlingen auch Kumpanei erwartet, diese aber belohnt.

Wie Aratos aus Soloi (dem heutigen Viranschehir an der ostanatolischen Mittelmeerküste) solchen Anforderungen gerecht wurde, ist schon etwas schwerer auszumachen. Er gilt als einer der bedeutendsten Literaten des Hellenismus. Sein Epos, *Phainomena*, ein Lehrgedicht über Planeten, Fixsterne, Meteore und andere Himmelserscheinungen, erfreute sich bester Kritiken und, trotz spröden Inhalts, weitester Verbreitung im ganzen Mittelmeerraum. Man sollte also annehmen, daß er selbstbewußt genug war, um sogar einem König mit gebotener Distanz gegenüberzutreten. Überliefert ist indessen, daß er eine Hymne auf Gonatas' Hochzeit und mehrere Epigramme auf Königin Phila verfaßte. Höfische Verbeugung vor der Macht? Da auch diese Huldigungswerke nicht erhalten geblieben sind, muß die Frage offen bleiben.

Eindeutiger scheint der Fall Hieronymos von Kardia zu sein. Er, ein vielgerühmter Historiker, hatte zunächst seinem Landsmann Eumenes angehangen, hatte dann die Qualitäten des einäugigen Antigonos entdeckt und schließlich das vorteilhafte Bild von Demetrios Poliorketes gezeichnet, das noch Plutarch, Diodorus Siculus und anderen Römern als Quelle diente. Nun lebte er ebenfalls – er soll erst in seinem hundertundvierten Lebensjahr das Zeitliche gesegnet haben – am Hof des neuen Makedonenkönigs.

Hieronymos war der wichtigste Propagandist des Antigonidenhauses. Sein verlorenes Werk muß auch Material für den Denkmalssockel enthalten haben, auf dem Gonatas noch immer steht. Das aber heißt, er bezahlte mit Lob für die Gunst, auf den Höhen der Menschheit wandeln und Weltereignisse über die Schultern von Königen hinweg betrachten zu dürfen. Doch ist dies ein Privileg, welches Gelehrten, Dichtern und Literaten nur selten gut bekam.

Zwei Denker entdeckten den Pferdefuß unter höfischem Samt denn auch erst, als sie schon in Pella waren. Ihre dortigen Erlebnisse mögen geeignet sein, das Bild des makedonischen Musenhofes einigermaßen abzurunden.

Aus Pella rasch wieder verschwunden

Timon aus Pleios (auf der peloponnesischen Halbinsel Argolis) war einer davon. Als Schüler des Skeptikers Pyrrhon von Elis scheint er schon früh zu der Auffassung gelangt zu sein, daß man nichts und niemandem wirklich trauen dürfe, weder, wie sein Meister gelehrt hatte, den eigenen Sinneseindrücken und Verstandesleistungen noch gar den Mächtigen dieser Welt. Aus diesem Grund hatte er sich, teilweise als Anstreicher arbeitend, so viel Geld zusammengespart, daß er meinte, keinem Menschen um einer Dotation willen nach dem Mund reden zu müssen. Er ist denn auch aus Pella rasch wieder verschwunden. Zurückgekehrt in die sicherlich ärmliche Unabhängigkeit, die ihm allein behagte, goß er seinen Spott aus über alles, was vor seiner Kritik nicht bestand, unter anderem die Stoa. (Auch der Vers über die »Bücherkritzler« in Alexandria stammt von ihm.) Bei Hofe scheinen derartige Äußerungen keinen Anklang gefunden zu haben.

Ähnlich wie ihm erging es wohl dem Bion aus Borysthenes (in Südrußland), einem weitgereisten Popularphilosophen von proletarischer Herkunft. Er nahm ebenfalls nicht gerne ein Blatt vor den Mund, konnte deshalb (wahrscheinlich) in Pella keine Wurzeln schlagen und ist zu Athen als bettelarmer Mann gestorben. Gonatas freilich kommt auch aus dieser Geschichte einigermaßen gut heraus. Er soll dem ehemaligen Schützling einen Sklaven geschickt haben, als er erfuhr, wie schlecht es ihm ging. Aber da hatte Bion nur noch zwei Tage zu leben.

Ziegenhörner, weder komisch noch lächerlich

Fügt man diese Informationssplitter über einen Aspekt des Lebens in Pella zusammen, so ergibt sich – was? Tatsächlich das Bild eines Musenhofes? Es wäre ein sicherlich ungerechtfertigter Eindruck. Gonatas scheint im Grunde einem ganz normalen hellenistischen Königssitz vorgestanden zu haben. Gelehrte und Dichter hielten sich auch die beiden anderen Diadochennachfahren, »Musenhöfe« waren damals wohl eher die Regel als die Ausnahme. Nur darf man in ihnen keine Stätten sehen, an denen zwecklos gedichtet, geforscht und gelehrt worden wäre, selbst dann nicht, wenn man weiß, daß in Pella/Beroia eine gewisse Vorliebe für stoisches Gedankengut zu beobachten war. Sollte die Atmosphäre, die in der makedonischen Hauptstadt herrschte, sich aber doch ein bißchen von der an den beiden anderen großen Residenzen jener Zeit unterschieden haben, dann deshalb, weil ihr Herr bemüht war, seinem Leben eine Form zu geben, die auch philosophischen Ansprüchen gerecht wurde. Man kann dies nicht so sehr aus den von ihm überlieferten Anekdoten schließen, als vielmehr aus einer weiteren Aussage, die er über sich selbst gemacht hat, einer wortlosen Aussage freilich.

Wie fast alle hellenistischen Fürsten erkor auch er einen Gott, der ihn als übermenschliches alter ego vertreten konnte, einen Gott also, mit dem er sich selbst einigermaßen zu identifizieren vermochte. Und seine

Wahl mutet seltsam genug an. Nicht auf den strahlenden Apollon war sie gefallen, nicht auf den majestätischen Zeus, sondern auf den bocksfüßigen, Hörner tragenden arkadischen Hirtengott Pan. Um erahnen zu können, worauf er damit abzielte, muß man allerdings berücksichtigen, daß dieses Buschgespenst, das Menschen und Tieren während der Mittagshitze »panischen« Schrecken einzujagen pflegte, zu Lebzeiten des Gonatas schon längst eine jener großen Karrieren durchlaufen hatte, die für Himmlische dieser Epoche nicht eben ungewöhnlich waren. Da sein Name mit dem griechischen Wort für All und alles identisch ist, war er eben als Allgott inthronisiert worden. Da er überdies Natur verkörperte, zählte er – wie Hermes, der ihn gezeugt haben soll – zu den prominenten Gefährten des Dionysos. Er symbolisierte damit sowohl das rauschhafte Weltgefühl, das dem makedonischen Naturell so sehr entsprach, wie auch die in der Stoa anklingenden »pan«theistischen Vorstellungen.

Gonatas, indem er ihn erwählte, mag also nach einem Ausdruck dafür gesucht haben, daß er sich verwachsen wähnte nicht nur mit seinem Land, sondern auch mit der höchsten Intelligenz, von der Zenon glaubte, daß sie sich im lebenden Universum manifestiere. Weil aber solche Haltung auch gewonnene Erkenntnisse und Einsichten widerzuspiegeln scheint und keineswegs nur auf überkommenen königlichen Verhaltensmustern basieren kann, ist es vielleicht doch nicht völlig ungerechtfertigt, wenn man ihm, mit Tarn, den Titel Philosophenkönig zugesteht.

Sollte außerdem der Panskopf auf einem Schild, welcher heute im Royal Ontario Museum von Toronto hängt, tatsächlich – wie einige Experten glauben – ein Porträt des Demetriossohnes sein, dann wüßten wir auch, dank dessen Vorliebe für den Gott, wie er aussah. Sein Gesicht wäre dann eine Komposition aus lauter nahezu barocken Kurven gewesen: tief eingebuchtete Buckelstirn, vorwärtsdrängende Nase, üppige Lippen, rundes Kinn. Es wäre ein unruhiges Gesicht gewesen, an dem aber die Ziegenhörner weder komisch noch lächerlich wirken.

Daß es außerdem ein sehr menschliches Gesicht war, wird deutlich, wenn man zum Vergleich die Porträtbüste eines seiner schärften Rivalen heranzieht – sie steht im Museo Nazionale zu Neapel. Von ihr geht eine tödliche Kälte aus, eine majestätische Weltverachtung und eine verbissene Entschlossenheit. Sie stellt den König Pyrrhos von Epiros dar.

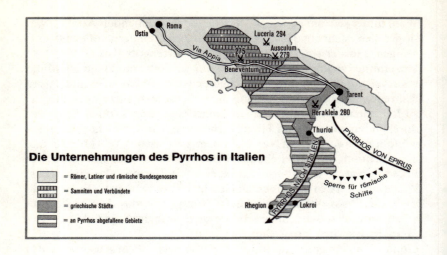

DER ABENTEURER AUS EPIROS

»Seine große Zehe habe göttliche Kraft gehabt«

Pyrrhos hat nie, wie Gonatas, in dem Ruf gestanden, ein geistig ambitionierter Herrscher gewesen zu sein. Obwohl er selbst Bücher geschrieben haben soll – militärwissenschaftliche –, sind sich schon seine antiken Biographen darüber einig, daß ihm Literatur, Kunst, Philosophie nicht das mindeste bedeuteten. Dafür rühmen sie jedoch seine persönliche Tapferkeit und seine strategische Begabung. Sie statten ihn auch mit einigen recht skurrilen Zügen aus.
»Anstelle der Zahnreihe«, so behauptet etwa Plutarch, »befand sich in seinem oberen Kinnbacken ein zusammenhängender Knochen, an welchem die Zwischenräume der Zähne nur durch schwache Kerben bezeichnet waren.« Das müßte, falls zutreffend, einen seltsam starren Zug in sein Mienenspiel gebracht haben. Außerdem war Pyrrhos angeblich imstande, durch Aufdrücken des rechten Fußes die Milzsucht zu heilen, wie man sich überhaupt erzählte, »seine große Zehe habe eine gewisse göttliche Kraft gehabt«. Solche Legenden, die an die ähnlich begabten Merowinger und Bourbonen erinnern – ihnen wurde die Fähigkeit zugeschrieben, durch Handauflegen die Drüsenkrankheit Skrofulose zu kurieren –, erklären sich jedoch möglicherweise aus seiner Herkunft.
Der epirotische Stamm der Molosser, dem er angehörte – ob dieses Volk als ein griechisches gelten kann, ist nicht ganz sicher –, lebte in den »schwarzen Bergen«, welche der Insel Korfu gegenüberliegen,

einem von alters her geheimnisumwitterten Balkanwinkel. Bei Dodona rauschten dort weissagende Eichen. Deren Botschaften wurden, laut Homer, von »gottbeseligten Männern« gedeutet, die »mit ungewaschenen Füßen auf der Erde schliefen« – was immer man daraus schließen mag. Wenn die Erdgöttin Dione angerufen wurde, erdröhnten erzene Becken, und Tauben flatterten zum Himmel empor. Die einheimischen Könige aber – es gab deren stets zwei, welche gemeinsam regierten – wurden erbarmungslos aus dem Weg geräumt, wenn sie nicht reüssierten.

Pyrrhos selbst war schon von Schwertern bedroht, als er gerade erst zwei Jahre zählte. Sein Vater Aiakides hatte sich in den Streit zwischen Kassander und der aus Epiros stammenden Olympias eingemischt. Als Alexanders Mutter besiegt und beseitigt war, mußte Aiakides Pyrrhos ins benachbarte Illyrien bringen und dort erziehen lassen. Erst 306 v. Chr. kehrte der inzwischen Dreizehnjährige mit Unterstützung seines Pflegevaters Glaukias wieder zurück. Aber dieser wechselvolle Lebensanfang ist nur Ouvertüre zu einem Dasein, in dem es genauso abenteuerlich weitergehen sollte. Würde man die Biographie des Pyrrhos graphisch darstellen, so präsentierte sie sich als eine wilde Zickzackkurve.

Vom Alexander-Mythos vergiftet

Vier Jahre nach der Heimkehr vertrieb Kassander den jungen Regenten ein zweites Mal. Er floh daraufhin zu Demetrios Poliorketes, dem Mann seiner Schwester Deidameia (dritte Ehe des Städtebezwingers) und bekam so gerade noch die Chance, an der Schlacht von Ipsos teilzunehmen, in der er die ersten Proben seiner wilden Furchtlosigkeit ablegte. Danach sieht man ihn als Statthalter des besiegten Demetrios in Hellas wirken und noch etwas später in Alexandria – als Geisel. Demetrios hatte ihn nach einem Vertragsabschluß mit Ptolemaios dorthin abkommandiert. Es erging ihm aber nicht schlecht am Mareotis-See.

»Auf der Jagd«, erzählt Plutarch, »sowie bei anderen Übungen konnte Pyrrhos dem Ptolemaios mehrere Proben von seiner Stärke und Zähigkeit geben; besonders jedoch bewarb er sich um die Gunst der Berenike... Und da er sich bei den Mächtigen, wenn es zu seinem Vorteil war, gut einzuschmeicheln wußte... wurde er vor vielen anderen Fürstensöhnen der Ehre gewürdigt, die Antigone, eine Tochter der Berenike aus ihrer ersten Ehe... zur Gemahlin zu bekommen.« Er hat also durchaus gewußt, wie er seine nichtmilitärischen Fähigkeiten einsetzen mußte und wäre wohl in der Lage gewesen, sich mit der Wirklichkeit zu arrangieren. Indessen blieb er davon überzeugt, daß der einzige ihm gemäße Beruf die Eroberung und Regierung eines mächtigen Reiches sei. Auch Pyrrhos war vom Alexander-Mythos vergiftet. Er beschwor das Bild des Toten (obwohl er den Lebenden nie gesehen hatte) immer wieder herauf und befolgte angeblich nur Ratschläge, die er glaubte, von seinem Idol im Traum erhalten zu haben. Epiros, in das er 297 v. Chr. mit ägyptischer Hilfe zurückgekehrt war, schien ihm auf jeden Fall für einen Mann von seinem Format zu eng zu sein. Und da er die Herrschaft über dieses Land außerdem mit einem zweiten König hätte teilen müssen, vergrößerte er seinen Machtbereich fürs erste einmal, indem er den Amtsbruder ermorden ließ.

Seine nächste bedeutende Aktion verstrickte ihn dann bereits in heftige Auseinandersetzungen mit einem der großen Herrscher jener Zeit, seinem ehemaligen Schutzherrn Demetrios. Aber dessen Truppen liefen ja 287 v. Chr. einfach auf die Seite des Epiroten über und spielten diesem so Makedonien in die Hand. Der Tag, an dem dies geschah, müßte in der Lebensgraphik des Pyrrhos durch eine nach oben weisende Kurve markiert werden, eine Kurve freilich mit nur mäßiger Abflachung.

Lysimachos nämlich, der Demetrios drei Jahre später ins syrische Asyl jagte, dachte nicht daran, die Heimat Alexanders in den Händen eines Nichtdiadochen zu lassen. Er marschierte deshalb gen Westen und warf Pyrrhos aus dem eben gewonnenen Land hinaus. Zum drittenmal fand dieser sich also am Ausgangspunkt seiner bisherigen Karriere wieder, eingemauert von mächtigeren Kräften als je zuvor. Das einzige Tor, das aus dieser Falle noch hinausführte, zeigte nach Westen. Aber im Grunde war dies nicht einmal die schlechteste der verschiedenen Chancen, die sich ihm in nunmehr vierzig Lebensjahren geboten hatten.

Wußten sie nichts von Sybaris?

Wer die Diadochengeschichte bis hierher verfolgt hat, wird schon vor der Frage gestanden haben, warum ihre eroberungssüchtigen Helden sich derart verbissen ausschließlich im östlichen Mittelmeerraum engagierten und ihre Zähne nur in Beutestücke schlugen, an denen schon andere herumzerrten.

Waren ihre Blicke denn nie auf die griechischen Kolonialstädte Unteritaliens, Siziliens und Südfrankreichs gefallen? Wußten sie nichts von dem sprichwörtlich üppigen Sybaris gleich hinter der Vordersohle des Apenninenstiefels? Hatten sie keine Kunde von Syrakus, einem der reichsten Handelsplätze ihrer Zeit? Oder von Orten, die heute Marseille, Nizza, Neapel, Messina, Taormina, Agrigent, Selinunt, Reggio di Calabria und Paestum heißen? Alle waren von Hellenen gegründet worden, alle mit prächtigen Säulentempeln geschmückt, an malerische

Buchten hingelagert oder auf steile Bergsockel getürmt. Alle verfügten über wohlgefüllte Schatzhäuser und alle waren – in Not. Die sizilischen Poleis führten seit Jahren erbitterte Verteidigungskriege gegen die Karthager, die italischen vermochten sich nur mit Mühe der aus dem Landesinnern gegen die Küste vordrängenden oskischen Stämme zu erwehren. Das hätte doch eigentlich den idealen Vorwand für eine große Befreiungsaktion im Stil Alexanders abgeben müssen. Warum sollte nicht irgendein Diadoche den Landsleuten im Westen zu Hilfe kommen und sich dann zu ihrem König aufwerfen? Die Parallele zwischen der Lage dort und jener in den vormals persisch dominierten kleinasiatischen Griechenstädten wäre ohnehin um so müheloser zu ziehen gewesen, als Alexander der Große ja selbst mit entsprechenden Überlegungen gespielt hatte, und zwar im Jahr seines Aufbruchs nach Osten.

Makedonischer Vorstoß über die Adria

334 v. Chr. war die reiche Stadt Tarent (griechisch: Taras) bei Alexander I., dem damaligen König von Epiros, vorstellig geworden. Sie bat ihn um Hilfe gegen die Seeräuber auf der Adria, aber auch gegen die Osker. Der Angesprochene hatte sich daraufhin sofort mit seinem makedonischen Namensvetter in Verbindung gesetzt und aus diesen Gesprächen einen gemeinsamen Aktionsplan nach Hause gebracht, welcher folgendermaßen aussah: Der Epirote sollte den geforderten Beistand gewähren, sich in Italien aber nicht so sehr auf die als unzuverlässig geltenden Tarentiner stützen, sondern vielmehr mit den Bewohnern einer Siedlung nahe der Tibermündung zusammenarbeiten, welche dem Schüler des Aristoteles als eine von vielen griechischen Poleis galt.
Mit ihrer Hilfe, so das weitere Kalkül, würde Alexander I. die Lage bereinigen und gleichzeitig eine Basis für spätere Unternehmungen im westlichen Mittelmeerraum schaffen können. Im Rahmen der damals noch gültigen pan-hellenischen Rache-Ideologie – die Karthager galten als Verbündete der Perser – war das nichts weniger als die Vorbereitung für einen makedonischen Vorstoß über die Adria hinweg. Nach der Eroberung Asiens sollte Westeuropa dem Alexanderreich einverleibt werden. Schade nur, daß wir nicht wissen, was Philipps Sohn über die von ihm ins Auge gefaßte Tiberstadt zu wissen glaubte, denn sie hieß Rom.
Die Griechen, die es auch nicht wußten, haben später aus der ganzen Geschichte ohnehin nur noch einen bittern Witz herauszudestillieren vermocht. Das Imperium Romanum, so sagten sie, verdanke sein Entstehen im Grunde allein dem mysteriösen Fieber, das den jungen König zu Babylon dahinraffte. Hätte er noch etwas länger gelebt, dann

wäre auch Italien makedonisch geworden. Das ist freilich eine anfechtbare Behauptung.

Einmal nämlich scheiterte das Unternehmen des epirotischen Alexanders; er wurde, nachdem er die Adria gesäubert, die Osker aber noch nicht ganz zurückgedrängt hatte, von diesen erschlagen. Und zum anderen steht es keineswegs von vornherein fest, daß selbst Alexander der Große die Herren der Tiberstadt seinem Willen hätte unterwerfen können.

Trotzdem bleibt es natürlich ein verlockendes Spiel, darüber zu spekulieren, wie die Welt wohl heute aussähe, wenn er sich wirklich an der Spitze seiner Phalangen, seiner Reiterschwadrone und seiner Elefantengeschwader nach Italien aufgemacht, oder wenn dies an seiner Stelle etwa Demetrios, Ptolemaios oder Lysimachos getan hätten. Wüßten wir, falls sie erfolgreich gewesen wären, nichts von einem Römischen Reich? Oder wenn doch, präsentierte es sich uns als ein Produkt der griechischen Geschichte? Wäre die Kultur des späteren Abendlandes in diesem Fall weniger lateinisch als vielmehr hellenisch geprägt gewesen? Würde in unseren Kirchen die Messe nach byzantinischem Ritus zelebriert? Stünden wir überhaupt dem Osten noch bedeutend näher, als es heute der Fall ist? Spekulationen, wie gesagt.

Unbestreitbar bleibt indessen, daß Alexanders Nachfolger jahrelang die Möglichkeit hatten, sich relativ mühelos auf der Apenninenhalbinsel zu etablieren, daß sie aber keinen Gebrauch davon machten. Hätten sie es jedoch versucht, dann wäre auch für sie die Stadt, die Alexander I. um Hilfe bat, das beste Einfallstor in den ihnen unbekannten Raum gewesen.

»Wir Tarentiner leben wirklich«

Es gibt wenige Gemeinwesen, die von den Historikern, antiken wie modernen, so abfällig beurteilt worden sind, wie das hellenistische Tarent. Spartaner hatten es um 705 v. Chr. gegründet, aber was war aus den Nachfahren dieses kriegerischen Volkes inzwischen geworden!

»Als sie sich noch einer demokratischen Regierung erfreuten«, schreibt Strabo, »da gehörte ihnen die stärkste Flotte in diesem Teil der Welt... Später jedoch nahmen ihr Reichtum wie ihre Luxusliebe derart zu... daß sie, konsequenterweise, nur noch schlecht verwaltet wurden.« Der Historiker und erste deutsche Literaturnobelpreisträger Theodor Mommsen schlägt in die gleiche Kerbe, wenn er konstatiert, die Tarentiner hätten in jener späteren Zeit geglaubt, den Sieg über jeglichen Feind, »wie eine andere Ware für ihr Geld« sich erkaufen zu können. Freilich ist ihnen das meist auch gelungen.

342 v. Chr. hatten sie den spartanischen König Archidamos als Nothelfer gegen die Osker angeworben, acht Jahre später Alexander von Epiros. Und beide hatten ja geliefert, was von ihnen verlangt worden war: etwas Ruhe im Vorfeld. Warum also sollten sie selbst zu den Waffen greifen, wenn es doch offensichtlich genügend viele Narren gab, die bereit waren, sich gegen Geld die Köpfe für sie einschlagen zu lassen? Das als Sprichwort überlieferte Motto der Tarentiner lautete ohnehin: »Die anderen Menschen bereiten sich durch Arbeit und Mühe nur immer auf das Dasein vor, wir aber leben wirklich.« Und an diese Maxime haben sie sich stets strikt gehalten.

Ein Zentrum des Mädchenhandels

Tarent bot den einzigen günstigen Landeplatz auf der Route Hellas–Sizilien, weshalb ihn alle Kauffahrer, die sie bedienten, als Zwischenstation und Stapelplatz benutzen mußten. Seine Akropolis lag an der Spitze einer Halbinsel, welche in jene riesige Lagune hineinragte, die heute Mare Piccolo genannt wird; sie wies zwei künstliche Hafenbecken auf. Was an deren Kais verdient wurde, kam leicht herein und wurde entsprechend sorglos wieder ausgegeben.
Den Marktplatz von Tarent soll turmhoch eine Bronzestatue des Zeus überragt haben, die fast so groß war wie der Koloß von Rhodos. Seine Bürger, behauptete Strabo, hätten mehr öffentliche Feste gefeiert, als das Jahr Tage hat. Sie liebten Flötenmusik, die leichte Muse und das Ballspiel. Ihre einheimischen Künstler neigten deutlich zum Kitsch, ihre Techniker erfanden derart nutzlose Dinge wie eine hölzerne Taube, die mit Hilfe von Heißluftströmen fliegen konnte; ihr Geldadel soll so pausenlos geschmaust haben, daß man sich fragt, wer überhaupt jemals in die Kontore ging. Im übrigen paßt es wohl auch in das Bild dieser Stadt, daß sie ein Zentrum des Mädchenhandels war. Und ein bißchen machen die Umstände, unter denen sie existieren konnte, es sogar verständlich, daß die Tarentiner alle Bedrohungen von außen her als lästige Störungen empfanden. Sie hätten an dieser Haltung wahrscheinlich einigermaßen unbesorgt festhalten können, wenn sie außerdem nicht auch noch arrogant und – da hat Strabo recht – politisch schlecht beraten gewesen wären.
Ob sie sich mit den Oskern im Guten hätten einigen können, ist schwer zu sagen, ihre nächsten und weitaus gefährlicheren Gegner, die Römer, jedenfalls wurden von ihnen bewußt herausgefordert. Als um das Jahr 281 v. Chr. konsularische Truppen der hellenischen Pflanzsiedlung Thurioi (an der südwestlichen Ecke des Golfes von Tarent) gegen die Lukaner (einen oskischen Stamm) zu Hilfe geeilt waren, hatten die Spartanernachfahren diesen Eingriff in ihre Interessensphäre unange-

messen schrill verurteilt und einige römische Schiffe in den Grund gebohrt. Als der Senat versuchte, den Zwischenfall auf diplomatischem Weg beizulegen, war das tarentinische Rachegeschrei noch lauter geworden. Daraufhin hatte Rom die Geduld verloren und mobil gemacht, wodurch die Lage auf einmal erschreckend ernst erschien. Was sollten sie jetzt tun, die Anhänger der dolce vita? Etwa selbst zu den Waffen greifen? Das hätte ja allen ihren Prinzipien widersprochen. Natürlich wandten sie sich wieder an griechische Landsleute. Natürlich bestellten sie dort erneut eine Ladung Sicherheit. Ihr Adressat war Pyrrhos. Er wollte liefern.

Bunte, klirrende, stampfende Flut

Der Entschluß, nach Italien zu gehen, ist dem Epiroten mit Sicherheit nicht schwergefallen. In Hellas war für ihn momentan nichts zu holen, und von seiner Hafenstadt Ambrakios aus schien es ohnehin nur ein Katzensprung hinüber zur anderen Küste zu sein. Außerdem wurde er nicht nur von seiner eigenen Unrast zu dem Unternehmen angespornt, sondern auch von Lysimachos, dem Beherrscher Makedoniens. Der erklärte sich bereit, ihm eine ansehnliche Streitmacht zur Verfügung zu stellen, wenn er nur gehen wollte. Offensichtlich lag ihm daran, den potentiellen Rivalen loszuwerden. Die Lebenskurve des Pyrrhos schoß wieder steil nach oben.
Im Frühjahr 280 v. Chr. fuhr er los. Seine Armee bestand aus zwanzigtausend Fußkämpfern, zweitausend Bogenschützen, dreitausend Reitern und zwanzig Elefanten, »also nicht viel weniger als dasjenige Heer betragen hatte, mit dem Alexander fünfzig Jahre zuvor den Hellespont überschritt« (Mommsen). Zwar soll er bei der Fahrt über die nicht ganz so harmlose Adria einen Teil seiner Mannschaft verloren haben – er mag in einen Schirokko geraten sein –, doch dürfte es immer noch eine imponierend bunte, klirrende, stampfende, trompetende Flut von Menschen, Tieren und Kriegsgerät gewesen sein, die sich am Ende der Reise über die Kais von Tarent ergoß. Trotzdem scheint ihr Befehlshaber nicht geglaubt zu haben, daß sein eigener Haufe allein ausreichen würde, die Römer niederzuringen. Er nahm auch die Einheimischen hart an die Kandare.
»Da er nämlich bemerkte«, schreibt Plutarch, »daß dieses Volk ohne großen Zwang weder sich selbst retten noch für andere etwas tun konnte, sondern ... sich in Bädern und auf Gesellschaften herumtrieb ..., untersagte er alle unangebrachten Gelage, Schmausereien und Vergnügungen. Dafür rief er sie zu den Waffen und verfuhr dabei mit so unerbittlicher Strenge, daß viele die Stadt verließen, weil sie ... es schon für Knechtschaft hielten, daß sie nicht mehr ihren Zerstreuun-

gen nachgehen durften.« Und schon wenig später trieb er sie auch in die Schlacht.

»Noch solch ein Erfolg, und wir sind verloren«

Publius Valerius Laevinius, einer der beiden Konsuln des Jahres 280 v. Chr., führte ein Heer gegen Pyrrhos heran. Es soll fünfundzwanzigtausend Mann umfaßt haben, repräsentierte aber auch die vorletzten Reserven der Tiberstadt. Rom hatte zu dieser Zeit eine Serie von Kriegen hinter sich, die insgesamt nahezu ein halbes Jahrhundert überspannten. Es hatte gegen Samniten, Etrusker, Latiner und Kelten gekämpft, es war aus allen diesen Kämpfen letztlich siegreich hervorgegangen, aber es muß auch ziemlich ausgepowert gewesen sein – einerseits. Andererseits, so meint der Historiker Polybios, »konnte den Römern nichts Schlimmeres mehr begegnen als das, was sie bereits kannten; sie traten daher als vollständig ausgebildete Ringkämpfer dem Pyrrhos auf der Kampfbahn des Krieges entgegen«. Das traf auch zu.
Bei Herakleia, in der Mitte etwa zwischen Tarent und Thurioi, stießen die ausgehobenen Soldaten des Laevinius auf die Söldner des Epiroten. Siebenmal prallte Legion gegen Phalanx, siebenmal wurden Stoß und Gegenstoß von der jeweils anderen Seite pariert. Dann schickte Pyrrhos seine Elefanten vor, und allein diese den Römern unbekannte Wunderwaffe brachte ihm den Sieg. Freilich, um welchen Preis!
Am Abend der Schlacht lagen viertausend seiner eigenen Leute tot auf dem Feld. »Noch solch ein Erfolg«, soll der Rothaarige ausgerufen haben, »und wir sind verloren!« Er wußte wahrscheinlich nicht einmal, wie sehr er recht hatte. Seine Kontrahenten waren keine Könige gleich ihm, sie entzogen sich den Regeln des Diadochenspiels. Wer die Republik Rom im Mark ihrer Kraft treffen wollte, mußte mehr tun, als nur eine Schlacht gewinnen, er mußte sie zerstören und ihre Bürger ausrotten, so wie sie es selbst mit anderen Völkern, etwa den an der oberen Adria lebenden Kelten getan hatten. Geschah dies nicht, dann wuchsen diesem Gemeinwesen wie einer Hydra stets neue Köpfe, neue Krallen und neue Zähne zu. Pyrrhos war auf jene Macht gestoßen, welche später – und das ist ja kein Zufall gewesen – alle hellenistischen Fürstentümer von der Landkarte wischen sollte. Er hatte bei Herakleia sozusagen der ferneren Zukunft ins Auge geblickt. Und immerhin wurde ihm klar, daß seine Kräfte schwerlich ausreichen würden, diesen zähen Gegner niederzuringen.
Zunächst versuchte er deshalb, mit Verhandlungen Terrain und Zeit zu gewinnen. Er ließ alle römischen Gefangenen frei, blüffte auch mit einem Vorstoß in Richtung auf die Tibermündung und bot schließlich

einen Nichtangriffspakt an, der Rom verpflichtet hätte, auf alle Gebietsansprüche in Süditalien zu verzichten. Da aber der Senat darauf – natürlich – nicht einging, kam es bei Ausculum in Apulien zur nächsten Schlacht.
Als sie vorüber war, zählte der Sieger, der wiederum Pyrrhos hieß, auf der eigenen Seite dreitausendfünfhundert Tote, auf der anderen sechstausend, aber für seine Gegner war solch ein Verlust erträglicher als für ihn. Der Eindruck, den das Treffen bei dem Epiroten hinterließ, bewirkte denn auch die Ausformung eines neuen Zackens in der Kurve seiner Lebensbahn.
Als die Stadt Syrakus ihn kurz danach um Hilfe gegen die damals noch mit Rom verbündeten Karthager bat – diese beherrschten mehr als zwei Drittel Siziliens –, blühte aus der Asche schon halb verglühter Hoffnungen sofort ein neuer Traum empor.

Durchstürmte das ganze Eiland

Das Projekt, in welchem sich der rothaarige Abenteurer nach der Katastrophe seiner beiden »Pyrrhos-Siege« bergen wollte (der inzwischen sprichwörtliche Ausdruck ist von antiken Autoren noch nicht verwendet worden), gründete sich auf folgende Vorgänge:
Agathokles, ein ursprünglich radikaler Demokrat aus Thermai (dem heutigen Termini zwischen Palermo und Cefalú), hatte sich 318 v. Chr. zum Diktator von Syrakus aufgeworfen und noch später den ganzen griechischen Teil der Insel in einem von ihm beherrschten Königreich zusammengefaßt. Er hatte eine Tochter von Ptolemaios I. geheiratet, sich mit Demetrios Poliorketes verschwägert (dessen vierte Ehe) und damit seine Aufnahme in den Club der Diadochen beantragt. Aus Sizilien und dem noch zu erobernden Unteritalien wollte er das fünfte neben den vier damals bestehenden hellenistischen Großreichen bilden, ein für jene Zeit nicht ungewöhnliches Vorhaben. Verwirklicht werden konnte es nicht. Agathokles fiel einem Mordanschlag zum Opfer. Er hinterließ keine Erben – außer Pyrrhos.
Der hatte nach dem Tod von Antigone eine Tochter des Syrakusaners geheiratet und mit ihr einen Sohn gezeugt. Was lag deshalb näher als die Idee, dem Hilfsgesuch der bedrohten Stadt nunmehr Folge zu leisten und danach, als Vater des Diktatorenenkels, die Königsherrschaft über sie samt allen von den Karthagern befreiten Gebieten zu beanspruchen? Für Pyrrhos war das eine durchaus naheliegende, ja geradezu zwingende Überlegung, zumal sie ihm vom Schicksal sozusagen angeboten wurde.
Er redete sich deshalb wahrscheinlich ein, daß nun die größte von allen möglichen Chancen winke, ließ die kaum gesicherte Stiefelspitze hinter

sich zurück und segelte mit dem größten Teil seiner Armee nach Sizilien. In kürzester Frist durchstürmte er das ganze Eiland, eroberte eine Stadt nach der anderen, wurde auch von den einheimischen Griechen, den sogenannten Sikelioten, als neuer Herrscher anerkannt und scheiterte endlich doch. An der westlichsten aller karthagischen Inselstädte, dem wohlbefestigten Lilybaion (Marsala), biß er sich die Zähne aus, weil er der punischen Versorgungsflotte keine ihr ebenbürtige Seestreitmacht entgegenstellen konnte. Warum er danach aufgegeben hat – praktisch gehörte ihm ja trotzdem ganz Sizilien –, wird aus den Quellen nicht recht ersichtlich. Wahrscheinlich rief ihn aber sein Stellvertreter in Italien zurück. Es war der Anfang vom Ende.

Auf der Überfahrt nach Rhegion (Reggio di Calabria) griffen ihn die Karthager an und versenkten den größten Teil seiner Schiffe. Bei Beneventum (Benevent) bereiteten ihm die Römer, die sich inzwischen vor den Elefanten nicht mehr so sehr fürchteten, eine vernichtende Niederlage. Und damit hatte der Epirote sein Spekulationskapital verspielt. Er war jetzt weder stark genug, um nach Syrakus zurückzukehren, noch sah er sich in der Lage, die auf dem Festland gewonnene Position auszubauen. Doch mag, wer seine wirren Aktionen verfolgt hat, auch den Eindruck gewinnen, er habe dem Schicksal seine zertrümmerten Träume verärgert vor die Füße geworfen. Da es ihm nicht gelingen wollte, alexandergleich ein Imperium mit wenigen kraftvollen Schlägen zusammenzuhämmern, brach er das Unternehmen einfach ab und fuhr nach fünf vertanen Jahren in die Heimat zurück. Die Kurve seines Lebens fiel, um nur noch einmal zu steigen.

Plutarch ruft seinen entschwindenden Segeln nach: »An persönlicher Tapferkeit und an Wagemut gilt er als der erste unter den damaligen Königen. Was er jedoch in seinen Aktionen gewonnen hatte, das zerrann ihm (immer) wieder zu nichtigen Hoffnungen.« Antigonos Gonatas verglich ihn mit einem Würfelspieler, der oft eine glückliche Hand gehabt habe, aber nie imstande gewesen sei, aus seinen Erfolgen etwas zu machen.

Und bald bekam der Makedone auch Gelegenheit, diese Meinung auf ihre Stichhaltigkeit hin zu erproben, im Kampf mit Pyrrhos.

Maßstäbe einer reinen Täternatur

Was Pyrrhos über Gonatas dachte, ist ebenfalls überliefert. Der Demetrios-Sohn, so soll er gesagt haben, sei unverschämt, weil er statt eines Philosophenmantels den Purpur trage. Das klingt wie ein gängiger Vorwurf, doch ist die Verachtung, welche ihn durchtränkt, nicht völlig unverständlich, vorausgesetzt, man paßt sich den Maßstäben einer reinen Täternatur an.

Beide Herrscher waren (vermutlich) im selben Jahr (319 v. Chr.) geboren worden, beide ohne sichere Aussicht auf ein königliches Erbe. Aber auf welch verschiedene Weise hatten sie sich in die Geschichte ihrer Zeit eingeführt! Der eine mit nacktem Schwert, mit Beweisen tollkühnen Mutes bei Ipsos und anderswo, mit kecken, teilweise brillanten Unternehmungen, mit spektakulärer Jagd nach den Kronen bestehender oder erst zu begründender Reiche. Der andere mit Studentenstreichen in Athen, mit vorsichtigen Schachzügen auf begrenztem Feld, mit kleinen, immer wieder gescheiterten Versuchen, irgendwo an die Macht zu kommen, mit Anfällen von Unsicherheit, vielleicht sogar Schwermut. Und wie hatte sich so verschiedenes Verhalten für beide ausgezahlt? Während Pyrrhos auf Sizilien kämpfte, war Gonatas – so muß es der Epirote gesehen haben – in Makedonien eingebrochen und hatte das Land, das ihm doch einmal gehörte, gestohlen. Nun saß er auf dem Thron Alexanders, ein Mann, der den Krieg nur als notwendiges Übel betrachtete und nicht als die große Leidenschaft der Könige. Diesem unwürdigen Zustand mußte abgeholfen werden. Pyrrhos ging sofort ans Werk.

Ganze Armee-Einheiten wechselten die Seiten

Da er sich nach seiner Rückkehr aus Italien in einer Lage befand, zu deren Umschreibung man bei einem Kaufmann das Wort bankrott heranziehen würde, verstärkte er sein reduziertes Heer durch einige Keltenhaufen, die in der Regel schon mit großzügigen Beuteversprechen bei der Fahne zu halten waren. Dann brach er, »bloß in der Absicht zu rauben, zu plündern« (Plutarch) und seine Kassen aufzufüllen, nach Makedonien auf. Dort freilich widerfuhr ihm dann ein wohl kaum erwartetes Wunder.
Die Bewohner des griechischen Nordens verfielen bei seinem Anblick einem Zauber, für den andere Völker vermutlich weit weniger anfällig gewesen wären als sie. Aus Gewölken von Blutdunst, aus dem Geruch des großen Abenteuers und dem verklärenden Schimmer des bereits zur Legende geronnenen Gerüchts, trat ihnen eine Gestalt entgegen, welche ihren mythisch geprägten Vorstellungen von wahrem Heldenkönigtum offensichtlich viel eher gerecht wurde als alle anderen Herrscher, die sie seit dem Verschwinden des Pyrrhos kennengelernt hatten – Gonatas eingeschlossen. Hunderte von Soldaten, welche eigentlich die Grenzen des Landes gegen seine Scharen hätten verteidigen sollen, liefen, wie schon einmal, dem Rothaarigen zu. Da müssen sich Szenen abgespielt haben ähnlich denen, die Napoleon nach seiner Rückkehr von Elba erlebte.
Und wie beim Triumphzug des Korsen durch Frankreich ging es auch

in Makedonien weiter. Städte öffneten ihre Tore, ganze Armee-Einheiten wechselten die Seite, Menschen jubelten, wenn die epirotischen Feldzeichen an ihnen vorbeigetragen wurden. Der regierende König sah sich im Handumdrehen auf einige wenige Städte an der Ägäisküste zurückgeworfen. Wenn er von ähnlicher Wesensart wie sein Gegner gewesen wäre, hätte er das Spiel vermutlich verlorengegeben. Indes, Gonatas war anders. Ihm hatte schon sein Vater Demetrios zur Genüge vorexerziert, wie brüchig die Erfolge waren, die derlei haltlose Spieler zu erringen pflegten. Er wußte, daß er lediglich lange genug ausharren mußte, wenn er erleben wollte, wie sie selbst wieder zerstörten, was sie geschaffen hatten. Bei Pyrrhos dauerte das nicht einmal zwei Jahre. Einer seiner ersten Fehler bestand darin, daß er seinen Kelten erlaubte, die Grabstätten makedonischer Könige in der alten Hauptstadt Aigai (im Norden des Olympmassivs) aufzubrechen und auszuplündern – das war eine Sünde wider die Traditionen des Volkes, welches ihm anhing. Einer seiner nächsten Mißgriffe resultierte aus dem Entschluß, das eben gewonnene Gebiet, kaum daß es ihm richtig gehörte, schon wieder zu verlassen und sich anderswo zu engagieren – das war einfach schlechte Strategie.

Als der spartanische König Kleonymos ihn um Hilfe gegen seinen Rivalen Areos bat, brach er sofort nach Süden auf, um sich in einen Thronstreit zu mischen, an dem er persönlich kaum interessiert gewesen sein kann. Mit fünfundzwanzigtausend Infanteristen, zweitausend Berittenen und vierundzwanzig Elefanten kam er im Sommer 272 v. Chr. auf der Peloponnes an. Und natürlich – davon war auch Plutarch überzeugt – wollte er keineswegs nur einem Bittsteller helfen, sondern behalten, was er zu erobern hoffte, unter anderem eben die Stadt Sparta. Das freilich erwies sich als sein dritter schwerer Fehler.

Ohne Kriegserklärung in Lakonien

Sparta war nicht irgendein x-beliebiges griechisches Gemeinwesen. Sparta hatte sich weder König Philipp noch seinem Sohn gebeugt. Sparta lebte (immer noch) aus einer Überlieferung, die den Stolz und die Furchtlosigkeit heiligte. Dem Epiroten schickte es eine Gesandtschaft entgegen, die ihn fragte, warum er ohne formelle Kriegserklärung in Lakonien eingefallen sei. Als er darauf, halb verlegen, halb zynisch, erwiderte: »Man weiß ja, daß ihr Lakedaimonier anderen auch nie vorher sagt, was ihr tun wollt«, bekam er die würdevolle Antwort: »Bist du ein Gott, so wird uns nichts geschehen, denn wir haben dich nicht beleidigt; bist du aber ein Mensch, so wird sich wohl noch einer finden, der stärker ist als du.« Und in der Tat, es fand sich »einer« – Pyrrhos selbst.

Da die Stadt im Eurotastal damals (wahrscheinlich) noch nicht befestigt war – die Spartaner hatten sich stets auch ohne Mauern in ihrer aus fünf Dörfern zusammengewachsenen Kommune sicher gefühlt –, glaubte Pyrrhos, keinen Vorteil zu vergeben, wenn er zunächst einmal gemächlich ein Lager aufschlug, um dann mit ausgeruhten Truppen seine scheinbar wehrlose Beute zu packen. Daß er damit aber den Verteidigern Zeit verschaffte, einen Graben gegen seine Elefanten auszuheben (die Dickhäuter können nicht springen) und Boten zu Ameinias, dem korinthischen Statthalter des Gonatas zu schicken, erkannte er zu spät.
Als er dann endlich attackierte, hatte sich die Lage bereits völlig zu seinen Ungunsten verändert. Ein erster Angriff blieb stecken. Ein zweiter schien zu riskant, weil inzwischen die geforderte Unterstützung aus Korinth eingetroffen war. Schild bei Fuß standen sich also Spartaner und Makedonen auf der einen Seite, Epiroten, Makedonen und Kelten auf der anderen mehrere Tage lang gegenüber. Aber das war eine jener Situationen, für die Pyrrhos offensichtlich keine Nerven mehr hatte. Statt weiterhin auf eine günstige Gelegenheit für den Angriff zu lauern, brach er wieder einmal in hektischer Unruhe seine Zelte ab und marschierte über das Parnongebirge nach Argos, wo ein anderer seiner Parteigänger in irgendwelche Schwierigkeiten verstrickt war. Dort jedoch erwartete ihn bereits der aus dem Norden herbeigeeilte Gonatas. Der Rest war ein blutiges Pandämonium mit alptraumhaften Zügen.

Elefanten blockierten alle Durchgänge

Bei Nacht hatte der Epirote Argos erreicht, bei Nacht brach er durch ein von seinem Verbündeten geöffnetes Tor in die Festung ein. Die Dunkelheit erwies sich als sein schlimmster Feind. Seine Kelten drangen bis zur Agora vor, dort kamen sie nicht weiter. Seine Elefanten blockierten alle Durchgänge. Seine übrigen Soldaten verirrten sich in finsteren Gassen, lichtlosen Winkeln, unbeleuchteten Höfen. Sie stolperten über Abwasserkanäle, fielen auch hinein, verloren jede Verbindung zu ihren Einheitsführern und sahen endlich resigniert und erschöpft einen gespenstischen Morgen heraufdämmern.
Fahles Licht enthüllte ein Denkmal, das zwei miteinander kämpfende Tiere zeigte, einen Wolf und einen Stier, es wurde reflektiert von den Lanzenspitzen der ringsum in öffentlichen Gebäuden postierten Verteidiger. Den Wolf betrachtete Pyrrhos als sein Wappentier, und das Standbild scheint den Stier als Sieger dargestellt zu haben. Er gab Befehl zum Rückzug, es war sein letzter.
Das Kommando wurde falsch übermittelt. Statt abzuziehen rückten weitere epirotische Einheiten in die steinerne Falle ein. Das Getümmel

nahm zu, die Verwirrung stieg, schließlich brach Panik aus. Auf ihrem Höhepunkt traf den Rothaarigen ein von Haueshöhe herabgeschleuderter Ziegelstein »und zerbrach die unteren Wirbel seines Halses«. (Plutarch) Eine alte Frau soll ihn geworfen haben.
Wenn diese Geschichte nicht erfunden ist, dann liefert sie die zutreffendste Pointe, die man der Biographie des Pyrrhos geben könnte. Ein ehrliches Schwert, so scheint es, war der Tyche zu schade gewesen, diesen der Hybris verfallenen Diadochennachfolger wegzuräumen. Aber er ist ja in Wirklichkeit ohnehin an sich selbst gescheitert und an Maßstäben, die zu seiner Zeit schon nicht mehr verbindlich waren – weshalb man ihn auch als Diadochenopfer bezeichnen könnte.
Gonatas soll um seinen toten Gegner getrauert haben. Doch mag er auch erleichtert gewesen sein, als ihm dessen abgeschlagener Kopf vor die Füße geworfen wurde. Jetzt war er unbestrittener Herr im Stammland seiner Familie und der stärkste Mann in Hellas.
War er es wirklich?

Überzeugungen einer Widerstandspartei

Als Philipp Griechenland mit seiner Kriegsmaschinerie in Angst und Schrecken versetzt, als Alexander es mit seinem Siegeszug durch Asien geblendet, als die Diadochen seine Städte riesigen Reichen eingegliedert hatten, da scheinen die Hellenen für kurze Zeit in einen schockähnlichen Erstarrungszustand gesunken zu sein. Fern wie winterliche Erinnerungen an den Sommer waren die alten Zustände und die alten Ideale. Ein fremder Wille bestimmte, wie sie leben sollten und wollte ihnen auch vorschreiben, wie sie denken mußten. Aber selbst in dieser Frist blieb ihr Verlangen nach Freiheit und der Traum von einem Leben nach eigenen Vorstellungen lebendig; das hatte sich immer wieder gezeigt.
Ein erster Versuch, das Eis der Fremdherrschaft zu sprengen, war, unmittelbar nach Alexanders Tod, jener antimakedonische Aufstand gewesen, an dem Demosthenes teilgenommen hatte. (Er wurde ja noch von Antipater niedergeschlagen.) Ein nächster, schon erfolgreicherer, das Unternehmen des athenischen Feldherrn Olympiodoros, in den Jahren zwischen 304 und 301 v. Chr., bescherte seiner Heimatstadt ein Maß an Unabhängigkeit, das auch Demetrios respektieren mußte. (Die liebedienerischen Versuche gewisser Athener, sich bei ihm anzubiedern, kontrastieren also durchaus mit den Aktivitäten und Überzeugungen einer Widerstandspartei, die sich gelegentlich in den Untergrund verdrängt sah.) Ein drittes Dokument aber des Aufbegehrens gegen die makedonische Unterjochung ist eine Bronzestatue, die 280 v. Chr. auf der Agora, dem unmittelbaren Wirkungsfeld von Zenon,

aufgestellt wurde. Sie stellte Demosthenes dar, Philipps erbittertsten Feind.
In unheroischer Pose, Hände locker vor dem Leib gefaltet, das Himation, ein großes längliches Wolltuch, über die nackte linke Schulter geschlagen, blickte der Rhetor aus umschatteten Augen auf die Vorübergehenden herab. Der Bildhauer Polyeuktos hatte das Werk geschaffen, der Politiker Demochares, ein Gegner sowohl des Demetrios von Phaleron als auch des Demetrios Poliorketes, hatte es bestellt. In der Kopenhagener Ny Carlsberg Glyptothek ist eine römische Marmorkopie davon zu sehen. Damals muß es wie ein Fanal gewirkt haben, denn das Denkmal signalisierte ja, daß zweiundvierzig Jahre nach seinem Freitod die antimakedonische Politik des Demosthenes offiziell rehabilitiert und also der Bann gebrochen worden war, in den Philipp die Griechen geschlagen hatte. Gleichzeitig konnte damit dessen Versuch als gescheitert gelten, die Bewohner des nördlichen Hellas und die des Südens miteinander zu verschmelzen.
Die Bürger der Poleis fanden zurück zu ihrem spezifischen Nationalbewußtsein, aber die Makedonen dachten ähnlich. Auch sie wollten wieder sein, was sie immer gewesen waren, ein in Stämmen geordnetes Krieger- und Bauernvolk, das seinen hergebrachten Sitten und seinen jeweiligen einheimischen Königen anhing. Griechische Insurrektion also und, stärker denn je, »makedonische Reaktion« – mit beidem mußte Gonatas fertig werden.
Theoretisch hätte er dazu zwei Möglichkeiten gehabt. Entweder konnte er sich zurückziehen auf das, was ihm, einschließlich Thessaliens, von den Erblanden des ausgerotteten Argeadenhauses geblieben war, oder weiterhin seine Kräfte strapazieren in dem Bemühen, mit Hilfe der ihm verbliebenen Stützpunkte auf Euboia und der Peloponnes, ganz Griechenland im Griff zu behalten. Praktisch blieb ihm natürlich nur die letztere. Mit der Befolgung des ersten Konzepts hätte er nicht nur einen schweren Stein auf die Gräber von Antigonos dem Einäugigen und Demetrios Poliorketes gewälzt, sondern sich auch fast jeder Möglichkeit begeben, an dem Kampf um Einfluß und Interessensphären im Mittelmeer weiterhin teilzunehmen. Das aber schien für einen in der Welt der Diadochen Aufgewachsenen dann doch undenkbar zu sein. Trotz seines Hangs zur Philosophie und zur Beschaulichkeit wollte er kein makedonischer Hirtenkönig werden, woraus sich ergibt, daß er nach dem Sieg über Pyrrhos nun mit den Nachfolgern des Demosthenes um die Herrschaft über Griechenland ringen mußte.
Ähnlich wie ihm erging es aber auch seinem Schwager.

Kampf gegen separatistische Bestrebungen

Antiochos stellte fest, daß sein Erbe in Kleinasien eigentlich nur aus einem breiten Verbindungsweg vom hellenischen Westen zum persischen und syrischen Osten des Seleukidenreichs bestand. Er verwaltete dort im wesentlichen die Straße, auf der Alexander sein Heer und seinen Nachschub bewegt hatte, samt einigen Städten und Landschaften, die sie nach Norden und zur Mittelmeerküste hin absicherten. Oberhalb von ihr regierten die unabhängigen Fürsten Bithyniens, die Herrscher des neugegründeten keltischen Staates Galatia, sowie kappadokische, armenische, pontische Regenten (abgeleitet von Pontos Euxeinos, Schwarzes Meer), die ihm zwar teilweise nominell unterstanden, sich aber wenig um seine Anordnungen scherten. Unterhalb, also am Meer, lagen so reiche griechische Städte wie Ephesos, Milet, Aspendos oder Side, die entweder mit den seebeherrschenden Ägyptern paktierten oder sich gut dafür bezahlen ließen, daß sie wenigstens unabhängig blieben.

Ein einigermaßen geschlossenes Machtzentrum konnte der Sohn des Seleukos nur im westlichen Syrien gründen, wo zwischen Antiocheia am Orontes und Seleukeia am Tigris sein Vater versucht hatte, Makedonien ein zweites Mal zu erschaffen. Aber selbst dort mußte er sich des von Phönizien heraufdrängenden Ptolemaios II. erwehren und gleichzeitig die Bevölkerung seiner riesigen Ostgebiete in Schach halten – sie reichten ja hinauf bis nach Usbekistan. Es war – so schien es wenigstens – vorauszusehen, daß auch dieses gewaltige Reich von natürlichen Fliehkräften früher oder später zerstört werden würde.

Tatsächlich ist die weitere Geschichte der Diadochennachfolger in Asien und Europa von nun an mitgeprägt durch den Kampf gegen separatistische Bestrebungen, aber nach wie vor auch durch die Auseinandersetzungen mit ihrem gemeinsamen Rivalen in Afrika. Dieser sozusagen clubinterne Zwist bildete dabei eine Art Rahmengeschehen für das, was zwei der drei Regimes von innen her gefährdete: die Versuche aufmüpfiger griechischer Stadtbürger und selbstbewußter Regionalherrscher, Unabhängigkeit zu erlangen.

Eine große Anzahl von Beherrschten fand sich nicht mehr mit der ihnen aufgezwungen Ordnung ab und setzte ihr eigene Vorstellungen von Regieren und Regiertwerden entgegen. Daß einigen dieser Ideen beträchtliche Sprengkraft innewohnte, sollte am stärksten Gonatas zu spüren bekommen, schwächer Antiochos, am wenigsten Ptolemaios II.

KAPITEL 6

DER VERSUCH,
DIE WELT
IN ORDNUNG ZU BRINGEN

»Skyllen und räuberische Celänen, menschenfressende Lästrygonen und derartige furchtbare Ungeheuer findet man fast allenthalben, Menschen aber in vernünftig und weise eingerichteten Staaten nicht so leicht überall.«

THOMAS MORUS
Utopia

»Es ist eine immer wieder festzustellende Tatsache, daß jeder Mensch, der Macht hat, auch in Gefahr steht, sie zu mißbrauchen.«

CHARLES DE MONTESQUIEU
Esprit des Lois

ZEITTAFEL

283 v. Chr.:	Ptolemaios II. besteigt den Thron.
281 v. Chr.:	Ptolemaios II. heiratet Arsinoë I.
278 v. Chr.:	Ptolemaios II. heiratet Arsinoë II.
276–271 v. Chr.:	Erster Syrischer Krieg.
270 v. Chr.	Arsinoë II. stirbt.
267–261 v. Chr.:	Chremonideischer Krieg.
264 v. Chr.:	Beginn des Ersten Punischen Krieges.
263–261 v. Chr.:	Krieg des Eumenes.
261 v. Chr.:	Antiochos I. stirbt.
260 v. Chr.:	Römer besiegen die Karthager bei Mylae.
259–253 v. Chr.:	Zweiter Syrischer Krieg.
253 v. Chr.:	Laodike heiratet den Sohn des Gonatas.
252 v. Chr.:	Korinth fällt von Gonatas ab.
251 v. Chr.:	Aratos gewinnt Sikyon.
247 v. Chr.:	Korinth fällt an Gonatas zurück.
246 v. Chr.:	Tod von Ptolemaios II. und Antiochos II.
246–241 v. Chr.:	Dritter Syrischer Krieg.
244 v. Chr.:	Agis IV. wird König von Sparta.
243 v. Chr.:	Aratos gewinnt Korinth.
243–241 v. Chr.:	Aitoler und Makedonen kämpfen gegen den Achaiischen Bund.
241 v. Chr.:	Ende des Ersten Punischen Krieges.
240 v. Chr.:	Agis IV. wird hingerichtet.
239 v. Chr.:	Antigonos Gonatas stirbt.
238–230 v. Chr.:	Kampf der Makedonen gegen Dardaner, Aitoler und Achaier.
237 v. Chr.:	Kleomenes III. wird König in Sparta.
229 v. Chr.:	Demetrios II. stirbt. Kleomenes greift den Achaiischen Bund an.
227 v. Chr.:	Kleomenes III. beginnt Sparta zu reformieren.
225 v. Chr.:	Korinth geht zu Kleomenes über.
224 v. Chr.:	Aratos und Antigonos Doson verbünden sich gegen Sparta.
222 v. Chr.:	Kleomenes flieht nach Alexandria.
221 v. Chr.:	Ptolemaios II. und Antigonos Doson sterben.
220 v. Chr.:	Kleomenes III. begeht Selbstmord.

Die Pompeiussäule von Alexandria, auf den Resten des ehemaligen Serapeions

Krokodilopolis, gegründet von Arsinoë II., im Fayum

Der Apoxyomenos des Lysippos

Vorderfront des Zeusaltars von Pergamon

UTOPIE UND WIRKLICHKEIT

»Hörten niemals auf, Harmonie anzustreben«

»Sie heiraten nicht, so erzählt man uns, sondern besitzen ihre Kinder gemeinsam, ziehen die Neugeborenen auf, als ob sie allen gehörten und lieben sie gleichermaßen. Während die Kleinen noch im Säuglingsalter sind, tauschen die Ammen sie so oft untereinander aus, daß am Ende nicht einmal die Mütter ihren eigenen Nachwuchs mehr kennen. Weil aber aus diesem Grund keine Rivalität zwischen ihnen entstehen kann, gibt es auch keine inneren Unruhen, und sie hören niemals auf, gesellschaftliche Harmonie anzustreben.«
Mit diesen Worten beschreibt der Grieche Iambulos eine märchenhafte Insel, welche er auf abenteuerlichen Reisen erreicht haben will. Diodorus Siculus nahm seinen Bericht noch so ernst, daß er ihn als Quelle für die Beschreibung Arabiens heranzog. Später glaubte man darin eine Beschreibung der Insel Ceylon erkennen zu können. Inzwischen sind sich die Interpreten jedoch darüber einig, daß der Verfasser aus vielerlei kurrenten Informationen und Ideen das Modell eines utopischen Staates zusammengebastelt habe. Sein Vorschlag etwa, man möge alle Kinder einer Gesellschaft ihren Eltern wegnehmen und gemeinschaftlich aufziehen, stammt von Platon. Andere Motive, so das Prinzip der festgelegten Lebenszeit, erinnern an Praktiken, wie sie zu archaischer Zeit auf der Insel Keos geübt worden sein sollen. Dazu heißt es bei Iambulos:
»Wenn einer der Inselbewohner die ihm offiziell zugeteilte Daseinsfrist erfüllt hat, dann muß er mit sich selbst Schluß machen; das geschieht auf seltsame Weise. Sie haben eine besondere Pflanze, welche den, der sich unter sie legt, in einen sanften Schlaf versetzt, aus dem er nicht mehr aufwacht.«
Solange sie aber noch leben, gehören alle Bürger dieses Utopias vierhundertköpfigen Gruppen an, welche von ihrem jeweils ältesten Mitglied geleitet werden. »Hat solch ein Clanchef dann sein Leben auf die gesetzlich vorgeschriebene Weise beendet – das geschieht in der Regel an seinem hundertfünfzigsten Geburtstag –, so folgt ihm der Nächstältere nach.«
Iambulos, den der Erforscher des »antiken Sozialismus und Kommunismus« Robert Pöhlmann einen »Jules Verne des Marxismus« nennt, lebte im dritten vorchristlichen Jahrhundert und stand der Stoa nahe. Im sechzehnten, beziehungsweise siebzehnten Jahrhundert hat er so bedeutende Nachahmer gefunden wie den englischen Staatskritiker Thomas Morus, der den Begriff Utopie überhaupt erst in unser Vokabular einführte, und den italienischen Dominikanermönch Tommaso

Campanella, der das Modell eines theokratisch-kommunistischen »Sonnenstaates« entwarf. Zu seiner Zeit dürfte der Grieche freilich kaum mehr gewesen sein als ein Verwerter philosophisch fundierter Staatslehren, die alle denselben gemeinsamen Nenner hatten: Unzufriedenheit mit der Gesellschaft, so wie sie sich darbot.

Platon, ein Vierteljahrhundert früher gestorben als Alexander, hatte aus diesem Mißbehagen heraus seinen Dreiklassenstaat entwickelt, jenes von Philosophenkönigen gelenkte, von »Phylakes« (Wächtern) geschützte, von Bauern, Handwerkern, Kaufleuten wirtschaftlich getragene Mustergemeinwesen. Er hatte sich vorgestellt, daß es durch planvolle Erziehung und strenge Auslese ins Leben gerufen und am Leben erhalten werden könne, in Wirklichkeit aber wohl nur darauf abgezielt, den Schülern seiner Akademie ein Kriterium an die Hand zu geben, mit dessen Hilfe sie später überprüfen konnten, wie sehr oder wie wenig die von ihnen mitgeleiteten Poleis idealen Staatsvorstellungen gerecht wurden.

Als er sich selbst im reifen Alter von sechzig Jahren zu dem Versuch überreden ließ, ein seinem Regierungsmodell ähnliches System in Syrakus zu verwirklichen, ist er an Widerständen gescheitert, wie sie normalerweise die Arbeit jedes Tagespolitikers bestimmen: Intrigen, Querelen, Mißtrauen, Neid. Doch wirkte, was er geschrieben hatte, in anderen Köpfen fort und konnte von dorther – sei es auch nur, weil man nun wußte, warum die Welt nicht in Ordnung war – die Wirklichkeit beeinflussen.

Ein guter Staat dürfte keine Inflation dulden

Nach Platon hat auch Aristoteles eine Staats- und Gesellschaftslehre entwickelt und dabei – fast könnte man sagen, nebenbei – die Wirtschaftswissenschaft mitbegründet. Das aber macht schon deutlich, worin er sich von seinem Vorgänger unterschied. Er brachte gegen dessen Utopie den schwer widerlegbaren Einwand vor, daß sie nur wirklich beurteilt werden könne, »wenn man einmal einen solchen Staat in Wirklichkeit eingerichtet sähe« und postulierte weiter, eine Regierung müsse vor allem für Gerechtigkeit bei der Verteilung der lebensnotwendigen Güter sorgen, Wucher verhindern und den Geldwert überhaupt in einer vernünftigen Relation zum Wert der angebotenen Güter halten. (Ein guter Staat dürfte demnach also auch keine Inflation dulden.) Im übrigen kam er mit seiner Forderung, die Obrigkeit solle nicht ohne Not in ökonomische Abläufe eingreifen, modernen liberalen Vorstellungen weit entgegen. Bürger, so meinte er, die imstande seien, ihre eigenen Besitz- und Familienverhältnisse in Ordnung zu halten, kämen auch ohne übermäßige amtliche Bevormundung zurecht.

Der dritte unter den großen Philosophen des vierten und nachfolgenden Jahrhunderts, der einen idealen Staat konzipierte, war Zenon. Seine *Republik* ist zwar nicht erhalten geblieben, dürfte aber, unter anderem, in der Utopie des Iambulos fortleben. Dessen Inselgemeinwesen wurde, getreu stoischen Vorstellungen, letztlich von der Liebe regiert und von dem Streben nach globaler Eintracht getragen. Einen völlig perfekten Staat gab es ja für die Nachfolger Zenons eigentlich nicht, nur, als Endziel, eine Welt, deren vollkommenes Glück darauf basiert hätte, daß in ihr keine Staaten mehr notwendig waren.

Diese drei Positionen markieren denn im wesentlichen das Feld, auf dem sich alle bewegten, die während der Zeit des Hellenismus an der uralten Frage herumlaborierten, in welcher Ordnung der Mensch am besten aufgehoben sei. Da aber die meisten von ihnen eher an abstrakten Systemen Gefallen fanden, als sie in der Lage waren, sich für reale Nöte, Bedürfnisse oder so irrationale, aber zutiefst menschliche Gefühle wie Nationalstolz und Freiheitsdurst zu erwärmen, gerieten ihnen ihre Entwürfe einer besseren Welt immer wieder zu Blaupausen totalitärer Alpträume. Hatte Iambulos mit den Farben des Märchens noch so etwas wie ein sonnenüberstrahltes Kommunardenidyll gemalt, so bewegte sich ein Zeitgenosse schon in strengeren Vorstellungen.

Rein kommunistisches Gemeinwesen

Die Insel Panchaia, das Zukunftsreich des Messeniers Euhemeros, der von 340 bis 260 v. Chr. gelebt haben soll, lag irgendwo zwischen Kreta, Indien und Rußland, also im Nirgendwo. Es war ein rein kommunistisches Gemeinwesen. Drei Kasten konstituierten den Staat, die der mächtigen Priester, denen die Künstler zugeordnet waren, die der Bauern und schließlich die der Soldaten und der Hirten. Was immer an Feldfrüchten oder Herdentieren auf dem Eiland produziert wurde, mußte an staatliche Vorratshäuser abgeführt werden. Derjenige, der die höchsten Erträge erwirtschaftet hatte, bekam bei der späteren Lebensmittelausgabe eine Sonderration zugeteilt. Im übrigen, so referiert wiederum Diodorus, »gibt es nichts, das ein Mann selbst besitzen dürfte, außer einem Haus und einem Garten. Alle Waren und alle sonstigen Einkünfte werden von den Gottesdienern übernommen, die jedem einzelnen seinen gerechten Anteil daran zuweisen und für sich selbst das doppelte nehmen.« Auch kannte man – natürlich – keine wechselnden Kleidermoden. »Männer wie Frauen tragen den gleichen goldenen Schmuck ... und dieselbe Art von Schuhen, die allerdings ungewöhnlich farbig sind ... Die Soldaten erhalten einen angemessenen Lohn und beschützen dafür das Land ... Nur die Priester kennen Luxus und elegante Lebensformen.«

Eine gutgeführte Kolchose also, dieses sagenhafte Panchaia: materiell wohlversorgte Bürger in Zaum und Zucht gehalten von einem theokratischen Zentralkomitee. Bei Platon war den ähnlich streng regierenden Philosophenkönigen aller Privatbesitz und aller Lebensgenuß versagt gewesen. Euhemeros hat dessen Drei-Klassen-Pyramide stark abgeändert, indem er Verhältnisse konzipierte, die ihn wahrscheinlich realistischer anmuteten. Schließlich konnte ja jeder, der nicht gerade mit geschlossenen Augen durch die Welt lief, erkennen, daß die Herrschenden, mochten sie Priester sein oder Könige, besser gekleidet waren und eine bessere Tafel führten als die Beherrschten. Macht war auch Reichtum, bestes Beispiel: die Diadochenstaaten. Aber mußte man diese deswegen verurteilen? Hekataios aus Abdera (an der nordägäischen Küste), ein Zeitgenosse von Iambulos und Euhemeros, scheint dieser Ansicht durchaus nicht gewesen zu sein, im Gegenteil.

Wichtigste Voraussetzung für Prosperität

Hekataios rühmte die Gesetzgeber des von ihm beschriebenen Staates etwa deswegen, weil sie Eltern, die ihr Kind erschlagen hatten, nicht zur Hinrichtung, sondern zu einer dreitägigen Totenwache verurteilten, während der sie den Leichnam des Opfers im Arm halten mußten. Außerdem fand er es gut, daß man Elternmörder lebendig verbrenne. Sexualverbrecher entmanne und Deserteure, statt sie zu exekutieren, einer Bewährungseinheit zuteile. Beifällig notierte er auch, daß den Angehörigen oberer Schichten nur eine, den Mitgliedern der Arbeiterklasse jedoch mehrere Frauen zustünden. Begründung: Massenwachstum sei »wichtigste Voraussetzung für die Steigerung der Prosperität in Stadt und Land«.

Wo aber fand man das alles? Wo wurden Leistung und Bewährung höher gestellt als Sühne und Strafe? Wo der Mensch so konsequent als Produktivkraft behandelt? Nicht etwa in einem erträumten Idealstaat, sondern im durchaus realen Ägypten.

Hier spielte der Nil eine ähnliche Rolle als sozusagen zentrale Energiequelle, wie auf den Inseln des Iambulos und des Euhemeros die unerschöpflich fruchtbare Erde und das milde Klima. Hier hatten weise Gesetzgeber schon von alters her gewirkt. Von hier sollen sowohl der sagenhafte spartanische Gesetzgeber Lykurgos als auch der historische athenische Verfassungsautor Solon und sogar Platon ihre besten Ideen nach Hellas exportiert haben. Daß nun die makedonischen Ptolemäer im ehemaligen Pharaonenland regierten, minderte dessen utopische Qualitäten keineswegs, machte vielmehr jene, wenigstens in den Augen des Mannes aus Abdera, zu Herrschern über ein perfektes Staatswesen.

Natürlich könnte man, um sich das Zustandekommen dieses verblüffenden Gedankengangs zu erklären, von Hekataios vermuten, er sei eben ptolemäischer Staatspropaganda zum Opfer gefallen oder gar dafür bezahlt worden, daß er sie verbreite, doch täte man ihm damit möglicherweise Unrecht. Auf einen in engen stadtgriechischen Verhältnissen aufgewachsenen Beobachter mußte das Nilland durchaus wie eine wohlgeölte, riesige Maschine zur Herstellung von allgemeiner Wohlfahrt und überwältigendem Reichtum wirken.
Entscheidungen, welche in Alexandria getroffen wurden, erreichten die Masse des Volkes nur durch die Kanäle einer ungeheuer weitverzweigten Verwaltung. Es gab nahezu nichts, was nicht von Gesetzen und Vorschriften geregelt gewesen wäre. So gut wie alle Bereiche des Lebens unterstanden öffentlicher Aufsicht. Das erweckte den Eindruck, die Macht werde nicht von einem einzelnen oder einer kleinen Gruppe von Menschen verkörpert, sondern von eben diesem Apparat. Er schien Willkür auszuschließen, jähe Entwicklungssprünge zu verhindern und alles Geschehen straff zu ordnen. Wer die Gesetze nicht brach, war auch keiner Verfolgung ausgesetzt. Auf solche Verhältnisse aber zielte ja letzten Endes sowohl die Utopie des Iambulos als auch die des (von Hekataios stark beeinflußten) Euhemeros ab.
Und das wiederum heißt: der Zeitgeist, soweit Philosophen und Utopisten ihn verkörperten, scheint damals, zum Teil wenigstens, doch auch auf der Seite der Diadochennachfolger gestanden zu haben. Peripatetiker, Stoiker, Epikureer wetteiferten »geradezu miteinander um den schlüssigsten Beweis für die These, eine Monarchie sei, von ihrem jeweiligen Standpunkt aus, die ideale Regierungsform«. (Rostovtzeff) Den übrigen dienten die verwendeten kommunistischen Elemente mehr als Material zur Absicherung einer stabilen Herrschaftsstruktur, denn zur Befreiung von den Vorrechten, die auf Besitz beruhen. Wer deshalb durch ihre Brille blickt und sich außerdem zu der Auffassung durchringen kann, Entwicklung schreite voran von einem weniger effizienten zum jeweils effizienteren Staats- und Wirtschaftsgebilde, der wird tatsächlich sagen müssen, Ägypten sei damals an der Spitze des Fortschritts marschiert.
Ob er davon auch die Fellahin des Nillandes hätte überzeugen können, ist freilich eine andere Frage.

»Das Getreide war ein zweiter Nil«

Die Mehrzahl der ägyptischen Landwirte trug den wohlklingenden Titel »basilikos georgos« (Königsbauer). Sie lebten in den unzähligen Dörfern entlang dem großen lebenspendenden Strom, bedürfnislose, braunhäutige Menschen von sanfter Wesensart und einem ausgeprägten Familiensinn. Der Boden, den sie bebauten, gehörte ihnen sowenig, wie er ihren Vorfahren gehört hatte. Ein meist auf zwei Jahre befristeter Pachtvertrag mit der Krone regelte und bestimmte ihre Nutznießungsrechte, vor allem aber ihre vielfältigen Verpflichtungen. Was sie anzupflanzen hatten, wurde ihnen genau vorgeschrieben. Das Saatkorn erhielten sie aus den königlichen Kornkammern. Wieviel von den Erträgen abgeliefert werden mußte, war mengenmäßig genau festgelegt. Mit einem Zehnt oder entsprechenden Prozentsätzen gab die Regierung sich nicht zufrieden. Das wirtschaftliche Risiko lag allein bei den Produzenten.

Jedesmal wenn der Weizen, Ägyptens wichtigstes Erzeugnis, eingebracht wurde, also mindestens zweimal im Jahr, erschienen die staatlichen Taxatoren auf den Dörfern und sorgten dafür, daß so und so viele »artabai« der Körnerfrucht (eine artaba entsprach etwa fünfundfünfzig Litern) in die öffentliche Dorfscheune gebracht wurden. Von dort gelangten sie dann in die Speicher des jeweiligen »nomos« (Gaues) und weiter in die riesigen Zentralsilos von Alexandria. »Das Getreide«, schreibt William Tarn, »war ein zweiter Nil, ein ungeheurer Strom aus tausend Zuflüssen gespeist, der sich der Hauptstadt zuwälzte.« Rostovtzeff schätzt, daß denjenigen, die ihn anbauten, meist weitaus weniger als die Hälfte des Ertrags blieb. Und das ist keineswegs alles gewesen, was sie zu zahlen oder sonst zu leisten hatten. Das Vorrecht, Land bebauen zu dürfen, war mit unzähligen Steuern verbunden, daneben wurden die Basilikoi Georgoi selbstverständlich auch zu unbezahlter Arbeit etwa an den öffentlichen Bewässerungssystemen herangezogen, mit deren Hilfe das kostbare Nilwasser und der Nilschlamm auf die Felder kamen.

Etwas besser als Königsbauern standen sich die makedonischen und griechischen Kleruchen. Sie hatten die Wahl, ob sie Korn anbauen oder sich einen Garten zulegen wollten – wobei etwa ein Weinfeld auch als Garten galt –, außerdem konnten sie ihre Pachtverpflichtungen zum Teil durch Militärdienste ableisten, und Kriege gab es ja immer. Auch die Priester genossen gewisse Privilegien. Zwar betrachtete der König alles Tempelland ebenfalls als sein Eigentum, doch ließ er von dessen Erträgen den Gottesdienern zuweisen, was sie benötigten, nur den Rest behielt er für sich. Und schließlich gab es noch eine Art von Lehen, welche oft aus mehreren Dörfern bestanden und einem Beamten unterstellt waren. Dieser hatte für möglichst hohe Produktion zu sorgen. Erfüllte er seine Aufgabe nicht in der gewünschten Weise, so konnte ihm seine Sinekure wieder abgenommen werden, denn Eigentümer des von ihm bewirtschafteten Grundes blieb wiederum der König. Genau wie sein Vater betrachtete Ptolemaios II. das ganze ihm untertane Land als einen riesigen Gutshof. Allerdings hatte er das System seiner Ausbeutung beträchtlich verfeinert. Es ruhte auf einer Reihe von herrscherlichen Monopolen. Eines war eben die Erzeugung und der Verkauf von Weizen, ein anderes die Ölproduktion.

Profite zwischen siebzig und dreihundert Prozent

Die Regierung in Alexandria legte jedes Jahr auch fest, wieviel Sesam, Saflor (eine Distelart) und Kürbisse (aus deren Kernen, den sogenannten Koloquinten, sich ein feines Öl gewinnen läßt) von den Bauern anzupflanzen seien. (Oliven wurden in Ägypten zwar ebenfalls angebaut, aber nicht ausgepreßt.) Später kaufte das Schatzamt die ganze Ernte zu einem festgesetzten Preis auf und ließ sie in staatlichen Mühlen verarbeiten. Das Enderzeugnis kam auf einen einheimischen Markt, der durch Einfuhrzölle hermetisch abgeriegelt war. Wer Öl benötigte, mußte also einheimische Ware erwerben – natürlich wiederum zu den von der Regierung diktierten Preisen. Die Profite, die bei diesem Geschäft erzielt wurden, sollen zwischen siebzig Prozent (bei Sesamöl) und dreihundert Prozent (bei Koloquintenöl) gelegen haben. Ptolemaios II. war nicht nur der größte Getreidehändler aller Zeiten, sondern auch einer der bedeutendsten Speiseölauf- und -verkäufer, die es jemals gegeben hat. Er hatte noch andere Waren in seinem Sortiment.
Papyros, das wichtigste Schreibmaterial der antiken Welt, gewonnen aus dem nur in Afrika wachsenden »Zypergras«, einem Sumpfgewächs, konnte ebensowenig von Privatunternehmern hergestellt und vertrieben werden wie Natron, Speisesalz, Metalle aller Art oder sogar Bausteine. Ferner verdiente der König an allen eingeführten Gewürzen mit, an sämtlichen Fischereiprodukten, an jedem Topf Honig, der im Land erzeugt oder importiert worden war. Ihm gehörte der größte Teil aller Handelsschiffe, die auf dem Nil verkehrten, alles Weideland Ägyptens, riesige Vieh-, Schweine- und Gänseherden und selbstverständlich die Staatsbank in Alexandria, die ihre Filialen in den Gauhauptstädten von Pächtern oder Beamten betreiben ließ. Wer einen Becher Wein trank oder eine Feige aß, leistete einen Beitrag an den Fiskus, nahezu jede Beschäftigung war mit einer Lizenzabgabe verbunden.
Hausbesitzer zahlten fünf Prozent der von ihnen eingenommenen Miete an das Schatzamt, Händler zehn, Besitzer von Marktständen zwei Prozent ihres Umsatzes, Taubenzüchter dreiunddreißigeindrittel vom Hundert auf jeden Erlös, Exporteure und Importeure einen zweiprozentigen Ausfuhr- beziehungsweise Einfuhrzoll. Dazu kamen noch Abgaben zur Finanzierung der Flotte, der Leuchttürme, der Polizei, der öffentlichen Bäder und des goldenen Kranzes, den die Herrscher bei der Thronbesteigung zu tragen pflegten.

Das Land, meint Tarn, glich einem riesigen »Geldautomaten«. Es war, so Pierre Grimal, »eine Staatsmaschine zur Bereicherung des Königs«. Der französische Historiker findet sie sogar »bewundernswert«. Tatsächlich hätte sie einen modernen Betriebswirt durchaus faszinieren müssen.

Sturzfluten beschriebenen Papiers

Was setzte Ägyptens ausgeklügeltes, fugenloses System von Anbauvorschriften, Abgaberegelungen, Marktordnungen, Zollgesetzen nicht alles voraus an Verwaltungsarbeit, Organisation und Planungstätigkeit! Das mußte ja von einem Punkt aus gesteuert werden und doch funktionieren bis hinab in die feinsten Verästelungen des Apparats. Das verlangte eine übersichtliche Aufteilung in Zuständigkeits- und Verantwortungsbereiche. Das kann nicht funktioniert haben ohne ungeheuren bürokratischen Aufwand und Sturzfluten beschriebenen Papiers – aber wahrscheinlich hat es eben so funktioniert.

An der Spitze einer gewaltigen Hierarchie von Verwaltungsbeamten fungierte der sogenannte »dioiketes«, ein Finanzminister, der aber mehr eine Art oberster Gutsverwalter war. Ihm unterstanden in der Hauptstadt das zentrale Silo für Korn und andere Naturalien sowie die Staatsbank, von der alle Geldabgaben eingenommen wurden. Seine Mitarbeiter draußen im Land waren die sogenannten »oikonomoi«, deren es in jedem Gau zunächst einen, später zwei gab. Sie wiederum beaufsichtigten die Chefs der verschiedenen »topoi« (Plätze, Orte), in welche die größeren Verwaltungseinheiten untergliedert waren, und diese ihre zahlreichen Unterbeamten, wie etwa Scheunenmeister, Wiegemeister oder Katastersekretäre.

Alles, was sie zu tun hatten, mußte natürlich schriftlich fixiert sein. Jedes Dorf existierte nicht nur in der Realität, sondern noch einmal auf dem Papier, in Statistiken, Steuerlisten, einem genau geführten Grundbuch, einem Sammelregister für alle Dörfer eines Gaus, einem Zentralregister für alle Gaue des Reiches, ferner in Verzeichnissen von Häusern, Pflugochsen, Zuchttieren, erteilten Lizenzen, zu zahlenden Steuern, zu bearbeitenden Bodenflächen.

Die ganze Konstruktion war auf weitgehende Transparenz angelegt. Idealerweise hätte der König jeden Tag wissen müssen, was jeder seiner Untertanen leistete, verdiente, ausgab, doch widersprechen der Vermutung, dies könnte auch nur annähernd der Fall gewesen sein, alle Erfahrungen, welche seither mit derlei zentralistischen Ordnungen gemacht worden sind.

Sie traten in den Streik

Die Ägypter hätten nahezu keine menschliche Schwäche mehr gehabt haben dürfen, wenn sie den an sie gestellten Anforderungen buchstabengetreu gerecht geworden wären. Das wußten selbst die, die sie stellten.

Suchte man deshalb nach einem Grundprinzip, auf dem die ptolemäische Verwaltung beruhte, man fände es wahrscheinlich in der Tatsache beschlossen, daß nahezu jeder wichtige Posten doppelt besetzt war. Ein Mann überwachte stets den anderen, der erste Oikonomos den zweiten Oikonomos, der Steuerbeamte den Steuerpächter, der Wiegemeister den Scheunenmeister. Bauern, die ihre festgesetzte Kornration abgeliefert hatten, waren erst exkulpiert, wenn sie eine Quittung mit zwei verschiedenen Unterschriften vorweisen konnten. Kontrolle galt als besser denn Vertrauen. Das entsprach der Ratio des ganzen Systems.

Keiner, der ihm unterworfen war, konnte ja ein persönliches Interesse an seinen Pflichten haben. Man tat, was man tun mußte, um überhaupt existieren zu dürfen, man erfüllte Verpflichtungen, weil es vorgeschrieben war, man lebte nach einem Plan und versuchte, ihm zu entkommen, wo immer es nur ging. Es muß auch Schwarzmärkte gegeben haben, denn ein Königsbauer, der zur Zeit des zweiten Ptolemaios etwa zehn Drachmen im Monat verdiente, zahlte für einen Liter Sesamöl in den offiziellen Verkaufsstellen schon eindreiviertel Drachmen. Aber manchmal kam er selbst mit den ausgefeiltesten Tricks nicht mehr zurecht. In solchen Situationen griffen die Fellahin dann auf einen alten ägyptischen Brauch zurück: Sie traten in den Streik. Das geschah etwa derart, daß sie ihre Arbeitsplätze verließen und in einem Tempel Asyl suchten. Doch kam es auch vor, daß Bergleute, Steinbrucharbeiter, Schiffer, sogar Polizisten einfach die Arbeit niederlegten und sie erst wiederaufnahmen, wenn der zuständige Beamte ihnen versprochen hatte, die beklagten Mißstände zu beheben. Ob er es dann auch tat, beziehungsweise überhaupt tun konnte, ist zweifelhaft. Er selbst war ja auch nur ein Rädchen im Getriebe.

Möglichkeit zur Selbstentfaltung, zur Initiative, gab es nur in den oberen Etagen des Staatsgebäudes, dort, wo die aus der ganzen hellenischen Welt zusammengeholten Experten ihrer Tätigkeit nachgingen. Allerdings haben sie eine beeindruckend gute Arbeit geleistet. Apollonios etwa, ein Grieche aus der anatolischen Landschaft Karien, der Ptolemaios II. als Dioiketes diente, unterhielt in der Oase Fayum (südwestlich des heutigen Kairo) ein riesiges Mustergut, auf dem er eine ganze Reihe neuer landwirtschaftlicher Techniken erprobte. Er führte ausländische Schafsorten ein, versuchte Tannen anzupflanzen, um dem Mangel an Bauholz abzuhelfen, und bemühte sich, die Erntearbeit zu rationalisieren. Über alle diese Experimente hat er mit seinem

Verwalter Zenon eine rege Korrespondenz geführt, die teilweise auf uns gekommen ist und als eine der wichtigsten Quellen zur Erforschung der wirtschaftlichen Verhältnisse im Ptolemäerstaat gilt. Es sind die sogenannten *Zenon-Papyri.*
Aber auch Apollonios war letzten Endes nur ein Teil des Apparats. Verkörpert und repräsentiert wurde das ganze System allein vom König, seinem obersten Nutznießer, seinem Besitzer, der Quelle allen Rechts. Und Ptolemaios II. muß ein glänzender Verwalter gewesen sein. Er kümmerte sich persönlich um die Veredlung des in Ägypten angebauten Weines – eine halbtrockene Sorte wird heute noch unter dem Markennamen »Cru des Ptolemées« gehandelt –, experimentierte mit neuen Tier- und Pflanzenarten, soll das Kamel im Nilland heimisch gemacht haben. Allerdings wußte er auch, wofür er sich engagierte. Der Verwalter seines Privatkontos verbuchte pro Jahr angeblich den Eingang von vierzehntausendachthundert Talenten Silber – das hätte im Jahr 1978 einem Gegenwert, keineswegs aber der Kaufkraft (die war höher) von rund hundertdreißig Millionen D-Mark entsprochen. Dazu kamen noch der Erlös aus dem Verkauf von eineinhalb Millionen Artaben (zweiundachtzig Millionen Litern) Korn, von unbezifferten Mengen Öls und von Schiffen voll Papyros. Der Dichter Theokrit übertreibt deshalb wahrscheinlich nicht im mindesten, wenn er vom Sohn der Berenike vermutet: »Mit seinem Reichtum wohl wird er die Könige all' übertreffen.«
Er weiß noch mehr über ihn zu sagen, darunter einiges, das weniger glaubwürdig klingt.

Bruder und Gatte zugleich

»Held Ptolemaios im Blondhaar, kundig, Speere zu werfen«, so apostrophiert der erste bukolische Lyriker der Weltliteratur den Herrscher in Ägypten ebenfalls. Und seine Ehe rühmt er mit den Worten: »Nie hat je eine bess're / Frau den Vermählten im Brautgemach in die Arme geschlossen, / Liebt sie von Herzen ja den, der ihr Bruder und Gatte zugleich war.«
Der nüchterne und gewissenhafte Strabo, der rund zweihundert Jahre später schrieb, war da freilich anders informiert.
In den weltberühmten *Geographika* des Anatoliers ist zu lesen, auf Grund »seiner neugierigen Natur und eines schwachen Körpers« habe der zweite Lagide »immer neue Zerstreuungen und Vergnügungen gesucht«. Das kann nur heißen, daß er entweder nach Frauen, Knaben, Wein und sonstigen Lüsten gierte oder daß er auf geistigen Zeitvertreib aus war, doch scheinen, wie sich noch zeigen wird, beide Vermutungen nur je zur Hälfte richtig zu sein. Auch vom Bild des blonden, speere-

werfenden Recken bleibt bei näherem Hinsehen nicht allzuviel übrig. Theokrits Gedicht *Verherrlichung des Ptolemaios* ist eine Huldigungsadresse gewesen, sie gibt gar nicht vor, objektiv zu sein. Das gilt auch in bezug auf die so überschwenglich gefeierte Gattin.
Bei ihr handelt es sich um jene Arsinoë, welche bereits Lysimachos und den kindermordenden Keraunos überlebt hatte. Zuletzt sahen wir sie betend und sich sammelnd auf Samothrake. Wie es dazu kam, daß sie, von dort zurückgekehrt, den Thron des Nillandes bestieg, wäre eine Geschichte, welche sicherlich das Herz jedes Boulevardblatt-Lesers erfreuen würde, wenn man sie einigermaßen detailliert erzählen könnte, doch ist dies (leider) nicht möglich. Von der ganzen Affäre blieb nur das nackte Faktengerüst erhalten. Es sieht so aus:
Um 281 v. Chr. hatte Ptolemaios II. eine Tochter des Lysimachos geheiratet, die ebenfalls Arsinoë hieß und deshalb von den Chronisten als erste ägyptische Königin dieses Namens geführt wird. Sie gebar ihrem Ehemann drei Kinder. Das muß in ziemlich kurzer Frist geschehen sein. Schon 278 v. Chr. wurde sie nämlich von Bett und Hof verjagt und in das öde, oberägyptische Provinznest Koptos verbannt. Der Grund? Angeblich war sie in ein Komplott gegen den König verstrickt. In Wirklichkeit dürfte sie aber einer Intrige ihrer Namensschwester (und Stiefmutter) zum Opfer gefallen sein.
Mit Argumenten, Finessen, Schachzügen, über die sich, wie gesagt, nicht einmal mehr spekulieren läßt, brachte die andere Arsinoë dann ihren um zehn Jahre jüngeren leiblichen Bruder dazu, sie selbst zu heiraten und zur Mitregentin zu ernennen. Sogar für die an königliche Extravaganzen gewöhnten Bewohner Ägyptens war das zunächst ein Skandalon ersten Ranges. Der Komödiendichter Sotades hat es in derben Versen gegeißelt, das Volk mokierte sich – und wurde auch wieder ruhig. Einerseits galten den Griechen Geschwisterehen als blutschänderisch, andererseits: man lebte am Nil. Auch Pharaonen hatten ja Töchter ihrer eigenen Eltern geheiratet, ebenso – diese elegante Entschuldigung benutzte Theokrit – der Olympier Zeus. (Hera, seine Frau, entstammte demselben Schoß wie er.) Waren aber nicht auch die beiden Diadochensprößlinge lebende Götter?
Am Ende wurde diese oder eine ähnliche Erklärung offensichtlich akzeptiert. Ptolemaios bekam den Beinamen »Philadelphos«, der Geschwisterliebende, verliehen – das ließ viele Interpretationsmöglichkeiten offen.
Außerdem gab es auch Raum für die ziemlich wahrscheinliche Vermutung, er habe seine zweite Ehe nie vollzogen. Tatsächlich weiß man, daß er sich mehrere Mätressen hielt, und glaubt auch, Grund für die Annahme zu haben, Arsinoë sei damit einverstanden gewesen. Sie sah in sich selbst weniger eine Bettgefährtin als eine Teilhaberin an der Macht, und eben als solche dürfte ihr Bruder sie akzeptiert haben. Auf

ihren Rat, ihre Erfahrung, ihre Treue konnte er sich absolut verlassen.
Bildnisse, die von dem Paar erhalten geblieben sind, zeigen, daß sein weiblicher Teil das ausgeprägte Kinn und die mächtige Nase des ersten Lagiden geerbt hatte.
Ptolemaios dagegen wirkt eher behäbig, hat die vollen Wangen des Genießers, die üppigen Lippen des Feinschmeckers. Tatkraft und Härte dürften nicht zu seinen hervorstechenden Eigenschaften gezählt haben, doch hat er mit geradezu weiblicher Raffinesse ausgeführt, was seine eher männliche Schwester plante.
Unter anderem wollte Arsinoë das ganze Ostmittelmeerbecken zu einem ägyptischen Binnengewässer machen.

Alle Methoden der diadochischen Machttechnik

Das militärisch-politische Spektakel, das die Herrscherin in Alexandria inszenierte, um ihr Ziel zu erreichen, spielte auf fünf verschiedenen Bühnen: in Kleinasien, Syrien, Griechenland, der Cyrenaika und in der Ägäis. Es war teils große Haupt- und Staatsaktion, teils reines Intrigenstück. Alle Methoden der diadochischen Machttechnik wurden mit nahezu beiläufiger Routine angewandt: Phalangen traten gegeneinander an, Elefanten attackierten, Schiffe im Schmuck ihrer bunten Segel formierten sich zur Schlacht, Boten wurden eingelassen durch Hintertüren, Heiratsofferten wechselten hin und her, Bestechungsgelder wanderten aus einem Beutel in den anderen. Monatelang schien nichts zu geschehen, aber plötzlich hatte wieder eine Figur auf dem Brett ihren bisherigen Platz verlassen und damit die ganze Situation grundlegend verändert.
Eröffnet wurde das Spiel im Jahr 276 v. Chr. Eine ptolemäische Armee stieß vom Libanongebirge aus gegen das seleukidische Syrien vor. Ihre Generale konnten hoffen, einen leichten Sieg zu erringen, denn Antiochos I. schlug sich in Kleinasien noch mit Bithyniern und Kelten herum. Aber die Ägypter hatten den Sohn des Seleukos unterschätzt. In einem unerhörten Gewaltmarsch trieb er seine Truppen über die alte Alexanderstraße nach Osten, fing die Eindringlinge ab und jagte sie zurück. Dann machte er kehrt, warf sich auf die Tektosagen, Trokmer, Tolistoager und löste, dank seiner sechzehn eigens von Indien importierten Kriegselefanten, einen derartigen Schock bei ihnen aus, daß sie schon das erste Treffen verloren und danach für längere Zeit Ruhe gaben.
Nun holte Arsinoë ihren ältesten Sohn aus den Kulissen, jenen Ptolemaios, der damals in Kassandreia dem Anschlag des Keraunos entgangen war. Er regierte als ägyptischer Statthalter in Milet und hatte

dort eine Reihe von Anhängern um sich geschart, die immer noch seinem Vater, dem toten Lysimachos, anhingen. Viel erreichen konnte er mit ihnen zwar nicht, doch schuf er immerhin einen gefährlichen Unruheherd an der langen, offenen Flanke des Seleukiden. Dieser parierte den Vorstoß auf einem dritten Feld.
Er machte sich an Magas, den Halbbruder des Philadelphos (aus Berenikes erster Ehe) heran, welcher als ptolemäischer Vizekönig die Cyrenaika regierte und offensichtlich fürchtete, von einem Günstling der Arsinoë aus seinem Amt gedrängt zu werden. Antiochos gab ihm eine seiner Schwestern zur Frau, dazu ein ordentliches Hilfsversprechen. Darauf warf sich jener zum Herrscher über die Wüstenprovinz auf und griff das Nilland an. War also Arsinoës nächster Zug fällig. Sie machte ihn.
Da Ptolemaios II. gerade mit meuternden keltischen Hilfstruppen Ärger hatte und ein Marsch durch die Sanddünen, nach Westen überdies, ziemlich riskant gewesen wäre, zettelte seine Frau einen Eingeborenenaufstand in Magas' Territorium an. Um diesen niederzuwerfen, brauchte der rebellierende Vizekönig jeden Mann, über den er verfügen konnte. Somit war er, fürs erste wenigstens, aus dem Spiel.
Gleichzeitig oder kurz darauf wurde die ägyptische Flotte gegen Kleinasien in Marsch gesetzt. Sie unternahm dort keine großen Landeversuche, wich auch jeder Schlacht mit seleukidischen Einheiten aus, brandschatzte dafür jedoch alle Küstenstädte, welche noch nicht ptolemäisch waren, und zermürbte deren Herrn damit so sehr, daß er, 271 v. Chr., einen für ihn sehr nachteiligen Friedensvertrag unterschrieb.
Wenn Theokrit nicht wieder übertreibt, dann gehörten den Alexandrinern nach diesem »Ersten Syrischen Krieg« Teile von »Phönizien, Arabien, Libyen, Syrien und Äthiopien, dem Land der Schwarzen«, aber auch Pamphilien, Kilikien, Lykien und Karien, also praktisch die ganze Mittelmeerküste der heutigen Türkei, außerdem noch »die kykladischen Inseln«. Das aber heißt: Arsinoë hatte ihr Ziel in fünf Jahren so gut wie erreicht.
Ägyptische Diplomaten nahmen nun Kontakte mit Rom auf, einigten sich mit den Karthagern über die gegenseitige Abgrenzung von Interessensphären auf See und hätten wahrscheinlich noch weitere, ähnliche Erfolge verbuchen können, wenn die Schwester des Philadelphos nicht 270 v. Chr. gestorben wäre. Ihr Bruder spielte danach nur noch mit vermindertem Glück weiter, aber er spielte.
Sein nächstes Aktionsfeld: Griechenland. Sein nächster Gegner: Antigonos Gonatas.

Eine höchst seltsame Koalition

Gegen den Makedonen, der sich gerade von seiner Auseinandersetzung mit Pyrrhos erholt hatte, brachte Ptolemaios II. eine höchst seltsame Koalition auf die Beine. Er, der die eigenen Untertanen kujonierte wie kaum ein anderer zeitgenössischer Herrscher, der ihnen beinahe jeden Schritt vorschrieb, den sie tun durften, tat sich ausgerechnet mit den Wortführern der freiheitlichen Partei in Athen zusammen, den Nachfolgern des toten Demosthenes also. Seine Gesandten gaben ihren König als Hüter der hellenischen Unabhängigkeit aus und umwarben zuerst den alten Zenon, dann – der Phönizier hatte sie mit einer seiner kryptischen Antworten abgespeist – dessen Schüler, den einflußreichen Politiker Chremonides. Diesem schien der Versuch, den makedonischen Autokraten mit Hilfe des ägyptischen auszustechen, einen Krieg wert zu sein. Er forderte seine Mitbürger auf, »die Tyrannen« zu verjagen, doch waren damit nur Gonatas und seine Statthalter im Piräus sowie auf der Peloponnes gemeint.
Areos, jener spartanische König, der zusammen mit dem Herrscher in Pella eben noch gegen Pyrrhos gekämpft hatte, schloß sich den Athenern an. Ptolemaios schickte eine Flotte, er wollte auch für Nachschub sorgen. Und so brachen 267 v. Chr. jene Kampfhandlungen aus, die als »Chremonideischer Krieg« verbucht werden.
Der Angegriffene war von Anfang an im Vorteil. Sein korinthischer Kommandant hinderte die Spartaner daran, den Isthmus zu überqueren und sich mit den Truppen Athens zu vereinigen. Vom Piräus aus riegelte er selbst die Anhänger des Chremonides hermetisch gegen jede Zufuhr ab. Der ägyptischen Seestreitmacht gelang es nirgendwo, Truppen abzusetzen oder Landeplätze zu gewinnen. Areos wurde geschlagen und getötet, eine Armee, die Pyrrhos' Sohn Alexander gegen Makedonien führte, abgewiesen. Hätten nicht auch im Heer des Gonatas die keltischen Söldner häufig gemeutert – sie kämpften auf allen Seiten und bereiteten allen ihren Befehlshabern die gleichen Scherereien –, dann wäre die ganze Affäre wahrscheinlich in kürzester Frist ausgestanden gewesen, so dauerte sie immerhin fünf Jahre.
Nachdem Ptolemaios II. endlich alle seine Trümpfe ausgereizt und dabei nichts gewonnen hatte, ließ er das von den Makedonen eingeschlossene Athen als abgeschriebenen Verlustposten zurück. Im Jahr 262 v. Chr. mußten sich die ausgehungerten Bürger ergeben und ihrer Autonomie Lebewohl sagen. Die Freiheit, die ihnen Chremonides versprochen hatte, war für längere Zeit verspielt. Dieser selbst rettete sich nach Alexandria und avancierte dort zum ägyptischen Admiral.
Das militärische Kapital des Philadelphos aber arbeitete zu jener Zeit bereits wieder in Kleinasien. Der chremonideische Krieg überschnitt sich zeitlich mit dem »Krieg des Eumenes«. Er ging um Pergamon.

Aufstand eines griechischen Adeligen

»Pergamon (nördlich des heutigen Izmir gelegen) ist«, so schreibt Strabo, »ursprünglich ein Schatzhaus des Diadochen Lysimachos gewesen... Mit der Aufsicht über Festung und Kasse war Philetairos aus Tieion (an der anatolischen Schwarzmeerküste) betraut, ein Eunuch von Jugend an... Lange Zeit blieb er völlig loyal, bekam dann aber Schwierigkeiten mit Arsinoë, der (damaligen) Gattin von Lysimachos... deshalb rebellierte er« und ging, während der Unruhen, welche durch die Ermordung von Agathokles ausgelöst worden waren, zu Seleukos über. »Er blieb weiterhin Herr der Festung und des Schatzes, insgesamt zwanzig Jahre lang.«
Gegen Ende seines Lebens jedoch versuchte er, auch von Seleukos' Sohn Antiochos I. loszukommen und den Kapitalhort zum Zentrum eines unabhängigen Fürstentums zu machen. Durch allerlei Winkelzüge und Finessen, durch geschicktes Operieren mit dem ihm anvertrauten Geld – es sollen ursprünglich neuntausend Talente (zweihundertvierunddreißig Tonnen) Silber und Gold gewesen sein –, gelang ihm das so gut, daß es dem Monarchen offensichtlich gar nicht richtig auffiel, wie sich hier ein weiteres Stück aus seinem Territorium herauszulösen begann. Aber erst der Nachfolger des Philetairos, sein Neffe Eumenes, entschloß sich dann, diese verhohlenen Gewinne auch öffentlich zu beanspruchen – mit dem Schwert. Man könnte seine Aktion freilich ebensogut als Aufstand eines griechischen Adeligen gegen die makedonischen Gewaltherrscher bezeichnen. Um ihn verwirklichen zu können, mußte er sich allerdings mit einem Makedonen verbünden, dem Herrn Ägyptens.
Am Oberlauf des Hermos, der bei Izmir ins Mittelmeer mündet, kam es 263 v. Chr. zwischen pergamenischen und seleukidischen Truppen zur Schlacht von Sardeis. Gleichzeitig griff die aus Hellas abgezogene ptolemäische Flotte seleukidische Küstenstädte in Karien und Lykien an. Gleichzeitig revoltierte ein kappadokischer Satrap namens Ariarathes und schuf sich im östlichen Anatolien ein selbständiges Fürstentum. Antiochos verlor alle drei Züge.
Er hatte nicht mehr die Kraft, sich der Auflösung seines kleinasiatischen Besitzes entgegenzustemmen. 261 v. Chr. ist er gestorben. Man weiß wenig über diesen Diadochennachfolger, doch mögen ihn die Probleme, die er zusammen mit seinem Riesenreich geerbt hatte, buchstäblich zerrieben haben.
Indes, auch Ptolemaios II. mußte nun erkennen, daß sein Plan, das antigonidische und das seleukidische Herrscherhaus gleichzeitig auszuschalten, die Möglichkeiten selbst des reichen Ägypten überforderte. Um Alexanders Imperium noch einmal in einer Hand zu vereinen – denn darauf zielte er ja letzten Endes ab –, hätte er weit stärkere Kräfte

mobilisieren müssen, als sie selbst mit dem aus den Nilbauern herausgepreßten Geld zu bezahlen waren.
Außerdem waren seine vielfältigen Aktivitäten insgesamt derart kompliziert geworden, daß er oft mit einem Zug den anderen wiederaufhob. So ist es etwa logisch falsch gewesen, zu vermuten, er könne separatistische Kräfte in Hellas und Kleinasien unterstützen und gleichzeitig seine beiden Konkurrenten gegeneinander ausspielen. Diese mußten vielmehr um so enger aneinanderrücken, je heftiger er sie an ihren schwächsten Stellen packte.
Antiochos II., der von seinem Vater schon fünf Jahre vor dessen Tod als Mitregent eingesetzt worden war, schloß denn auch zunächst einmal einen Friedensvertrag mit den Pergamenern und dem Lagiden, verständigte sich dann aber mit Gonatas über eine neue Strategie für den gemeinsamen Kampf gegen Ägyptens König. Gonatas hatte sie schon parat.
Er war zu dem Ergebnis gelangt, daß dem Philadelphos in der Ägäis nur dann beizukommen wäre, wenn man seine maritimen Nachschublinien kappte. Das setzte freilich zweierlei voraus: er mußte eine Flotte auf Kiel legen und, was weitaus schwerer war, den makedonischen Lanzern das Schwimmen beibringen.
Eine andere Landmacht stand damals genau vor dem gleichen Problem wie er.

Angriff von Deck zu Deck

Rom, das im 264 v. Chr. ausgebrochenen »Ersten Punischen Krieg« auf dem festen Boden Siziliens stets siegreich gewesen, zur See jedoch den Karthagern fast immer unterlegen war, hatte aus seinen Erfahrungen den Schluß gezogen, es müsse sich nicht nur eigene Kriegsschiffe zulegen, sondern diese auch auf eine Weise einsetzen, welche es ermöglichte, infanteristische Kampfkraft gegen nautische Geschicklichkeit auszuspielen. Über disziplinierte Legionäre, die mit Schwert und Schild umgehen konnten, verfügte die Tiberstadt ja in reichem Maß, nicht jedoch über genügend viele Kapitäne, die in der Lage gewesen wären, ein feindliches Fahrzeug zu rammen, ihm die Ruder abzufahren oder es durch geschickte Manöver in die Reichweite der eigenen Steinschleudern und Speergeschütze zu bringen.
Technische Frucht dieser Überlegungen war der »corvinus« (wörtlich: Krähe), eine spornbewehrte, breite Enterbrücke, die sich beim Aufschlag am Deck des feindlichen Schiffes festhakte und damit einen stabilen Übergang für angreifende Marinesoldaten bot. In der Seeschlacht von Mylae (bei Messina), die 260 v. Chr. stattfand, hat sich diese Einrichtung zum ersten Mal bewährt. Eine Landmacht errang mit Land-

kriegsmethoden den Sieg über die Kriegsflotte der damals bedeutendsten maritimen Kraft im westlichen Mittelmeer.

Ähnlich aber wie das Verhältnis zwischen Rom und Karthago, war in dieser Hinsicht auch das Verhältnis zwischen Makedonien und Ägypten. Gonatas verfügte über große Mengen kriegserfahrener Kämpfer, doch mangelte es ihm an Matrosen und Seeoffizieren. Ergo verhielt er sich so wie die Tiberstädter. Er schuf eine Art Marineinfanterie und übte mit ihr immer wieder eines: den Angriff von Deck zu Deck, der fast alle nautischen Finessen überflüssig machte. Man mußte ein feindliches Schiff nur erreichen, mußte längsseits gehen, mußte attackieren, der Rest war herkömmliches Kriegshandwerk.

Tatsächlich sollte dieser Taktik ein voller Erfolg beschieden sein. Während Antiochos II. in Kleinasien den Spieß umdrehte, indem er seinerseits lokale Erhebungen gegen das ptolemäische Regime anzettelte und anschließend beinahe das ganze Libanongebiet bis hinunter nach Berytos (Beirut) eroberte, während gleichzeitig seine Tante, die Frau des Magas, einen zweiten Versuch unternahm, die inzwischen wieder botmäßig gewordene Cyrenaika von Ägypten loszureißen, während Ptolemaios II. also alle Hände voll zu tun hatte, vollendete Gonatas sein Flottenbauprogramm und griff dann, wahrscheinlich im Jahr 258 v. Chr., ein bei der Insel Kos liegendes ägyptisches Geschwader an. Seine enterfreudigen Lanzer erfüllten alle in sie gesetzten Erwartungen. Das wiederum ermöglichte es Antiochos II., nun auch Milet und Ephesos zurückzuerobern.

Philadelphos aber mußte sich nach diesen Ereignissen eingestehen, daß er an allen Fronten geschlagen war. 255 v. Chr. schloß er deshalb mit dem Sohn des Demetrios Poliorketes, zwei Jahre später mit dem Enkel des Seleukos Frieden.

Der Krieg, der als »zweiter syrischer« notiert wird, hatte sein Ende gefunden. Ergebnis: die drei Diadochenstaaten standen sich wieder in ihren jeweils alten Positionen gegenüber. Das zu erreichen, waren Ströme von Blut vergossen worden. Aber Ptolemaios gab noch immer nicht auf.

Er nahm, schreibt Pierre Grimal, »nun Zuflucht zu seiner Lieblingswaffe, der Intrige«. Er hatte nicht mehr viel Zeit.

In Syrien stritten sich zwei Königs-Witwen

Zunächst zerstörte der Ägypter die Ehe von Antiochos II. Er bot ihm, zusammen mit einer beträchtlichen Mitgift, seine Tochter Berenike an, woraufhin jener die ihm angetraute Frau, sie hieß Laodike, verstieß. Dieser Zug traf auch den Gonatas, denn er hatte seinen Sohn Demetrios kurz vorher mit Stratonike, einer Schwester des Seleukiden, verheiratet, in der Absicht, die freundschaftlichen Beziehungen zwischen beiden Häusern damit zu festigen. Stratonike wurde, da nunmehr politisch nicht mehr von Nutzen, nach Antiocheia zurückgeschickt. Das Bündnis zwischen den beiden Feinden des Lagiden war gebrochen, aber der hatte noch weitere Pfeile im Köcher.

Er überredete Alexander, den Kommandanten der Festung Korinth dazu, von seinem Halbonkel Gonatas abzufallen und jenen damit eines seiner wichtigsten griechischen Stützpunkte zu berauben. Im Schatten dieses Ereignisses holte er sich dann einen Teil der von den Makedonen annektierten ägäischen Inseln zurück. Und möglicherweise hätte er auch diesen Erfolg noch ausweiten können, wenn er, 246 v. Chr., nicht plötzlich gestorben wäre. Sein Sohn aber, der dritte Ptolemaios, vermochte die Rankünen des Vaters schon deshalb nicht in greifbare Ergebnisse umzumünzen, weil sechs Monate später auch Antiochos II. verblich. Das ganze kunstvoll gesponnene Netz war zerrissen.

In Syrien stritten sich zwei Königin-Witwen um das hinterlassene Erbe, die verstoßene Laodike und die Ägypterin Berenike. Ptolemaios III. versuchte seiner Schwester zwar zu Hilfe zu kommen, stieß mit einem Heer auch bis zum Tigris vor, aber der erst neunzehnjährige Seleukos II. (ein Sohn von Laodike) trat ihm im »Dritten Syrischen Krieg« derart energisch entgegen, daß er sich wieder zurückziehen mußte. Gleichzeitig vertrieb Antigonos Gonatas die ägyptische Flotte endgültig aus der Ägäis. Das Diadochenspiel stand erneut pari – zumindest sah es so aus.

In Wirklichkeit war jedoch der Nilstaat noch immer die bei weitem stabilste Macht, unangreifbar in seinen Kernzonen, wirtschaftlich gesund und auch auf dem Mittelmeer nach wie vor präsent. Hingegen befand sich das seleukidische Reich in einem scheinbar rapiden Auflösungsprozeß, und auch der inzwischen dreiundsiebzigjährige Gonatas sah sich mit Kräften konfrontiert, die durch Waffengewalt allein nicht mehr besiegt werden konnten: den Vorkämpfern griechischer Nationalstaaten.

REVOLUTION UND VERRAT

Veritabler griechischer Nationalheld

Plutarch, der zwischen 45 und 125 n. Chr. in Chaironeia ein an äußeren Ereignissen armes und deswegen friedliches Schriftstellerdasein führte, hat seine Biographien gern mit aufregenden »Action-Szenen« angereichert. Ein Fall aus dem Jahr 251 v. Chr. bot dafür alle notwendigen Ingredienzien.
Desperados waren angeworben, gestohlene Waffen gekauft, Sklaven zu Einzelkämpfern ausgebildet worden. Man hatte Agenten des Gegners getäuscht, Vorkommandos eingeschmuggelt in das Tyrannennest, zusammensetzbare Leitern konstruiert und endlich, nach Untergang des Mondes, planmäßig und kühn gehandelt. In der kritischen Phase des Unternehmens hing sein zwanzigjähriger Initiator an der Burgmauer, die er ersteigen wollte. Auf einmal begannen Wachhunde zu bellen. Oben zog die Ronde vorbei. Alles schien fehlzuschlagen, was so listig eingefädelt worden war. Aber – natürlich – am Ende ging alles gut. Die Besatzung ließ sich widerstandslos überwältigen. Es gab nicht einmal Tote. Dann verkündete ein Herold: »Aratos, der Sohn des Kleinias, rufe die Bürger zur Freiheit.« Vierzig Mann hatten die Stadt Sikyon erobert. Sie lag auf der Peloponnes, unweit des Isthmus von Korinth.
Der Held dieser Episode ist für Plutarch, wie auch seinen Landsmann und Kollegen, den rund zweihundert Jahre vor ihm gestorbenen Polybios, indessen keineswegs nur ein Draufgänger von »athletischem Körperbau«, sondern auch ein verritabler griechischer Nationalheld. Habe er doch nach der Befreiung seiner Heimatstadt von dem Tyrannen Nikokles nicht weniger bewirkt als »die Einigung aller Peloponnesier«. Das trifft in etwa zu.
Trotzdem fällt einem späteren Beobachter ebenso ins Auge, daß dieser Aratos nicht nur edel, mutig und stolz, sondern auch ein gerissener Taktiker sowie ein glänzender Selbstdarsteller gewesen sein muß. Gemessen an dem, was er später zustande brachte, mutet die Besetzung von Sikyon sogar fast wie ein Jugendstreich an.
Die Stadt, welcher er sich bemächtigt hatte, galt als eine von vielen dorischen Poleis mittlerer Größe: wohlhabend, kunstoffen, aber keineswegs besonders mächtig. Von Nikokles waren ihre alten tonangebenden Familien vertrieben worden, darunter die des Aratos. Von ihm wurden sie wieder in ihre Rechte eingesetzt. Nun bestand jedoch die Hauptschwierigkeit des Aratos darin, daß Gonatas das befreite Gemeinwesen ebensogern in Besitz genommen hätte wie Alexander, der von ihm abgefallene Kommandant Korinths, und daß jeder Ver-

such, sich einen der beiden vom Halse zu halten, nur in Zusammenarbeit mit dem jeweils anderen zu realisieren gewesen wäre. Sie beide zu bekämpfen, schien völlig aussichtslos zu sein. Die Freiheit, die der junge Mann verkündet hatte, war ein äußerst fragiles Gut. Dennoch gelang es ihm, sie zu bewahren. Er trat dem »Achaiischen Bund« bei.

Ausgerechnet diese Wilden!

»Symmachien«, Kampfbünde, Föderationen auf Zeit stellten, neben Königreichen, die einzige stadtübergreifende Organisationsform dar, welche die Griechen jemals entwickelten. Aus ihnen hätten sich eigentlich auf sozusagen natürliche Weise nationale Klein- oder Mittelstaaten herausbilden müssen, doch ist das praktisch nur in einem einzigen Fall geschehen, dem der Aitoler.
Um sich gegen mächtigere Nachbarn zu schützen und seine Eigenständigkeit zu wahren, hatte dieses Bauernvolk, das in den Bergen und Ebenen nördlich des äußeren korinthischen Golfes lebte, schon frühzeitig Stammesversammlungen konstituiert, gemeinsame Beschlüsse gefaßt, Führer gewählt und Aktivitäten koordiniert. Auf solcher Basis war dann allmählich ein Gemeinwesen entstanden, welches auch Eroberungskriege führte und eine bewußte Außenpolitik betrieb.
Die übrigen Griechen hat dieses Beispiel jedoch keineswegs zur Nachahmung inspiriert – aus völkischen Gründen. Ihnen galten die Aitoler als Halbbarbaren. Sie bezichtigten sie der Plünderungssucht, der Habgier, des Hanges zur Prahlerei und bestritten sogar, wie etwa Polybios, daß sie überhaupt der hellenischen Völkergemeinschaft zuzuzählen seien. Andererseits waren sie aber auch ganz froh darüber gewesen, daß ausgerechnet diese Wilden sich seinerzeit den eindringenden Kelten als erste entgegengeworfen hatten. Die Aitoler konnten alle Kritik gelassen ertragen.
Was immer man über ihren Bund auch sagen mochte, er war nach innen hin hervorragend geordnet. Es gab ein »synedrion«, einen Bundesrat, in dem die einzelnen Siedlungen entsprechend ihrer Bevölkerungszahl vertreten waren, einen Bundesfeldherrn, gewählte Bundesbeamte, Gesetze, Gerichte und einen Bundesschatz. Das Heer war derart stark und kampftüchtig, daß selbst Gonatas es als zweitstärkste Militärmacht neben sich anerkennen mußte. Er hat die Vertreter der Bauernföderation denn auch stets mit Respekt behandelt.
Von dem Achaiischen Bund dagegen ließ sich dergleichen nicht behaupten. Auch er soll uralt gewesen sein, hatte es aber nur selten geschafft, für längere Frist einen eindeutigen politischen Kurs zu steuern. Zur Zeit Alexanders besaß er kaum noch irgendwelche Bedeutung. Zu Beginn des dritten vorchristlichen Jahrhunderts scheint er sich vor-

übergehend aufgelöst zu haben. In dem Jahr, da Aratos seine Heimatstadt befreite, bestand er aus zehn Poleis, von denen keine sonderlich mächtig war. Er verfügte ebenfalls über einen Bundesfeldherrn, eine Bundesversammlung und einen Bundesfiskus, aber wohl immer noch nicht über ein klares Konzept für die Gestaltung der Zukunft. Mit dem Beitritt Sikyons sollte sich das alles ändern.

Den Achaiern dürfte das im Osten ihrer Einflußzone gelegene Gemeinwesen schon deshalb willkommen gewesen sein, weil sie selbst, laut Plutarch, »nur ein beschränktes, wenig fruchtbares Gebiet hatten und an ein hafenloses Meer grenzten«. Sikyon dagegen besaß (über den Aspos-Fluß) einen Zugang zur See; außerdem war es von Demetrios Poliorketes hervorragend befestigt worden. Und schließlich dürfte der von frühem Ruhm verklärte Aratos selbst als eine nicht zu verachtende politische Potenz gegolten haben. Er machte bei seinen neuen Freunden rasch Karriere.

Schon 245 v. Chr. wählte man ihn – im Alter von sechsundzwanzig Jahren – zum Bundesfeldherrn, das heißt: zum obersten regierenden Beamten. Von da an hat er sich, obwohl das nach den Statuten eigentlich gar nicht möglich gewesen wäre, fast alle zwei Jahre, bis 213 v. Chr., in seinem Amt bestätigen lassen. Er war also so etwas wie ein Präsident auf Lebenszeit geworden und regierte gleich einem Staatsoberhaupt. Das bekam Gonatas zu spüren.

Eine als Schlagwort verwendbare Idee

Makedoniens König hatte eine Zeitlang gehofft, der junge Mann würde sich als lokaler Tyrann etablieren, sich unter seinen Schutz stellen und ihm helfen, die Festung Akrokorinth aus den Händen Alexanders zurückzugewinnen. Bald zeigte es sich jedoch, daß diese Rechnung nach dem Beitritt Sikyons zum Achaiischen Bund nicht mehr aufgehen konnte. Die Föderation hätte ihr gerade eben gewonnenes politisches Selbstverständnis eingebüßt, wäre sie mit dem Machthaber im Norden zusammengegangen, und Aratos wollte den Weg weitergehen, den er in jener abenteuerlichen Nacht eingeschlagen hatte. Daß er es tat, verschaffte Plutarch die nächste Gelegenheit zur ausführlichen Schilderung eines kecken Handstreichs.

247 v. Chr. war Gonatas, nach der Ermordung Alexanders, auch ohne fremde Hilfe wieder in den Besitz von Korinth und seiner Burg gelangt. Er hatte es mit einer starken Besatzung versehen und Persaios, den Stoiker, den ehemaligen Kronprinzenerzieher zu ihrem Kommandanten ernannt. Vier Jahre später rückte der Achaier an.

Mit der in Sikyon erprobten Technik, mit Leitern also, mit einem eingeschmuggelten Vorkommando, das die Torwache niedermachte, mit einer kleinen Einheit von erprobten Kämpfern bemächtigte er sich – der Mond war gerade untergegangen, die Ronde kam vorbei – in raschem Zugriff der Festung Akrokorinth und verkündete dann, wie gehabt, den Bürgern, sie seien frei.»Dabei nahm er den Speer in die rechte Hand, stützte das Knie und den Körper durch eine leichte Beugung daran und blieb so eine ziemliche Weile schweigend stehen, um das Händeklatschen und das Jauchzen« beziehungsweise das Ende dieses Beifallssturmes »abzuwarten. Dann sammelte er sich und hielt eine seiner Tat angemessene Rede.« Schauplatz des Auftritts, höchst adäquat, war das Theater am Fuß des Burgbergs. Zu denen, die ihn nicht bewundern konnten, gehörte Persaios. Er hatte Selbstmord begangen.

Die befreite Stadt aber trat ebenfalls dem Achaiischen Bund bei, der spätestens von da an – Korinth, die Beherrscherin des Isthmos, war ja ein strategischer Schlüsselpunkt sondergleichen – zu den bedeutenden Mächten jener Zeit gehörte.

Freilich, über die Höhen, auf denen sich seine Mitglieder jetzt bewegten, pfiff ein eisiger Wind. Gonatas, der mit Argos und Megalopolis nach wie vor zwei Stützpunkte auf der Peloponnes besaß, war ein gefährlicher Gegner. Aratos, achtundvierzig Jahre jünger als er, mußte sich fragen, was er außer Soldaten, außer List, Tücke und seinem Sinn für überraschende Aktionen noch gegen ihn aufzubieten hatte. Eine große, auch als Schlagwort verwendbare Idee zum Beispiel wäre keine schlechte zusätzliche Waffe gewesen. Tatsächlich meint Polybios, sie in seinem Arsenal entdeckt zu haben.

Alle Föderaten, so schreibt er, waren »von dem Willen beherrscht, die bei ihnen bestehende Gleichberechtigung und Meinungsfreiheit auch anderen darzubieten«. Freiheitskämpfer standen also bereit, gegen die Tyrannis der Diadochennachfolger zu fechten.

Indes, der Geschichtsschreiber aus Arkadien, der fünfzig Jahre nach dem Abtritt von Aratos selbst den Achaiischen Bund politisch repräsentieren sollte, hat seine Vorgänger wohl ein bißchen romantisiert. Die Überzeugungen, die er in sie hineininterpretiert, mögen einige von ihnen durchaus besessen haben. Ihre Politik orientierten sie daran jedoch nicht. Außerdem darf man den Mann aus Sikyon wohl kaum einen reinrassigen Demokraten nennen. Viel eher war er Anführer einer Gruppe von wohlhabenden Bürgern, die ihren weniger betuchten Stadtgenossen vorschrieben, was sie zu tun hatten. Im übrigen ging es ihnen vor allem um Macht.

Hinterließ ein schweres Erbe

Nach Korinth entfesselte Aratos denn auch keineswegs den großen allgemeingriechischen Freiheitskampf, wie man es von ihm hätte erwarten müssen, vielmehr betrieb er eine nationalistisch motivierte, durch Hinweise auf die achaiische Tradition gerechtfertigte Annektionspolitik. Daß er dabei, neben den Makedonen, auch die Aitoler ins Visier bekam, war eigentlich unvermeidlich.

Die Bauernkrieger auf der anderen Seite des korinthischen Golfes schienen ein Objekt zu sein, an dem sich überzogenes hellenisches Selbstbewußtsein dadurch demonstrieren ließ, daß man sie verbal oder tätlich attackierte. Aber natürlich erwiderten die Aitoler auf ihre eigene aggressive Weise den Haß, der ihnen von allen Seiten entgegenschlug.

Mit Unterstützung Makedoniens drangen sie um 243 v. Chr. in achaiisches Gebiet ein. Aratos schloß einen Pakt mit den Spartanern, bat Ptolemaios III. um finanzielle Unterstützung und konnte nach zweijährigem Kampf die Invasoren vertreiben. Nochmals zwei Jahre später starb zu Pella der achtzigjährige Antigonos Gonatas, ohne die Stadt Korinth und die Vormachtstellung seines Landes auf der Peloponnes zurückgewonnen zu haben. Ob ihm sein stoischer Glaube über die Resignation hinweghalf, in die er zuletzt verfallen sein muß, weiß niemand. Ebenso unbekannt ist, wie er die Chancen seines einzigen Sohnes und Nachfolgers Demetrios II. einschätzte. Auf jeden Fall hinterließ er ihm ein schweres Erbe.

Der einst von Philipp II. geschaffene Staat hatte, in drei blutigen Kriegen, soviel Kraft verloren, daß er nun Feinde anzog, wie ein Stück Aas die Fliegen. Gonatas war denn auch kaum unter der Erde, da brachen die eben noch mit ihm verbündeten Aitoler aus dem makedonischen Einflußbereich die Landschaften Phokis, Lokris und Boiotien heraus. Aratos überredete den Kommandanten von Megalopolis zum Eintritt in die von ihm geführte Liga, und aus den Bergen des nördlichen Balkans stürmten die illyrischen Dardaner hervor.

Inmitten dieses Wirbels von Katastrophen machte Demetrios II. jedoch eine ausgezeichnete Figur. Er schlug alle Angreifer zurück und brachte dem achaiischen Bundesfeldherrn bei Phylakeia in Arkadien eine schwere Niederlage bei. Möglicherweise hätte er danach auch noch zurückgewinnen können, was seinem Vater verlorengegangen war, doch lebte er dazu nicht mehr lange genug. 229 v. Chr. ist er gestorben. Er hinterließ einen minderjährigen Sohn namens Philipp. Die Feinde seines Landes bekamen sofort wieder Oberwasser.

Nun entthronten auch die Epiroten, die seit dem Tod von Pyrrhos' Sohn mit den Makedonen zusammengearbeitet hatten, ihren König und gaben sich eine Bundes-Verfassung. Nun eroberten die Aitoler ein

Reich zusammen, das von der Ägäis bis zur Adria reichte. Nun trat Argos, der letzte makedonische Stützpunkt auf der Peloponnes der von Aratos geführten Föderation bei. Und Athen kaufte mit barem Geld seine Selbständigkeit von den Besatzungstruppen im Piräus zurück.

Der nächste Herrscher in Pella, der mit alledem fertig werden mußte, hieß wieder Antigonos. Er war ein Enkel von Demetrios Poliorketes und ein Onkel des unmündigen Philipp. Aus inzwischen nicht mehr bekannten Gründen trug er den Beinamen »Doson« (wahrscheinlich: »der die Herrschaft abgeben wird«). Aber unternehmen konnte er fürs erste nicht viel. Er mußte die Eroberungen der Aitoler anerkennen, die Unabhängigkeit Athens legitimieren, Aratos dulden, im übrigen – abwarten. Das durfte er auch guten Gewissens tun.

Inzwischen hatte sich nämlich auf der Peloponnes etwas angebahnt, das alle weiteren Expansionspläne der Achaier zu gefährden schien. Der großbürgerliche Bund drohte von den Wogen einer sozialistischen Revolution hinweggespült zu werden. Ihr Herd war Sparta.

Waffenklirrendes Männerlager

Die Stadt am Eurotas, von Dorern gegründet, hat bei den übrigen Griechen stets zwiespältige Gefühle geweckt. Den einen galt sie als Hort verknöcherten Junkertums, anderen als lebendes Relikt ur-hellenischen Wesens. Dritte schließlich – und zu ihnen könnten sowohl Platon als auch Iambulos und Euhemeros gehört haben – mögen sie als ein Vorbild für alle Utopien betrachtet haben.

Die spartanische Gesellschaft entsprach ja insofern ihren Denkmodellen, als sie in drei scharf voneinander geschiedene Klassen aufgeteilt war. An der Spitze stand die kleine grundbesitzende Schicht der »Spartiaten«. Unter ihnen rangierten die in den Randgebieten hausenden freien, aber minderberechtigten »Periöken« (Umwohnende). An der Basis dieser Pyramide lebten die völlig rechtlosen »Heloten«, die das Land bearbeiteten und nach Belieben getötet werden konnten.

Die Spartiaten, auch »homoioi«, die Gleichen, genannt, mußten sich einer strengen Lebensordnung unterwerfen. Ihre Kinder wurden nach vollendetem siebtem Lebensjahr der »agele« (Herde) eingegliedert und wuchsen in enger Schlaf- und Wohngemeinschaft mit älteren Gruppenführern auf. Sie erfuhren kaum, was Geld, was Luxus sei, übten den Überlebenskampf in Konkurrenz mit ihresgleichen, bekamen, sobald sie zwanzig waren, ein beschränktes, zehn Jahre später das volle Stimmrecht zuerkannt. Von da an hausten sie mit den Wehrfähigen zusammen und sahen ihre wichtigste Aufgabe darin, die eigene Kampfkraft zu erhalten oder weiterzuentwickeln.

Jede Erwerbstätigkeit war ihnen verboten, alle Staatsgeschäfte lagen in den Händen der fünf jährlich gewählten »Ephoren« (Aufseher). Von dem, was die jeweiligen leibeigenen Heloten erwirtschafteten, mußte ein genau bemessener Teil an die Speisegenossenschaft abgeführt werden. Der einzige Zeitvertreib, den dieses Leben bot, waren sportliche Wettkämpfe, musikalische Darbietungen und – der Krieg. Für ihn durfte der Spartiate sich auch schmücken. Er hatte als anerkannter Kämpfer zurückzukommen oder, auf der Bahre liegend, tot.

Es war keine Stadt, dieses Sparta, es war ein waffenklirrendes Männerlager, zumindest in seinem Blütejahrhundert zwischen etwa 550 und 450 v. Chr. Zur Zeit des Aratos sah es schon beträchtlich anders aus.

Von den ursprünglich vier- bis fünftausend Vollbürgern, die das Gemeinwesen verkörpert und verteidigt hatten, waren nur etwa siebenhundert übriggeblieben. Und von diesen besaßen nur noch hundert eigenes Land. In generationenlangen Erbgängen hatte sich eine kleine Schicht von Großgrundbesitzern herausgebildet. Deren Angehörige aber sahen längst keinen Anlaß mehr, so frugal zu leben wie ihre Vorfahren. Sie genossen, was sie hatten, und scherten sich wenig um die Nöte derjenigen aus ihrer Klasse, die nichts besaßen. Da jedoch solche Haltung mit den Lebensgesetzen eines auf genau ausbalancierte Privilegien und Pflichten zugeschnittenen Staates nicht vereinbar war, wäre Sparta mit der Zeit wahrscheinlich an sich selbst zugrunde gegangen, hätte nicht im Jahr 244 v. Chr. ein Mann versucht, das Ruder gewaltsam herumzureißen.

Wiederbelebung der Ur-Utopie Sparta

Agis, vierter lakonischer Regent seines Namens, entstammte dem Haus der Eurypontiden, sein Amtsbruder Leonidas II., mit dem er sich in die halb priesterliche Königsherrschaft teilte, jenem der Aigiaden. Beide Familien hatten von Anfang an die beiden obersten Repräsentanten des Staatswesens gestellt und sich im Lauf der Zeit wahrscheinlich mit den immer reicher werdenden Landbesitzern – zu denen sie ja selbst gehörten – identifiziert. Nun aber sprengte der energischere Teil des gekrönten Duos dieses Bündnis zwischen Thron und Kapital mit einem Reformprogramm.

Dessen wichtigste Punkte lauteten: Streichung sämtlicher Schulden. Verstärkung des Korps der Spartiaten durch Hereinnahme von dreitausendachthundert Periöken. Gleichmäßige Aufteilung des Landes im stadtnahen Eurotastal unter die Angehörigen der solcherart aufgefrischten Oberklasse. Zerstückelung aller entfernteren Liegenschaften zugunsten nicht-nobilitierter Herumwohnender.

Insgesamt strebte Agis damit natürlich die Wiederherstellung alter, heiler Zustände an, eben das aber wirkte revolutionär, denn es lief ja auch auf die Wiederbelebung der Ur-Utopie Sparta hinaus. Begreiflicherweise witterten deshalb die Ephoren hinter dem königlichen Purpur – den »Roten«. Nicht so die jüngeren Spartiaten.
Sie, erzählt Plutarch, »gaben wider alle Erwartungen den Anträgen Gehör . . . änderten auf einmal ihre Lebensart wie ein Gewand, um zur Freiheit zu gelangen«. Damit will er andeuten, daß sie sich von der sozialen auch eine moralische Neuordnung versprachen und dem Programm des Agis eine weitere, von ihm freilich ebenfalls angestrebte Dimension hinzufügten. Das aber war, anstelle gesetzlicher Reform, nun tatsächlich der Umsturz. Der König dirigierte ihn.
Er stellte den Enterbten einen großen Teil seines eigenen Landes zur Verfügung, gab als Startkapital noch sechshundert Talente drein – für spartanische Verhältnisse eine ungeheure Summe – und jagte, als auch dieses Beispiel nichts bewirkte, seinen Mitherrscher samt den Aufsehern aus der Stadt. Dann freilich machte er dummerweise den Fehler, durch welchen alles bisher Erreichte wieder zerstört wurde: er zog zusammen mit Aratos in den Krieg gegen die Aitoler.
Als er aus dem Feldzug heimkehrte, empfingen ihn seine inzwischen zurückgekommenen Gegenspieler mit bewaffneten Schergen. Der königliche Revolutionär wurde verhaftet, zum Tode verurteilt und hingerichtet. Doch sollte ihm ausgerechnet im Sohn seines Mitregenten Leonidas, der das Verdikt ja unterschrieben hatte, ein Nachfolger entstehen.

Besaß Sinn für das politisch Machbare

Kleomenes, aus dem Haus der Aigiaden, dürfte ein komplexerer Charakter gewesen sein als der relativ einfach strukturierte Agis. Dazu, daß er es wurde, haben freilich auch die Umstände beigetragen, unter denen er aufwuchs. Vater Leonidas zwang ihn, Agiatis, die Witwe seines getöteten Amtsbruders, zu heiraten. Die aber blieb nicht nur den Idealen ihres ersten Mannes treu, sie muß auch hochgebildet gewesen sein. Man sagt ihr jedenfalls nach, sie habe den jungen Prinzen mit dem Zenon-Schüler Sphairos aus Borysthenes zusammengebracht, einem Philosophen, der sowohl der stoischen als auch der stark sozial ausgerichteten kynischen Lehre verpflichtet war. Wenn das zutrifft, dann war es ein raffinierter Zug und Agiatis die eigentliche Initiatorin dessen, was nach der Thronbesteigung ihres nunmehrigen Gemahls, dem dritten spartanischen Regenten seines Namens, im Jahr 237 v. Chr. geschah.
Da war ja jemand an die Macht gelangt, der, dank Informationen aus

erster Hand, mit den Überlegungen und Absichten von Agis genau vertraut war, der vom Naturrecht wußte, der jugendlichen Abscheu empfand vor dem Treiben und Lassen einer ebenso besitzgierigen wie brutalen spartanischen Oberschicht und überdies »einen mit Hitze und Lebhaftigkeit verbundenen Trieb zu allem aufwies, was er einmal für gut erkannt hatte«. (Plutarch) Eine explosivere Mischung ist schlechterdings kaum vorstellbar. Kam noch hinzu: Kleomenes besaß Sinn für das politisch Machbare. Er ging sehr planvoll zu Werke.
Um die Ephoren und ihre Verbündeten ausmanövrieren zu können, brauchte er ein Heer in Waffen. Um ein Heer in Waffen zu bekommen, brauchte er einen Krieg. Ergo warf er, in dem Jahr, in welchem Doson König von Makedonien wurde, Aratos den Fehdehandschuh hin und griff ihn an.
Der Sikyoner, wohl wissend, daß er kein überragender Feldherr sei, drückte sich zwei Jahre lang um jede Schlacht herum. Als sie endlich doch nicht mehr zu vermeiden war, erlitt er eine blutige Niederlage am Berg Lykaion in der mittleren Peloponnes, kurz darauf eine nächste bei Megalopolis. Damit aber war Kleomenes auch noch das zugewachsen, was er in Sparta am nötigsten brauchte: der Ruf, ein bedeutender Kriegsmann zu sein.
Umjubelt von der Menge kehrte er 227 v. Chr. in seine Heimatstadt zurück. Er marschierte stracks zu der Speisehalle, in der die Ephoren, amtierende und gewesene, traditionsgemäß ihre gemeinsame Mahlzeit einnahmen. Einige von ihnen ließ er niedermachen, den Rest schickte er ins Exil – sein Mitkönig aus dem Haus der Eurypontiden war ohnehin kurz vorher ermordet worden. Und dann vollendete er, was Agis begonnen hatte.
Alle Schulden wurden erneut gestrichen, einige tausend Periöken zu Spartiaten gemacht, das Land gleichmäßig unter sie verteilt und darüber hinaus die alten strengen Sitten und Erziehungsmethoden wiedereingeführt. Kleomenes selbst verbannte jede Spur von Luxus aus seiner Wohnung, er beschäftigte keine Leibwächter, trug keinen Purpurmantel, regelte alle Geschäfte im mündlichen Verkehr mit seinen Untertanen, saß abends an der Tafel der Homoioi und unterhielt seine Gäste mit Anekdoten, Witzen und Rätseln im sprichwörtlich knappen »lakonischen« Stil. Sparta konnte von sich sagen, es habe wieder zurückgefunden zu der Ordnung, die ihm sein mythischer Gesetzgeber Lykurgos in grauer Vorzeit gegeben haben soll. Eine Zeitlang lebte die Stadt in karger Selbstgenügsamkeit dahin. Dann zeigte sich, daß es dabei nicht bleiben konnte.

In einundzwanzig Jahren an die Macht gewöhnt

Die von endlosen Kriegen durcheinandergewirbelten, mit Freiheits- und Gerechtigkeitsparolen übersättigten, von politischen Experimenten verunsicherten Menschen Griechenlands sahen in der Siedlung am Eurotas keineswegs nur das restaurierte archaiische Gemeinwesen, sondern eben den leidenschaftslos gerecht regierten Modellstaat. Auf ihn aber ließen sich alle möglichen Vorstellungen und Gefühle gleich gut projizieren, das Heimweh nach dem verklärten Alten ebenso wie die Sehnsucht nach fabelhaften Utopien platonischer, stoischer oder sonstiger Provenienz. Was hier aufleuchtete, schien überdies begreifbarer und nachvollziehbarer zu sein als etwa die glänzende Wirtschaftsapparatur, welche die Ptolemäer geschaffen hatten. Es war ein Fanal. Für den Aigiaden erwies sich das einerseits als Gewinn, andererseits als Nachteil.
Der Gewinn bestand darin, daß die Armen aller peloponnesischen Städte sich plötzlich für ihn begeisterten und regelrechte Kleomenes-Parteien ins Leben riefen, daß – als er zum nächsten Mal gegen die Achaier marschierte – viele Bundesstädte einfach zu ihm übergingen, zuletzt sogar Argos und Korinth, daß sich dadurch für ihn die Chance eröffnete, selbst zum obersten Beamten der Föderation gewählt zu werden und daß diese Aussicht Ptolemaios III. dazu bewog, mit einer größeren Summe von Hilfsgeldern auf seinen Sieg zu setzen.
Der Nachteil: dies alles zog Sparta zwangsläufig in den Machtkampf der Diadochennachfolger hinein. Außerdem: ein an die Wand gedrückter Aratos war nicht zu unterschätzen. Zwar hätte der sich eigentlich sagen müssen, die Achaiische Symmachie sei eine nach allen Seiten offene demokratische Institution, wenn eine weitere Stadt hereinwolle, müsse man sie eben aufnehmen, wenn man ihn abwähle, habe er eben zu gehen. Aber in solchen Vorstellungen dachte der Mann, der einst seinen Mitbürgern »die Freiheit« verkündete, offensichtlich längst nicht mehr.
Er hatte sich in einundzwanzig Jahren an die Macht gewöhnt, er wollte sie behalten. Und so beging er, nach einer Serie von weiteren Niederlagen im Kampf gegen den Spartaner, das, was Tarn »den großen Verrat« nennt. Er »verleugnete seine ganze Vergangenheit, sein Ideal, dem er bis auf die Ehre alles geopfert hatte« (Grimal) und knüpfte, als Kleomenes kurz vor dem Wahltermin des Jahres 224 v. Chr. derart krank geworden war, daß er sich den Elektoren nicht stellen konnte, Verhandlungen mit dem makedonischen Erbfeind an. Auf diese Weise bekam Antigonos Doson endlich seine lang erwartete Gelegenheit.
Er rückte sofort in die Peloponnes ein und vereinigte sich mit den Truppen des Achaiischen Bundes. Von da an lief der ganze Revolutionsfilm noch einmal, aber rückwärts, ab. Die Besitzbürger aller

Städte erhielten wieder Auftrieb, Argos und andere Siedlungen zogen sich auf die »richtige« Seite zurück. Kleomenes lieferte den Makedonen noch eine Reihe teilweise brillanter Gefechte, doch endlich verlor auch Ptolemaios III. sein Zutrauen in ihn, und als das ägyptische Geld ausblieb, war der finanziell längst überforderte königliche Umstürzler am Ende. Er floh nach Gytheion, Spartas Seehafen am Lakonischen Golf und weiter ins ägyptische Exil.
Dort fand er ein seinem Leben angemessenes Ende.

Ein gescheiterter Revolutionär

Ptolemaios III. behandelte den ehemaligen Verbündeten zunächst sehr gut. Er setzte ihm ein Gehalt aus, ließ es zu, daß er andere versprengte Spartaner um sich sammelte und mit ihnen Pläne für eine triumphale Rückkehr schmiedete. Man konnte ja nicht wissen, wofür solch eine Truppe von todbereiten Kämpfern noch gut sein mochte.
Unter seinem Nachfolger, der 221 v. Chr. den Thron bestieg, änderte sich dieser Zustand jedoch mit einem Schlag. Wie fast alle Lagiden wurde Ptolemaios IV. von Frauen gelenkt. Ihrer wiederum bediente sich Finanzminister Sosibios, und er hielt nichts davon, daß man die Makedonen etwa reize, indem man Kleomenes als Geheimwaffe gegen sie bereitstellte. So sorgte er denn für einen Vorwand, der es gestattete, den Spartaner ins Gefängnis einzuweisen, und trieb ihn damit zu einer letzten Verzweiflungstat.
»Kleomenes«, schreibt Polybios, »wartete eine Reise des Königs nach Kanopos (einer Weihestätte im Nildelta) ab und verbreitete dann . . . das Gerücht, man werde ihn demnächst freilassen. Angeblich um dies zu feiern, gab er seinen Dienern ein Festmahl und schickte den Wärtern Opferfleisch hinaus, vor allem aber Wein, dem sie, arglos, wie sie waren, so reichlich zusprachen, daß sie alle betrunken wurden. Danach konnte er unbemerkt von der Wache mitten am hellichten Tag mit seinen Freunden ausbrechen, alle mit Dolchen bewaffnet. Auf der Straße begegneten sie Ptolemaios, dem Stadtkommandanten in Abwesenheit des Königs . . . Sie zogen ihn vom Wagen und sperrten ihn ein, das Volk aber riefen sie zur Freiheit auf. Doch niemand hörte ihnen zu, niemand zeigte sich zur Erhebung unter Kleomenes' Führung bereit; das Unterfangen schien ihnen unerhört, unglaubhaft. Kleomenes machte nunmehr kehrt und zog gegen die Zitadelle, um . . . die Gefangenen zu befreien und sich durch sie zu verstärken. Als auch dies fehlschlug . . . legten die Spartaner Hand an sich selbst, als tapfere Männer, lakonischer Art getreu. So endete Kleomenes, ein Mann, gewandt im persönlichen Umgang, hochbegabt als Regent und Feldherr, ein geborener Führer und König« – ein gescheiterter Revolutionär.

Daß er ausgerechnet in Alexandria starb, mutet im übrigen fast symbolisch an: Der einsame Ausbrecher, Waffe in der Hand, das Wort Freiheit auf den Lippen, steht vor den ragenden Marmorbauten, die Ägyptens Bürger so sehr in Bann hielten, daß sie nicht einmal begriffen, was er von ihnen wollte. Es war ein pathetisches Schlußbild.

Aber andererseits: Wer hätte sich denn nicht verirren sollen in den bergwerkstiefen Schächten, welche von der Oberfläche der hellenistischen Welt hinabreichten in ein Massenbewußtsein, das längst so komplex war wie diese selbst? Wer wollte sich noch länger zurechtfinden zwischen dem, was Götter versprachen, Philosophen erklärten, Utopisten malten, Parteigänger der verschiedenartigsten politischen Schulen forderten? Man mußte eintreten, gewiß, aber wofür? Sich arrangieren, sicherlich, aber womit?

Was jedermann offen vor Augen zu liegen schien, war ohnehin verwirrend genug: hier die Könige, die ihre beinahe schon rituellen Tänze um das goldene Kalb der Macht aufführten – auch sie offensichtlich Gefangene eines ihnen eigenen Schicksals –, dort die kleineren Machthaber, die sich in ihre Flanken verbissen hatten wie lästige Zecken. Hier die Nationalisten, die mit der Erinnerung an eine glorreiche Vergangenheit operierten, dort die Vorkämpfer einer Welt, in der jedem, sei er Grieche oder Nicht-Grieche, Makedone, Ägypter oder Perser, ein genaues Maß an Gerechtigkeit und Besitz zustehen würde. Das ging nun zum Teil schon hundert Jahre so, und es war nicht abzusehen, wann es jemals enden oder wozu es führen würde. Die Könige zeugten andere Könige, die Ideologen aller Schattierungen fanden weiterhin Gehör, selbst die Brandfackel, die dem Kleomenes aus der Hand gefallen war, sollte neue Brände zünden. Wie also hieß das Gesetz, das die Epoche regierte? Niemand konnte es sagen.

Kein Wunder, daß fast alle Betrachter des Hellenismus den Eindruck gewinnen, diese Zeit habe auf geradezu verblüffende Weise der unseren geglichen.

KAPITEL 7

VOR UND HINTER DEN MARMORNEN KULISSEN

»*Der obersten Gewalt jedoch, von der alles herfließt, Wohltat und Pein, unterwerfen sich mäßige, feste, folgerechte Naturen, um nach ihrer Weise zu leben und zu wirken. Der Dichter aber hat am ersten Ursache, sich dem Höchsten, der sein Talent schätzt, zu widmen.*«

JOHANN WOLFGANG GOETHE
Noten und Abhandlungen zu besserem
Verständnis des West-östlichen Divans

»*Die bildenden Künste insbesondere, außer dem unfehlbaren Einflusse, den sie auf den Charakter der Nation haben, sind einer Wirkung fähig, welche die nähere Aufsicht des Gesetzes heischet. Erzeugten schöne Menschen schöne Bildsäulen, so wirkten diese hinwiederum auf jene zurück, und der Staat hatte schönen Bildsäulen schöne Menschen mit zu verdanken.*«

GOTTHOLD EPHRAIM LESSING
Laokoon

ZEITTAFEL

Die Dichter:
Zwischen
310 u. 300 v. Chr.: Theokrit in Syrakus geboren.
310 v. Chr.: Kallimachos in Kyrene geboren.
Zwischen
290 u. 280 v. Chr.: Theokrit reist nach Kos.
275/74 v. Chr.: Theokrit schreibt an Hieron II.
274/73 v. Chr.: Theokrit bewirbt sich bei Ptolemaios II. Er fährt nach Alexandria.
270 v. Chr.: Theokrits Spuren verlieren sich, wahrscheinlich kehrt er nach Kos oder Sizilien zurück.
245 v. Chr.: Kallimachos stirbt.

Die Attaliden:
340–263 v. Chr.: Lebenszeit des Philetairos.
263–241 v. Chr. Regierungszeit von Eumenes I.
241–197 v. Chr.: Regierungszeit von Attalos I. Errichtung der Galliergruppe.
197–159 v. Chr.: Regierungszeit von Eumenes II. Bau des Großen Zeusaltars.
159–138 v. Chr.: Regierungszeit von Attalos II.
138–133 v. Chr.: Regierungszeit von Attalos III.

Die Bildwerke:
323–240 v. Chr.: Frühhellenismus:
Apoxyomenos des Lysippos.
Kauernde Aphrodite des Doidalses.
240–150 v. Chr.: Hochhellenismus:
Schlafender Hermaphrodit
Kapitolinische Aphrodite
Nike von Samothrake
Dornauszieher von Priene
Galliergruppe
Friese des Großen Zeusaltars
150–31 v. Chr.: Späthellenismus:
Laokoon-Gruppe
Venus von Milo (nach einem frühhellenistischen Vorbild).
Nubischer Straßensänger

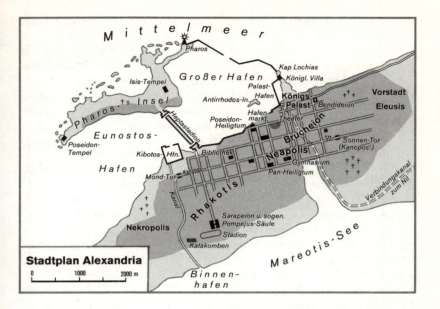

DIE STADT DER DICHTER UND GELEHRTEN

Als Brotstudium auch Medizin

Ein junger Mann aus gutem Hause, intelligent, von angenehmer Wesensart, aber nicht bereit, sich für einen der profitablen Erwerbszweige, seien es Krieg, Handel oder Politik, zu interessieren – wie sollte er seinen Weg machen in einer Welt, die anscheinend nur den sicheren Griff nach Beutegütern aller Art honorierte?
Theokritos aus Syrakus, Sohn eines Vaters, der Praxagoras hieß, und einer Mutter, die, aus nicht mehr bekannten Gründen, als berühmt galt, dürfte für seine Eltern eben diese Frage verkörpert haben. Er muß ein Träumer gewesen sein, neigte zur Naturschwärmerei und mag sich schon frühzeitig im Verseschmieden geübt haben. Keine dieser Vorlieben prädestinierte ihn für einen soliden Beruf, doch interessierte er sich offensichtlich auch für alles, was da wuchs und blühte. Das ließ sich zur Not als naturwissenschaftliche Neigung interpretieren. Es eröffnete die Möglichkeit, eine akademische Karriere für ihn ins Auge zu fassen, verwies etwa auf den Weg nach Athen, wo der Aristoteles-Nachfolger Theophrastos aus Eresos (auf Lesbos) lehrte, unter anderem die größte lebende Autorität für Pflanzenkunde. Aber natürlich wäre als Brotstudium auch Medizin in Frage gekommen. Theokrit scheint mit

dem Vorschlag einverstanden gewesen zu sein, eines der beiden Fächer zu belegen. Irgendwann zu Beginn des dritten vorchristlichen Jahrhunderts (wann er geboren wurde, kann nur geschätzt werden) verließ der wahrscheinlich damals knapp Zwanzigjährige seine Heimatstadt und hielt sich eine Zeitlang in Unteritalien auf, wohin er ja zunächst einmal gehen mußte, wenn er von Sizilien nach Griechenland gelangen wollte. Dann aber scheint er den Weg in die Stadt der Akademien doch nicht gefunden zu haben. Statt dessen tauchte er in Kos auf, was die Vermutung, er habe Arzt werden wollen, untermauert.

Die vor der kleinasiatischen Küste liegende Insel galt zu seiner Zeit als das medizinische Zentrum der mittelmeerischen Welt. Sie gehörte faktisch den Ptolemäern – Philadelphos ist auf ihr geboren –, unterstand aber nominell niemand anderem als dem Heilgott Asklepios. An dessen Tempel hatte zwischen 460 und 377 v. Chr. Hippokrates gelehrt, der Verfasser des nach ihm benannten, noch heute geleisteten Mediziner-Eides. Von seinem Ruf und Erbe wiederum zehrten die priesterlichen Inhaber eines in drei mächtige Terrassen gegliederten Klinik-Komplexes.

Der Patient, der sich dieser Anlage auf einer prachtvollen Zypressenallee näherte, betrat zunächst einen riesigen, von Kolonnaden gesäumten Hof, welcher die Behandlungsräume, ein Hotel für betuchte Gäste, Gesundbrunnen, Klassenräume einer medizinischen Schule, Ärztewohnungen und einen Ärzteklub umschloß. Er stieg dann empor in das Revier der Gottesdiener sowie (vermutlich) der kaufmännischen Verwaltung und erreichte schließlich, über eine pompöse Freitreppe, die dritte Stufe, die von einem Opferaltar und einem pseudodorischen Tempel aus weißem Marmor überragt wurde.

Der Blick aus dieser Höhe gehört immer noch mit zum Eindrucksvollsten, was die Insel bieten kann. Während ihrer Blütezeit bot sie mehr.

Für Modebäder charakteristisch

In der Kapitale des Eilands – angeblich eine der schönsten hellenistischen Städte – blühte der Exporthandel mit den durchsichtigen Stoffen, für die Kos berühmt war. In den dichtbesiedelten Tälern wuchs ein Wein, der als ebenso heilkräftig angepriesen wurde wie die eisen- und schwefelhaltigen Wasser der Tempelquellen. Und natürlich dürfte außerhalb der Großklinik jene leicht hektische Betriebsamkeit geherrscht haben, die für Modebäder charakteristisch ist.

Genesende Patienten besuchten Theater, Konzerte, Kneipen, vor allem aber die von einer fremdenverkehrsbewußten Stadt- und Tempelverwaltung absichts- und liebevoll inszenierten Volksfeste. Aus jeweils

gegebenen Anlässen wurden auf Kos nahezu alle Götter des hellenistischen Pantheons mit aufwendigen Veranstaltungen gefeiert, Dionysos ebenso wie Athene oder Hekate, Zeus Hyetios, der Regenbringer, nicht weniger prunkvoll als Zeus Soter, der Erlöser.
Die Veranstalter müssen das ganze Jahr über fast pausenlos beschäftigt gewesen sein. Bauern lieferten Rinder, Schweine und Ziegen, deren Fleisch bei den Opferschmäusen verteilt wurde, Bäcker Näschereien, Winzer Wein. Den Ärzten und den Flötenspielern standen – das läßt sich erhaltenen Inschriften entnehmen – von allen diesen Gaben Extraportionen zu. Doch hätte es sich auch aus anderen Gründen gelohnt, auf der Insel des Asklepios Heilkundiger zu werden: einige Hippokratesnachfolger scheinen sich durchaus nicht gescheut zu haben, ihren Patienten gesalzene Honorare abzuverlangen.
Der junge Mann aus Syrakus indessen verfiel einer anderen Lockung des koischen Lebens. Ihm gefielen die Landschaft, die Luft, die Hirten, die milden Winter und die nicht allzu heißen Sommer. Er fand einen Freund, den Medizinstudenten Nikias, mit dem er Liebesprobleme diskutierte, er fand auch Eingang in die Häuser des einheimischen Adels und Geldadels. Seine Fähigkeit, Gesellschaften mit selbstverfaßten Versen zu unterhalten, dürfte ihm die Villentüren geöffnet haben. Man mochte ihn, man mochte, was er schrieb, und so galt er binnen kurzem als ein namhafter Lokalpoet. Das aber befriedigte sein Begehren offensichtlich mehr als alle denkbaren Studien, mit denen er sich befaßt haben mag. Vielleicht ließe sich deshalb auch sagen, er habe auf der Dodekanes-Insel zu sich selbst gefunden und nunmehr gewußt, was er war und was er sein wollte, ein Dichter nämlich.
Freilich, die damit verbundene Entscheidung beschwor zunächst höchst praktische Konsequenzen herauf. Auch ein Poet mußte Geld verdienen, fragte sich nur, womit. So etwas ähnliches wie ein Copyright gab es noch nicht. Einmal veröffentlichte Arbeiten konnten von jedem kopiert und weitervertrieben werden. Der Buchhandel blühte, für Verse und Prosa wurden beträchtliche Summen gezahlt, aber diejenigen, die sie verfaßt hatten, verdienten an solchen Geschäften meist nicht eine Drachme.

Eine Art Bewerbungsschreiben

Theokrit versuchte, dem mißlichen Problem des Gelderwerbs auf damals wahrscheinlich nicht ungewöhnliche Weise beizukommen: er schrieb ein Gedicht, das in Wirklichkeit jedoch eine Art Bewerbungsschreiben war, und sandte es an Hieron II., den Regenten von Syrakus. Das Ergebnis seiner Anstrengungen ist ein im Grunde jammervolles Dokument. Es beginnt hochtrabend, es endet kläglich. Kühn stellt er

sich einerseits neben die drei Chariten, die Göttinnen des Liebreizes, der Anmut und des Frohsinns, verzagt klagt er wenig später, daß diese seine Musen allzuoft »mit nackten Füßen« nach Hause kämen und dann, »das Haupt gesenkt auf die frierenden Knie« in der »leeren Truhe« säßen, die ihnen als Heimstatt dient. Empört beschimpft er alle, die »nicht mehr wie früher Ruhm für herrliche Taten« beanspruchen, »sondern dem Nutzen allein verhaftet sind«, und schlau fügt er hinzu: »Der Kluge gönnt sich selber was und etwas dem Sänger«, denn »nur durch die Musen gewinnen die Menschen ein ehrend Gedächtnis, / Lachende Erben jedoch vergeuden die Güter der Toten«.
Verkaufstaktisch gesehen ist dieses letzte Argument sein stärkstes. Mit ihm bezeichnet er ja die Ware, die er allein offerieren kann: Bewahrung vor dem Vergessenwerden. Den Mut, Dichtung als einen Wert an sich zu bezeichnen, findet er nicht, ebensowenig die Courage, für seine angebotenen Dienste ein fixes Entgelt zu fordern. Statt dessen – er glaubt wohl, sich der ihm unbekannten Mentalität seines Adressaten anpassen zu müssen – beteuert er, an irdischen Gütern, »Mäulern und Pferden« liege ihm nicht das geringste, vielmehr strebe er nach Freunschaft – wobei unausgesprochen bleibt, daß er diese natürlich von einem Mann erhofft, der reich und mächtig genug ist, sich derlei auch etwas kosten zu lassen.
Nach neunundsiebzig polternden, tastenden, klagenden Versen dieser Art spricht er den als Gönner ins Auge Gefaßten dann direkt an. Er tut's mit einem tiefen Bückling. »Vergleichbar den Helden der Vorzeit« nennt er Hieron, bescheinigt ihm, daß »die Phönizier unter der sinkenden Sonne« (die Karthager also) vor seinen Speeren zitterten, und endet mit dem Wunsch, solchen Ruhm möchten »die Sänger verkünden«, von denen er selbst freilich nur einer sein könne; denn es gebe ja auf Sizilien noch zahlreiche andere – ein schwaches Ende. Aber andererseits: was hätte bei dem Versuch, der Poesie einen ökonomischen Stellenwert zu verschaffen, schon herauskommen sollen? Theokrit mußte so tun, als reite er den wahren Pegasus vor, und konnte doch nicht verhehlen, daß er in Wirklichkeit auf der Schindmähre des Bettlers saß. Möglicherweise erklärt das auch, warum sein Schreiben überhaupt nichts bewirkte.
Hieron, der seit Pyrrhos' Rückzug von Sizilien in Syrakus glanzvoll hofhielt, der ein tüchtiger, geschickter Herrscher war und auch die Musenjünger seines Machtbereichs leben ließ, hat das Schreiben aus Kos wahrscheinlich nicht einmal beantwortet. Jedenfalls verfaßte Theokrit schon wenig später ein zweites, ähnliches Gedicht, um es einem anderen, mächtigeren Herrscher zuzusenden: Ptolemaios Philadelphos.

Verkehrsadern, über dreißig Meter breit

Der zweite regierende Lagide stand, als ihn das Schreiben aus Kos erreichte, auf dem Höhepunkt seines Glücks. Er war fünfunddreißig oder sechsunddreißig Jahre alt. Er residierte, zusammen mit seiner Schwester-Gemahlin Arsinoë, in einer Stadt, von der etwa Diodorus Siculus schrieb, sie sei allen anderen »an Eleganz, Ausdehnung, Reichtum und Luxus« bei weitem überlegen gewesen – womit er landläufiger Meinung Ausdruck verlieh. Alexandria war die unumstrittene Kapitale der hellenistischen Welt. Es verwies nicht nur alle seleukidischen Großsiedlungen, sondern auch solch alte und ehrwürdige Städte wie Athen, Milet oder Ephesos auf einen nachgeordneten Rang. Pella degradierte es zum Provinznest.

Was Alexander projektiert und als Aufgabe seinem Pioniergeneral Deinokrates übertragen hatte, war unter dem Patronat der beiden ersten Ptolemäer ebenso systematisch wie großzügig realisiert worden. Strabo zufolge soll Alexandria den Umriß eines makedonischen Reitermantels gehabt haben, eines länglichen, rechteckigen Tuchstückes also. Die Stadt sei, sagt er weiter, dreißig Stadien – etwa fünfeinhalb Kilometer – lang und eineinhalb Kilometer breit gewesen. Das letztere dürfte schon deshalb zutreffend sein, weil zwischen Mittelmeerküste und Mareotis-See nicht wesentlich mehr Raum zur Verfügung stand; auch das moderne Alexandria ist ein übermäßig in die Länge gezogenes Gebilde von nur geringer Tiefe.

Im übrigen gründete die Einzigartigkeit der ptolemäischen Hauptstadt keineswegs auf der vielgerühmten Tatsache, daß alle ihre Straßen sich rechtwinklig trafen – das hätte sie kaum von älteren griechischen Schachbrettanlagen, wie etwa Piräus oder dem durch Philipp zerstörten Olynth, unterschieden. Charakteristisch ist, daß die beiden wichtigsten dieser Verkehrsadern über dreißig Meter breit waren, von Kolonnaden gesäumt, makellos gepflastert und daß sie den regelmäßig von See her wehenden Sommerwinden Gelegenheit gaben, die Temperatur selbst an den heißesten Tagen erträglich zu halten.

Doch ergibt auch diese Angabe nur ein winziges von den unzählig vielen Mosaiksteinen, aus welchen sich das ganze Bild Alexandrias zusammensetzt. Ein bedeutend größerer: die Schilderungen des höchsten Gebäudes der damaligen Welt, jenes Leuchtturms, welcher den Sieben Weltwundern zugerechnet wurde.

Das Riesending

Rund einhundertdreißig Meter soll das Riesending vom Sockel bis zum Kopf der Götterstatue, die es krönte, gemessen haben. Es erhob sich auf einer der Küste vorgelagerten, etwa drei Kilometer langen Insel, wurde, nach ihr, »Pharos« genannt und dürfte, trotz seiner Mächtigkeit, elegant, ja grazil gewirkt haben. Die angeblich drei Meter dicken Mauern seines viereckigen, sich leicht verjüngenden Grundgeschosses (Höhe etwa sechzig Meter) trugen ein schlankeres, achteckiges Mittelgeschoß (Höhe dreißig Meter), dieses einen fünfzehn Meter hohen Rundturm, der die Laterne barg und von einer acht Meter hohen Kuppel samt dem darauf stehenden Kultbild (Höhe sieben Meter) überragt wurde. Die Plattform des Unterbaus schmückten vier steinerne Tritonen, einer an jeder Ecke, die des Mittelteils ein kunstvoll ornamentierter Fries. Das Drehfeuer der Anlage soll aus einem System von Metallspiegeln bestanden haben, welche das Sonnenlicht einfingen, bündelten und hinausstrahlten. Nachts erzielte man den gleichen Effekt mit einem Holzfeuer. Ägyptens makedonische Könige wußten, was sie den Seeleuten schuldeten. Sie waren wie kein anderes Diadochenhaus auf die Schiffahrt angewiesen. Aber natürlich erfüllte der Pharos noch andere Zwecke.

Sein massives Untergeschoß barg eine Zisterne, Vorratsräume, Wachstuben, einen Versammlungssaal. Die Regierung hätte sich also in das Riesenbauwerk zurückziehen können, wenn Alexandria erobert worden wäre. Seine obere Plattform diente den Astronomen als Observatorium, und schließlich mag das Spiegelsystem der Laterne auch geeignet gewesen sein, Flotteneinheiten, die vor der Küste kreuzten, Befehle und Informationen zuzu»funken«.

Der erste regierende Lagide hatte das Bauwerk in Auftrag gegeben, verwirklicht worden war es von dem Architekten Sostratos aus Knidos (im westlichen Kleinasien), der nicht nur ein bedeutender Baukünstler, sondern auch ein exzellenter Statiker gewesen sein muß. Sein Leuchtturm blieb bis zum Jahr 642 n. Chr. in Betrieb, dann warf ein Erdbeben die Laterne herab. Aber erst 1882 zerschlugen englische Schiffskanonen die Reste des Weltwunders. Heute läßt sich nicht einmal mehr exakt angeben, wo auf der Insel es stand. Es muß den Eingang des sogenannten »Großen Hafens« überragt haben. Und auch der war eine technische Meisterleistung, eine nahezu reines Kunstprodukt.

Schiffe, die seinen Reichtum mehrten

Die Baumeister, die von ihren Königen beauftragt worden waren, Alexandria mit einer Schiffslände zu versehen, hatten nichts weiter vorgefunden als eine flache Küste ohne jede nutzbare Bucht, ihr gegenüber, gut einen Kilometer entfernt, die parallel zum Ufer verlaufende Pharos-Insel und östlich davon die Halbinsel Lochias. Mit diesen natürlichen Gegebenheiten mußten sie arbeiten. Sie taten es auf ebenso sinnvolle wie letzten Endes einfache Weise. Eiland und Festland wurden durch einen massiven Damm miteinander verbunden, der sieben Stadien lang war und deshalb den Namen »Heptastadion« erhielt, von Lochias aus zog man dann eine Mauer in Richtung Pharos. So entstanden zwei vollkommen geschützte Becken: westlich des Heptastadions der kleinere »Eunostos«-Hafen, offen für Fahrzeuge, die mit Westwind hereinkamen, östlich davon der geräumigere »Große Hafen«. Er bot alles, was von einem Schiffsliegeplatz erwartet werden konnte, war vor Seegang geschützt, leicht abzusperren und ergo auch leicht zu verteidigen. Aus diesen Gründen diente er nicht nur dem kommerziellen und militärischen Verkehr, sondern auch der Erholung des jeweiligen Herrschers.

Vor Lochias lagen die Kriegsschiffe und, in einem künstlich ausgeschachteten Becken, die königlichen Lustboote, westlich davon zwischen Heptastadion und einer Kaianlage die Handelsfahrer. Die winzige Insel Antirrhodos, nahe dem Ufer, hatte der erste Ptolemäer mit einer kleinen Villa versehen lassen. Doch dürfte vor allem sein Sohn von ihren Terrassen aus mit nie nachlassendem Vergnügen beobachtet haben, wie die großen Schiffe, die seinen Reichtum mehrten, den Pharos passierten, wie sie von Ruderbooten zu ihren Liegeplätzen geschleppt wurden, wie an den Holzarmen der Kräne, Ölkrüge, Stoffballen, Papyrosbündel emporgehievt oder hinabgesenkt wurden, wie Arbeiter Weizen durch die Ladeluken schaufelten und staunende Reisende aus aller Welt über die Gangways herabkamen, konfrontiert mit der perfekten Maschinerie eines durchrationalisierten Großbetriebes. Händler hasteten über die glattgepflasterten Uferstraßen, Kapitäne suchten Schiffahrtsbüros auf, Lagerhausverwalter kommandierten ihre Bediensteten herum. Und dabei war dieser Seehafen nur die Vordertür des »größten Handelshauses der bewohnten Welt«. Seine Rückfront bot das gleiche Bild noch einmal, in nicht wesentlich kleinerem Maßstab.

Hier am Mareotis-See lagen die Binnenhäfen der Stadt, hier wurden die Erzeugnisse des Landes angeliefert. Flache Boote aus den südlichsten Regionen des Ptolemäerreichs hatten in irgendwelchen abgelegenen Dörfern an Bord genommen, was dessen Herr von seinen Untertanen beanspruchte, Getreide und lebendes Vieh, Gemüse und Obst. Sie waren am Beginn des Deltas in den westlichsten Nilarm, den sogenannten »kanopischen« abgebogen, ihre Masten wie riesige Ausrufezeichen durch die flache, grüne Landschaft schiebend, und hatten schließlich über einen künstlichen Kanal den Süßwasser-See im Rücken der Hauptstadt erreicht. Nun legten sie am Zollamt an, um ihre Ladungen registrieren zu lassen, setzten reisende Beamte ab oder fuhren über einen weiteren Kanal in den kleineren der beiden Seehäfen ein, um dort die großen Überseefahrer zu beladen oder zu leichtern.

Alexander hatte sehr wohl gewußt, warum er seinen ägyptischen Stützpunkt ausgerechnet auf dem schmalen Landrücken zwischen Mareotis und Meer errichtet haben wollte, und die beiden Lagiden hatten ihn begriffen. Ihre Stadt war das Instrument, mit dem sie Ägyptens Reichtum in Kapital umsetzten. Sie war noch mehr.

Komposition in Weiß, Grün und Gold

»Das sind die schönen Häuser des Odysseus! . . . Eines reiht sich ans andere, und ein Hof ist ihm daran gebaut mit Mauer und Gesimsen.« So beschreibt Homer den Palast seines irrenden, endlich nach Ithaka zurückgekehrten Helden; so zitiert ihn Strabo bei der Beschreibung des königlichen Quartiers von Alexandria. Leider wird Strabo nicht sehr viel deutlicher. Er berichtet lediglich noch, diese Residenz habe »ein Viertel oder sogar ein Drittel« der gesamten Stadtfläche bedeckt. Man muß also auf eine riesenhafte Anlage schließen, zusammengestückelt aus Wohntrakten, Repräsentationsbauten, Höfen, Gärten und Pavillons, eine City in der City, eine luxuriöse Komposition in Weiß, Grün und Gold. Sie lag dem Großen Hafen gegenüber, von den Kais nur durch eine Uferstraße getrennt. Mehr weiß man nicht. Mehr wird man wahrscheinlich nie erfahren; denn das antike Alexandria ist fast vollständig unter dem modernen begraben.

Das zweite seiner besonders berühmten Bauwerke läßt sich nicht einmal aus solch spärlichen Angaben rekonstruieren. Es ist einfach verschollen. Dabei muß es doch für die ganze hellenistische Welt von hoher Bedeutung gewesen sein: das Alexander-Mausoleum. Ptolemaios I. hatte den Leichnam seines toten Königs an sich gebracht, hatte ihn nach Ägypten schaffen lassen und an den Ufern des Mareotis über seinem Sarg ein Monument aufgetürmt, das später sein Ur-Enkel vollenden sollte. Es wurde »sema«, also schlicht »Grab« genannt. Es diente auch den Lagiden-Herrschern als letzte Ruhestätte und dokumentierte in unmißverständlicher Klarheit: hier liegen die eigentlichen Erben des großen Toten. (1977 hat der ägyptische Archäologe Fawziel Fakhrani nahe dem Bereich des Palastviertels eine mit Alabasterquadern ausgekleidete Kammer gefunden, von der er hofft, sie als den Vorraum des Semas identifizieren zu können.)

Demselben Anspruch wie das Alexandergrab verlieh auf entsprechende Weise auch das zweite große Kultbauwerk Alexandrias Ausdruck, das ebenfalls erst von Ptolemaios IV. fertiggestellte »Serapeion«. Von ihm sind Reste erhalten geblieben und Beschreibungen. Besucher stiegen über eine riesige Freitreppe auf die zwanzig Meter über Meereshöhe gelegene Plattform empor, die den Tempel trug. Zu dem Gotteshaus gehörten eine berühmte Bibliothek, angeblich die zweitgrößte der damaligen Welt, ein »Nilometer« zum Ablesen der Grundwasserhöhe und vermutlich auch Lesehallen, Aufenthaltsräume, Gasthäuser. Insgesamt muß der blendendweiße Komplex alle Dächer überragt haben und neben dem Pharos die zweite große Landmarke Alexandrias gewesen sein.

Ein von Zisternen durchlöchertes Schuttgebirge, eine sechsundzwanzig Meter hohe Porphyrsäule, die nichts mit dem ursprünglichen Bauwerk zu tun hat, ist alles, was vom Serapeion auf uns gekommen ist. Ringsum brodeln heute die Slums der Stadt: dichtbesiedelte Straßenzüge voll kleiner Handwerksbetriebe. Kotflügel werden ausgebeult, Sohlen zugeschnitten, Lumpen aus den verstaatlichten Baumwollwebereien sortiert – sie sind in dieser Gegend immer noch für ein Hemd, einen Rock, eine Flickendecke gut.

Aber natürlich war das Heiligtum des von Ptolemaios I. geschaffenen Gottes nicht das einzige Monument seiner Art. Zeitgenössische Berichte erwähnen auch einen Aphrodite- und einen Poseidontempel sowie ein dem Homer geweihtes Sanktuarium. Legionen weiterer Tempel in allen Größen und vorstellbaren Formen muß man sich wahrscheinlich hinzudenken. Ägypter wollten Thoth und Anubis, Griechen auch Athene und Apollon, Phönizier den Melkart verehren. Die Stadt war international. Sie atmete Meeresluft und Weite. Ihren hellenischen Bürgern standen Gymnasien zur Verfügung. Es gab eine Wagenrennbahn und in Hafennähe ein großes Theater, dessen Bühnenrückwand die spiegelnde See war. Dazu kamen die offiziellen Gebäude, Stadtverwaltung und Gericht, sowie reine Zweckbauten, wie die auf Säulen ruhenden Wasserreservoirs, die noch Deinokrates geschaffen hatte. Aufgelockert wurde das etwa neun Quadratkilometer große Häusermeer durch Grünflächen und Parks. Dem Zeus war ein zoologischer Garten mit Löwen, Tigern, Luchsen, Wildeseln, Büffeln gewidmet, dem Natur- und Allgott Pan ein botanischer mit künstlichen Hügeln voll alpiner Felsenpflanzen. Die Ptolemäer hatten ihre Stadt als Abbild der Welt entworfen. Wer in ihr wohnte, war auf Kontakt mit der Umgebung nicht angewiesen. Auch alle Völker der hellenistischen Oikumene konnte er kennenlernen, ohne die Stadttore zu durchschreiten.

Etablissements für den gehobenen Bedarf

Die fünf Wohnquartiere Alexandrias wurden mit den ersten Buchstaben des Alphabets bezeichnet. Im östlich gelegenen Viertel Delta etwa wohnten fast ausschließlich Juden, im Südwesten Ägypter, dazwischen Hellenen, Araber, Perser, Makedonen, jede Volksgruppe hübsch für sich, jede organisiert in Kultusgemeinden, Parteien, Vereinen und manche – das galt besonders für die griechische – noch einmal zerspalten durch lokale, von der Heimat importierte Vorurteile, die es dem Korinther nur erlaubten, sich mit Korinthern zu treffen, den Thebaner an seine thebanischen Stammtische verwiesen. Auch in dieser Hinsicht war das Weltmodell Alexandria stimmig.

Was die gesellschaftliche Gliederung der vielzüngigen Bürgerschaft betrifft, so muß man vermuten, daß sie wahrscheinlich in drei Klassen zerfiel. Da war die winzig kleine Gruppe derjenigen, die es geschafft hatten, sich auf irgendeine Weise in die königlichen Monopolgeschäfte einzuschalten und an ihnen mitzuverdienen. Da gab es die weitaus größere Schicht der Kleinunternehmer, die mit wenigen Mitarbeitern handwerkliche Erzeugnisse und hochwertige Luxusgüter herstellten, von einfachen Sätteln bis zu vielfarbigen Gläsern. Und da war schließlich die große Masse derjenigen, die für den Staatsapparat arbeiteten, sei es als Steuerbeamte, sei es als Ölmühlenarbeiter. Eine kopfstarke Schicht von Großkaufleuten, Fabrikanten, Bankiers fehlte. Deren Aufkommen verhinderte die staatsmonopolistische Struktur des Ptolemäerreichs. Millionengeschäfte konnten nur von der Krone getätigt werden.

Trotzdem gab es, längs dem Kanal zum kanopischen Nilarm, ausgedehnte Villenviertel mit Gärten und privaten Bootsanlegestellen, gab es Etablissements für den gehobenen Bedarf, vom exklusiven Speiselokal über das mietbare Liebesnest bis zum Nachtclub. Doch dürften alle diese Anlagen und Einrichtungen fast ausschließlich von Staatsfunktionären, Offizieren, Hofbediensteten besessen oder benutzt worden sein.

Die Masse der Bevölkerung mußte sich mit den billigen Eßkneipen begnügen, zu deren Spezialitäten Schweinsköpfe, Würste und Innereien gehörten. Sie trank das dünne ägyptische Bier oder die nicht sonderlich berühmten einheimischen Weine – ausländische waren zu teuer. Ihrem Vergnügen dienten Schaubuden und Straßensänger, Marionettentheater und Varietés, vor allem aber die großen öffentlichen Veranstaltungen zu Ehren der Götter oder des Herrscherhauses. Das letztere müssen Feste für die ganze Bürgerschaft gewesen sein, für Arme und Reiche, für Kammerherrn und Lagerhausarbeiter. Sie fanden in den Tempeln, den Theatern, auf der Straße oder sogar in dem dann aller Welt zugänglichen Königspalast statt.

Wagen voll tropischen Getiers

Die wahrscheinlich aufwendigste jener alexandrinischen Feiern war, vordergründig zumindest, dem Dionysos geweiht. Ihr Anlaß: die seit 280 v. Chr. alle vier Jahre in Szene gesetzten panhellenischen Wett-

kämpfe. Von dem Prunkzug, der sie im Jahr 276 v. Chr. eröffnete, ist ein nicht ganz vollständiger Ablaufplan erhalten geblieben. Er umfaßt fünfundzwanzig Positionen.
Die erste: Silene mit Menschenkopf und Pferdeleib treiben die Zuschauer von der Straße. Die dritte: ein mit goldenen Efeublättern geschmückter Dionysos-Altar rollt majestätisch vorbei. Die elfte: hundertachtzig Männer mühen sich mit einem Wagen ab, auf dem das Kultbild des Weinbringers steht. Frühestens nach der zwölften beginnt dann das eigentliche Schauspiel. Mit Bildern, die jedermann vertraut sind, zeichnen die Veranstalter das Leben des Festpatrons nach. Dabei verzichten sie weder auf grobe Effekte noch auf komische Einlagen.
Die Göttin Nysa, Verkörperung des Geburtsortes von Dionysos, spritzt Milch ins Publikum. Satyrn tränken alle, die sich bis zum Straßenrand vorschieben konnten, aus einem gigantischen, aus Pantherfellen zusammengenähten Weinschlauch. Bei Position neunzehn betritt der erste Elefant die Boulevard-Szene, auf seinem Nacken einen als Gott verkleideten Schauspieler tragend. Weitere Rüsselschwinger ziehen Wagen voll tropischen Getiers über das Pflaster, Strauße und Gnus, Gazellen und Antilopen. Kamele schleppen Säcke mit Weihrauch, Myrrhen, Zimt und anderen Gewürz- oder Duftstoffen heran. Endlich wird, mit Position vierundzwanzig, das ganze üppige Aufgebot als Bilderrätsel dekuvriert und gelöst. Den Symbolen der Eroberung Indiens durch Dionysos folgen bekränzte Bilder von Alexander und Ptolemaios I. Da gab es keinen, der nicht gewußt hätte, was das hieß.
Der Gott war insofern Vorgänger und Wegbereiter der beiden Makedonen, als er ein Unternehmen begonnen hatte, welches sie dann vollendeten: die Gewinnung des Ostens. Das machte die Ptolemäer zu seinen legitimen Nachfolgern. Es war eine Klitterung, mit der das Königreich Ägypten im Mythos verankert werden sollte.
Derartige Festzüge bereiteten den Alexandrinern Vergnügen und machten sie selbstbewußt. Es galt als ein Privileg, in der Stadt am Mareotis leben zu dürfen.
»Auf nach Ägypten sogleich!« ruft in einer kleinen zeitgenössischen Vers-Szene ein Mann seinem Partner zu. Sie stammt aus der Feder von Theokrit und bekundet dessen Bereitschaft, die Reise zu wagen. Er hatte sie ja gut vorbereitet.

Alles, was glänzte und funkelte

Das Gedicht, mit dem der Syrakuser sich bei Ptolemaios II. vorstellte, ist jene überschwengliche Huldigung, in welcher er ihn einen blondgelockten Speerkämpfer nennt und die Ehe des Lagiden mit dem Hinweis auf Zeus und Hera rechtfertigt. Es fiel noch lobhudlerischer aus als das Schreiben an Hieron, wirkt aber, dessenungeachtet, weit weniger verkrampft und ist auch formvollendeter. In der Zeit zwischen beiden Arbeiten scheint Theokrit an Selbstbewußtsein gewonnen zu haben. Man hatte mittlerweile auch in Alexandria von ihm gehört und ihm von dorther bedeutet, er möge doch kommen, man schätze ihn bei Hofe, seinem weiteren Aufstieg stehe nichts im Wege. So ist er denn, vermutlich um das Jahr 274 v. Chr., nach Ägypten gefahren.

Bessere Chancen als im Dunstkreis von Arsinoë und ihrem Bruder wurden einem Dichter kaum irgendwo in der hellenistischen Welt geboten. Die beiden schätzten alles, was glänzte und funkelte, nicht nur Gemmen, Edelsteine, Gold und Perlen, sondern ebenso jene feinziselierten Preziosen, welche ein begabter Poet aus Worten zusammenfügen konnte. Sie sammelten auch Wissen aller Art in ihrem Schatzhaus an, kauften exotische Tiere, gelehrte Köpfe und vor allem Bücher, Bücher, Bücher. Sie scheinen tatsächlich davon geträumt zu haben, das Universum im kleinen nachzubauen. Freilich, es war ein Universum, dessen Bewohner sich, wie die beiden Herrscher auch, vornehmlich mit einem zu beschäftigen hatten: sie mußten sammeln, Gesammeltes aufbereiten, Ungeordnetes ordnen, Unpoliertes polieren, Unvollkommenes ergänzen. Sie glichen Zwergen, welche in den riesigen Gewölben ihrer Herrn werkten, pusselten, zusammentrugen und sich dabei gelegentlich in die Haare gerieten. Besonders galt das für die Mitglieder des Museions und die Mitarbeiter der großen, weltberühmten Bibliothek von Alexandria.

Das erste Institut lag, Strabo zufolge, innerhalb des Palastviertels. Es besaß eine große Wandelhalle, in der sich diskutierende Denker nach peripatetischem Brauch ergehen konnten, weite, zu den Gärten hin geöffnete Säle für Lehrveranstaltungen und Versammlungen, einen Gemeinschaftsraum, eine Sternwarte und das erste anatomische Institut der Welt, dazu sicherlich noch Lesezimmer, Archive und Studierstuben. Die Gemeinschaft der Gelehrten, denen alle diese Einrichtungen zur Verfügung standen, sollen, so wiederum Strabo, in einer Art Gütergemeinschaft gelebt haben und einen Priester zum Vorgesetzten gehabt haben. Das drängt die Vorstellung von klösterlicher Zucht und Lebensordnung auf, von Mönchen, die sich der Wissenschaft verschrieben hatten – im Dienste eines Königs.

Die Bibliothek, die möglicherweise von Mitgliedern des Museions konzipiert worden ist, dürfte ähnlich organisiert gewesen sein. Ihr kam die Aufgabe zu, die gesamte erreichbare Weltliteratur unter einem Dach zu sammeln und deren Werke ins Griechische zu übersetzen. Da damit aber nicht irgendwelche Translatoren beschäftigt wurden, sondern einige der besten Köpfe ihrer Zeit, provozierte solche Zielsetzung fast zwangsläufig die Entstehung mehrerer neuer Wissenschaften, darunter der Philologie und der Bibliothekswissenschaft. Die Begründer der einen hatten sich in die Aufgabe verbissen, verstümmelte, entstellte, vielfach überschriebene Texte wieder in ihren Originalzustand zu versetzen, was nicht ohne mühsame und zeitraubende Textvergleiche abging; die Bibliothekare erkannten, daß jede Büchersammlung von einigem Umfang wertlos sei, wenn sie nicht durch einen präzisen Katalog erschlossen werde. So erstellten sie sogenannte »pinakes« (Verzeichnisse), in denen einerseits die Schriftsteller, andererseits deren Werke in Gruppen zusammengefaßt und beschrieben wurden. Die Masse der Autoren zerfiel etwa in Vers- und Prosaschreiber sowie solche Verfasser, welche weder dieser noch jener Gruppe zugeordnet werden konnten. Ihre Arbeiten wurden mit Anfangsworten, Zeilenzahl, Inhaltsangabe und kritischer Würdigung verbucht, das Gesammelte also geordnet, das Unvollkommene ergänzt.

Dem Bibliothekar Zenodotos aus Ephesos gelang es in Alexandria, die Urfassung der homerischen Epen wiederherzustellen. Sein Kollege Aristophanes aus Byzanz gab eine gereinigte Fassung der Werke von Aischylos, Sophokles und Euripides heraus. Kallimachos aus Kyrene gilt als der Verfasser der Pinakes. Theokrit mußte in der Welt, die solche Männer bestimmten und prägten, versuchen, seinen Platz zu finden. Es gelang ihm offensichtlich mit Hilfe eben des Mannes, der das Büchermeer buchhalterisch gebändigt hatte.

Elegant von untadeligem Geschmack

Kallimachos war das vielleicht vollkommenste Produkt jenes Organismus, zu dem Bibliothek, Museion und königlicher Hof verwachsen waren. In den Archiven trug er Material für angeblich rund achthundert wissenschaftliche Arbeiten zusammen, schrieb etwa über ethnologische Phänomene, literarische Stilfragen und wundersame Erscheinungen. In der Umgebung der Herrscher brillierte er mit Wissen und dichterischem Können. Seine Gedichte lassen ihn als einen feinsinnigen Ironiker erscheinen, einen Elegant von untadeligem Geschmack, leicht arrogant, allem Volkstümlichen abgeneigt. Dennoch scheute er sich nicht, dem König auch zu schmeicheln, ihn gelegentlich um Geld zu bitten oder sich für die politische, gegen Gonatas gerichtete Propaganda zur Verfügung zu stellen. Er wußte, wo für ihn der Brotkorb hing, war aber in den ihm wichtigen Dingen völlig unkorrumpierbar. Nicht zuletzt deshalb gilt er heute vielen Experten als der bedeutendste Versemacher des Hellenismus. Ihr Urteil hat einiges für sich.

Welche Themen Kallimachos auch immer aufgreift, er tut es nach den Regeln, die er sich selbst gegeben hat. Er wird niemals laut, schon gar nicht pathetisch, wählt seine Vergleiche sorgfältig aus dem ihm zur

Verfügung stehenden riesigen Wissensschatz und zieht die Doppeldeutigkeit fast stets der Eindeutigkeit vor. So beklagt er die Armut der Poeten mit dem leisen, aber leicht vergifteten Vers: »Könnt ich doch damals leben, o Apoll, als ich nicht lebte.« So fängt er in seinem besten Epigramm die Trauer über einen Toten mit Worten ein, die, insgesamt, so leicht wie eine Flocke sind und dennoch das Herz treffen. »Hier schläft Saon, Sohn des Dikon aus Akanthos, den heiligen Schlaf. / Sage nicht, daß die Guten tot seien.«

Seine Literaturtheorien aber haben Kallimachos in einen Kollegenstreit verwickelt, der die alexandrinische Kulturszene durchhallt haben dürfte und mindestens ein prominentes Opfer forderte. Das war der ebenfalls an der Bibliothek arbeitende Gelehrte und Dichter Apollonios, welcher wahrscheinlich aus Naukratis am Nil stammte, aber als »der Rhodier« in die Geschichte einging. In dem Zwist der beiden schien es vor allem um formale Probleme zu gehen. In Wirklichkeit war er eine Auseinandersetzung über das Selbstverständnis der hellenistischen Literaten.

Apollonios glaubte noch an das große Epos, die Darstellung mythologischer Ereignisse im Stil Homers und versuchte mit seiner *Argonautika* zu beweisen, daß er dieses Metier beherrsche. In rund sechstausend Versen und mit ungeheurer Gelehrsamkeit beschrieb er die Fahrt des Schiffes Argo und die Suche ihrer Besatzung nach dem Goldenen Vlies. Dabei gelang ihm eine hinreißende Schilderung der Liebe zwischen Medea und Jason, doch über lange Strecken mutet sein Werk eher wie der Versuch an, die klassische Verserzählung auf philologisch exakte Weise zu rekonstruieren. Das aber bestätigte die Zweifel, die Kallimachos von Anfang an gehabt hatte.

Nach seiner Ansicht konnte nur noch das kleine, sorgfältig gebaute, kunstvoll stilisierte Gedicht etwas von der Wirklichkeit des Zeitalters einfangen, eine Erfahrung wiedergeben, eine Erkenntnis sinnfällig machen. Die große Breitwanderzählung dagegen war für ihn so tot wie die Epoche, welche sie hervorgebracht hatte – womit auch schon die Grundsatzfrage berührt ist, um die es dabei ebenfalls ging.

Sie lautete: welche Aufgabe hat die Dichtung überhaupt? Soll sie auf reinen Kunstgenuß abzielen, auf Belehrung und Erziehung, oder soll sie, wie einst, den Mythos am Leben erhalten?

Schilderung eines Baches oder einer Blumenwiese

Kallimachos, wie gesagt, beharrte darauf, daß eine zu unübersichtlich gewordene Welt mit literarischen Mitteln nicht mehr verbindlich erklärt, sondern allenfalls punktuell ausgeleuchtet werden könne. Er war einerseits Gelehrter genug, um zu wissen, daß sich die komplexe Realität nur durch geduldige Forschungsarbeit erschließen läßt, aber andererseits auch zu sehr Künstler, um die Poesie unter ein Joch zu beugen, welches sie unmöglich noch tragen konnte. Apollonios dagegen wollte dem Traum nicht abschwören, es sei die heile Welt mit Mitteln der im Sinn herkömmlicher Traditionen unheil gewordenen noch zu beschwören. Obwohl dieser Streit auch heute nicht völlig unaktuell ist, hat der Rhodier als Literat für seine Zeit wahrscheinlich unrecht gehabt. Kulturpolitisch dagegen lag er, wie sich noch zeigen wird, durchaus auf der richtigen Linie. – Die beiden Kontrahenten zogen denn auch aus ihrer Auseinandersetzung völlig verschiedene Konsequenzen. Der Verfasser der *Argonautika* emigrierte, als sein Werk in Alexandria mehr oder weniger durchgefallen war, nach Rhodos, wo man noch anders dachte als in der aufgeklärten Großstadt. Kallimachos aber konzentrierte sich mehr denn je auf jene literarische Form, die später »Eidyllion« genannt wurde, die aber nichts mit dem zu tun hatte, was wir heute Idyllen nennen. Das Wort bedeutete einfach ›kleines Bild‹ und stand sowohl für Kurzszenen als auch Beschreibungen einfacher Vorgänge, Zustände und Stimmungen. Eidyllia waren zum Lesen bestimmt oder zum Vorlesen. Der Hof in Alexandria scheint sie angenommen und geschätzt zu haben.

Die tonangebenden Kreise der Stadt fanden keinen Geschmack mehr an den großen Konflikten zwischen Schicksalsmächten und Sterblichen. Während ringsum ein kriegerisches Spektakel auf das andere folgte, erfreute man sich in den Gärten des Palastes und der Villen an den kleinen Alltagsdramen, den Beschreibungen von Problemen einfacher Menschen, den Schilderungen eines Baches oder einer Blumenwiese. Tragödien und Komödien dienten fast nur noch der Befriedigung schaulustiger Massen. Epen und der damals aufgekommene Roman galten als Lesefutter. Lehrgedichte wie etwa die *Phainomena* des Aratos aus Soloi waren etwas, das man bestaunte, aber nicht verstand. Für Theokrit hat sich das alles sehr günstig ausgewirkt.

Er war ja ebenfalls ein Vertreter der kleinen Form, war es sogar auf noch viel ausgeprägtere Weise als Kallimachos, weshalb er diesen im Wettkampf um die Publikumsgunst zuletzt auch schlug. Schon die Römer dachten fast ausschließlich an ihn, wenn sie von Eidyllia sprachen. Außerdem ist er dafür verantwortlich, daß sich aus diesem Begriff unsere Vorstellung von Idyll und idyllisch herausentwickeln konnte. Entsprechendes gilt für die Bezeichnung »bukolisch«. Bukólos heißt der Rinderhirt, bukoliázein Hirtenlieder singen. Da Theokrit mit Vorliebe die Viehhüter und ihre Gefährtinnen besang, wurde er zum ersten Bukoliker der Weltliteratur.

Wie weit ihn der ungefähr gleichaltrige Kallimachos gefördert, unterstützt und eingeführt hat, wissen wir nicht. Auf jeden Fall dürften die beiden sich getroffen und gut verstanden haben. Sie hatten ähnliche

Vorstellungen von dem, was Poesie sei, verwirklichten sie aber dennoch auf verschiedene Weise.
Der Syrakuser bringt, abgesehen von seinen botanischen Kenntnissen, kaum je wissenschaftliche Informationen in das Gedicht ein, und seine Schöpfungen erreichen nur selten die marmorglatte Vollkommenheit oder die kunstvolle Mehrdeutigkeit der kallimachischen. Dafür durchwärmt sie echte Anteilnahme an den kleinen Affären kleiner Leute und zuweilen ein schon nicht mehr ganz höfischer Humor. Er hat gewiß mit Hingabe die Landbewohner besungen, aber er zeichnete auch getreue Bilder von der Wirklichkeit, die ihn in Alexandria umgab. So etwa mit der Szene *Die Syrakuserinnen am Adonisfest*.

»Pöbel wahrhaftig! Drängeln wie Schweine!«

Adonis, ein aus Phönizien stammender Vegetationsgott, Liebhaber der großen Mutter Kybele, von einem Eber getötet, in Baum und Strauch wieder auferstanden, gehörte nicht zu den Prominenten des hellenistischen Heiligenkalenders, doch war er bei den Frauen beliebt. Arsinoë veranstaltete deshalb allsommerlich ein Fest zu seinen Ehren. Dabei wurden kleine »Adonisgärtchen« auf die Hausdächer gestellt und ein Teil des Palastes für die Bürgerinnen geöffnet.
Zwei von ihnen greift Theokrit sich heraus, Praxinoa und Gorgo. Beide sprechen nicht die »koine«, jene mittelmeerweit verbreitete hellenistische Umgangssprache, die sich aus dem attischen Dialekt herausentwickelt hatte, sondern das ältere, weniger abgeschliffene Dorisch. Das deutet darauf hin, daß sie ihr Leben entweder überwiegend im Kreis einer sich nach außen hin abschließenden Landsmannschaft führten oder daß sie neu zugewandert waren.
»Entsetzlich zu hören, wie breit sie die Wörter aussprechen!« mokiert sich ein Alexandriner über sie. Aber Praxinoa fertigt ihn ab: »Was geht es dich an, wie wir schwatzen?« Sie hält überhaupt nicht viel von den Männern, ihren eigenen eingeschlossen. Der Narr hat ein Haus im abgelegensten Stadtteil genommen. Als sie ihn jüngst zum Einkaufen schickte, brachte er Salz, das »dreizehnellige Mannsbild«, statt, wie bestellt, »Soda und rote Farbe«.
Bevor die beiden sich zum königlichen Palast aufmachen, muß noch das übliche hauswirtschaftliche Ritual abgewickelt werden. Eine Sklavin erhält Anweisung, das Lager für die Katze zurechtzumachen, den Hund einzusperren, der Chefin Waschwasser zu bringen, aber nicht zuviel – offensichtlich kostet es Geld –, ihren Strohhut und ihr Sommerkleid heranzuschaffen, das quengelnde Kind ins Haus zu holen; denn mitnehmen wollen sie es nicht, es könnte im Gedränge zu Schaden kommen. Schon auf der Straße ist es gefährlich.

»Welch ein Gewimmel!« ruft Praxinoa, »wie Ameisen, zahllos und endlos ... Beste Gorgo, was soll aus uns werden? Sieh die Paradepferde des Königs! Ach, lieber Mann, zertret mich doch bloß nicht!« Sie fragen eine Passantin, ob man denn in den Palast noch hineinkomme. Antwort: »Die Achaier wagten's und kamen nach Troja.« »Gab uns Orakelsprüche«, murrt Gorgo, »und ging ihrer Wege.« Je näher sie dem königlichen Viertel kommen, desto schlimmer wird das Gedränge.
»Schrecklich ist's. Gorgo, gib mir die Hand ... Alle zugleich nun hinein ... Wehe mir Armen, schon ist mein Sommerkleid zerrissen ... Pöbel wahrhaftig! Drängeln wie Schweine!« Aber die beiden, immer feste mit, schaffen es endlich doch. »Schön nun!« seufzt Praxinoa erleichtert. Gorgo ist bereits mit Staunen beschäftigt.
»Sieh nur die Teppiche da an den Wänden!... Man hält's für Gewänder der Götter.« Ja, bestätigt die Freundin, »wirklich beseelt, nicht gewebt. Welch ein tüchtiges Wesen der Mensch doch ist.«
Dann beginnt die Feier; sie scheint eher schlicht zu sein. Eine Sängerin tritt auf, um den schönen Toten zu beklagen. Sie zählt auf, was die Bürgerinnen von Alexandria ihrem Gott alles dargebracht haben, »goldene Salbengefäße, gefüllt mit syrischem Duftöl ... allerlei Speisen ... grüne Lauben, behangen mit zartestem Dill«, und beschreibt, wie er war und wie er starb. »Noch nicht stachlig ist sein Kuß, noch hat um die Lippen er Milchhaar«, ist ja erst »achtzehn oder neunzehn«, der Junge. Da liegt er nun in den Armen seiner Geliebten, entseelt. Die Frauen aber, so singt sie, tragen den »Rosenarmigen« hinaus zu den »schäumenden Wogen am Strand«, lassen das Haar herab »und das Miederteil bis zum Knöchel / Und mit entblößten Brüsten stimmen wir hellen Gesang an«.
Theokrit beschwört hier die erotische Grundstimmung dieser Zeremonie, muß es ja auch tun, um begreiflich zu machen, was die beiden biederen Hausfrauen letzten Endes in den Palast geführt hatte. Ihre eigene Welt kontrastiert ohnehin auf das komischste mit der, in die sie für eine kurze Weile entführt worden waren.
»Es ist Zeit, daß wir gehen«, sagt Gorgo am Ende, »Diokleides hat noch nichts gegessen; / Gift und Galle nur – Er! Und kriegt er nichts, bleib ihm vom Leibe.«
Wie derartige Szenen auf ein Publikum von betuchten, wahrscheinlich leicht blasierten Alexandrinern der Oberklasse wirken mußten, kann man sich ohne Mühe vorstellen. Sie brachten einen als exotisch empfundenen Hauch von Kleineleute-Mief in die parfümierte Atmosphäre der Villen und der Palastappartements. Gleichzeitig reizten sie zum Lachen. Man merkte ihnen noch an, daß sie sich aus einer alten Volksbelustigung herausentwickelt hatten, dem sogenannten »mimos«

Ein typischer Alexandriner

Mimen waren ursprünglich kleine Stegreifspiele gewesen, die von Schauspielern, Tänzern, Gauklern, Flötenspielern dargeboten wurden. Theokrit hat sie umgegossen in reine Literatur, hat die Dialoge festgelegt und dürfte schon deshalb mit ihnen Erfolg gehabt haben, weil sich, wenn man sie beherrschte, in dieser Form alle denkbaren Themen auf eine sozusagen nette Weise verpacken ließen, auch die großen mythologischen.

Ein Gedicht über die Dioskuren etwa hängt er allein an dem Boxkampf auf, den einer von ihnen, Polydeukes, während des Argonautenzuges mit dem Rüpel Amykos zu bestehen hatte – liefert also, unter anderem, auch so etwas wie eine Sportreportage in Hexametern ab. Von allen Abenteuern des gewaltigen Herakles schildert er ausgerechnet dessen erstes, die Erwürgung der beiden Schlangen, die in seine Wiege krochen, als er noch ein Kleinkind war – wobei er den Keulenschwinger eben als kräftiges Baby zeichnet. Und wenn er die zehrende Leidenschaft eines Mädchens für einen Mann beschreiben will, dann bedient er sich auch dämonisierender Elemente. Das gilt zum Beispiel für seine Ballade *Die Zauberin*.

»Magisches Rädchen, zieh in mein Haus du den Mann, den ich liebe«, lautete eine der beiden Refrainzeilen, welche dieses Gedicht zusammenhalten. Es beschwört eine junge Frau herauf, die, im Schein des Herdfeuers, auf alte Hexenweise ihren untreuen Liebhaber zurückgewinnen will. Hekate wird angerufen, Medea, Kirke. Wachs, Gerste, Wein und Tollkraut werden in die Glut geworfen, eine Franse aus dem Mantel des Freundes kommt hinzu und eine zerstampfte Eidechse. Die aus allen diesen Ingredienzen gewonnene Salbe muß endlich unter die Hausschwelle des Angebeteten gerieben werden. Und falls auch das nichts hilft: »Bei den Moiren! – an Hades' Tor soll er klopfen, / Solch gefährliches Gift für ihn birgt – ich schwör's – meine Truhe.«

Theokrit, wie man sieht, hatte Sinn für Effekte. Er scheute aber auch Pikanterien nicht. Seine Liebesszenen sind sinnlich, ohne je drastisch zu werden. Selbst in die Gefühlswelt von Knabenliebhabern konnte er sich hineinversetzen – was nicht ausschließt, daß er selbst einer war.

Aus welchen Kreisen jedoch die Leute kamen, mit denen er verkehrte, läßt sich seinen Epigrammen entnehmen. Er beklagt in ihnen etwa den Tod eines Physiognomen, der »aus dem Auge klug auch den Charakter konnt' ersehen«; das Hinscheiden eines Chorausstatters, der »sowohl auf das Schöne sah, wie auch auf das, was sich ziemt«, und schreibt über einen Dritten: »Bürger und Fremde bedient meine Bank in der gleichen Weise. / Bringe dein Geld, und mit Zins heb nach Berechnung es ab. / Ausflüchte mögen andre gebrauchen. Aber Kaikos / Tätig der

Kunden Geschäfte, wird es gewünscht, sogar nachts.« Hat er also auch einen Geldwechsler gekannt? Oder sind diese Zeilen ein gegen Honorar verfertigter Werbespruch? Wenn die letzte Vermutung zu belegen wäre, hätte man einen Hinweis auf die wirtschaftlichen Verhältnisse eines Dichters in Alexandria. Allzu üppig mag Ptolemaios seine Poeten dann doch nicht immer entlohnt haben.

Noch lieber als das wüßte man freilich, wie das Land Ägypten, nicht die Stadt am Mareotis allein, auf den glänzenden Beobachter Theokrit gewirkt hat, aber davon erfährt man überhaupt nichts. Seine Hirtenlieder spielen alle vor sizilischem oder koischem Hintergrund, ihre Helden sind Griechen, keine Fellahin.

Realistisch beschreibt er, welchen Ärger die Viehhüter zuweilen mit ihren Tieren haben: »Fressen das Laub ab vom Ölbaum, die Bestien.« Bekannt sind ihm die Tücken dorniger Weiden: »Ich rannte mir eben hier einen Stachel ein . . . Kannst du was finden?« Vertraut ist er mit den zwischenmenschlichen Beziehungen in bäuerlichen Gemeinwesen: »Hat denn der Alte noch jenes Liebchen mit den schwarzen Brauen? . . . Freilich, selbst ertappt ich ihn neulich beim Stall, als er wieder am Werk war.« Doch kennt er weder die Palmenhaine der Oasen noch die von Ibissen bevölkerten Kleeäcker des Deltas, weder das Pantherfellmuster, mit dem Schatten wandernder Wolken die Wüste zeichnen, noch das Leben der Nilbauern, das sich halb im Wasser, halb auf trockenem Grund abspielt, in Lehmhütten und Lehmhöhlen, unter Taubenschlägen, welche vieltürmigen Miniaturkathedralen gleichen. Er scheint die Stadt kaum verlassen zu haben oder fand zu Ägypten keinen Kontakt. Man könnte ihn deshalb einen typischen Alexandriner nennen, vielleicht auch einen nur flüchtigen Gast am Ufer des Mareotis.

Um 274 v. Chr. hat er vermutlich die Insel des Asklepios verlassen, vier Jahre später scheint er wieder dorthin oder nach Sizilien zurückgekehrt zu sein. 270 v. Chr. aber starb auch Arsinoë. Ein Teil des Glanzes, der über dem ptolemäischen Hof gelegen hatte, erlosch.

Verschwunden, die Levantiner

Heute gehört Alexandria nicht mehr zu den Städten, die man unbedingt gesehen haben muß. Der ehemalige Große Hafen hat seine wirtschaftliche Hauptrolle an den ehemaligen Port Eunostos abgetreten. Anstelle des Heptastadions trennt beide Becken eine breite Landzunge, welche den Pharos zur Halbinsel degradiert. Auf Lochias haben sich Schieß- und Jachtclubs angesiedelt. Antirrhodos gibt es nicht mehr. Der Mareotis büßte seine Verbindung zum Nil ein und versumpft mehr und mehr. Dort, wo sich einst vor der Südmauer der Stadt

Weinfelder dehnten, schimmert himbeerrot die Fläche eines riesigen Natronsees. An Alexander erinnert noch die Straße Eskandar el Akbar. Er lebt ja in der arabischen Tradition als Eskandar (oder Iskender) Zu'l-Karneyn, Alexander der Zwiegehörnte (wegen seines Widder-Kopfschmucks) fort.

Die City selbst aber erwacht erst zu wirklichem Leben, wenn im Sommer zu ihren zwei Millionen Einwohnern rund eine Million inländische Badegäste stoßen. Dann werden die Plüschsessel in den Hotels von ihren Staubschonern befreit, dann sind die riesigen weißen Sandstrände im Osten und Westen des Häusermeers mit Sonnenschirmen übersät. Die Straßencafés füllen sich, und aus Kairo kommen die besseren Bauchtänzerinnen, die während der kühleren Jahreszeiten in den Nachtclubs an der Straße nach Gizeh arbeiten.

Aber die Sommer, das sind immer nur zwei, höchstens dreieinhalb Monate. Den ganzen Rest des Jahres über ist Alexandria eine Hafen- und Industriestadt ohne wahrnehmbares Flair und ohne spezifische Atmosphäre. Verschwunden die abgetakelten britischen Subalternoffiziere, die hier ihre Pension verzehrten, verschwunden die gravitätischen Beys der Faruk-Zeit mit Fez und Uhrkette, verschwunden aber vor allem die Vertreter jener Bevölkerungsschicht, welche das Leben an diesem Platz einst prägte, weil sie so etwas wie eine Quersumme aller Mittelmeervölker repräsentierte: die Levantiner. Sie waren es ja gewesen, die das Alexandria der dreißiger und vierziger Jahre zu dem von Fäulnisdunst umwitterten menschlichen Ameisenhaufen gemacht hatten, den Lawrence Durrell beschrieb. Sie müssen die Stadt dieses Charakters auch wieder beraubt haben – durch ihren Wegzug oder ihr Aussterben.

In den Büros der Geschäftshäuser sitzen heute die Nachfahren braunhäutiger Fellahin, schwer gebaute Männer mit offenen Gesichtern, die einen Hang zu penibler, umständlicher Ordentlichkeit haben. Sie sind die Nutznießer der Bürokratisierung des Wirtschaftsapparates und der Nasserschen Verstaatlichungsmaßnahmen, also eben jener Entwicklung, welche den Levantinern die Lebensgrundlage entzog. Man könnte angesichts dieser Situation vom letzten Akt eines Schauspiels sprechen, das knapp zweieinhalb Jahrtausende lang gelaufen sei, ebensogut aber vom Beginn eines neuen Aufzugs in einem weitaus längeren Stück.

Regelrechte Stars

Ägypten war zwischen 3000 und 525 v. Chr. ein mächtiges, selbständiges Reich mit einer unverwechselbaren Kultur gewesen. Danach wurde es fast genausolang von Fremden beherrscht, den Persern zuerst, den

Briten zuletzt. Erst in unseren Tagen konnten die Nilanrainer ihr Schicksal wieder selbst in die Hände nehmen. Für sie also: Beginn eines frischen Geschichtsabschnitts.

Für Levantiner dagegen stellt sich die Sache anders dar. Ihr Stück hatte 331 v. Chr. begonnen, denn Menschen, in deren Innerem der Hellene den Armenier, der Jude den Syrer belauert, kann es ja wohl vor der Gründung Alexandrias nirgendwo gegeben haben. Die Stadt am Mittelmeer war eine ihrer Wiegen und später eine ihrer wichtigsten Lebensbühnen. Aber 1953 fiel der Vorhang.

Versucht man nun beide Abläufe gemeinsam ins Auge zu fassen, so zeigt sich, daß sie eigentlich wenig miteinander zu tun haben. Hellenistische Geschichte war insofern auch ägyptische Geschichte, als sie teilweise am Nil stattfand. Ägyptische Geschichte jedoch umschließt die aller in sie eingreifenden Kolonialmächte als eine gewaltige Masse aus uraltem Stoff. Das erfuhren im Lauf der Jahre auch die Bewohner der ptolemäischen Residenzstadt.

Alexandria lag am Rande Ägyptens, aber damit doch auch an jenem dunklen Gewässer, von dessen Grund die Sphingen heraufblicken. Die Pharaonen hatten sich, um es mit den Worten eines Führers in der Chephrên-Pyramide zu sagen,»stets wie Flöhe auf dem letzten Haar am Schwanz eines ungeheuer großen Hundes gefühlt, und dieser Hund war die Ewigkeit«. Alexanders Nachfolger dagegen wollten sich vor allem in dieser Welt verwirklichen und haben an die andere wohl nur die allernotwendigsten Gedanken verschwendet. Nun aber starrten einem Diadochen und seinen Erben aus dem gewonnenen Land heraus die steinernen Manifestationen des ägyptischen Respekts vor dem Dasein jenseits des Grabes entgegen: Totenstädte, Tempel, Mastabas (Grabbauten). Natürlich konnten die Makedonen versuchen, den Atem, der sie aus diesen Riesengrüften anwehte, zu ignorieren. Sie konnten sich auch bemühen, seine Eiseskälte abzumildern, aber sie mußten auf alle Fälle dafür sorgen, daß der Kern ihres eigenen Wesens davon nicht angekränkelt wurde. Die ersten Ptolemäer haben vor allem das dritte getan. Von Arsinoë und Philadelphos ließe sich, stark vereinfacht, sagen, ihr wichtigstes Bestreben sei es gewesen, Alexandria mit griechischem Geist so aufzuladen, daß es gegen eine Infizierung durch jenen des Hinterlands absolut gefeit war.

Solchem Zweck scheinen nicht nur die aufwendigen Kultveranstaltungen gedient zu haben, sondern ebenso die Konzentration von Wissen und Kunst am Hof. Lyrikern wie Kallimachos und Theokrit kam in diesem Rahmen nur relativ geringe Bedeutung zu, um so größere dagegen den Textlieferanten der großen Bühnen. An den Theatern wurde ja, im Namen von Dionysos, immer wieder beschworen, was die Griechen zu Griechen machte: der griechische Mythos. Er war die eigentliche Konstitution des Hellenentums.

Zu den Vielen, die an ihm arbeiteten, ihn ausdeuteten oder ausschmückten, gehörten unter anderen die Mitglieder der Schriftstellergruppe »Pleias« (so genannt nach dem gleichnamigen Siebengestirn). Deren fleißigstes, die Dichterin Moiro, soll im Lauf ihres Lebens rund fünfzig Tragödien geschrieben haben, was auf einen ungeheuren Bedarf an spielbaren Werken schließen läßt. Tatsächlich haben sie und ihre Kollegen alle Themen aufgegriffen, welche sich in das lebendige Riesenfresko auf der geistigen Schutzmauer Alexandrias einfügen ließen, mythologische mit Vorliebe, doch ebenso historische und sogar aktuelle. Das aber heißt auch, daß Apollonios der Rhodier seinen Grundsatzstreit mit Kallimachos nicht hätte austragen müssen, wenn er einer dieser Sieben gewesen wäre. Sie taten ja genau das, und offensichtlich mit größtem Erfolg, was er auf seine Art auch tun wollte, erzählten die alten Sagen mit neuen Mitteln neu. Glücklicherweise (für sie) betrachtete man ihre Arbeiten jedoch nicht nur als Literatur, sondern in erster Linie auch als Mittel zur öffentlichen Bewußtseinsbildung und natürlich als Bestandteile der Dionysos-Liturgien. Das schützte vor Kritik. (Erhalten geblieben ist von den Erzeugnissen der alexandrinischen Drehbuchschreiber so gut wie nichts.)

Ein anderer und fast noch gewichtigerer Teil des Apparates zur Herstellung und Wahrung griechischer Identität waren die Schauspieler, deren es hunderte gegeben haben muß, darunter regelrechte Stars. Ihnen wiederum stand ein Heer von Helfern zur Seite: Kulissenmaler und -schieber, Kostümentwerfer, Maskenbildner, Maschinisten. Die Bühnen verfügten über drehbare Seitendekorationen, Donnermaschinen, fahrende Sessel, Kräne und Aufzüge, mit denen die Darsteller wegmanipuliert werden konnten: Illusionstechnik als ein weiterer Teil des kulturellen Walls, der die Hauptstadt umgab.

Draußen im Land dagegen arbeiteten die Ptolemäer, gezwungenermaßen, mit anderen Mitteln. Arsinoë zum Beispiel widmete sich besonders dem Fayum.

Lebendiges Paradies inmitten der Sanddünen

Die Riesenoase, die als flaches Becken in die Libysche Wüste eingebettet ist und nach Norden hin von dem immer noch gewaltigen, aber einstmals bedeutend größeren Karun-See begrenzt wird (zu jener Zeit hieß er »Moiris«), war schon um 2000 v. Chr. von Pharaonen der zwölften Dynastie landwirtschaftlich erschlossen worden. Sie hatten den sogenannten Josephs-Kanal, der Nilwasser heranführt, mit Schleusen und Dämmen versehen, hatten Sümpfe mit Entwässerungsgräben, trockene Böden mit Bewässerungsgräben durchziehen lassen, hatten Tempel, Pyramiden sowie das geheimnisumwitterte, von Herodot und Strabo beschriebene Labyrinth (eine Totenstadt) errichtet und auf diese Weise ein ungeheuer fruchtbares, kulturell lebendiges Paradies inmitten der gelben Sanddünen geschaffen.

Arsinoë nun setzte diese Bemühungen auf nachdrückliche Weise fort. Bei einem Tempel des Krokodilgottes Sobek (oder Suchos) gründete sie die nach ihr benannte neue Gauhauptstadt, nebenan eine kleinere Siedlung namens Philadelphia. Beide dienten vor allem makedonischen Veteranen als Heimstätten, doch verteidigten diese »Fayum-Hellenen« ihr Griechentum bestenfalls auf die hergebrachte Art. Sie lebten in der Ordnung, die sie von zu Hause gewöhnt waren, übten ihre Körper in den Gymnasien, ihren Geist in Tempeln und Theatern, betrieben Landwirtschaft und heirateten mit Vorliebe die Töchter von Landsleuten. Trotzdem waren sie für kulturelle Einflüsse von außen her aufgeschlossener als die Bürger Alexandrias. Suchos/Sobek erfreute sich auch bei ihnen größter Beliebtheit. Sein heiliges Krokodil, das einen Teich nahe der Stadt Arsinoë (sie wurde auch Krokodilopolis genannt) bewohnte, zog neugierige und faszinationsbereite Griechen aus allen Teilen des Landes an. Schließlich bauten diese selbst dem von der Panzerechse verkörperten Geist mehrere neue Kultstätten. Die Ptolemäer scheinen das hingenommen zu haben, vielleicht begrüßten sie es sogar.

Auf den Äckern des Nillands mußten Griechen und Ägypter ja schon deshalb in geistigen Austausch miteinander treten, weil anders ein gedeihliches Zusammenleben und ergo auch eine gedeihliche Zusammenarbeit gar nicht möglich gewesen wäre. Hier brauchte nicht so sehr demonstriert zu werden, wes Geistes man sei, hier war vor allem Leistung gefordert. Die Grenzen zwischen den beiden Völkern wurden ohnehin von den Privilegien der fremden Oberschicht klar und deutlich markiert.

Indes zollten selbst die Könige der ägyptischen Kultur gelegentlich Tribut; es ging nicht anders. Vor der Welt wollten sie Griechen sein, mußten es auch, wenn sie weiterhin teilnehmen wollten am Diadochenkampf. Ihren ägyptischen Landeskindern gegenüber aber hatten sie sich auch als Nachfolger der Pharaonen zu geben. So residierten sie zuweilen in der Stadt Sais, am inneren der beiden westlichen Nilarme, wo Angehörige der sechsundzwanzigsten (und letzten) Dynastie begraben lagen. So ließ Ptolemaios II. den Tempel des heiligen Bockes in der Deltastadt Mendes restaurieren. So förderte Arsinoë die Verehrung der ägyptischen Katzengöttin in Bubastis nahe dem östlichsten Nilarm – wodurch sie deren heiliges Tier auch den Europäern nahebrachte.

Diese und ähnliche Aktivitäten machen insgesamt deutlich, welcher Art die Schaukel war, auf der die hellenistischen Herrscher des Nillandes balancierten. Das Gewicht Alexandria mußte gegen das Gewicht

Innerägypten einigermaßen austariert werden. Und es schien absehbar zu sein, daß dieses Kunststück nicht immer gelingen konnte.

Jener orientalisch anmutende Duft

Ptolemaios III. hat sein Griechentum noch mit den Mitteln des zweiten regierenden Lagiden gewahrt und die Ägypter auf dessen Weise in Schach gehalten. Ptolemaios IV. jedoch wurde dieser komplizierten Aufgabe als erster nicht mehr völlig gerecht. Er ließ es zu, daß für einen der um Koile-Syrien geführten Kriege zwanzigtausend Fellahin in makedonischer Manier ausgebildet und an die Front geschickt wurden, wo sie sich übrigens glänzend schlugen. Nach diesem Fauxpas aber war es um das innen- und kulturpolitische Gleichgewicht schon beinahe geschehen. Die Ureinwohner des Landes forderten nun immer größere Rechte und zwangen dadurch ihre Herrscher, sich immer stärker mit ihnen einzulassen und zu identifizieren. Das mußte sich auch auf das geistige Leben der Hauptstadt auswirken. Alexandria, so Carl Schneider, verfiel allmählich »einer weichen, müden Dekadenz«, einer Dekadenz des ortsansässigen Griechentums wohlgemerkt.

Die Fellahin dagegen konnten beobachten, wie ihre eigene, uralte Kultur sich mehr und mehr in die der Besatzungsmacht hineinfraß und deren Substanz so lange veränderte, bis von ihr jener orientalisch anmutende Duft ausging, welcher später – zumindest für die Römer – Kleopatra einhüllen sollte. Es war ein Prozeß, den Ptolemaios I. mit der Schaffung des Serapis als erster hatte kanalisieren wollen, der aber auch unter lateinischer Herrschaft noch andauerte, sich unter byzantinischer fortsetzte, die Türken erfaßte und ein bißchen sogar die Briten. Selbst islamische Gebote haben die Ägypter modifiziert, indem sie etwa ihre Toten keineswegs, wie der Prophet es forderte, dem Schweigen der Friedhöfe überantworteten, sondern an deren Ruhestätten beteten und feierten. Sie ließen sich von niemandem vorschreiben, wie man dem riesigen Hund Ewigkeit zu begegnen habe.

Und nun also haben sie auch Alexandria übernommen. Es geschah ohne rechte Begeisterung. Kairo ist ihnen näher und lieber, es ist ihr Moskau; der Platz zwischen Mareotis und Meer aber nur ein fremdes St. Petersburg. Europäer mag Wehmut ankommen, wenn sie beobachten müssen, wie unter den Händen von Menschen, die für das Großstadtleben nur wenig Begabung haben, der Glanz einer einstmals strahlenden Metropole langsam verblaßt. Aber in dieses Gefühl sollte sich eigentlich auch ein hoher Respekt für die selbst durch zweieinhalbtausendjährige Fremdherrschaft nicht gebrochene Selbstbehauptungskraft der Nilbauern mischen – von denen Theokrit wohl keinen kennenlernte. Immerhin, der Dichter aus Syrakus hatte wenigstens noch erlebt, wie Alexanders Gründung auf dem früh erreichten Höhepunkt ihrer Geschichte funkelte und leuchtete. Daß dieses Licht dann nach seinem Weggang schon unmerklich zu flackern begann, mag er nicht mehr wahrgenommen haben, vielleicht schon deshalb nicht, weil es in der hellenistischen Welt noch andere Residenzen von ähnlicher Pracht gab. Pergamon zum Beispiel begann um die Zeit, da Arsinoë starb, erst richtig aufzublühen, und eiferte später der Großsiedlung am Mareotis in jeder Weise nach.

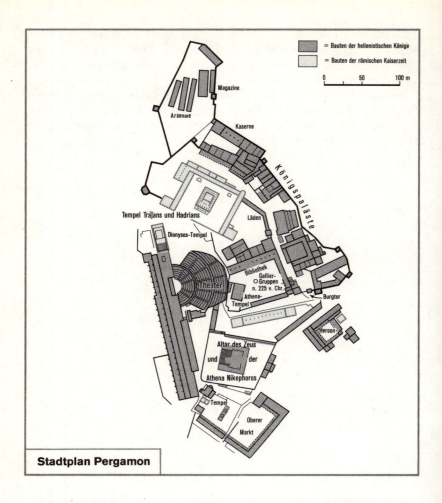

Stadtplan Pergamon

DIE STADT DER ENTFESSELTEN STATUEN

Fächerförmig breitete Pergamon sich aus

Die Szenerie könnte für eine Märchenoper entworfen sein. Blaue, sich überschneidende Hügelsilhouetten vor blauerem Himmel, Weinfelder, Olivenhaine, Reflexe des Meeres, das sich mit weiten Buchten ins Land drängt, gegen Abend die Stimmung eines Altdorfer-Gemäldes. Um so überraschender dann, dreißig Kilometer landeinwärts, die Konfrontation mit dem kahlen, mehr als hundert Meter hohen Bergsockel, der über die Dächer von Bergama emporschießt und sie zu Boden drückt.

Das Städtchen ist türkisch: Reben auf weißgekalkten Mauern, die Moschee mit dem Brunnen, Frauen in schwarzen Pluderhosen, schnurrbärtige Bauern, die Schiebermütze auf den Hinterkopf geschoben. Der Berg scheint aus einer völlig anderen Welt herüberzudrohen. Schwer, sich vorzustellen, daß er einmal eine Stadt getragen haben soll, die, nach allem, was man von ihr weiß, aus übereinander emporragenden Marmorbauten bestand und gegleißt haben muß wie die Schneekappe eines Alpengipfels.

Fächerförmig breitete Pergamon sich über den Hang aus. Zuunterst eine gerade Linie: die über zweihundert Meter lange Kolonnade vor der Theaterterrasse. Darüber achtzig Sitzreihen, so steil gestaffelt, daß jeder, der sich im obersten Rang etwas vorbeugte, das Gefühl haben mußte, er könne fünfzig Meter tief auf die Orchestra hinabstürzen. Darüber, rechts, die Säulenhallen, welche den Marktplatz umgaben, und links der Zeusaltar. Noch weiter links dann der kleinere Athena-Tempel und die zweistöckige Bibliothek, und endlich, die Krönung alles dessen, der Palastkomplex mit Kasernen, Magazinen, Befestigungstürmen. Seine Bewohner sahen auf die Gotteshäuser herab und über sie hinweg in das weite, breite Tal des Kaikos-Flusses hinaus (heute heißt er Bakir). Auf dem Dach ihrer Residenz müssen sie sich wie flugbereite Adler vorgekommen sein.

Die Kühnheit, von der die ganze Anlage zu künden scheint, kontrastiert freilich auf das seltsamste mit dem Erscheinungsbild des Mannes, der für ihre Entstehung in erster Linie verantwortlich war. Philetairos hing nicht nur – ob zu Recht oder zu Unrecht, ist unbekannt – das Gerücht an, er sei zum Eunuchen geworden, weil sein Kindermädchen die männlichsten Teile des Knaben im Gewühl einer Versammlung einmal nicht sorgfältig genug geschützt habe; er muß auch, nach Münzbildern zu schließen, ein feister, stiernackiger, eher schwerfällig wirkender Mann gewesen sein. Die Dynastie, welche er zusammen mit seinem Bruder begründete, wurde nach Attalos, dem Vater der beiden, die attalidische genannt. Ihre Angehörigen waren vielleicht ebenfalls nicht alle kühn, aber tüchtig waren sie gewiß. Nicht zuletzt hat das Eumenes I. bewiesen, der Philetairos-Neffe, welcher den weitaus mächtigeren Seleukiden Paroli bot.

Die Schlacht von Sardeis, in der er Antiochos I. schlug, markiert denn auch die eigentliche Geburtsstunde des selbständigen Staates Pergamon. Die gefährlichsten Gegner, mit denen das Gemeinwesen sich jahrelang herumzuschlagen hatte, waren die im Fürstentum Galatia, östlich des heutigen Ankara ansässig gewordenen Kelten. Sie durchstürmten das Ländchen beinahe nach Belieben, plünderten, mordeten, brandschatzten und konnten immer wieder nur durch riesige Tributzahlungen zum Abzug bewogen werden. Freilich, Pergamon hatte Geld.

In die Luft hinausgebaut

In den Tresoren der Attalidenresidenz lagen nicht nur die beträchtlichen Reste des einst dem Lysimachos vorenthaltenen Schatzes aus Alexanders Hinterlassenschaft; deren Besitzer verstanden auch damit zu wuchern. Sie haben ihren Besitz wahrscheinlich nach ptolemäischem Muster verwaltet. Das heißt: sie behielten soviel Grund wie irgend möglich für sich selbst und vergaben lediglich die Nutzungsrechte daran. Den Königsbauern wurde eine im vorhinein festgelegte Menge von Agrarprodukten abverlangt, den Kleruchen dagegen nur ein Zehnt. Zu ihren herrscherlichen Monopolen dürfte die Herstellung von Pech und Pergament gehört haben – der Name des Schreibmaterials ist ja von dem der Stadt am Kaikos abgeleitet – sowie die Produktion von Textilien. Hergestellt wurden alle diese Erzeugnisse überwiegend von Sklaven, also mit geringstmöglichem Kostenaufwand. Wichtigste Abnehmer waren die Ptolemäer; denn Pech zum Kalfatern der Schiffe war im koniferenarmen Ägypten nur schwer zu bekommen und getrocknete Schafs- oder Ziegenhäute haltbarer als der einheimische Papyros. Das kleinasiatische Fürstentum prosperierte.

Philetairos' Nachfolger steckten ungeheure Summen in die Rüstung, hielten sich ein immer stärker werdendes Heer und vergrößerten mit dessen Hilfe ihren Besitz nach allen Seiten hin, ohne daß die Seleukiden oder die griechischen Städte Kleinasiens sie daran hätten hindern können. Gegen Ende des dritten vorchristlichen Jahrhunderts grenzte Pergamon bereits an die Dardanellen; später umfaßte es mehr als ein Drittel Anatoliens. Um diese Zeit aber war auch die Stadt über dem Kaikos schon jenes marmorschimmernde Adlernest, als das sie uns in den archäologischen Rekonstruktionen vor Augen steht. Eumenes I. hatte sich noch darauf beschränkt, das Schatzhaus seines Onkels mit einer festeren Mauer zu umgeben. Unter seinen Nachfolgern Attalos I. und Eumenes II. wurde dieser Felsenhorst, Terrasse um Terrasse, nach unten hin erweitert. Es muß eine Aufgabe gewesen sein, welche die Architekten zwang, alles zu vergessen, was sie über Städtebau gelernt hatten. Hier konnten keine rechtwinklig sich kreuzenden Straßen angelegt werden, hier galt es, jeden Quadratmeter ebener Fläche dem Berg abzuringen, mit Stützmauern, Aufschüttungen, Pfeilern und Basen für diese Pfeiler. Hier wurde vom Abhang weg in die Luft hinausgebaut.

Riesenanlagen bewußt geplant

Die extreme Lage der attalidischen Residenz hat ihre Erbauer nicht daran gehindert, eine Stadt zu erschaffen, die man trotz allem typisch

hellenistisch nennen könnte. Ihr äußeres Erscheinungsbild wurde von Säulen bestimmt.
Säulen umrahmten in langen Reihen fast jeden offenen Platz. Säulen trugen die Dächer von Wandelhallen, Galerien, Tempeln, lockerten die schweren Baumassen auf, öffneten lange Mauerzüge und schufen so Räume, welche fließend ineinander übergingen.
Natürlich war die Säule ein ur-griechisches Architekturelement. Zum wichtigsten Gestaltungsmaterial für ganze Steinlandschaften aber konnte sie erst in einer Zeit werden, in der solche Riesenanlagen bewußt geplant und aus dem Boden gestampft wurden. In Pergamon war die Agora von einer gedeckten Galerie umgeben, die Bibliothek hatte eine Säulenfront; die Paläste besaßen säulenumgebene Innenhöfe – selbst den Kasernenblock betrat man durch einen Portikus.
Vorbilder für diese aufwendigen Konstruktionen waren Hallen von der Art jener athenischen Stoa, in der Zenon lehrte. Zu früheren Zeiten hatten sich darin die freien Bürger versammelt, hatten private und Staatsgeschäfte besprochen, hatten auch Urteile gefällt und verkündet. Jetzt wurden die meisten dieser Aufgaben von Beamten in geschlossenen Büros bewältigt, doch hielt das die Architekten nicht davon ab, den alten Zuständen weiterhin Denkmale zu setzen – und damit auch die Vorläufer der Markthallen und Ladenstraßen von heute zu schaffen. Schwerer kamen sie mit den Tempeln zurecht.

Wie das Geheimnis fassen?

Den Gotteshäusern lag als Modell und Ur-Bild jenes schlechthin vollkommene Bauwerk zugrunde, welches die Athener am Höhepunkt ihrer Geschichte geschaffen hatten. Der Tempel der Athena Parthenos auf der Akropolis verkörperte, wie kein anderer, das griechische Schönheitsideal, das gewöhnlich als die Übereinstimmung aller Teile miteinander und mit dem Ganzen definiert wird. Es war mit scheinbar einfachsten Mitteln verwirklicht worden: acht Säulen an der Vorderfront, siebzehn an den Längsseiten, der ganze Bau ausschließlich auf Vertikale und Horizontale hinkomponiert, dennoch kein Eindruck von lastender Schwere oder plumper Viereckigkeit, Licht durchflutet ein nahezu schwebendes Gebilde.
Aber nun, mehr als zweihundert Jahre nach jenem glücklichen und großen Augenblick, an den der Parthenon erinnert, wie ihm noch nahekommen, dem Geist seiner drei Schöpfer Phidias, Iktinos und Kallikrates? Wie das Geheimnis fassen, das ihre Konstruktion zu bergen schien?
Man darf annehmen, daß sich unzählige Architekten mit diesen Fragen herumschlugen. Auf welche Weise sie an ihnen scheiterten, dokumen-

tieren die Reste der meisten hellenistischen Tempel. Ihre Erbauer konzentrierten sich zu sehr auf einzelne Wirkungselemente, hoben, wie die amerikanische Kunsthistorikerin Christine M. Havelock schreibt, die Vorderfronten der Gotteshäuser »in anmaßende Höhe«, betonten überhaupt die Senkrechte auf Kosten der Waagrechten, vernachlässigten darüber die Seitenfronten und reduzierten den Säulenumgang, der das Allerheiligste, die Cella, barg, zu einem bloßen Vorbau. Gesamteindruck: »Willkür, Regellosigkeit, Disharmonie und Uneinheitlichkeit herrschen anstelle von klarer Ordnung.« Gelegentlich wurde das alles verwischt durch riesige Ausmaße, durch ungeheure, aber vordergründige Monumentalität. Für sämtliche Tempel aus der Zeit nach Alexander gilt das jedoch keineswegs.

Einige Baumeister des dritten und zweiten vorchristlichen Jahrhunderts bemühten sich durchaus, ihre Schöpfungen ähnlich durchzuformen, wie Iktinos und Kallikrates es getan hatten. Zuvor aber näherten sie sich den klassischen Vorbildern mit Meßlatte und Zirkel.

Der bekannteste unter diesen sozusagen akademischen Architekten war Hermogenes aus Priene. Obwohl von Haus aus Bildhauer, entwickelte er Theorien, denen zufolge ein Bauwerk nicht nur als Großplastik, sondern auch mit seinem Inneren zu wirken habe. Außerdem entdeckte er den Raum, in dem es stand und den es ergo mitprägte oder akzentuierte, was natürlich der herrschenden Tendenz zur Gestaltung geschlossener Riesenanlagen entgegenkam.

Eine seiner berühmtesten Arbeiten war der Tempel der Artemis in Magnesia am Maiandros (etwa neunzig Kilometer östlich von Pergamon), ein nicht überwältigender, aber durch seine errechnete Simplizität bestechender Bau. In der Tat scheint er das Produkt sorgfältiger Reißbrettarbeit gewesen zu sein. Jedes seiner Teile steht in zahlenmäßig faßbarer Relation zu jedem anderen. Die Cella etwa war dreimal so lang wie breit; die Räume zwischen den Säulen sind genauso groß wie die quadratischen Fundamente, auf denen sie standen. Aber ganz bewußt wird auch dieses strenge Prinzip einmal durchbrochen: die beiden mittleren Dachstützen der Längsseiten stehen etwas enger beieinander als die übrigen.

Strabo sagt von dem Gotteshaus in Magnesia, es sei das drittgrößte (Klein-)Asiens gewesen, dabei war es kleiner als der Parthenon. Im übrigen verhält es sich zu diesem so wie die *Argonautika* des Apollonios zu den Epen Homers; kühl kalkulierter Annäherungsversuch an ein unnachahmliches Kunstwerk, weshalb denn auch nicht alle Kollegen dem Hermogenes folgen wollten.

Auf doppelte Wirkung hin angelegt

Es scheint unter den Architekten außer denjenigen, die auf krasse Effekte setzten, und den akademischen Klassizisten, noch eine dritte große Gruppe gegeben zu haben. Deren Anhänger glaubten offensichtlich auch mit eigenen, das heißt mit den Stilmitteln ihrer Zeit, originäre Werke schaffen zu können. Einer der bedeutendsten hellenistischen Bauten gibt ihnen darin recht. Er stand in der weiten weißen Leere eines viereckigen Platzes, war Bestandteil des gestalteten Raumes, den er beherrschte, und kann auch nur in diesem Rahmen so gewirkt haben, wie er wirken sollte: der große Zeus-Altar von Pergamon.
Im Grunde ist er nichts weiter als ein säulenumrahmter Hof gewesen. Da er aber auf einem über fünf Meter hohen Sockel stand, da eine breite Freitreppe in dieses massive Podium einschnitt, da die vorspringenden Flügel der Kolonnaden den Aufstieg einrahmten, erwies er sich als ein Monument, das jeden Betrachter zwang, den Kopf in den Nakken zu legen und sich ihm so zu nähern. Die feierlich aufmarschierten marmornen Schäfte links und rechts der Stufen empfingen ihn. Eine quer über die ganze Breite des oberen Treppenendes gezogene Säulenreihe schien ihm weiteres Vordringen zu verwehren. Durchschritt er sie aber dennoch, dann nahm ihn ein Geviert auf, das nach dem Pomp der Vorderfront beinahe intim wirken mußte.
Das pergamenische Heiligtum scheint auf solche doppelte Wirkung hin angelegt gewesen zu sein, was auch die beiden völlig verschiedenen Relief-Friese unterstrichen, mit denen es ausgestattet war. Um den Sockel lief ein mächtiges, nahezu zweieinhalb Meter hohes Band aus ineinander verschlungenen Riesenleibern, dräuenden Adlern und Wesen, deren Beine in Schlangenleibern endeten, darstellend den Kampf des Zeus und der Athena gegen die Titanen, ein Thema aus der griechischen Schöpfungsgeschichte.
Innen jedoch, auf der Mittelwand der Säulenhallen, wurde in Bildern von völlig anderer Art eine völlig andere Geschichte erzählt. Eine Frau bringt ihr uneheliches Kind auf die Welt, der Vater verstößt sie deswegen, ein Boot wird gezimmert, in dem sie, samt ihrem Sprößling, auf See ausgesetzt werden soll. Das alles spielt in einer beinahe idyllischen Landschaft mit Bäumen, Höhlen und Felsen. Thema der gelassenen Schilderung: das Leben des Herakles-Sohnes Telephos. Enterbt vom Großvater, aufgezogen von einer Hirschkuh, Teilnehmer am trojanischen Krieg, von Achilles verwundet, durch Späne von dessen Speer wieder geheilt, hatte dieser Heros endlich die Herrschaft über Mysien errungen, jene Landschaft, in der auch Pergamon lag. Deshalb wurde er von den Attaliden als Urahn und Vorgänger beansprucht.
Beide Geschichten schienen sich ergänzende Teile eines bewußt kon-

struierten Staatsmythos zu sein. Das wildbewegte äußere Bildnis wies hin auf die griechische (also nicht-makedonische, nicht-diadochische) Tradition, der sich die Erben des Philetairos verpflichtet fühlten, das innere verknüpfte diese mit der Stadt über dem Kaikos. Aber erst der Blick hinüber zum Athena-Tempel vor der Bibliothek vervollständigte das ganze Bezugsnetz. Die Attaliden hielten in Treue fest auch zur hellenischsten aller Olympierinnen.
Trotz dieser vielfältigen Hinweise auf Athen ist der Zeus-Altar keineswegs mit dem Parthenon zu vergleichen. Er ist es schon deshalb nicht, weil er sich aus aller stilistischen Abhängigkeit von ihm rigoros befreite. Man muß ihn aus diesem Grund eine Schöpfung nennen, die ihrer eigenen Zeit viel eher gerecht wurde als die klassizistischen Arbeiten des Hermogenes. Der Mann aus Priene glaubte quasi beweisen zu müssen, warum seine Tempel für schön zu gelten hätten, die Architekten, die in Pergamon bauten, wagten es, ihre eigenen Maßstäbe zu setzen und sich nach ihnen zu richten. Leider weiß man nicht mehr, wie sie hießen.
Ihr Werk maß im Grundriß sechsunddreißig mal vierunddreißig Meter. Der Fries, welcher die Titanenschlacht zeigte, war hundertzwanzig, der Telephosfries annähernd hundert Meter lang. Als Bauherr des Zeus-Altars gilt Eumenes II., der dritte Nachfolger von Philetairos. Zwischen 1878 und 1886 ist der Sakralbau von dem Eisenbahningenieur Carl Humann aus Essen entdeckt und geborgen worden. Heute stehen seine Vorderfront, die Freitreppe und die Säulenreihen, welche sie rahmen, in den Staatlichen Museen von Berlin (Ost). Der größere Innenhof konnte aus den gefundenen Bruchstücken nicht rekonstruiert werden. Das, was zu Händen ist, hat die Kunsthistoriker dennoch bis auf unsere Tage beschäftigt und erregt.

Dann fangen die Statuen an zu tanzen

Es gibt Exegeten, die den Titanenfries als ›barockes Kunstwerk‹ klassifizieren; andere suchten ihm sogar mit dem Begriff ›expressionistisch‹ beizukommen. Einig scheinen sich aber die meisten darüber zu sein, daß er nicht klassisch und nur mit Einschränkungen klassizistisch genannt werden könne. Den Rahmen der damit verbundenen Vorstellungen sprengt er durch seine ungezügelte Bewegtheit.
Alle Figuren des Bildstreifens sind ja mit irgend etwas beschäftigt. Selbst die Pferde scheinen erregt zu sein, und noch in den Gewändern der Göttinnen spielt der Wind. Geradezu überbetont aber wird diese Unruhe noch dadurch, daß die dargestellten Akteure einander überwiegend diagonal zugeordnet sind. Weit holt etwa Zeus nach links aus, um einen Titanen zu erschlagen; weit beugt dieser sich von ihm weg,

Oben: Zeus kämpft mit den Titanen, Ausschnitt aus dem Fries des Pergamonaltars

Unten: Schlangenfüßige Ungeheuer auf dem Fries des Pergamonaltars

Säulenhallen als hellenistisches Architekturelement, die Stoa des Attalos in Athen

Die kapitolinische Aphrodite

Die Nike von Samothrake

um dem Hieb zu entgehen. Insgesamt ergibt das ein Muster aus schrägen Linien und den Winkeln, die sie miteinander bilden, erweckt den Eindruck von Wut, Raserei, Blutdurst, Mordgier – aber nur aus der Nähe. Wer zurücktritt, muß erkennen, daß dieses Gewoge aus Menschen- und Tierleibern vom weißen Band der umlaufenden Stufen und einem überstehenden Sims am Oberrand geradezu eisern gebändigt, von der kühlen Säulenreihe noch zusätzlich gepreßt wird.
Dennoch: wollte man hellenistische Plastik von einem einzigen ihrer hervorstechenden Merkmale her beschreiben, man müßte sich eben daran halten, daß sie so ungeheuer bewegt ist. Ursprünglich saßen die griechischen Statuen, thronten, standen, hoben allenfalls die Arme oder streckten sie leicht angewinkelt von sich weg. Man betrachtete sie von vorne und wußte, wen oder was sie verkörperten. Sie mußten nichts tun, um etwas zu sein, sie wirkten fast allein durch ihre bloße Anwesenheit.
Aber irgendwann, spätestens ab der Mitte des fünften vorchristlichen Jahrhunderts, ging ihnen die Fähigkeit, kultische Pole einer in sich ruhenden Welt zu sein, allmählich verloren. Im Lager Alexanders hatte sich das bereits sehr deutlich bemerkbar gemacht. Lysippos aus Sikyon, Hofbildhauer des Königs, gehörte mit zu den ersten, wenn auch nicht den allerersten, die die blockartige Geschlossenheit der Bildwerke aufbrachen. Sein in römischer Kopie erhalten gebliebener Apoxyomenos (ein sich schabender Athlet, heute in den Vatikanischen Museen) ist bereits nicht mehr so konzipiert, daß es genügen würde, ihm ins Gesicht zu blicken. Mit einer leichten Drehung aus der Hüfte heraus zwingt er vielmehr seine Betrachter, um ihn herumzugehen. Er steht also keineswegs vor einer Wand; er steht im Raum.
Spätere Gestalter haben dieses Thema dann aufgegriffen und mit ständig wachsender Virtuosität weiterentwickelt, so sehr in der Tat, daß schließlich einige der hellenistischen Marmor- oder Bronzefiguren nur noch Kompositionen aus verschiedenen gegenläufigen Bewegungen zu sein scheinen. Bei der kauernden Aphrodite des Doidalses (aus Bithynien) im römischen Museo Nazionale weisen etwa die Knie nach links, der Kopf nach rechts, ein Arm wieder nach links, ein Busen in die entgegengesetzte Richtung. Die sogenannte Venus von Milo aus dem zweiten vorchristlichen Jahrhundert (Louvre) vollführt mit ihrem ganzen Körper eine fast schraubenförmige Bewegung nach oben hin. Der zwanzig Zentimeter hohe Nubische Straßensänger in der Bibliothèque Nationale zu Paris mutet an wie ein Versuch, mit gegeneinander versetzten Hüft- und Schulterkurven die Musik, welche er spielt, ins Plastische zu übersetzen. Der schlafende Hermaphrodit, aus der Zeit um 200 bis 150 v. Chr., der heute ebenfalls dem italienischen Staat gehört, drückt die Spannung zwischen den von ihm verkörperten bei-

den Geschlechtern mit einer S-förmigen Biegung des Rückens aus, welche den vordergründigen Eindruck, er liege völlig gelöst auf seinem Bett, zunichte macht.

Und dann fangen die Statuen auch noch an zu tanzen und Schmerz, Elend oder Entzücken auf oftmals emphatische Weise auszudrücken. Sie werden in voller Aktion gezeigt, sie werden beobachtet, um nicht zu sagen, belauscht, wenn sie sich einen Dorn ausziehen, Sandalen binden, träumen, klagen. Bildwerke der letzteren Sorte erinnern gelegentlich an Schnappschüsse und wirken zuweilen sogar etwas indezent. Die kapitolinische Aphrodite zum Beispiel, die eben ins Bad steigt, die ihren Busen und ihre Scham zu verbergen sucht, ist keine Göttin mehr, sondern nur noch eine bei intimer Verrichtung überraschte Frau. Man hat von ihr mehr als hundert Kopien gefunden, was den Schluß zuläßt, es seien mindestens dreimal so viele auf dem Markt gewesen. Und natürlich dürften sich nicht alle im Besitz von Ästheten befunden haben, welche allein das Spiel des Lichts auf der marmornen Haut bewundern wollten oder beurteilen konnten, wie sehr das Standbild geltenden Maßstäben gerecht wurde.

»Sein Elend gehet uns bis an die Seele«

Immerhin, es gab künstlerische Maßstäbe und Regeln, und sie wurden sogar schriftlich formuliert. Xenokrates aus Athen, ein Erzgießer, der vor der Zeit des Aratos in Sikyon lebte, hat die neue hellenistische Kunsttheorie entwickelt und damit, so könnte man sagen, auch die wissenschaftliche Kunstgeschichte begründet. Seinen Kollegen brachte er vier Grundbegriffe nahe, an die sie sich künftig halten konnten: »Symmetrie, Rhythmos, Akribie« und das »optische Problem«, also die Definition der räumlichen Wirkung. Damit wurden die Bildwerke endgültig aus den Nischen der Cellawände herausgeholt und auf die von Kolonnaden umgebenen Plätze der neuen Städte verwiesen, die Kunst auf diese Weise auch säkularisiert. Nun mußten die Statuen das Heilige nicht mehr verkörpern – nun konnten ihre Schöpfer auch ohne religiösen Ansatz die alten Mythen oder irgendwelche anderen Geschichten in Stein und Bronze nacherzählen. Die Siegesgöttin Nike (von Samothrake) wirft sich jetzt mit ausgebreiteten Schwingen in den winddurchtosten Raum hinaus – es ist das wahrscheinlich schönste hellenistische Marmorbild (heute im Louvre). Der trojanische Priester Laokoon und seine beiden Söhne sterben im Würgegriff zweier riesiger Schlangen einen schrecklichen Tod (Vatikanische Museen). Ein anonymer keltischer Krieger, der eben seine Frau umgebracht hat, erdolcht sich selbst, um nicht in Gefangenschaft zu geraten (Museo Nazionale) – es sind die beiden am heftigsten umstrittenen.

Die Laokoon-Gruppe nennt der ältere Plinius »das hervorragendste Werk, welches die bildenden Künste hervorgebracht haben«. Johann Joachim Winckelmann, der Begründer der neueren Archäologie, schrieb: »Sein (des Laokoon) Elend gehet uns bis an die Seele; aber wir wünschten, wie dieser große Mann, das Elend ertragen zu können.« Lessing ließ sich von dem Bildnis (und Winckelmanns Kommentar) zu seiner berühmten Schrift über die Grenzen zwischen Literatur und bildender Kunst inspirieren. Modernen Theoretikern jedoch gilt das Werk als Höhepunkt und Abschluß einer formalen Entwicklung, die kaum fortsetzungswürdig gewesen sei. Über das Gallierbild gingen und gehen ihre Meinungen ähnlich weit auseinander – aus gutem Grund.

Lagen zu Füßen ihres Leidensgenossen

Lessing, dem der sich tötende Krieger unbekannt blieb, könnte gelobt haben, daß sein Schöpfer eine jener Situationen schildert, »die nicht furchtbar genug gewählet werden können«, doch hätte er wohl auch tadeln müssen, daß sie zu deutlich ausgelegt sei, denn »dem Auge das Äußerste zeigen, heißt der Phantasie die Flügel binden«. Genau dies nämlich tut das Gallierbild. Es läßt auf einen Blick erkennen, was geschieht, läßt allenfalls noch ahnen, daß der Verzweiflungstat eine blutige Schlacht voraufgegangen sein muß. Deren Ende markiert es wie mit einem abschließenden Ausrufezeichen. Von Regungen wie der bitteren Klage, die Laokoon zu seinen Göttern emporschickt, von dessen Schmerz, Resignation, ja sogar dem Funken jäher Einsicht in eigene Fehlbarkeit, der ihn zu durchzucken scheint, ist dem Kelten nichts anzumerken. Kalt und entschlossen besiegelt er ein ihm widerfahrenes Schicksal – das wird auch gemeldet. Es ist ein Ereignis, aber keine Tragödie.
Ein Bildhauer, der vermutlich Epigonos hieß, hat das Werk geschaffen. Es war Teil eines Ensembles, zu dem noch fünf andere Figuren gehört haben dürften: jener sogenannte »Sterbende Gallier«, der sich heute (wiederum in römischer Kopie) im Kapitolinischen Museum befindet – er scheidet mit einem beinahe grübelnden Ausdruck im Gesicht aus dem Leben – und drei weitere, zu Tode verwundete Krieger. Sie lagen zu Füßen ihres aufrecht stehenden Leidensgenossen – zumindest glaubt man das annehmen zu können.
In Auftrag gegeben wurde die gesamte Gruppe (vermutlich) von Philetairos' zweitem Nachfolger, Attalos I., der sich als erster pergamenischer Herrscher König nannte und dem es auch als erstem gelungen war, einen der sein Land verwüstenden Keltenhaufen zu schlagen. Das geschah im Jahr 241 v. Chr. Ob es ein großer oder gar ein entscheiden-

der Sieg war, läßt sich heute nicht mehr sagen, dokumentiert jedenfalls wurde er auf großartige Weise. Vor dem Athenatempel seiner Stadt ließ der gekrönte Attalide ein dreistufiges Podium errichten, darauf einen Sockel mit der Inschrift: »König Attalos, der die Gallier in der Schlacht nahe den Quellen des Flusses Kaikos schlug, bringt Athena dieses Weihegeschenk dar.« Auf dem Sockel gruppierte man die fünf Kelten (mit der Frau sind es sechs), eine pyramidenähnliche Formation, deren höchsten Punkt – zweihundertelf Zentimeter über der Standfläche – der Schwertgriff des sich erstechenden Kriegers markierte. Doch halten es einige Experten auch für möglich, daß die beiden erhalten gebliebenen Gallier aus verschiedenen Anlässen gefertigt und an verschiedenen Orten aufgestellt worden waren. Die stilistischen Unterschiede zwischen ihnen sind ziemlich groß.

Im übrigen könnte auch zwischen der Laokoon-Gruppe und Pergamon eine Beziehung bestanden haben. Der mit den Schlangen ringende Trojaner wurde Plinius zufolge zwischen 150 und 100 v. Chr. von den drei Bildhauern Hagesandros, Polydoros und Athanadoros aus Rhodos geschaffen; der Fries am Großen Zeusaltar entstand etwas später und scheint eine Anspielung auf das erstere Werk zu enthalten. Alkyoneus, einer der gegen Athena kämpfenden Giganten, gleicht in Körperhaltung und Gesichtsausdruck dem Laokoon so sehr, daß man ihn für dessen jüngeren Bruder halten könnte. Stammen beide Arbeiten also aus der gleichen Werkstatt? Hat ein Bildhauer dem anderen das Motiv gestohlen? Oder gehörte es überhaupt zur damaligen Künstlerpraxis, gelungene Stücke anderer ins eigene Programm zu übernehmen? Vermuten könnte man immerhin, daß gute Plastiken sehr gesucht waren, daß gute Bildhauer, vor allem in der Zeit des Hoch- und des Späthellenismus (ab 240 v. Chr.) überbeschäftigt waren und deshalb begreiflicherweise lieber zitierten, als sich selbst der Mühe neuer Formenfindung zu unterziehen. Pergamon jedenfalls verkörpert einen Höhepunkt dieser Entwicklung. In Pergamon tritt am deutlichsten zutage, wohin der Weg geführt hatte, den seinerzeit Lysippos als einer der ersten einschlug. Hier wurde die entfesselte Statue, die in Marmor oder Erz festgehaltene Bewegung auf eine Weise gefeiert, die man tatsächlich barock nennen möchte. Von hier aus konnte das Pendel eigentlich nur zurückschlagen in die andere Richtung: zu einem neuen Klassizismus hin. Als das tatsächlich geschah, war die Stadt über dem Kaikos jedoch schon Teil des römischen Imperiums.

Eine Art Super-Hellenen

Den Höhepunkt seiner Geschichte erlebte Pergamon im dritten und zweiten vorchristlichen Jahrhundert unter den vier Königen Attalos I.,

Eumenes II., Attalos II. und Attalos III., der gleichzeitig der letzte ihrer Dynastie war. Zu dieser Zeit muß die Stadt wahrhaft geleuchtet haben, muß sie ein Platz gewesen sein, welcher die Menschen nicht weniger faszinierte als das reichere und größere Alexandria. Ob man seine Erbauer und Besitzer auf ähnliche Weise respektiert hat, wie die ersten Ptolemäer, ist dennoch zweifelhaft.

Vielen Zeitgenossen galten die Attaliden als Emporkömmlinge, geschickte Kapitalisten, die mit ihrer anti-seleukidischen Politik nur eigenes Gewinnstreben bemäntelten. Gerade das aber zwang sie, sich als eine Art Super-Hellenen zu geben und auf jede mögliche Weise ihre Verbundenheit mit der griechischen Tradition zu dokumentieren.

So haben sie etwa stets das königliche »Wir« vermieden und statt dessen beansprucht, nichts weiter als die ersten Bürger ihres Staates zu sein – zumindest vordergründig. In Wirklichkeit hatte eine Volksversammlung aber nur nominell das Recht, in allen entscheidenden Fällen mitzubeschließen, tatsächlich blieb sie an Anträge gebunden, welche fünf ernannte »Strategen« als einzige stellen durften. Unter deren Regie wiederum – man könnte sie mit Ressortministern vergleichen – arbeitete ein umfangreicher Beamtenapparat, der das ganze Gemeinwesen eisern im Griff hatte. Es gab eine Art Gesundheitspolizei, die auf die Sauberhaltung der Straßen achtete, auf Kanalreinigung, Abwasserbeseitigung, die Wasserversorgung überhaupt. Es gab andere Behörden, die das Tempel- und Gottesdienstwesen verwalteten, und es gab natürlich, wie auch in Ägypten, die Archivare, deren Aufgabe darin bestand, den staatlichen Wirtschaftsapparat mit Sammelregistern, Grundbüchern, Haus-, Namens- und Steuerlisten für den Fiskus transparent zu machen.

Zu den griechischen Fassaden, welche diese innere Struktur eher verdeckten, gehörte die Bibliothek mit ihren rund zweihunderttausend Schriften (in Alexandria sollen es fünf- bis siebenhunderttausend gewesen sein), gehörte das Theater, dessen Darbietungen stets die unerhörte Kulisse des Kaikos-Tals zum Hintergrund hatten, das Heroon, geweiht einem Helden der Vorzeit, eine Reihe von Tempeln, die von den Archäologen noch nicht genau identifiziert werden konnten und, außerhalb der Stadt, aber mit ihr durch eine teilweise überdachte Straße verbunden, das Asklepieion.

Wie auf Kos konnte man dort unter dem Schutz der Götter und sozusagen in ständigem Kontakt mit ihnen kuren. Dafür standen Heilquellen zur Verfügung, eine Sportanlage, Gelegenheiten Spaziergänge zu unternehmen, Räume für die sogenannte Enkoimesis, den heilkräftigen Tempelschlaf, ein Theater, das viertausend Zuschauer faßte, und, auf der Ecke eines von Wandelhallen umgebenen Hofes, Toiletten für Damen und Herren – mit Wasserspülung.

Die Macht jedoch verbarg sich anderswo. Sie schützte sich mit dem

Befestigungssystem auf der Ostseite des Hügels von Pergamon, einer klug durchdachten Anordnung von Mauern, Türmen, Toren und Durchlässen. Jeder Angreifer wäre durch sie gezwungen worden, in blutigen Straßenkämpfen Terrasse um Terrasse zu erobern und dann wahrscheinlich am letzten und höchstgelegenen Bollwerk, dem stark ummauerten Arsenal, doch noch gescheitert.

Akropolis mit zwei Gesichtern

Pergamons ganze Oberstadt war im Grunde eine riesige Akropolis mit zwei Gesichtern. Im Westen, strahlend und hell, ihre Paradefront, Zeus-Altar, Theater, Bibliothek. Auf der gegenüberliegenden Seite, finster und abweisend, gewaltige Wälle. Die Mehrzahl der pergamenischen Bürger lebte am Fuß des Hügels, dort, wo ihre türkischen Nachfolger heute Schischkebab bereiten und Baumwolle oder Tabak verarbeiten.

Aber auch diese Unterstadt ist mehr als nur ein Provinznest gewesen. Ihre Straßen waren bis zu elf Meter breit, es gab Grünanlagen, einen botanischen Garten, Klein- und Großbetriebe für die Herstellung von Keramiken, Tonlampen, Metallarbeiten und Schmuck, gab Banken, Lagerhäuser und eine Normal(wasser)uhr.

Entstanden ist dieser ganze Organismus in der Zeit zwischen 300 und 138 v. Chr. Er war eine Schöpfung kaufmännischer Könige, gekrönter Unternehmer, die von allen Ausdrucksmitteln vor allem zwei begriffen hatten und sich ihrer deshalb mit Vorliebe bedienten: der Architektur und der Bildhauerei. Ihr Geld und ihre Einsicht in die Notwendigkeit der Repräsentation förderten denn auch in erster Linie diese beiden Künste und machten Pergamon zu einem steinernen Monument dessen, was sie für griechischen Geist hielten, wobei sich aber nicht mehr feststellen läßt, wie ernst es ihnen mit ihrem Bekenntnis war. Wir haben von alledem nur die Schale behalten – sie ist prächtig bis ins Detail.

So läßt sich etwa vermuten, daß zumindest die Oberstadt von Marmor- und Bronzebildern geradezu übersät gewesen sein muß, daß Statuen aller Art mit ihren leeren Blicken einen jeden verfolgten, der die weiten Plätze überquerte, daß sie den straffen Rhythmus der Säulenreihen brachen, Höfe beherrschten, Tore bewachten und daß sich das fortsetzte bis in die Häuser hinein.

Villenbesitzer schmückten ihre Wohnanlagen mit Originalen oder guten Kopien, ärmere Leute begnügten sich mit Keramikimitationen. Jeder wollte seine badende oder kauernde Aphrodite haben, seinen Sandalenbinder oder, je nachdem, auch die Karikatur davon. Von dem berühmten Dornauszieher (er steht heute in Rom) gibt es etwa eine ihn scharf parodierende Terrakotta-Figur aus Priene (heute in Berlin). Es gibt burleske Darstellungen von Tänzerinnen, maskierten Komödianten, reitenden Jockeys, aber auch Tierfiguren und anderes, was an moderne Nippes erinnert. Motive, welche allzu modisch geworden waren, wurden gerne satirisch variiert. Wahrscheinlich gelang es nicht allen, die heroischen Posen der kämpfenden, leidenden Götter, Halbgötter, Titanen immer ernst zu nehmen. Es gab auch einen hellenistischen Humor.

Das sozusagen private Bild von Pergamon zu rekonstruieren, dürfte dennoch auch mit Hilfe solcher Fundstücke nicht mehr möglich sein. Was uns von dieser Stadt bleibt, ist das Bild eines prunkvollen Herrschersitzes, der so gelegen war, daß sich von ihm aus ein weites Stück Land überblicken ließ – ein riesiger Besitz.

Wenn man ihn aber als eine historische Landmarke betrachtet, wo wies sie hin? Tatsächlich in eine Zeit hinein, die ein früher Entwurf der unserigen war? Die Frage ist sicherlich bedenkenswert, doch genügt es keineswegs, nur Pergamon oder Alexandria zu betrachten, wenn man sie – versuchsweise – beantworten will; denn das sind nur zwei von vielen Steinen im Mosaik der durch die Diadochen geschaffenen Welt.

KAPITEL 8

SO LEBTEN
UND
SO DACHTEN SIE

»*Jede Stufe hat im wahren Systeme der Philosophie ihre eigene Form: nichts ist verloren, alle Prinzipien sind erhalten, indem die letzte Philosophie die Totalität der Formen ist.*«

GEORG WILHELM FRIEDRICH HEGEL
Geschichte der Philosophie

»*Bei der Entscheidung für oder gegen eine Lehrmeinung darf der Mensch sich nicht von Liebe oder Haß gegen den leiten lassen, der eine solche Meinung aufstellt, sondern allein von der sicheren Wahrheit. Daher sagt Aristoteles, man müsse sie alle lieben, nämlich die, deren Meinung wir annehmen, und die, deren Meinung wir ablehnen. Alle nämlich haben sich um die Erforschung der Wahrheit bemüht und somit uns geholfen.*«

THOMAS VON AQUINO
Kommentar zur Metaphysik des Aristoteles

ZEITTAFEL

Priene:
Um 1500 v. Chr.: Gründung des alten Priene.
350 v. Chr.: Gründung des neuen Priene am Mykaleberg.
Nach 300 v. Chr.: Der Hafen Naulochos beginnt zu verlanden.
129 v. Chr.: Priene wird römisch.
14. Jahrhundert: Das türkische Priene fängt an zu verfallen.
Milet:
Um 1500 v. Chr.: Gründung des alten Milet.
8.–7. Jhdt. v. Chr.: Höhepunkt der milesischen Geschichte.
546 v. Chr.: Milet wird persisch.
500–494 v. Chr.: Ionischer Aufstand, angezettelt in Milet.
494 v. Chr.: Zerstörung des alten Milet.
479 v. Chr.: Aufbau des neuen Milet.
478 v. Chr.: Befreiung Milets von persischer Herrschaft.
401 v. Chr.: Milet wird erneut persisch.
334 v. Chr.: Alexander erobert Milet.
323–200 v. Chr.: Milet unter wechselndem Diadocheneinfluß.
200 v. Chr.: Milet wird römisch.
12. Jahrhundert: Milet wird türkisch.
16. Jahrhundert: Milets Hafen verlandet. Die Stadt verfällt.
Aristoteles und seine Schule:
384 v. Chr.: Der Sohn des Nikomachos wird in Stageiros geboren.
367 v. Chr.: Aristoteles tritt in Platons Akademie ein.
347–345 v. Chr.: Aristoteles hält sich auf Lesbos auf.
343 v. Chr.: Er wird als Kronprinzenerzieher nach Pella berufen.
334 v. Chr.: Aristoteles gründet das Lykeion.
323 v. Chr.: Er flieht nach Euboia und stirbt dort. Sein Nachfolger wird Theophrastos.
287 v. Chr.: Straton übernimmt die Leitung des Lykeions.
3. Jhdt. n. Chr.: Das Lykeion geht in der Akademie auf.
Die Ärzte:
ca. 300 v. Chr.: Erasistratos auf Keos geboren. (Todesjahr unbekannt.)
ca. 300 v. Chr.: Herophilos wird in Chalkedon geboren. (Todesjahr unbekannt.)
129 n. Chr.: Galen wird in Pergamon geboren. (Er stirbt 199 n. Chr.)
Die Naturforscher und Techniker:
306–283 v. Chr.: Euklid wirkt in Alexandria.
300–250 v. Chr.: Lebenszeit des Aristarch aus Samos.
295–ca. 200 v. Chr.: Lebenszeit des Eratosthenes aus Kyrene.
287–212 v. Chr.: Lebenszeit des Archimedes.
262–190 v. Chr.: Lebenszeit von Apollonios aus Perge.
1. Hälfte des 3. Jhdts. v. Chr.: Lebenszeit von Ktesibios.
2. Hälfte des 3. Jhdts. v. Chr.: Lebenszeit von Philon aus Byzanz.
2. Hälfte des 1. Jhdts. n. Chr.: Lebenszeit von Heron aus Alexandria.

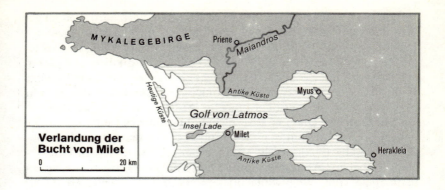

AN DEN UFERN DES LATMOS

Sie nannten sich Ionier

Zwei Stunden nachdem sie im Kabultal einige der östlichsten von Makedonen und Griechen geschaffenen Städte aus der Nacht herausgelöst hatte, erreichte die Sonne mit ihrem Licht das Latmosgebirge im westlichen Kleinasien. Über dessen fünf Gipfel emporsteigend, bestrahlte sie eine weite, tief in das Land hineinreichende Bucht, hob die Tempeldächer und Mauerzinnen von fünf großen griechischen Siedlungen an den Tag und erschloß dem Auge damit ein wichtiges Aktionsfeld hellenistischen Lebens.
Der kulturelle Zelthimmel, der Alexanders ehemaliges Reich überspannte, war gewiß mit dionysischer Gewalt vom fernen Westen her über Ostmittelmeerraum und Orient ausgebreitet worden. Aber zu den vielen Stützen, die ihn nun trugen, gehörten nicht nur Seleukeia, Antiocheia, Alexandria oder Pergamon, sondern auch Städte wie die, welche sich um den Golf an der Mündung des Maiandros gruppierten.
Hellenen aus fast allen Bezirken des Mutterlands waren hier schon gegen Ende des zweiten vorchristlichen Jahrtausends ansässig geworden. Sie nannten sich Ionier, weil ihr Bewußtsein nach einem Mythos verlangte, der die Gemeinschaft der Ausgewanderten als Volk von unverwechselbarer Eigenart erscheinen lassen sollte – Ion, Sohn des Apollon, war angeblich einer der Stammväter des griechischen Volkes. Im sogenannten Panionion, einem Poseidonheiligtum am Nordufer des Golfs von Latmos, traten die Abgeordneten von zwölf Siedlungen zusammen. Archäologen fanden an diesem Platz die Reste einer amphitheatralischen Anlage. Sie vermuten, daß, um das Jahr 546 v. Chr., auch ein Mann namens Bias auf ihren Stufen gestanden und seine Landsleute aufgefordert habe, das damals gerade unter persische

Herrschaft geratene Anatolien zu verlassen, um nach Sardinien zu gehen, da es einem Hellenen nicht anstehe, in Unfreiheit zu leben.

Die Ionier haben den Ratschlag des feurigen Greises – Bias war zu jener Zeit über achtzig Jahre alt – jedoch ignoriert. Sie haben statt dessen versucht, sich mit der Besatzungsmacht zu arrangieren, haben wenige Jahre später, als die Perser ihre phönizischen Handelsrivalen zu sehr bevorzugten, einen eher ungeschickten Aufstand gewagt, wurden von der Militärmacht Dareios' I. vernichtend geschlagen und mußten sich danach doch mit dessen Regime abfinden. Sie lebten nicht schlecht unter den im allgemeinen recht großzügigen achaimenidischen Gouverneuren, aber erst Alexanders großes Unternehmen versetzte sie wieder in die Lage, völlig ungezwungen jene Existenzform zu pflegen, die sie vor der Invasion aus dem Osten entwickelt hatten.

Unter allen Hellenen waren Ioniens Bürger sicherlich die beweglichsten, die unternehmungslustigsten, weltoffensten und auch die vorurteilslosesten. Ständige Auseinandersetzungen mit anderen Kulturen, der landstämmigen lydischen oder gerade der persischen, hatten sie zu geistigen, künstlerischen, sozialen und merkantilen Leistungen getrieben, denen die Heimatgriechen in der vorperikleischen Zeit kaum Ebenbürtiges an die Seite stellen konnten. Nicht nur Homer ist einer der ihren gewesen, sondern auch so bedeutende Lyriker wie Anakreon und die Dichterin Sappho aus Lesbos oder Herodot, der »Vater der Geschichtsschreibung«. Ionier waren beinahe alle wichtigen vorsokratischen Philosophen. Ionische Kaufleute gehörten zu denjenigen, die das primitive System des Tauschhandels überwanden und im ganzen östlichen Mittelmeerraum die Geldwirtschaft einführten. Außerdem – und deshalb auch nennt der Bochumer Historiker Kiechle sie »Pioniere des Hellenismus« – hatten die griechischen Bewohner der heutigen Türkei mit anderen Völkern schon immer so oder so ähnlich zusammengelebt, wie es, Alexanders Plänen zufolge, alle seine Landsleute eines Tages tun sollten. Sie gehörten denn auch zu den wenigen Hellenen, welche begriffen, was er wollte, und ihn deswegen anerkannten. Die von den Diadochen und ihren Nachfolgern beherrschte Welt verdankte ionischem Geist und ionischer Lebenspraxis mindestens ebensoviel wie makedonischer Disziplin und dionysischem Gefühl.

Weil das aber so war, bestrahlte das Morgenlicht, das über die Latmosgipfel hinweg auf die Städte Milet, Priene, Myus, Pyrrha und Herakleia fiel, nicht nur eine eindrucksvolle Fjordlandschaft, sondern eben auch ein Stück genuin hellenistischer Realität. Was in den Mauern dieser Siedlungen geschah, war modellhaft für eine ganze Zivilisation und eine ganze Epoche.

Priene, Heimatstadt des Bias, scheint dafür ein besonders treffendes Beispiel zu bieten.

In günstigerer Lage eine neue Heimstatt

Als Alexander nach der Schlacht am Granikos vor Prienes Mauern erschienen war, hatte die Stadt gerade ihren sechzehnten Geburtstag feiern können, obwohl sie damals schon auf eine über sechshundertjährige Geschichte zurückblickte. Das scheinbare Paradoxon erklärt sich aus einem für alle Latmosstädte schicksalhaften Problem.
Die erste Siedlung, die den Namen Priene trug, dürfte unweit der damaligen Mündung des Maiandros gelegen haben. Als dessen Wasser jedoch – wahrscheinlich auf Grund immer stärkerer Abholzung seines Quellgebirges, des Taurus – ständig größer werdende Mengen von Erde und Geröll heranschleppten und der Hafen der Stadt allmählich verlandete, beschlossen die Bürger kurzerhand, ihre alte Heimstätte zu verlassen und in günstigerer Lage eine neue aufzubauen – das war im Jahr 350 v. Chr. geschehen. Sie wählten den Südhang des Berges Mykale (nördlich der Latmosbucht), ein nahezu ideales Gelände.
Senkrecht schoß hier über mäßig abfallendem Grund ein mächtiger, oben abgeflachter Felssockel empor; er schien das gegebene Fundament für eine Akropolis zu sein. Gleichzeitig bot er sich als sozusagen naturgegebener Bestandteil eines Befestigungswerks an, in das man ihn lediglich als Rückendeckung einbeziehen mußte. Die Priener zogen denn auch von der Ostkante ihres neuen Burgfelsens einen fast ringförmigen Wall ins Tal hinab und ließen ihn an dessen Westkante wieder mit ihm zusammenstoßen. Der Raum innerhalb dieser Anlage schien zwar für eine Stadt in zeitgemäßer Schachbrettform nicht völlig geeignet zu sein, verweigerte sich aber andererseits auch keineswegs einem System von Längsstraßen, die durch rechtwinklig auf sie stoßende Querstraßen geschnitten wurden – vorausgesetzt, man legte die letzteren als Treppen an. Was bei der Anwendung dieses Plans zustande kam, war eine in Terrassen gegliederte Siedlung, welche sich dem Hang auf fast organische Weise anpaßte und außerdem vom frühen Morgen bis zum späten Abend im vollen Sonnenlicht lag, eine insgesamt höchst reizvolle Komposition.

Die ganze Stadt vor seinen Füßen

Wer über die mittlere der sechs Hauptstraßen von Priene ritt, mußte das Gefühl haben, sich in einer klar gegliederten, sozusagen ganz normalen hellenistischen Stadtanlage zu bewegen. Wer dann aber seinen Esel oder sein Pferd stehenließ, um über einen der fünfzehn Treppenzüge nach oben oder unten zu steigen, verlor sich in schattigen Schächten. Doch wurde auch dieser Eindruck wieder weggewischt, sobald er

aus der Enge derartiger Gassen auf einen der weiten, freien Plätze hinaustrat, mit denen sich das kleine Gemeinwesen geschmückt hatte. Der größte von ihnen war die auf drei Seiten von Säulenhallen umzogene, etwa zwölfhundert Quadratmeter große Agora im Zentrum des Ortes. Sie wurde überragt vom quadratischen Bau des Bouleuterions, in welchem sich, unter einem hölzernen, zeltartigen Dach, auf drei ansteigenden Sitzreihen die Stadtverordneten zu versammeln pflegten. Westlich davon und eine Terrasse höher lag der Athena-Tempel, der den Kunsthistorikern als eine besonders gelungene Verkörperung der »Ionischen Ordnung« gilt. Seine schlanken Säulen verminderten den Eindruck, sie hätten das Dach als eine ungeheure Last zu tragen, welchen die Bauwerke der »Dorischen Ordnung« gelegentlich vermitteln. Und natürlich wurde das Heiligtum, zur Talseite hin, von einer Stoa begrenzt. Weit über die Wohnhäuser emporragend, setzte es einen Akzent, der genau errechnet zu sein schien. Den anderen setzte das Theater.
Es war, am Fuße des Akropolisfelsens gelegen, das höchstgelegene Monumentalbauwerk der Stadt, eine rechteckige, intim wirkende Anlage, die anderthalb Felder des Schachbretts ausfüllte und innerhalb dieses Rahmens den üblichen hufeisenförmigen Zuschauerraum aufwies. Fünftausend Zuschauer fanden auf seinen Rängen Platz; das dürfte die gesamte stimmberechtigte Bürgerschaft gewesen sein. Fünf steinerne Sessel am Rande der Orchestra scheinen den hohen Würdenträgern und den Dionysospriestern vorbehalten gewesen zu sein. Das Bühnenhaus war zweistöckig. Durch ebenerdig gelegene Türen konnten die Akteure ihrem Publikum direkt entgegentreten. Bei aufwendigeren Stücken diente das flache Dach des Untergeschosses als zusätzliche Spielfläche. Das Theater von Priene wurde auf diese Weise sowohl den klassischen Tragödien gerecht, die einen Chor erforderten, als auch den kammerspielartigen Dialogstücken, wie sie etwa Menander, der populärste hellenistische Komödienautor geschrieben hat.
Wer auf den oberen, in das Gestein des Burghügels geschlagenen Plätzen saß, sah, zusätzlich zum Schauspiel, die ganze Stadt vor seinen Füßen liegen, an ihrem unteren Rand gerade noch das Dach des rechteckigen Gymnasions und – östlich davon – die Zuschauertribüne eines, allerdings erst um 130 v. Chr. angelegten Sportstadions, davor aber einen Flickenteppich aus Ziegeldächern.
Daß von den Wohnhäusern so viele bis heute einigermaßen erhalten blieben, erklärt unter anderem die fast liebevolle Zuneigung, mit der Archäologen die Siedlung am Mykaleberg immer wieder als Vergleichsmodell für andere hellenistische Städte heranziehen. Gleichzeitig macht dieser Umstand es begreiflich, warum der Tourist hier den Eindruck gewinnt, er könne eine nahezu gefühlsmäßige Beziehung zu den ehemaligen Bewohnern Prienes herstellen. Muß es sich nicht gut

gelebt haben, hoch über der funkelnden Latmosbucht, unter langnadeligen Koniferen, die in der Sonnenhitze einen fast betäubenden Harzgeruch ausströmen?
In der Tat, man kann sich unangenehmere Daseinsformen vorstellen.

Theaterstraße Nr. 33, Priene

Ein prienischer Bürger teilte sich in der Regel mit drei anderen die Baufläche, die von jeweils zwei Süd-Nord-Treppen und zwei Ost-West-Straßen gebildet wurde. Jedes Haus grenzte mit einer Rück- und einer Seitenmauer so eng an die zwei nächsten, daß viele Besitzer es vorzogen, das Dach über einem Trakt ihrer Atriumanlage mit dem Nachbarn gemeinsam zu haben. Trotzdem hätten sie nirgendwo abgeschlossener leben können als in dem Typ von Wohnung, den die Archäologen das »Priene-Haus« nennen. An einem Anwesen, welches auf ihren Plänen als »Theaterstraße Nr. 33« figuriert, wird besonders deutlich, was seine Besonderheiten ausmacht. Es dürfte von einem Zeitgenossen Alexanders errichtet worden sein.
Jeder Gast, der diesen Mann besuchte, trat aus der von fensterlosen Grundgeschoßmauern begrenzten Gasse in ein kleines Vestibül mit Ausblick auf den plattenbelegten Innenhof. Hier wurde er vermutlich abgeholt und durch einen gedeckten Säulengang entlang der rechten Begrenzungsmauer in den »oikos« geführt. Er betrat diesen größten Raum des Hauses durch ein atriumseitiges, von zwei stattlichen dorischen Säulen gerahmtes Portal, wodurch er auch Einblick in ein links davon gelegenes Speisezimmer bekam. Weiter jedoch als bis zu dessen Tür ist er, falls männlichen Geschlechts, schwerlich gekommen; denn jenseits von ihr war der hausherrliche, der offizielle Bereich zu Ende, und der Bezirk der Frauen begann.
Zu ihm gehörten die Küche und, gegenüber dem hofbegrenzenden Säulengang, vier kleinere Räume, welche als Vorratskammern, Arbeitsplätze oder Dienerquartiere gedient haben mögen. Ein Bad fand sich in der rund vierhundert Quadratmeter großen Anlage nicht. Auch blieb den Ausgräbern unbekannt, wo die Schlafzimmer lagen; sie vermuten jedoch im Obergeschoß.
Häuser gleich dem an der Theaterstraße von Priene, sind im vierten vorchristlichen Jahrhundert aufgekommen. Sie wurden während der hellenistischen Zeit allerorten errichtet, wenn auch nicht stets in so relativ einfacher Ausführung wie am Mykaleberg. Aber den dürften ja auch keine übermäßig reichen Herren besiedelt haben.
Priene lebte von der Landwirtschaft, vom Wollexport, von einer Kunstgewerbeindustrie, die Terrakottafiguren herstellte und von eigenen Salzwerken. Außerdem scheint es eine Gemeinde gewesen zu sein,

deren Gründer sich bewußt in einem eng umgrenzten Bezirk eingemauert hatten, ohne die Absicht, seinen Rahmen zu sprengen. Innerhalb der Wälle hätte es für ausgedehnte Villen gar keinen Platz gegeben; das Schachbrettmuster normierte den Baugrund noch zusätzlich. Das ist auch der Grund dafür gewesen, daß alle Häuser, ob sie reicheren oder ärmeren Bürgern gehörten, ziemlich gleich groß waren und gleich aussahen. Sie differierten lediglich in der Anordnung der einzelnen Räume und in ihrer Ausschmückung. Die Archäologen fanden Marmortische, Nippesfiguren, Bronzelampen und – insofern ist Nr. 33 nicht völlig typisch – Tonbadewannen. Anderswo und später gab es größeren Komfort.

Schon beinahe ein Palast

Aus dem bescheidenen Atrium des Priene-Hauses entwickelte sich gelegentlich der große, von einer Säulenhalle umzogene und nach ihr benannte »Peristyl«hof, aus dem Oikos prächtige Salons, deren Boden nicht mehr gestampfter Lehm bildete, sondern die Teppiche der Antike, das Bodenmosaik. Auch die Kunst, solche betretbaren Bilder herzustellen, hatte sich mit Alexander und seinen Nachfolgern über die mittelmeerische Welt ausgebreitet und dabei ein verblüffendes Maß an Perfektion erreicht. Arbeiteten etwa die Innendekorateure Philipps und Alexanders noch mit Kieselsteinen, welche allenfalls zwei- bis dreifarbige Bilder von der Art ermöglichten, wie sie in Pella gefunden wurden (und immer noch gefunden werden), so war schon ein Jahrhundert später solche primitive Technik völlig überholt.
Nun verwendeten die Mosaikmacher geschnittene Plättchen aus den verschiedensten Materialien, von Ziegelstein über Marmor bis Onyx, und »malten« damit Figuren oder Ornamente, welche plastisch wirkten, insgesamt aber einen weichen, vom wechselnden Tageslicht belebten, eben teppichähnlichen Eindruck hervorriefen.
Besonders prächtige Exemplare dieser Art Bodenschmuck wurden in Delos gefunden. Das schönste – es stellt den auf einem Panther reitenden Dionysos dar – leuchtet in allen Farben des Regenbogens: Dunkelrot, Goldgelb, Grün und Blau, es ist auf das feinste ausziseliert, zeigt Barthaare, Brauen, Zähne, Gaumen des Tieres und arbeitet selbst seine blutunterlaufenen Augenwinkel heraus: eine üppige Dschungelimpression, die ohne jede Andeutung von Landschaft auskommt. Geschmückt hat dieses Werk das sogenannte »Masken-Haus«, welches gleichzeitig als Paradebeispiel für eine hellenistische Peristylwohnanlage gilt.
Nach außen hin wirkte der Bau so abgeschlossen wie Theaterstraße Nr. 33. In seinem Innern aber erschlossen sich von einem schmalen Vesti-

bül und einem Zentralhof aus Zugänge zu über dreißig Räumen, von denen nicht weniger als vier mit Steinteppichen ausgelegt waren. Für den Oikos hatte der Mosaikkünstler ein Maskenmotiv gewählt, für das danebenliegende Gemach die Darstellung des Dionysos. Im Vergleich zu dem bescheidenen Bürgersitz am Mykale ist das Anwesen auf Delos schon beinahe ein Palast, aber das erklärt sich auch aus seinem Standort. Die dem Apollon und der Artemis heilige Kykladeninsel war, anders als Priene, ein Hort des Großkapitals. Indes haben die Privathäuser an beiden Orten auch vieles miteinander gemein gehabt.

Hier wie dort war der Männerbezirk, zu dem, falls vorhanden, auch die Gewerberäume zählten, von jenem der Frauen streng geschieden. Hier wie dort lagen die Eingänge, als ob sie verborgen werden sollten, an kleinen Seitenstraßen. Hier wie dort gab es Fenster fast nur in den oberen Stockwerken, manchmal vergittert, manchmal mit dünnen, lichtdurchlässigen Specksteinscheiben versehen. Hier wie dort muß man bei überraschenden Kälteeinbrüchen erbärmlich gefroren haben. Eine tragbare Kohlepfanne bildete selbst in den Villen meist das einzige Heizgerät, ein offener Kamin oder Herd galt bereits als der Gipfel des Luxus; Holz und Holzprodukte, auch Holzkohle gehörten an allen Mittelmeerküsten zu den teuersten Handelswaren. Wenn also scharfe Winde durch die Dachritzen der so streng, fast festungsartig abgeschirmten Wohnsitze pfiffen, konnte man sich nur in Geduld und Wolldecken hüllen und warten, bis sie wieder abflauten. Natürlich konnte man auch versuchen, sich von innen her aufzuwärmen.

Während der Zeit des Hellenismus ist das Essen und Trinken von der Notdurft zur Kunst weiterentwickelt worden.

Erbsenbrei zum Hühnerbraten

Im alten Griechenland hatte graues Gerstenbrot oder ein Brei aus Gerstenkörnern als wichtigster Magenfüller gegolten. In der Zeit nach Alexander oder genauer, nach der Ankurbelung des ägyptischen Weizenexports durch die ersten Ptolemäer, begann das weiße Mehl sich durchzusetzen und verhalf auch dem Stand der gewerbsmäßigen Bäcker zur Existenz.

Wer das nötige Kleingeld übrig hatte, ging statt sein Brot selbst zu bereiten, in den nächstgelegenen Laden. Dort wählte er zwischen so verschiedenen Sorten wie Hirsebrot, Mohnbrot, Sesambrot, Honigbrot oder auch einfachen Semmeln. Dann trug er seinen Erwerb nach Hause, wo die Reste davon als Toast noch einmal aufgewärmt wurden; denn Brot, so meinten einige Ärzte jener Zeit, sollte möglichst trocken sein, damit es den Körper auch tüchtig austrockne. Vom Fleisch hatten die Mediziner andere, aber entsprechende Vorstellungen.

Vielen galt es als schädlich, im Sommer Rindersteaks zu essen, wohingegen sie Pferde-, Hunde-, Esel- ja sogar Igelfleisch für unproblematisch hielten. Geteilt waren auch ihre Meinungen über Schweinernes. Von den östlichen Gefilden der hellenistischen Welt breitete sich damals das Vorurteil aus, die allesfressenden Paarhufer seien kaum geeignet, den Menschen als Nahrung zu dienen. Doch mochten die Griechen selbst in den heißesten Gegenden weder ihren Schinken noch ihr Gepökeltes, noch sauer eingelegte Schweinsfüße und -rüssel missen.
Einig dagegen waren sich Asiaten, Afrikaner und Europäer über die Bekömmlichkeit von Geflügelfleisch. Das kam den Gänsehaltern zugute, förderte die Einrichtung von Entenfarmen und führte auch zur Errichtung von Hühnerzuchtanlagen. In den letzteren wurde mit künstlich ausgebrüteten Eiern gearbeitet und auch der beschnittene Masthahn, der Kapaun, »erfunden«. Soweit, daß das Fleisch des Federviehs zu einem Konkurrenzprodukt für den Fisch avancierte, konnte es aber trotz derartiger Einrichtungen nicht kommen.
Alles, was aus der See oder Süßgewässern kam, hatte den Mittelmeeranrainern stets als Grundnahrungsmittel und als Delikatesse gegolten. Sie aßen Aale so gern wie Katzenhaie oder Polypen, genossen Austern, Kammuscheln, Miesmuscheln, Scheidenmuscheln, Klappmuscheln, Steckmuscheln, Flußkrebse, Krabben, Langusten, Hummer. Fischbrühe galt ihnen sogar als ein Gewürz, welches man auch ganz anderen Speisen zufügte, ohne deswegen freilich auf Kümmel, Senfkörner, Oregano, Thymian, Anis, Bohnenkraut, Dill, Schnittlauch oder Knoblauch zu verzichten.
Kohl wurde sowohl in gekochtem Zustand als auch roh verzehrt, Erbsenbrei zum Hühnerbraten gereicht, Sellerie und Lattich zu Salaten angerichtet, aus Sauerampfer Suppen bereitet, Rettiche, besonders die schwarzen ägyptischen, zum Bier gegessen, Gurken auf Rosten getrocknet, Pilze als Leckerbissen geschätzt. Und natürlich gab es zum Nachtisch Obst, an bescheideneren Tischen fast nur Feigen oder Trauben – an besseren die relativ teuren Äpfel, Birnen und Kirschen. Alles in allem ist also die Tafel von Leuten wie etwa den Bewohnern des Hauses Theaterstraße Nr. 33, Priene, reich bestellt gewesen – zumindest will es so scheinen. Mit Sicherheit kann man jedoch nur sagen, daß das Angebot an Nahrungs- und Genußmitteln zu jener Zeit, dank einem weiträumigen Handelssystem, größer war als je zuvor und daß die durch die Welt streifenden Soldaten, Matrosen, Poeten, Pilger, Händler Speisen schätzengelernt hatten, von denen ihren Vorfahren noch nicht gesungen worden war. Ob sie sich auch alle diese neuen Genüsse dann immer und überall leisten konnten, ist freilich ebenso unbekannt wie unwahrscheinlich.
Der kleine Mann dürfte auch jetzt noch zum Frühstück seinen Kanten Brot in einen Becher billigen Weines gestippt und zwischendurch

höchstens eine jener Garküchen aufgesucht haben, in denen es fettes Pökelfleisch oder mit Blut gefüllte Ziegenmägen gab, eine Art urtümlicher Schwarzwurst. Im Durchschnitt muß aber der Verbrauch an Geschlachtetem tatsächlich gestiegen sein. Man schließt das aus der großen Anzahl von Metzgerläden in hellenistischen Siedlungen. Daß es auch mehr Gourmets gab als früher, läßt sich schon leichter nachweisen.

Königliche Genießer

In der neueren Literatur, vor allem der Komödie, beginnen Köche eine wichtige Rolle zu spielen. Archestratos aus Gela (auf Sizilien) schrieb ein Kochbuch in Versen, welches später ins Lateinische übersetzt wurde. Von hellenistischen Rezepten ist aber trotzdem meist nur deren erster Teil auf uns gekommen, das »man nehme«. So fordert etwa in einem Stück des Lustspielschreibers Demetrios, das am seleukidischen Hof spielt, der Küchenchef Rosenblätter, Geflügelhirn, Schweinehirn, Eigelb, Olivenöl, Fischsoße, Pfeffer und Wein als Zutaten für ein einziges Gericht an. Daraus kann man zumindest auf die Geschmacksdimensionen schließen, in denen sich die königlichen Genießer und ihresgleichen bewegten. Sie hatten es gelernt, Mahlzeiten zu komponieren, wußten auch längst schon, wie man sie zelebriert.
Ein Gastgeber lud meist für die Zeit des Sonnenuntergangs ein. Er gruppierte Liegebetten, auf denen zwei Personen Platz fanden, die damals aufgekommenen »Klinen«, um ein oder mehrere manchmal quadratische, manchmal runde Tischchen. Er ordnete sie so an, daß jeder Konvive auf der linken Seite ruhend mit der rechten Hand zugreifen konnte. Eßgeräte gab es, außer Löffeln, nicht. Das Fleisch wurde vom Hausherrn aufgeschnitten und mit den Fingern zum Mund geführt, Pürrees und Gemüse mit kleinen Stückchen Fladenbrot vom Teller genommen, Soßen ausgetunkt, Knochen, Muschelschalen, Obstkerne und andere Abfälle flogen auf den Boden.
Nachdem ein Diener abgeräumt und die Handwaschschalen gebracht hatte, entschied der älteste Anwesende, ob nun vom gemischten zum puren Wein übergegangen werden solle oder nicht. Ein perfektes Diner hatte auf jeden Fall als Symposion zu enden, als Trinkgelage, Plauderstunde, Diskutierrunde. Zeitgenössische Schriftsteller versichern ohnehin, das gepflegte Gespräch habe den eigentlichen Sinn solcher antiken Parties ausgemacht. Doch war dies, wenn man den Ärzten glauben darf, sehr oft nur eine gesellschaftliche Ausrede. Die Mediziner begannen damals vor übertriebener Freßsucht zu warnen, hatten wohl auch Grund dazu und entwickelten die Grundlagen der Ernährungsphysiologie.

Diokles aus Karystos (auf Euboia) warb für mehr Gemüse und weniger Fleisch, Philistion aus Lokroi (in Unteritalien) untersuchte die Bekömmlichkeit der verschiedenen Brotsorten. Andere entdeckten, daß Menschen, welche nicht körperlich arbeiten, auch leichtere Nahrung als Schiffsknechte oder Zimmerleute zu sich nehmen müssen. Sie nannten Speisen ohne Nährwert schädlich und forderten den Verdauungsspaziergang nach dem Essen. Mit einem Wort: die hellenistische Zivilisation war weit genug fortgeschritten, um nun auch Zivilisationsschäden bewirken zu können. Das gehört zu den Zügen, die uns an ihr so modern anmuten. Es gibt davon noch mehrere.

Eine Art Primaner

Priene, das beinahe in jeder Hinsicht typisch für seine Zeit ist, besaß auf dem Höhepunkt seiner Entwicklung nicht weniger als zwei höhere Schulen. Die an der südlichen Stadtmauer gelegene war davon das bedeutendere Bauwerk.
Ihr Zentrum: ein über zwölfhundert Quadratmeter großer, von Säulenhallen umgebener Hof. Auf der Nordseite begrenzte ihn eine gedeckte Übungsbahn, hinter ihr lagen fünf verschieden große Räume, von denen einer als Waschraum diente – die Löwenköpfe, aus denen das Wasser in die Becken floß, sind noch erhalten –, und zumindest ein weiterer als Unterrichtsraum. Der war zum Innenhof hin offen, mit Marmorplatten ausgekleidet, mit korinthischen Halbsäulen geschmückt, versehen mit einer Holzbank, welche an drei Wänden entlanglief. Die deutschen Archäologen Humann und Wiegand, die Priene ausgegraben haben, nannten ihn »ephebeion« und meinten damit ein Klassenzimmer, in welchem »epheboi«, junge Leute zwischen achtzehn und zwanzig Jahren, ausgebildet wurden. Andere Gemächer identifizierten sie als einen Übungssaal für Faustkämpfer, einen Massageraum, einen Auskleideraum und eine Vorratskammer für Haut- und Reinigungsöl.
Das alles macht auch schon einigermaßen deutlich, auf welchen Grundlagen das hellenistische Erziehungswesen beruhte: Urform des Gymnasions war die Rekrutenkaserne. In Athen hatte Epikrates, ein Zeitgenosse Alexanders, den Ephebendienst institutionalisiert, indem er alle körperlich geeigneten jungen Männer einzog, sie ein Jahr lang sportlich und militärisch schulen, dann ein weiteres Jahr in den attischen Grenzorten Wachdienst tun ließ. Diese Einrichtung verfiel jedoch, nachdem die Stadt ihre Selbständigkeit an die Makedonen verloren hatte. Als später wieder von Epheben die Rede ist, war damit schon etwas ganz anderes, nämlich eine Art Primaner gemeint. Wer zu ihnen gehörte, exerzierte nicht mehr, sondern trieb nur noch Sport. Aller-

dings hatte er daneben auch Vokabeln zu lernen und grammatikalische Regeln zu pauken, was jedoch bereits ein Privileg war.
In den ionischen Städten gab es eine Art Grundschule, an welcher Bürgerkindern ab ihrem siebenten Lebensjahr zumindest Lesen und Schreiben, möglicherweise auch schon elementares Rechnen beigebracht wurde. Ehrgeizige und betuchte Eltern belegten danach Unterrichtsstunden bei einem »grammatikos«, der ihre Söhne in die Literatur einführte. Diese konnten schließlich unter die Epheben aufgenommen werden und in den Gymnasialklassen ihre Ausbildung beenden.
Indessen dürfte ein solcher Erziehungsgang keinesfalls die Regel gewesen sein; er beruhte weder auf einem allgemeingültigen Brauch noch einem einheitlichen System. Jede Stadt handhabte das ein bißchen anders. Jeder Bildungsbeflissene war auch auf die an seinem Heimatort vorhandenen pädagogischen Einrichtungen angewiesen. Er konnte allenfalls dann eine umfassende Schulung erlangen, wenn der Magistrat genügend viele »gymnasiarchoi« fand – das dürfte nicht immer leicht gewesen sein. Solche Rektoren hatten nämlich eine Schule nicht nur zu leiten, sondern für einen Teil ihrer Unterhaltungskosten mit dem eigenen Vermögen aufzukommen, zumindest während der ein bis zwei Jahre, die sie im Amt waren.
Überhaupt sind die meisten hellenistischen Lehranstalten von reichen Privatleuten gestiftet worden, das Untere Gymnasion in Priene zum Beispiel von einem Mann namens Moschion. Wohlhabende Kommunen wie Pergamon besaßen bis zu drei Ausbildungsstätten, ärmere nur eine.

Sport, die Basis der Erziehung

Gemeinsam dürfte allen Gymnasien gewesen sein, daß sie nicht in erster Linie eine große Menge von Wissen vermitteln wollten, sondern auf so etwas wie die Formung des rundum gebildeten hellenistischen Gentlemans abzielten. Der aus der Ephebie Entlassene sollte seinen Homer nicht nur im Kopf haben, sondern ihn auch geschmack- und kunstvoll vortragen können. Er sollte in der Lage sein, die sieben- bis achtzehnseitige, harfenähnliche »kithara« zu spielen, im Reigen mitzutanzen, sich auf gewählte Weise auszudrücken, einen menschlichen Körper zu zeichnen und vor allem den eigenen zu beherrschen.
Sport war, wie gesagt, die Basis der gesamten Erziehung. Dazu gehörten Kurzstreckenlauf, Dauerlauf, Ringen, Faustkampf, Speerwerfen, Steineschleudern, Bogenschießen und, gelegentlich, Reiten. Doch wurden in der Übungsbahn nicht nur die Muskeln gestärkt und die Reflexe geschärft, sondern vor allem auch eine Art Wettkampfbewußtsein gepflegt, die Fähigkeit und Bereitschaft, sich immer wieder

gegen andere durchzusetzen oder sich zumindest mit ihnen zu messen. Der Glaube, daß dies notwendig sei, daß der Mensch sich nur im »agon«, in der Auseinandersetzung völlig verwirkliche, gehörte ja zu den ältesten Überzeugungen der Griechen und war ein wesentliches Element ihrer Kultur.
Trotzdem ist auch an den hellenistischen Gymnasien viel und oft sinnlos gepaukt worden. In Priene mußten die Schüler ganze Listen spartanischer Könige und Ephoren, anderswo Tragödienverse auswendig lernen, die sie kaum begriffen haben dürften, oder sinnlose Sätze durch alle Fälle des Singular und des Plural deklinieren.
Die Pädagogen wurden von der städtischen Vollversammlung gewählt. Sie mußten sich verpflichten, die jeweils geltende Erziehungsordnung zu respektieren. Auf welche Weise sie ihre Befähigung nachwiesen oder nach welchen Kriterien diese beurteilt wurde, weiß man nicht. Bekannt ist lediglich, daß viele von ihnen ihren Beruf im Umherziehen ausübten, kurzfristig engagiert wurden, dann weiterzogen. Es gab aber auch Festangestellte, und sie gehörten zweifellos zur Honoratiorenschaft.
Ihre Lernbefohlenen durften sich, sobald sie die Schule erfolgreich durchlaufen hatten, ebenfalls der heimatstädtischen Elite zurechnen. Oftmals schlossen sie sich mit der »gerusia«, einer Art Altherrenschaft, korporationsähnlich zusammen. Aus den Reihen dieser Bünde gingen dann in der Regel die Magistratsangehörigen hervor.
Doch sind natürlich auch junge Leute vorstellbar, die ihre Ausbildung nicht einfach mit einer Art Abitur abschließen, sondern anderswo weiteres Wissen erwerben wollten.

Präzise Beschreibung eines Kükens

Mit nur geringer Übertreibung kann man sagen, daß mit der hellenistischen Zivilisation auch die Unversität geboren wurde, und zwar in Athen. Nicht Zenons Stoa oder Epikurs Garten ist jedoch ihre Urform, sondern jenes andere Institut, welches im Jahr der Schlacht am Granikos von Aristoteles gegründet wurde, das sogenannte Lykeion mit dem Peripatos, der berühmten Wandelhalle. Sein Vorsteher, der Mann aus Stageiros, der Philipp als Prinzenerzieher gedient hatte, traute einer Theorie nicht bereits deshalb, weil sie geistreich begründet worden war; er meinte vielmehr, sie müsse auch durch umfängliche Tatsachenbelege oder eine streng logische Gedankenführung abgesichert sein.
Aristoteles soll im Lauf seines Lebens an die vierhundert Bücher geschrieben haben. Verloren gingen die *Über das Verheiratetwerden*, *Über das Entkräften von Zaubersprüchen*, *Über den Schwindelanfall*,

Über Alexander. Erhalten blieben sein *Organon* (Werkzeug), das von der Logik handelt, seine *Nikomachische Ethik* (vermutlich nach einem Sohn von ihm benannt) und seine Arbeiten *Über die Seele,* über Metaphysik, Rhetorik, Politik, Poetik und Physik sowie einige weitere naturgeschichtliche Werke.
Den meisten davon ist eines gemeinsam: ihr Verfasser versucht stets, ein Thema aus weitgreifenden Überlegungen heraus so zu entwickeln, daß allmählich erkennbar wird, wie es sich in ein geschlossenes, alles umfassendes System fügt. Er benutzt jegliche Information, auf die er seine Hand legen kann, die präzise Beschreibung eines schlüpfenden Kükens ebenso wie Beobachtungen, welche die Urzeugung von Tieren zu rechtfertigen scheinen. Für das Werk über die Politik sammelte und studierte er hundertachtundfünfzig Staats- und Stadtverfassungen, von der Athens bis zu jener Karthagos. Der Mythologie und der Poesie stand er etwas reserviert gegenüber. Von Sprichwörtern glaubte er, sie seien »Überbleibsel einer . . . untergegangenen Philosophie, die wegen ihrer Kürze und Faßlichkeit erhalten blieben«. Den vorsokratischen Denkern nähert er sich als ein Doxograph, der alle Lehrmeinungen (griech.: doxai) nach Problemen ordnet und systematisch berücksichtigt, was andere, »die vor uns an die Untersuchung der Welt herangetreten sind, über die Wahrheit gedacht haben«.
Aristoteles, Nachkomme von Ärzten, die ihren Stammbaum bis auf Asklepios zurückführten, wollte erkennen, wie das Leben ist und was es sei. Das wollte er auch lehren.
Am Lykeion wurden vormittags einige ausgewählte Hörer in Logik und philosophischen Grundbegriffen unterrichtet, nachmittags wurde über Spezialfächer gelesen und gearbeitet. Die besten »Assistenten« des Meisters erhielten klar umrissene Aufgaben zugeteilt. Eudemos aus Rhodos sollte die Geschichte der älteren griechischen Mathematik zusammenstellen, ein Menon die Medizin durchleuchten und Tyrtamos, genannt Theophrastos (der göttlich Beredte), die Physik überschaubar machen. Straton aus Lampsakos (am Marmarameer) verfaßte später, als er selbst schon Leiter des Instituts war, die *Mechanike,* das wahrscheinlich älteste technische Lehrbuch der Welt (zumindest schreibt man es ihm gelegentlich zu). Das aber hieß: Aristoteles' Schule enthielt die Keime mehrerer Fakultäten, sie war universal ausgerichtet, ihre Mitarbeiter forschten und lehrten. Rechtlich galt sie als Verein, wenn auch erst seit dem Tod ihres Gründers.

»Die Liebe der Seele zur Erkenntnis«

Der Stagirite, der mit Hilfe von Antipater und unter dem Patronat Alexanders in Athen Fuß gefaßt hatte, mußte die Stadt wieder verlassen, als Makedoniens Stern in Babylon zu sinken schien. Im selben Jahr wie sein ehemaliger Zögling starb er zu Chalkis auf Euboia, man sagt, an einem Magenleiden, das er sich durch Überarbeitung zugezogen habe. Sein Nachfolger wurde der eminente Botaniker und Charakterologe Theophrast. Und erst ihn hat Kassanders Statthalter, Demetrios aus Phaleron, der spätere Mitbegründer des Museions, mit Privilegien ausgestattet, wie sie Platons Erben an der Akademie schon lange besaßen. Das heißt, daß es spätestens seit seinem Amtsantritt im hellenistischen Raum eine hohe Schule gab, an der gelehrt wurde, wie der Wirklichkeit mit systematischer Faktenwertung und Problemzergliederung beizukommen sei, wie etwas, das man dann für Wahrheit nehmen konnte, mit Worten einzufangen und festzunageln wäre. Alles dies ist einem einzigen Kopf entsprungen.

Aristoteles' Lebenswerk gilt den meisten seiner modernen Interpreten als reifes Endprodukt des von ihm abgeschlossenen Zeitalters, anderen auch als Ouvertüre des nachfolgenden. Unbestreitbar scheint jedoch zu sein, daß es wie ein Gebirgsmassiv die ganze diadochische Welt überragte. Die Arbeits- und Denkweise des Mannes aus der Chalkidike befruchtete mehrere Jahrhunderte lang Ärzte, Botaniker, Zoologen, Astronomen, Geographen, Physiker. Und wenn auch nicht alle von ihnen seine Art, die Welt zu ordnen, akzeptieren konnten, seiner Art, die Welt zu sehen, blieben sie verhaftet. Sie war ja reich genug nuanciert.

In einem gewissen Überschwang hatte der Gründer des Lykeions gesagt: »Selbst der Umstand, daß die meisten Menschen den Tod fliehen, ist ein Beweis für die Liebe der Seele zur Erkenntnis.« Mit kaum überbietbarer Trockenheit dekretierte er: »Verschieden ist die beweisende Prämisse von der dialektischen, indem die beweisende ein Nehmen der einen Seite in die Alternative ist.« Mit geradezu kindlich anmutender Naivität konnte er behaupten: »Es stimmt, daß der Löwe sich den merkt, der auf ihn schoß . . . hat jemand nicht auf ihn geschossen . . . und er packt ihn (dennoch) im Sprung, so tut er ihm nichts . . . sondern schüttelt ihn und läßt ihn mit dem Schrecken davonkommen.«

Das zeigt aber nur: Er vermochte die Welt zu umfassen, weil eine ganze Welt in ihm lebte und weil er die Welt liebte. Männer wie Zenon und Epikur haben versucht, die Schrecken des Daseins zu bändigen; der Stagirite glaubte, daß alles, was erkannt, auch gebannt sei und nicht mehr schrecken könne. Ein derartiger Geist schließt niemals nur ab, sondern immer auch auf.

In jedem Fall war jedoch ein junger Mann, der das Gymnasion durchlaufen hatte und nun die verschiedenen Dimensionen der Wirklichkeit erkunden wollte, nicht schlecht beraten, wenn er sich Aristoteles zum Führer wählte. Er mußte, sofern er aus Priene stammte, dazu nicht einmal unbedingt ins entlegene Athen reisen. Schon die Fahrt über den Golf von Latmos erschloß einen Teil der Welt, aus welcher sein Mentor stammte. Drüben lag Milet.

Milet war sehr alt

Mit der größten, reichsten, schönsten Siedlung in Ionien hat Aristoteles sich mehrfach beschäftigt. Über den Mann, dem sie ihr modernes Gesicht verdankte, schrieb er: »Hippodamos ... der als erster die Kunst der Stadtplanung erfand und für die Anlage von Piräus verantwortlich war, ist ein seltsamer Mensch gewesen ... Einige nannten ihn affektiert, weil er das Haar lang bis auf die Schultern trug und sich mit kostbaren Schmuckstücken behängte.« Zu dem bedeutendsten Philosophen, welchen die Stadt am Latmosgolf hervorbrachte, bemerkte er: »Es scheint aber Thales ... die Seele für etwas Bewegendes gehalten zu haben, denn sonst hätte er ja nicht behaupten können, daß der Magnetstein eine Seele habe, weil er das Eisen bewegt.« Und über einen zweiten milesischen Denker: »Anaximenes erklärt (im Gegensatz zu Thales) die Luft für früher als das Wasser und durchaus für den Urgrund der einfachen Körper.«

Der das ganze ihm bekannte Universum überblickende Geschichtensammler und Problemforscher konnte offensichtlich an drei Männern nicht vorübergehen, die alle aus derselben Stadt stammten, einer von den Dutzenden, mit welchen Griechen die Küsten des Mittelmeers gesäumt haben. Was also zeichnete sie vor so vielen anderen aus?

Zunächst einmal: Milet war sehr alt. Es ist bereits um die Mitte des zweiten vorchristlichen Jahrtausends gegründet worden und hatte den Höhepunkt seiner Geschichte zur Zeit von Thales, im siebenten Jahrhundert v. Chr. erreicht. Selbst Produkt einer Kolonisationsbewegung, soll es rund neunzig andere Kolonien vor allem am Schwarzen, am Asowschen und am Marmarameer ins Leben gerufen haben. Der Ionische Aufstand ist in seinen Mauern angezettelt worden. Dareios hat es dafür auch besonders schwer bestraft: Die Stadt wurde bis auf ihre Grundmauern zerstört. Allerdings gab dies einem milesischen Bürger auch Gelegenheit, sie nach neuesten Erkenntnissen wieder aufzubauen.

Gitternetz, Element der Utopie

Über eine Halbinsel, welche nördlich der geschleiften Siedlung in die Latmosbucht hinausragte, warf der angeblich leicht exzentrische Hippodamos jenes Netz aus rechtwinklig sich schneidenden Verkehrswegen, das für alle später gegründeten Städte fast zur Norm werden sollte. Zwei große Marktplätze waren konsequent in dieses System mit einbezogen, ebenso alle Heiligtümer, öffentlichen Bauten, drei Gymnasien und vier Häfen. Lediglich das Theater, über den südlichen der beiden großen Schiffslandeplätze emporragend, entzog sich dem Zwang zur Achsenbildung, dürfte damit aber die strenge Rationalität dieser Stadtlandschaft eher noch betont haben. Man spricht von ihr seither als einer »hippodamischen«.

Die schachbrettförmige Siedlung ist jedoch im Grunde keine Erfindung eines einzelnen Mannes, sondern ein Produkt der gesamten ionischen Kolonisation. Auswanderer, die im Neuen neu beginnen wollten, hatten ihren Bestrebungen von vornherein andere als die hierarchischen Ordnungsbegriffe der alten Heimat zugrunde legen müssen. Sie waren gezwungen gewesen, jedem Teilnehmer an ihrem Unternehmen die mehr oder weniger gleiche Fläche Landes zuzuweisen. Da bot sich die Maßeinheit des von jeweils vier Straßen begrenzten, allen übrigen identischen Häuserblocks geradezu an.

Schon Alt-Milet hatte parallele Gassen und Quergassen aufgewiesen. Schon Alt-Smyrna (Izmir) dürfte, im siebenten vorchristlichen Jahrhundert, nach entsprechenden Prinzipien konzipiert worden sein. In den Kolonien der Kolonien wurde dieses System dann ausgefeilt und endlich von Hippodamos perfektioniert. Der langhaarige Architekt sah in seinem Gitternetz ein Element der Utopie und mußte sich dafür von Aristoteles, dem alle zu perfekten Idealstaatskonzepte unbehaglich waren, in etwas diffamierender Weise rügen lassen. Dennoch ist er von den Athenern beauftragt worden, den Hafenplatz Piräus zu bauen, außerdem bestellten sich die Bürger Thuriois (in Unteritalien) bei ihm den Entwurf für eine neue Wohnsiedlung. Und nach seinem Tod ahmten nicht nur die Olynther nach, was er in Milet geschaffen hatte, sondern auch die Rhodier, die Priener, Seleukos, als er seine verschiedenen Städte aus dem Sand stampfen ließ, und natürlich Deinokrates, als er Alexandria konzipierte. Dies alles aber berechtigt doch dazu, Hippodamos den eigentlichen Schöpfer der hellenistischen Stadt zu nennen. Allerdings kann man sich auch fragen, was denn an ihr nun so besonders schön gewesen sein soll. Moderne Schachbrettanlagen wirken ja sehr oft öde. Wie also war Milet?

Auf Zuwachs geplant

Gerühmt wurde die Stadt am Latmosgolf vor allem deswegen, weil ihr Zentrum zwischen den beiden Haupthäfen lag, auf drei Seiten vom Wasser gerahmt. Bewundert wurde sie wegen ihres pompösen, etwa drei Hektar großen Südmarktes, den eine von Antiochos I. gestiftete Stoa begrenzte. Fast intim muß dagegen der benachbarte, säulenhallenumgebene Nordmarkt gewirkt haben, und großartig soll wieder die Prachtstraße gewesen sein, die von hier aus zum kolonnadengesäumten Theaterhafen führte.
Am Ende des anderen, des Löwenhafens – so benannt nach zwei Tierstatuen, welche seine Einfahrt markierten –, lag ein teilweise erhalten gebliebener Rundtempel, der dem Seefahrerpatron Apollon Delphinios geweiht war, südlich davon eines der Gymnasien, ein Asklepieion und ein Bouleuterion. Das letztere Gebäude unterschied sich vom prienischen Ratssaal insofern, als seine aufsteigenden Sitzreihen im Halbkreis, nicht wie dort im offenen Viereck, angeordnet waren.
Vom Theater blickte man, über den nach ihm benannten Hafen hinweg, auf einen Athenatempel und ein Stadion. Die Verteidigungsmauer, welche ganz Milet umschloß, war fünfeinhalb Kilometer lang, ein anfangs wahrscheinlich zu weiter Gürtel, der aber später, als das Gemeinwesen hundertfünfzigtausend Einwohner zählte, prall gesessen haben dürfte. Im Gegensatz zu ihren Nachbarn am Mykaleberg hatten die Väter der größten Latmosstadt auf Zuwachs geplant. Sie konnten es guten Gewissens tun.
Milet lebte vom Überseehandel, vor allem mit Ägypten, von einer blühenden Wollindustrie, eigenen Schaffarmen und von der Schmuckwarenherstellung. Sein Reichtum war bedeutend, seine Stellung derart unanfechtbar, daß Ptolemäer, Seleukiden und Attaliden die Freundschaft der milesischen Bürger weniger zu erzwingen als zu erkaufen suchten. Selbst Ptolemaios, der Sohn der Arsinoë und des Lysimachos, dürfte sich unter ihnen eher als geduldeter Gast denn als machtvollkommener Statthalter seines Stiefvaters gefühlt haben. Der von Hippodamos gestaltete Hafenplatz blieb sogar für Diadochen und Diadochennachfolger sakrosankt. Er verkörperte zuviel von der Tradition, aus der auch sie lebten. Hier hatten Thales, Anaximander und Anaximenes gelebt, die noch von Aristoteles respektierten Begründer der griechischen Philosophie.

In der Wirklichkeit zweckmäßig einrichten

Thales ist der erste gewesen, der begriff, daß es in der Natur konstante Abhängigkeiten einer Größe von einer anderen, also Naturgesetze, gibt. Bewiesen hat er ihre Existenz auf die denkbar eindrucksvollste Weise: Er sagte für den achtundzwanzigsten Mai des Jahres 585 v. Chr. eine totale Sonnenfinsternis voraus, die auch prompt eintrat und zwei gerade ineinander verkeilte Heere, ein lydisches und ein persisches, derart verstörte, daß sie den Kampf einstellten. Im übrigen läßt seine Berechnung den Schluß zu, er habe eine richtige Theorie über das Wesen der Gestirne gehabt, was um so erstaunlicher anmutet, als er davon überzeugt war, die Erde sei eine auf dem Urmeer schwimmende Scheibe und der ganze Kosmos aus dem Wasser hervorgegangen. Wie Aristoteles ja überliefert, entdeckte er außerdem den Magnetismus und erklärte ihn als eine anziehende, seelenähnliche Potenz im Erz. Zu der Zeit, da er lebte, scheint in Milet eine geistige Atmosphäre geherrscht zu haben, die es scharfen Köpfen erlaubte, aus der mythenverhangenen in eine rational erklärbare Welt vorzustoßen, ohne daß man sie deswegen verketzerte. Das war ja keineswegs die Regel.
Anaximander, Mitbürger und Schüler von Thales, schritt auf dem Weg, den jener eingeschlagen hatte, noch zügiger voran. Er nahm als Urgrund der Dinge das »Unbegrenzte« an, aus dem sich durch ständige Bewegung Grundgrößen wie »das Kalte«, »das Warme«, das Feuer, die Luft herausentwickelten und »gleich der Rinde an einem Baum« schichtweise die Erde einhüllten; durch Löcher in der Atmosphäre scheint endlich die Glut hindurch: Sonne, Mond und Sterne. Man könnte dies eine Art Evolutionstheorie nennen.
Wieder in anderen Begriffen dachte Anaximenes, der dritte große Philosoph aus Milet, Schüler des zweitgenannten. Er nahm an, der Urgrund der Dinge sei die Luft. Durch Verdichtung wären aus ihr das Wasser und die Erde entstanden, durch Verdünnung das Feuer.
Ein vierter schließlich, Leukippos, vertrat die Ansicht, das wahrhaft Existente seien nur die unendlich vielen, unendlich kleinen Bestandteile der Materie, die das Nichts füllten und durch Zusammenballung oder Zerstreuung den Anschein hervorriefen, es werde und es vergehe etwas. Diesen winzigen Partikeln gab er den Namen »atomos«, das heißt, unteilbar. Demokrit hat aus Leukipps Vorstellungen dann die erste Atomtheorie entwickelt und mit ihr ja vor allem Epikur beeinflußt.
Der Philosoph, auf den Zenon hörte, war ebenfalls Ionier, stammte aber nicht aus Milet, sondern dem benachbarten Ephesos: Heraklit, der Verfechter der Idee vom alles zeugenden und alles wieder vernichtenden Urfeuer. Da er, im Gegensatz zu den reinen Naturphilosophen, keineswegs glaubte, das Gesetz, welches die Welt regiert, könne jemals

gefunden werden, verwies er seine Anhänger auf ihr eigenes Innere und erlegte ihnen die Pflicht zur Selbsterforschung auf.
Aristoteles konnte mit dem »dunklen« Epheser nur wenig anfangen. Von den Arbeiten der Milesier dagegen hat er profitiert und deshalb ihre Forschungsergebnisse der Nachwelt übermittelt. »Die Welt«, meinte jedoch er selbst, »ist ungeworden und unvergänglich. Wer das bestreitet und meint, eine so gewaltige sichtbare Gottheit wie Sonne, Mond und der übrige Himmel mit Planeten und Fixsternen . . . unterscheide sich nicht von den Dingen, die mit Händen gefertigt sind, der macht sich furchtbarer Gottlosigkeit schuldig.«
Das war der Versuch, am Beginn der hellenistischen Epoche Naturwissenschaft und Glauben wieder auf einen gemeinsamen Nenner zu bringen und die Philosophie als etwas zu etablieren, das dem Mythos gleichwertig oder sogar überlegen sei. Die Welt sollte wohl erklärt, aber deswegen nicht ihres metaphysischen Fundaments beraubt werden. Der Stagirite kam damit wahrscheinlich einem weit verbreiteten Doppelbedürfnis entgegen, dem nach Aufklärung und dem nach geistiger Sicherheit. Doch nützten seine Thesen vor allem auch jenen, die sich in der Wirklichkeit möglichst zweckmäßig einrichten wollten. Sowohl milesische Kaufleute als auch die mit allen materiellen und immateriellen Ressourcen ihrer Länder scharf kalkulierenden hellenistischen Könige dürften den Stagiriten deshalb geschätzt und ihn wahrscheinlich auch besser verstanden haben als seine zur Genügsamkeit und zur Flucht nach innen ratenden jüngeren Kollegen. Er war aus ihrem Stoff, er schien zu bestätigen, daß das Universum eigentlich völlig in Ordnung sei, göttlich in der Substanz, stabil und unzerstörbar; auf solcher Grundlage konnte man trefflich agieren.
Am Ende mußten sich derartigem Bewußtsein sogar die Nachfolger Zenons anpassen. Auch sie fingen nun an, die gerechtfertigte Wirklichkeit mit wissenschaftlicher Neugierde zu erkunden. Und die Naturforschung blühte wie kaum je zuvor – allerdings fast nur innerhalb des Rahmens, den Aristoteles auf seine, die Stoiker auf ihre Weise gezogen hatten.

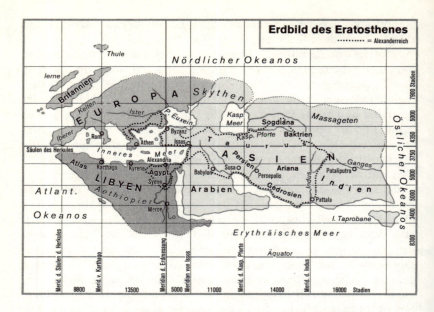

IM SCHATTEN DES ARISTOTELES

Über sechshundert Leichen geöffnet

Natürlich konnte der Arztsohn Aristoteles auch einem Gymnasialabsolventen von Nutzen sein, der Medizin studieren wollte. Sein Mitarbeiter Menon hatte ja eine Geschichte der Heilkunde erstellt, er selbst gesagt, man solle ohne Naserümpfen »die Bestandteile der Gattung Mensch betrachten, Blut, Muskeln, Adern, Knochen und dergleichen«. Das hätte, obwohl es nicht ganz so gemeint war, auch als Aufforderung zur anatomischen Forschung verstanden werden können. Tatsächlich ist aber das Seziermesser ohnehin ein wichtiges Arbeitsgerät der hellenistischen Medizinwissenschaftler gewesen.

Erasistratos aus Keos wäre, auf Grund von physikalischen Vorarbeiten des Lykeions, beinahe zum Entdecker des Blutkreislaufs geworden. Er verfehlte dieses Ziel jedoch, weil er aus seinen bei der Leichenöffnung gewonnenen Eindrücken den Schluß zog, lediglich die Venen führten Blut, die Arterien aber Luft.

Sein Altersgenosse Herophilos aus Chalkedon, Leibarzt von Ptolemaios I., fand das Nervensystem, erkannte durch Untersuchung von Lebenden und Toten die Bedeutung des Gehirns als Zentralorgan und stellte auch fest, daß die Herzbewegungen – er unterschied korrekt zwischen Diastole (Erweiterung) und Systole (Zusammenziehung) –

in den Schlagadern die Druckwelle des Pulses erzeugten, was gleichzeitig darauf hindeutet, daß ihm die wahre Funktion der Arterien bekannt gewesen sein muß.
Mit Hilfe einer Wasseruhr hat Herophilos den Puls auch als erster gemessen. Ferner beschrieb er den Zwölffingerdarm, die Bauchspeicheldrüse, die Gänge der Leber und des Uterus. Aber er soll ja am Museion nicht nur über sechshundert Leichen geöffnet, sondern Verbrecher, welche ihm Ptolemaios lieferte, lebend seziert haben – zumindest behauptet dies der Römer Celsus, Verfasser einer aus acht Büchern bestehenden Geschichte der Medizin.
Alexandria war eine Hochburg der Anatomen und der Chirurgen. Hier konnten Ärzte auf die Erfahrungen zurückgreifen, die ägyptische Mumifizierer beim Ausweiden der Toten gesammelt hatten. Hier stand ihnen die riesige, wohlgeordnete Bibliothek zur Verfügung, welche sicherlich das ganze einschlägige griechische Schrifttum bereithielt. Hier konnte erstmals ein komplettes Skelett präpariert werden.
Im Verlauf solcher und ähnlicher Forschungen entwickelten die angestellten Wissenschaftler schließlich auch eine Vorform der Anästhesie. Mit Hilfe der Alraunwurzel (Mandragora officinarum) wurde der Patient, bevor man ihn auf den Operationstisch schnallte, betäubt; sein Schlaf kann allerdings kaum sehr tief gewesen sein. Das von dem Nachtschattengewächs gebildete Alkaloid Skopolamin wirkt äußerstenfalls stark beruhigend.
Chirurgen mußten sich denn auch ermahnen lassen, auf das Schreien und Wimmern der Kranken nicht zu achten, sondern kühl, ruhig und vor allem rasch den Eingriff vorzunehmen. Ihre Assistenten hatten glühende Eisen bereitzuhalten, das einzige Mittel, mit dem man Blutungen stillen konnte. Sie sollten ohne Zögern das jeweils richtige Instrument zureichen, und davon gab es erstaunlich viele.

Um ernster Krankheitsbildung vorzubeugen

Votivbildern und anderen figürlichen Darstellungen läßt sich entnehmen, daß ein hellenistischer Arzt an die sechzig verschiedene Werkzeuge benutzte. Dazu gehörten Blasensteinhaken, Lidpinzetten, Rektal- und Vaginalspiegel, Punktationskanülen, Spülkatheter sowie Meißel, Messer, Sägen in den verschiedensten Formen und Größen. Mit ihrer Hilfe wurden in den Operationssälen Eiterungen aufgeschnitten oder aufgestochen, Frakturen eingerichtet und geschient, Schädel trepaniert, Blasensteine entfernt, verstauchte Wirbelsäulen eingerenkt, gebrochene Nasen wieder in Form gebracht, zerschlagene Boxerohren repariert, Nasenpolypen mit einer Schlinge durch die Mundhöhle herausgezogen.

Bei alledem scheint man sich stets der Gefährlichkeit solcher mechanischer Eingriffe bewußt gewesen zu sein und bevorzugte deshalb nach Möglichkeit andere Heilmethoden. Um ernster Krankheitsbildung überhaupt vorzubeugen, entwickelten Ärzte Diätik und Hygiene, Bewegungstherapie und Heilgymnastik. Den Tempelschläfern suggerierten sie Träume, die ein latentes Leiden zum Ausbruch bringen sollten, versuchten auch, psychische Störungen durch Schockbehandlung oder mit Hilfe von Rauschmitteln zu beheben.

Daß sich innerhalb ihres Berufsstandes Schulen herausbildeten, deren Begründer die jeweils eigene Methode zur allein seligmachenden erklärten, war angesichts dieser allgemeinen Entwicklung fast unvermeidlich. Gegen Ende der hellenistischen Epoche konnte ein Student sich etwa für die Empiriker entscheiden, welche jeder Theorie abhold waren und nur die in Krankengeschichten niedergelegte, gesammelte und geordnete Erfahrung gelten lassen wollten. Er konnte aber auch Methodikern nachfolgen, deren System aus starren, angeblich alles berücksichtigenden Regeln als perfekter Heilapparat angeboten wurde. Das Ende dieses Streits um die beste medizinische Lehre wird von der *Summa* des Pergameners Galen markiert, einem gigantischen Werk, in dem alle wichtigen Erfahrungen aus vier Jahrhunderten vorurteilslos zusammengefaßt und kommentiert sind. Es entstand im ersten Jahrhundert n. Chr. Galen galt bis in die Renaissance hinein als die größte ärztliche Autorität schlechthin.

Zu seinen Lebzeiten jedoch dürfte er auf die gleiche Weise ausgebildet worden sein wie schon Tausende junger Mediziner vor ihm. Sie begaben sich, oft schon mit sechzehn oder siebzehn Jahren, an eine der großen Schulen in Rhodos, Kos, Kyrene, Pergamon oder Alexandria und verpflichteten sich mit Eiden, welche dem berühmten hippokratischen mehr oder weniger entsprochen haben dürften, »nie ein tödlich wirkendes Gift zu verabreichen oder einer Frau ein fruchtabtreibendes Zäpfchen zu geben . . . heilig und rein mein Leben zu bewahren und meine Kunst«. Sie lernten in der Praxis, im Anatomiesaal und in der Bibliothek, studierten – das war fast unabdingbar – meist auch noch Philosophie und suchten sich endlich irgendwo niederzulassen. Sie hatten viele Möglichkeiten.

Besonders hochdotierte Posten waren die der königlichen Leibärzte; indes beschäftigte auch jede Stadt zumindest einen Amtsarzt. Schließlich gab es die Stellen an den Asklepieien und natürlich die Möglichkeit, eine private Praxis zu eröffnen oder als Wanderarzt über die Dörfer zu ziehen. War einer darauf aus, mit seinem Können reich zu werden, so mochte ihm selbst das gelingen. Modeärzte verschrieben modische Kuren meist angenehmer Art. Scharlatane versprachen Wunderheilungen; es gab auch bereits das Gefälligkeitsattest und, als Reaktion auf derlei Auswüchse, die literarische Medizinerkritik. Sie

gipfelte in der trockenen Feststellung Menanders, die Doctores wüßten ja nicht einmal ein Mittel gegen ihren eigenen Tod.
Theokrit dagegen rühmt den Hippokratesjünger Nikias deswegen, weil er sich jeden Tag dem Ärztegott Apollon »mit Opfern naht«. Sein Freund aus den auf Kos verbrachten Jugendjahren arbeitete als Heilkundiger in Milet.

»Die Natur arbeitet wie ein guter Handwerker«

Milet gehörte zu den wenigen Bürgerstädten, die sich, gleich Königssitzen wie Pergamon und Alexandria, auch ein eigenes wissenschaftliches Institut leisteten. Es war die angeblich von Thales gegründete Bibliothek, Pflegestätte, so darf man vermuten, des Erbes der Naturphilosophen, gleichzeitig Sammelstelle für alle Erkenntnisse, welche geeignet schienen, das Aktionsfeld der milesischen Kaufleute, die Welt, überschaubarer zu machen.
Fakten zusammentragen, Informationen ordnen war ja das, was die Gelehrten jener Zeit mit Forschen mehr oder weniger gleichsetzten. Erst aus einer Fülle von Materialien, einer großen Reihe von Beobachtungen, wagten sie gelegentlich Schlüsse zu ziehen. Diese allein galten jedoch als wertlos, wenn sie sich nicht – das war der Nachteil der aristotelischen Methode – in irgendein philosophisches Weltbild möglichst fugenlos einpassen ließen. Die Theoreme der großen Denker gerieten vielen kleineren Geistern rasch zum Dogma und hinderten sie daran, auch nur in die Nähe eines Zustands zu kommen, in dem die Spekulation von der Empirik kontrolliert wird. Zwischen geisteswissenschaftlichen und naturwissenschaftlichen Beweisen vermochte man nicht genau zu unterscheiden. Was Männer wie der Stagirite als wahr erkannt hatten, wagte kaum einer zu bezweifeln. Tat er es dennoch, dann wurde er einfach überhört. Vor allem einige hellenistische Astronomen sollten das erfahren. Sie scheiterten unter anderem an dem aus dem Lykeion stammenden Begriff »Entelechie«.
Das Wort (vermutlich zusammengesetzt aus »telos«, das Ziel, und »echein«, haben) umschrieb die These, daß sich alles in der Natur eben auf ein bestimmtes Ziel hinbewege, nämlich das »eidos«, die Form. Die freilich sei als Möglichkeit von Anfang an in aller Materie enthalten. Sie ist ein aktives, dynamisches Prinzip, ein »energeia«. Sie wirkt auf den passiven Stoff ein, und zwar so lange, bis sie ihn ganz durchdrungen und damit ihm und sich selbst zur eigentlichen Realität verholfen hat.
Die Pflanze etwa gilt dieser Regel zufolge als eine Zwischenstation auf dem Weg zum Tier, das Tier als ein noch nicht gelungener Versuch, den Menschen hervorzubringen, das Brett als eine Form, welche zwar potentiell schon in der Materie Baum enthalten war, dem Produkt

Tisch gegenüber jedoch selbst nur Stoff ist. Überhaupt tritt Materie zugunsten von Form immer weiter und schließlich vollkommen hinter diese zurück. »Die Natur«, glaubte Aristoteles, »arbeitet wie ein guter Handwerker.« Unter ihrem Meißel schwindet der rohe Stein dahin, bis endlich aus ihm das gestaltete Gebilde hervortritt, das geordnete Zusammenspiel der Linien und Flächen. Dahin zu gelangen war aber von vornherein der dem Granit oder Marmor innewohnende Zweck, denn alles in der Welt strebt nach Befreiung von Formlosigkeit, alles ist angelegt auf reine Vergeistigung des Seienden hin. Das höchste, auf Erden freilich nicht erreichbare Endstadium dieser Entwicklung ist der von Gott repräsentierte Geist. Er hat die Welt in Erscheinung gerufen, er durchdringt sie und ist somit die Quelle jener Kraft, die letztlich alle prägende Bewegung unterhält, ohne selbst bewegt zu sein. Gott ist der unbewegte Beweger.

Insgesamt glich diese Beweisführung eher einer Dichtung als einer wissenschaftlichen Lehre; sie hatte auch die Qualität eines Kunstwerks. Aber eben dies dürfte noch am ehesten erklären, warum sie die Griechen sosehr in den Bann schlug. Des Aristoteles Gedankenbau war einfach schön, und gegen Schönheit gab es kaum ein Argument.

Ein Astronom zum Beispiel, wie hätte er leugnen können, daß die in sich zurücklaufende Bewegung eines Zirkels formvollendeter sei als irgendeine andere? Und wie bestreiten, daß dann auch das Weltall die Form einer Kugel haben müsse, auf welcher alle Fixsterne große und die Planeten, weiter innen, kleinere Kreise beschrieben? Und wie den daraus sich ergebenden Gedanken ablehnen, daß im Mittelpunkt dieses perfekten Gebildes natürlich die Erde stehe? Der Stagirite hatte all das lückenlos begründet. Es wirkte so einleuchtend. Es war so befriedigend. Trotzdem hat ein Peripatetiker ihn zu widerlegen versucht.

Er hieß Aristarch, stammte aus Samos und war der Ansicht, die Sonne sei mindestens dreihundertmal so groß wie die Erde. Das wiederum verleitete ihn zu der Schlußfolgerung, sie könne sich dann unmöglich um diese vergleichsweise winzige Kugel drehen, vielmehr müsse es umgekehrt sein. Unser Planet, so lehrte er denn, kreise, wie alle anderen auch, um das mächtige Zentralgestirn; nur der Mond leiste ihm dabei Trabantengefolgschaft.

Mit dieser Theorie hatte der Samier zwar knapp achtzehnhundert Jahre vor Nikolaus Kopernikus jenes heliozentrische Weltbild konzipiert, von dem man sagt, es markiere den Beginn der neuen, also unserer Zeit, aber durchsetzen konnte er es nicht. Die überwiegende Mehrzahl seiner Kollegen hielt an dem fest, was Aristoteles gelehrt hatte, obwohl sie längst schon wußten, daß dessen vollkommen kugelförmiges geozentrisches System mathematisch nicht beweisbar war.

Indessen ist dies nicht der einzige Grund für die Niederlage des Aristarch gewesen.

Ceylon richtig plaziert

Die Gelehrten der Jahrhunderte vor Galilei – dem ersten, der ein Himmelsfernrohr benutzte – entbehrten nahezu aller der Hilfsmittel, mit denen heute praktische Astronomie betrieben wird. Sie verfügten zwar über Sternwarten, Sternenkataloge, Erd- und Himmelsgloben, besaßen aber keinerlei Geräte zur Verstärkung der Sehkraft. Sie tauschten ihre Beobachtungen »welt«weit aus, mußten sich jedoch mit einer Mathematik behelfen, die im wesentlichen nur Geometrie war. Ziffern gab es nicht. Man behalf sich mit Buchstaben, welche durch hinzugefügte Akzente besonders gekennzeichnet wurden.
Ein Delta mit drüber angebrachtem Querstrich war eine Vier. Ein Beta mit Schnörkel bedeutete zweitausend. Im übrigen versuchte man jedes Zahlenverhältnis möglichst als Streckenverhältnis zu definieren und ergo selbst arithmetische oder algebraische Sätze geometrisch zu formulieren. Auch das ging teilweise auf den Stagiriten zurück.
Er hatte etwa die Linie als »breitenlose Länge« definiert und festgestellt, daß das Element der Zahl die Einheit sei, weshalb alle ihre Eigenschaften von dem Aufbau aus Einheiten abgeleitet werden müßten. Ferner hatte er gemeint, sämtliche geometrischen Figuren bauten sich aus Geraden und Kreisen auf; doch ist zumindest diese Vorstellung relativ früh überwunden worden.
Bereits Euklid, der zur Zeit von Ptolemaios I. in Alexandria lebte, beschäftigte sich auch mit Kegelschnitten, also Ellipsen, Parabeln, Hyperbeln. Apollonios aus Perge (im östlichen Kleinasien) schrieb über dieses Thema ein mehrbändiges Werk, von dem er einige Bücher Attalos I. widmete.
Die beiden bahnbrechenden Gelehrten ihrer Zeit aber waren zwei Männer, welche zwar die Mathematik ebenfalls bereicherten, sie jedoch auf die vielfältigste Weise auch praktisch anwendeten: Eratosthenes aus Kyrene und Archimedes aus Syrakus.
Eratosthenes soll ein Schüler seines Landsmannes Kallimachos gewesen sein. Er hörte bei Zenon wie auch an der Akademie und wurde 246 v. Chr. von Ptolemaios III. nach Alexandria an die Bibliothek berufen. Deren Bücherschätze hat er so gründlich genützt, daß er zu dem nach Aristoteles fruchtbarsten Gelehrten des Hellenismus avancierte.
Sein Interesse galt sowohl ethischen als auch grammatikalischen und literaturgeschichtlichen Fragen. Er definierte das heute noch benutzte historische Zeitmaß »Generation« als eine Frist von dreiunddreißigeindrittel Jahren, wurde indessen vor allem durch sein dreibändiges Werk *Geographika* berühmt. Darin berechnete er aus vorhandenen Straßen- und Küstenmessungen die Länge und Breite sämtlicher bekannter Länder und entwarf auch eine Erdkarte, die wie ein verzerrtes Bild der unseren wirkt. Asien, Europa und Afrika sind in richtigem

Verhältnis zueinander um das Zentralgewässer Mittelmeer herumgruppiert. Das ferne Britannien ist als langgestreckte, parallel zur atlantischen Festlandsküste verlaufende Insel schon vorhanden, das noch fernere Ceylon in etwa richtig plaziert. Den Umfang der von ihm ebenfalls als Kugel erkannten Erde gibt er mit 39 690 Kilometern erstaunlich korrekt an. In Wirklichkeit beträgt er, am Äquator gemessen, 40 076 Kilometer. Außerdem dürfte er der erste Grieche gewesen sein, der erkannte, daß man von Spanien aus Afrika umsegeln könne – das haben vor ihm als einzige die Phönizier gewußt und praktiziert.
Trotz aller dieser Leistungen genoß Eratosthenes zu Lebzeiten nicht den ihm gebührenden Ruf. Sein Spitzname war »Beta«, der Zweite. Der etwa gleichaltrige Archimedes hat ihn bei weitem in den Schatten gestellt. Auch er weilte eine Zeitlang in Alexandria, ist aber schon bald auf seine Heimatinsel Sizilien zurückgekehrt. Dort scheint Hieron II. ihn protegiert zu haben.

Ein hervorragender praktischer Ingenieur

In seinen Werken behandelte Archimedes lediglich theoretische Probleme, machte etwa die Entdeckung, daß die Fläche eines Kreiszylinders und die einer ihn umschließenden Kugel gleich groß seien. Er fand ferner das nach ihm benannte Prinzip, demzufolge ein Körper in einer Flüssigkeit soviel an Gewicht verliert, wie die von ihm verdrängte Flüssigkeitsmenge wiegt. Plutarch zufolge soll er jedoch »die Technik und jede Art von Betätigung, welche nur auf Nutzen und Gewinn abgestellt ist«, verabscheut haben. Man darf das freilich mit Fug bezweifeln: Archimedes ist auch ein hervorragender praktischer Ingenieur gewesen.
Zu den Maschinen, welche er konstruierte, gehörte ein mit Wasserkraft betriebenes Planetarium, zu denen, die er erfand, der Differentialflaschenzug und jene endlose Schraube, genannt Förderschnecke, mit der sich Schiffe so hervorragend auspumpen ließen. Dank seiner Katapulte und Wurfhaken konnten sich die Syrakuser zwei Jahre lang einer römischen Belagerungsmacht erwehren – um ihr am Ende doch noch zu erliegen. Das geschah 212 v. Chr.
Der ewig in Gedanken verlorene Gelehrte soll bei dieser Gelegenheit von einem Legionär erschlagen worden sein, der ihn in geometrischen Berechnungen gestört hatte und deswegen von dem Fünfundsiebzigjährigen – »störe meine Kreise nicht!« – angeschnauzt wurde. Er ist der einzige Mathematiker, um den sich je Legenden bildeten.
Gleichzeitig gilt er als jener hellenistische Wissenschaftler, den man angeblich am besten zum Kronzeugen aufrufen kann, wenn es um die Frage geht, ob sein Zeitalter ein technisches gewesen sei. Sie ist freilich

mit dem simplen Hinweis auf die von ihm geschaffenen Apparate keineswegs eindeutig zu beantworten, schon aus definitorischen Gründen.

Drei der sieben technischen Weltwunder

Was wir Technik nennen, »das Verfertigen und Benützen von Zeug, Gerät und Maschinen« (Martin Heidegger), hätte für die Griechen mit mindestens zwei Worten erklärt werden müssen: »techne« und »mechane«. Das eine bedeutet Kunst, Können, Geschicklichkeit. (Schauspieler etwa waren »technites«.) Das andere stand für die »List«, mit der man durch »geschickte Anwendung von Werkzeugen« (Aischylos) die Natur sozusagen übertölpelt. Aus »mechane« hat sich zwar, über das lateinische »machina«, unser Wort Maschine entwickelt, doch wurde es noch in späthellenistischer Zeit lediglich auf Geschütze, Bühnenapparaturen und Wasserschöpfgeräte angewendet. Mechanische waren unnatürliche Vorgänge. Ihre Erforschung oder Beschreibung zählte nicht zur Physik; denn die widmete sich allein eben den physischen, den natürlichen Phänomenen. In solcher Betrachtungsweise drückt sich eine gewisse Geringschätzung aller Apparate aus, die mit der damaligen Wirklichkeit auffällig zu kontrastieren scheint.
Hatte nicht Deinokrates, der Erbauer der ptolemaischen Residenzstadt, einst Alexander angeboten, er wolle aus dem Berg Athos eine Statue heraushauen, die mit ihrer Linken eine ganze Stadt und mit ihrer Rechten eine Schale halte, in welche sich alle Ströme des Gebirgsmassivs ergießen würden? Und hatte der König diesen Plan nicht ernsthaft diskutiert, um ihn am Ende nur deshalb zu verwerfen, weil in der Handfläche des Giganten kein Raum mehr für Kornfelder zur Ernährung der Polisbevölkerung gewesen wäre?
Gewiß, das Ganze mag nicht mehr gewesen sein als eine spielerische Diskussion am Trinktisch. Aber andererseits: in hellenistischer Zeit sind drei der sieben technischen Weltwunder geschaffen worden: der Koloß von Rhodos, der Leuchtturm von Alexandria und der über einer mehr als neuntausend Quadratmeter großen Grundfläche errichtete Artemistempel von Ephesos. Außerdem haben ja die Diadochen und ihre Nachfolger in oft verblüffend kurzer Zeit ganze Riesenstädte mit perfekter Wasserversorgung und Abwässerbeseitigung aus dem Boden gestampft, haben sie gewaltige künstliche Hafenanlagen geschaffen, hat Hieron II. die »Syrakosia« erstellen lassen, einen Zwanzigruderer mit prunkvollen Kabinenfluchten, der auch Pferdeställe an Bord hatte, haben Belagerer wie Demetrios Poliorketes ihre monströsen fahrbaren Angriffstürme konstruiert und aus Wurfkanonen bis zu achtzig Kilogramm schwere Kugeln verschossen.
Wie sollte man angesichts dieser Hervorbringungen nicht von hoch-

entwickelter Ingenieurkunst, von Großbautechnik und also einem doch vorhandenen technischen Bewußtsein sprechen dürfen? Dies aber um so mehr, als es keinem aristotelischen Grundsatz widersprach, derartige Anlagen und Geräte zu schaffen. Sie dienten ja auf ihre Weise auch der Verwandlung von Materie in Form oder, wie Heidegger das in seine Diktion übersetzt, dem »Ent-bergen«, dem Verwirklichen der im rohen Stoff enthaltenen Möglichkeiten.

Im übrigen kann man gerade mit den Überlegungen des Begriffezergliederers aus dem Schwarzwald auch verdeutlichen, wodurch sich antike und moderne Technik vor allem unterscheiden. Unsere Ingenieure, so sagt er, forderten die Natur heraus, bezwängen die ihr innewohnenden Kräfte und gerieten dadurch in eine Situation, in der sie nun selbst gefordert würden, nämlich von jener rohstoff- und energiehungrigen Industrie, welche sie mit ins Leben gerufen haben. Ihre hellenistischen Kollegen dagegen konnten schon deswegen nicht in diese inzwischen als mißlich erkannte Situation geraten, weil sie mit Großbauten, Riesenschiffen, Schleudergeräten gar nicht darauf abzielten, die Natur zu unterwerfen. Sie richteten sich bestenfalls darin ein. Außerdem scheint es ihnen keineswegs völlig bewußt geworden zu sein, daß sie Naturgesetze ausnützten, wenn sie Balken von dicken, aus Haaren zusammengedrehten Sehnen gegen die Tore feindlicher Festungen schnellten oder Naturgesetzen entgegen wirkten, wenn sie Türme gleich dem Pharos errichteten. Und schließlich ist ihnen unser Energiebegriff völlig fremd geblieben. Die Energeia des Aristoteles war eine im Grunde geistige Größe, die, seiner Ansicht nach, freilich auch auf die Körperwelt einwirkte; sie wurde aber keineswegs als eine nur-natürliche, meßbare Potenz begriffen. Das wird sogar an den hellenistischen Bauwerken deutlich.

Die Erkenntnis der Erbauer gotischer Kathedralen, daß die herabdrückende Last eines Daches eine Kraft sei, welche mit Strebebögen und -pfeilern nach außen hin abgeleitet werden könne, ist nicht einem einzigen antiken Architekten zuteil geworden. Alle dachten sie stets wie Maurer, die ein stabiles Haus errichten wollen; je höher das Gebäude, desto massiver mußten eben die Grundmauern sein, je schwerer ein Tempeldach, desto zahlreicher die Säulen, die es trugen. Selbst der Koloß von Rhodos oder die überdimensionale Statue des Zeus in Tarent sprengten deshalb nur überkommene Maßstäbe, aber keine traditionelle Form. Und die Haltung, welche sich in ihnen spiegelt, tritt auch dort zutage, wo Wissenschaftler im Begriff schienen, alte Vorstellungen zu überwinden.

So hat etwa Straton aus Lampsakos, des Stagiriten zweiter Nachfolger am Lykeion, die Existenz der Atome bejaht, die sein Meister leugnete und darüber hinaus – was Aristoteles noch undenkbarer erschienen war – behauptet, daß es zwischen ihnen leere Räume gebe, die sich unter Druck verringerten, unter Druckverminderung ausdehnten. So war ihm, rund zweitausend Jahre vor dem britischen Physiker Robert Boyle, auch die Entdeckung gelungen, daß Luft elastisch sei – aber wie haben die Techniker seiner Zeit diese wichtige Erkenntnis angewandt?

Schlicht und einfach Musik machen

Ein junger Barbier – er hieß Ktesibios und lebte zur Zeit von Ptolemaios II. in Alexandria – wollte im Laden seines Vaters einen Spiegel anbringen, der sich, ohne daß man merkte, wie es geschah, mühelos nach oben und unten verschieben ließ. Er konstruierte zu diesem Zweck einen Mechanismus, welcher im wesentlichen aus zwei Rollen, einer darüber hinweglaufenden Schnur und einem Bleigewicht bestand. Das Gewicht verbarg er in einem unten abgeschlossenen Gleitrohr; sein Apparat funktionierte ausgezeichnet. Einen Fehler schien er allerdings doch zu haben. Jedesmal, wenn das herabsinkende Metallstück die Luft aus dem Behälter drückte, erklang ein seufzender, nicht unangenehmer Ton. Gerade davon war Ktesibios fasziniert. Er ging dem Phänomen nach, stellte fest, wodurch es bewirkt wurde, und entdeckte damit für sich noch einmal die Körperlichkeit der Luft. Dann entwickelte er, um das Prinzip anzuwenden, eine mit Druck arbeitende Feuerspritze. Sie machte ihn berühmt. Ptolemaios berief den Friseur ans Museion. Er bekam Gelegenheit, in Muße seinen Basteleien zu obliegen und hat auch bald die in ihn gesetzten Erwartungen erfüllt.
Sein nächstes Werk war ein wiederum mit Preßluft betriebenes Pfeilgeschütz, von dem man allerdings nicht weiß, ob es jemals militärisch verwendet wurde. Aber erst eines seiner übernächsten läßt erkennen, worauf es ihm eigentlich angekommen war. Er erfand die Metallfeder, die zweizylindrige Luftpumpe, die Klaviatur, lauter Dinge, welche ausgereicht hätten, ihm den Ruf eines Pioniers der Technik zu sichern, benutzte sie alle sowie einige andere Einzelteile, aber nur – um eine Orgel zu bauen. Ein treffenderes Symbol für das hellenistische Verständnis der Maschine ist schlechterdings nicht vorstellbar.
Da hatte jemand die ganze Physik seiner Zeit einen Riesenschritt vorangebracht, hatte die Luft gezwungen, für ihn zu arbeiten und eine Apparatur konstruiert, deren Teilstücke mit Uhrmacherpräzision gefertigt sein mußten, das Ganze jedoch zu welchem Zweck? Er wollte schlicht und einfach Musik machen. Man vermag sich nicht vorzustellen, daß in diesem Ktesibios auch nur ein Funke jenes Geistes lebt, der auf Bändigung und Nutzung von Naturkräften abzielt, auf Herrschaft des Menschen über die Welt. Sie auszuschmücken, sie ein bißchen zu

verzieren, das allzu Rauhe ihrer Erscheinung zurückzudrängen muß sein einziges Trachten gewesen sein. Zeichen, so könnte man neidvoll hinzufügen, eines geradezu kindlichen Einverständnisses mit dem, was war. Es läßt sich auch bei anderen seiner Zeitgenossen feststellen.

Künstliche Vögel zum Zwitschern gebracht

Philon aus Byzanz, wahrscheinlich ebenfalls in Alexandria lebend, trug in einem neunbändigen Lehrbuch alle technischen und praktisch anwendbaren mathematischen Kenntnisse seiner Epoche zusammen. Er beschäftigte sich mit Hebeln und hebelartigen Werkzeugen, mit Hafenbau und Geschützkonstruktion, scheint aber in erster Linie ebenfalls nur die Automatenspielerei geliebt zu haben. Siphons benutzte er zur Herstellung von Gefäßen, welche sich selbsttätig füllten und wieder leerten. Waschbecken stattete er mit einer Bronzehand aus, die dem Benutzer ein Stück Bimsstein hinhielt, verschwand, sobald man es genommen hatte, und dadurch gleichzeitig den Wasserhahn öffnete. Selbst jene weitreichendste Erfindung, welche er machte (oder auch nur beschrieb), das unterschlächtige Mühlrad, diente ihm keineswegs in erster Linie dazu, die potentielle Energie des fließenden Wassers für den tätigen Menschen in Dienst zu nehmen. Er setzte mit seiner Hilfe lediglich einen Mechanismus in Betrieb, der künstliche Vögel zum Zwitschern brachte.
Ebenso deutlich tritt dieser beinahe frivol anmutende Zug bei Heron aus Alexandria zutage, welcher dreihundert Jahre nach Philon lebte. Auch er war einerseits ein enormer Mathematiker und – zumindest am Schreibtisch – ein glänzender Apparatebauer. Aber die von ihm entdeckte Dampfkraft verwendete er nur zur Verfertigung jenes hübschen, nutzlosen Spielzeugs, das als »Heronsball« bekannt wurde. Es war eine an Drehzapfen aufgehängte wassergefüllte Kugel, aus der zwei in entgegengesetzte Richtungen gebogene Rohre herausragten. Wenn man unter ihr ein Feuer anzündete, begann sie sich, sobald der Dampf entwich, gemäß dem Reaktionsprinzip zu drehen. Alle Welt fand es bezaubernd, doch kam niemand, auch der Erfinder nicht, auf die Idee, daraus eine dampfbetriebene Maschine zu entwickeln, obwohl es Kolben, Kolbenpumpen und sehr präzise Ventile schon gab. Man hielt dergleichen einfach nicht für nötig, sinnvoll oder nützlich. Man sah keinen Grund, sich damit zu befassen. Und bei Licht betrachtet hat es diesen Grund ja auch gar nicht gegeben.
Den Herren der Diadochenwelt, ihren Amtsträgern und Gefolgsleuten, aber auch den reichen Kaufleuten in Milet oder anderswo standen die perfektesten Verbrennungsmaschinen zur Verfügung, welche es überhaupt gibt, nämlich Ochsen, Esel, Pferde und Menschen. Sie in

Betrieb zu halten, bedurfte es weder der Steinkohle noch des Petroleums, die man beide kannte. Arbeitskraft war billig. Es gab auch Sklavenmärkte.

Ganze Sklavenfamilien

In sein Testament schrieb Aristoteles, der Vorsteher eines großen Haushalts, hinein: »Simon gebe man, außer dem ihm früher zum Kauf eines Sklaven geschenkten Geldes, entweder noch einen Sklaven oder, statt dessen, einen weiteren Geldbetrag.«
Ein Vertrag, den die Stadt Milet mit ihrem Nachbarort Herakleia am Latmos abschloß, regelte in einer ganzen Reihe von Paragraphen auch die Frage: Wie verhalten sich die Polizeiämter, wenn ihnen aus der jeweils anderen Gemeinde entsprungene Sklaven zulaufen?
In der Umgangssprache hießen unfreie Arbeiter »Knecht«, »Menschenvieh«, »Hausgenosse«, »Gehilfe« oder einfach »Stück«. Sie waren Bestandteil des hellenistischen Alltags, doch spiegelt ihr Vorhandensein und die Art, wie mit ihnen umgegangen wurde, eigentlich eine archaische Ordnung wider.
Ursprünglich hatten die Griechen nur Angehörige unterworfener, also fremder Völker versklavt. Später behalfen sie sich damit, jeden einfach als Barbaren zu betrachten, dem es widerfahren war, rechtlos dienen zu müssen – auch wenn er ihre eigene Sprache sprach. Aristoteles glaubte diese Haltung mit der Behauptung rechtfertigen zu können, zwischen Freien und Unfreien bestünden physische Unterschiede, was ja wohl heißt, daß Sklaven Menschen seien, denen es von der Natur bestimmt sei, anderen zur Beute zu werden und zum Ausbeutungsobjekt. Seine an sich sehr humane Staatstheorie setzte den von allen wirtschaftlichen Zwängen befreiten Bürger voraus. Der wiederum war nicht denkbar ohne eine Klasse von Menschen, welche nichts weiter zu sein hatten als Arbeitskraft. Aber das galt nicht immer und überall.
In Ägypten benötigte man Sklaven schon deswegen kaum, weil die Fellahin ein riesiges Reservoir an billiger Arbeitskraft darstellten. In Pergamon wurden sie überwiegend nur von den staatlichen Manufakturen beschäftigt. Im seleukidischen Reich gab es so viele verschiedene Völker und so viele Zwiste mit ihnen, daß man zwischen Kriegsgefangenen und regelrechten Sklaven nie genau unterscheiden konnte, und Makedonien war (in der Zeit nach Alexander) zu arm, als daß einzelne sich eine größere Anzahl von Leibeigenen hätten halten können. Das gleiche galt mehr oder weniger auch für Griechenland. Zwar hatten reiche Leute wohl bis zu zwanzig »Hausgenossen« – Aristoteles etwa besaß dreizehn –, indessen dürfte das keinesfalls die Regel gewesen sein. Wenn aber jemand, der so bescheiden lebte wie Diogenes, doch

über einen Diener verfügte, dann nur, weil er ihn geerbt oder geschenkt bekommen hatte.
Die weitaus größte Anzahl von Unfreien lebte in Häusern, unter deren Dach sie schon zur Welt gekommen waren. Zu den Geschlechtern von altem Geld gehörten auch ganze Sklavenfamilien. Sie wurden mit dem übrigen Besitz vom Vater an den Sohn und an den Enkel weitergegeben. Nur ein Neu-Arrivierter mußte auf den Sklavenmarkt gehen und sich dort an lizenzierte Händler wenden. Die Preise variierten je nach Ausbildungsstand, Alter und Geschlecht der Angebotenen.

Doch war es verboten, ihn zu töten

Am Nil kostete ein phönizisches Mädchen »namens Sphragis, Alter sieben Jahre alt« (Zenon-Papyri) fünfzig, in Athen ein männlicher Arbeitssklave dreihundert bis fünfhundert, eine erwachsene weibliche Hausklavin bis zu sechstausend Drachmen. Angesichts solcher Summen mögen viele es dann doch vorgezogen haben, für dringliche Arbeiten einen Tagelöhner anzuheuern, dem sie am Abend nur zwei bis zweieinhalb Drachmen auf die Hand zahlen mußten. Ein Leibeigener kostete sein ganzes Leben lang, und den gängigen Lebensregeln kynischer, epikureischer oder stoischer Provenienz zufolge war es ohnehin klüger, »autark« zu bleiben. Überhaupt hatte sich spätestens seit der Formulierung naturrechtlicher Grundsätze ein Bewußtsein herausgebildet, das die Sklavenhaltung leise suspekt erscheinen ließ.
Zenons Schüler stellten die Forderung auf, ein unfreier Diener müsse im Krankheitsfall nicht anders behandelt werden als ein Familienmitglied. Außerdem hatten sich viele hellenistische Staaten Gesetze gegeben, in denen festgelegt war, wie ein Sklave zu behandeln sei. Man durfte ihn mit Hieben, Nahrungsentzug und anderen Strafen wohl züchtigen, doch war es verboten, ihn unnötig zu quälen oder gar zu töten. Selbst die durch den dionysischen Umbruch verwandelten Götter traten ja gelegentlich für das »Menschenvieh« ein – was jenem freilich nicht allzuoft genützt haben mag.
Den Launen seiner Herrschaft war der Unfreie stets schutzlos ausgesetzt. Als besonders schlimm stellte sich Menander die Situation eines intelligenten Menschen vor, der einem dummen Besitzer gehörte. Ihm konnte es durchaus passieren, daß er sich selbst dumm stellen mußte, um nicht in die Mühle oder ins Bergwerk verkauft zu werden, denn das war gleichbedeutend mit einem Todesurteil.

Mühlen von nackten Frauen gedreht

Von den nubischen Goldminen der ptolemäischen Könige berichtet der Historiograph Agatharchides aus Knidos (an der kleinasiatischen Mittelmeerküste), man habe dort junge Männer in Stollen hinabgeschickt, die so niedrig waren, daß darin nur liegend gearbeitet werden konnte. Das zerschlagene Quarzgestein sei dann von Sklaven im Kindesalter herausgeschleppt, von älteren Männern zerschlagen und in Zerkleinerungsmühlen geschüttet worden. Die aber wurden nicht von Ochsen, sondern von nackten Frauen gedreht. Jeweils drei waren an einen Sparren gebunden. Sie schufteten in glühender Hitze, wurden scharf bewacht und mit Peitschenschlägen angetrieben. Den Tod, so notiert der Chronist etwas zu trocken, hätten sie alle begrüßt.
Ähnlich wie in Oberägypten mag es auch in den athenischen Silberbergwerken von Laureion, nahe Kap Sunion, zugegangen sein, schlimmer in den kappadokischen Quecksilbergruben im östlichen Anatolien. Von dort meldet Strabo (aus römischer Zeit), die Luft der Stollen sei so giftig gewesen, daß kein Beschäftigter die Arbeit unter Tage lange überlebt habe. »Es gibt«, schreibt er weiter, »nur zweihundert Sklaven, aber deren Zahl verringert sich ständig.«
Natürlich provozieren Schilderungen wie diese die Frage, ob die hellenistischen Machthaber nicht ständig vor einem Sklavenaufstand, ähnlich jenem des Römers Spartakus, hätten zittern müssen, ob ein kopfstarkes Proletariat völlig rechtloser Menschen ihre Herrschaft nicht ernsthaft gefährdete. Die Antwort darauf zerfällt in zwei Teile.
Einmal war die Gesellschaft, die sich in den Provinzen des ehemaligen alexandrinischen Weltreichs herausgebildet hatte, keine Sklavenhaltergesellschaft in dem Sinn, daß sie auf Sklaven angewiesen gewesen wäre. Die Existenz von Unfreien beruhte zu einem guten Teil auf der erwähnten archaischen Tradition. Sie waren Teil des überkommenen Lebensstils, doch wurde der ja durchaus kritisiert und hat sich unter dem Einfluß der Philosophie allmählich humanisiert. Sklaven gehörten gewiß keiner sozialen Gemeinschaft an, aber ein winziges Minimum an Grundrechten besaßen sie immerhin. Die Bergwerke scheinen eher Ausnahmefälle gewesen zu sein; denn außer ihnen gab es so gut wie keine Großbetriebe, in denen man Menschen als reine Energie, als verbrauchbare Arbeitskraft einsetzen konnte oder mußte. Alles, was von den »Stücken« in Haus und Werkstatt, am Bau oder auf dem Acker geleistet wurde, hätte wahrscheinlich, ohne Schaden für das System, auch von freien Arbeitern bewältigt werden können. Selbst auf den Ruderbänken der Schiffe saßen überwiegend Menschen, die aller Bürger- oder Soldatenrechte teilhaftig waren. Indes – und hier beginnt der zweite Teil der Antwort – dies alles änderte sich grundlegend etwa nach dem Jahr 200 v. Chr.

Während der ersten beiden Punischen Kriege (264–201 v.Chr.) hatte sich in Rom eben das herausgebildet, was es im östlichen Mittelmeerraum kaum gab: eine Rüstungsindustrie, die überwiegend Sklaven beschäftigte und, im italischen Süden, Großgüter von fabrikähnlicher Struktur. Deren Besitzer, nur am Gewinn interessiert, suchten Personal zu sparen, wo immer es ging, und griffen dazu – Maschinen gab es ja noch nicht – auf Menschen zurück, welche man behandeln konnte, als ob sie Maschinen seien. Ihre Nachfrage wiederum ließ den Sklavenhandel aufblühen. Nun kam die Zeit, in der Arbeitskräfte gejagt, gefangen und abtransportiert wurden; nun ließ sich schon absehen, daß den privatwirtschaftlichen bald auch die sozusagen amtlichen Sklaventreiber, die Militärs, folgen würden, und nun erst begann auch die Epoche der großen Sklavenaufstände.

Die ersten fanden auf Delos, dem Hauptumschlagsplatz der Menschenhändler, und in Laureion statt, die blutigsten in Sizilien. Dort brach 136 v.Chr. der sogenannte Erste, 104 v.Chr. der Zweite Sklavenkrieg aus. Ihnen folgte, zwischen 73 und 71 v.Chr. der Aufstand des Spartakus. Der deutsche Althistoriker Ulrich Kahrstedt schloß von allen diesen Unruhen auf eine »Internationale« der Unterdrückten, eine »welt«weite Bewegung also, die sich gegen einen ebensoweit verbreiteten Kapitalismus gerichtet hätte.

Lautet also die nächste Frage: Hat es einen hellenistischen Kapitalismus überhaupt gegeben?

Geld einzusetzen, um Geld zu gewinnen

Nach gängiger liberaler Definition ist das Kennzeichen einer kapitalistischen Wirtschaftsordnung der Markt, an dem sich – anders als in einem Zentralverwaltungsstaat – Preise frei herausbilden können. Marxistischem Sprachgebrauch zufolge stehen sich im Kapitalismus zwei gesellschaftliche Gruppen feindselig gegenüber: die Minderheit der Produktionsmittelbesitzer, die Mehrheit der besitzlosen Arbeiter.

Bei Anwendung des ersten dieser einfachen Kriterien ergibt sich als Teil einer Antwort: In der von den Diadochen geschaffenen Welt hat die Staatswirtschaft vorgeherrscht. Man muß dies zumindest deshalb annehmen, weil über kein Land mehr Informationen zur ökonomischen Situation vorliegen als über das zentral gesteuerte ptolemäische Ägypten, und weil die Seleukiden sich an den Praktiken der Herrscher in Alexandria ebenso zu orientieren versuchten wie die Attaliden, denen es aber besser gelang.

Etwas anders als die Könige verhielten sich Regierungen von Städten wie Milet oder Priene. Sie haben zwar ebenfalls Monopole eingerichtet, hinderten jedoch ihre Bürger keineswegs daran, auch auf eigene Faust

Geschäfte zu machen und Vermögen anzuhäufen. Wenn es also irgendwo eine finanzkräftige Bourgeoisie gab, dann dürfte sie in den mehr oder weniger freien Poleis zu Hause gewesen sein. Ob deren Vertreter freilich – und das ist ja ein weiteres Kriterium des Kapitalismus – ein Bewußtsein entwickelt hatten, welches ihr Tun und Treiben auch rechtfertigte, ob sie glaubten, der Sinn des Wirtschaftens bestehe darin, Geld einzusetzen, um Geld zu gewinnen, ist schon wieder zweifelhaft. Zumindest nach den geltenden philosophischen Lehren sollte es ihnen nicht möglich gewesen sein, so zu denken.
Als Handel galt noch bei Platon nur der Austausch gleichwertiger Güter, und selbst der realistischere Aristoteles meinte, das verkaufte Produkt müsse dem erworbenen wenigstens entsprechen, das Geld bilde »gewissermaßen einen Mittelwert ... denn es gibt einen Maßstab für alles ab ... zum Beispiel, wie viele Schuhe einem Haus gleichkommen«. Beide Denker hielten also Geschäfte zwar für notwendig, doch kommen in ihren Überlegungen die Begriffe Gewinn, Markt, Angebot, Nachfrage nicht vor. Ebensowenig scheinen sie das Gefühl gehabt zu haben, daß die Massen der Armen von den Reichen ausgebeutet würden, obwohl natürlich auch ein hellenistischer Unternehmer schon von der Differenz zwischen dem Preis für Arbeitskraft plus Rohstoff sowie dem des fertigen Erzeugnisses gelebt und auf diese Weise Profite erzielt haben muß, von denen ein Mann, der nur seine Muskelkraft oder Geschicklichkeit zu verkaufen hatte, nicht einmal träumen konnte. Daß diese Verhältnisse aber zu sozialen Spannungen führten, ist für die Zeit vor dem Auftritt der Römer im griechischen Raum tatsächlich nicht nachweisbar. Und selbst wenn es damals schon zu Aufständen von Unterprivilegierten gekommen wäre, so hätten sie sich eigentlich weniger gegen die Besitzer von Produktionsmitteln, wie Werkstätten und Manufakturen, richten dürfen als gegen die Inhaber von Handelsunternehmen. Die nämlich machten das wirklich große Geld.

Im Giroverkehr überwiesen

Priene, welches überwiegend von der Güterherstellung lebte, war nie annähernd so reich wie Milet. Milet, welches sowohl Erzeugnisse fertigte als auch vertrieb, wurde wiederum von einer reinen Handelsstadt wie Ephesos allmählich in den Schatten gestellt. Bedarf an nahezu jeglicher Art von veredeltem Rohstoff, seien es Stoffe, Töpfe, Werkzeuge, Luxuswaren, bestand fast überall, doch scheint es weitaus schwieriger gewesen zu sein, derlei Waren auf die Märkte zu bringen als sie nur zu fabrizieren. Aus ebendiesem Grund hätte es wenig Sinn gehabt, zur Massenproduktion überzugehen. Man konnte ohnehin nur loswerden, was die Karawanen, die Wagenkolonnen, die Schiffe wegzubringen vermochten, womit eine weitere Teilantwort auf die Frage nach der Existenz eines hellenistischen Kapitalismus möglich wird: Industrien gab es noch nicht.

Selbst die Ptolemäer, die ja einen ganzen Staat betriebswirtschaftlich durchorganisiert hatten, standen nie vor der Notwendigkeit, Märkte durch Kredit und Werbung zu erschließen. Und selbst die Tuchmanufakturen der Attaliden waren nicht groß genug, um einen darin arbeitenden Sklaven zum sich selbst entfremdeten Rädchen eines für ihn undurchschaubaren Apparates zu degradieren. Rostovtzeff weist nach, daß selten mehr als hundert Menschen unter einem Dach zusammenarbeiteten. Carl Schneider schreibt: »Wo im hellenistischen Kulturbereich ein Reicher auftrat, war es ein Großkaufmann, ein Herrscher, ein hoher Beamter oder Offizier, zuweilen ein Grundbesitzer, aber niemals ein Großindustrieller im modernen Sinn.«

Trotzdem ist in Ägypten der bargeldlose Zahlungsverkehr entwickelt worden, gab es Schuldscheine, auf denen der Name des Gläubigers freigelassen oder vermerkt war, daß die Rückzahlung an jeden Inhaber des Papiers erfolgen werde. Trotzdem konnten aus allen Depots eines staatlichen oder privaten Warenspeichers beliebige Mengen von Materialien per Last- und Gutschrift, also im Giroverkehr, an alle anderen überwiesen werden. Und trotzdem bildeten sich neben den staatlichen Finanzinstituten auch private »trapezai« (Banken, wörtlich: Tische) heraus, in welchen Geldwechsler von der Art jenes Kaikos aus Theokrits Epigramm ihren Geschäften nachgingen. Sie dürften freilich oft genug gezwungen gewesen sein, den Materialwert des umlaufenden Geldes nachzuweisen; denn die Griechen konnten sich nie recht an die Vorstellung gewöhnen, eine Drachme sei mehr als das, was ihr Name besagte, nämlich eine Gewichtseinheit, in diesem Fall für Gold oder Silber.

Den abstrakten Formen des Geld- und Kreditwesens, die überwiegend aus dem alten Orient stammten, standen sie eher reserviert gegenüber. Möglicherweise war ihnen sogar eine rhodische Münze, geschmückt mit Alexanders Kopf und dem thronenden Zeus, auch so etwas wie eine Ikone, von der Heilskraft ausging. Sie blieben ja in ihrem ganzen Tun und Denken dem sinnlich, bildlich Faßbaren verhaftet und waren schon deswegen kaum in der Lage, Kapital als eine schiere Potenz, zusammengesetzt aus Kredit, unternehmerischem Willen und reiner Idee, zu begreifen.

Vermögen, meint Oswald Spengler, sei für sie immer ein beweglicher Barvorrat gewesen, »der durch Addition und Subtraktion von Wertsachen verändert wird«. Mit Einkommen und Schuld wurde nicht wirtschaftliche Energie gemeint, »sondern eine Summe von Wertgegenständen, die sich in einer Hand befinden«. Damit aber dürfte die Frage nach einem hellenistischen Kapitalismus endgültig beantwortet

sein: es gab ihn nicht. Kapitalistisch konnte in den Kategorien jener Zeit nicht einmal gedacht werden, und zwar aus mehreren Gründen.
Die Erben Alexanders waren zu sehr der alten Vorstellung verhaftet, nur Beute sei Gewinn oder Gewinn eine Beute. Sie wollten, was Reichtum ausmacht, wegtragen, in überschaubaren Räumen horten können (schon Grundbesitz galt nur bedingt als Vermögen). Außerdem scheint es ihnen unmöglich gewesen zu sein, die Macht anders denn als göttliche, geistige oder politische aufzufassen. Der Begriff Marktmacht sagte ihnen so wenig wie die Vorstellung, Energie sei etwas, das man gezielt suchen und dann verkaufen könne. Das gehört zu der Haltung, die Aristoteles repräsentierte, das bewahrte die Techniker jener Zeit sowohl vor dem Versuch, sich die Welt mit ihren Mitteln zu unterwerfen, als auch der daraus resultierenden Gefahr, mit diesem Auftrag von Geschäftsleuten in Dienst genommen zu werden.
Die Epoche der Diadochen und ihrer Nachfolger hat also gewiß der unseren geglichen, aber nur in Einzelheiten. Schon ein Analogieschluß, der, unter Verwendung vieler Übereinstimmungen aus Bereichen des gesellschaftlichen Lebens oder des politischen Verhaltens, auf die Aussage zielte, diesem allen hätten auch ein Wille und ein Denken zugrunde gelegen, welche den unseren entsprechen, wäre hoffnungslos falsch. Wer mit Aristoteles glauben konnte, das Ganze sei früher dagewesen als seine Teile, Idee, Form und Begriff wären realer als materielle Wirklichkeit, der steht nun einmal auf einem ganz anderen Fundament als Vertreter eines Geistes, welcher die Welt zur Disposition stellt und es zuläßt, daß sie forschend durchdrungen, handelnd zerschlagen, verwertend ausgebeutet wird.

Wo einstmals Masten ragten

Wenn heute die Sonne hinter dem Mykaleberg versinkt, beleuchten ihre letzten Strahlen eine Landschaft, die in nichts mehr an jene der diadochischen Zeit erinnert. Den nahezu vierzig Kilometer weit ins Land hineinreichenden Golf von Latmos gibt es nicht mehr. Er ist verlandet.
Von Herakleia, einer Siedlung, welche stark befestigt war und alles aufwies, was zu einer Polis gehörte, Agora, Theater, Tempel, Rathaus, blieben, außer den Wällen, nur wenige Fundamente und Säulenbasen erhalten, von Myus und Pyrrha kaum das. Priene, hoch über dem ehemaligen Meerbusen gelegen, ist jenes Idyll aus Felsen, Kalksteintrümmern, Koniferen geworden, das die Touristen bezaubert. Es starb wie seine Nachbargemeinden, als der Hafen Naulochos, welchen ihm Alexander zugewiesen hatte, dem Maiandros ebenso zum Opfer fiel wie schon seine frühere Schiffslände. Ähnlich erging es Milet.

Die Halbinsel, auf der die Stadt einst lag, verschmolz mit dem Festland. Die Insel Lade vor ihrer Küste ist nur noch ein Hügel im flachen Grund. Vom ehemaligen Löwenhafen aus läßt sich das Meer gerade noch erahnen, ein ferner Schimmer, welcher freilich auch nur von einer verlandenden Lagune herrührt. Die prächtigen Straßen aber, die Wohnquartiere, die Agoren und Heiligtümer sind von Disteln überwuchert, dazwischen Säulen kreuz und quer, einige von deutschen Archäologen inzwischen auch wieder aufgerichtet.

Immerhin ist Milet von allen Latmosstädten den langsamsten Tod gestorben. Paulus, der es auf seiner dritten Missionsreise besuchte, konnte seinen Hafen noch per Schiff verlassen. Erst im sechzehnten Jahrhundert ging es mit dem Geburtsort des Thales zu Ende. Der Maiandros vollendete sein Werk, die Stadt verödete und gab sich auf. Wo einstmals Masten ragten, staken jetzt gravitätisch Störche übers Land.

KAPITEL 9

ZWISCHEN HIMALAYA UND BERG ZION

---

*»Schon nistet Asien am Herzen Europas,
schon hat Europa die Tore des hohen Asiens
erbrochen; wer kennt die Zukunft?«*

Johann Gustav Droysen
Geschichte Alexanders des Großen

*»Herr, dieses Volk ist verstockt und mißtrauisch.
Wir wissen von ihnen nicht viel mehr, als sie selbst von ihrem unsichtbaren Gott
wissen. Sie scheuen die Berührung mit fremden Völkern. Sie essen und trinken nicht
mit uns, höchstens schlagen sie sich mit uns.«*

Friedrich Hebbel
Judith

ZEITTAFEL

621 v. Chr.:	»Auffindung« des Fünften Buches Mose.
587 v. Chr.	Zerstörung Jerusalems durch Nebukadnezar II.
586–539 v. Chr.:	Babylonische Gefangenschaft der Juden.
Ab 538 v. Chr.:	Rückkehr der Juden nach Palästina.
445–433 v. Chr.:	Wirkungszeit von Esra und Nehemia.
332 v. Chr.:	Palästina wird makedonisch.
Um 320 v. Chr.:	Tschandragupta gründet das Maurya-Reich.
268 v. Chr.:	Regierungsantritt von Aschoka.
256 v. Chr.:	Aschokas Feldzug gegen Kalinga.
246–226 v. Chr.:	Regierungszeit von Seleukos II.
245 v. Chr.:	Aufstand des Andragoras.
239 v. Chr.:	Beginn des Bruderkrieges zwischen Seleukos II. und Hierax. Diodotos I. ergreift die Macht in Baktrien.
238 v. Chr.:	Parnereinfall in Parthien. Tod von Andragoras.
234 v. Chr.:	Tod von Diodotos I.
232 v. Chr.:	Aschoka stirbt.
Um 230 v. Chr.:	Diodotos II. wird von Euthydemos ermordet.
226–223 v. Chr.:	Regierungszeit von Seleukos III.
223 v. Chr.:	Antiochos III. besteigt den Thron.
222–220 v. Chr.:	Antiochos kämpft gegen Molon.
219–217 v. Chr.:	Vierter Syrischer Krieg.
217 v. Chr.:	Schlacht von Raphia.
216–213 v. Chr.:	Antiochos bekämpft den aufständischen Achaios.
208 v. Chr.:	Partherkrieg des Antiochos.
208–206 v. Chr.:	Krieg um Baktrien und Indienzug des Antiochos.
202–195 v. Chr.:	Fünfter Syrischer Krieg.
Um 195 v. Chr.:	Euthydemos stirbt, Demetrios besteigt den Thron in Baktra.
187 v. Chr.:	Antiochos III. stirbt.
187–175 v. Chr.:	Regierungszeit von Seleukos IV.
183 v. Chr.:	Der letzte Mauryaherrscher wird ermordet.
Um 180 v. Chr.:	Milinda regiert in Pataliputra.
175 v. Chr.:	Antiochos IV. Epiphanes besteigt den seleukidischen Thron.
170 v. Chr.:	Eukratides übernimmt die Macht in Baktrien.
170–168 v. Chr.:	Sechster Syrischer Krieg.
167 v. Chr.:	Beginn des Makkabäeraufstands.
164 v. Chr.:	Antiochos IV. stirbt.
164–162 v. Chr.:	Regierungszeit von Antiochos V.
160 v. Chr.:	Judas Makkabaios fällt.
160–143 v. Chr.:	Regierungszeit des ersten hasmonäischen Priesterkönigs Jonatan.
150–145 v. Chr.:	Regierungszeit von Alexander Balas.
143–134 v. Chr.:	Regierungszeit von Simon, dem zweiten Hasmonäerherrscher.
Ab 140 v. Chr.:	Einfälle der Tocharer und anderer Steppenstämme in Baktrien.
37 v. Chr.:	Ende des hasmonäischen Hauses.
39–4 v. Chr.:	Regierungszeit von Herodes dem Großen.
78 n. Chr.:	Die Kuschan dringen in Indien ein.
Ab 450 n. Chr.:	Hunneneinfälle in Nordwestindien. Ende der Gandhara-Kultur.

Stammtafel der Seleukiden

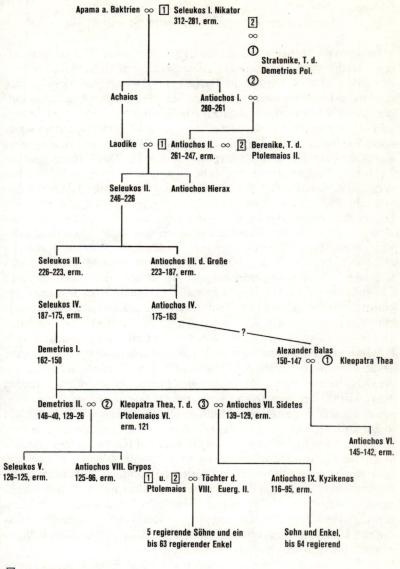

[1] = 1. Ehe des Mannes
① = 1. Ehe der Frau

GRIECHEN IN BUDDHAS LAND

Über dem Kampfplatz eine Staubwolke

»Nachdem die Könige einander fünf Tage lang gegenüber gelegen hatten, entschlossen sich beide zum entscheidenden Gefecht.« Mit diesen Worten beginnt der Bericht von Polybios aus Megalopolis, dem wohl bedeutendsten hellenistischen Historiographen, über eine der vielen Schlachten, die sich Ptolemäer und Seleukiden im dritten vorchristlichen Jahrhundert lieferten. Es ging – Vierter Syrischer Krieg – wieder einmal um die phönizische Küste und Koile-Syrien. Angreifer war Antiochos III., sein Gegner Ptolemaios IV. Der Ort, an dem am 22. Juni 217 v. Chr. ihre damals schon zwei Jahre alte Auseinandersetzung kulminieren sollte: die Stadt Raphia, das heutige Tell Rifah (israelisch: Rafiah) im Gazastreifen.

Die beiden unter glühender Sonne gegeneinander aufmarschierten Armeen dürften etwa gleich stark gewesen sein. Jede zählte rund siebzigtausend Mann. Zwar gehörten zu der des Ägypters zehn Elefanten mehr als zum Heer des Seleukiden, doch habe dies, meint Polybios, das Kräfteverhältnis kaum nennenswert beeinflußt, denn »die meisten Elefanten des Ptolemaios, wie fast alle, die aus Afrika stammen... können den Geruch und die Trompetentöne der indischen nicht aushalten, haben wahrscheinlich auch Angst vor ihrer Größe und Kraft und ergreifen vor ihnen schon aus der Entfernung die Flucht.«

Polybios erweist sich hier zwar als schlecht informiert, seine Angabe ist aber militärisch trotzdem stichhaltig. Die Spitzohrelefanten aus dem Ost-Sudan, deren sich Ptolemaios bedient haben dürfte, werden in Wirklichkeit größer als die Vertreter der Spezies *Elephas maximus* aus den Gefilden jenseits des Hindukusch. Sie lassen sich jedoch nicht so gut abrichten wie ihre asiatischen Artgenossen und sind ihnen deshalb im Kampf unterlegen. Das sollte auch bei Raphia zutage treten.

Die in der Gazawüste ausgetragene Schlacht gilt als eine der wenigen, an welchen auf beiden Seiten Dickhäuter teilnahmen. Außerdem ist sie notierenswert, weil unter den ägyptischen Feldzeichen auch jene zwanzigtausend Fellahin standen, deren Einsatz die Nilrainer später dazu ermutigen sollte, den Ptolemäern größere Rechte und Freiheiten abzutrotzen. Und schließlich bot das Treffen ein Musterbeispiel für hellenistische Strategie und Kampfesweise.

In beiden Lagern planten Offiziere aus der von Philipp begründeten Schule. Hier wie dort bevorzugte man die schiefe Schlachtordnung. Antiochos wollte den Angriff über seinen rechten Flügel vortragen. Ptolemaios hatte in entsprechender Absicht seinen linken besonders stark gemacht – womit jedoch beider Kalkül eigentlich schon durchkreuzt war. In der Attacke mußten sich ja auf Grund dieser Formierung an der einen Flanke ihre Hauptstoßkeile, an der anderen ihre schwächsten Einheiten gegenseitig neutralisieren. Aber dann kam alles anders.

Antiochos überrannte mit seinen besseren Elefanten die ihm im Weg stehenden Spitzohrdickhäuter, trieb das daneben postierte Kavallerieaufgebot auseinander und setzte, als die Kavallerie die Flucht ergriff, in vollem Galopp hinter ihr her. Kurz danach durchbrach der Befehlshaber des rechten, also des schwachen ptolemäischen Flügels, den ebenso gering bemannten linken des Seleukiden. Daraus ergab sich eine höchst merkwürdige Situation. Oberhalb und unterhalb der im Zentrum aufgestellten sarissenstarrenden Phalangen stoben berittene Truppen in zwei verschiedenen Richtungen davon. Die Fußkämpfer selbst »verharrten derweilen . . . in sich völlig geschlossen, ruhig in der Mitte des Schlachtfeldes«. Das aber hieß: der Kampf mußte nun von ihnen durch schieres primitives Kräftemessen entschieden werden. Die Ägypter legten als erste ihre Piken ein.

Als Antiochos, der immer noch die flüchtenden Reiterhaufen seines Kontrahenten verfolgte, sich wenig später im Sattel umdrehte, um zu sehen, ob er schon gesiegt habe, erblickte er über dem Kampfplatz eine gewaltige Staubwolke, welche sich »von der Position, die die Infanteristen innegehabt hatten, auf sein eigenes Lager zu bewegte«. Das Riesensignal zeigte an: Die Fellahin, Nachfahren friedlicher, seit Generationen des Kampfs entwöhnter Bauern, hatten seine hochtrainierten, hochbezahlten Berufssoldaten vom Feld gefegt.

Wie Polybios weiter berichtet, soll der Seleukide es nur schwer verwunden haben, daß damit für ihn die Schlacht und Koile-Syrien verloren waren. Aber er zählte ja auch erst sechsundzwanzig Jahre.

Auf einem Vierdrachmenstück aus ungefähr jener Zeit ist er abgebildet, ein Jüngling mit etwas trotzigem Gesichtsausdruck. Glatte Stirn, weiche Wange, rundes Kinn, nicht einmal seine lange spitze Nase wirkt sonderlich eindrucksvoll.

Dessenungeachtet war er der einzige Diadochennachfolger, der – und das auch noch zu Lebzeiten – mit dem Beinamen »der Große« geehrt wurde.

Reiterstämme aus der Steppe

Als Sohn von Seleukos II. und Nachfolger seines ermordeten Bruders Seleukos III. hatte Antiochos im Jahr 223 v. Chr. den asiatischen Riesenstaat übernommen. Er trat ein ziemlich zerrüttetes Erbe an.

Dem Vater, Verbündeter des Gonatas, war nach anfänglichen Erfolgen im Kampf gegen die Ägypter alles zum Schlechten geraten. Ein Jahr nach seinem Regierungsantritt rebellierte Andragoras, Gouver-

neur der am Kaspischen Meer gelegenen Provinzen Parthien und Hyrkanien. Nochmals sechs Jahre später erhob sich sein Halbbruder Antiochos Hierax gegen ihn, und fast gleichzeitig erklärte im fernen Baktrien der Satrap Diodotos seine Unabhängigkeit.
In dieser prekären Situation hatte der dritte Seleukide praktisch nur die Möglichkeit, zwischen zwei Fehlentscheidungen zu wählen. Wandte er sich zuerst nach Osten, so drohten ihm das von Hierax gehaltene Kleinasien und der Zugang zum Mittelmeer verlorenzugehen. Stürzte er sich zuerst auf Hierax, riskierte er den Verlust einiger der reichsten Gebiete seines Imperiums.
Seleukos kam damals zu dem Schluß, daß der »Froschteich«, um den, wie Sokrates sagt, die Griechen quakend herumsäßen, für ihn wichtiger sei. Er entfesselte den Bruderkrieg, beendete ihn siegreich und machte sich anschließend daran, den Brandherd im mittlerweile von Reiterstämmen aus der Steppe besetzten Parthien auszutreten. Dazu reichte jedoch seine Lebenszeit bereits nicht mehr aus. 226 v. Chr. stürzte er, neununddreißigjährig, vom Pferd und brach sich das Genick. Das Reich, welches er hinterließ, schien eines Herrschers von nahezu alexanderhaftem Format zu bedürfen.
Ob Seleukos III. derartige Statur besaß, ist schwer zu sagen; zwischen seinem Regierungsantritt und dem Tag, an dem ihm ein Höfling Gift ins Essen mischte, lagen nur zwei Jahre. Ob man sie Antiochos III. zubilligen kann, ist eigentlich genauso ungewiß; sein Bild in der Geschichte wirkt merkwürdig blaß. Konstatieren läßt sich deshalb nur, daß er, der glattwangige Jüngling, das unmöglich Erscheinende fast vollbracht hätte, und zwar unter schwierigsten Bedingungen.
In Persien revoltierte, kurz nachdem er sein Königsamt angetreten hatte, der Vizekönig Molon. Das machte eine zweijährige Strafexpedition nötig. Als er in Koile-Syrien stand, erreichte ihn die Nachricht, Vetter Achaios wandle auf den Spuren des Hierax. Das kostete weitere drei Jahre. Erst nachdem auch Achaios geschlagen, gefangengenommen und hingerichtet worden war, konnte sich der fünfte rechtmäßig regierende Seleukide den Aufgaben zuwenden, die ihn im Osten erwarteten. Sie zu beurteilen, dürfte er kaum einen Maßstab gehabt haben.

An die sicheren Ufer des hohen Irans

Aus einem Lebensraum, der, nur durch den Ural gegliedert, von der Ungarischen Tiefebene bis nach China reichte und allen seinen Umwohnern beinahe wie ein fremder Planet erscheinen mußte, aus der eurasischen Steppe also, waren um die Mitte des dritten vorchristlichen Jahrhunderts Reiterstämme hervorgebrochen. Von ihnen weiß man inzwischen, daß sie frühe Vorboten jener Völkerwanderung gewesen

sind, an der, rund siebenhundert Jahre später, noch Attila teilnehmen sollte. Den Griechen schienen, von ihren Kolonialstädten am Schwarzen und am Asowschen Meer her, diese Nomaden nicht völlig unbekannt zu sein. Sie hießen bei ihnen ganz allgemein Skythen.
Das Volk aber, das zur Zeit des Bruderkriegs im seleukidischen Haus gegen die hellenistischen Städte am Nordrand Persiens anrannte, nannten sie nicht nur bei dem gebräuchlichen Namen, sondern auch noch »Parner« oder »Aparner«. Welcher Rasse es angehörte, weiß man bis heute nicht. Als einigermaßen sicher gilt nur, daß die Eindringlinge keine Turkmenen oder Mongolen, sondern eher Indogermanen waren. Sie selbst jedenfalls bezeichneten sich, nachdem sie die Provinzen Hyrkanien und Parthien am Kaspischen Meer besetzt hatten, als Parther – was nicht gerade auf ein ausgeprägtes Eigenbewußtsein hinzuweisen scheint.
In der Tat übernahm ihr Anführer Arsakes alle öffentlichen Einrichtungen des ihm nun untertanen Landes, ebenso die meisten der vorherrschenden Sitten und Gebräuche; sogar die griechische Amtssprache behielt er bei. Das erweckt den Eindruck, seine Leute hätten, mehr als allem anderen, Flüchtlingen geglichen, welche sich vor nachdrängenden wilderen Stämmen aus der Steppenwelt an die sicheren Ufer des hohen Irans und in die hellenistische Zivilisation retten wollten.
Der Gouverneur Andragoras, der seinen Abfall vom Seleukidenhaus nur deshalb gewagt haben mag, weil er glaubte, den Fremden als selbständiger Herrscher wirkungsvoller entgegentreten zu können, wurde, nachdem sie ihn geschlagen hatten, von den Parthern ebenfalls übernommen – als Toter. Ihre Könige verleibten ihn kurzerhand dem eigenen Stammbaum ein.
Verantwortlich für diesen Akt könnte Tiridates I. gewesen sein, ein Bruder von Arsakes I. Er hatte auch den 14. April 247 v.Chr. zum Geburtstag seiner Dynastie, der sogenannten arsakidischen, bestimmt und sich von jenem Datum an den Königen in Antiocheia gegenüber wie ein Herrscher aus eigenem Recht benommen. Seleukos II. ist an solchem Anspruch und den gepanzerten, schildlosen Reitern, welche ihn vertraten, noch gescheitert. Antiochos III. ließ sich bereits nicht mehr so leicht einschüchtern.
Nach der Niederwerfung des Achaios war er zunächst gegen Armenien marschiert, um dort die ins Wanken geratenen seleukidischen Herrschaftsstrukturen wieder zu festigen. Dann hatte er sich, vermutlich von Seleukeia am Tigris aus, über die Seidenstraße zur Kaspischen Pforte bewegt, jenem vierzehn Kilometer langen Engpaß in den medischen (kurdischen) Bergen, der das Tor zu seiner Provinz Hyrkanien bildete. Wo genau er zum ersten Mal mit dem regierenden Partherkönig – es muß bereits Arsakes II., der Sohn von Tiridates, gewesen sein – zusammenstieß, ist unbekannt. Man weiß lediglich, daß die beiden

um Syrinx, einen der bestbefestigten Plätze der Gegend, erbittert kämpften und vermutet, sie hätten danach einen Friedensvertrag unterzeichnet, der dem Arsakes die meisten seiner erworbenen Rechte und den Königstitel beließ. Die Fremden aus der Steppe wurden also nicht verjagt, sondern zu einem seleukidischen Vasallenvolk gemacht. Das dürfte auch ihren eigenen Bestrebungen entsprochen haben.
Bereits der vierte Partherkönig nannte sich »Philhellen«, also Griechenfreund, und seine Nachfolger stilisierten sich alle zu Erben sowohl Alexanders als auch der Achaimeniden empor. Als Augustus regierte, saßen sie längst schon am Tigris und verteidigten dort ihre hellenistische Zivilisation gegen die lateinische der Römer. Erst im dritten Jahrhundert n. Chr. wurden die Arsakiden von den nur noch persisch gesinnten Sassaniden abgelöst.
Antiochos aber zog, nachdem er das parthische Problem gelöst hatte, vom Kaspischen Meer aus weiter nach Osten. Sein nächstes Ziel war Baktrien.

Westlich der Oase Merw

Baktrien galt den Griechen als ein »Geschenk des Oxos« (Amu-Darja). Es blühte und gedieh, weil der mächtige Strom auf seinem Weg vom Pamir in den Aralsee alljährlich, nach der Schneeschmelze, gewaltige Mengen eines äußerst fruchtbaren Schlammes heranschleppte und ablagerte.
Der nördliche Teil der Riesenprovinz, die Sogdiana, endete am Iaxartes (Syr-Darja), der, ebenfalls aus dem zentralasiatischen Gebirgsmassiv kommend, ebenfalls in den Aralsee mündete, nachdem er vorher die usbekische Steppe durchquert hatte.
Im Süden trennte der Areios (Murgab) das baktrische Gebiet vom parthischen. Er verlief mehr oder weniger parallel zu den beiden anderen Flüssen, versickerte aber westlich der Oase Merw, in welcher zwischen üppigen Obstgärten, Weizenfeldern und Viehweiden die stark befestigte Handelsstadt »Antiocheia in der Margiane« lag.
Rund fünfhundert Kilometer östlich von Antiocheia breitete sich das menschenwimmelnde Baktra (Balkh in Afghanistan) aus. Wer es verließ und zwanzig Tagesreisen (à dreißig Kilometer) nach Norden ritt, stieß auf das sogenannte »Äußere Alexandria« am großen Iaxartes-Knie. Etwas weniger lange brauchte man, um, in die entgegengesetzte Richtung ziehend, »Alexandria Herat« zu erreichen.
Der Boden des Drei-Strom-Landes barg Lapislazuli, Karneole, etwas Eisen und Kupfer. Sein vielgerühmter Edelmetallreichtum indessen war keineswegs einheimischen Lagerstätten, sondern fleißigen Sibiriaken zu danken, welche das sogenannte »Ameisengold« (worunter man

wohl Goldstaub zu verstehen hat) aus Amur und Lena wuschen, um es dann nach Süden zu verkaufen.
Zur Zeit von Antiochos III. hatte dieser Handelsstrom freilich schon lange zu fließen aufgehört. Der Mann, welcher damals über Baktrien gebot, versuchte für seine Prägeanstalten Nickel aus China zu importieren, was ihm die Historiker zu danken wissen. Man wüßte nämlich von jenem Euthydemos, seinen Vorgängern und Nachfolgern kaum mehr, als daß es sie gab, wenn sich nicht alle von ihnen so große Mühe mit Münzen gemacht hätten. Ihren chronologisch einigermaßen gesicherten Platz in der Geschichte verdanken sie fast ausschließlich den Numismatikern.

Das Graeco-baktrische Königreich

Der erste baktrische Satrap, der im Westen nachdrücklich zur Kenntnis genommen wurde, war jener Diodotos gewesen, der noch zu der Zeit, da sich Seleukos II. mit Hierax herumschlug, von seinem Oberherrn abfiel.
Was ihn zu diesem Schritt bewogen hatte, ist unbekannt. Man kann jedoch vermuten, es habe dafür, außer persönlichem Ehrgeiz, andere triftige Gründe gegeben. Einmal mag Diodotos (wie Andragoras) geglaubt haben, er könne als selbständig regierender Herrscher mit den aus der Steppe hereindrängenden Reitervölkern besser fertig werden. Zum anderen dürften die einheimischen Griechen, von denen viele schon nach dem Ionischen Aufstand durch achaimenidische Könige am Oxos angesiedelt worden waren, sich immer wieder oder immer noch gegen makedonisch-seleukidische Bevormundung aufgelehnt und ihn damit zum Staatsstreich angespornt haben.
Ein Bündel von Motiven also, mit dem sich rechtfertigen ließe, was er tat, dies aber um so mehr, als Diodotos nach seinem Aufstand tatsächlich einen Vorstoß der damals noch nicht hellenisierten Parther abwehren mußte. In seinem Todesjahr 234 v. Chr. schien die Dynastie, welche er begründet hatte, jedenfalls gut etabliert zu sein. Ein Sohn folgte ihm auf den Thron nach. Das »Graeco-baktrische Königreich« war eine Realität.
Es blieb auch dann noch bestehen, als, wenige Jahre nach dem ersten Herrscherwechsel, Euthydemos aus Magnesia am Maiandros seinen Schwager Diodotos II. stürzte und sich selbst an dessen Stelle setzte. Er aber wollte offensichtlich das Land nicht nur, wie die zwei Regenten vor ihm, gegen äußere Feinde absichern, sondern es auch vergrößern. Daß er dafür sein Heer aufrüstete, kam ihm freilich zunächst einmal in seiner Auseinandersetzung mit dem von Parthien heranrückenden Antiochos III. zugute.

»Nicht geringe Massen von Nomaden«

Euthydemos versuchte, das ihm untertane Gebiet schon am Areios zu verteidigen. Er ließ die Furten des Grenzflusses von zehntausend Reitern bewachen – allerdings nicht gründlich genug. Da nämlich diese Kavalleristen sich bei Einbruch der Dunkelheit in die nächstgelegenen Dörfer zurückzuziehen pflegten, um dort zu ruhen, konnte Antiochos in einem Nachtmarsch »den größten Teil seiner Streitkräfte rechtzeitig vor Morgengrauen heranbringen und über das Gewässer führen«. (Polybios)
In den weiten Ebenen östlich von Merw kam es dann zu ersten Kämpfen. Panaitolos, der Führer der seleukidischen Reiterei, zwang die Baktrer, »die (entgegen aller Regel) in aufgelöster Ordnung kämpften, zur Umkehr und zu wilder Flucht«. Sein König erhielt bei dieser Gelegenheit »einen Schlag in den Mund« und verlor »eine Anzahl Zähne«. Es war ein geringer Preis für einen freilich ebenso geringen Erfolg. Das königliche Heer schlug noch mindestens zwei weitere Reiterhaufen und marschierte schließlich gegen Baktra. Dort stellten seine Offiziere fest, daß Euthydemos die Hauptstadt des Landes mit Wällen umgeben hatte, welche jedem Sturmangriff widerstehen mußten. Zwar bot das umliegende Land genügend Nahrungsvorräte, um selbst eine längere Belagerung nicht unangenehm erscheinen zu lassen, doch verblaßte sogar dieser Reiz, als der Aushungerungsversuch sich in die Länge zog. Nach fast zwei Jahren endlich nahmen die Kontrahenten Verbindung miteinander auf.
Der Eingeschlossene ließ übermitteln, »Antiochos solle ihm Titel und Rang eines Königs belassen. Täte er das nicht, dann wäre ihrer beider Sicherheit bedroht. Nicht geringe Massen von Nomaden stünden nämlich an den Grenzen ... Ließe man diese herein, so werde das Land unweigerlich barbarisch werden.« Der Belagerer konnte diesem Erpressungsversuch mit schlagenden Argumenten kaum begegnen. Unnachgiebigkeit hätte ihm höchstens den Vorwurf eingetragen, Euthydemos bei der Verteidigung des äußersten Vorpostens der hellenistischen Welt behindert zu haben. Was jener vortrug, war keineswegs nur leeres Gerede.
In einem von den Unterläufen des Iaxartes und des Oxos begrenzten Gebiet hatte sich damals der Bund der Massageten gebildet, eine Vereinigung halbnomadischer und nomadischer Steppenvölker, die wahrscheinlich auch für das Ausbleiben der Goldkörner von Amur und Lena verantwortlich war. Ihre Angehörigen kämpften, unter Führung von Aristokraten, die auf gepanzerten Rössern saßen, mit Speer, Pfeil und Bogen. Daran, daß sie liebend gerne das reiche Baktrien in Besitz genommen hätten, konnten nur geringe Zweifel bestehen.
Weil dies aber Antiochos mittlerweile wohl ebenfalls zu Ohren ge-

kommen war, ging er nach längerem Zögern auf die Vorschläge von Euthydemos ein. Er bestätigte ihn in seiner Königswürde, schloß »ein beschworenes Bündnis« ab und versprach sogar, Demetrios, dem designierten Kronprinzen, eine seiner Töchter zur Frau zu geben. Mit anderen Worten also, er bereinigte das baktrische Problem auf die gleiche Weise, auf die er schon das parthische gelöst hatte. Der Usurpator wurde als Vasall anerkannt und mehr oder weniger auch in Dienst genommen. Es schien eine für beide Seiten akzeptable Vereinbarung zu sein. Nachdem sie verbrieft war, ließ sich der Seleukide eine größere Anzahl von Elefanten überstellen und nahm die letzte Etappe seiner nunmehr schon vier Jahre dauernden Expedition in Angriff. Er näherte sich Indien. Wie es dort aussah, dürfte ihm einigermaßen bekannt gewesen sein.
Über einen Handelsweg, welcher von Seleukeia am Tigris via Baktra und Taxila (im Pandschab) direkt nach Pataliputra (nahe Patna), der Hauptstadt des Mauryareiches, führte, hatten die Könige in Antiocheia schon immer chinesische Seide, Elefanten, Gewürze und natürlich Informationen bezogen. Außerdem lagen ihnen Berichte ihres Gesandten Megasthenes vor, der 303 v. Chr. an den Hof Tschandraguptas gegangen war. Sie klangen märchenhaft.

Stadt der tropischen Gärten

Die Residenz am Ganges, so hatte der Grieche geschrieben, sei glanzvoller und gewaltiger als selbst die altpersischen Paläste von Susa und Ekbatana. »In ihren Parks«, fuhr er fort, »werden zahme Pfauen gehalten ... es gibt schattige Grotten und baumgesäumte Rasenflächen ... außerdem Teiche von großer Schönheit, darin enorm große, aber zahme Fische.«
Heute weiß man, daß diese Schilderung wahrscheinlich korrekt war. Pataliputra spiegelte sich mit einer rund zwölf Kilometer langen Wasserfront im heiligen Fluß der Hindus und muß ein Inbegriff dessen gewesen sein, was die Iraner »pairidaeza«, also Paradies, also Stadt der tropischen Gärten und der Blumen nannten. Ausgrabungen haben allerdings auch erwiesen, warum die Riesensiedlung später nahezu spurlos vom Erdboden verschwinden konnte: ihre Häuser und Paläste sind leichtgezimmerte Holzbauten gewesen. Tschandragupta hatte sie von seinen Vorgängern übernommen und in deren Stil weitergebaut.
Der Maurya-König (Maurya hieß die Dynastie, welche er begründete) gilt als illegitimer Sproß einer im sogenannten »Maghada-Reich« regierenden Herrscherfamilie, der Nanda. Während der Wirren, welche nach Alexanders Umkehr am Hyphasis ausbrachen, war er an die Macht gekommen und später zu einem der bedeutendsten Herrscher

des Subkontinents aufgestiegen. Sein Staat reichte vom Himalaya bis zum mittelindischen Vindha-Gebirge; er war straff zentralisiert und wurde von einer mächtigen, alles erfassenden Bürokratie verwaltet. Nach seinem Zusammentreffen mit Seleukos I. im Jahr 305 v. Chr. fiel Tschandragupta, im Austausch gegen fünfhundert Elefanten, auch noch die bis dahin von Griechen gehaltene Provinz Gandhara (im heutigen Nordpakistan) zu. Der Handel der beiden Könige rief außerdem eine indo-makedonische Beziehung ins Leben, über die man bis heute so wenig weiß, daß sie zum Wurzelgrund vielfältiger Gerüchte werden konnte. Zwei davon nehmen die Fachleute besonders ernst.
Sie lauten: Bindusara, der Sohn Tschandraguptas, habe seinen Zeitgenossen Antiochos I. gebeten, ihm einen guten hellenischen Philosophen zu schicken und: er habe eine seleukidische Prinzessin zur Frau genommen. Träfe beides zu, dann ließe sich besser oder zumindest plausibler erklären, wie Aschoka, der dritte Maurya-König, zu dem werden konnte, was man später die »perfekteste Verkörperung einer griechisch-indischen Synthese« genannt hat. Er wäre dann ja ein halber Makedone und – falls der angeforderte Denker jemals in Pataliputra eingetroffen sein sollte – ein Mann gewesen, der über Platon, Aristoteles, Zenon einigermaßen Bescheid wußte.

Missionare bis nach Antiocheia

Die Archäologen kennen den Enkel Tschandraguptas aus dreiundzwanzig in indischen Dialekten, in Aramäisch oder in Griechisch abgefaßten Fels- und Säuleninschriften. Eine davon kam 1964 nahe Kandahar ans Tageslicht. Darin heißt es:
»In seinem achten Regierungsjahr (260 v. Chr.) unterwarf König Piodasses (das ist Aschoka) Kalinga (ein großes, vorderindisches Reich). Es wurden hundertfünfzigtausend Menschen gefangengenommen ... weitere hunderttausend wurden getötet und beinahe ebenso viele kamen um. Und es lastete schwer auf ihm. Ebenso wie er anordnete, sich der Lebewesen (der Fleischspeisen) zu enthalten, eiferte er und bemühte sich um Frömmigkeit.«
Nach Ansicht seines Entdeckers, des Franzosen Daniel Schlumberger, wird mit diesem erstaunlichen Dokument zweierlei bekanntgegeben: ein Sieg, der dem Maurya-Reich die Herrschaft über den weitaus größten Teil des Subkontinents sicherte und – die Erkenntnis, daß alle Menschen sich ändern müßten, wenn die Welt besser werden solle. Es ist eine Selbstanklage und eine Predigt, über die sich jedoch der Interpret keineswegs wundert.
Ähnliche Gedanken werden auch in anderen Aschoka-Schriften formuliert. Außerdem weiß man, daß ihr Verfasser Buddhist geworden

war und die Lehre seines Meisters anderen Völkern vermitteln wollte. Er hat Missionare bis nach Antiocheia, Alexandria und Pella geschickt; die Insel Ceylon wurde während seiner Regierungszeit völlig zum »Edlen Achtfachen Pfad« (des Heils) bekehrt.

Zwar sei, so meint sein Landsmann Kavalam Madhava Panikkar, Aschoka im Grunde immer ein Hindu geblieben, was schon daraus hervorgehe, daß er sich auch »Liebling der Götter« nannte »und der Buddhismus kennt keine Götter«. Jedoch, darauf beharrt Carl Schneider, müsse ihn tatsächlich auch griechisches Denken mitgeprägt haben.

Wer in der Kandahar-Inschrift weiterliest, wird geneigt sein, dem deutschen Althistoriker zuzustimmen. Das gilt besonders bei Sätzen wie »Sie sollen sich weder selbst loben noch die anderen in irgendeiner Sache tadeln, denn das ist eitel«, und »Es ziemt sich, daß ein jeder den anderen achtet und einer des anderen Lehre annimmt«. Dergleichen könnten ja auch Diogenes oder einer seiner Schüler gesagt haben. In einem dritten Gebot aber scheinen wirklich naturrechtliche Vorstellungen durchzuschimmern. Aschoka fordert »Lehrer, Vater und Mutter zu ehren und zu achten, Freunde und Gefährten zu lieben und sie nicht zu betrügen, Sklaven und Diener mit möglichst großer Milde zu behandeln«.

Vielleicht hat der mächtigste unter den frühen Herrschern in Indien also doch einen griechischen Lehrer gehabt, vielleicht floß wirklich makedonisches Blut in seinen Adern, vielleicht haben ihm aber auch nur die im Hindukuschgebiet lebenden Hellenen, die er manchmal als Grenzvolk, manchmal als seine Untertanen bezeichnet, von Peripatos und Stoa berichtet.

Feststeht, er gehört zu den wenigen Königen, von denen man weiß, daß sie sich ihrer blutig errungenen Triumphe nicht freuten, sondern sie beklagten. Darüber hinaus war er zu der Auffassung gelangt, die einzige Eroberung, welche sich lohne, sei die Eroberung des eigenen Ichs. Ob dieser gewiß nicht alltägliche Tatbestand jedoch nur mit Hilfe von Begriffen wie »griechisch-indische Synthese« aufgehellt werden kann, sollte eigentlich dahingestellt bleiben. Einsicht in die Vielschichtigkeit der Existenz muß nicht unbedingt das Produkt einer Kultur- oder gar einer Blutsvermischung sein. Andererseits: zur griechischen Sprache scheint Aschoka durchaus Beziehungen gehabt zu haben, verfügte auch zumindest über Leute, die mit dem im seleukidischen Syrien gesprochenen Aramäisch zurechtkamen.

Was aber seine Versuche anbetrifft, den Hellenen buddhistische Anschauungen nahezubringen: sie haben nach allem, was man weiß, nur wenig bewirkt.

Erinnerung an den Ostzug des Seleukos

Als Antiochos 206 v. Chr. den Hindukusch überquerte und nach Gandhara vorstieß, war Aschoka schon seit sechsundzwanzig Jahren tot. Der Ururenkel von Seleukos I. traf statt seiner einen Fürsten, den Polybios Sophagasenos nennt. Was die beiden miteinander zu handeln hatten, ist wiederum unbekannt. Man weiß also nicht, ob sie sich vielleicht einer gemeinsamen Großtante erinnerten, ob der Seleukide sich in der griechisch-indischen Welt zurechtfand, ob er von Buddha gehört hatte, ob er sich überhaupt für Vergleiche zwischen dessen Lehre und der stoischen interessierte. Das aber ist schon deshalb schade, weil er Jahre später mit den Vertretern einer anderen außergriechischen Glaubenslehre, den Juden, zusammentraf und eine erstaunliche Aufgeschlossenheit für ihre religiösen Überzeugungen an den Tag legte. Das Vorhandensein dieser Information aus Israel läßt das Fehlen einer entsprechenden Nachricht aus Indien doppelt beklagenswert erscheinen.

Antiochos gehörte ja nicht nur zu den wenigen Alexandererben, die in die Randbezirke der hellenistischen Welt vorgestoßen sind, er ist später auch an einer nicht-hellenistischen Macht gescheitert, an Rom. Das legt die Versuchung nahe, in allen seinen Begegnungen mit ihm unvertrauten geistigen Mächten so etwas wie ein sich langsam entwickelndes Leitmotiv zu sehen. Auf Effekte bedachte Götter scheinen ihn vor seinem Ende noch einmal durch den ganzen Riesenbau des seleukidischen Reiches gejagt und dabei die Geister fast aller seiner Vorgänger in die Kulissen gestellt zu haben, ohne daß man sagen könnte, wie ihn das selbst berührte.

Indien: ein Echo des durch Alexander gesetzten Anfangs und die Erinnerung an den Ostzug von Seleukos I. Israel: die vorletzte Auflage des generationenalten ptolemäisch-seleukidischen Streits um Koile-Syrien. Schließlich der Vorstoß über den Hellespont hinaus nach Westen, der Griff nach Griechenland, den sein Ururgroßvater ebenfalls gewagt hatte. Dort aber, statt des Dolches, welcher jenen traf, ein Blitzschlag, in dessen grellem Licht sich als verfallende Ruine erwies, was Momente vorher noch wie ein Monument aus Erz und Granit gewirkt hatte. Und danach eine Zeit, so brutal nüchtern, daß im Vergleich mit ihr die voraufgegangene als eine einzige Paraphrase des von Philipps Sohn begonnenen Spiels mit solch bunten Steinen wie Armeen, Göttern, Völkern und Kulturen wirken mußte.

Bleibt natürlich die Frage offen, ob derartige Bilder überhaupt gestattet sind, bleiben – verneinendenfalls – eben doch nur die dürren, unergiebigen Fakten.

Als er in Gandhara stand, trennten Antiochos noch elf Jahre von seiner Begegnung mit Jahwe und sechzehn von seinem für ihn vernichtenden

Konflikt mit Rom. Er konnte guten Gewissens an den weiteren Bestand der diadochischen Welt und die Gültigkeit ihrer Gesetze glauben, hatte sie ja eben selbst bestätigt. Er scheint auch Sophagasenos zu seinem Vasallen gemacht zu haben, nahm von ihm ebenfalls einige Elefanten in Empfang und brach dann zum Rückmarsch nach Seleukeia am Tigris auf.

Als er dort wieder ankam, waren seit seinem Aufbruch sieben Jahre verstrichen. Der mitgebrachte Gewinn bestand, laut Polybios, vor allem darin, daß er von da an »allen Bewohnern Asiens und Europas des Thrones, den er innehatte, würdig erschien«. Das mag dem, der die vielen Toten, welche das Unternehmen gekostet hatte, dagegen aufwiegt, gering erscheinen. Aber da Könige nun einmal Menschenleben nur als Spielgeld betrachten, war es doch sehr viel. Antiochos konnte sich jetzt »basileios megas« (Großkönig) nennen und, geschmückt mit diesem Titel, seinen nächsten Gegner ins Auge fassen. Er hatte überhaupt noch große Pläne – aber das galt auch für den in seinem usurpierten Amt bestätigten Euthydemos.

Pataliputra erobert

Der Baktrer stieß nach dem Abzug des Seleukiden zunächst in den kirgisischen Raum, dann, nachdem es ihm offensichtlich nicht gelungen war, die blockierten Goldhandelswege wieder zu öffnen, über den Pamir hinweg ins Tarim-Becken, also nach Chinesisch-Turkestan, vor. Dort scheint er zwar einige Lieferanten für seine Prägeanstalten gefunden zu haben, doch reichte, was sie ihm anboten, wohl nicht aus, den bestehenden Bedarf zu decken. So wandte er sich endlich auch noch nach Indien, das ihn hinsichtlich des Edelmetalls ebenso enttäuschte wie der Norden.

Immerhin hatte Euthydemos mit dieser Aktion ein Kapitel der hellenistischen Geschichte eröffnet, welches ungemein farbig gewesen sein muß, aber für uns fast vollkommen im dunkeln liegt. Wenige Daten werden von Gerüchten überwuchert. Gesichert etwa ist dies:

Der Nachfolger des Magnesiers, Demetrios I. – von dem man übrigens nicht weiß, ob er die ihm versprochene Seleukidenprinzessin jemals bekam –, setzte ebenfalls auf das Gebiet jenseits des Hindukusch. Er gewann die Provinz Gandhara zurück, wodurch sich aber sein Staat so vergrößerte, daß er von einem Punkt aus kaum noch verwaltet werden konnte. Die Münzen, welche er prägte, zeigen lebensechte, um nicht zu sagen, lebendige Porträts von kaum überbietbarer Ausdruckskraft und Prägnanz: den bulligen Cäsarenkopf des gealterten Euthydemos; ihn selbst im Elefantenhelm – der gebogene Rüssel ragt über die Stirn empor –; Antimachos, einen dritten aus ihrer Dynastie mit hagerem

Gelehrtengesicht – alles Fürsten, von denen man eben die Namen und ungefähr ihre Regierungszeit kennt.
In die Herrschaft über ihr Reich teilten sie sich mit Brüdern und anderen Verwandten. Binnen knapp hundert Jahren scheinen in Baktrien nicht weniger als neununddreißig verschiedene Männer Regierungsgewalt innegehabt zu haben. Das könnte auf Machtzersplitterung hindeuten oder darauf, daß man versuchte, einer Vielzahl verschiedener Probleme durch Aufgabendelegation zu begegnen. Immer noch mußten ja – zum Teil mit Flottenunternehmungen auf dem Oxos – die Massageten in Schach gehalten werden. Und auch im Osten gab es ständig Reibereien mit den Generalen und Vasallen des zerfallenden Mauryareiches.
Dennoch konnte unter den Nachfolgern von Euthydemos und Sohn ein Apollodotos entlang der Westküste des Subkontinents bis über den Ort hinaus vorstoßen, an dem heute Bombay liegt. Ein anderer mit Namen Menandros soll sogar Pataliputra erobert und den Thron Aschokas bestiegen haben. Europäische Historiker schließen dies daraus, daß um 180 v. Chr. ein König Milinda am unteren Ganges regierte, der Goldmünzen mit dem Bild der Athena und der athenischen Eule schlagen ließ. Indische Geschichtsforscher verweisen derlei Kombinationen etwas barsch in das Reich der Legende.
Nicht zu leugnen ist indessen, daß während des letzten vorchristlichen Jahrhunderts in Gandhara jene eigenartige hoch entwickelte Bildhauerkunst blühte, welche nach eben dieser Provinz benannt wird. Buddhistisch ihre Themen, europäisch oftmals der Schnitt der dargestellten Gesichter, klassisch der Faltenwurf der Gewänder und die Behandlung der Haarschöpfe: ein vollkommen ausgewogener Mischstil von eindeutig hellenistischer Prägung und höchster Delikatesse. Er hielt sich bis ins fünfte Jahrhundert n. Chr. hinein und das heißt, weitaus länger als das baktrische Königreich, dem er sein Entstehen verdankte.
Der Staat zwischen Iaxartes, Areios und Indus ging – für ein griechisches Gemeinwesen nicht ungewöhnlich – an inneren Zwisten zugrunde.

Trat zum Buddhismus über

Etwa um 170 v. Chr. wurde der dritte Nachfolger des Euthydemos von dem Makedonen Eukratides aus Baktrien vertrieben. Wenig später fiel der neue Usurpator, der ebenfalls hinreißend schöne Münzen hinterließ, einem Mordanschlag seines eigenen Sohnes zum Opfer. Danach begann das »Reich der tausend Städte« (Strabo) allmählich zu zerfallen. Parthische und (indogermanische) tocharische Stämme stießen, entlang dem Oxos, nach Osten vor. An allen Ecken und Enden des Riesenreiches flackerten immer neue Kämpfe auf.

Der Athenatempel von Priene

Laokoon-Gruppe

Priene, Stadtmodell

Milet, Blick auf das Theater

Um 50 v. Chr. war es mit dem hellenistischen Staat auf afghanischem, turkmenischem und usbekischem Boden dann endgültig vorbei. In Indien dagegen regierte noch um die Mitte des ersten Jahrhunderts n. Chr. der Grieche Hermaios Soter. Er oder seine Nachfolger erlagen erst den Yu Chi, einem Volk, das, durch die Hunnen aus Sinkiang vertrieben, ins Gangestal eingedrungen war und von der Geschichte als jenes der Kuschan notiert wird. Sein bedeutendster Herrscher war der legendenumwobene König Kanischka.
Wie Aschoka trat er zum Buddhismus über, gleich jenem suchte er der Lehre des Gautama neue Anhänger zuzuführen. Außerdem gilt er als einer der letzten Repräsentanten der griechisch-indischen Synthese. Die »Akropolis«, die er bei Surkh Kotal am afghanischen Fuß des Zentralhindukusch errichten ließ, erinnert an Hallenbauten, wie sie achaimenidische Könige in Susa und anderswo gebaut hatten. Sie weist aber auch ausgesprochen griechische Stilelemente auf: korinthische Kapitelle, attisch profilierte Säulenbasen, Girlandenfriese mit kleinen Liebesgöttern. Kanischka scheint sich des griechischen Alphabets, aber nur teilweise der hellenischen Sprache bedient zu haben. Auf manchen seiner Münzen prangt der Titel »basileios«; seine Nachfolger bevorzugten bereits die iranische Bezeichnung »schanano schah«.
Die Gandhara-Kunst lebte auch unter ihnen fort und befruchtete selbst jene Chinas. Von welcher Art Geist sie erfüllt war, was überhaupt die Essenz der vielzitierten Synthese von griechischem und indischem Wesen ausmacht, ist jedoch schwer zu rekonstruieren, allenfalls kann man es erraten.

»Der Tod sei keines Übels Stoff«

Ein Nachfolger Gautamas, der die erste Predigt seines Meisters – gehalten um 525 v. Chr. bei Benares – im Kopf hatte und also wußte, der heilige achtteilige Pfad, das sei »rechtes Glauben, rechtes Entschließen, rechtes Wort, rechte Tat, rechtes Leben, rechtes Streben, rechtes Gedenken, rechtes Sichversenken«, der konnte sich zur Not auch durch die Stoa bestätigt fühlen.
Eine buddhistische Spruchweisheit lautet: »Wer auf die Welt hinabschaut, als sähe er eine Schaumblase, als sähe er ein Trugbild, den erblickt nicht der Herrscher Tod.« Man vergleiche damit eine stoische Sentenz: »Wenn der Geist so weit gekommen ist, daß er die Güter des Glücks verachtet, daß er sich über die Furcht erhebt und nicht mit gieriger Hoffnung Grenzenloses umspannt, wenn er erkennt, der Tod sei keines Übels Stoff, aber vieler Übel Ende, dann hat er einen Standpunkt auf festem Boden, hat heiteren Himmel über sich und das vollkommene Wissen, welches nützlich und notwendig ist.«

Das war zumindest im Tonfall ähnlich, waren Pfeiler, zwischen denen sich begehbare Brücken spannen ließen. Aschoka mag auf ihnen gewandelt sein, auch der eine oder andere griechische König in Indien, schließlich Kanischka und viele der Künstler, die ihren Bodhisattvas (Anwärtern auf künftige Erlösung) die Gestalt griechischer Götter gaben. Zwei Lehren, welche beide den seienden Dingen keine allzu große Bedeutung zuerkannten, flossen ineinander, wurden verstanden, mit eigenem Gefühl ergänzt und manifestierten sich in Bildwerken, die uns heute, je nach Bewußtseinslage, entzücken, frappieren oder einfach als Zeugnisse einer von mehrfach gebrochenem Licht überstrahlten versunkenen Welt erscheinen.

Die Gandhara-Kunst verdorrte erst, als die weißen Hunnen in Indien und Afghanistan einfielen. Das geschah, wie gesagt, im fünften Jahrhundert.

Zu jener, der Völkerwanderungszeit aber dürfte westlich von Konstantinopel auch kaum noch einer gewußt haben, wer Antiochos III. gewesen war – es sei denn, er hätte sich in der Bibel besonders gut ausgekannt.

Der fünfte regierende Seleukide war ja nach seiner Rückkehr aus Indien mit den Anhängern Jahwes zusammengetroffen. Die hatten schon von Alexander keine allzu günstige Meinung gehabt.

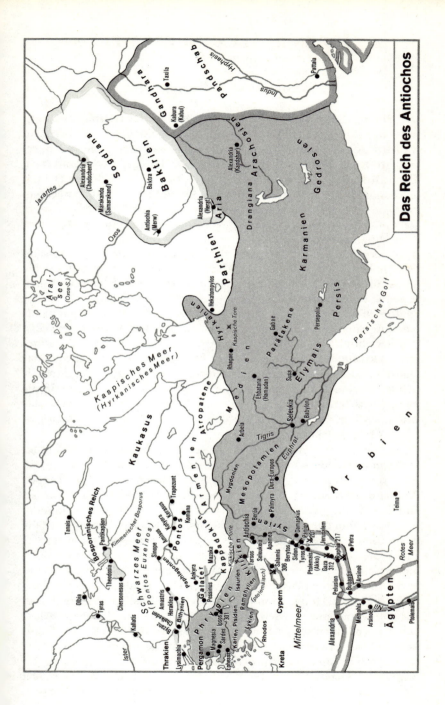

JUDEN IN ALEXANDERS WELT

Beinahe ein jüdischer Witz

Als Philipps Sohn nach der Schlacht von Issos in Jerusalem eingezogen war, war ihm von den Tempelpriestern ein goldenes Brot überreicht worden. Als er erstaunt fragte, ob die Leute hier dergleichen äßen, erwiderte man: »Wir dachten, daß du gewiß Hunger nach Gold hast, denn Brot, wie es die Erde hervorbringt, hast du ja in deiner Heimat auch, nur Habsucht trieb dich hinaus.« Darauf habe der so Zurechtgewiesene beschämt gestanden, nicht wegen der Schätze Salomos sei er gekommen, er wolle vielmehr von den einheimischen Richtern Gerechtigkeit lernen.
In einer anderen Version geht der Makedone zum Hohenpriester Simon, beugt sein Haupt und erklärt, hiermit bedanke er sich für die Hilfe, die ihm in allen seinen Schlachten zuteil geworden sei – durch einen von den Hütern des Heiligtums gesandten Engel.
Natürlich sind beide Geschichten reine Legenden, sie können gar nichts anderes sein: Alexander hat Jerusalem nie betreten. Während er selbst vor der phönizischen Inselfestung Tyros lag, war sein General Parmenion nach Judäa gezogen und hatte ohne größere Schwierigkeiten das ganze Ländchen übernommen. Dabei soll er kein einziges der dort geltenden Rechte verletzt haben, nahm jedoch einige junge Leute in die makedonische Armee auf. Die Israelis galten als hervorragende Soldaten, allerdings auch als ziemlich unbegreifliche Menschen. Dazu gibt es ebenfalls Anekdoten.
Hekataios aus Abdera erzählt, ein Meschullam, jüdischer Fußkämpfer im Heer Alexanders, habe einmal gefragt, warum denn der Vormarsch so abrupt gestoppt worden sei. Man zeigte ihm einen über den Truppen kreisenden Adler und erklärte, solange dieser nicht weiterfliege, müsse, auf Befehl des Wahrsagers, auch das Heer anhalten. Meschullam, wortlos, nahm daraufhin einen Pfeil aus dem Köcher, legte ihn auf die Sehne und schoß das Tier herunter. Als seine Kameraden ihn empört zur Rede stellten, meinte er achselzuckend, es sei wohl nicht angebracht, einem Vogel prophetisches Wissen zu unterstellen, wenn dieser nicht einmal seinen eigenen Tod vorhersehen könne.
Die Geschichte klingt schon beinahe wie ein jüdischer Witz, gilt aber als ernst zu nehmender Beleg dafür, daß Soldaten aus Israel mit Alexander nach Indien gezogen waren. Abgesehen davon dürfte sie, ebenso wie die beiden Legenden über den Makedonenkönig in Jerusalem, ursprünglich Produkt der anti-hellenistischen jüdischen Propaganda gewesen sein. Deren Wortführer orientierten sich an einem Wort aus dem Sota-Traktat des *Babylonischen Talmud*: »Verflucht sei der Mensch,

der Schweine großzieht, und verflucht sei der Mensch, der seinen Sohn die Weisheit des Griechischen lehrt.«

Eine Gemeinschaft von Gläubigen

Während der zwei Jahrhunderte vor Alexanders Auftritt in der Geschichte hatte sich in Israel ein Staat herausgebildet, welcher mit keinem anderen jemals geschaffenen vergleichbar ist. Er war eine Gemeinschaft von Gläubigen, die ihren ganzen Lebenszweck darin sahen, Jahwes Gebote immer wieder zu studieren, immer wieder zu interpretieren und sie, nach Möglichkeit, auch zu befolgen. Sie fühlten sich als Auserwählte und als Gottesknechte, als Menschen, die allen anderen überlegen und doch auch berufen sind, stellvertretend für jene zu sühnen. Aber der Stolz auf die eigene Einzigartigkeit war mit Wort und Haltung leichter auszudrücken als die Demut, die ihn eigentlich hätte ergänzen sollen. Und natürlich war es auch einfacher, die »Weisheit des Griechischen« zu verdammen, als den Verlockungen des Lebens in der genußfrohen hellenistischen Welt zu widerstehen. Diejenigen Juden, mit denen Antiochos III. nach seinem Indien-Zug zusammentreffen sollte, waren schon ziemlich stark gräzisiert. Wenn der Seleukide dennoch nicht immer begriffen haben mag, was eigentlich in ihren Köpfen vorging, dann deshalb, weil auch seine griechischen Experten für fremde Völker nur mangelhaft über das Volk Israel informiert waren. Wer also hätte ihn aufklären sollen?

Wußte nichts von der Zerstörung Jerusalems

Einer der wenigen hellenistischen Schriftsteller, die sich einigermaßen intensiv mit den Nachfahren Abrahams beschäftigten, scheint eben Hekataios aus Abdera gewesen zu sein. Von dem, was er wußte, wissen wir ein wenig, weil Diodorus Siculus so ungeniert bei ihm abschrieb. Unter anderem ist dem Abderiten etwa bekannt gewesen, daß die Vorväter der zu seiner Zeit lebenden Juden einst aus Ägypten vertrieben wurden. Er meinte, dies sei geschehen, »weil sie unfromm, von den Göttern verachtet« und außerdem leprös waren. Weiterhin wußte er von dem Gebot »du sollst dir kein geschnitztes Bild machen, kein Abbild von dem, was im Himmel droben oder unten auf der Erde oder im Wasser oder unter der Erde ist«. (Ex. 20,4) Und schließlich hatte er auch von Moses gehört – soweit also alles beinahe bibelgerecht. Etwas ungewohnt für unsere Ohren klingt dagegen seine Behauptung, einige der aus dem Nilland Geflüchteten seien damals bis nach Griechenland gelangt und dort unter der Führung von Kadmos ansässig geworden. Tatsächlich galt jedoch der Gründer Thebens, einer alten Sage zufolge, als Phönizier, oder auch – man unterschied da wohl nicht zu genau – eben als Jude. Später schwenkt Hekataios wieder in vertrautere Bahnen ein.

Die Mehrzahl der Vertriebenen, so sagt er, hätte in Judäa Zuflucht gefunden und dort die Stadt Jerusalem gegründet. Deren Bewohner fand er nicht sonderlich sympathisch. »Intolerant« seien sie gewesen, »fremdenfeindlich« und gegenüber einem Hohenpriester, der ihnen als Botschafter ihres Gottes »Iao« (Jahwe) galt, viel zu unterwürfig. Er notiert aber auch, daß die Juden alle ihre Kinder aufzögen und nicht, wie in Griechenland üblich, die mißgebildeten und unerwünschten aussetzten; »deshalb waren sie von Anfang an ein so zahlreiches Volk«.

Insgesamt ist das eine erstaunlich korrekte und relativ faire Beschreibung. Um das Volk Israel wirklich zu ergründen, hätte der Abderite, der vor allem aus ägyptischen Quellen schöpfte, freilich auch dessen Literatur kennen müssen. Da ihm die aber verschlossen blieb, konnte er nicht beschreiben, wie es sich zu einer fast ordensähnlichen Religionsgemeinschaft entwickelt hatte, wußte er nichts von der Zerstörung Jerusalems durch Nebukadnezar II. im Jahr 587 v. Chr., nichts von der babylonischen Gefangenschaft, in die jener die Juden geführt hatte, und infolgedessen auch nichts von der Wandlung, welche sie dort, aber auch schon vorher, durchgemacht hatten.

Bei der Flucht über das Rote Meer war ihnen noch ein »Eloah« vorangezogen, der als ein Gott unter vielen galt, auf den Treck zum Euphrat hatten sie bereits den Jahwe mitgenommen, der keine anderen Götter mehr neben sich anerkannte. Verantwortlich für diese Entwicklung von der Monolatrie, der Verehrung eines Einzigen, zum Monotheismus, der Überzeugung, es gebe nur einen einzigen Herrn der Welt, sind Männer gewesen wie der Plantagenbesitzer Amos, der Aristokrat Jesaja sowie die Priestersöhne Hosea, Jeremia und Ezechiel, wortgewaltige Propheten, die alle rhetorischen Mittel von der Drohung bis zur Lockung anwandten.

Der junge Staat Israel

Jesaja, gelegentlich als »israelischer Platon« bezeichnet, hatte eine utopische Welt beschworen, in der die Menschen »ihre Schwerter zu Pflugscharen und ihre Spieße zu Sicheln machen« (Jes. 2,4), Ezechiel war ein rigoroser Moralprediger gewesen. »Wer sündigt«, sagte er, »der soll sterben.« (Ez. 18,20) Er gilt als der eigentliche Vater des Judentums.

Von Kyros II., dem Eroberer des neubabylonischen Reiches, war den

Gefangenen Nebukadnezars erlaubt worden, in ihre Heimat zurückzukehren, doch machten nicht alle davon Gebrauch. Wer es zu einem Haus, zu einem Geschäft, zu Einfluß oder Ansehen gebracht hatte, blieb lieber im fruchtbaren, angenehmen Mesopotamien. Zu dem Marsch nach Süden brachen nur relativ kleine Gruppen auf, begleitet allerdings von den guten Wünschen der am Euphrat heimisch Gewordenen und von ihren Mahnungen.

Den Tempel Salomons sollten sie wiederaufbauen und auch jenen Kodex respektieren, der 621 v. Chr. auf ebenso geheimnis- wie (wahrscheinlich) absichtsvolle Weise aus einer Nische des damals noch unzerstörten Heiligtums zutage gefördert worden war. Es dürfte mit einer ersten Fassung des Deuteronomiums, des letzten der fünf Bücher Mose, identisch gewesen sein und scheint aus der Zeit nach König David gestammt zu haben. Exilierte Schriftgelehrte hatten das Buch in Babylon überarbeitet (und also in die Form gebracht, in der wir es kennen). Nun wurde das »Gesetz des Himmelsherrn« feierlich ins Jordanland zurückgebracht. Es sollte die Konstitution eines auf altem Grund neuentstehenden Volkes sein. Ihre Auslegung und praktische Anwendung stand nicht mehr Königen, nur noch Priestern zu. Der junge Staat Israel war als Theokratie konzipiert, doch seine Regenten taten sich schwer mit der Aufgabe, ihn zu realisieren.

Die Menschen, die sie leiten, lenken und formen sollten, waren zunächst viel mehr als an den Geboten Jahwes an Häusern, Äckern und den übrigen äußeren Bedingungen interessiert, unter denen sie leben mußten. Auch in den Wiederaufbau des Tempels mochten sie nicht soviel Zeit und Geld investieren, wie es den in Babylon Zurückgebliebenen wünschenswert erschien. Als endlich die Kluft zwischen anvisierter Utopie und praktischer Wirklichkeit so groß geworden war, daß das Gottesvolk darin zu verschwinden drohte, griff um die Mitte des fünften vorchristlichen Jahrhunderts die Diaspora ein. Sie erwirkte bei Artaxerxes I. eine Erlaubnis, zwei mit hohen Vollmachten ausgestattete Königsboten aus ihren Reihen nach Jerusalem schicken zu dürfen. Deren Namen waren Nehemia und Esra. Sie leisteten ganze Arbeit.

Nehemia, welcher am Hof von Susa das Amt eines Mundschenks bekleidet hatte, erreichte es mit Hilfe seiner guten Verbindungen, daß der Unterbezirk Juda gegenüber der persischen Provinzverwaltung im galiläischen Samaria unabhängiger wurde. Esra, ein Priester, setzte die strikte Einhaltung der mosaischen Gesetze durch und führte die ihm Anvertrauten damit in eine strenge Isolation gegenüber allen anderen im Jordangebiet lebenden Völkern.

»Ihr seid treulos geworden«, rief er ihnen zu, »ihr habt fremde Frauen geheiratet ... Nun gebt Jahwe, dem Gott eurer Väter, die Ehre und erfüllt seinen Willen! Trennt euch von den Völkern des Landes und von den fremden Frauen!« (Es. 10,10) Sein Appell hatte Erfolg. »Bis

zum Ende des ersten Monats wurden sie mit allen Männern, die fremde Frauen geheiratet hatten, fertig.« (Es. 10,17) Erst damit war das Judentum endgültig etabliert – sah sich allerdings schon wenig später einer neuen Gefährdung ausgesetzt.
Nun kam Alexander. Nun brandete über die Berge Judäas hellenistisches Leben. Dessen ersten Ansturm konnten die Kinder Israel allerdings noch relativ mühelos bewältigen.

Ließ den Priestern die Hoheitsrechte

Ptolemaios I., dem Koile-Syrien (also auch Palästina) nach der Schlacht von Gaza zugefallen war, hat sich kaum sonderlich darum gekümmert, auf welche Weise die Juden ihr Verhältnis zu Gott und Umwelt regelten, solange sie nur ordentlich Steuern bezahlten. Er unterstellte die Region zwischen Jordangraben und dem Mittelmeerhafen Joppe (Jaffa) nicht einmal einem eigenen Satrapen (dafür war sie zu klein), trieb vielmehr Handel mit ihren Kaufleuten und ließ den Priestern die selbsterworbenen Hoheitsrechte. Dank dieser Politik konnten die strenggläubigen Anhänger der Nehemia-Esra-Reform zu Jerusalem sich weiterhin abkapseln, während rings um sie herum neue Städte mit hellenischen Tempeln, Theatern, Gymnasien entstanden. Daß die in deren Mauern lebenden Israelis schon einmal in Versuchung gerieten, an einem Dionysosfest teilzunehmen oder sich nackt mit anderen nackten Sportlern im Wettkampf zu messen, war wohl unvermeidbar, aber eigentlich auch keine Katastrophe. Wer die griechische Lebensart wirklich angenehmer fand als jene seiner Väter, tat ohnehin besser daran, Judäa zu verlassen und nach Alexandria zu ziehen.

Ihr Hebräisch hatten sie vergessen

Im Viertel Delta der Mareotisstadt, aber auch in anderen ägyptischen Gauen lebten mindestens ebenso viele Verehrer Jahwes wie in Palästina, möglicherweise mehr.
Die ersten von ihnen waren schon zu Nebukadnezars Zeit ins Niltal geflüchtet und hatten dabei den Propheten Jeremia mitgenommen, der dem Land allerdings die Pest wünschte. Später hatte der erste Lagide Bauern aus Israel in seine Königsgüter geholt. Als sein Sohn dann Arsinoë heiratete, war die ptolemäische Residenz schon so sehr von Juden mitgeprägt, daß selbst ein Talmud-Autor von ihr schwärmen konnte. »Wer die Doppelsäulenhalle von Alexandria nicht gesehen hat«, so heißt es im sogenannten Sukka-Traktat, »der hat nicht gesehen die Herrlichkeit Israels.«

Solches Lob verwundert um so mehr, als diese Synagoge mehr oder weniger einem hellenistischen Tempel geglichen haben muß. Kolonnaden umzogen ihre Beträume, auf einundsiebzig wahrscheinlich amphitheatralisch angeordneten Sitzen thronten die Gemeindevorsteher. Gepredigt wurde vor ihnen auf griechisch, denn ihr Hebräisch hatten die Ausgewanderten schon lange vergessen, so sehr in der Tat, daß sie angeblich zweiundsiebzig Gelehrte beauftragen mußten, die Fünf Bücher Mose für ihren Gebrauch in das Idiom der Hellenen zu übertragen.

Frucht des großangelegten Unternehmens war die *Septuaginta* (lat.: die Siebzig). Und auch sie wird vom Talmud gelobt, unter anderem deswegen, weil in ihr alle polytheistischen Bezüge des Urtextes erbarmungslos ausgemerzt sind, weil sie also das Alte Testament zum ersten Mal in rein monotheistischer Ausprägung präsentiert – dank hellenistischer Methodik. Hatte etwa auf hebräisch der Schöpfergott (Gen. 1,26) noch gesagt: »Lasset uns den Menschen machen nach unserem Bild«, so sprach er nun auf griechisch: »Ich will den Menschen machen in Bild und Gleichnis«, eine Formulierung, von der moderne Bibelübersetzer wieder abgegangen sind.

Zwei unvereinbare Standpunkte

Fragt sich nun natürlich, ob der jüdischen Bereitschaft, die Arbeit einiger Philologen aus der Umgebung des Museions anzuerkennen, eine ähnliche Aufgeschlossenheit für Elemente des hellenistischen religiösen Denkens entsprach. Konnten etwa der völlig abstrakte jüdische Gott, dessen geheimer Name nie genannt werden durfte (auch Jahwe ist ja nur eine Umschreibung), und die Gottheiten des Aristoteles oder Zenon, die sich in der Gesamtheit aller seienden Dinge manifestierten, miteinander verglichen, gegeneinander aufgewogen oder der eine durch die anderen hindurch erkannt werden? Eigentlich ist das nicht recht vorstellbar.

Das Verbot, den Herrn der Himmel unnötig zu beschwören, wurzelt in der Sorge, man könne mit Instrumenten wie Begriff und Bild etwas Falsches bezeichnen, und war letztlich der Ausdruck der Überzeugung, daß über die allerletzten Dinge nichts präzise Formuliertes gesagt, niemals etwas Genaues erfahren werden könne, war solcherart auch ein Zeugnis des Respekts vor dem Wort (wie auch dem Bild). Das eine einzige, das ins Zentrum des Geheimnisses getroffen hätte, wäre ja mit derart großer magischer Kraft aufgeladen gewesen, daß man sich hüten mußte, es zu gebrauchen.

Die Griechen dagegen – und darin wurzelt ihre ganze Philosophie – waren geradezu besessen von dem Glauben, man vermöge mit Netzen, welche eben aus Worten und Begriffen geknüpft waren, nach einer Wahrheit zu fischen, die auch zum Bild, mindestens aber zum Inbild, zum Symbol werden konnte. Zwei unvereinbare Standpunkte also, trotzdem gab es Versuche, die Kluft zwischen ihnen zu überbrücken.

Der fiktive Verfasser des sogenannten *Aristeas-Briefes* – das Schreiben stammt aus dem dritten vorchristlichen Jahrhundert und ist eine Verherrlichung der *Septuaginta* – soll gesagt haben, Juden und Hellenen verehrten im Grunde denselben Gott, der aber werde Zeus genannt, weil er »Allen das Leben einpflanzte«. Philon aus Alexandria, Mitglied seiner heimatstädtischen Synagogengemeinde im letzten Jahrhundert v. Chr., nannte Platon einen Schüler des Moses und meinte, man müsse die Stadt Gottes nicht unbedingt in Jerusalem verkörpert sehen, sondern sie »in der kampflosen, klarsichtigen Seele« suchen, »die sich das beschauliche und friedfertige Leben zum Ziel gesetzt hat«. Aber damit weist er sich eher als Stoiker denn als Jude aus.

Bei Licht betrachtet waren denn auch alle geistigen Brückenschläge dieser und ähnlicher Art Versuche am untauglichen Objekt – was die Politiker besser begriffen zu haben schienen als die Philosophen. Am Mareotis konnte keiner der so perfekt griechisch sprechenden und weitgehend auch griechisch denkenden Bewohner des Viertels Delta Vollbürger werden, ohne vorher die Götter der Polis anerkannt zu haben. Da das aber nur selten geschehen sein soll, lebten die Männer, welche die Septuaginta in Auftrag gegeben hatten, zwar unbehindert unter ihren Stadt- und Zeitgenossen, blieben aber stets jenseits einer unsichtbaren, von ihnen selbst gezogenen Grenze. Freilich hinderte dies weder sie noch die jerusalemitischen Untertanen der Ptolemäer daran, sich gelegentlich recht kräftig in das Geschehen auf der hellenistischen Haupt- und Staatsbühne einzumischen. Bestes Beispiel: der Fünfte Syrische Krieg.

Als Antiochos III. nach seinem Indienzug zum zweiten Mal aufbrach, um Koile-Syrien zu erobern, wußte er bereits, daß man ihn am Berg Zion mit offenen Armen empfangen würde. Er hatte innerhalb der Tempelmauern Kollaborateure gefunden – ein Grund dafür, daß dieser Feldzug vollkommen zu seiner Zufriedenheit ausging.

Beim Paneion (einem Pansheiligtum) nahe den Jordanquellen schlug er im Jahr 200 v. Chr. ein letztes palästinensisches Aufgebot von Ptolemaios V. Danach gehörte ihm endlich das ganze ostmittelmeerische Küstengebiet bis weit über Gaza hinaus. Seine heimlichen Verbündeten in Jerusalem lieferten ihm die ägyptische Besatzung der Akra, einer im Nordwesten des Tempelbergs gelegenen, ehemals persischen Zwingburg aus und hatten auch schon vorher sein Heer mit Lebensmitteln versorgt. Weshalb sie das taten, ist nicht mehr völlig aufzuhellen, der Seleukide jedenfalls revanchierte sich fürstlich für derlei Hilfsdienste.

Menschen, die so strenge Gesetze anerkannten

»König Antiochos an Ptolemaios: Heil.« Mit dieser formellen Anrede beginnt ein Schreiben, das der jüdische Historiograph Joseph ben Mathitjahu, besser bekannt unter seinem römischen Namen Flavius Josephus, überliefert. Es wurde wahrscheinlich nach der Eroberung Jerusalems durch die seleukidische Armee abgefaßt. Sein Adressat ist der königliche Statthalter von Koile-Syrien, aber eigentlich gilt es dem Hohenpriester der Davidsstadt. Gemäß diadochischem Kanzleistil ist der Brief in zwei Teile gegliedert: Begründung und Entscheidung. In der Begründung bestätigt der Verfasser, daß »die Juden, als wir in ihr Land eingefallen sind, ihren Eifer für uns bewiesen haben«. In der Entscheidung, die sich ihr anschließt, heißt es: »Aus Frömmigkeit haben wir beschlossen, ihnen für die Opfer (vor Jahwes Altar) einen Beitrag an Wein, Öl und Weihrauch zu liefern, im Wert von zwanzigtausend Silber(-drachmen).« Außerdem »will ich . . . daß die Arbeiten am Tempel vollendet werden, also die Säulenhallen und was sonst noch wiederhergestellt werden muß, daß das Holz aus Judäa selbst und . . . im Libanon beschafft wird, ohne daß es einer Steuer unterliegt, ebenso die übrigen Materialien, welche notwendig sind, um die Herrichtung des Tempels prächtiger zu gestalten«. Und schließlich »sollen alle, die zum Volk (Israel) gehören, gemäß den Gesetzen ihrer Väter leben. Ihr Ältestenrat, die Priester, Tempelschreiber und geweihten Sänger sollen von der Kopfsteuer, Kranzsteuer und Salzsteuer befreit sein.« Das ist erstaunlich.
Ein makedonischer Herrscher spendet nicht nur ungeheure Summen – allein die Libanon-Zedern müssen Tausende von Talenten wert gewesen sein – für das Haus des ihm völlig fremden Jahwe; er befiehlt den Juden praktisch auch, daß sie ihr Gesetz, also das mosaische, zu befolgen hätten und sagt sogar, dies alles tue er »aus Frömmigkeit« – was erneut zum Innehalten zwingt. Frömmigkeit gegenüber wem? Notwendigerweise erschließt seine Floskel einen Born von Spekulationen, tut es schon deshalb, weil das griechische Wort »eusebeia« stets auf einen bestimmten Gott bezogen ist, der auch genannt zu werden pflegt. Antiochos jedoch nennt ihn in diesem Falle nicht. Hat er also möglicherweise den »Herrn der Himmel« gemeint? Hat er seinen Namen unterschlagen, weil er wußte, daß dieser nicht genannt werden durfte? Hat er vielleicht doch eine Ahnung von dem gehabt, der in Jerusalem verehrt wurde?
Nun, vorstellbar ist zumindest, daß er ein Höchstmaß an diplomatischer Höflichkeit demonstrieren wollte. Es gibt nämlich auch noch einen recht prosaischen Grund, aus dem er es mit den Juden nicht verderben wollte: Er brauchte sie. Von Menschen, die so besonders strenge Gesetze wie jene des Pentateuch anerkannten, war wohl zu

vermuten, sie würden sich als Staatsbürger besonders diszipliniert verhalten.
Tatsächlich gibt er in einem weiteren Brief – ebenfalls von Josephus überliefert – dieser Überzeugung Ausdruck. Das Schreiben ist an Zeuxis, den Gouverneur von Lydien und Phrygien, gerichtet und stammt aus der Zeit vor dem Fünften Syrischen Krieg. Seine wichtigsten Sätze lauten:
»Ich habe gehört, daß in deinem Amtsbereich Unruhen ausgebrochen sind und glaube, denselben größte Beachtung schenken zu müssen. Ich habe mich mit meinen Freunden beraten und beschlossen, zweitausend jüdische Familien mit ihrem Hab und Gut von Mesopotamien und Babylonien in die Festungen und wichtigen Orte (von Lydien-Phrygien) zu entsenden, denn ich bin überzeugt, daß sie treue Verwalter unserer Interessen sein werden, wegen ihrer Gottesfurcht.«
Auch das klingt erstaunlich, auch dieses Dokument hat viele Forscher angeregt. Einige äußerten den Verdacht, es könne, zumindest teilweise, gefälscht sein, doch dürfte mittlerweile, vor allem auch auf Grund einer israelischen Arbeit, als sicher gelten, daß Antiochos durchaus gemeint hat, was da geschrieben steht: auf die Juden sei Verlaß. Sie schienen ihm in einem Ethos verwurzelt zu sein, welches er nicht bei allen seinen Völkern voraussetzen durfte, woraus wieder geschlossen werden konnte, daß sie einem König, der ihnen Freiheit der Religionsübung zusicherte, so getreulich dienen würden wie ihrem Gott. Das aber mag auch erklären, warum er Jerusalem derart pfleglich behandelte. Er war ganz einfach ein Staatstechnokrat von bester diadochischer Prägung, rechnete nur mit politischen Fakten und verstand darunter eben auch die Beziehungen einzelner Menschengruppen zu den göttlichen Quellen allen Rechts. Jahwe hat ihn wahrscheinlich nur wenig beeindruckt: die, die ihm anhingen, taten es schon.

»Abtrünnige aus Israel«

Seine Erwähnung in der Bibel verdankt der fünfte regierende Seleukide dem siebten regierenden Seleukiden. Im ersten Kapitel des Ersten Makkabäerbuches heißt es: »Aus ihnen (den Diadochenfamilien) ging ein gottloser Sproß hervor, Antiochos Epiphanes, ein Sohn des Königs Antiochos« (des Großen).
Epiphanes, also Antiochos IV. (sein Beiname bedeutete etwa »der göttlich Erschienene«), hat das von seinem Vater begründete, von seinem Bruder Seleukos IV. sorgsam gepflegte, einigermaßen gute Verhältnis zwischen Makedonen und Juden sehr rasch wieder zerstört, wenn auch unwillentlich.
Wie dieser unglückselige Prozeß begann, skizziert der alttestamentari-

sche Chronist. »Zu jener Zeit«, so schreibt er, »gingen abtrünnige Menschen aus Israel hervor. Sie überredeten viele mit ihrem Vorschlag: ›Wir wollen hingehen und uns mit den Völkern ringsum verbrüdern. Denn seitdem wir uns von ihnen abgesondert haben, traf uns viel Unheil.‹« (1. Mak. 1,11)
Das ist, sorgfältig stilisiert, eine Umschreibung folgender Tatsache: Um 180 v. Chr. herrschten zu Jerusalem wieder einmal Verhältnisse, die eigentlich das Eingreifen eines neuen Nehemias und eines zweiten Esras erfordert hätten. Die Anhänger Jahwes hatten sich in Sekten aufgesplittert, deren einige die überkommenen Regeln besonders rigoros anwenden wollten, während andere ihrer laxeren Handhabung das Wort redeten und dritte den Dienst im Tempel für reformbedürftig erklärten – zu den letzteren könnten die Essener gehört haben, die (vermutlichen) Urheber der berühmten Schriften aus den Höhlen von Qumran am Toten Meer.
Kompliziert wurde der ganze Streit, weil er mit wirtschaftlichen Interessen verquickt war. Zwei Familien, welche beide geldträchtige Steuerpachten und das Privileg besaßen, die Hohenpriester zu stellen, bekämpften einander: Oniaden und Tobiaden. Als Antiochos IV. den Thron bestieg, regierte im Tempel ein Vertreter des ersteren Geschlechts. Er trug den griechischen Namen Jason, das war beinahe schon ein Programm. Seine Politik machte deutlich, daß es – was dem fünften Seleukiden noch nicht so sehr aufgefallen sein mochte – in der heiligen Stadt auch noch eine offensichtlich starke Partei gab, deren Anhänger nichts sehnlicher begehrten, als so zu leben, wie alle hellenistische Welt.
Dem Zweiten Makkabäerbuch zufolge errichtete Jason unterhalb der Akra eine »Ringschule«, also wohl ein Gymnasion, verschrieb seinen Mitbürgern die hellenische Tracht und sandte sogar eine Sportlerdelegation zu den dem Herakles geweihten Wettspielen im phönizischen Tyros, welche alle fünf Jahre abgehalten wurden. Das Volk soll darüber empört, Antiochos IV. auch nicht gerade glücklich gewesen sein. Wahrscheinlich bevorzugte er wie sein Vater die strenggläubigen, ordentlichen Juden, die Gott gaben, was Gottes war, und dem König, was ihm zustand. Der nun entstandene Wirrwarr brachte ihm gar nichts ein.
Als er deshalb 172 v. Chr. nach Jerusalem kam, setzte er den Jason ab und betraute statt seiner einen Menelaos mit dem höchsten geistlich-weltlichen Amt, obwohl dieser keiner Priesterfamilie angehörte. Was er damit zu gewinnen hoffte, ist schwer zu erahnen.
Menelaos, sein Name weist darauf hin, war ebenfalls ein rabiater Verfechter der Hellenisierungspolitik. Und dann brach, 170 v. Chr., der Sechste Syrische Krieg aus. Die Ägypter wollten Koile-Syrien wiederhaben.

Bei einsetzender Nilflut zurück

Mit dem Nilstaat stand es damals nicht eben zum besten. Antiochos III. hatte die Könige in Alexandria ihrer kleinasiatischen Besitzungen und damit ihrer wichtigsten Rekrutierungsquellen beraubt. Der regierende Herrscher Ptolemaios VI. zählte ganze vierzehn Jahre und dürfte also kaum in der Lage gewesen sein, eine Armee anzuführen. Trotzdem wagte er, überredet von seinen Ministern Eulaios und Lennaios, eine militärische Expedition in Richtung Palästina. Es war ein hoffnungsloses Unterfangen.
Antiochos IV. warf ihn mühelos zurück, drang selbst bis nach Memphis vor, der alten Pharaonenstadt in der Nähe des heutigen Kairo – was ihn zum einzigen Alexandererben macht, der jemals die Grenzbefestigungen am Ostrand des Deltas durchbrach – und nahm bei dieser Gelegenheit seinen jungen Neffen gefangen (Ptolemaios war ein Sohn der Seleukidenprinzessin Kleopatra). Schließlich kehrte er bei einsetzender Nilflut wieder zurück.
Auf die Frage, warum er sich des Landes nicht völlig bemächtigt habe, gibt es zwei verschiedene Antworten. Polybios zufolge soll er erklärt haben, er beanspruche nichts weiter als das ihm rechtmäßig zustehende Koile-Syrien. Der Autor des Zweiten Makkabäerbuches behauptet, während des Königs Abwesenheit sei der vertriebene Jason mit tausend Mann über Jerusalem hergefallen und habe es erbarmungslos geplündert.
Trifft das letztere zu, dann wird es auch stimmen, daß Epiphanes auf dem schnellsten Weg nach Judäa eilte und den in der Akra verschanzten Menelaos befreite. Ob er dabei aber wirklich »tierische Wut im Herzen« trug, wie der biblische Chronist zu wissen glaubt, und »mit unreinen Händen« den Tempel plünderte, ist eher zweifelhaft. Er mag Anhänger des aufrührerischen Ex-Hohenpriesters bestraft, mag auch Nahrungsmittel für seine Armee und Geld für seine leeren Kriegskassen eingetrieben haben. Alles andere entsprach weder seiner Politik noch seinem Charakter. Den Nachschub aber benötigte er schon deshalb, weil der nächste Krieg bereits vor der Tür stand, beziehungsweise eine Fortsetzung der eben abgeschlossenen Kampagne notwendig wurde.
Ptolemaios war seinen Bewachern entkommen und ins eigene Heerlager zurückgekehrt. Antiochos nahm es zum Anlaß, nunmehr bis in die Außenbezirke von Alexandria vorzudringen. Wahrscheinlich hätte er bei dieser Gelegenheit auch die Mareotis-Stadt genommen, wenn nicht überraschenderweise Rom dazwischengetreten wäre. Eine Abordnung des Senats verbot ihm, unter Androhung kriegerischer Maßnahmen, praktisch jede weitere Aktivität in Nordafrika. Was das aber bedeutete, wußte der Sohn von Antiochos dem Großen nur allzugut. So zog

er sich ein zweites Mal nach Koile-Syrien zurück. Und wieder mußte er Jerusalem im Sturm nehmen.

Das Schweinefleischverbot aufgehoben

Als er am kanopischen Nil stand, waren neuerliche, noch unübersichtlichere Unruhen in der Davidsstadt ausgebrochen. Klare Fronten schien es kaum noch zu geben. Religiöse Motive vermischten sich mit politischen, geschäftliche mit dynastischen. Der Seleukide verlor die Geduld. Er warf alle Rücksichten gegenüber dem Gott der »Ioudaioi« über Bord und verordnete nunmehr von Staats wegen, was Menelaos aus eher privaten Gründen schon immer angestrebt hatte: die gewaltsame Hellenisierung ganz Israels.
Sein Statthalter richtete am Tempelberg ein befestigtes Militärlager ein, das mit Anhängern des syro-phönizischen Gottes Baal Schamin belegt wurde. Er verfügte, Jahwe sei künftig als Zeus Olympios und Zeus Xenios (der fremde Zeus) zu bezeichnen, er wurde nun eben im Sinn der Interpretatio Graeca definiert. Der Einzigartigkeit des Unsichtbaren brauchten diese neuen Namen, zumindest nach griechischem Verständnis, nicht unbedingt Abbruch zu tun. Das scheinen auch die aristokratischen Modernisten in Jerusalem so gesehen zu haben. Sie begrüßten es, daß das Verbrennen ganzer Tiere vor dem Altar sowie das Schächten verboten und das Schweinefleischverbot aufgehoben wurde. Sie fuhren fort, sich hellenische Namen wie eben Jason oder Menelaos zu geben. Ihre Söhne taten alles, um in den Gymnasien zu verbergen, daß sie beschnitten waren. Eine Begründung selbst dafür hatten sie sicher parat, sie könnten etwa argumentiert haben, es sei ja völlig unsinnig, sich an Riten und Gebräuche zu halten, die von einem durch die Wüste irrenden, nomadisch lebenden Stamm entwickelt worden waren und nun jeglicher praktischen Bedeutung entbehrten. Im Grunde komme es nur darauf an, die Lehren der Propheten auf eine zivilisierte Weise zu interpretieren.
Gerade damit aber konnten die einfachen Menschen überhaupt nichts anfangen. Für sie boten Ritus sowie strenge Beachtung der mosaischen Gebote die einzige Möglichkeit zu erfahren, wer sie seien und was sie seien. Deshalb geschah auch jetzt, was in der Geschichte Israels schon öfter geschehen war: ein besonders orthodoxer Mann sammelte die Unzufriedenen um sich. Der religiös motivierte Bürgerkrieg gegen die frivole Oberklasse brach aus.

»Judas mit dem Beinamen Makkabaios«

Führer der Aufständischen war Mattathias, »ein Priester aus den Söhnen Joaribs zu Jerusalem, der aber in Modein wohnte (einem kleinen Dorf am Fuß des judäischen Berglands). Er hatte fünf Söhne«, darunter einen »Judas mit dem Beinamen Makkabaios« und einen weiteren namens »Jonatan mit dem Beinamen Apphos«. (1. Mak. 2.1–6) Makkabaios (aramäisch: Makkabi), »der Hammerschwinger«, sollte der Held des nun beginnenden, nach ihm benannten Krieges werden. Im Gegensatz zu seinen Anhängern war er aber durchaus kein Mann aus dem Volk. Seine Familie gehörte dem höheren Priesteradel an. Nach ihrem Begründer Hasmon wurde sie auch die der Hasmonäer genannt. 167 v. Chr. führte der sechsköpfige Clan die Scharen der Rechtgläubigen ins Feld.

Mattathias ließ jeden griechischen Altar zerstören, den er finden konnte, und in überfallenen Dörfern »die Beschneidung an den noch unbeschnittenen Kindern« gewaltsam vollziehen. Als er starb, setzte Makkabaios die Terrorkampagne fort, erfocht auch Erfolge im Kampf gegen seleukidische Einheiten und nahm gegen Ende des Jahres 164 v. Chr. – Antiochos IV. starb etwa um diese Zeit – sogar Jerusalem ein. Zur Erinnerung daran begehen die Juden in aller Welt noch heute ihr gelegentlich als Weihnachtsersatz bezeichnetes Chanukka-Fest, obwohl dieser Sieg damals keineswegs das Ende des Kampfes markierte.

Der Hammerschwinger konnte zwar den Tempel »reinigen« und die alten Bräuche wieder einführen, die Akra jedoch vermochte er nicht zu nehmen. Als er kurz nach seinem Einzug in die Davidsstadt zu einem Unternehmen gegen andere Landesteile aufbrach, erhoben sich deshalb sofort wieder die Anhänger einer hellenistischen Lebens- und Kultreform und zogen auch noch den achten Seleukiden sowie seine Nachfolger in ihren Streit hinein. Der makkabäische Krieg dauerte insgesamt knapp fünfundzwanzig Jahre.

Am Ende dieser Frist hatten die Orthodoxen zwar gesiegt, doch ihre Gegner brauchten sich nicht als geschlagen zu betrachten. Da Judas nämlich um 160 v. Chr. gefallen war, übernahm sein Bruder Jonatan die Macht in Israel – und er begründete einen reinrassigen hellenistischen Staat. Von Alexander Balas, der als zehnter regierender Seleukide gilt – die Geschichte seines Hauses beginnt um diese Zeit etwas unübersichtlich zu werden –, ließ er sich in der zeremoniellen Form, die auch einem Diener des Zeus angemessen gewesen wäre, mit dem Amt des Hohenpriesters betrauen. Er vermietete Angehörige seiner Partisanenarmee an jeden Diadochennachfolger, der den Preis dafür aufbringen konnte. Ja, er wob sogar an der damals populären Legende mit, die Juden seien Verwandte der Spartaner.

Das Ende, welches er schließlich fand, entsprach diesem allzu wendigen

Taktieren. Als er in einem Nachfolgestreit um den Thron in Antiocheia auf die falsche Karte gesetzt und sich selbst ins Gefängnis manövriert hatte, ergriff Mattathias-Sohn Simon die Macht und setzte die von seinem Bruder begonnene Politik so konsequent wie bedenkenlos fort. Ebenso verfuhren auch seine Nachfolger bis hin zu Herodes dem Großen, der die Hasmonäer ausrottete.

Anzunehmen also, daß das Jerusalem, welches Jesus kennenlernte, schon lange eine überwiegend hellenistisch geprägte Stadt war: Säulenhallen, Amphitheater, Straßen, welche rechtwinklig aufeinandertrafen, und Atriumhäuser mit peristylgesäumten Innenhöfen. Man sprach griechisch, schrieb griechisch, benahm sich griechisch. Die Frommen hatten sich in verschiedenen Gruppierungen gesammelt. Hier, politisch aufgeklärt und liberal, aber auf Tempel, Priester und Brandopfer eingeschworen, die aristokratischen Sadduzäer. Dort, volksnäher, das Wort und seine ständig neue Auslegung dem Ritus vorziehend, die Pharisäer. Und abseits von beiden, in sich gekehrt und still, die Essener. Wer weder das eine noch das andere, noch das dritte war, mußte es sich wohl gefallen lassen, daß man ihn den »Apikorsim« zurechnete, den Anhängern des Apikoros (Epikur); aber dieser Schimpfname, der sich bei den Rabbinern bis heute erhielt, hatte nur in den Synagogen Gewicht. Außerhalb der Gotteshäuser und Betstuben, also an der Oberfläche der eigentlichen jüdischen Welt, schien sich tatsächlich jene Mischzivilisation herausgebildet zu haben, die Johann Gottfried Herder vor Augen stand, als er den Hellenismus zum ersten Mal definierte. »Das ist«, sagte er, »eine freiere, schon mit Begriffen anderer Völker gemischte Denkart der Juden«, die »der Entstehung des Christentums den Weg gebahnet« hat. Da von einer ähnlichen Überzeugung später auch Droysen ausging, läßt sich zumindest sagen, wir verdankten den Begriff Hellenismus eigentlich der Auseinandersetzung des Volkes Israel mit dem Geist der nachalexandrinischen, griechischen Welt, verdanken ihn somit aber auch Ereignissen, die auf einer weltgeschichtlichen Nebenbühne spielten.

Das politische und geistige Hauptereignis der beiden letzten vorchristlichen Jahrhunderte war eine Auseinandersetzung, an der weder die Hasmonäer noch Antiochos Epiphanes, Alexander Balas oder einer ihrer Nachkommen teilnehmen konnten, weil sie zu ihrer Zeit eigentlich schon verloren war: die Auseinandersetzung zwischen den Diadochennachfolgern und Rom.

KAPITEL 10

DIE SENATOREN UND DIE KÖNIGE

»*Was die geschichtlich Interessierten zugleich fesselt und fördert, das ist die Erkenntnis der Ursachen und die daraus sich ergebende Möglichkeit, in jeder Lage das Bessere zu wählen. Nun ist aber als die wichtigste Ursache in allem Geschehen für Erfolg und Mißerfolg der Verfassungszustand anzusehen. Denn aus diesem entspringen wie aus einer Quelle nicht nur alle Entwürfe und Pläne zum Handeln, auch ihre Durchführung und ihr Ausgang ist dadurch bestimmt.*«

POLYBIOS
Geschichte

»*Die Empörung gegen die elementare Kraft des geschichtlich Siegreichen läßt sich am leichtesten dadurch entschärfen, daß man die Gewalt des Stiefels mit der Weihe einer höheren Notwendigkeit versieht.*«

HELLMUT DIWALD
Wallenstein

ZEITTAFEL

229–228 v. Chr.:	Rom wird in Illyrien aktiv.
220 v. Chr.:	Beginn des sogenannten Bundesgenossenkrieges.
218 v. Chr.:	Ausbruch des Zweiten Punischen Krieges.
217 v. Chr.	Ende des Bundesgenossenkrieges. Kongreß von Naupaktos. Niederlage der Römer am Trasimenischen See.
216 v. Chr.:	Hannibal siegt bei Cannae.
215–205 v. Chr.:	Erster Makedonischer Krieg.
202 v. Chr.:	Philipp V. schließt einen Geheimvertrag mit Antiochos III. gegen Ägypten. Seine Aktionen führen zum Konflikt mit Rhodos und Pergamon und rufen Rom auf den Plan.
201 v. Chr.:	Ende des Zweiten Punischen Krieges.
200 v. Chr.:	Beginn des Zweiten Makedonischen Krieges.
197 v. Chr.:	Schlacht von Kynoskephalai und Ende des Zweiten Makedonischen Krieges.
196 v. Chr.:	Freiheitserklärung für die Griechen durch Flaminius.
192 v. Chr.:	Beginn des Konflikts zwischen Rom und Antiochos III.
190 v. Chr.:	Schlacht bei Magnesia am Sipylosberg.
188 v. Chr.:	Ende des römisch-seleukidischen Krieges.
171 v. Chr.:	Beginn des Dritten Makedonischen Krieges.
168 v. Chr.:	Schlacht von Pydna. Perseus wird besiegt und gefangengenommen. Überfall der Römer auf Achaia. Verschleppung des Polybios.
166 v. Chr.:	Delos wird athenisch.
149–146 v. Chr.:	Dritter Punischer Krieg.
148 v. Chr.:	Makedonien wird römische Provinz.
146 v. Chr.:	Endgültige Zerschlagung Achaias. Zerstörung von Korinth.
133 v. Chr.:	Attalos III. von Pergamon vererbt den Römern sein Reich.
129 v. Chr.:	Pergamon wird zur römischen Provinz Asia.

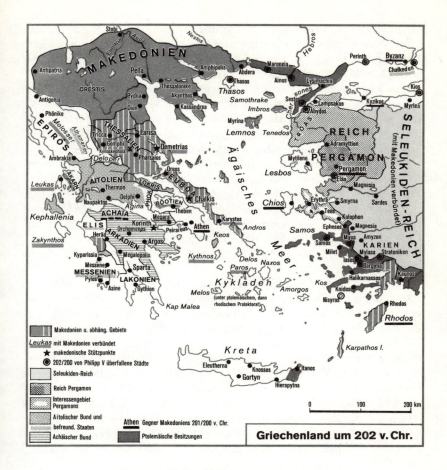

Griechenland um 202 v. Chr.

DER SIEG DER LEGIONEN

Jeder tat blindlings seine Pflicht

Wenn auf dem Kapitol in Rom die Alarmflagge hochgezogen wurde, aber auch an jedem der alljährlich stattfindenden Musterungstage, strömten auf dem Marsfeld am Tiber alle wehrpflichtigen Männer zwischen siebzehn und sechsundvierzig Jahren zusammen und gliederten sich ein in jene Militäreinheit, die seit 367 v. Chr. den Namen »legio« (abgeleitet von legere: lesen, sammeln) trug.

Eine Legio umfaßte anfänglich drei- bis vier-, später zuweilen auch fünftausend Mann, darunter dreihundert Berittene. Sie war aufgeteilt in dreißig Manipeln (von »manipula«: Handvoll, Bündel) und glich

einer Maschine, die quasi auf Knopfdruck funktionierte. Jeder, der ihr angehörte, tat blindlings und noch im Schlaf seine Pflicht – er hatte gar keine andere Wahl. Das römische Militärrecht basierte auf dem grundsätzlichen Mißtrauen gegenüber dem Menschen.
In den Lagern wurden Parolen stets schriftlich ausgegeben und nur vor Zeugen weitergereicht. Wachthabende ließen sich von jedem Posten, den sie bei ihren nächtlichen Inspektionsgängen überprüften, ein Täfelchen mit eingeritzter Losung reichen und lieferten diese bei ihrem Vorgesetzten ab. Entsprach die Zahl der abgegebenen Bescheinigungen nicht jener der ausgestellten Späher, dann wurden am anderen Morgen Kontrolleure und Kontrollierte einander gegenübergestellt. Die ersteren mußten mit Hilfe von Zeugenaussagen nachweisen, daß der Mann, dessen Täfelchen fehlte, geschlafen hatte, als sie vorüberkamen, die letzteren auf gleiche Weise glaubhaft machen, daß niemand bei ihnen erschienen sei. Wer das Verfahren verlor, wurde zum »fustuarium« verurteilt, einer Art Spießrutenlaufen mit meist tödlichem Ausgang.
»Das Fustuarium«, schreibt Polybios, »wird aber auch über den verhängt, der im Lager etwas gestohlen hat oder dabei ertappt wurde, wie er mit seinem Körper Mißbrauch treibt... Außerdem betrachten sie das folgende als Verletzung der soldatischen Pflicht und Ehre und als Feigheit: wenn jemand, zur Bewachung oder Bedeckung kommandiert, aus Furcht seinen Platz verläßt; wenn jemand während des Kampfes seine Waffen wegwirft. Deshalb gehen auf Sicherungskommando viele in den sicheren Tod und wagen trotz mehrfacher Übermacht des Feindes ihren Posten nicht zu verlassen... Kein Wunder«, so schließt der Peloponnesier, der das römische Heer aus nächster Nähe beobachten konnte, »daß ihre kriegerischen Aktivitäten einen glücklichen und ruhmreichen Ausgang nahmen.« Es gab dafür auch noch andere Gründe.

Brutal programmierte Einzelkämpfer

Die Legionäre waren hochtrainierte Einzelkämpfer. Sie trugen Sturmhauben mit Nackenschutz und Backenklappen, überragt von ellenlangen schwarzen oder roten Federn, welche »den Mann doppelt so groß erscheinen lassen« wie er ist, dazu eine Lederrüstung und »auf der Brust eine eherne Panzerplatte... die sie Herzschützer nennen«.
Sie führten das samnitische »scutum«, einen »türartigen Schild, dessen gekrümmte Oberfläche zwei und einen halben Fuß (vierundsiebzig Zentimeter) breit, vier Fuß (einen Meter zwanzig) hoch ist... gefügt aus einer doppelten, durch Knochenleim verbundenen Bretterlage und an der Außenfläche mit Leinwand, dann mit Kalbsfell überzogen...

Und neben dem Schild tragen sie ein Schwert, das am rechten Schenkel hängt, iberisches Schwert genannt. Es ist ausgezeichnet zum Stoß geeignet, aber auch zum scharfen Schlag mit beiden Seiten.« Seine Länge betrug sechzig bis siebzig Zentimeter.

Als weitere Waffe kamen dazu noch das »pilum«, der Wurf- und Stoßspeer, der »hastati« jener Soldaten, welche im Kampf die vorderste Linie bildeten, und eine längere Lanze mit kantiger Spitze für die »principes« des zweiten sowie die »triarii« des letzten Gliedes.

Natürlich brauchte ein solcherart gerüsteter Krieger relativ viel Raum, um sich im Kampf bewegen zu können. Er konnte nicht, wie ein makedonischer Phalangit, auf Tuchfühlung mit seinem Nebenmann operieren. Die Schlachtordnung einer Legio war dementsprechend locker.

Ihre dreißig Manipeln formierten sich zu drei hintereinanderstehenden Linien, und zwar derart, daß die zehn Einheiten der zweiten Linie die Lücke zwischen denen der ersten deckten und jene der dritten auf die gleiche Weise den Abschluß bildeten. In den dadurch offengelassenen Räumen bewegten sich »velites«, leichtbewaffnete Männer ohne größere Kriegserfahrung, die beim Plänkeln vorgeschickt, im Hauptkampf zurückgenommen wurden. Alles in allem ergab dies ein elastisches Gefüge, welches jeden Stoß gewissermaßen weich auffangen und sich jedem Gelände anpassen konnte.

Dennoch, so meint Polybios, hätte eine Legio dem geballten Ansturm einer Phalanx eigentlich nicht zu widerstehen vermocht; denn ein einzelner, freistehender Kämpfer sei »weder schnell genug, den (massiert) auf ihn eindringenden Lanzen sämtlich die Spitzen abzuschlagen, noch stark genug, ihnen standzuhalten«. In der Praxis jedoch werde dieser Nachteil dadurch aufgehoben, daß makedonische Heere nur selten die makellos plane Fläche fänden, auf der allein sie in optimaler Weise eingesetzt werden könnten.

Sobald ihnen die Römer den Kampfplatz vorschrieben – und das war ja durch hinhaltende Taktik oft zu erreichen –, sobald sie gar gezwungen werden konnten, aus einer bestimmten Richtung anzugreifen, wichen die Hastati und Principes an der vorgegebenen Aufprallstelle nach links und rechts zurück und packten die Phalangiten von der Seite. Im solcherart provozierten Einzelkampf hatte der Träger einer ungefügen Sarissa und eines relativ kleinen Schwertes gegenüber einem vollgepanzerten, mit Hieber und Pilum bewaffneten Legionär dann kaum eine Chance. Dies um so weniger, als dezimierte Manipeln der ersten Linie jederzeit hinter intakte der zweiten zurückweichen konnten und schlimmstenfalls stets noch das Aufgebot der Triarier, der ältesten und erfahrensten Soldaten, als Reserve zur Verfügung stand.

Weil aber solches Zusammenspiel zwischen den hundert bis hundertfünfzig Mann starken Einheiten in den punischen Kriegen auf das höchste perfektioniert worden war, kam Polybios zu der Überzeugung, nach dem Auftritt der Legionen habe im griechischen Raum »das, was man Phalanx nennt, aufgehört zu bestehen«. Die im Männerbund verwurzelte Kampftruppe, als Stoßarm eines charismatischen Führers und großräumig planenden Strategen gedacht, zerschellte am gut gedrillten, brutal programmierten Einzelkämpfer, an einem Soldaten, der Tod bringen mußte, wenn er selbst überleben wollte, und der deshalb die Schlacht nicht mehr als ein nach bestimmten Regeln ablaufendes Drama betrachtete, sondern als einen Vorgang, bei dem so viele Feinde wie möglich vernichtet werden sollten.

Der erste hellenistische Herrscher, der den Legionär in voller Aktion erlebte, war Philipp V. von Makedonien. Er erlitt im Jahr 197 v. Chr. bei einigen Hügeln in Thessalien, die, ihrer skurrilen Form wegen, »Kynoskephalai« (Hundsköpfe) genannt wurden, durch konsularische Truppen eine Niederlage, an der auch sein ganzes Selbstbewußtsein zerbrochen sein muß. Als er nach der Schlacht das Kampffeld besichtigte »und die in Stücke gehackten Leiber sah, Köpfe vom Körper getrennt, Arme mit Schultern und allem abgerissen, Hälse völlig durchgeschnitten, Eingeweide bloßgelegt ..., da erkannte er, gegen welche Waffen und Menschen sie anzukämpfen hatten. Und des Königs bemächtigte sich die Angst.« (Livius)

Fallstricke, vom Tiber her ausgespannt

Der Enkel von Gonatas, der Nachfolger von Antigonos Doson, blickte am Tag von Kynoskephalai auf rund zwanzig Jahre Krieg mit einer Macht zurück, welcher er erst gegen Ende des Konflikts auch von Angesicht zu Angesicht begegnet war. Nahezu in der ganzen davorliegenden Zeit war Rom für ihn nur der Kern eines Kraftfeldes gewesen, das alle seine Pläne beeinflußte, ohne sich selbst jemals auf dem Schlachtfeld zu materialisieren. Er hatte in Fallstricken gezappelt, die vom Tiber her nach Griechenland ausgespannt waren, hatte einige von ihnen auch durchschlagen und dennoch mit allen seinen Aktionen nur erreicht, daß sich das Netz immer enger zusammenzog.

Philipp erlitt das gleiche Schicksal wie der etwa gleichaltrige Antiochos III., nur etwas früher als dieser und auf langsamere Weise. Der Seleukide hatte fern im Osten noch einmal auf den Spuren glorreicher Ahnen wandeln können, bevor er aus bereits schal gewordenen Diadochenträumen herausgerissen wurde. Der Antigonide war der Quelle allen Unheils geographisch zu nahe, als daß ihn solche Illusionen lange hätten schützen können. Trotzdem versuchte auch er in allerletzter Minute der Realität noch einmal zu entfliehen, ebenfalls auf asiatischem Boden. Aber da war es bereits zu spät, da war Rom, wiederum nicht materiell, sondern nur als schattenhafte Größe, selbst jenseits der

Dardanellen schon präsent, und es erging ihm wie dem Helden jenes arabischen Märchens, der vor dem Tod nach Samarkand flieht – um ihm dort zu begegnen. Abgespielt hat sich das alles während der Zeit, in welcher die italische Republik gegen den von Spanien her in ihr Land eingefallenen Karthager Hannibal kämpfen mußte, während des Zweiten Punischen Krieges also. Begonnen hatte es etwas früher in Illyrien.

Rom war relativ uninteressant

228 v. Chr. war eine an der ostadriatischen Küste regierende Herrscherin namens Teuta vom römischen Senat durch Flotteneinsatz gezwungen worden, die Piratenaktionen ihrer Kapitäne in der Straße von Otranto zu verbieten. Antigonos Doson mag dies damals noch stirnrunzelnd zur Kenntnis genommen haben, die übrigen griechischen Regenten nahmen es hin. Sie wußten über die Stadt am Tiber bereits besser Bescheid als Alexander der Große, kannten möglicherweise Gedichte von Kallimachos, in denen von ihr die Rede ist, und hatten sicher auch davon gehört, daß Ägypten schon lange mit ihren Machthabern in Kontakt stand. Rom galt ihnen als neue aufsteigende Macht, ein Staat, der wenig Spaß verstand. Aber Rom war auch relativ uninteressant.

Das begann sich jedoch bereits ein Jahr nach dem Regierungsantritt des damals sechzehnjährigen Philipps V. zu ändern. 220 v. Chr. mußte er Demetrios aus Pharos (nahe dem heutigen Split), einem ehemaligen Vasallen Teutas, gegen die Aitoler zu Hilfe eilen. Er kommandierte bei diesem Feldzug die Streitkräfte des von Doson gegründeten Hellenenbundes, einer Symmachie, welcher neben Makedonien auch die Achaier, die Boiotier, Thessaler und Epiroten angehörten. Sein Berater war der inzwischen vierundfünfzigjährige Aratos aus Sikyon. Für den Eintritt der Römer in diesen Zwist sorgten die Aitoler. Sie baten in Italien um Hilfe, und der Senat erfüllte ihren Wunsch, wenn auch nur in Maßen.

Konsularische Einheiten besetzten Korkyra (Korfu), brachten den größten Teil der südillyrischen Küste unter ihre Kontrolle, schickten aber keinen einzigen Mann auf die Schlachtfelder in Mittelgriechenland. Das erlaubte es Philipp, die dort schwelende Affäre auf seine Weise zu bereinigen. Er trieb die Aitoler, die in sein Land eingefallen waren, zurück, besetzte die vor ihrer Küste liegende Insel Kephallenia und brandschatzte ihre Hauptstadt Thermos. (Sie lag ungefähr dreißig Kilometer nördlich des heutigen Patras.) Dann marschierte er nach Sparta, verjagte dort eine kurz zuvor an die Macht gekommene proaitolische Partei, schlug zwischendurch auch noch die wieder einmal rebellisch gewordenen Dardaner und sicherte endlich seine Herrschaft über das südliche Thessalien – insgesamt eine beachtliche Leistung. Seinen Ruf und seine Karriere hat sie dennoch eher geschädigt als gefördert.

Das griechische Volk beklagte sich über die Brutalität der makedonischen Soldaten, über ihre Roheit gegenüber Zivilpersonen, ihre Respektlosigkeit vor Tempeln und Götterbildern. Aratos war verärgert durch das hochfahrende Wesen des jungen Königs und seine hemmungslose Schürzenjägerei (der später auch eine Verwandte des Sikyoners erliegen sollte). Außerdem fürchtete er wohl, Philipp werde zu mächtig aus diesem sogenannten Bundesgenossenkrieg hervorgehen. Für einen Mann wie ihn waren das Gründe genug, gegen den Verbündeten zu konspirieren – wie man sich denken kann mit einigem Erfolg.

Der junge makedonische König mußte eine unter seinen Offizieren entstandene pro-achaiische Fronde ausmerzen, mußte Hinrichtungen anordnen, Verbannungsurteile unterschreiben und seinen Namen mit Blut besudeln. Erst als er diese internen Probleme bereinigt hatte, konnte er wieder zur großen Politik zurückkehren. Auf Drängen auswärtiger Mächte berief er einen allgemeinen Friedenskongreß nach Naupaktos (Lepanto) am korinthischen Golf ein, auf dem, im Herbst 217 v. Chr., alle anstehenden innergriechischen Fragen diskutiert und gelöst werden sollten, ohne daß man ihretwegen Rom noch einmal bemühen mußte.

Das Treffen fand auch statt und ging, dank Polybios, in die Geschichte ein, zumindest in die von ihm verfaßte. Der Peloponnesier beschrieb es als ein hochdramatisches Ereignis, setzt sich freilich durch solche Darstellungsweise dem Verdacht aus, die Gebote der sachlichen Berichterstattung wenigstens einmal verletzt zu haben – aus verständlichen Gründen freilich.

Lage falsch beurteilt

Des Polybios ganze, in vierzig Bücher gegliederte *Geschichte* dient vorwiegend dem Nachweis, die griechischen Staaten seien zu jener Zeit einem unabwendbaren Schicksal ausgeliefert gewesen. »Die Tyche«, so lautet der Kernsatz seiner These, »habe ... dem gesamten politischen Geschehen in der Welt die Richtung auf einen Punkt hin gegeben und alles gezwungen, sich ein und demselben Ziel unterzuordnen«: der Ausbreitung römischer Macht über den ganzen mittelmeerischen Raum.

Um diesen Prozeß nun als eine Abfolge von ineinandergreifenden Ereignissen darstellen zu können, brauchte sein Schilderer Situationen

und Personen, welche geeignet waren, das, was er aufzeigen wollte, auch sinnfällig zu machen, brauchte er, aus rein dramaturgischen Gründen, sogar ein bißchen die Elemente Schuld und Sühne. Philipp schien ihm hervorragend geeignet zu sein, sie zu verkörpern.
Von ihm ließ sich einerseits sagen, er sei »mit größeren natürlichen Gaben zur Herrschaft ausgestattet gewesen« als irgendeiner seiner Zeitgenossen, »mit gutem Gedächtnis... gewinnendem Wesen... kriegerischer Tüchtigkeit und persönlichem Mut.« Andererseits: »Was dann aber dies alles verdrängte und aus einem guten Fürsten einen grausamen Tyrannen gemacht hat, läßt sich mit kurzen Worten nicht darlegen.«
Der Porträtist führt den jungen König als einen Menschen vor, der seine guten Eigenschaften auf ungute Weise anwandte, und zwar nicht, weil er etwa von Haus aus charakterschwach gewesen wäre, sondern weil er den natürlichen und notwendigen Gang der Geschichte mit den unrichtigen Mitteln zu hemmen versuchte, weil er die Lage, in der er sich befand, falsch beurteilte und sich überschätzte. Das alles jedoch wird nicht klar gesagt, sondern, wiederum auf höchst wirkungsvolle Weise, nur dargestellt. Polybios ordnet Philipp zwei Verführer zu, die ihm den Weg ins Unglück gewiesen haben sollen: Demetrios aus Pharos und einen Aitoler namens Argelaos.

Wie sollte man sich zu der Macht im Westen stellen?

Demetrios hat – in der *Geschichte* – seinen großen Auftritt vor der Kulisse der Nemeischen Spiele. Zu Argos sind – Sommer 217 v. Chr. – Fünfkämpfer, Speerwerfer, Wagenfahrer, Freistilringer und andere Sportler zusammengekommen, um, wie alle zwei Jahre, dem im nahen Nemea verehrten Zeus und seinem Sohn Herakles mit Wettkämpfen zu huldigen. Philipp, Patron dieses Festes, sitzt im Stadion, bereit zum Genuß, da drängt sich ein Bote herein. Er überreicht ein Schreiben, der König überfliegt es, gibt es weiter an Demetrios.
Demetrios liest ebenfalls und beugt sich dann – so ist man gezwungen, es zu sehen – zum Ohr seines Schutzherrn herab. Polybios zufolge soll er dabei geflüstert haben: Friedensschluß mit den Aitolern jetzt so rasch wie möglich! Dann Vorstoß nach Illyrien! Von dort übersetzen nach Italien!
In dem Schreiben stand, die Römer seien vor kurzem von Hannibal am Trasimenischen See so vernichtend geschlagen worden, daß sie nun kaum noch eine Chance hätten, den Krieg mit Karthago (den Zweiten Punischen) zu gewinnen. Das war eine brisante Nachricht.
Welche Überlegungen sie auch ohne die (angebliche) Interpretation durch Demetrios im Kopf des jungen Herrschers hätte auslösen kön-

nen, ist jedoch schwer zu sagen, und zwar schon deshalb, weil man keineswegs weiß, ob er, trotz der Vorfälle in Illyrien, Rom bereits als einen wichtigen Gegner betrachtete und weil auch nicht überliefert ist, wie er die Macht im Westen einschätzte, was er überhaupt von ihr hielt. Da dies aber offensichtlich auch dem Geschichtsschreiber aus Megalopolis unbekannt war, faßt er alles, was ein nationalbewußter Grieche überhaupt von dem Verhältnis Rom–Hellas hätte denken können oder sollen, in einer zweiten Rede zusammen und legt diese Argelaos in den Mund, also ausgerechnet dem Vertreter eines Volkes, das die italische Republik in den Bundesgenossenkrieg hineingezogen hatte und seit zwei Jahren mit ihr verbündet war. Auftrittsort für den Aitoler sei – Herbst 217 v. Chr. – eben der Friedenskongreß von Naupaktos gewesen. Die Szene ist wiederum äußerst eindrucksvoll.

Vor der Front seiner Landsleute stehend, sagte der alte Mann, Philipp solle aufhören, »die Griechen zugrunde zu richten und sie zu einer leichten Beute für jeden Angreifer zu machen«. Er möge sie vielmehr »als Blut von seinem Blut betrachten und überhaupt für alle Teile von Hellas Sorge tragen«; denn »es müsse doch einem jeden, der sich auch nur einigermaßen um die große Politik kümmere, auch schon jetzt klar sein, ob nun die Karthager über die Römer oder diese über jene die Oberhand gewännen, daß sich die Sieger mit der Herrschaft über Italien und Sizilien nicht begnügen würden, ihr Machterweiterungsdrang vielmehr alle gebotenen Grenzen überschreiten werde«.

Dann, nach diesen ebenso mäßigenden wie klugen Worten, schlug jedoch auch Argelaos in die bereits von Demetrios angeritzte Kerbe. Er fuhr nämlich fort: »Sollte ihm (Philipp) sein Tatendrang keine Ruhe lassen, dann möge er nach Westen schauen und den Krieg in Italien aufmerksam verfolgen, sich klug in der Reserve halten, wenn jedoch der (richtige) Augenblick gekommen sei, seine Hand nach der Herrschaft über die Welt ausstrecken.« Aber das hieß ja auch wieder, er solle – freilich nicht schon jetzt – die Adria überqueren, um dorthin vorzudringen, wo bereits Pyrrhos gescheitert war.

Guter Rat? Teuflische Einflüsterung eines listigen, im Grunde doch anti-makedonischen Aitolers? Wahrheit oder stilistisches Hilfsmittel eines Geschichtsschreibers? Wer sichergehen will, tut wahrscheinlich gut daran, alle diese großen Worte, die Vorschläge des Demetrios ebenso wie den Appell des Argelaos lediglich als Reflexe einer Diskussion zu nehmen, die seit dem Übergriff der Römer auf das ostadriatische Ufer in Griechenland geführt wurde. Sie kreiste um die zentrale Frage: Wie sollte man sich zu der Macht im Westen stellen? Gleichzeitig verrät sie eine beträchtliche Unsicherheit.

Philipp – und hier wäre zu berücksichtigen, daß er immer noch sehr jung war, daß er vom Erfolg gekostet hatte, daß Diadochenblut, auch das einer Pyrrhos-Enkelin, in seinen Adern floß, daß er wahrscheinlich seinem Namensvetter, dem Vater Alexanders und diesem selbst, nacheifern wollte – Philipp fühlte die Verpflichtung, aus allen derartigen Zweifeln heraus zur Tat vorzustoßen. Er verbündete sich, zwei Jahre nach Naupaktos, ein Jahr nach der Schlacht von Cannae, der schwersten Niederlage, die die Legionen jemals erlitten haben, mit Hannibal und eröffnete, 215 v. Chr., den ersten wirklichen Krieg einer hellenistischen Macht gegen Rom.

Traum von einer Invasion in Italien

Der Makedone brach in Illyrien ein und schlug bei Orikos und Apollonia (im heutigen Südalbanien) einige schwache römische Einheiten. Zum Bau einer Flotte und zum Übergang nach Italien konnte er sich dann aber, trotz dieser Erfolge, nicht entschließen – das war auch besser so. Während er nämlich noch an der Adria operierte, zeigte es sich zum ersten Mal, daß der Ruf der italischen Republik selbst in den Zeiten ihrer schlimmsten Bedrängnis bereits größer war als der Schrecken, der den Phalangen vorauseilte, vor allem aber wirksamer als die eben noch zu Naupaktos erfolgte Beschwörung des griechischen Nationalbewußtseins.

Die Aitoler – wieder muß man sagen: ausgerechnet sie! – erinnerten sich als erste ihrer Bündnisverpflichtungen gegenüber dem Senat und fielen Makedonien in den Rücken. Das brachte dessen König zwar – nach dem Tod von Aratos im Jahr 213 v. Chr. – eine kurzfristige Verbesserung seines mittlerweile auch wieder abgekühlten Verhältnisses zum Achaiischen Bund ein, führte aber andererseits dazu, daß der Erdrutsch, der ihm den Boden unter den Füßen wegzog, weiteren Grund erfaßte. Auch Spartaner, Pergamener und Bithynier schlossen sich nun dem aitolisch-römischen Block an.

Die Führer aller dieser Staaten hatten wohl vergeblich darauf gewartet, daß die Karthager nach ihren beiden großen Siegen die Stadt am Tiber einnehmen würden, hatten statt dessen vernommen, konsularischen Kräften sei es gelungen, Hannibals Nachschubwege von Spanien und Afrika her zu unterbrechen und waren auf Grund dieser Informationen zu der Erkenntnis gelangt, es werde wohl doch nicht Rom, sondern der einäugige Punier sein, welcher früher oder später den Krieg verlorengeben müsse. Ein triumphierender Senat aber schien ihnen als Feind gefährlicher, als Partner verläßlicher zu sein denn der junge impulsive Herrscher in Pella, dem überdies keiner so recht traute.

Die Spartaner mochten ihn nicht, weil sein Vorgänger sie geschlagen und ihren König Kleomenes ins ägyptische Exil getrieben hatte. Die Pergamener fürchteten ihn, weil er ein Diadochennachkömmling war, der sie, im Falle eines Sieges, zusammen mit dem Diadochennachfahren Antiochos III. in die Zange hätte nehmen können. Die Aitoler trugen ihm seine während des Bundesgenossenkrieges veranstalteten Plünderungen nach, und für die Bithynier gab es keinen Grund, eine Macht zu stärken, welche in der Lage gewesen wäre, von ihren ägäischen Häfen aus den Dardanelleneingang, wichtigsten Handelsweg der Bosporusanrainer, zu kontrollieren.

So geschah es, daß Philipp nach seinem illyrischen Unternehmen in dem Krieg, der als Erster Makedonischer verbucht wird, so gut wie nie mehr gegen Legionäre, immer nur mit seinen Phalangiten gegen andere Phalangiten focht, insgesamt noch neun Jahre lang.

Nachdem er endlich bewiesen hatte, daß ihm so leicht nicht beizukommen war, kam es zu einem Friedensvertrag, den er trotzdem nicht mit jenen abschließen mußte, denen er auf den Schlachtfeldern gegenübergestanden hatte, sondern mit Rom. Die Republik war in dem ganzen Konflikt militärisch kaum aktiv geworden – hatte ja auch nach wie vor gegen die Punier zu kämpfen gehabt –, aber sie ratifizierte die Vereinbarungen, durch welche er beendet wurde.

Das macht noch einmal deutlich, daß ihrem Namen längst mehr kriegsentscheidendes Gewicht zukam als dem Heer selbst eines so kraftvoll operierenden Alexandererben wie Philipp. Nunmehr dreiunddreißig Jahre alt, scheint er das auch begriffen zu haben. Er verabschiedete seinen kurzlebigen Traum von einer Invasion in Italien – Demetrios aus Pharos war 214 v. Chr. ohnehin gefallen –, überließ Hannibal seinem Schicksal und wandte sein Gesicht nach Osten, in der Annahme wohl, dort habe Rom nichts zu bestellen.

Der Nachfahre von Antigonos dem Einäugigen versuchte sich jetzt, zusammen mit dem Nachfahren von Seleukos I. noch einmal im alten Diadochenspiel. Aber das war bereits der Ritt nach Samarkand.

Der Senat, die letzte Entscheidungsinstanz

Antiochos der Große, im Jahr des Friedensschlusses zwischen Makedonien und Rom aus Indien zurückgekehrt, ließ sich von seinem Standesgenossen zu einem Unternehmen überreden, das auf nichts anderes abzielte, als die Eroberung des außerägyptischen ptolemäischen Besitzes. Dafür schienen alle Voraussetzungen gegeben zu sein.

Der zu jener Zeit in Alexandria regierende fünfte Lagide war mit internen Problemen völlig ausgelastet. Er mußte sich seit dem von seinem Vorgänger errungenen Sieg bei Raphia mit den Fellahin abplagen, die damals so tapfer gekämpft hatten und dann rebellisch geworden waren. Außerdem laborierte er an den Folgen einer Inflation, welche Ägyptens gewaltigen Reichtum aufzuzehren drohte.

Von dieser seiner mißlichen Lage profitierte jedoch am Ende lediglich

Antiochos; er nahm ihm ja im Fünften Syrischen Krieg ganz Koile-Syrien ab. Philipp dagegen gewann nur einigen Besitz auf ägäischen Inseln und in Karien, ohne sich dessen richtig erfreuen zu können. Zu Wasser und zu Lande traten ihm sowohl die Pergamener wie auch die Rhodier entgegen. Als er nach Thrakien griff, erklärte ihm dazuhin noch Athen den Krieg. Und dann wurde dem Makedonen in der bisher unmißverständlichsten Weise klargemacht, daß es die alte Diadochenwelt nicht mehr gab.

Auf dem Höhepunkt seiner für ihn überwiegend erfolgreichen Auseinandersetzungen mit kleinasiatischen Fürsten, griechischen Stadtstaaten und ptolemäischen Statthaltern wandten sich der Rat von Rhodos und die Attaliden beschwerdeführend an Rom, womit sie sich so verhielten, als ob dessen Senat bereits die letzte Entscheidungsinstanz für alle hellenistischen Zwiste sei. Entwicklungen vorwegnehmend, welche noch rund zweihundert Jahre beanspruchen sollten, demonstrierten sie, daß, ihrer Meinung nach, die Mittelmeerwelt eine Zentrale und deren Bewohner eine Hauptstadt hätten, von der aus sie regiert würden – eben jene am Tiber. Und dieses Mal ergriffen die Senatoren bereitwillig das Tauende, welches ihnen da hingehalten wurde. Sie schickten erst vermittelnde Gesandte, dann, als Philipp die nicht anerkennen wollte, ein Heer.

T. Quinctius Flaminius, Konsul des Jahres 198 v. Chr., rückte in Thessalien ein, wo die Aitoler sich ihm anschlossen. Philipp verlor eine wichtige strategische Position nach der anderen. Im Oktober trat noch der Achaiische Bund auf die römische Seite über. Wenige Wochen danach mußte der König um Verhandlungen nachsuchen.

Flaminius, Sproß eines alten Patriziergeschlechtes, Griechenfreund, moderat von Natur und vernünftig, stellte Bedingungen, die sein Gegner zur Not hätte akzeptieren können. Der Senat jedoch, dem das letzte Wort zustand, verlangte außer allen festen Städten in Lokris auch noch die Herausgabe der drei berühmten »Fesseln Griechenlands«, Korinth, Chalkis, Demetrias, die Kernstruktur der makedonischen Macht in Griechenland also. An dieser Forderung mußten alle Gespräche scheitern. Damit war das letzte große Gefecht in diesem Zweiten Makedonischen Krieg unvermeidlich geworden, jenes von Kynoskephalai.

»Des Königs bemächtigte sich die Angst«

Bei klarem Himmel kann man von den Hügeln westlich der uralten Stadt Larisa aus den Olymp erblicken. An dem entscheidenden Tag im Herbst 197 v. Chr. herrschte schlechtes Wetter.
Nebel hing über dem Gelände, als sich die Heere begegneten. Philipp

griff die in ihrer üblichen Marschordnung daherkommenden Römer an, ohne selbst die Lage völlig zu überblicken, und schien durch Überraschung schon zu siegen. Ein Späher rief ihm zu: »König, die Feinde fliehen!«, da lösten sich die weißen Schwaden auf. Flaminius brachte mit wenigen Kommandos seine Streitmacht in Gefechtsformation, rückte vor, Elefanten an der Flanke, fing den Stoß der bergab attackierenden Makedonen mühsam auf und verwickelte sie, »da es den Phalangiten unmöglich ist, kehrt zu machen« (Polybios), in einen für Sarissenträger aussichtslosen Kampf Mann gegen Mann.

Als der Abend heraufkam, sollen achttausend Tote auf dem Feld gelegen haben. »Des Königs bemächtigte sich die Angst.«

Er bat erneut um Verhandlungen und mußte dieses Mal alle gestellten Bedingungen akzeptieren: Rückzug aus sämtlichen außermakedonischen Besitzungen, Auslieferung der Kriegsflotte, tausend Talente Kriegsentschädigung. Was Philipp davor bewahrte, auch seine Stammlande noch hergeben zu müssen, war allein römisches Kalkül. Die neuen Herren Griechenlands brauchten einen stabilen Prellbock gegen die immer wieder vom Norden herandrängenden Dardaner und Kelten. Außerdem mußten sie ihre ganze Kraft, ungehindert von einem an die Wand gedrängten und deswegen bösartig gewordenen Makedonen, wider den nunmehr auf Hellas zurückenden Antiochos einsetzen können.

Als dieser – einer Aufforderung übrigens der unsteten Aitoler nachkommend – das Land betreten hatte und den ehemaligen Partner um Beistand bat, lehnte Philipp ab. Sein Staat war derart ausgeblutet, er selbst so demoralisiert und entnervt, daß er nur noch eine einzige Überlebenschance für sich sah: den Römern gegenüber so fügsam wie möglich zu sein.

Und schon damit hatte er den Untergang auch des Seleukiden besiegelt.

Eine der berühmtesten Attacken

Antiochos stand auf dem Höhepunkt seiner Laufbahn, als er sich – vier Jahre nach der vollendeten Eroberung Koile-Syriens – entschloß, wie der Begründer seines Hauses von Kleinasien nach Europa hinüberzugehen. Er regierte das größte unter allen an das Mittelmeer grenzenden Reichen, wußte kaum noch, was eine Niederlage sei, genoß seine Herrlichkeit bei immer üppiger werdenden Gelagen und glaubte wohl, Alexander ähnlicher zu sein denn irgendein anderer zeitgenössischer Herrscher.

Aber dann prallte er, im Sommer 191 v. Chr., zum ersten Mal mit einer Legio zusammen, und binnen weniger Kampftage zerplatzten alle

Peristylhof eines Bürgerhauses auf Delos

Römische Legionäre, Relief auf der Basis der Antoniussäule in Rom

Buddhastatue aus Gandhara

seine Träume, verblaßte der ganze ihn umgebende Glanz, blieb nichts zurück als ein Mann, der in seinem Selbstgefühl genauso unheilbar verletzt war wie Philipp nach Kynoskephalai. Er hatte an den Thermopylen eine einzige, nicht einmal bedeutende Schlacht verloren, aber er floh daraufhin aus Griechenland, als ob ihm das Gespenst des auf hellenischem Boden ermordeten Seleukos I. begegnet wäre. Was ihn wirklich so sehr verstört hatte, ist leider von keinem Chronisten ergründet worden.

Überliefert wurde lediglich, daß er in den anderthalb Jahren nach Thermopylai so unsicher war wie nie zuvor, daß er bald daran dachte, sich mit Rom auf gütlichem Weg zu arrangieren, bald entschlossen schien, dessen Truppen noch einmal entgegenzutreten. Am Ende entschied er sich für die letzere Möglichkeit, aber das wirkte beinahe schon wie eine Aufwallung ohnmächtigen Trotzes.

Im Spätwinter 190 v. Chr. rückte ein konsularisches Heer in Kleinasien ein. Es stand unter der Führung von L. Cornelius Scipio (später Asiagenus genannt) und P. Cornelius Scipio Africanus maior, dem Mann, der mittlerweile den Zweiten Punischen Krieg mit der Schlacht von Zama (südlich Tunis) für Rom gewonnen hatte. Der Seleukide stellte sich den Brüdern bei Magnesia am Sipylosberg (unweit des heutigen Izmir) entgegen. Seine Siegeschancen waren nicht einmal die schlechtesten.

Dreißigtausend Mann, in der Mehrzahl Griechen, sowie einige wenige afrikanische Elefanten standen den Scipionen zur Verfügung. Über sechzigtausend Soldaten und die bewährten indischen Dickhäuter verfügte Antiochos. Dazu kamen noch Sichelwagengeschwader (eine zu jener Zeit freilich schon völlig veraltete Waffe) und, im Generalstabszelt, Hannibal aus Karthago. Der Seleukide hatte den heimatflüchtigen Punier bei sich aufgenommen, scheint aber auf dessen Ratschläge nicht viel gegeben zu haben. Er stellte seine Streitmacht auf, wie er es gewohnt war: in der Mitte die Phalanx, links davon, als Kavallerieabwehr, die Sichelwagen, rechts die Reiterei und die Elefanten. Für ihn galt nach wie vor: Angriff über einen Flügel und dann Umzingelung des Gegners. Die Römer machten ihm einen Strich durch diese Rechnung.

Nachdem Antiochos, wie geplant, ihre linke Flanke durchbrochen hatte, schossen Legionäre die seleukidischen Sichelwagenbesatzungen von ihren Fahrzeugen herunter. Dann warf der spätere Asiagenus – Scipio Africanus fungierte nur als Berater – die Reiterei, unter Führung von Eumenes II. aus Pergamon, ins Gefecht. Der aber ritt eine Attacke, welche zu den berühmtesten der Kriegsgeschichte gehört. Während Antiochos noch versuchte, das schwerbefestigte Lager der Römer, die Rückendeckung ihrer Infanterie, zu nehmen, packte der Attalide die Phalanx seinerseits von hinten. Und als der Großkönig endlich einsehen mußte, daß er sich an Graben, Wall und Palisaden festzubeißen drohte, waren seine starr formierten Fußtruppen von den beweglicher operierenden Manipeln, die inzwischen ebenfalls angegriffen hatten, schon auseinandergetrieben und in die Flucht geschlagen worden. Antiochos hatte verloren – vermutlich auch deshalb, weil es ihm in Asien nicht möglich gewesen war, die inzwischen aufgekommenen neuen Strategien kennenzulernen und sich auf sie einzustellen. Mehr noch als von Philipp läßt sich deshalb von dem Seleukiden sagen, er sei aus einer fast über Nacht zur Vergangenheit gewordenen Zeit in eine Gegenwart geschleudert worden, für die er keineswegs geschaffen war. Mehr noch als dieser hatte er sich, eingesponnen in die Erinnerung an Alexander, selbst überlebt und scheint das sogar begriffen zu haben.

Sollte er aber auch nach Magnesia noch in Illusionen befangen gewesen sein, so sorgte Rom dafür, daß ihm diese rasch abhanden kamen. Es verlangte eine ungeheure Kriegsentschädigung sowie den Rückzug aller seiner Truppen aus dem größten Teil des so schwer behaupteten Anatoliens. Es verbot seinen Schiffen, über Zypern hinaus nach Westen zu segeln, drängte ihn also von Europa ab und mauerte ihn in Asien ein. Dort, und nur dort allein konnten des Antiochos Nachfolger fürderhin ungestört wirken. Was sie in Syrien, Armenien oder Israel trieben, interessierte den Senat (vorerst noch) nicht. Aber schon für Ägypten galt das, wie ja Epiphanes erfahren sollte, als er im Sechsten Syrischen Krieg vor Alexandria stand, keineswegs.

Und Polybios schreibt, zu den Friedensbedingungen habe auch die Auslieferung aller indischen Elefanten gehört. »Er sollte in Zukunft keine mehr halten.«

187 v. Chr. ist der einzige Diadochennachfolger, der sich den Beinamen Alexanders erwarb, erschlagen worden, nachdem er, immer noch Besitzer unvorstellbar großer Gebiete, einen Tempel des Baal irgendwo im östlichen Persien geplündert hatte – man sagt aus Geldnot. Philipp sollte ihn noch um acht Jahre überleben, aber er war dieser zusätzlichen Frist wegen kaum zu beneiden.

Kreislauf der Verfassungen

Wenn es damals jemanden gab, der zutiefst nachempfinden konnte, was die beiden Könige bei ihren Zusammenstößen mit den Römern so sehr verstörte, daß ihnen alle früher bewiesene Härte und Entschlußkraft verlorenging, dann ist dies, trotz allem, Polybios gewesen. Anders als Antiochos und Philipp war er jedoch in der Lage, seine Betroffenheit auf rein intellektuelle Weise abzureagieren. Er analysierte den Staat, der Hastati, Principes und Triarii nach Griechenland

geschickt hatte, und kam dabei zu einer höchst bemerkenswerten Erkenntnis.
Heeresordnung, Disziplin, strategische Überlegenheit der konsularischen Heere, so meinte er, könnte man nicht als rein militärische Phänomene betrachten, man müsse sie vielmehr in Zusammenhang bringen mit dem »Verfassungszustand« der italischen Republik. Rom habe seinen Gegnern und Rivalen im Feld nur deshalb den Rang ablaufen können, weil es ihnen auch politisch überlegen gewesen sei, weil es die bessere innere Struktur besaß, auf festeren Beinen stand, vor allem aber, weil es »demokratischer« gewesen sei als sämtliche anderen Gemeinwesen jener Epoche. Das ist eine Aussage, die auf Anhieb recht verblüffend wirkt.
Der Staat am Tiber getragen von einem mitspracheberechtigten, den Regierenden einigermaßen gleichgestellten Volk? Die Legions-Adler Symbole von Bürgerfreiheit und Selbstbestimmung?
Man verstünde unseren Kronzeugen in dieser Sache sicherlich falsch, wenn man seine knappe Andeutung derart eindeutig interpretierte. Polybios ist bei aller Verliebtheit in seine Theorien doch auch ein durch Erfahrung gereifter Skeptiker gewesen und ein Mann der differenzierten Argumentation. Vor allem aber war er kein liberaler Dogmatiker. Längeren Bestand, so glaubte er, könne im politischen Leben weder das Gute noch das Schlechte haben. Alle »Verfassungszustände« seien Produkte der nie abreißenden historischen Entwicklung, sie entstünden in einem fortwährenden Prozeß, lösten sich auf, gingen ineinander über und aus Trümmern neu hervor.
Aus einer gewaltsamen Alleinherrschaft, einer Tyrannis, pflege in der Regel ein Königtum hervorzugehen, das sich von der brutalen Diktatur durch Verzicht auf Willkür und durch seine Verankerung im Volkswillen unterscheide. Das Königtum entarte jedoch mit der Zeit, werde dann von meist adeligen Verschwörern beseitigt und in ein aristokratisches Gruppenregime umgewandelt. Dessen unvermeidliche Dekadenzform wiederum sei die Oligarchie, die widerwillig ertragene Dominanz einer kleinen Schar von machtgierig gewordenen, einflußreichen Leuten. Ihr bereite schließlich das aufständische Volk ein Ende, und aus der Rebellion der Massen entstünde die Demokratie. Indessen sei auch sie nicht notwendigerweise der Endpunkt einer vorbestimmten Entwicklung. Volksherrschaft, so vermutete vielmehr der mit griechischem Anschauungsmaterial reich versorgte Peloponnesier, führe stets zur Ochlokratie, zur Machtausübung durch den zügellosen, von Demagogen beeinflußten Pöbel. Und ochlokratische Zustände riefen früher oder später die Sehnsucht nach dem starken Mann wach, der dann auch bald hervortrete und sich als Tyrann, aber das heißt ja, als vorausgeworfener Schatten eines ihm nachfolgenden Königs etabliere.

Man hat dieser berühmt gewordenen Theorie die Überschrift »Kreislauf der Verfassungen« gegeben und ihrem Verfasser tiefe Einsicht in das Wesen der menschlichen Gesellschaften bescheinigt. Womit er aber vor allem Eindruck machte, war sein endlich gezogenes Fazit. Er sagte nämlich: da nur die tyrannischen, oligarchischen und ochlokratischen Regierungsformen als völlig schlecht angesehen werden müßten, Königtum, Aristokratenherrschaft und Demokratie aber durchaus ihre mehr oder minder großen, jeweils sehr spezifischen Vorzüge hätten, sei »die beste Verfassung« diejenige, welche alle drei (zuletztgenannten) Einzelverfassungen in sich vereinige«.
Diese verblüffend einfache Definition eines stabilen ausgewogenen Staatswesens trifft auf nahezu alle funktionierenden Demokratien der Neuzeit zu, sie galt aber, Polybios zufolge, eben auch für das Rom seiner Zeit. Und nur darauf bezieht er sich, wenn er sagt, der italische Staat sei demokratischer gewesen als alle anderen, welche es sonst noch im Mittelmeerraum gab. Man kann ihm hier kaum widersprechen.

Wird also entarten, verfallen, untergehen

Am Tiber wurden Ämter vergeben, die mit nahezu königlichen Privilegien ausgestattet waren. Am Tiber entschieden einige wenige aristokratische Familien über alle wichtigen Staatsaffären. Und dennoch hatte auch das einfache Volk die Möglichkeit, politisch initiativ zu werden. Rom bezeichnete sich selbst als eine »res publica«, aber das ist ein in seiner Nüchternheit und Vieldeutigkeit kaum noch erschließbarer Begriff.
Unter einer »öffentlichen Sache« vermöchte man ja ebensogut etwas zu verstehen, das, im Gegensatz zu einer »res privata« allen gehört, wie auch etwas, dem sich alle zu unterwerfen, dem jedermann zu dienen hat. Eine Res publica könnte sowohl ein Gemeindeacker sein wie ein die Gesamtheit der Bürger verpflichtendes Ideal.
Die Vorstellungen, welche wir mit dem Namen Republik verknüpfen, werden dem, was die Römer meinten, mit Sicherheit nur annähernd gerecht, doch hätte vermutlich auch ein Zeitgenosse von Polybios keineswegs genau gewußt, was unter Res publica eigentlich zu verstehen sei, oder wann die Glocke zum ersten Mal geläutet wurde, die diesen lang nachhallenden Doppelklang in die Welt hinaussandte. Der Peloponnesier selbst drückte sich ja ebenfalls mit Hilfskonstruktionen, wie der Theorie vom Kreislauf der Verfassungen und ausführlichen Detailbeschreibungen des römischen Staatswesens, um eine exakte Erklärung eigentlich herum. Immerhin, das meint er schließlich, in konsequenter Fortführung seiner Überlegungen dennoch sagen zu können: »So wie irgendein anderer Staat, wird . . . auch dieser, da er

einen naturgemäßen Ursprung und Aufstieg gehabt hat, naturgemäß eine Wende nach der anderen Richtung nehmen«, wird also entarten, verfallen, untergehen.

Was er jedoch nur andeutet: Jene »Wende nach der anderen Richtung« kündigte sich in den Jahren, da die Legionen siegreich aus ihren ersten Schlachten gegen hellenistische Könige zurückkehrten, schon deutlich an. Allenfalls bis zum Ende des Krieges gegen Antiochos war das italische Gemeinwesen ein Staat gewesen, in dem sich monarchische, aristokratische und demokratische Kräfte einigermaßen die Waage hielten. Aber bis zu diesem Zeitpunkt hätte man es (gerade noch) auch eine gesunde Bauernrepublik nennen können.

Ein allen Staatsbürgern gehörender Besitz

Die lateinisch sprechenden Bewohner Mittelitaliens, die am Ende des sechsten vorchristlichen Jahrhunderts ihre etruskischen Könige davongejagt hatten, verehrten Götter wie Jupiter, den Herrn des Himmels; Saturnus, den Beschützer der Saaten; Faunus, den Hirt der Hirten; Terminus, den Bewacher der Grenzsteine; Vesta, die heilige Herdflamme, und Penates, die guten Geister der Vorratskammern. Sie behielten nach ihrer Rebellion gegen die Etrusker den Ältestenrat der »senes« (Greise) bei, den Senat, welcher bisher alle Monarchen beraten hatte, ersetzten aber die gekrönten Häupter durch einen abstrakten Begriff, das »imperium«. Von dieser höchsten Amtsgewalt ließe sich sagen, sie sei so etwas wie ein allen Staatsbürgern gehörender Besitz gewesen. Sie konnte dem jeweils Würdigsten übertragen werden – allerdings nur leihweise und für jeweils ein Jahr. In den Frühzeiten der Res publica hieß ein Inhaber des Imperiums »praetor maximus« (etwa: oberster Heerführer). Später traten an seine Stelle zwei »consules«, die »con-salire« (wörtlich: zusammenspringen, eigentlich: zusammenwirken) mußten und gemeinsam den Praetor überstimmen konnten; denn dessen Amt wurde keineswegs abgeschafft.
In etwa entsprach der durch solch sorgfältige Machtaufteilung gekennzeichnete Verfassungszustand dem, welchen Polybios meint, wenn er von einem aristokratischen Regime spricht, wie ja auch der ihn herbeiführende Königssturz eher einem Staatsstreich adeliger Verschwörer als einem Volksaufstand zu verdanken gewesen sein dürfte. Die Senatoren waren Clanchefs. Sie riefen zwar die »plebs« gelegentlich zusammen, um ihr wichtige außen- und innenpolitische Probleme vorzulegen, doch galt bei diesen Volksabstimmungen keineswegs die Regel *one man, one vote*. Die zur Beschlußfassung angetretenen Männer – Frauen hatten nicht die geringsten öffentlichen Rechte – waren vielmehr in sogenannten »curiae« (abgeleitet von »coviria«, die Männer-

gemeinschaft) zusammengefaßt, deren jeder eine patrizische Familie vorstand; lediglich im Einverständnis mit ihr konnten die Versammelten sich blockweise äußern. Das scheint hinzudeuten auf eine Entmündigung des Volkes, ist aber eher als rein patriarchalische Ordnung zu begreifen.

In seinem Innern wurde der römische Staat ohnehin vor allem durch gegenseitige menschliche Verpflichtungen zusammengehalten. Jeder Plebejer hatte seinen »patronus«, dem er sich persönlich verpflichtet fühlte und von dem er als Gegenleistung für treue Gefolgschaft Unterstützung in fast allen schwierigen Lebenslagen erwartete. Jeder der aus den »gentes«, den großen grundbesitzenden Familien stammenden Schutzherren verlor an »dignitas« (Würde), wenn er den Hintersassen im Stich ließ. Er mußte gegenüber seinen »clientes« nicht nur Autorität wahren, sondern ihnen seinerseits ebenfalls die »fides« (Treue) halten. Diese ungeschriebenen Gesetze verletzte niemand ohne Not.

Ein weiterer Grund für die Stabilität und Entwicklungsfähigkeit des Systems aber lag darin, daß Roms leitende Männer die Macht so analytisch definiert und sie zu einer Größe gemacht hatten, welche man fast beliebig aufspalten und portionsweise verteilen konnte. Neben dem Imperium, der höchsten, und der »potestas«, einer geringeren faktischen Gewalt, gab es auch noch die »maiestas« des Volkes, eine nahezu göttliche Kraft, die stets zu respektieren war, obwohl sie sich nie in Dekreten, Amtsakten oder Befehlen niederschlug.

Ein Geflecht aus derlei Elementen nun – gegenseitige Abhängigkeit von Klient und Patron, Rechtsquellen von verschiedener Qualität – war auch elastisch und zäh genug, erste Äußerungen öffentlichen Unwillens zu absorbieren oder sie zumindest eines Teils ihrer revolutionären Energie zu berauben.

Die Revolution in Permanenz

Als im Jahr 493 v. Chr. die römische Plebs zum erstenmal das Gefühl hatte, sie werde von den regierenden Aristokraten nicht gerecht genug behandelt, griffen deren Angehörige keineswegs zu den Waffen. Sie begnügten sich vielmehr damit, ihren Schutzherrn die Gefolgschaft aufzukündigen. In einer sogenannten »secessio« zogen sie angeblich von der damals noch nicht alle sieben Hügel bedeckenden Stadt auf den Aventinus außerhalb der Mauern, stimmten also mit den Füßen ab, erklärten, fürderhin keinen Kriegs- und Arbeitsdienst mehr leisten zu wollen. Man könnte auch schlichthin sagen: sie streikten. Ihrer Aktion war ein Erfolg beschieden, wie er damals nur am Tiber möglich gewesen sein dürfte.

Die Patrizier bedienten sich virtuos der Möglichkeiten, welche das von ihnen geschaffene System bot. Sie gaben keines ihrer Privilegien ab, gewährten dafür aber dem Volk ein neues Recht, das so bemessen war, daß es jene der Konsuln, Senatoren und aller anderen Würdenträger nur unwesentlich einschränkte. Das »concilium plebis« entstand, eine zusätzliche Volksversammlung, in welcher nicht mehr nach Geschlechtern, sondern nach »tribus«, lokalen Bezirken, abzustimmen war. Als Krönung dieser ersten (von mehreren) Staatsreformen jedoch gilt die Einrichtung eines Amtes, das zu den merkwürdigsten gehört, welche je geschaffen wurden. Der Senat legalisierte, wie Mommsen sagt, »die Revolution in Permanenz«. Er kreierte den Volkstribunen.

Diese »tribuni plebis« – es gab deren bis zu zehn – hatten das Recht, alle Wünsche der nichtpatrizischen Bürgerschaft dem Ältestenrat sowie den Magistraten (also Konsuln und Praetor) vorzutragen und ihre Erfüllung notfalls zu erzwingen. Sie konnten gegen jeden Amtsakt und Senatsbeschluß ihr »veto« einlegen, sie waren »sacrosanct« (unverletzlich) und durften von niemand zur Rechenschaft gezogen werden. Auf genialere Weise ist nie wieder die in jeder Gesellschaft zwangsläufig entstehende Spannung zwischen Bevorrechtigten und weniger Bevorrechtigten institutionell bewältigt und dem Strom der sozialen Entwicklung ein Bett geschaffen worden – dies alles aber auf eine für die Regierenden höchst annehmbare Weise.

Die Volkstribunen hatten kein Imperium, keine Potestas und nahezu keine wirklichen Machtmittel. Sie konnten auch gegeneinander ausgespielt werden. Aber sie repräsentierten die eben beinahe sakrale Majestät des Volkes, und das gab ihnen eine Würde, welche geachtet werden mußte, wenn man die Lebensgemeinschaft von Patriziat und Plebs nicht ernsthaft gefährden wollte.

287 v. Chr. kam es zu einer letzten Sezession (der einzigen von insgesamt dreien, die hinlänglich beglaubigt ist), danach wurde den Beschlüssen des Volkskonzils, den »plebiscita«, auch noch Gemeinverbindlichkeit zuerkannt. Erst von diesem Zeitpunkt an, so könnte man sagen, habe die Res publica jenen nahezu idealen Verfassungszustand erreicht gehabt, der sich, Polybios zufolge, dadurch vor allen anderen auszeichnet, daß in ihm monarchische, aristokratische und demokratische Elemente eine harmonische Verbindung miteinander eingegangen sind.

Daß innerhalb dieses Rahmens aber auch wirtschaftlicher Leistungswille in Politik umgesetzt werden konnte, verdankt Rom einer weiteren in diesem dritten vorchristlichen Jahrhundert reformierten Institution.

Man könnte es auch plutokratisch nennen

Außer der Versammlung der dreißig Kurien gab es am Tiber seit der Zeit des vorletzten etruskischen Königs noch die »comitia centuriata«, die aus einer älteren Heeresversammlung hervorgegangen sein dürften. In ihnen war das Stimmvolk nach Einkommensklassen aufgeteilt. Achtzehn von insgesamt einhundertdreiundneunzig »centuriae« (Hundertschaften) wurden jeweils aus Männern gebildet, welche im Kriegsfall ein Pferd samt Rüstung stellen konnten, den sogenannten »equites« (Reitern, Rittern). Achtzig Zenturien brachten die »classis« auf das Marsfeld, Bürger, welche in der Lage waren, wenigstens eine Rüstung zu bezahlen. Alle übrigen Stadtbewohner stellten zusammen fünfundneunzig Zenturien.

Da nun aber, etwa bei Beschlüssen über Krieg und Frieden oder politische Kapitalverbrechen, die Blöcke der Besitzstärksten zuerst ihre Stimmen abgaben und die Versammlung aufgehoben wurde, sobald eine Mehrheit erreicht war, konnten die Besitzschwächeren, die erst später oder manchmal überhaupt nicht zum Zug kamen, ihren Willen keineswegs in dem gleichen Maß durchsetzen, wie die Vertreter der höheren Einkommensklassen.

Zu den beiden wichtigsten Verfassungselementen, dem aristokratischen und dem plebiszitären, kam auf diese Weise noch ein drittes hinzu, das »timokratische« (von »timé«, griechisch: schätzen) – man könnte es, mit einiger Übertreibung, auch plutokratisch nennen. Die Stimmen wurden nicht gezählt, sondern gewogen, aber jeder einzelne hatte die Möglichkeit, sein politisches Gewicht durch eigene wirtschaftliche Anstrengung zu vergrößern – zumindest in der Theorie. Auch das Leistungsprinzip wurde also im komplizierten Gefüge der römischen Gesellschaft als mitbestimmende Kraft anerkannt. Tatsächlich sollte sie sich später am stärksten durchsetzen.

Konzernartiger Zusammenschluß

Als Philipp V. mit der Res publica zusammenstieß, war sie bereits ein Gebilde, das durch nicht mehr als die vier Buchstaben SPQR hinlänglich charakterisiert werden konnte. Dieses Kürzel, stehend für »senatus populusque romanus«, Senat und Volk von Rom, erinnert ja nicht nur an Chiffren wie USA oder UdSSR, sondern auch an moderne Firmenbezeichnungen. Und wie ein konzernartiger Zusammenschluß mutet, im Vergleich mit den Diadochenstaaten, das Rom des ausgehenden dritten Jahrhunderts beinahe an.

Es verfügte über einen Entscheidungsapparat, in dem Beschlüsse nur auf Grund von Überlegungen aus den verschiedensten Perspektiven und nach Beratungen auf mehreren Ebenen zustande kommen konnten. Seine leitenden Magistrate waren zum Erfolg verurteilt, weil sie im hellen Licht der Öffentlichkeit amtierten. Römische Legionskommandeure mußten sowohl vor der gegnerischen Armee als auch dem Senat und dem Concilium Plebis bestehen. Der Senat wiederum konnte aus entsprechenden Gründen einen geschlagenen Konsul nicht (lange) decken; er hatte ihn zu ersetzen. Die Patrizier insgesamt verteidigten im Krieg keineswegs nur den Staat, sondern auch ihre eigenen Privilegien, und das Volk seine Würde. Roms Kraft kam aus allen gesellschaftlichen Zellen und muß deshalb noch den vordersten Vorposten jeder am Feind stehenden Legio durchströmt haben.

Gegen einen derartigen Organismus aber hatten letzten Endes weder Hannibal, der Vertreter der Kaufherrenrepublik Karthago, eine wirkliche Chance gehabt, noch die beiden Diadochennachfahren Philipp und Antiochos. Was am Tiber Imperium, Volksmajestät oder »auctoritas« des Senats waren, mußten sie ersetzen durch eigene Kraft, eigenen Atem, eigene Persönlichkeit und allenfalls noch den mählich verblassenden Mythos Alexanders.

Die Repräsentanten des Senats wirkten neben ihnen wie kleine Angestellte, denen jeder Schritt vorgeschrieben war, aber in dieser Beschränkung lag auch ihre Stärke. Sie brauchtes sich nicht durch gloriose Selbstdarstellungen zu legitimieren. Der siegreichen Feldherrn zugebilligte Triumphzug am Ende eines Krieges vergoldete ihnen allenfalls den Rücktritt und ebnete den Weg in ein nächstes Amt. Sie blieben gezwungenermaßen auf dem Boden der Tatsachen. Und wenn sie versagten, traten andere von ähnlichem Schlag an ihre Stelle. Das italische Gemeinwesen war einfach moderner strukturiert als der antigonidische oder seleukidische Staat.

Trotzdem hat die Res publica ihre Auseinandersetzungen mit Karthago und den hellenistischen Königreichen keineswegs unbeschädigt überstanden. Im Grunde begann mit ihnen sogar die von Polybios vorausgesagte »Wende nach der anderen Richtung«.

DIE MACHT DES KAPITALS

Eine reine Oligarchie

Bis zum Beginn etwa des zweiten vorchristlichen Jahrhunderts hatte Rom sich bei Handel und Geschäft mit plumpen Kupfermünzen beholfen, die auf ein urtümliches Gewichtsmaß bezogen waren, Vermögen (auch Kapital) hatte es überwiegend nur als Grundbesitz definiert. Nun, nach den Siegen über Hannibal und Antiochos, begann sich das zu ändern. Die den Geschlagenen auferlegten Kriegskontributionen brachten ungeheure Mengen Silbers in das Land. Eine gewaltige Kriegsbeute fiel an. Die reichen Landgüter im eroberten Sizilien und Tunis warfen riesenhafte Gewinne ab.

Im Grunde war die Res publica auf solchen Zustrom an Kauf- und Investitionskraft nicht im mindesten vorbereitet, ebensowenig auf die sachgemäße Verwaltung der gewonnenen Gebiete und der ehemals karthagischen Bergwerke in Spanien. Aber sie verfügte durchaus über Leute, welche zumindest bereit, teilweise auch fähig waren, dem Staat alle daraus resultierenden Probleme abzunehmen.

Equites aus den oberen Steuerklassen schufen nach hellenistischen Vorbildern ein Münzsystem, das auf dem Silber-Denar basierte und systematisch unterteilt war in Quinarius (das war ein halber Denar), Sestertius (ein Viertel-Denar) und As (ein Zehntel-Denar). Außerdem begannen sie, mit dem einfließenden Geld zu arbeiten, kauften heimkehrenden Soldaten ihre erplünderten Kostbarkeiten ab, verhökerten sie weiter, bauten Geschäfte auf, gründeten Unternehmen, bewarben sich bei der bauwütig gewordenen Regierung um Staatsaufträge, legten Straßen an, errichteten öffentliche Gebäude, boten sich an, in eroberten Provinzen Steuern einzutreiben oder Minen zu bewirtschaften – und wurden reich.

»Publicanus«, Staatspächter zu sein, war bald ein enormes Privileg. Wer die entsprechenden Patente in der Tasche hatte, stand auch auf den Sprossen jener Karriereleiter, die zu den höheren Beamtenposten emporführte. Seit der vorletzten Sezession im Jahr 449 v. Chr. konnte ein Angehöriger der nicht-patrizischen Schichten Praetor, Censor (Steuerschätzer, später auch Sittenrichter) oder Quästor (eine Art Schatzminister) werden. Seit 421 v. Chr. mußte sogar einer der beiden Konsuln Plebejer sein.

Das führte zur Entstehung eines Amtsadels, der »nobilitas«, die großbürgerliche Züge trug und zu dokumentieren schien, daß Rom fähig war, sich auch ohne revolutionären Kraftaufwand einem rein demokratischen Verfassungszustand immer mehr zu nähern. Die aufsteigenden Ritter mußten ja der regierenden Aristokratie allmählich den Rang ablaufen, dies aber um so rascher, als sie durch ihre Geschäfte mit der Kriegsbeute bedeutende Machtmittel in die Hand bekamen. Zudem besaßen sie für den Umgang mit Geld sogar eine Art Exklusivrecht: den landbesitzenden Patres war, durch ein Gesetz aus dem Jahr 218 v. Chr., jede rein kaufmännische Betätigung strikt verboten. Nur von ihrem Land durften sie leben.

Indes, mit der Vermutung, es hätte auf Grund dieser Sachlage notwendigerweise eine kapitalistische Bourgeoisie entstehen müssen, die früher oder später auch die Gewalt über den Staat an sich reißen konnte, überschätzte man selbst die Flexibilität der Res publica. Die Angehörigen der Gentes dachten gar nicht daran, sich kampflos verdrängen zu lassen, spielten vielmehr alle ihre Möglichkeiten aus und blieben dabei im Vorteil, weil die Gesellschaft Roms im Grunde doch immer noch patriarchalisch strukturiert war. Sie rückten enger zusammen, banden ihre Häuser durch planvolle dynastische Heiraten oder auch dadurch aneinander, daß kinderlose Adelige Söhne kinderreicher Adeliger adoptierten. Sie schworen Gefolgsleute auf ihre eigenen Interessen ein, spielten Kurien und Tribus sowie die plebejischen Anwärter auf hohe Staatsposten gegeneinander aus und bewirkten mit allen diesen Methoden, daß ihnen die letzten Entscheidungen über Wohl und Wehe des Gemeinwesens weiterhin vorbehalten blieben. Einige wenige »große« Familien – man schätzt ihre Zahl auf etwa zwanzig –, Männer vor allem aus den Geschlechtern der Fabii, Valerii, Cornelii und Aemilii bestimmten, wer wann welches Amt übernehmen durfte und hielten deren Inhaber vom Senat aus unter Kontrolle.

Bei Licht betrachtet hatten sie damit eine reine Oligarchie geschaffen und hätten also – wären die Bücher von Polybios schon geschrieben und ihnen bekannt gewesen – befürchten müssen, daß sie irgendwann von der bislang immer vermiedenen Revolution doch noch hinweggefegt werden würden. Aber eingetreten ist dieser Fall keineswegs. Die Großbürger, die sich Ritter nannten und die eigentlich als Führer eines solchen Aufstands allein in Frage gekommen wären, verwendeten ihre ganze Energie darauf, sich in der für Römer relativ neuen Welt des Großgeschäfts zu etablieren. Sie hatten das Kapital entdeckt und waren von ihm fasziniert. Ihnen blieb keine Zeit, an Regierungssturz auch nur zu denken – vorausgesetzt, sie hielten dergleichen überhaupt für notwendig oder wünschenswert. Damit verschafften sie den Patriziern Zeit und Gelegenheit, auch auf wirtschaftlichem Gebiet mit ihnen gleichzuziehen und sie allmählich sogar zu überrunden.

Ernteertrag nur noch in Geld gemessen

Adelige in hohen Positionen bemächtigten sich des größten Teils der neugewonnenen Ländereien, obwohl diese von Rechts wegen Gemeinbesitz des ganzen Volkes waren. »Dabei«, so der aus Alexandria stammende Geschichtsschreiber Appianus, »vertrauten sie den Zeitumständen, daß ihnen die (unverkäuflichen) Arreale nicht mehr genommen werden konnten« und waren bald in der Lage, »weit ausgedehnte Flächen statt einzelner Bodenstücke zu bepflanzen«. Sie schufen Riesengüter, die sich rasch zu Agrarfabriken entwickelten, bauten möglichst große Mengen eines vermarktbaren Produkts an, vor allem Weizen, Wein, Oliven, und werteten so das erste aller bäuerlichen Prinzipien, die Selbstversorgung, völlig ab. Der Ernteertrag wurde nur noch an seinem Gegenwert in Geld gemessen. Saturnus beschützte nicht mehr Ähren, sondern potentielle Silberstücke; Faunus behütete Fleischproduzenten; die Penates wurden in Kassenschränke verbannt, und Terminus, den Bewacher der Grenzsteine, konnte guten Gewissens ohnehin keiner der neuen Großgrundbesitzer mehr anrufen. Statt dessen erhob sich, wie in der alten griechischen Mythe, Plutos, der Gott des Reichtums, aus den gepflügten Feldern – er war seinen frühen Verehrern stets etwas unheimlich gewesen.

In Italien freilich brachte er zunächst nur denjenigen Unglück, die mit der Industrialisierung der Landwirtschaft nicht Schritt halten konnten, den Inhabern kleiner Güter. Sie hatten keinerlei Möglichkeit, zusätzliches Land zu erwerben oder die eigenen Betriebe durchzurationalisieren und waren deshalb mit ihren Erzeugnissen bald nicht mehr konkurrenzfähig. Rationalisierung konnte damals ja (fast) nur heißen: Verminderung der Produktionskosten durch Abbau bezahlter Arbeitskräfte. Ohne Lohn aber arbeiteten ausschließlich Sklaven.

Und weil das so war, begann jetzt die Zeit, in der Zehntausende von Männern, Frauen und Kindern aus dem verarmten griechischen Osten auf die Apeninnenhalbinsel gebracht und dort kaserniert wurden, entdeckte man nun die Verbrennungsmaschine Mensch. Dabei zeigte sich bald, daß Leibeigene auch reines, hochverzinsliches Kapital waren. »Sie brachten«, schreibt Appianus, »den Grundeigentümern noch deswegen großen Gewinn, weil sie, wegen ihrer Befreiung vom Wehrdienst, sich ungefährdet vermehren konnten und eine Menge (schon frühzeitig als arbeitsfähig erklärter) Kinder bekamen.«

Jene Klasse, deren Angehörige Proletarier genannt werden

Der Legionär, der, zurückgekehrt aus Spanien, Thessalien, Karien, wieder das Schwert mit dem Pflug vertauschen wollte, vermochte in dieser völlig veränderten Welt, die er unter Einsatz seines Lebens miterschaffen hatte, nun wirklich nicht mehr zu bestehen. Ihm blieb lediglich die Möglichkeit, sich ebenfalls, sei's als Vorarbeiter, sei's als Aufseher, bei den Besitzern der neuen Großplantagen zu verdingen oder seinen eigenen, ererbten Hof zu verkaufen und mit dem Erlös eine neue Existenz zu begründen. Doch das letztere war natürlich leichter gesagt als getan. Unzählige Ex-Bauern strömten damals in die Städte, vor allem nach Rom und sanken schließlich überwiegend in jene Klasse ab, deren Angehörige »proletarii« genannt wurden, weil ihr einzig nennenswerter Besitz ihre »proles«, ihre Nachkommenschaft war.

Diese Entwicklung hätte eigentlich auch den Patriziern Kopfzerbrechen bereiten müssen – sie drohte ja die alten, aus bäuerlichen Lebensgewohnheiten erwachsenen Bindungen zwischen Patron und Klient, die Basis also ihrer eigenen Macht zu zerstören. Indes, der Adel sah es offensichtlich anders. Er betrachtete jene Abgewanderten, die noch nicht völlig proletarisiert und deswegen nach wie vor stimmberechtigt wie auch wehrpflichtig waren, als politische Manövriermasse. Da sie, viel mehr als ihre noch auf eigenem Grund sitzenden Väter, auf Unterstützung angewiesen waren, konnte man sie auch leichter als früher in den Griff bekommen und mit ihnen Komitien beherrschen oder Konkurrenten einschüchtern. Dazu boten sich vor allem zwei Möglichkeiten an. Die erste: Beschwichtigung proletarischen Unmuts durch niedrige, das heißt, subventionierte Kornpreise und allerlei spezielle Gunstbeweise für besonders willfährige Parteigänger. Die zweite: Verlockung zu immer neuen Kriegen durch die Inaussichtstellung reicher Beute aus noch zu unterwerfenden Ländern. Was hatte so ein Landflüchtling schon zu verlieren außer dem Leben? Und wo kam er leichter zu einem Beutel voll Geld als in erstürmten reichen Bürger- oder Königsstädten? Roms Adel, zu immensem Reichtum gekommen, stellte Reichtum in Aussicht, um selbst an noch größere Vermögen zu gelangen, vor allem an Sklaven. Er hatte Blut getrunken und war blutdürstig geworden, hatte den freien Bauernstand ruiniert und bediente sich nun der Opfer seiner Praktiken, die eigene Macht zu mehren. Damit veränderte sich die Außenpolitik der Res publica in grundlegender Weise.

Bis hin zu dem Krieg mit Antiochos hatten ihre Führer noch von sich behaupten können, sie seien in Griechenland nur deshalb militärisch aktiv geworden, weil sie das Entstehen einer übermächtigen hellenistischen Großmacht verhindern wollten. Jetzt, nachdem es selbst zur Großmacht geworden war, ging Rom zu dem über, was Mommsen ebenso kurz wie treffend »Raubhandwerk« nennt: es schickte die Massen besitzlos gewordener Bauern auf Plünderungszüge. Weil aber das italische Gemeinwesen doch auch demokratisch imprägniert war und weil Demokratien alles, was sie tun, stets auch vor sich selbst glauben rechtfertigen zu müssen, wurde jede einzelne dieser Unternehmungen feierlich zum »bellum iustum« erklärt.

Der erste, der erfahren sollte, was unter solch einem »gerechten Krieg« zu verstehen sei, war Perseus, Sohn und Nachfolger von Philipp V.

Rechnung in Form einer Kriegserklärung

Dank der zähen Wiederaufrüstungsarbeit seines Vaters verfügte Makedoniens junger König, der 179 v. Chr. den Thron bestiegen hatte, über recht beträchtliche militärische Mittel. Stark genug, um die Römer herausfordern oder auch nur verärgern zu können, dürfte er allerdings kaum gewesen sein. Ein stabiler Friede mit ihnen hatte deshalb das wichtigste Ziel seiner Politik zu sein; fragte sich nur, wie er es erreichen konnte.
Der Senat, so schien es wenigstens, besaß genaue Vorstellungen von dem, was ein Vertragspartner – der Antigonide war dies auf Grund der Friedensvereinbarungen zwischen Philipp und Flaminius – tun oder lassen durfte, um am Tiber als wohlgelitten zu gelten. Doch verzichtete er wohlweislich darauf, sie auch bekanntzugeben. Aus diesem Grund wußte keiner der von ihm Abhängigen jemals genau, ob irgendeine seiner Aktionen schon deshalb zulässig gewesen war, weil Rom ihn dafür nicht getadelt hatte, oder ob sie vielleicht doch auf einem geheimgehaltenen Konto zu Buche schlug und er deshalb fürchten mußte, eines Tages werde ihm die Rechnung in Form einer Kriegserklärung präsentiert. Perseus ist genau dies geschehen.
171 v. Chr. erfuhr er offiziell, in wie vielen Fällen durch sein Handeln römische Interessen geschädigt worden seien. Man warf ihm einen Mordversuch an Eumenes II. von Pergamon vor, dem treuesten Verbündeten der Res publica im Osten (Beweis: dieser sei bei einem Erdrutsch in der Nähe von Delphi beinahe ums Leben gekommen); man legte ihm die Absicht zur Last, sich mit Rhodos gegen Rom zu verbünden (Beweis: eine Flotte des Inselstaates habe seine Braut, die Seleukidenprinzessin Laodike, nach Makedonien gebracht); man unterstellte ihm überhaupt den Plan, Makedoniens alte Vormachtstellung in Griechenland wiederherstellen zu wollen (Beweis: sein immer stärker und schlagkräftiger werdendes Heer).
Was an allen diesen fadenscheinigen Beschuldigungen stichhaltig war, läßt sich heute nicht mehr feststellen, doch könnte der Erdrutsch in Delphi natürlich ebensogut ein Naturereignis wie ein getarnter Anschlag gewesen sein; war Laodike auf einem rhodischen Schiff gefahren, weil ihr Vater Seleukos IV., kraft römischem Diktat, im westlichen Teil des Ostmittelmeeres keine Flotte mehr unterhalten konnte; dürfte die makedonische Aufrüstung schon aus reinen Selbsterhaltungsgründen notwendig gewesen sein: Perseus mußte seine Nordgrenze noch immer gegen alle möglichen keltischen Wanderstämme verteidigen. Allein, wem hätte er das alles sagen sollen, und wer in Rom hätte sich die Mühe gemacht, seine Argumente objektiv zu würdigen? Die Patrizier wollten junge, starke Nordgriechen für ihre Plantagen haben. Dieser Wunsch bestimmte ihr Handeln.

Während des noch 171 v. Chr. vom Zaun gebrochenen Dritten Makedonischen Krieges überquerten kleinere römische Einheiten unter wechselnden Befehlshabern die Adria und drangen von aitolischem Gebiet aus plündernd in Perseus' Revier ein. Der Antigonide erwehrte sich ihrer nicht ohne Erfolg, vermied aber jede größere Schlacht und bat zwischendurch immer wieder einmal um die Übermittlung von Friedensbedingungen. Die zurückkehrenden Boten meldeten jedoch stets, er habe zu kapitulieren.

Im Juni 168 v. Chr. scheint der Sohn des fünften Philipp dann endlich so mürbe gewesen zu sein, daß er nichts mehr sehnlicher wünschte als irgendein Ende dieser langsamen Tortur. Bei Pydna am Thermäischen Golf warf er sich auf die von L. Aemilius Paullus geführte römische Armee. Er verlor, wie vorauszusehen, fast sein ganzes Heer.

»Ein Jahr danach«, so Wilhelm Hoffmann, Historiker in Gießen, »schritt der letzte Träger der Krone Alexanders des Großen in Ketten vor dem Wagen des triumphierenden Feldherrn durch die Straßen Roms.«

Makedonien wurde in vier Provinzen aufgeteilt, seine Führungsschicht deportiert, das mit ihm gerade wieder einmal verbündet gewesene Epiros erbarmungslos geplündert. Einhundertfünfzigtausend Landeskinder wurden in die römischen Sklavenkasernen abgeführt. Doch die Patrizier wollten immer noch mehr.

Unter den unzähligen Hellenen, die jetzt am eigenen Leib erfahren sollten, was es hieß, zum Objekt reiner imperialistischer Machtpolitik geworden zu sein, war auch jener damals ungefähr zweiunddreißigjährige Aristokrat aus Achaia, der später die Männer, die seine Heimat zerstörten, als Werkzeuge des unerforschlichen (allerdings auch blinden) Schicksals feiern sollte: Polybios.

Um einen Rest von Unabhängigkeit

Die achaiische Symmachie hatte nach dem Tod von Aratos eine Politik zu betreiben versucht, welche klarer denn je auf die Schaffung eines peloponnesischen Einheitsstaates hinauslief. Der Mann, der sie vor allem betrieb, hieß Philopoimen. Er stammte aus der Heimatstadt von Polybios, war im Jahr 208 v. Chr. zum erstenmal Strategos, also oberster Bundesbeamter, geworden und gilt bis heute nicht nur als einer der glänzendsten Feldherrn seiner Zeit, sondern auch als untadeliger Charakter. Plutarch nennt ihn respektvoll »den letzten der Hellenen«. Dennoch und trotz seiner vielfältigen Begabungen, seiner Klugheit sowie des Ansehens, das er in ganz Griechenland genoß, gewann Philopoimen bereits nicht mehr den Einfluß, den Aratos gehabt hatte. Er war schon zu Beginn des Zweiten Makedonischen Krieges für größere

Unabhängigkeit von Philipp eingetreten und hatte später eine ebenso strikte Neutralitätspolitik gegenüber Rom verfochten. Als Bundesfeldherr schickte er einen Gesandten an den Tiber, damit er dort für Achaia die Selbstbestimmung fordere. Da das alles jedoch nicht viel einbrachte, löste ihn schon 186 v. Chr. der Römerfreund Aristainos im Amt ab. Nochmals drei Jahre später fiel Philopoimen bei dem Versuch, ein Heer der südpeloponnesischen Stadt Messene zu schlagen.

Was ihm vorgeschwebt hatte, versuchte nun jener Lykortas zu verwirklichen, welcher als sein Botschafter in der Hauptstadt der entartenden Res publica um einen letzten Rest griechischer Unabhängigkeit gekämpft hatte – vergebens. Zu viele achaiische Besitzbürger glaubten bereits, ihre Privilegien nur noch wahren zu können, wenn sie den Herren vom Senat so weit wie irgend möglich entgegenkamen. Und dann scheint der weitere Verlauf der Dinge auch Lykortas selbst so unsicher gemacht zu haben, daß er beim Ausbruch des Dritten Makedonischen Krieges seinen Sohn, der damals (im Jahr 169 v. Chr.) das Amt des Hipparchos, des obersten achaiischen Kavallerieoffiziers bekleidete, mit einem Bündnisangebot in das römische Lager schickte. Laut eigener Aussage gab jener dort bekannt, seine Landsleute seien bereit, »mit ihrem ganzen Heerbann an den Kämpfen und Gefahren des konsularischen Heeres teilzunehmen«. Es war ein Versprechen, dessen Einlösung der Senat allerdings nicht verlangte und das im übrigen den Achaiern so gut wie keinen Nutzen brachte.

Nach Pydna überfiel Rom auch sie, ließ führende Männer des Bundes verhaften oder hinrichten und eintausend Mann als Geiseln nach Italien schaffen, unter ihnen den jungen Hipparchen, nämlich Polybios. Lykortas scheint während dieser blutigen Wirren das Leben verloren zu haben. Für seinen Sohn aber begann mit ihnen jener neue Lebensabschnittt, in dem er zum Historiker und Staatstheoretiker heranreifte. Er muß (oder müßte eigentlich), als er den Boden der Apenninenhalbinsel betrat, an Leib und Seele krank gewesen sein, herabgestürzt aus der stolzen Höhe eine schon in jungen Jahren erreichten hohen Amtes, von Bildern des Grauens heimgesucht. Solcher Misere konnte er sich jedoch entreißen, indem er versuchte, das, was ihm widerfahren war, zu begreifen und dann die gewonnenen Erkenntnisse als Salbe für seine eigenen Wunden zu benutzen. Dabei unterwarf er sich derart rigoros den Maßstäben kältester, manchmal zu kalter Objektivität, daß diese Prozedur einer Operation am eigenen Bewußtsein gleichkam.

Bestehen konnte er sein intellektuelles Abenteuer freilich nur deshalb, weil ihm durch einen unerwarteten Glücksfall auch die materiellen Voraussetzungen dafür zuteil wurden.

Eintritt in die beste Gesellschaft

Während in Italien die meisten der mit Polybios deportierten Achaier verkamen, gewann er den Sohn von L. Aemilius Paullus, den Bezwinger des letzten Makedonenkönigs, zum Freund. Und das war gleichbedeutend mit dem Eintritt in die beste römische Gesellschaft.
Dieser damals achtzehnjährige Feldherrnsprößling gehörte nicht nur – auf Grund seiner natürlichen Abstammung – dem uralten Geschlecht der Aemilier an, sondern war – durch Adoption – auch Mitglied des Hauses der Scipionen, welches wiederum in der hochberühmten Gens Cornelia wurzelte. Das machte ihn zum Träger eines Adelstitels, wie er hochkarätiger kaum vorstellbar ist. Er hieß Publius Cornelius Scipio Aemilianus und personifizierte in seltener Prägnanz die Praxis der römischen Patrizierfamilien, durch gegenseitige Verbindung familiäre Machtkartelle zu bilden.
Polybios hatte den von einem Nachkommen des älteren Scipio (genannt Africanus maior) an Kindesstatt angenommenen Aemilier noch auf den Schlachtfeldern des Dritten Makedonischen Krieges kennengelernt. Jetzt traf er als Gefangener seinen damaligen Gesprächspartner wieder und konnte ihn »bei gemeinsamer Lektüre und der Unterhaltung darüber« vollkommen für sich einnehmen. Das scheint zu beweisen, daß der Peloponnesier auch in schlimmen Lagen einen gewissen Charme planvoll einzusetzen vermochte. Außerdem weckt es den Verdacht, er habe, um des eigenen Vorteils willen, die Verachtung seiner achaiischen Leidensgenossen auf sich genommen und sei relativ leichten Herzens aus ihrem Kreis ausgeschieden.
Von seinem Verhältnis zu Jung-Scipio schwärmt der damals Dreiunddreißigjährige bald, es sei »wie zwischen Vater und Sohn« gewesen. Er hat sich offensichtlich nie eingestanden, daß er in Wirklichkeit vielleicht nur der besonders geschätzte Klient eines von griechischem Denken und griechischer Lebensart faszinierten Patrons gewesen sein könnte. Auf alle Fälle ist jedoch ihr Zusammenwirken für beide Seiten höchst fruchtbar gewesen.
Polybios studierte die römische Wirklichkeit aus einem Blickwinkel, der sich ihm nie erschlossen hätte, wäre er, wie seine Mitgefangenen, in irgendein italisches Provinznest abgeschoben worden. Dabei machte er die Erfahrung, daß sich »die Vergehen im Privatleben in nichts von denen in der großen Politik unterscheiden, es sei denn durch ihre Menge und Größe«. Er nahm also den Geruch von Korruption und Geldgier, der über der Stadt am Tiber hing, wohl wahr, verdichtete jedoch alle Folgerungen, die sich aus den entsprechenden Tatbeständen hätten ziehen lassen, zu der überobjektiven Formel: »Da es nun zwei Ursachen für den Untergang eines jeden Staates gibt, eine, die von außen herantritt, eine andere, die in ihm selbst erwächst, so gibt es für

jene keine sichere Regel, der innere Verfall dagegen verläuft nach einem Gesetz.« Das ließe sich mühelos auch in marxistische Begriffe übersetzen.

Scipio dagegen, der an solchen oder ähnlichen Formulierungen seine Freude gehabt haben mag, sog sich mit Hilfe seines väterlichen Freundes derart voll griechischer Bildung, daß ihm später, als er auf den Trümmern des von seinen Soldaten zerstörten Karthago stand – er eroberte es im Dritten Punischen Krieg und erwarb sich dadurch den Beinamen Africanus minor –, nur noch die Verse einfielen, mit denen Homer das »Hinsinken« der »heiligen Ilion« beklagt. Er zog auch noch andere Hellenen in seinen Kreis, unter ihnen den Stoiker Panaitios aus Rhodos, und schuf so eine gesellschaftliche Zelle, von der er hoffte, sie könne Kräfte zur Gesundung des allmählich versumpfenden römischen Staates freisetzen.

Daß diese Erwartung unerfüllt geblieben war, mußten jedoch später sowohl er als auch Polybios einsehen. Die patrizischen Sklavenhalter erschlossen sich immer größere Jagdreviere im Mittelmeerraum, die letzten Regeln einer einigermaßen anständigen Politik wurden dabei über Bord geworfen, und der »innere Verfall« schritt fort.

Von seinem hochgelegenen Beobachtungsposten aus konnte der ehemalige achaiische Reiterführer jetzt mitansehen, wie auch seine Heimat vollends zerschlagen und zerstückelt wurde. Es muß ein Schauspiel gewesen sein, welches ihm das Herz zerriß und seine später formulierte Meinung, die Tyche habe Rom nun einmal zur Weltherrschaft bestimmt, als verzweifelten Versuch erscheinen läßt, der Tragödie wenigstens einen gewissen Sinn zu geben – zumal er auch nach seinem inneren Übertritt auf die Seite des Siegers noch persönlich in sie verstrickt blieb.

Neue Legionen, brutaler denn je

In seiner *Geschichte* schreibt Polybios: »Ich weiß sehr wohl, daß der Krieg etwas Schreckliches ist, wenn auch nicht so schrecklich, daß man alles ertragen sollte, nur um ihn zu vermeiden. Denn wozu rühmen wir uns des Rechtes der unbeschränkten Meinungsäußerung, wozu führen wir das Wort Freiheit so gerne im Munde, wenn uns der Frieden über alles geht?« Mit diesen Sätzen wollte er zwar keineswegs sagen, Hellas solle, wenn schon, dann wenigstens kämpfend untergehen, doch scheinen, im Gegensatz zu ihm, einige seiner Landsleute durchaus so gedacht zu haben.

Neunzehn Jahre nach der Deportation des Polybios erhob sich in Thrakien ein Schmied namens Andriskos, scharte eine Anzahl gleichgesinnter Männer um sich, drang mit ihnen über Makedonien bis nach Thessalien vor, vernichtete eine römische Heeresabteilung, wurde end-

lich geschlagen, gefangengenommen und in Rom vom Henker erwürgt.
Zur gleichen Zeit standen auch die Achaier noch einmal gegen ihr »Schicksal« auf. Ein Kritolaos und ein Diaios, beide nacheinander Bundesstrategen, mobilisierten die letzten Kräfte des ausgebluteten Landes, bewaffneten sogar Sklaven und erzielten durch Überraschung die üblichen Anfangserfolge im Kampf mit konsularischen Einheiten. Dann jedoch rückten neue Legionen an, brutaler denn je. »Und überall in den Städten«, so Polybios, »breitete sich Unordnung, Verwirrung und Mutlosigkeit aus ... Das ganze Land geriet in einen Zustand geistiger Verwirrung ... Sie stürzten sich in Brunnen oder in den Abgrund ... Sie denunzierten und beschuldigten ihren Nächsten, ohne daß zunächst jemand (von den Eroberern) nach einem solchen Dienst gefragt hätte ... Es war ein Zusammenbruch, bei dessen Anblick sogar einen Feind Mitleid erfassen mußte.«
Diaios kam 146 v. Chr. bei einem Gefecht nahe Korinth ums Leben. Korinth wurde fast bis auf seine Grundmauern zerstört. Polybios konnte die Trümmer der Isthmos-Stadt besichtigen. Er war von den Römern ins Land gerufen worden, um ihnen bei der Wiederherstellung der Ordnung zu helfen. Mit Hilfe seiner Vollmachten setzte er es durch, daß die Statuen von Philopoimen, deren einige schon gestürzt waren, wieder aufgestellt wurden. Wie er dagegen mit den Bildnissen seines eigenen Erzeugers verfuhr, bleibt etwas unklar – immerhin hatte Lykortas den Achaiern trotz seiner späteren Sinneswandlung als vorbildlicher Römerfeind gegolten.
Vater-Sohn-Konflikt also der Motor eines großartigen Versuchs, die Realität zu rechtfertigen? Der Sohn schweigt dazu. Im übrigen waren Einschätzungen wie Römerfreund, Römerfeind schon lange kein gültiger Maßstab mehr – für Rom.

Auf die roheste Weise gedemütigt

Attalos I., jener pergamenische Herrscher, der sein Haus in eine Königsdynastie verwandelt hatte, ist ein Römerfreund gewesen. Er hatte die Res publica schon im Ersten Makedonischen Krieg unterstützt und später durch seine Beschwerde über Philipps Expansionsbestrebungen den Zweiten Makedonischen Krieg mit ausgelöst. Für alle diese Dienste hätte ihn der Senat eigentlich mit Dankbarkeitsbeweisen überschütten müssen. Aber wie verhielten dessen Beauftragte sich wirklich?
Als Philipp nach dem Scheitern der ersten Friedensgespräche schon so gut wie geschlagen war und es praktisch nur noch darum ging, seinen griechischen Besitz zu kassieren, schickte Flaminius die Soldaten des

Attaliden mit leeren Taschen nach Hause. Später erließ er bei der Eröffnung der Isthmischen Spiele von 196 v. Chr. (sie wurden in Korinth abgehalten) eine berühmt gewordene Proklamation, die den Hellenen vollkommene Freiheit zusicherte, aber Attalos um die Frucht seiner Anstrengungen brachte. Der hatte gehofft, Rom würde ihn, den zuverlässigen, erprobten Freund als neuen Schutzherrn Griechenlands anerkennen.
Auch Eumenes II., Sohn und Nachfolger des ersten gekrönten Pergameners, war ein Römerfreund. Er diente den beiden Scipionen als Reiterführer bei Magnesia am Sipylosberg, als Truppenlieferant in einer späteren Auseinandersetzung mit Sparta und als sozusagen geschäftsführender Partner bei weiteren Kriegen gegen Galater und Bithynier. Schließlich bot er sich – durch die Behauptung, Perseus habe ihn ermorden wollen – auch noch als lebender Vorwand für die Vernichtungsexpeditionen gegen den letzten Makedonenkönig an. Doch was bekam er dafür?
Die Römer überließen ihm zwar zunächst beinahe den ganzen kleinasiatischen und thrakischen Besitz von Antiochos dem Großen, begannen ihn dann aber auf die roheste und herzloseste Weise zu demütigen. Ein Legat von Aemilius Paullus, der nach Anatolien kam, gab, so Polybios, »in den bedeutendsten Städten bekannt, jeder, der Eumenes anklagen wolle, möge sich zu einer bestimmten Zeit in Sardeis (der ehemaligen Metropole Lydiens) einfinden. Später setzte er sich zehn Tage lang in das Gymnasion, um alle die Ankläger anzuhören, wobei er auch die gemeinsten Beschimpfungen des Königs entgegennahm und überhaupt allem, was gegen diesen vorgebracht wurde, das größte Gewicht beimaß.« Und als der Attalide im Winter 167/66 persönlich vor den Senat treten wollte, um Beschwerden vorzubringen oder seine weitere Politik mit den Hütern der Res publica abzustimmen, überbrachte ihm schon in Brundisium (Brindisi) ein Bote den Befehl, das Land sofort wieder zu verlassen. Man jagte ihn davon wie irgendeinen lästigen Bittsteller.
Mit unbegreiflicher Geduld hielt dennoch auch Attalos II., Bruder des 159 v. Chr. verstorbenen Eumenes, am Bündnis seines Hauses mit den Römern fest. Gleichzeitig versuchte er, sich als Musterhellene zu profilieren. Er tat indes das eine, ohne Dank zu erhalten, das andere ohne größeren Erfolg. Der Senat hetzte erst die Bithyner auf ihn und gewährte später den Galatern, Pergamons schlimmsten Feinden, die Autonomie. Die Athener aber erwiesen dem Attaliden lediglich die Gunst, sich von ihm eine doppelstöckige Stoa am Westrand ihrer Agora errichten zu lassen – sie wurde zwischen 1953 und 1959 mit amerikanischem Geld wieder vollkommen rekonstruiert.

Spielball der römischen Politik

Erst der vierte pergamenische König, ein Adoptivsohn des dritten, zog aus den von seinen Vorgängern im Umgang mit Rom gewonnenen Erfahrungen einen radikalen Schluß – allerdings mutet er seltsam an. Attalos III. fiel nicht ab von dem großen Bundesgenossen, erhob sich auch nicht wider ihn, sondern überschrieb ihm statt dessen den ganzen durch Philetairos begründeten Staat. Das könnte auf tiefe Resignation schließen lassen oder auf ein hohes Maß an Einsicht in die bestehenden Verhältnisse. Der letzte selbständige Herrscher in der gleißenden Residenz über dem Kaikostal mag begriffen haben, daß sein Besitz ein eigentlich kaum noch lebensfähiger Zwitter war, Fremdkörper seit je in der diadochischen Welt und nun zum Spielball der römischen Politik geworden. So liquidierte er als Erbe kecker Spekulanten ein letztlich fehlgeschlagenes Unternehmen mit wenigen Federstrichen. Es war dennoch ein allzu einsam gefaßter Entschluß.

Das Volk vollzog nicht nach, was der in sich versponnene Attalide – er galt als bedeutender Pflanzenforscher und Pharmakologe – gedacht und gefolgert hatte. Ein Mann namens Aristonikos gab sich als leiblicher Bruder des vorletzten Königs aus und trat den Testamentsvollstreckern aus Italien an der Spitze eines halbrevolutionären Bauernhaufens entgegen. Er drückte auch Sklaven den Speer in die Hand und versprach ihnen für ihr Engagement eine »Heliopolis«, eine Sonnenstadt, in der es keinen Zwang und keine Unterdrückung mehr geben sollte. Aus den Trümmern der hellenistischen Welt erblühte noch einmal die Utopie.

Natürlich war auch diesem verzweifelten Unternehmen kein durchschlagender Erfolg beschieden. Nach ersten Überraschungssiegen, darunter einigen recht bedeutenden, wurde Aristonikos geschlagen, gefangengenommen und in Rom hingerichtet.

Die Stadt Pergamon aber konnte nun sozusagen besten Gewissens geplündert werden. Der gesamte ehemals attalidische Besitz bekam den Status einer römischen Provinz verliehen, das heißt: er sank zum Ausbeutungsobjekt für einige geldgierige Publicani herab.

Polybios scheint über Aristonikos nichts erfahren zu haben, hätte er aber von ihm gewußt, so wäre sein Urteil mit Sicherheit dieses gewesen: ein weiterer Frevler hatte es gewagt, die Intentionen der Tyche zu mißachten. Scipios Freund war ja gezwungen, seine Kernthese immer wieder vorzutragen, weil es längst kein anderes Argument mehr gab, mit dem sich die Expansionspolitik des von Jahr zu Jahr gefräßiger werdenden Roms noch einigermaßen hätte rechtfertigen lassen. Wer sich den Legionen in den Weg stellte, mußte deshalb schuldig gesprochen werden, schuldig der Uneinsicht in ein zwar keineswegs erforschliches, aber klar sich abzeichnendes Weltschicksal.

Auch die Regenten von Rhodos versetzte Polybios mit Hilfe dieses dialektischen Arguments in den Anklagezustand.

Kaltschnäuzig drehte ihnen der Senat einen Strick

Als kurz vor der endgültigen Niederwerfung des Perseus rhodische Gesandte an den Tiber kamen, vermutlich um zu erfahren, wann denn im östlichen Mittelmeerraum wieder einmal mit friedlicheren Zeiten zu rechnen sei, gerieten sie darob nicht mit den Senatoren in Konflikt, sondern direkt – eben – mit der »Tyche«. Die bewirkte nämlich, daß sie »ihren Unverstand wie auf einer Bühne zur Schau stellten« und sich so von vornherein des Rechts auf eine faire Behandlung begaben. Es ist eine der Stellen in Polybios' Buch, die ihn als einen Mann erscheinen lassen, der von Roms Macht nicht nur fasziniert, sondern geradezu hypnotisiert war. Denn was hatten die sicherlich welt- und geschäftserfahrenen Rhodier nun wirklich getan? Sie hatten angedeutet, daß, auf Grund der fortdauernden Kriegswirren, ihr Gemeinwesen in ernste finanzielle Bedrängnisse geraten sei, daß es endlich wieder in die Lage versetzt werden müsse, mit seinen alten Partnern in Griechenland gedeihlichen Handel zu treiben. Und wahrscheinlich waren sie schon deshalb überzeugt gewesen, sie könnten dergleichen vertrauensvoll vorbringen, weil die Res publica den Bewohnern des Dodekanes-Eilands mindestens ebensoviel verdankte wie den pergamenischen Königen. Ohne den Beistand ihrer starken Flotte hätten die Römer weder Philipp V. noch Antiochos III., noch die Punier so erfolgreich ausmanövrieren können, wären die Legionen bei ihren weitgespannten Unternehmungen in Hellas und Kleinasien ohne maritimen Flankenschutz geblieben. Alles das schien jedoch plötzlich überhaupt nicht mehr zu zählen.

Kaltschnäuzig drehte ihnen vielmehr der Senat aus ihren Vorbringungen einen Strick. Sie wollten ja nur den Makedonenkönig »aus seiner bedrängten Lage befreien«, ließ er verlautbaren und setzte hinzu, weil dies ein feindseliger Akt sei, fühle man sich keineswegs verpflichtet, »ihnen Gutes zu erweisen und einen freundlichen Bescheid zu geben«. Das hieß im Klartext: Ihr habt eure Schuldigkeit getan und könnt nun gehen. Es war ebenso brutal wie zynisch. Trotzdem glaubte Polybios, selbst solches Vorgehen mit seinem hehren Standardargument rechtfertigen zu müssen. Hatte er denn nicht erkannt, daß die römische Nobilitas nun, da ihr Staat die Macht über das Mittelmeer schon beinahe vollkommen an sich gerissen hatte, in den Verbündeten von gestern bloß noch den Konkurrenten von heute und morgen sah?

Wirtschaftskrieg gegen Rhodos

Rhodos war, dank seiner günstigen Lage, das wichtigste und bedeutendste aller hellenistischen Handelszentren. Über seinen Hafen lief der gesamte Warenaustausch zwischen Ägypten und dem Norden, zwischen Syrien und dem Westen. Noch im Jahr 170 v. Chr., als seine Position bereits entscheidend geschwächt war, verdiente es allein an Ein- und Ausfuhrzöllen eine Million Drachmen. Weit größere Summen aber kamen in den Banken zusammen, welche es unterhielt, oder in seinen eigenen Reedereien. Die hatten zwar insgesamt nie mehr als fünfzig Schiffe unter Segeln, bewältigten jedoch mit ihnen, da sie besser gebaut und besser bemannt waren als alle übrigen, einen beträchtlichen Teil des Seegeschäfts im Raum zwischen Phönizien, Süditalien und Afrika. Im übrigen rührte der gute Ruf, den die Insel auch noch genoß, von ihren hohen Schulen, ihren gesammelten Kunstwerken und dem Umstand her, daß Rhodos mit Hilfe seiner Kriegsflotte und mit der Schaffung einer Seerechtsdeklaration das Piratenunwesen fast zum Erliegen gebracht hatte. Aber nun wollte Rom ihm seinen Rang streitig machen und selbst einsteigen in das profitträchtige Geschäft mit alexandrinischem Papyros, sidonischem Glas, pergamenischem Leder, makedonischem Bauholz, indischem Elfenbein, tyrischen Purpurstoffen, mit Topasen aus den ägyptischen Städten am Roten Meer, Smaragden aus Äthiopien, Perlen aus dem Persischen Golf, Lavendel aus dem Himalaya, Weihrauch aus dem Jemen, Gummi arabicum aus Syrien, Marmorstatuen aus den Städten im Maiandrostal. Um das zu erreichen, forderten die Equites zunächst, ein konsularisches Heer möge den kleinasiatischen Küstenbesitz der Rhodier annektieren. Als ihnen das auf Grund einer Rede des vorwiegend an der Landwirtschaft interessierten älteren Cato abgeschlagen wurde, entwickelten sie einen anderen, bei weitem wirksameren Plan. Sie verzichteten auf Militärhilfe und eröffneten den Wirtschaftskrieg gegen Rhodos.
Das winzige Kykladen-Eiland Delos (größte Längenausdehnung etwa fünf Kilometer) wurde Athen übereignet und zum Freihafen erklärt. Wer hier anlegte, konnte fortan zollfrei kaufen oder verkaufen und Güter umschlagen, ohne daß ein Fiskus sich an seinem Geschäft beteiligte. Das hatte zur Folge, daß Schiffe, die bisher auf ihrem Weg von Ost nach West, von Süd nach Nord in Rhodos Station gemacht hatten, nunmehr versuchten, in jedem Fall das abgelegene, aber gebührenfreie Delos zu erreichen, ehe ihnen Wasser oder Vorräte ausgingen. Es bewirkte weiter, daß auch Reeder sich dort niederließen und daß ihnen die großen griechischen, phönizischen, syrischen, ägyptischen Handelsfirmen folgten, in erster Linie aber die römischen.
Natürlich war das Inselchen nur nominell in athenischer Hand, de facto wurde es von Geschäftsleuten aus der Tiberstadt beherrscht. Es avan-

cierte zum Tummelplatz für Spekulanten, Geldleute und Abenteurer aus aller Herren Länder. Rasse, Sprache, Religion, Nationalität und sozialer Stand spielten innerhalb seiner Bannmeile nicht die geringste Rolle. Wer Geld machen konnte, wer Unternehmungsgeist, Sinn für Profit, auch Skrupellosigkeit besaß, kam voran und galt etwas, mochte sein Vater selbst Bettler, Verbrecher oder Sklave gewesen sein. Auf Delos herrschte die vollkommene kapitalistische Freiheit, es war ein Produkt des neuen ungezähmt kapitalistischen Denkens, das der alten hellenistischen Welt eigentlich fremd gewesen ist.

Sklaventreiber, Hochstapler, Schwindler

Das kykladische Händlerparadies ruhte auf einem im Grunde irrealen, aber dennoch sehr soliden Fundament. In Delos hatte Leto, die erste Gattin des Zeus, Apollon und Artemis zur Welt gebracht. Die Insel galt deswegen als so heilig, daß seit dem sechsten vorchristlichen Jahrhundert kein Mensch mehr auf ihr zur Welt kommen oder sterben durfte. Vorhellenistische und hellenistische Herrscher hatten sie mit Prunktoren, Tempeln, Prozessionsstraßen geschmückt. Man feierte auf ihr, opferte, betete und veranstaltete Spiele. Wenn die Welt der Diadochen einen kultischen Mittelpunkt besaß, dann dürfte er hier gewesen sein. Eben das aber vertrug sich nun vorzüglich mit dem Geschäft – zumindest nach der Entfernung der delischen Ureinwohner. Sie und ihre Priester waren davongejagt und durch willfährige athenische Kleruchen ersetzt worden.

Die Kaufleute fühlten sich in den leeren, immer noch heiligen Kulissen geborgen. Wie alle, die mit hohen Risiken arbeiten, dürften sie eher abergläubisch denn fromm gewesen sein und hatten nun ja die Möglichkeit, das Netz ihrer weitgespannten Unternehmungen direkt an Altären festzumachen. Auf Delos entstanden, nach seiner Promotion zur Freihandelszone, Tempel für Dionysos, Hermes, Herakles, Serapis, den phönizischen Baal und eine Synagoge. Die Ausstrahlung der Gotteshäuser gab dem Inselchen Bedeutung, Gesicht und den wahrscheinlich dringend benötigten Anschein von Solidität.

Alle neuen Einwohner des Kykladenzentrums schlossen sich in einer Vielfalt von Klubs zusammen. Die Gesamtheit dieser Bünde war ein Gemeinwesen von korporationsähnlicher Qualität außerhalb aller gewachsenen Staaten und Städte. Seine Mitglieder lebten nicht nur inmitten des Meeres, sondern auch in einem an keine Nation gebundenen exterritorialen Raum. Und sie lebten gut.

Die Insel strotzte bald von prächtigen Profangebäuden, von parischem und pentelischem Marmor, von Gold und Porphyr. In der Nähe des alten Hafens – ein neuer künstlicher war frühzeitig errichtet worden

– erhob sich die Agora der Kompetalisten, einer Vereinigung freigelassener Sklaven. An dem »heiligen See«, auf dem die Schwäne Apollons schwammen, lagen sich der von Säulenhallen umgebene Markt der Italiker und das Gebäude der Poseidoniasten, eines Bundes phönizischer Kaufleute aus Berytos (Beirut) schräg gegenüber. Zu Füßen des etwa hundert Meter hohen Kynthosberges drängten sich an engen Gassen die teilweise riesigen Kaufmannsvillen – unter ihnen jene mit dem Dionysos-Mosaik –, am Hang des Hügels staffelten sich die Heiligtümer und weitere Wohnanlagen; an seiner Südseite lag ein Theater; an der Seefront gab es Warenhäuser, Magazine, Schatzdepots, dahinter einen Säulensaal, der wahrscheinlich als Getreidebörse diente. Und fast alle derartigen Bauwerke waren ausgeschmückt mit Statuen jeglichen Stils, raffinierten Umarbeitungen älterer Kunstwerke, aber auch Bildnissen, welche ihre Besitzer in Götterpose darstellten, und solchen, die nichts weiter ausstrahlten als Erotik.

Sie muß ziemlich protzig gewirkt haben, diese Inselstadt, geprägt von dem Motto ›Geld spielt keine Rolle‹. Auch die Gesellschaft, die sie bewohnte, dürfte vor einem feinsinnigen Kritiker kaum bestanden haben: Millionäre, Matrosen, Sklaventreiber, Hochstapler, Schwindler, schöne Männer, denen keine Frau gefährlich werden konnte, und Frauen, denen kein begüterter Mann zu häßlich war, Abschaum und Geldelite, doch das ergänzte sich ebenfalls vorzüglich.

Von der Wiege des Apollon aus wurden nicht nur Geschäfte gemacht, sondern auch Bürgerkriege finanziert, Anschläge in die Wege geleitet, Attentate vorbereitet, Spione in Marsch gesetzt. Das Eiland war ein Vorposten der römischen Macht. Seine Befehlshaber verfolgten mit wirtschaftlichen Mitteln weiter, was die beutegierigen Herrn der Legionen mit militärischen angebahnt hatten. Sie setzten Kapitalkraft ein anstelle von Soldaten und blieben vor allem an einem ganz besonders interessiert – an Arbeitskraft, verpackt in menschliche Haut.

Delos rühmte sich, so Strabo, an einem einzigen Tag zehntausend Sklaven aufnehmen und weiterverschiffen zu können. Es war für solche Ware der größte Markt der älteren Geschichte und sollte diesen »Rekord« bis ins achtzehnte Jahrhundert hinein halten. Erst dann wurde er von den portugiesischen und britischen Belieferern nord- und südamerikanischer Plantagen gebrochen.

William Tarn meint, wenn Gold ein goldenes Zeitalter heraufführen könne, dann habe das Kykladeneiland ein solches erlebt. Es begann nach 166 v. Chr., jenem Jahr, in dem Delos athenisch wurde, und endete rund achtzig Jahre später, als der letzte hellenistische König, der sich den Römern noch einmal in den Weg stellte, ihr Händlerparadies zerstörte. In der Zeit dazwischen aber war es seinen Schöpfern tatsächlich gelungen, den Mittelmeerhandel fast völlig an sich zu ziehen und Rhodos als wichtigsten Transithafen zu entthronen.

Kaviar teurer als ein Ochsengespann

Polybios hat von Delos bloß flüchtige Notiz genommen. Der Geist, den das Kykladenzentrum verkörperte, war längst auch am Tiber wahrzunehmen. Cato soll damals gesagt haben, man könne aus der Preisentwicklung bei Luxusgütern auf den »Niedergang eines Staates« schließen. »Wenn schöne Knaben einen höheren Betrag erzielten als ein Landgut und Töpfe voll Kaviars teurer seien als ein Ochsengespann«, dann gehe es sehr bald mit ihm zu Ende. Offensichtlich war diese Beobachtung aus dem Leben gegriffen.
Trotzdem zitiert der Peloponnesier den sittenstrengen Konservativen nicht, um damit seine These von der zwangsläufigen Selbstzerstörung einer jeden Gesellschaft zu illustrieren. Er hat sie – im Gegensatz zu jener von der Tyche – überhaupt nie konsequent angewandt oder gar mit ihrer Hilfe den Verfassungszustand Roms durchleuchtet.
Auch Scipio, der gewußt haben mag, daß sein Freund alle Gemeinwesen für vergänglich hielt, betete lediglich, das Reich möge nicht weiter wachsen, sondern in der Ausdehnung, die es jetzt erreicht habe, bestehen bleiben. Es war ein illusionärer Wunsch, basierend auf der Hoffnung, durch äußere Konsolidation könne der »innere Verfall« noch einmal aufgehalten werden.
Weil solcherart aber die kritischen Befürworter der Res publica schon als Theoretiker versagten, blieb es nun jüngeren Praktikern vorbehalten, ihre Sonden an die Wurzeln des eigentlichen Übels zu legen. Im Jahr 133 v. Chr. – Scipio stand damals vor der keltischen Stadt Numantia in Spanien – eröffnete der dem Haus seines Adoptivvaters verwandte Volkstribun Tiberius Sempronius Gracchus mit dem Versuch, eine Bodenreform in die Wege zu leiten, jene nahezu hundert Jahre überspannende Epoche der römischen Geschichte, welche seit Mommsen mit der Überschrift »Die Revolution« versehen ist.
Ob Polybios von diesem Umbruch, den er ja vorausgesagt hatte, erfuhr, ob er erkannte, daß die Römer noch vor seinem Tod (er soll als Zweiundachtzigjähriger um das Jahr 125 v. Chr. gestorben sein) darangingen, ihn zu bestätigen, wissen wir nicht. Es ist jedoch schon deshalb eher unwahrscheinlich, weil sie sich dabei keineswegs buchstabengetreu an seine Betrachtung über den Kreislauf der Verfassungen hielten. Die Stationen Demokratie und Ochlokratie wurden übersprungen. Aus den von Gracchus eingeleiteten Wirren ging direkt der erste jener Diktatoren hervor, welche den späteren Kaisern einen bequemen Weg bahnen sollten.
Fast gleichzeitig mit der Res publica zerfielen auch die letzten hellenistischen Königreiche.

KAPITEL 11

EIN GLORREICHER UNTERGANG

»*Die aristokratischen Republiken entschließen sich schwer zu Kriegen, um die Menge der Plebejer nicht kriegerisch werden zu lassen.*«

GIOVANNI BATTISTA VICO
Principi di una scienza nuova

»*Sie erinnerte mich an die furchtbaren Königinnen, die den Ammoniakgeruch ihrer Inzestlieben zurückließen; ein Geruch, der wie eine schwere Wolke über dem Unterbewußtsein der Alexandriner lastet.*«

LAWRENCE DURRELL
Justine

ZEITTAFEL

111 v. Chr.:	Mithradates VI. besteigt den Thron. Beginn des Jugurthinischen Krieges.
102/101 v. Chr.:	Marius schlägt die Kimbern und Teutonen bei Aquae Sextiae und Vercellae.
100 v. Chr.:	Marius scheitert mit seinem Siedlungsprogramm.
91–89 v. Chr.:	Römischer Bundesgenossenkrieg.
88 v. Chr.:	Sullas Marsch auf Rom. Beginn des Ersten Mithradatischen Krieges.
84 v. Chr.:	Ende des Ersten Mithradatischen Krieges.
82–79 v. Chr.:	Sulla regiert als Diktator.
83–81 v. Chr.:	Zweiter Mithradatischer Krieg.
80 v. Chr.:	Ptolemaios XII. besteigt den Thron.
78 v. Chr.:	Sulla stirbt.
74–64 v. Chr.:	Dritter Mithradatischer Krieg.
69 v. Chr.:	Geburt Kleopatras VII.
63. v. Chr.:	Mithradates VI. stirbt.
60 v. Chr.:	Begründung des Ersten Triumvirats: Pompeius, Crassus, Caesar.
58 v. Chr.:	Ptolemaios XII. kommt nach Rom. Caesar geht nach Gallien.
55 v. Chr.:	A. Gabienus erobert Ägypten. Ptolemaios XII. wird wieder in sein Amt eingesetzt.
51 v. Chr.:	Ptolemaios XII. stirbt. Kleopatra VII. und Ptolemaios XIII. besteigen den Thron.
49 v. Chr.:	Caesar überschreitet den Rubico.
48 v. Chr.:	Kleopatra VII. wird vertrieben. Schlacht bei Pharsalos. Ermordung des Cn. Pompeius. Caesar kommt nach Alexandria. Beginn des Alexandrinischen Krieges.
47 v. Chr.:	Ende des Alexandrinischen Krieges. Geburt Kaisarions. Schlacht bei Zela.
46/45 v. Chr.:	Caesars Siege bei Thapsus und Munda. Beginn seiner Regierungszeit in Rom.
44 v. Chr.:	Caesar wird ermordet.
43 v. Chr.:	Begründung des Zweiten Triumvirats: Antonius, Lepidus, Octavius.
42 v. Chr.:	Doppelschlacht von Philippi.
41 v. Chr.:	Antonius begegnet Kleopatra VII.
40 v. Chr.:	Aufteilung des Reiches durch die Triumvirn. Antonius heiratet Octavia.
37 v. Chr.:	Antonius heiratet Kleopatra VII.
34 v. Chr.:	Kleopatra VII. wird zur »Königin der Könige« proklamiert.
32 v. Chr.:	Beginn des sogenannten Ptolemäischen Krieges.
31 v. Chr.:	Schlacht von Actium.
30 v. Chr.:	Octavius erobert Alexandria. Antonius und Kleopatra begehen Selbstmord. Ende des Ptolemäischen Krieges. Kaisarion wird ermordet.

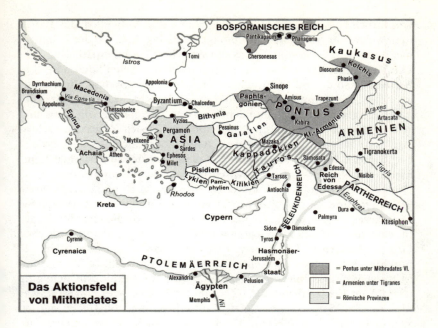

Das Aktionsfeld von Mithradates

DER TOD DES DIONYSOS

Umkreist von lautlosen Schatten

Am frühen Morgen ist der Himmel über dem endlosen Zackenmeer der Berggipfel noch beinahe lindgrün. Was tief unten aufblitzt, könnte der Oberlauf des Euphrat sein. Die Luft ist klar und kalt. Jede Felskontur tritt messerscharf zutage. Aber erst wenn ein rosiger Schimmer über das Gestein fällt, werden auch die Statuen lebendig.
In den Winkeln riesiger Augen nisten sich Schatten ein, halbgeöffnete Münder füllen sich mit Schwärze, auf kunstvoll stilisierten Backenbärten spielt das Licht. Fünf übermannsgroße Köpfe, drei von Männern, die hohe konische Hüte tragen, der Kopf einer Frau mit üppigem Turban und ein Adlerkopf, scheinen halslos aus dem Geröll zu ragen. Als sie noch auf Schultern saßen, müssen sie sich mehr als zwölf Meter über dem Erdboden befunden haben: steinerne Giganten am Gipfel des Nemrut Dagh in Ostanatolien. Sie bewachen eines der seltsamsten Grabmale der hellenistischen Welt.
Der Mann, der es schuf, hat sich auf dem zweitausenddreihundert Meter hohen Berg ebenfalls verewigen lassen, als Relieffigur. Er trägt persische Königstracht und reicht einem nackten griechischen Gott,

vermutlich Herakles, die Hand. Sein Name war Antiochos, das Reich, über welches er gebot, hieß Kommagene. Es lag dort, wo der Euphrat, aus dem Gebirge kommend, in die syrische Ebene eintritt.

Die Vorgänger des Antiochos, ursprünglich den Seleukiden untertan, hatten Arsames und Mithradates, aber auch Samos und Ptolemaios geheißen. Sie nannten sich Großkönige, Gerechte, Göttlich Erschienene. Sie glaubten an einen höchsten Gott, der gleichzeitig Zeus und Ahura Mazda war, und einen anderen, der in sich Züge von Helios, Apollon, Hermes, Herakles und Ares, aber auch dem iranischen Lichtbringer Mithras vereinigte. Auf dem Berg des sumerischen Himmelsherrn Nimrud hat diese Mischreligion Gestalt angenommen.

Die gewaltigen Figuren bekränzten eine hundertfünfzig Meter hohe Steinpyramide, in der sich wiederum eine Grabanlage verbarg. Sie überragten Altäre, auf denen nach iranischem Ritus Feueropfer dargebracht wurden, beschirmten aber auch Feste zu Ehren der olympischen Götter. Außerdem verkörperten sie das Recht, dem dieser Staat gehorchte. Wer, getreu der Lehre Zarathustras, mit Ahura Mazda und Mithras die Verkörperung des Bösen, Ahriman, bekämpfte, dem ging es wohl auf Erden, dem halfen Zeus und Herakles. Wer Übles tat, war himmlischen Strafen ausgesetzt, die vom König vollstreckt werden konnten. Auf dem Nemrut Dagh wurde auch ein steingehauenes Horoskop babylonischer Provenienz gefunden. Der Riesenadler erinnert an den Falken des ägyptischen Isissohnes Horus.

In einer Inschrift bezeichnet sich Antiochos I. von Kommagene als frommen Menschen und gibt an, er habe glücklich regiert. Zu seinen Vorfahren zählte er sowohl Alexander als auch den unglücklichen Dareios III. Das mag jedoch nur darauf hindeuten, daß er glaubte, die Verschmelzung von Persern und Hellenen vorzuleben.

Ob er größere Kriege geführt hat, ist so unbekannt wie unwahrscheinlich. Sein Land war reich an Bodenschätzen, aber nicht stark genug, um sich gewaltsam gegen Pergamener oder Seleukiden durchsetzen zu können. Im Licht seiner Schöpfung, des erdfernen Heiligtums am Rande der anatolischen Gipfelwelt, erscheint dieser Fürst ohnehin als Mann, welcher eher von priesterlicher Würde als von kriegerischem Ehrgeiz durchdrungen war – Repräsentant einer Welt, die doch auch auf den Säulen Homonoia und Koinonia ruhte.

Antiochos nennt sich sowohl Griechenfreund wie Römerfreund. Er scheint mit den Vertretern der Res publica gut zurechtgekommen zu sein. Erst unter seinem dritten Nachfolger wurde Kommagene in das lateinische Imperium eingegliedert. Bis dahin, und das heißt bis zum Jahr 72 n. Chr., waren immer wieder Männer mit hohen persischen Hüten auf dem Kopf, mit kunstvoll gelockten Bärten zu der Grabanlage und Opferstätte gepilgert, welche dem Himmel so nahe lag wie kein anderes Bauwerk jener Zeit.

Als es endlich auch sie nicht mehr gab, blieben jahrhundertelang noch die steinernen Riesen, umkreist von ihren lautlosen Schatten, einsam, weltfern, auch sie im Grunde ein Denkmal für Alexander den Großen.

Seine teuerste Reliquie

Während des dritten vorchristlichen Jahrhunderts blühten zwischen Taurus und Kaspischer See eine ganze Reihe von Staaten empor, die sich, wie Kommagene, dem persischen und dem griechischen Erbe verpflichtet fühlten. Der bedeutendste davon reichte im Westen fast bis Bithynien, grenzte an Armenien und wurde, weil er solcherart den Pontos Euxeinos, das Schwarze Meer, im Osten umklammerte, das pontische Reich genannt. Sein Begründer war der iranische Adelige Mithradates I. Er stammte von einem Mann gleichen Namens ab, welcher erst an der Seite von Eumenes aus Kardia gefochten hatte, dann zu Antigonos dem Einäugigen übergegangen war. Irgendwann nach dem Ende des ersten Aktes der Diadochenkämpfe muß dieser Vorfahr sich dann selbständig gemacht und hinter die ostanatolischen Berge zurückgezogen haben. Bereits Mithradates II., der zwischen 285 und 265 v. Chr. regierte, nannte sich König, und der dritte »Von-Mithras-Geschenkte« begann schon mit einheimischen Herren und Diadochennachfolgern um die Vormacht in seinem Revier zu kämpfen. Alles in allem fügte ihr Fürstentum sich damit nahtlos ein in die unruhige, von Alexanders Erben gestaltete Welt.

In Pontos wurden an die zwanzig verschiedene Sprachen gesprochen; beim bäuerlichen Volk herrschte das Iranische, bei der Oberschicht das Griechische vor. Hellas war auch der kulturelle Bezugspunkt des Landes. Seine Herren bedachten Athen mit großzügigen Weihegaben, opferten in Delos, heirateten mehrfach in das seleukidische Haus ein und blieben trotzdem stolz darauf, daß sie ihren Stammbaum bis zu Dareios I. zurückführen konnten, jenem Perserkönig, der Ionien unterworfen und den ionischen Aufstand niedergeschlagen hatte. Gleich den Regenten von Kommagene scheinen sie an die große europäisch-asiatische Synthese geglaubt zu haben, die einst mit Akten wie der Massenhochzeit von Susa propagiert worden war. Und auf jeden Fall sind sie typische Repräsentanten der hellenistischen Epoche gewesen. Ganz besonders gilt das für Pharnakes I., der zwischen 183 und 179 v. Chr. erfolgreich gegen Pergamener wie Bithynier kämpfte und dennoch von Rom um seine Beute gebracht wurde, noch mehr für Mithradates VI., der 111 v. Chr. den Thron in der pontischen Hauptstadt Sinope (Sinop, an der türkischen Schwarzmeerküste) bestieg. Von ihm werden die merkwürdigsten Dinge berichtet.

Er soll körperlich ein Riese gewesen sein und alle Sprachen beherrscht haben, die in seinem Reich gesprochen wurden. Er hütete als seine teuerste Reliquie einen Mantel Alexanders, sammelte Gemmen, interessierte sich für Pharmakologie – ein Heilkraut wird nach ihm Mithradatia genannt – und konnte, was heute allenfalls noch versierte Artisten vermögen, ein ganzes Sechzehnergespann lenken.

Da seine Mutter Laodike einerseits von Antiochos dem Großen, andererseits aber von der mit diesem verheirateten Tochter seines eigenen Vorfahren Mithradates II. abstammte, haben einige Biographen des Pontiers errechnet, daß in seinen Adern mehr makedonisches Blut floß als in jenen des Seleukiden Antiochos I. (der war ja einer Ehe seines Vaters mit der Perserin Apame entsprungen). Und sie haben hinzugefügt, aus diesem »günstigen Mischerbe« erklärten sich möglicherweise seine großen geistigen und militärischen Gaben – was man ernst nehmen mag oder nicht. Tatkräftig und zielbewußt muß er jedenfalls schon als junger Mann gewesen sein.

In Mithradates' zwölftem Lebensjahr, 120 v. Chr., war sein Vater (Mithradates V.) ermordet worden. Laodike hatte daraufhin die Regentschaft übernommen, doch der Sohn traute ihr nicht. Er zog sich in die Berge zurück und lebte dort rund sieben Jahre lang unter derart harten Bedingungen, daß er später Tage ohne Nahrung auskommen konnte und sowohl die äußerste Kälte als auch die größte Hitze zu ertragen vermochte. Außerdem berichtet man, er habe sich in jener Zeit systematisch gegen alle Gifte abgehärtet.

Einundzwanzigjährig kam er endlich nach Sinope zurück, entmachtete seine Mutter, heiratete seine Schwester – auch sie hieß Laodike – und begann, das Reich Pontos nach allen Seiten hin auszudehnen.

König des Kimmerischen Bosporus

Schon ein Jahr nach seinem Regierungsantritt schickte Mithradates, dem Hilferuf griechischer Kolonisten nachgebend, ein Heer auf die Krim, die damals von skytischen Reiterstämmen heimgesucht wurde. Vier Jahre später besaß er die ganze Halbinsel, gehörten nunmehr auch solch reiche Städte wie Chersonesos (Sewastopol), Theodosia (Feodosia) oder Pantikapaion (Kertsch) zu seinem Reich. Deren Kaufleute erschlossen die Kornkammern Südrußlands, welche, neben Sizilien und Ägypten, zu den wichtigsten der Mittelmeerwelt gehörten. Trokkenfische aus Dnjepr, Donez und Don, Felle aus dem Ural, Edelmetalle aus dem Kaukasus wurden über pontische Häfen umgeschlagen. Skythen, Geten, Jazygen und Sarmaten, die Bewohner der Ebenen nördlich des Asowschen Meeres, standen dem mithradatischen Heer als leichte und schwere Reiter zur Verfügung – sie waren sehr begehrt. Als »König des Kimmerischen Bosporus«, wie er sich nun nannte (der

Tempel am Hang des Kynthosberges von Delos

Antiochos von Kommagene und Herakles, Relief vom Nemrut Dagh in Ostanatolien

Kleopatra VII. von Ägypten, Büste im British Museum

Relikt aus der Diadochenzeit im Griechisch-Römischen Museum von Alexandria. Der Sinn der Darstellung ist unbekannt.

Kimmerische Bosporus war die Straße von Kertsch), gehörte der Halbmakedone zweifellos zu den mächtigsten Herrschern seiner Zeit. Er eroberte auch noch den westlich des oberen Euphrat gelegenen Pufferstaat Klein-Armenien und unterstellte sich mit diesem Zug den Stamm der Chalyber, dessen Mitglieder als die besten Schmiede und Stahlerzeuger der damaligen Welt galten.

Ein Mann von haushälterischem, besitzfreudigem Wesen könnte nun wohl versucht haben, sich in diesem Staat einzurichten, ihn abzusichern und zu entwickeln. Indes: Mithradates dürfte zu der Zeit, da ihm Klein-Armenien anheimfiel, allenfalls fünfundzwanzig Jahre alt gewesen sein, zu jung, um schon zu rechnen und Alexanders Mantel wegzuhängen. Wo also winkte der nächste Lorbeer?

Im östlichen Kleinasien, in Syrien und Persien gab es damals keine eindeutig dominierende Macht mehr. Die Seleukiden hatten den hohen Iran und Mesopotamien an die Parther, Judäa an die Hasmonäer verloren und zerfleischten sich gegenseitig in innerdynastischen Zwisten. Groß-Armenien, reich und stark, aber noch nicht auf Ausdehnung bedacht, wurde von einem Zweig der Arsakiden beherrscht. Im Südwesten von Pontos lag das unwirtliche keltische Galatien, ein römischer Klientelstaat, dessen Bewohner ihren schreckenerregenden Ruf weitgehend eingebüßt hatten. Jenseits seiner Südgrenze erstreckte sich das ebenso schwache, ebenso romabhängige Königreich Kappadokien, und westlich von dessen Staatsgebiet herrschten bereits die Statthalter des Senats. Von allen diesen Mächten auf anatolischem Boden konnte Mithradates nur die letztere wirklich gefährlich werden; sie reagierte ja sehr empfindlich schon auf politische Veränderungen an den Rändern ihres Einflußbereichs. Trotzdem wurde die pontische Armee nach Westen in Marsch gesetzt.

Ihr Kriegsherr hatte sich mit dem noch einigermaßen selbständigen Nikomedes III. von Bithynien verbündet. Beide zusammen besetzten das zwischen ihren Staaten gelegene Paphlagonien an der Schwarzmeerküste und danach Galatien. Als dies gutgegangen war, bemächtigte sich Mithradates auch noch Kappadokiens. Er ermordete dessen König – einen Neffen von ihm – mit eigener Hand und setzte seinen achtjährigen Sohn zum Herrscher über das Land ein. Spätestens jetzt hätte Rom aktiv werden müssen. Und in der Tat, es schickte eine Gesandtschaft.

Zwar soll der Pontier den Mann an ihrer Spitze zunächst einfach nicht beachtet und seine Mahnungen in den Wind geschlagen haben. Als aber daraufhin der Senat mit härteren Maßnahmen drohen ließ, wurde Mithradates doch unsicher. Er wußte, wie sehr sein Großvater Pharnakes vor den Legionen gezittert hatte. Er überprüfte seine Chancen und gab nach. Paphlagonien samt Kappadokien wurden geräumt. Aber dabei sollte es nicht bleiben.

Rom wurde zu jener Zeit, im Jahr 95 v. Chr., wie nie zuvor von inneren Krisen geschüttelt. Dem immer noch jungen Herrscher in Sinope war dies bekannt. Er hatte vor seinem Unternehmen gegen Kappadokien inkognito die römische Provinz Asia bereist und dabei den Eindruck gewonnen, alle ehemaligen Untertanen der Attaliden warteten nur auf den Mann, der das lateinische Joch von ihren Schultern heben würde, so wie einst Alexander ihren Vorfahren das persische abgenommen hatte. War aber er nicht einer der letzten Erben des großen Toten und nun vielleicht zu seinem Testamentsvollstrecker berufen?

Im Kopf des Mithradates verdichteten sich Information und Vision zu einem gewaltigen Plan – man konnte ihn nicht einmal abenteuerlich nennen.

Rom am Rand der Katastrophe

Die Res publica schien seit der Mitte des zweiten vorchristlichen Jahrhunderts tatsächlich dahinzusiechen. Aufgestachelt von Volkstribunen, wie den beiden Semproniern Tiberius und Gaius Gracchus, forderten die Plebejer eine Bodenreform. Sie verlangten die Aufteilung des in öffentlichem Besitz befindlichen Ackerlandes unter ihresgleichen, beanspruchten Zuschüsse aus der Staatskasse für den Aufbau von Neusiedlerhöfen, riefen gleichzeitig nach billigem Brotgetreide und versuchten auch schon, das alles mit brachialer Gewalt, mit Straßenkämpfen und Massendemonstrationen durchzusetzen. Aber so hatten die Schwierigkeiten nur begonnen.

Nachdem es gelungen war, erste quasi-revolutionäre Unruhen mehr oder weniger gewaltsam niederzuschlagen, beziehungsweise mit halben Zugeständnissen einigermaßen zu dämpfen – Tiberius Gracchus wurde erschlagen, sein Bruder ließ sich, in die Enge getrieben, von einem Sklaven töten –, meldeten auch die außerhalb Roms lebenden Italiker, die sogenannten »socii« (Bundesgenossen), ihren Anspruch auf volle Teilhabe an den stadtrömischen Bürgerrechten an. Und während das alles geschah, während das Patriziat an Macht verlor, die Equites an Einfluß gewannen, wurde zudem noch eine ganze Reihe von Kriegen geführt.

136 v. Chr. kam es zum Ersten Sklavenkrieg. Zwischen 125 und 121 v. Chr. eroberte Rom die heutige Provence und Teile des Languedoc, weil es glaubte, eine Landverbindung zwischen Italien und Spanien zu benötigen. 111 v. Chr. brach in Nordafrika der sogenannte Jugurthinische Krieg gegen den aufmüpfigen Herrscher des Vasallenstaates Numidien aus. Kaum war er beendigt, da mußte eine gewaltige Streitmacht gegen die in den Alpenraum eingebrochenen Kimbern und Teutonen auf die Beine gestellt werden. Und kurz darauf riefen Socii, deren Ansprüche nicht befriedigt worden waren, vor allem Samniten,

Latiner, Lukaner und Umbrer, aber auch Etrusker, den unabhängigen Staat Italia aus, dessen Existenz natürlich nicht hingenommen werden konnte.
Es ist vor allem dieser letzte, der sogenannte Römische Bundesgenossenkrieg gewesen, der die Res publica an den Rand der Katastrophe brachte. Als mit militärischen Mitteln, aber auch mit vielen papierenen Zugeständnissen, die aufrührerischen Italiker einigermaßen gebändigt waren, erwies es sich, daß die Tiberstadt wirtschaftlich fast am Ende war. Kein Geld mehr in den öffentlichen Kassen, Konkurse an der Tagesordnung und immer neue Menschen, welche in das bereits überfüllte Rom hereindrängten, um mit Hilfe des billigen Getreides und anderer hier gebotener Hilfen zu überleben.
Da diese Lage aber vor allem den ungelösten sozialen Problemen zu verdanken war, provozierte sie weitere Unruhen und immer heftigeren Parteienstreit. Zwei große Gruppen standen sich dabei gegenüber: die »optimates« (Anhänger der aristokratisch-oligarchischen Ordnung), die aber keineswegs, wie ihr Name sagte, immer die Besten waren, und die »populares« (Verfechter einer gewissen Demokratisierung), die sich durchaus nicht ungeteilter Popularität erfreuten. Trotzdem wurde mit Hilfe der letzteren das Concilium plebis allmählich eine Art Unterhaus, das dem senatorischen Oberhaus immer öfter seinen Willen aufzwingen konnte. Der Übergang zur reinen Volksherrschaft schien sich abzuzeichnen.
Daß dann die revolutionären Kräfte aber doch nicht siegten, sondern sogar ein und für alle Male geschlagen wurden, war im wesentlichen zwei Männern zuzuschreiben, die, obwohl an verschiedenen Strängen ziehend, die Entwicklung gemeinsam in neue Bahnen lenkten, einem arrivierten Plebejer und einem heruntergekommenen Aristokraten.

Reformierte das Heer

Gaius Marius, Abkömmling einer vom Bauernstand emporgestiegenen Ritterfamilie aus Arpinum (Arpino, zwischen Montecassino und Frosinone), war ebenso gerissen wie beinahe tölpelhaft, so tückisch wie gutwillig, so hartnäckig wie unsicher.
Nach ersten, in Spanien erbrachten Beweisen seiner militärischen Begabung hatte er nahezu gewaltsam versucht, in die höheren Ränge der Nobilitas vorzustoßen. Als der Adel ihn jedoch zurückwies, bemühte er sich ebenso nachdrücklich um die Gunst der Plebejer und wurde schließlich auf Grund ihres Votums zum Konsul und Oberkommandierenden der gerade in Numidien stehenden Legionen ernannt. Zwischen 107 und 105 v. Chr. beendete er den damals schon vier Jahre sich hinziehenden Jugurthinischen Krieg. Das wiederum

verschaffte ihm einen derart guten Ruf, daß er auch im Jahr danach und noch weitere vier Male mit dem höchsten Staatsamt betraut wurde. Mittlerweile hatten nämlich die Kimbern und Teutonen bei den Römern so furchtbare Erinnerungen an frühere Auseinandersetzungen mit blondhaarigen Wandervölkern aus dem Norden wachgerufen, daß sie meinten, nur ihr bester General könne in solcher Situation für Sicherheit bürgen – eben Marius.

Er erhielt denn auch weitestgehende Vollmachten und nutzte sie gründlich aus: er reformierte das Heer. Als wehrpflichtig und wehrwürdig hatten bis zum Jahr 104 v. Chr. nur Bürger gegolten, die über genügend viel Besitz verfügten, um auch am Zusammentritt der Zenturiatkomitien teilnehmen zu dürfen. Ein besitzloser Proletarier konnte weder abstimmen noch eingezogen werden, doch das war Rom längst zum gravierenden Nachteil geraten. So viele kriegstaugliche Männer gehörten inzwischen zum Proletariat, daß aus dem Rest kaum noch eine schlagkräftige Truppe zusammengestellt werden konnte. Unter dem Druck der Kimbernangst löste Marius dieses Problem auf die scheinbar probateste Weise.

Er nahm jeden Mann, den er – besitzlos oder nicht – bekommen konnte. Er versah ihn mit Waffen aus den öffentlichen Arsenalen, zahlte ihm Sold und versprach, sich nach dem Feldzug um seine weitere Versorgung zu bemühen. Damit gewann er natürlich Tausende von Soldaten, die zu ihm aufsahen wie zu einem Vater und sich auch widerspruchslos schleifen ließen – Marius ist ein großer Kommißkopf gewesen. Gleichzeitig verwandelte er jedoch die römische Streitmacht, welche bis dahin eine Miliz gewesen war, in eine Berufsarmee. Und das barg Gefahren.

Mit Berufssoldaten kann man leichter putschen als mit bewaffneten, in die Gesellschaft eingebundenen Bürgern. Männer, die vom Krieg und für den Krieg leben und davon ihr ganz spezifisches Standesbewußtsein und Ehrgefühl ableiten müssen, folgen einem Führer, der sie zu nehmen weiß, beinahe überall hin, selbst gegen die eigenen Landsleute. Sie tun es um so bereitwilliger, wenn sie auch noch das Gefühl haben, für ihre Entbehrungen und Strapazen, für den Einsatz ihres Lebens nicht gerecht genug honoriert worden zu sein. Zwar hatte Rom seine gemeinen Soldaten eigentlich immer nur mit einem Händedruck verabschiedet; aber das war zu vertreten gewesen, solange jeder ausgemusterte Veteran auf seinen kleinen Besitz und in die bürgerlich-bäuerliche Lebensgemeinschaft zurückkehren konnte. Seit der Heeresreform des Marius jedoch mußten am Ende jeden Feldzugs auch Proletarier entlassen werden, kehrten erprobte Kämpfer aus dem Rausch der Siegesfeiern in ihre alten Elendsquartiere zurück. Das macht deutlich, worin die Gefahr lag. Marius mag sie wohl erkannt haben, vermochte ihr aber nicht mehr zu steuern.

Er setzte sich, nachdem die Kimbern und Teutonen vernichtet waren, für seine Leute ein, forderte, ehrlicher Haudegen, der er durchaus auch war, Land für sie und Unterstützung aus der Staatskasse. Dummerweise besaß er für das politische Geschäft nicht die leiseste Begabung. Sein Verbündeter in dieser Sache, der Volkstribun L. Apuleius Saturninus, ein Verfechter der gracchischen Reformprogramme, forcierte die Auseinandersetzung mit dem Senat so sehr, daß man schließlich befürchten mußte, sie könne jederzeit in offenen Aufruhr umschlagen. Dadurch wiederum zwang er den alternden General, der ja immer noch Konsul war, gegen ihn, den eigenen Parteifreund, das Standrecht zu verhängen und so ihrer beider Sache eigenhändig das Grab zu schaufeln. Es war eine blamable Affäre. Marius hat damit seinen politischen Ruf verspielt und ist 100 v. Chr. gedemütigt aus dem Amt geschieden. Des gefährlichen Instruments aber, das er geschaffen hatte, bediente sich wenige Jahre später ein Offizier, der während zweier Kriege in seinem Zelt aus und ein gegangen war.

Ein glänzender Selbstdarsteller

L. (Lucius) Cornelius Sulla entstammte einem verarmten Zweig des großen Hauses der Cornelii. Er hatte als junger Mann in einem billigen Miethaus gelebt, unter Gaunern, Gauklern, Bänkelsängern, Tänzern, kleinen Schauspielern, hatte erst eine ihm befreundete Dirne beerbt, dann seine Stiefmutter. Er war gewandt, kalt, undurchsichtig, weitgehend illusionslos und ein glänzender Selbstdarsteller. Seine militärische Laufbahn führte ihn empor vom Amt eines Proquästors, eines Legionszahlmeisters, zu dem eines Legaten (Adjutanten) in Marius' Stab und – da er sich sowohl im Jugurthinischen Krieg als auch bei den Kimbernkämpfen hervorragend bewährt hatte – weiter zum Amt des Praetors. Während der Zeit, in welcher sein ehemaliger Vorgesetzter die im politischen Kampf erlittenen Blessuren pflegte, weilte er als Statthalter in Kilikien. Von dort zurückgekehrt, nahm er, gleich dem inzwischen ebenfalls reaktivierten Marius, am Römischen Bundesgenossenkrieg teil. Die Belohnung dafür war seine Wahl zum Konsul des Jahres 88 v. Chr.
Was der Bauernsproß aus Arpinum sich mühsam hatte erkämpfen müssen, fiel dem glatten Aristokraten anscheinend mühelos zu. Der Ältere mag den Jüngeren deswegen ohnehin gehaßt haben. Dann wurden sie auch noch zu Rivalen.
Im letzten Jahr des Bundesgenossenkrieges hatte nämlich Hunderte Meilen weiter östlich Mithradates seinen großen Plan ins Werk gesetzt. Mit einer gewaltigen Streitmacht war er gegen das römische Kleinasien vorgestoßen, ohne daß ihm einer der dort stationierten Truppenkom-

mandeure den Weg versperren konnte. Am Tiber erhob sich deshalb die Frage, wer das Privileg haben sollte, die pontische Lawine zu stoppen. Eigentlich stand es von vornherein Sulla zu, der ja nicht nur erprobter Feldherr, sondern auch amtierender Konsul war, doch begehrte plötzlich auch Marius den ehrenvollen Auftrag. Er wollte sich, inzwischen achtundsechzigjährig, mit neuem Kriegsruhm von dem Ruf reinwaschen, ein politischer Versager zu sein – und stieg erneut in die politische Arena.

Dieses Mal hieß der Volkstribun, mit dem er ein Bündnis abschloß, P. Sulpicius Rufus; diesmal sollte er, als Vorauszahlung für das erstrebte Amt, seine ehemaligen Soldaten für die Sache der Socii mobilisieren, die der Senat um wesentliche Anteile des ihnen versprochenen Bürgerrechts geprellt hatte. Sulpicius entfesselte, wie einst Saturninus, den Straßenkampf. Auch er focht im Grunde wohl für die unbeschränkte Souveränität des Volkes, auch er strebte nach reiner Demokratie – sollte allerdings einer der letzten römischen Politiker sein, die dieses Ziel beinahe erreicht hätten.

Schon waren seine Vorlagen zur Regelung des Bundesgenossenproblems von den plebejischen Versammlungen angenommen worden, schon hatten dreihundert bewaffnete Männer den Senat mit gezücktem Schwert gezwungen, sie ebenfalls zu ratifizieren. Schon mußte Sulla, der sich dem allem aufs heftigste widersetzte, fluchtartig die Stadt verlassen, und bald sah er sich auch seines Auftrags, Mithradates zu stoppen, enthoben. In allen Gassen triumphierte das Volk, Sulpicius war sein Anführer, Marius sein Held.

Starb also jetzt die Oligarchie ihres natürlichen Todes?

Sullas höhere Offiziere scheinen das durchaus geglaubt zu haben. Als in ihrem Standlager zu Nola zwei Militärtribunen eintrafen und ihnen eröffneten, die Operation, auf die sie sich vorbereiteten, werde von anderen Einheiten und unter der Führung eines anderen Generals stattfinden, nahmen sie es gehorsamst zur Kenntnis. Nicht so der verjagte Konsul.

Marsch auf Rom

Sulla rief seine Soldaten zusammen, teilte ihnen mit, daß sie um Ruhm und Beute betrogen worden seien, und erreichte damit genau das, worauf er es abgesehen hatte. Die beiden Boten wurden niedergemacht, die Legionäre verlangten, nach Rom geführt zu werden. Sie wollten um ihre Ansprüche kämpfen, und zwar mit den gleichen Mitteln, mit denen sie ihnen streitig gemacht worden waren. Der Revolution begegnete damit die Konterrevolution. Zwei tragende Kräfte der Verfassung gerieten in Konflikt. Gegen die Maiestas des Volkes erhoben sich die

Verteidiger des konsularischen Imperiums – zumindest hätten Sullas Anhänger dieses Motiv für sich in Anspruch nehmen können.
In Wirklichkeit war jedoch ihr »Marsch auf Rom« nichts anderes als zweitausendundzehn Jahre später, am 31. Oktober 1922, jener von Mussolini, ein Staatsstreich.
Sechs Legionen, eine Streitmacht, wie sie vor dem Bundesgenossenkrieg auf italischem Boden nie unter Waffen gestanden hatte, rückte gegen die Stadt am Tiber vor. Vier davon blieben vor den Mauern stehen, zwei erbrachen die Tore. Als die Bürger Steine und Ziegel gegen Sullas Soldaten zu schleudern begannen, ließ dieser Brandpfeile in ihre Häuser schießen. Marius versuchte daraufhin, jeden zu bewaffnen, der ihm zueilte, auch Sklaven, doch hatte er keine Chance. Er mußte fliehen und wurde von dem siegreichen Konkurrenten in absentia zum Tode verurteilt, während Sulpicius diese Strafe sofort erlitt. Die Volksversammlung aber widerrief alle vorher von ihr befürworteten Gesetze, sie bestätigte sogar das Mandat des Putschgenerals für den asiatischen Krieg.
War der Cornelier nun Roms neuer Herr? Er dürfte dies selbst kaum geglaubt, muß vielmehr gewußt haben, daß die Anarchie ausbrechen würde, sobald er Italien den Rücken kehrte. Trotzdem ist er mit seinen Truppen ungerührt nach Osten abgereist. Er konnte es tun. In seiner Hand war das Schwert. Damit ließ sich alles zersäbeln, was seine Gegner in der Zeit, in der er abwesend war, an Abmachungen und Vereinbarungen treffen mochten.
Fragt sich freilich, ob Sullas Kaltblütigkeit auch ausreichen würde, die Probleme zu bewältigen, die ihn in Griechenland und Kleinasien erwarteten.

Der wiedergeborene Alexander

Mithradates' Angriff war mehr als nur ein militärisches Unternehmen. Der Pontier hatte eine ganze Welt und ihre Kultur, die hellenistische nämlich, gegen Rom mobilisiert. Nicht irgendein ehrgeiziger Abenteurer rückte da von Osten heran, sondern der wiedergeborene Alexander in seiner göttlichen Gestalt: der neue Dionysos.
Sorgfältig und geschickt war aus Sinope ein vollkommen abgerundeter Mythos in die Welt entlassen worden. Münzen zeigten den König des Kimmerischen Bosporus als bärtigen Herrscher von persischer Herkunft oder als glattrasierten, sieghaft jungen Makedonen; aber beide Darstellungen ergänzten sich vortrefflich. Von den Gerüchten, die er in Umlauf setzen ließ, besagte eines, bei seiner Geburt habe ein Blitz in seine Wiege geschlagen, ohne ihn jedoch zu versengen, ein anderes, damals sei ein riesiger Komet am Himmel erschienen und siebzig Tage

lang sichtbar geblieben. Mithradates ließ sich Lyaios, Nysios, Bakchos nennen, womit er Beinamen des tosenden Gottes beanspruchte. Er duldete es (oder sorgte dafür), daß ihm Kapellen und Standbilder errichtet wurden. Er trat mit Vorliebe – natürlich – im Mantel Alexanders auf, aber auch im prächtigen Schleppgewand, von Dienern umwimmelt, vom Weihrauch eingehüllt. Er nannte sich »Herr über das ganze Asien« und versprach durch den Mund seines Chefpropagandisten Metodoros aus Skepsis (in Westkleinasien) »Befreiung von den gemeinsamen Feinden, den Römern«.

Da aber die westkleinasiatischen Griechen das alles schon lange hatten hören wollen, da die vorrömische Vergangenheit in ihren Erinnerungen als ein veritables Paradies fortlebte, strömten sie nun dem Mann, der aus jener versunkenen Welt zurückzukommen schien, in hellen Scharen zu. Alle die bunten Fahnen ihrer Träume wehten ihm voran. Es schien ihnen tatsächlich, als stiege von den pontischen Bergen der auf dem Panther reitende Erlöser herab. Das Heer des Mithradates war fürchterlich und riesengroß.

Hellenische Söldner bildeten seinen Kern. Armenische, kappadokische und phrygische Bogenschützen schwärmten ihm voraus. Skythische, sarmatische, keltische Reiter sicherten seine Flanken. Ingenieure, geschult in Alexandria oder Antiocheia, konstruierten und warteten die Belagerungsmaschinen. Eine Flotte von (angeblich) dreihundert großen und hundert kleineren Kriegsschiffen sicherte die Verbindungswege zur See. Transportflotten brachten Weizen und andere Nahrungsmittel aus Südrußland heran. Die Erträge von Hafenzöllen aus allen Städten am Schwarzen Meer füllten die Kriegskassen. Von dem König selbst wußte man, daß er ein tollkühner Kämpfer war.

Tatsächlich hat er dann ja auch alles niedergewalzt, was sich ihm in den Weg stellte. 89 v. Chr. begann der sogenannte Erste Mithradatische Krieg. Schon wenig später gehörte dem Pontier ganz Kleinasien, hatte er vier feindliche Heere aufgerieben, ging Athen zu ihm über, war Griechenland mit Ausnahme von Thessalien und Boiotien in seiner Hand. Und an den Vertretern der Besatzungsmacht wurde furchtbare Rache genommen.

Ein Prokonsul namens M. Aquillius soll in Pergamon daran gestorben sein, daß man ihm flüssiges Gold in den Mund goß. Das delische Händlerparadies brannte nieder. Den Höhepunkt dieser Blutorgie markiert die »Vesper von Ephesos«. In der Stadt der Artemis gab Mithradates den Befehl, binnen dreißig Tagen alle, die lateinisch sprachen, seien es Männer, Frauen oder Kinder, Reiche oder Arme, Sklaven oder Freie, zu erschlagen und ihre Leichen unbeerdigt liegen zu lassen. Mainadisch rasende Fanatiker töteten daraufhin jeden Römer, wo immer er angetroffen wurde, selbst vor den Altären der Götter. Es war auch ein Aufstand der von den Publicani ausgebeuteten Volks-

massen. Über Anatoliens Feldern kreisten die Geier. Insgesamt soll die grausige Aktion achtzigtausend Menschen das Leben gekostet haben. Der Gischt auf der dionysischen Welle färbte sich rot.
Indes, mit der Massenschächterei hatte der Pontier sich des Anspruchs begeben, von Außenstehenden, wie etwa den Rhodiern oder Ägyptern, als das gewürdigt zu werden, was er sein wollte und durchaus auch hätte sein können: ein letzter Vertreter und Verteidiger der von Alexander begründeten Welt. Rom konnte nun auf jedes göttliche und menschliche Recht pochen, wenn es sich daranmachte, den »Befreier Asiens« zu vernichten.
Dem im Frühjahr 87 v. Chr. in Epiros gelandeten Sulla hat der moralische Selbstmord seines Gegners zunächst freilich nicht viel genützt. Die Griechen blieben in ihrem Rausch befangen, sie sahen in Mithradates immer noch den rettenden Gott.
Wie aber bekämpfte man einen Olympier?

Liebling der Aphrodite

Wäre Marius, der klassische Schulstratege, der perfekte Kriegshandwerker, an Sullas Stelle gewesen, er hätte vermutlich versucht, die mithradatischen Kräfte systematisch zu zermürben: gezielte Vorstöße auf die schwachen Stellen des Feindes, Schläge gegen seine Nachschublinien, Vermeidung langwieriger Belagerungen, hier und da eine sorgfältig vorbereitete Schlacht. Mit ähnlichen Methoden hatte er Kimbern und Teutonen geschlagen. Warum sollten sie in Griechenland nicht erfolgreich sein?
Der Cornelier jedoch konnte so nicht operieren. Rom war, als er hellenischen Boden betrat, schon längst wieder in den Händen seiner innenpolitischen Gegner, die von dem mit ihm verwandten L. Cornelius Cinna und von Marius angeführt wurden. Er hatte aus der Heimat keinen Nachschub, eher eine konkurrierende Streitmacht zu erwarten, und er brauchte deshalb den schnellen, durchschlagenden Erfolg. Der aber mußte mit nicht mehr als dreißigtausend Mann gegen eine vielfache Übermacht errungen werden.
Die Art und Weise, in der Sulla sein Problem anpackte, macht deutlich, daß er, wie skrupellos immer, doch auch ein genialer Kopf war, vor allem aber ein Politiker von höchsten Graden und ein Kenner der griechischen Mentalität.
Auf zwei Punkten baute er sein Unternehmen auf: er wollte Athen haben, das immer noch die geistige Kapitale von Hellas war, und dann den Zauber brechen, der von Mithradates auszugehen schien. Den letzteren Zug hätte er freilich weder erdenken noch ausführen können, wenn er nicht aus ähnlichem Stoff gewesen wäre wie der Pontier: eine

Spielernatur, die die Gunst der Götter als feste Größe in ihren Plänen berücksichtigte.
Sich selbst nannte er ja in einer der wenigen Offenbarungen seines wahren Wesens »Felix«, den Glücklichen. Und das dürfte weniger Anmaßung gewesen sein als Ausdruck der Überzeugung, Glück sei eine Eigenschaft. Vor seinen wichtigen Unternehmen wie etwa dem Marsch auf Rom sollen ihm, Plutarch zufolge, himmlische Traumboten erschienen sein. Er besaß eine gewisse Übung darin, mit olympischen Verbündeten zu arbeiten. Daraus machte er nun eine Waffe.
Eine Delegation wurde nach Delphi geschickt (das römische Pilger bis dahin nur höchst selten gesehen hatte), um dort »nach der Zukunft zu forschen«. Die Botschaft, welche sie zurückbrachten, hätte nicht besser in Sullas Konzept passen können. »Große Macht«, so ließ die Pythia ihn wissen, »hat Kypris in ihrer Fürsorge dem Geschlecht des Aeneas gegeben.« Das klingt sogar so, als sei es bestellt gewesen.
Kypris ist ein Name der auf Kypros (Zypern) an Land gestiegenen Aphrodite. Aeneas aus Troja war ihr und des Anchises Sohn. Er wiederum soll den Ascanius und dieser Romulus und Remus gezeugt haben, die sagenhaften Gründer Roms. Auf Grund solcher Überlieferungen hatten die Bewohner der Tiberstadt sich den Griechen gegenüber schon frühzeitig als »Aeneades«, Nachkommen also des Aeneas, bezeichnet und damit den Anspruch erhoben, Mitglieder der homerischen Welt zu sein, was nicht nur politische Vorteile brachte, sondern auch eine nützliche diplomatische Formel war. Sie schützte die Eroberer aus dem Westen davor, als Barbaren angesehen zu werden.
Sulla nun ging noch einen Schritt weiter. Er machte die Liebesgöttin, die ja durchaus auch die strengeren Züge einer Himmelsherrin trug, zu seiner persönlichen Schutzpatronin, nannte sich selbst Leukios Kornelios Sylla Epaphroditos, also Lucius Cornelius Sulla, Liebling der Aphrodite, und stellte diese Klitterung dem mithradatischen Alexander-Dionysos-Mythos entgegen. Es war ein Propagandaunternehmen auf theologischer Basis, Ausdruck reinster hellenistischer Denkweise – und eine Grundlage für den späteren Kaiserkult der Römer. Überspitzt könnte man auch sagen: ein Sieg hellenischen Geistes über den lateinischen, der aber dem letzteren nützte.
Ob und wie die Trojanermaske dem Cornelier indes bei seinen sozusagen irdischen Aktionen half, ist nicht belegt. Doch drang er immerhin sehr rasch von der Westküste Griechenlands nach Athen vor – man scheint ihn also nicht nur gefürchtet, man dürfte ihn auch respektiert haben.

»Rückte grauenvoll in die Stadt ein«

Die Stadt zu Füßen des Parthenons mußte im Winter 87/86 v. Chr. regelrecht ausgehungert werden. Um diese Belagerung durchhalten zu können, ließ Sulla Tempel plündern – selbst den eben noch konsultierten in Delphi –, prägte aus eingeschmolzenen Weihegeschenken seine eigenen Münzen, gab Befehl, ganze Wälder niederzuschlagen, um Holz für seine Sturmmaschinen zu erhalten, preßte überhaupt das ganze Land aus wie kaum ein anderer Eroberer vor ihm.
Die Athener krümmten sich derweil unter zwei anderen Plagen. Einerseits litten sie Hunger – »viele«, schreibt Plutarch, »kochten Schuhe und (lederne) Ölflaschen« – andererseits kujonierte sie der mithradatische Statthalter Aristion, ein übler Tyrann und offensichtlich recht läppischer Narr. »Er schickte der Oberpriesterin (der Athene), die ihn nur um ein halbes Maß (etwa zwanzig Liter) Weizen bat, soviel Pfeffer dafür... er trieb Possenspiele und machte sich über die Feinde lustig.« Dank einer Indiskretion wurden die Bürger schließlich von ihm befreit.
Nach Wochen fruchtloser Zernierungsarbeit erfuhren Sullas Spione, daß an einer bestimmten Stelle des Befestigungsrings die Mauer nicht ausreichend besetzt sei; ihr Feldherr nützte das sofort zu einem Überraschungsangriff. »Um Mitternacht rückte er grauenvoll in die Stadt ein, unter dem Klang von Trompeten und Hörnern und dem lauten Jubelgeschrei seiner Soldaten, die sich, auf die von ihm erhaltene Erlaubnis zu plündern und zu morden, mit gezücktem Schwert durch alle Straßen verbreiteten... Das auf dem Markt vergossene Blut überschwemmte den ganzen Kerameikos (einen Platz nahe dem landseitigen Wall)... wie viele behaupteten, strömte es sogar durch das Tor bis in die Vorstadt... Der Tyrann (Aristion) rettete sich auf die Akropolis und mußte sich endlich, durch Durst gezwungen, ergeben.« Sulla, von einer Bürgerabordnung um Milde gebeten, »sagte vieles zum Lobe der alten Athener und erklärte dann, er wolle... den Lebendigen um der Toten willen verzeihen«. Er konnte sich diese späte Großzügigkeit leisten – sein Heer, von dem er als in Rom Geächteter abhängig war, hatte mittlerweile genug Beute gemacht. Außerdem blieb ihm nicht allzuviel Zeit, den errungenen Triumph auszukosten. Eine pontische Streitmacht, bestehend aus angeblich hunderttausend Fußsoldaten und zehntausend Reitern, war in Boiotien eingerückt. Der Führer dieses Massenaufgebots hieß Archelaos. Mithradates hatte es für klüger gehalten, jenseits der Dardanellen zurückzubleiben.

»Kaum konnte die Luft das Feldgeschrei fassen«

Die drei Schlachten, zu denen es nun kam – Schauplätze: Chaironeia und Orchomenos in Boiotien, Chalkis auf Euboia –, boten alle mehr oder weniger noch einmal das gleiche altbekannte Bild. Auf der einen Seite vielgestaltige, farbenprächtige hellenistische Kampfscharen, »die ganze Ebene gefüllt mit Pferden, Wagen und allerlei Arten von Schilden . . . der Schimmer der mit Gold und Silber prächtig geschmückten Waffen, die hellen Farben der medischen und skythischen Röcke . . . kaum konnte die Luft das Feldgeschrei so vieler Völker fassen.« Auf der anderen Seite, mausgrau fast, über ihre Lagerwälle hinausspähend, die durchaus erschreckten und verängstigten Römer.

Dennoch haben die Römer schließlich gesiegt, nicht zuletzt auch dank der durch Marius erhöhten Manövrierfähigkeit ihrer Einheiten. Je drei Manipeln waren jetzt zu einer Kohorte (von »cohors«, die Schar) zusammengefaßt. Das gab zusätzliche Möglichkeiten, eine Angriffs- oder Verteidigungsformation blitzschnell umzugruppieren, und erhöhte die Chancen eines jeden Feldherrn, welcher auf diesem Instrument zu spielen vermochte. Plutarch bezeugt, daß Sulla es konnte.

Er notiert: »Die Asiaten hielten ihre Lanzen vor sich hin und suchten die Schlachtordnung in festgeschlossenen Gliedern zu wahren.« (Stichwort: Phalanxtechnik) »Die Römer warfen auf der Stelle ihre kurzen Speere weg und griffen zum Schwert.« (Stichwort: Nahkampf gegen Sarissenträger) »Archelaos dehnte seinen rechten Flügel aus, um die Legionäre einzuschließen.« (Stichwort: Schiefe Schlachtordnung) »Sulla vergaß jedoch nicht, daß sein Unterbefehlshaber sich noch im Gefecht befand, sondern eilte ihm sofort zu Hilfe.« (Stichwort: Einsatz der Triarierreserve)

Wie so viele hellenistische Feldherrn vor ihnen scheiterten auch die des Pontiers mit ihren zahlenmäßig überlegenen Kräften an der wohlfunktionierenden römischen Kampfmaschine. Der Cornelier selbst berichtet in seinen Denkwürdigkeiten von erstaunlich geringen eigenen Verlusten. In einer Schlacht will er nur vierzehn Soldaten verloren haben; das mag übertrieben sein. Daß es ihm gelungen war, die dionysische Woge an den westlichen Gestaden der Ägäis sich brechen zu lassen, ist nicht zu leugnen.

Dennoch gestattete er sich auch jetzt weder Übermut noch Leichtsinn. Es genügte ihm vielmehr, daß er bis zum Winter 86/85 v. Chr. die Heere des Mithradates aus Griechenland vertrieben hatte. Über die Dardanellen schickte er zunächst lediglich eine kleine Truppe unter der Führung seines Quästors und guten Freundes L. Licinius Lucullus. Der schloß zu Dardanos in der Troas – symbolträchtig genug, denn von hier wollten die Römer ja einstmals gekommen sein – den Vorfrieden ab. Der König von Pontos mußte eine hohe Kriegsentschädigung zah-

len und Westanatolien räumen. Sein Besitz im Osten blieb unangetastet.
Sulla aber nahm sich zwei Jahre Zeit, die wiedergewonnenen Provinzen, auch die kleinasiatischen, gründlich auszuplündern. Er, der einstmals über die Ersparnisse eines Freudenmädchens froh gewesen war und auch später stets in Schulden gesteckt hatte, gehörte bald zu den reichsten Männern Roms.

Durch Blut zurückgewatet

Von der Grenze zwischen Europa und Asien aus sieht man endlich die Protagonisten des Ersten Mithradatischen Krieges wieder davonziehen, den einen nach Osten, den anderen nach Westen. Und sosehr sich die beiden im Äußeren voneinander unterschieden haben mögen, eines hatten ihre Lebensläufe weiterhin miteinander gemein: durch Blut waren sie hergewatet, durch Blut wateten sie zurück.
Sulla, der im Frühjahr 83 v. Chr. bei Brundisium an Land ging, unternahm seinen zweiten Marsch auf Rom. Er mußte es tun. Zwar war sein Erzfeind Marius bereits am 17. August 86 v. Chr. gestorben, dessen Bundesgenosse Cinna zwei Jahre später von meuternden Soldaten erschlagen worden, doch stellten ihm die Nachfolger der beiden – unter ihnen wiederum ein Cornelier – insgesamt einhunderttausend Mann entgegen.
Glücklicherweise für den Rückkehrer marschierten diese Truppen getrennt; geschickterweise konnte er ihre Vereinigung verhindern. Außerdem gesellten sich dem »Glücklichen« zwei Glücksritter zu von einer Art, wie sie bisher in der Geschichte der Res publica noch nicht vorgekommen war: L. Licinius Crassus mit einer Heerschar von Marsern (aus den südlichen Apeninnen) und ein junger reicher Optimat namens Cn. (Gnaeus) Pompeius, der – und das galt damals wirklich noch als unerhört – auf eigene Kosten drei Legionen ausgehoben hatte. Nun kommandierte er sie, ohne seine Befähigung dafür auch nur im mindesten nachgewiesen zu haben.
Zusammen mit ihnen schlug Sulla sich vom Absatz des italienischen Stiefels bis zur Tibermündung durch. Er brauchte dafür eineinhalb Jahre. Bei Praeneste, etwa fünfundzwanzig Kilometer südlich von Rom, versuchten ihm auch noch Samniten den Weg zu versperren. Er mußte sie mühsam niederringen und ließ danach alle, welche die Schlacht überlebt hatten, erschlagen, rund sechstausend Mann.
Als er am 3. November 82 v. Chr. auf die im Tempel der Kriegsgöttin Bellona versammelten Senatoren traf und als diese immer wieder zusammenzuckten, wenn von dem nahen Marsfeld die Todesschreie der Exekutionsopfer herüberdrangen, ermahnte er sie kalt, sich von dieser

Lärmkulisse nicht ablenken zu lassen, dort drüben würden nur einige »böse Leute« bestraft. ›Gestraft‹ aber hat Sulla auch weiterhin, und zwar in einem Ausmaß, das fast alle seine Biographen an ihm verzweifeln läßt.

Der Politiker und Historiker Sallust wirft dem Zeitgenossen vor, er habe »das Glück zum Deckmantel seiner Schuld« gemacht. Moderne Geschichtsforscher, wie etwa Hans Volkmann, sprechen von den »scheußlichen Formen«, in denen er seinen Haß abreagierte, und Alfred Heuss, einer der besten Kenner des alten Rom, »muß heute noch ehrlicherweise gestehen, daß ihm der Entschluß Sullas, das Morden und Rauben ohne eigentlichen äußeren Zwang fortzusetzen, noch immer verschlossen ist«. Sei dieser doch, so meint der Göttinger Gelehrte, nach der Schlacht von Praeneste, Italiens mächtigster Mann und »einer der klarsten Köpfe in politicis« gewesen, welche die Res publica jemals gehabt hätte.

Indes, Klarheit des Denkens verträgt sich durchaus mit Radikalität. Vielleicht sollte man annehmen, der Cornelier habe mit der Logik des reinen Machttechnikers ein von ihm angenommenes Übel samt den Wurzeln ausreißen wollen, habe geglaubt, es sei das verdorbene Staatswesen in einem Blutbad reinzuwaschen, und gehofft, man könne mit dem Schwert als Seziermesser alle revolutionären Wucherungen operativ entfernen.

Er ordnete an, daß jeder, der dem Marius und seiner Partei gedient hatte, wie irgendeine Ware »proskribiert«, also ausgeschrieben werden könne. Wer auf den berüchtigten Listen stand, galt als vogelfrei, sein Vermögen als verfallen. Die Folge: in den nun ausbrechenden Schrekkenswochen erschlugen auch Schuldner ihre Gläubiger, Bodenspekulanten Grundbesitzer und Brüder ihre eigenen, ihnen mißliebigen Brüder. Insgesamt sollen in knapp sieben Monaten viertausendsiebenhundert Bürger, überwiegend Angehörige des Ritterstandes, der Großbourgeoisie, ihr Leben verloren haben. Doch kamen selbst Tote nicht ungeschoren davon.

Marius' Grab wurde erbrochen, seine Gebeine wurden herausgerissen, die Denkmäler, die an seine Siege erinnerten, umgestürzt. Das macht noch einmal deutlich, worum es eigentlich ging: ein ganzes für die Optimaten unerfreuliches Kapitel römischer Geschichte sollte einfach gelöscht, Geschehenes sollte ungeschehen gemacht werden. Sulla gehört mit zu den ersten Politikern, welche den ideologischen Überbau der Realität in ihre Operationen mit einbezogen. Man könnte es pervertiertes hellenistisches Erbe nennen; auch die Diadochenreiche hatten mehr als nur die eine irdische Dimension gehabt.

Von Schauspielern umgeben

Der Mann, der sich Felix nannte und diesen Namen nun auch als offiziellen Titeln beanspruchte, ließ sich schließlich auf der blutigen Tenne seiner Taten zum Diktator mit unbeschränkter Amtszeit ernennen. Das war ebenfalls völlig ungewöhnlich. Nach den Regeln der Verfassung durfte ein unbeschränkter Herrscher nur im Falle des Staatsnotstands und für höchstens sechs Monate an die Spitze der Regierung berufen werden. Aber wahrscheinlich hielt Sulla diese Situation für gegeben. Er nannte sich »dictator rei publicae constituendae«, Diktator zur Wiederherstellung der Republik. Er betrachtete sich als einen Reformer. Er ist es gewesen, in gewisser Weise.
Mit einer Fülle von Gesetzen verstärkte er die Macht des Senats, reduzierte das Volkstribunat auf eine Institution zur Verteidigung individueller Freiheitsrechte, setzte feste Gerichtshöfe ein, erweiterte den Beamtenapparat, verschaffte seinen Veteranen auskömmliche Bauernhöfe und trat endlich, im Jahr 79 v. Chr., freiwillig zurück.
Was er hinterließ, wirkte stabil, konnte es aber deshalb nicht sein, weil die alten Bande zwischen Patron und Klient sowie die auf gegenseitigen Respekt gegründeten Beziehungen zwischen Ältestenrat und Volksversammlungen nun endgültig nicht mehr existierten, weil es nach wie vor die Berufsarmee gab und Männer, die gelernt hatten, wie man sich ihrer bedient, vor allem aber auch, weil Rom nicht mehr allein die Stadt am Tiber, sondern nahezu ganz Italien war, keine überschaubare Gemeinde wie einst, sondern ein großer Flächenstaat.
Von dem Cornelier, der auch den Luxus mit strengen Maßnahmen zu bekämpfen gesucht hatte, wird berichtet, er habe sich, je älter er wurde, immer mehr dem Genuß hingegeben, habe die griechische Tracht der römischen vorgezogen und sei ständig von Schauspielern und Musikanten umgeben gewesen. Auf seinem Landgut nahe Pozzuoli am Golf von Neapel schwelgte er noch ein Jahr lang in den Freuden, die ihm sein riesiges Vermögen gestattete. Dann starb er ganz überraschend im Alter von sechzig Jahren, dem Volksmund zufolge an Würmern, die ihn bei lebendigem Leib aufgefressen haben sollen, wahrscheinlich jedoch an Tuberkulose.
Mithradates sollte seinen bedeutendsten Gegner noch um fünfzehn Jahre überleben, aber keineswegs, wie dieser, auf dem Bett sterben.

Auf der Krim, unter traurigen Umständen

Was von dem Pontier aus der Zeit nach Dardanos überliefert wird, läßt ihn als Mann erscheinen, der sich mehr und mehr zu einer Art Sultan entwickelte. Er hielt sich einen Harem, wechselte Briefe erotischen

Inhalts mit seiner Favoritin, überschüttete Freunde oder auch nur Leute, die ihm gefielen, mit Gold und bestrafte andere aus ebenso unerfindlichen Gründen. Mit einem Wort, er regierte gottköniglich, von keinem Gesetz gebunden. Jeder seiner Gedanken, jeder Einfall, jede Laune konnte unmittelbar in Aktion umgesetzt werden. Und noch immer nannte er sich »misoromaios«, Römerhasser.

Zwischen 83 und 81 v. Chr. nahm er Murena, dem unfähigen, korrupten Nachfolger Sullas, in Kleinasien wieder einige kappadokische Landschaften ab. (Von den Historikern wird dieses Unternehmen als Zweiter Mithradatischer Krieg verbucht.) Danach verbündete er sich mit dem Mariusanhänger Sertorius, der in Spanien über beträchtliche Kräfte verfügte, vor allem Kelten.

Die iberische Halbinsel indessen war zu weit von den Küsten des Schwarzen Meers entfernt, als daß die beiden Partner auf eine sinnvolle Weise hätten zusammenarbeiten können. So mußte sich der eine mit Partisanenunternehmen zufriedengeben, während der andere den Versuch machte, seinen Landsleuten erneut als rettender Dionysos entgegenzutreten.

Im Winter 74/73 v. Chr. stieß er gegen Bithynien vor, das von seinem letzten König testamentarisch dem Senat vermacht worden war. Noch einmal jubelten ihm daraufhin die kleinasiatischen Griechen zu, noch einmal öffneten sie die Tore ihrer Städte. Nur eine blieb geschlossen. Vor Kyzikos am Marmarameer wurden die bunten Scharen des Pontiers gestoppt. Hier trat ihnen Sullas ehemaliger Freund Lucullus entgegen, ein hervorragender Heerführer. Steppenreiter, Sarissenträger, medische Bogenschützen wurden im tödlichen Sägegatter der Kohorten und Manipeln zerfetzt. Mithradates, der zwar völlig furchtlos gewesen sein soll, aber offensichtlich nicht die Fähigkeit besaß, eine Schlacht zu überblicken oder demoralisierte Haufen um sich zu sammeln und sie wieder gegen den Feind zu führen, verlor den Kopf. Er floh bis ins Zentrum seines eigenen Reiches, in die Stadt Kabeira. Dort kam es 71 v. Chr. zu einer zweiten Schlacht, die gleichzeitig seine letzte war. Er verlor. Er mußte weiter flüchten. Sein Schwiegersohn, König Tigranes von Armenien, bot ihm schließlich eine einsam gelegene Burg als letztes Retiro an.

Daß er auch aus diesem Winkel noch einmal zurückkehrte und die Bürger der ostanatolischen Hellenenstädte gegen die Römer aufputschte, daß Lucullus, nachdem er auch Tigranes geschlagen hatte, vom Senat zurückgerufen wurde und sein Kommando an den rasch aufgestiegenen Cn. Pompeius abtreten mußte, daß dieser Pontos vollends eroberte und dann bis zur armenischen Hauptstadt Tigranokerta am Van-See vorstieß, gehört bereits zum Nachspiel der Geschichte, welche mit dem Auftritt des neuen Dionysos in Kleinasien so scheinbar triumphal begonnen hatte.

64 v. Chr. war auch der zehn Jahre zuvor ausgebrochene Dritte Mithradatische Krieg zu Ende. Ein Jahr später starb dessen Held auf der Krim unter traurigen Umständen. Die Bürger des Bosporanischen Reiches hatten sich gegen ihn aufgelehnt, weil sie keinen Sinn darin sahen, unter seinen Fahnen noch einmal gegen Rom zu ziehen, sein Lieblingssohn Pharnakes hatte ihn abgesetzt. Darauf nahm er Gift – es blieb ohne Wirkung. Der systematisch abgehärtete Körper des Achtundsechzigjährigen widerstand jeder tödlichen Droge. Ein keltischer Offizier seiner Leibwache mußte den riesigen alten Mann schließlich mit dem Schwert durchbohren.

Schaustück von barbarischer Pracht

Die Frage, wie man Mithradates VI. zu sehen habe, nur als Despoten und Blutsäufer oder auch als einen letzten Repräsentanten des hellenistischen Widerstandes gegen Rom, ist bis heute ein Diskussionsthema geblieben – aus begreiflichen Gründen. Das Leben, welches er führte, hatte allzusehr auch einem bengalischen Feuerwerk geglichen. In seinen Aktionen waren alle kulturellen Ingredienzien des ehemaligen Alexanderreiches sprühend, aber wirkungslos explodiert, europäische und asiatische, edle und minderwertige, ein Schaustück von barbarischer Pracht. Doch kann man zumindest von ihm sagen, er hätte, wie andere vor ihm, eine untergehende oder eigentlich schon untergegangene Welt verteidigt und das sei, wie bedenkenlos er auch immer Leben vernichtet haben mag, seine persönliche Tragödie gewesen.
Pompeius, der letzte Gegner, mit dem er zu tun hatte, war ihm weder moralisch noch geistig überlegen, aber er verkörperte nun einmal die langsam gewachsene Kraft der Res publica, die selbst jetzt noch stärker war als alle Reste dessen, was Alexander binnen weniger Jahre in die Welt hineingestellt hatte.
Der Römer machte Pontos zur Provinz, Armenien zum Klientelstaat seines Heimatlandes. Er entthronte auch Antiochos XIII., den letzten Seleukiden, und verjagte in Judäa die Hasmonäer. Dann kehrte er nach Rom zurück.
Dort verband er sich mit jenem Crassus, der einst, gleich ihm, dem Sulla eine Privatarmee zugeführt hatte und inzwischen der reichste Mann Italiens war, sowie mit einem dritten Aufsteiger ihres Schlages: Julius Caesar. Zusammen bildeten sie das sogenannte Erste Triumvirat, das aus der Res publica eine reine Res privata machte.
Und natürlich stach allen dreien auch der letzte noch bestehende Diadochenstaat ins Auge, das ptolemäische Ägypten, auf dessen Thron seit 51 v. Chr. ein achtzehnjähriges Mädchen und ein mit ihr verheirateter zehnjähriger Junge saßen. Das Mädchen hieß Kleopatra.

Stammtafel der Ptolemäer

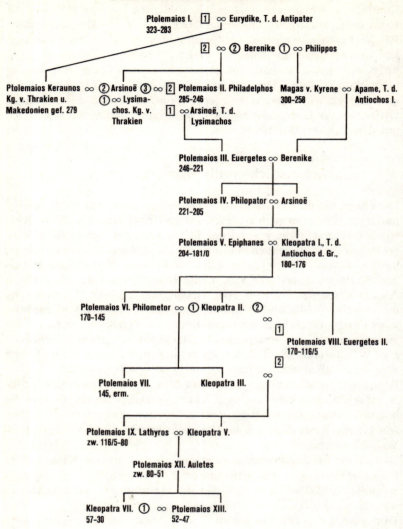

Der Roman einer Dynastie

Mehr bedeutende Frauen als Männer

»Im Ptolemäerhause«, schreiben die beiden deutschen Historiker Walter Otto und Hermann Bengtson, »hat es unbedingt mehr bedeutende Frauen als Männer gegeben.«
Das ist nahezu die Inhaltsangabe eines ganzen Romans.
Am Hof von Alexandria regierten zwischen 306 und 31 v. Chr. fünfzehn Könige und sechzehn Königinnen. Die Könige hießen alle Ptolemaios. Die Königinnen trugen Namen wie Eurydike (eine), Arsinoë (drei), Berenike (vier), Kleopatra (acht). Schon diese Liste erweckt den Eindruck, die Frauen seien farbigere Persönlichkeiten gewesen als ihre Männer. Allerdings haben einige von ihnen für das Leben, welches sie führten, auch besonders teuer bezahlt. Das ist das Thema des Romans.
Er beginnt mit den Affären des auf seinen Münzen so frisch-fröhlich wirkenden ehemaligen Adjutanten Alexanders und den innerdiadochischen Familienzwisten, die sie verursachten. Aus ihnen ging Arsinoë II. hervor, sie aber setzte die Maßstäbe, an denen sich ihre Nachfolgerinnen orientieren mußten. Berenike II. (dieser Name lebt vor allem in seiner mittellateinischen Form Veronika fort) war eine der wenigen, die ihnen gerecht wurden.
Der Statuenkopf im Museum von Bengasi, welcher sie vermutlich darstellt, zeigt ein ebenmäßiges, etwas herb wirkendes Gesicht, umrahmt von kurzgeschnittenen Locken. Kallimachos zählte sie, »die der Duft köstlicher Salben umweht«, den drei Chariten (Grazien) als vierte zu; das mag ein Ausdruck echten Respekts gewesen sein. Berenike hat nicht nur, wie ihre Vorgängerin auf dem Thron, Arsinoë II., Dichter und Gelehrte um sich versammelt, sie muß die Poeten auch beeinflußt und motiviert haben. So bewußt griechisch, so klassisch streng und unverschnörkelt wie zu ihrer Zeit ist am Mareotis weder vorher noch nachher geschrieben worden. Dennoch war sie kein zarter Schöngeist, wie als erste ihre eigene Mutter Apame erfahren sollte.
Diese, Schwester von Antiochos II., verheiratet mit jenem Magas aus Kyrene (in der Cyrenaika), der im Ersten Syrischen Krieg gegen seinen Halbbruder Ptolemaios II. gekämpft hatte, verlobte nach dem Tod des Ehemanns die damals noch minderjährige Prinzessin mit Demetrios dem Schönen, einem Sohn von Demetrios Poliorketes, ihrem eigenen Liebhaber. Berenike jedoch, nicht gewillt, sich auf solche Weise benützen und um ihre Erbansprüche betrügen zu lassen, wiegelte die Armee auf. Ein Trupp von Offizieren drang in das Schlafgemach der Regentin ein, sah dort, was er zu sehen offensichtlich erwartet hatte, und erschlug

den kaum sonderlich abwehrbereiten Makedonen auf der Stelle. Apame mußte das Land verlassen. Den Thron von Kyrene bestieg die Tochter.
Sie regierte bis 246 v. Chr. in der auf zwei Djebelplateaus gelegenen Stadt, hoch über einer damals noch fruchtbaren Küstenebene mit Wäldern von Zypressen und Thujabäumen, dann legte sie das väterliche Erbe Ptolemaios III. als Mitgift zu Füßen. Die beiden sollen vierundzwanzig Jahre lang glücklich miteinander gelebt haben.
Als ihr Mann in den Dritten Syrischen Krieg zog, stiftete Berenike für seine siegreiche Heimkehr einen Teil ihres Haares. Diese Geste wurde am Firmament verewigt, priesterliche Astronomen benannten nach der königlichen Locke einen hellfunkelnden Sternenhaufen zwischen dem Großen Bären und der Jungfrau.
Nach dem Tod des dritten regierenden Lagiden im Winter 222/21 v. Chr. ließ Ägyptens allmächtiger Finanzminister Sosibios (derselbe, der später auch den Spartaner Kleomenes in den Tod trieb) die Frau aus Kyrene vergiften. Ihr ältester Sohn Magas wurde im Bad erschlagen, so daß nun statt seiner ein vierter Ptolemaios an die Macht kam. Der war noch unmündig, als man ihn krönte; er heiratete seine Schwester Arsinoë III. Nach der Blütezeit des Diadochenstaates am Nil begann damit dessen politischer und kultureller Niedergang.

Wollüstig, dem Luxus ergeben

Ptolemaios IV. war jener König, der die Schlacht von Raphia gewann und mit ihr die Herrschaft über seine Fellahin verlor.
Die Nilbauern wollten, nachdem sie einmal bewiesen hatten, daß sie so gut oder sogar noch besser als die Makedonen kämpfen konnten, nicht länger die deklassierte Mehrheit im eigenen Heimatland sein. Sie rotteten sich zusammen, erschlugen Steuereinnehmer und Oikonomoi, legten sich auch mit Garnisonstruppen an oder griffen zu ihrem altbewährten Druckmittel, dem Streik. Wahrscheinlich hätten sie mit solchen Methoden den Thron zu Alexandria ins Wanken bringen können, wenn ihnen ein überragender Führer erstanden wäre. Da das aber nicht geschah, profitierten von den Unruhen nur jene, die politische Ziele und Wünsche auch formulieren konnten, in erster Linie die Priester. Sie bewirkten eine Re-Ägyptisierung des Kultwesens, der bildenden Künste und des Lebensstils. Der König oder eigentlich Sosibios mußten ihnen mit kleinen Schritten entgegenkommen, um größere Forderungen zu vermeiden. Und das nagte doch auch an den Fundamenten der Herrschaft.
Bis hin zu Ptolemaios III. und Berenike II. hatten die Lagiden ihre makedonische Tradition wie einen Schild vor sich hergetragen und sol-

cherart auch eine Politik betrieben, die zwangsläufig langfristig sein mußte. Der regierende Finanzminister nun war dessen nicht mehr fähig. Er begegnete akuten Problemen mit allzu nahe liegenden Mitteln, hatte ja auch, ohne seinen König davon zu unterrichten, die bei Raphia eingesetzten Ägypter ausbilden lassen und damit zwar den Mangel an griechischen Söldnern auf einfache Weise ausgeglichen, aber eben um einen zu hohen Preis. Man fragt sich angesichts der Fellahin-Rebellion ohnehin, ob es für die hellenistischen Könige Ägyptens nicht besser gewesen wäre, wenn sie Koile-Syrien schon 217 v. Chr. verloren, dafür aber die innere Stabilität ihres Staates bewahrt hätten. Und vielleicht böten sie insgesamt der Nachwelt ein besseres Bild, wenn die lange Liste der Ptolemaioi von wenigstens einem Magas unterbrochen worden wäre. Zu Beginn des dritten vorchristlichen Jahrhunderts jedenfalls schmückte der alte Name einen jungen Mann, der seinen Vorfahren in nichts geglichen haben dürfte. »Müde« sagen die Historiker, wenn sie auf ihn zu sprechen kommen, »träge, weich, dekadent«, ganz im Bann der bodenständigen ägyptischen Kultur, »wollüstig, dem Luxus ergeben«.

Auf seinen Münzen ließ Berenikes Sohn sich als Osiris darstellen. Ein Bühnenstück aus seiner Feder hatte das Leben und Leiden des Frauenlieblings Adonis zum Inhalt. Der neue Staatsgott, den er seinem Volk verordnete, hieß zwar Dionysos, trug aber die Züge einer ganzen Reihe von alten Nilgöttern. Zu den vielen Bauten, welche Ptolemaios IV. förderte, gehörten nicht nur das Sema und das Serapeion in Alexandria, sondern auch der Horus-Tempel in Edfu am oberen Nil, eine riesige Anlage, die sich kaum der hellenistischen Architektur zuzählen läßt.

Als Beleg für den üppig-dekadenten Lebensstil des vierten Ptolemäers aber gelten seine berühmten Prunkschiffe. Das größte von ihnen, ein technisch perfektes Meisterstück vermutlich phönizischer Konstrukteure, war hundertdreißig Meter lang, wies vier Ruderdecks auf, vier Steuerruder, sieben übereinander angeordnete Schiffsschnäbel, und soll dennoch mühelos zu lenken gewesen sein. Über seine Nilyacht wird berichtet, sie habe einen von Säulen umgebenen Speisesaal gehabt und zwanzig mit Zedernholz ausgekleidete Kabinen. Unter purpurgesäumten Segeln sei sie dahingeglitten, während ihre Passagiere auf einer Aussichtsterrasse zwei Stockwerke über dem Hauptdeck unter ebenfalls purpurfarbenen Baldachinen vor sich hin dämmerten.

Sie scheinen ein reines Genußleben geführt zu haben, die beiden verschwisterten, miteinander verheirateten Königskinder. Sosibios hatte ihnen das Ruder des Staatsschiffes aus der Hand genommen und sie auf Reisen geschickt, hinauf nach Edfu und Kom Ombo (nördlich von Assuan), hinüber nach Phönizien, dazwischen die Feste, Gelage und Schauprozessionen in der Hauptstadt.

Arsinoë III. muß, im Gegensatz zu ihrer Namensschwester, die Ehe mit dem Bruder vollzogen haben; sie gebar ihm einen Sohn. Dennoch dürfte sie – soweit man das aus einer Porträtbüste von ihr herauslesen kann – nicht eben glücklich gewesen sein; Ptolemaios IV. hat dem Adonis nicht nur literarisch gehuldigt. Um 210 v. Chr. scheint er seine Gemahlin, einer anderen wegen, sogar verstoßen zu haben. Nach seinem Tod wurde auch Arsinoë von Sosibios vergiftet, aber das war nur konsequent.

Der zum Hausmeier aufgestiegene Dioiketes konnte, wenn er seine Stellung behaupten wollte, keine Königsmütter brauchen. Er benötigte regierende Kinder, die sich blindlings von ihm führen ließen. Und Ptolemaios V. war solch ein Kind, als er 206 v. Chr. auf den Thron gehoben wurde; er zählte damals ganze sechs Jahre.

Trotzdem ist gerade während seiner Regierungszeit der allmächtige Finanzminister gestürzt worden, allerdings nicht durch den Herrscher, sondern durch einige Offiziere, die das Spiel, welches da in Alexandria getrieben wurde, keinen Tag länger mit ansehen mochten.

Die Frau des fünften Lagiden war die erste ägyptische Kleopatra.

Die durch ihren Vater Berühmte

Kleopatra bedeutet, Hermann Bengtson zufolge, »die durch ihren Vater Berühmte«. Es war ein uralter makedonischer Name. Alexanders Schwester hatte ihn getragen, später scheint er mit Vorliebe von den Seleukiden vergeben worden zu sein. Die früheste ägyptische Königin, die so hieß, kam aus Antiocheia.

Wäre sie früh genug geboren worden, so hätte sie vom Orontes aus mit ansehen können, wie der eigene Vater, Antiochos der Große, zusammen mit Philipp V. ihren späteren Ehemann systematisch ausplünderte, wie er ihm Koile-Syrien wegnahm und seine letzten kleinasiatischen Besitzungen. 194 v. Chr. wurde die zehnjährige Prinzessin dem sechzehnjährigen Ptolemaios V. angetraut.

In Ägypten wehte damals, dank den Offizieren, die Sosibios vertrieben hatten, wieder ein schärferer Wind, allerdings nur für kurze Zeit.

Welche Rolle Kleopatra I. in der Politik des Nillandes spielte, läßt sich nicht genau belegen, eine geringe kann es keinesfalls gewesen sein. Sie arbeitete mit einem Ehemann zusammen, der den Aufstand der Fellahin niederschlug, der die Verwaltung reformierte, der der wirtschaftlichen Misere in seinem Land durch Schuldenerlässe sowie Steuersenkungen beizukommen suchte. Und als er gestorben war, führte sie noch vier Jahre lang für ihren minderjährigen Ältesten die Regierung.

Nachdem dann auch die Frau aus Antiocheia das Zeitliche gesegnet hatte, brach zwar jener unglückliche Sechste Syrische Krieg aus, in dessen Verlauf seleukidische Truppen bis unter die Mauern der ptolemäischen Hauptstadt vordrangen, doch zahlte es sich nun wenigstens aus, daß der fünfte Lagide, mühsam genug, gute Beziehungen zu Rom hergestellt hatte. Senatorische Sendboten stoppten ja Antiochos IV. am kanopischen Nil. Danach ging Kleopatras Sohn seinerseits zur Attacke über. Er griff so erfolgreich in die Thronkämpfe der syrischen Rivalen ein, daß er sich 145 v. Chr. zum »König von Asien« krönen lassen konnte, was immer das damals noch bedeutet haben mag.

Viel Nutzen brachte ihm sein neuer Titel ohnehin nicht ein; denn alle die Siege, die er errang, waren überschattet von einer Familienfehde, mit der das wirrste Kapitel des Ptolemäerromans beginnt. Um es einigermaßen überblicken zu können, muß man zunächst seine handelnden Personen ins Auge fassen.

Ein seltsames Viergespann

Kleopatra I. hatte insgesamt drei Kinder gehabt, zwei Söhne und eine Tochter. Die Söhne hießen beide Ptolemaios. Der ältere von ihnen, jener, der von seinem Onkel Antiochos gefangengenommen wurde und später die Seleukiden schlug, wird in der lagidischen Königsliste als Nummer VI, der jüngere als Nummer VIII geführt, die Tochter als Kleopatra II.

Ptolemaios VI. war 170 v. Chr., beim Ausbruch des Sechsten Syrischen Krieges, als Vierzehnjähriger für mündig erklärt und mit seiner Schwester verheiratet worden. Er mußte sich aber mit dem jüngeren Bruder in die Macht teilen. Das konnte nicht gutgehen.

Die spätere Nummer VIII. nämlich war nach dem Urteil fast aller Historiographen und Historiker, welche sich mit ihr befaßten, der übelste Patron, welcher jemals auf den Thron in Alexandria gelangte: nicht nur tückisch, skrupellos, machtgierig, genußsüchtig und absolut unmoralisch, sondern auch noch abstoßend häßlich und krankhaft eitel.

Die Bewohner der Mareotisstadt gaben ihm Namen wie »Kakergetes« (Schuft) und »Physkon« (Fettwanst). Er soll es geliebt haben, seinen aufgeschwemmten Körper in durchsichtigen Gewändern zur Schau zu stellen. Er mordete bedenkenlos, um an die Vermögen reicher Leute heranzukommen, und er warf das Geld mit vollen Händen hinaus, um jene an sich zu binden, auf die er angewiesen war.

Den älteren Ptolemaios hat er 164 v. Chr. zunächst einmal aus dem Land vertrieben, doch kam der schon ein Jahr später zurück und jagte nun seinerseits den Fettwanst in die Cyrenaika.

Bei dieser Reichsteilung blieb es bis zum Tod des »Königs von Asien« – er fiel im Kampf gegen Alexander Balas, kurz nachdem er sich diesen Titel zugebilligt hatte. Sein siebzehnjähriger Sohn folgte ihm als Ptolemaios VII. nach, regierte aber unter der Vormundschaft seiner Mutter Kleopatra II. nur knapp ein Jahr.

Schon 144 v. Chr. nämlich riß Ptolemaios VIII. die Herrschaft über Ägypten wieder an sich und tat nun alles, um den Ruf zu begründen, mit dem er in die Geschichte einging. Kleopatra II. (seine Schwester und Schwägerin) wurde gezwungen, ihn zu heiraten, Ptolemaios VII. (sein Neffe) getötet. Schließlich nahm er auch noch Kleopatra III. (seine Nichte und Stieftochter) zur Frau. Das war selbst den an Inzest gewöhnten Ägyptern zuviel.

Aber erst als er, neun Jahre nach dem Abschluß dieser Zweitehe, Memphites, den Sohn aus seiner Verbindung mit Kleopatra II., ermorden ließ, erhob sich ein Teil der Bevölkerung gegen ihn. Kakergetes floh nach Zypern. Zwei Jahre später kam er zurück. Nun mußte Kleopatra II. gehen, ihr Zufluchtsland war Syrien. Von dort aus führte sie einen erbitterten Krieg gegen Ehemann und Tochter, den jedoch keine Seite gewinnen konnte. 124 v. Chr. versöhnten sich deshalb die drei auf so vielfältige Weise aneinandergefesselten Wesen und teilten von da an, scheinbar friedlich, Thron, Tisch und Bett, das letztere Möbelstück auch noch mit einer Nebenfrau namens Eirene. Sie müssen ein seltsames Viergespann gebildet haben: zwei Frauen, von denen man annehmen möchte, sie hätten – selbst wenn dies nur der hochentwickelten ägyptischen Kosmetik zu danken gewesen sein sollte – einen erfreulichen Anblick geboten, dazu die morganatische Gemahlin, die sicherlich auch nicht häßlich war, und zwischen ihnen der unförmige gekrönte Satyr mit seinen neckischen Gewändern.

Kleopatra III. hat ihrem Eheherrn zwei Söhne geboren, welche beide Ptolemaios hießen, und drei Töchter, die alle den Namen der Mutter trugen. Ein dritter Prinz, dem Eirene das Leben gab, wurde ebenfalls mit dem Namen des Vaters gerufen. Was immer man also gegen den achten regierenden Lagiden vorbringen mag, fruchtbar ist er gewesen, und das gehört ja wohl mit zu den wichtigsten Eigenschaften eines Dynastieerhalters.

Sein schärfster Kritiker, der Brite Bevan, stellt fest: »Euergetes II. (das war sein offizieller Beiname, er bedeutet Wohltäter) lebte länger als alle seine Vorgänger seit Ptolemaios II. und starb friedlich nach dreizehn Jahren des ungeschmälerten Besitzes aller der erstrebenswerten Dinge, für die er intrigiert und gemordet hatte.«

Sollte ihm die Tyche etwa zugute gehalten haben, daß er die wirtschaftlichen Verhältnisse Ägyptens auf geschickte Weise zu ordnen verstand und daß er außerdem eine Selbstbiographie sowie vierundzwanzig Bücher mit Homerkommentaren hinterließ?

Auch nach seinem Ableben sind keineswegs wieder Zucht und Ordnung in den Palast am Großen Hafen von Alexandria eingekehrt. Das Drama ging weiter.

Die Muttermörderin

Kaum war der Onkel und Ehemann gestorben, da sorgte Kleopatra III. zunächst dafür, daß Kleopatra II. ihr nicht länger Schwierigkeiten bereiten konnte, ob mit Gift, Dolch oder Strick, weiß man nicht. Dann machte sie ihren ältesten Sohn Ptolemaios IX., der auch »Lathyros« (Schotenkopf) genannt wurde, zum Herrscher und sich zur Frau an seiner Seite. Der damals Siebenundzwanzigjährige zog jedoch die Schwestern der Mutter vor. Er heiratete erst Kleopatra IV., dann, nachdem die eifersüchtige Partnerin auf dem Thron ihn zur Scheidung gezwungen hatte, Kleopatra Selene. Das führte ebenfalls zum Streit. Ägyptens Alt-Königin, erfahren im Umgang mit der Macht, vertrieb den Sprößling nach Zypern. Gleichzeitig versuchte sie offensichtlich, das damals gerade zweihundert Jahre alt gewordene Diadochenreich im Niltal ihrer eigenen Persönlichkeit anzupassen. Die Art und Weise, in der sie das tat, dürfte wahrscheinlich für Psychoanalytiker höchst aufschlußreich sein.

Die Muttermörderin nannte sich »Mutterliebende Göttin«, sie inthronisierte Isis als »Große Mutter der Götter«, ließ gleichzeitig den Namen Kleopatras II. aus allen Inschriften entfernen und verglich sich auch mit Kybele, der Liebhaberin des ewig jungen Adonis.

Gescheitert ist die dritte Kleopatra schließlich an ihrem zweiten Sohn Ptolemaios X., mit dem sie ebenfalls das Bett geteilt haben soll. Er ließ die über fünfzig Jahre alte Frau 101. v. Chr. umbringen und heiratete in zweiter Ehe seine Kusine Berenike III., die Tochter Ptolemaios' IX. und Kleopatras IV. Aber das Glück seines Vaters war ihm bereits nicht mehr beschieden. 88 v. Chr. vertrieben die Bürger der Mareotisstadt den König – weil er fast alle wichtigen Staatsämter mit Juden besetzt hatte. Das Schiff, auf dem er floh, geriet an eine Kriegsflottille seines auf Zypern regierenden Bruders. Es wurde samt Besatzung versenkt. Daraufhin kehrte Ptolemaios IX. an den kanopischen Nil zurück, um dort noch acht Jahre lang zu regieren.

In dieser Frist hätte ihm eigentlich nur ein junger Mann gefährlich werden können, mit dem er auf (mindestens) doppelte Weise verwandt war. Einerseits war dieser sein Neffe (da Sohn des Bruders), andererseits aber auch sein Halbbruder (da Sohn der eigenen Mutter). Möglicherweise hat er ihn gefürchtet. Der spätere Ptolemaios XI. war nämlich auf Kos zunächst Mithradates VI. in die Hände gefallen, dann zu Sulla geflohen. Roms Diktator baute ihn planmäßig zum ägyptischen Thronprätendenten auf.

Dennoch wagte sich der dreiundzwanzigjährige Prinz erst nach dem Tod von Ptolemaios IX. in die Heimat zurück, wo mittlerweile Berenike III. das Staatsruder in die Hand genommen hatte. Gemäß dem Auftrag, der ihm am Tiber gegeben worden war, nahm er sie, die ihm

Kusine und Stiefmutter war, zur Frau, aber nur, um ihr neunzehn Tage nach der Hochzeit den Henker zu schicken. Das kostete freilich auch sein eigenes Leben. Die Bürger der Stadt prügelten ihn zu Tode, als er nackt auf der Kampfbahn eines Gymnasions trainierte. Das wirre Geflecht der ineinander verschlungenen Ptolemäerleben begann sich zu lichten.

Produkt hochinzestuöser Verbindungen

Da Kleopatra IV., die man nach Antiocheia verheiratet hatte, schon 112 v. Chr. bei den seleukidischen Familienzwisten ums Leben gekommen war (über den Verbleib ihrer Schwester Kleopatra Selene weiß man nichts), standen 80 v. Chr. nur noch drei Kinder von Ptolemaios IX. als Thronfolger zur Wahl. Von ihnen wurde jedoch der jüngere Ptolemaios nach Zypern abgeschoben, so daß der ältere seine Schwester Kleopatra V. heiraten und sich als zwölfter Nachfolger des Alexander-Adjutanten die längst wieder benutzte pharaonische Doppelkrone von (Ober- und Unter-)Ägypten aufs Haupt setzen konnte. In der Überlieferung lebt er als eine Art Witzfigur fort, was freilich – zumal wenn man ihn mit einigen seiner Vorfahren vergleicht – eigentlich ungerechtfertigt ist.

Gewiß, er liebte es, Chöre auf seiner Doppelflöte zu begleiten, und wurde deshalb »Auletes« (Flötenspieler) genannt. Sicher, er führte keine Kriege und feierte lieber rauschende Feste. Auch ging es den Nilanrainern während seiner Regierungszeit besonders schlecht – Bauernunruhen, Arbeitsniederlegungen, endgültiger Verfall des ptolemäischen Verwaltungsapparates, Korruption und Mißwirtschaft – aber was war er denn schon noch? Ein kleiner Dynast im Schatten der alles beherrschenden römischen Großmacht, außerdem das Produkt einer ganzen Reihe von hochinzestuösen Verbindungen. Nach allem, was man über die Verwandtenehe, die Bruder-Schwester-, die Mutter-Sohn-Ehe schon damals wußte oder zu wissen glaubte, konnte er froh sein, daß er weder ein Bluter war noch geistig gestört und daß seine Kinder nicht zu dumpf vor sich hin dämmernden Wesen heranwuchsen.

Als die Ägypter ihn nach zweiundzwanzigjähriger Herrschaft davonjagten, gab er keineswegs auf, sondern ging nach Rom und bereitete dort mit List und Geschick die Rückkehr vor. Seine beiden älteren Töchter haben sich, während er abwesend war, erstaunlich gut gehalten.

Berenike IV. und Kleopatra VI. regierten das Land in schwesterlicher Gemeinschaft bis 57 v. Chr.; dann starb Kleopatra. Die jüngere der beiden heiratete zunächst einen Hochstapler, der sich als Seleukidenprinz ausgab, schließlich, nachdem er entlarvt und hingerichtet worden war, Archelaos aus Komana (in Ostanatolien), jenen pontischen Feldherrn, mit dem sich Sulla auf den Schlachtfeldern Griechenlands herumgeschlagen hatte. Nach dem Untergang von Mithradates VI. war das freilich ein geradezu tollkühner Zug, den man in Rom nur mit Mißvergnügen zur Kenntnis genommen haben dürfte.

Indessen ist der Hang zu riskanten Unternehmungen fast allen Kindern des Flötenspielers eigen gewesen. Am deutlichsten tritt dies bei seiner dritten Tochter zutage.

Ihr, der siebten Kleopatra (eigentlich war sie, wenn man Kleopatra Selene mit berücksichtigt, die achte), sollte es ja beinahe gelingen, das römische Reich zu spalten. Sie spielte mit so mächtigen Männern wie Julius Caesar und Marcus Antonius, wurde dafür mit dem Beinamen »die Große« geehrt und hat die Diadochengeschichte in einem Stil beendet, der Alexanders würdig war.

Auch hier roch es nach Blut

Man nimmt an, daß Ptolemaios XII., als er 58 v. Chr. über Rhodos nach Rom floh, die elfjährige Kleopatra bei sich gehabt habe. Trifft das zu, dann muß Ägyptens letzte makedonische Königin schon als Kind einen ersten verschwommenen Eindruck von der Stadt am Tiber bekommen haben. Dabei könnte ihr ein vertrauter Dunst in die Nase gestiegen sein: auch hier roch es nach Blut.

Pompeius und Crassus, die beiden ehemaligen Parteigänger von Sulla, hatten dessen Reformgesetze schon längst wiederaufgehoben, hatten die Volkstribunen in ihre alten Rechte eingesetzt und auch den Plebisziten wieder Gesetzeskraft zuerkannt. Beide versuchten dann die Früchte ihres gemeinsamen Konsulats (70 v. Chr.) zu ernten, der eine im Osten, wo er Mithradates schlug und der Seleukidenherrschaft in Syrien ein Ende setzte, der andere im eigenen Land – er stieg durch ausgedehnte Bankgeschäfte zum reichsten Mann in Rom auf.

Parallel zu diesen Unternehmungen waren ihre Versuche gelaufen, sich gegenseitig auszubooten. Crassus ging dabei am weitesten. Zusammen mit L. Sergius Catilina, einem ehemaligen Schergen Sullas, welcher in der Proskriptionszeit ebenfalls gewaltige Reichtümer gesammelt hatte, plante er einen Staatsstreich. Der wurde jedoch von dem wackeren Republikaner Cicero rechtzeitig aufgedeckt, blutig niedergeschlagen und dann nach Kräften so vertuscht, daß man bis heute nicht genau weiß, wer da eigentlich wem an das Leben und an die Stellung wollte. Catilina kam um, Crassus konnte sich von allen Verdächten reinwaschen. Der dritte Mann, der möglicherweise an der Verschwörung beteiligt war und nun ebenfalls sein möglichstes tat, ihre Spuren zu verwischen, hieß Gaius Julius Caesar.

Dieser damals siebenunddreißigjährige Praetor hatte als Neffe von Marius und Schwiegersohn Cinnas unter Sulla das Land verlassen müssen, war aber nach dessen Tod mit einem Kopf voll popularer Ideen zurückgekommen. Bei Licht besehen, unterschied er sich jedoch von Sulla eigentlich nur dadurch, daß er glaubte, das Volk müsse nicht mit Gewalt niedergehalten werden, man könne es auch kaufen. Und in erster Linie ging es ihm um persönliche Selbstentfaltung mit den Mitteln der Macht. Alexander gilt als eines seiner Vorbilder, zum Westtrojaner hat er sich gelegentlich emporstilisiert – das Geschlecht der Julier, dem er angehörte, führte seinen Ursprung direkt auf den Aeneas-Sohn Ascanius zurück.

Nach dem Fehlschlagen der »Catilinarischen Verschwörung« versöhnte Caesar Crassus mit dem aus dem Osten zurückgekehrten Pompeius, der den Senatoren grollte, weil sie seinen entlassenen Soldaten keine Bauernstellen zuweisen wollten. Zusammen bildeten die drei das Erste Triumvirat, aber das war ja ebenfalls ein Komplott.

Entschlüsse, in ihrem privaten Zirkel getroffen, wurden von dem 59 v. Chr. zum Konsul gewählten Julier mit einer aus Imperium und Maiestas populi zusammengeschmiedeten Keule, mit legalen und illegalen Mitteln, mit Gewalt und Bestechung gegen die Senatsmehrheit durchgepaukt. Die Soldaten, die Mithradates besiegt hatten, erhielten ihre Äcker. Magistrate, die sich in den besetzten Gebieten unrechtmäßig bereichert hatten, mußten ihre Beute zurückgeben, und Caesar selbst bekam, nachdem sein Jahresamt erloschen war, die Statthalterschaft in der oberitalienischen Provinz Gallia cisalpina, im nordadriatischen Illyricum und in der Gallia Narbonensis (Provence) zugesprochen. Damit wiederum war ihm die Möglichkeit gegeben, das gesamte Keltenrevier zwischen Pyrenäen und Rhein zu erobern und solcherart nicht nur gewaltige Reichtümer anzusammeln, sondern auch einen Ruhm zu erwerben, welcher jenen des Pompeius überstrahlen mußte.

Als der gekrönte Flötenspieler aus Ägypten mit seiner Tochter in Rom eintraf, stand deren späterer Geliebter nahe dem heutigen Mülhausen (Elsaß) und kämpfte gegen den Suebenfürsten Ariovist. Die beiden anderen Triumvirn dagegen waren anwesend, außerdem stand in den Kulissen ein vierundzwanzigjähriger Reiteroffizier namens Marcus Antonius, der noch nach der Chance suchte, sich seine ersten Sporen zu verdienen. Ptolemaios XII. konnte sie ihm bieten.

Er streute Geld aus unter den Mächtigen des Landes, antichambrierte bei Senatoren und Konsuln und versprach noch größere Summen, wenn man ihn mit Waffengewalt in sein Land zurückbringe. Sowohl Crassus als auch Pompeius hätten diese Aufgabe gerne übernommen. Dummerweise waren sie jedoch derart aneinandergefesselt, daß keiner dem andern die fette Beute gönnen durfte – sie hätte die Schaukel, auf der sie beide saßen, aus dem Gleichgewicht gebracht.

So erhielt im Jahr 55 v. Chr. ein relativ unbedeutender Kompromißkandidat, A. Gabienus, der Statthalter von Syrien, Befehl, die Militärexpedition an den Nil durchzuführen. Marcus Antonius war dabei. An der Spitze seiner Kavallerieeinheit nahm er in einem Überraschungsangriff die offenbar nur schwach besetzte ägyptische Grenzfestung Pelusion im nordwestlichen Sinaizipfel. Danach konnte die Armee, ohne auf nennenswerten Widerstand zu stoßen, über das Delta hinweg nach Alexandria vordringen und die Stadt besetzen.
Archelaos hatte in den drei Monaten, die er eben mit Berenike IV. verheiratet war, das verlotterte ptolemäische Heer nicht reorganisieren können. Er starb, wie seine Frau, auf dem Richtplatz. Der Flötenspieler aber vermochte darauf wieder seinen vielfältigen Vergnügungen nachzugehen. Er hatte jetzt noch vier Kinder: die kleine Arsinoë, zwei Buben, die beide Ptolemaios hießen, und Kleopatra.
Anderthalb Jahre, nachdem der letzte männliche Lagide, dem es vergönnt war, erwachsen zu werden, das Zeitliche gesegnet, seine älteste Tochter als Gattin ihres älteren Bruders auf dem Thron Platz genommen hatte, kehrte Caesar aus dem unterworfenen Gallien zurück. Er überschritt den Rubico, ein kleines Flüßchen, das bei Ravenna in die Adria mündet und kommentierte dieses simple Manöver mit den Worten: »Der Würfel ist geworfen.«

Vom Reiz der Kleopatra

Mit dem berühmt gewordenen »Iacta alea est«, einem Menander-Zitat, begann das letzte Kapitel der mittlerweile schon über achtzig Jahre andauernden römischen Revolution. Wieder weigerte sich ein Beamter der Res publica, seine Berufsarmee aufzulösen; wieder überschritt ein Putschist, vom Ausland her kommend, die italische Grenze (eben den Rubico), wieder begann ein Marsch auf Rom.
Pompeius, der seit dem Tod von Crassus als »Konsul ohne Kollegen« amtierte, befand sich in der Situation der Mariusanhänger. Aber um so grundsätzliche Standpunkte wie damals ging es schon lange nicht mehr. Der neue Bürgerkrieg war ein reiner Machtkampf.
Pompeius, viel zu erfahren, als daß er auf den Gedanken gekommen wäre, sich mit einer unerprobten Heimatarmee den kampferfahrenen Legionen seines Schwiegervaters (er hatte Caesars Tochter Julia geheiratet) zu stellen, räumte die Apeninnenhalbinsel und ging nach Makedonien. Dort wollte er Männer rekrutieren, deren Vorfahren einst die halbe Welt erobert hatten. Sein Sohn inspizierte derweilen Ägypten und soll dabei, Plutarch zufolge, vom Reiz der Kleopatra »einen großen Eindruck« gewonnen haben. Ein Jahr später kam auch der Vater – als geschlagener Mann.

Er hatte in der Zwischenzeit die Schlacht von Pharsalos (im südöstlichen Thessalien) gegen seinen Rivalen und den brillanten Reiterführer Marcus Antonius verloren. Er war über Lesbos nach Pelusion gelangt. Er brauchte Hilfe und eine sichere Zuflucht. Aber was fand er vor? In Ägypten herrschte ebenfalls Bürgerkrieg. Am östlichsten Nilarm standen sich zwei Armeen gegenüber, eine syrische, angeworben von der Königin des Landes, und eine einheimische, befehligt von Offizieren des Königs. Den Römer mag diese Konstellation verwirrt haben, auf jeden Fall kostete sie ihn das Leben.
Da die Parteigänger des männlichen Regenten mit ihrer ganzen Außenpolitik auf Pompeius gesetzt hatten und da der nun plötzlich nichts weiter als ein machtloser Flüchtling war, blieb ihnen gar nichts anderes übrig, als blitzschnell die Position zu wechseln und sich der Gunst des Siegers von Pharsalos zu versichern. Sie schickten dem Mann, der waffenlos auf ihre Vorposten zuschritt, zwei ehemalige römische Offiziere entgegen. Die erschlugen ihn.
Achtundvierzig Stunden später traf Caesar in Alexandria ein. Er dürfte ebenfalls Mühe gehabt haben, die dort herrschende Situation zu überblicken. Dabei war sie – nach landläufigen Maßstäben – fast normal.

Setzte sich selbst als Waffe ein

Die beiden gekrönten Kinder des Flötenspielers standen unter der Obhut eines neuen Sosibios, der Potheinos hieß, der ein Eunuche war und der mit dem gefügigen Ptolemaios XIII. viel besser zurechtkam als mit dessen älterer Halbschwester. (Die drei jüngsten Sprößlinge von Auletes hatten nicht mehr Kleopatra V. zur Mutter gehabt.) Unterstützt von zwei anderen Würdenträgern namens Achillas und Theodotos tat er deshalb alles, um die Position des Königs, also auch seine eigene, zu stärken und jene Kleopatras VII. entsprechend zu schwächen. Erste Frucht dieser Hausmachtpolitik war der Bürgerkrieg. Die Königin, nicht gewillt, sich widerstandslos verdrängen zu lassen, hatte Alexandria verlassen und ihre Anhänger mobilisiert. Als Caesar dort ankam, verbarg sie sich irgendwo, vermutlich im Nildelta. Es ging also jetzt um die Frage: wer kann den mächtigsten Mann Roms auf seine Seite herüberziehen? Die Partei des Königs war im Vorteil – sie hatte ihm bereits den Kopf des Pompeius vor die Füße gelegt. Kleopatra mußte sich auf ihre eigenen Waffen verlassen.
Wie sie zu dem Römer vordrang, ist bekannt; es wurde von unzähligen Romanautoren und Drehbuchverfassern immer wieder geschildert. Alle diese oft üppig ausgeschmückten Erzählungen gehen jedoch auf nicht mehr als die folgenden zwei Sätze aus Plutarchs Caesar-Biographie zurück: »Jene Prinzessin nahm aus ihrem Gefolge nur den Sizilier

Apollodoros mit sich, stieg in ein kleines Boot und legte bei einbrechender Finsternis in der Nähe des königlichen Palastes an. Da sie kein anderes Mittel wußte, unentdeckt hineinzukommen, legte sie sich der Länge nach in einen Bettsack, welchen Apollodoros mit Riemen zusammenschnürte und durch die Tür des Caesar trug.«

Zugegeben, es ist ein etwas knapper Bericht. Man hätte gerne mehr erfahren, vor allem darüber, wie es weiterging.

Der Julier, der nicht nur Roms bedeutendster Feldherr war, sondern auch einer seiner berüchtigtsten Frauenhelden, wie hat er wohl reagiert, als das Mädchen aus dem Bündel kroch und feierlich erklärte, sie sei Königin und lebende Göttin der Ägypter?

Plutarch hilft immerhin ein bißchen weiter.

Kleopatras Schönheit, sagte er, »war an und für sich nicht ganz unvergleichlich, noch von der Art, daß sie gleich beim ersten Anblick Aufsehen erregen konnte«. Das deckt sich mit den Bildnissen, die von ihr erhalten blieben. Der berühmte Marmorkopf im British Museum zeigt ein schmales Aristokratengesicht: stark gebogene Nase, ebenmäßige Lippen, Korkenzieherlöckchen an den Schläfen, auf dem Hinterkopf ein mächtiger, kranzförmig zusammengebundener Zopf, der ungemein züchtig wirkt. Dieser Darstellung zufolge hätte die Ptolemäerin im Mittelalter Äbtissin sein können. Eine Münze, welche in Boston ausliegt, widerlegt diesen Eindruck ein wenig. Das auf ihr dargestellte Gesicht wirkt mädchenhafter als die Büste, zeigt hochangesetzte Bakkenknochen, von denen die Wangen jäh nach unten abfallen, ein rundes festes Kinn und eine klare offene Stirn. Hier wirkt Kleopatra wie jedes Vaters Wunschtochter: frisch, heiter und unkompliziert. Man möchte sagen, welch liebes Kind!

Indessen kann dies natürlich nicht alles gewesen sein, was Caesar damals im flackernden Licht der Öllampen wahrnahm.

Das scheint wiederum auch Plutarch vermutet zu haben, weshalb er in seiner Antonius-Biographie noch angibt, »allein der nähere Umgang« mit der Königin habe sie unwiderstehlich erscheinen lassen, »ihre Gestalt, verbunden mit der einnehmenden Unterhaltung«, aber auch »ihr kühner Geist«. Wahrscheinlich gab das letztere sogar den Ausschlag.

Der Mann, dessen Soldaten zu singen pflegten, »Städter verbergt eure Weiber, unser Kahlkopf zieht ein«, war ja immer besonders von solchen Frauen fasziniert gewesen, die männlich dachten und auch an politischen Schachzügen Gefallen fanden. Das hatte etwa von seiner Geliebten Servilia gegolten, der Mutter des Brutus, oder seiner anderen berühmten Mätresse Mucia Tertia, der zweiten Gemahlin des Pompeius. Einer so vollkommenen Verkörperung femininen Machtbewußtseins, wie die Ägypterin es war, dürfte er jedoch, vor dieser Nacht in Alexandria, noch nie begegnet sein.

Und so mag denn, was sich als eine der berühmtesten Amouren der Geschichte entfaltete, darin seinen Ursprung gehabt haben, daß Kleopatra ihm zwar als Frau entgegentrat, dünn bekleidet vermutlich, aber bis ans Herz hinan gewappnet mit Mut, Entschlossenheit und der Bereitschaft, zu kämpfen. Wie schon viele andere Ptolemäerinnen vor ihr, setzte sie sich selbst als Waffe ein. Das schien genau auf Caesar zugeschnitten zu sein: Herausforderung und Einladung zu einem Abenteuer, wie er noch keines bestanden hatte. Er selbst war damals zweiundfünfzig, Kleopatra noch nicht ganz einundzwanzig Jahre alt.

Als lateinischer Diadoche regieren

Am anderen Morgen zeigte es sich dann, daß das Mädchen sehr überlegt gehandelt hatte, als es sich zu dem Römer schlich, er selbst jedoch äußerst leichtsinnig, als er überhaupt nach Alexandria gekommen war. Nur dreitausendzweihundert Fußsoldaten und achthundert Reiter standen ihm zur Verfügung. Trotzdem benahm sich Caesar, als sei er absolut Herr der Lage.

Ptolemaios XIII. wurde zu ihm gerufen und erfuhr, er habe sich mit seiner Schwester zu versöhnen, also in Zukunft die Macht wieder mit ihr zu teilen. Der dreizehnjährige Junge hörte ihn jedoch gar nicht bis zu Ende an. Er rannte aus dem Raum, riß sich das Diadem vom Kopf und rief einer vor dem Palast wartenden Menge zu, man habe ihn verraten.

Daraufhin mobilisierte Achillas die Armee. Das Palastviertel mit seiner Legionärsbesatzung und ihrem Befehlshaber wurde gegen die Außenwelt abgeriegelt. Der sogenannte Alexandrinische Krieg brach aus. Caesar konnte nur eines tun: hinhaltenden Widerstand leisten und auf Verstärkung warten.

Ende September 48 v. Chr. war er in Alexandria angekommen, Ende Januar 47 v. Chr. saß er immer noch in der königlichen Residenz fest. Achillas ließ Wasserleitungen verstopfen und versuchte, sich der römischen Schiffe, die auf Reede lagen, zu bemächtigen. Die Legionäre mußten in den Palasthöfen Brunnen graben und sich der Angreifer mit Feuerbränden erwehren. Dabei ging die berühmte große Bibliothek mit ihren Hunderttausenden von Bücherrollen in Flammen auf.

Endlich, im Februar, gelang es Caesar, den Belagerungsgürtel an der Küstenseite zu durchbrechen und zum Heptastadion vorzudringen. Bei einer Schleusenbrücke kam er derart ins Gedränge, daß ihn nur der Sprung ins Wasser rettete. Sein Umhang ging dabei verloren, er fiel den Ägyptern in die Hände, die mit ihm ein Siegesdenkal schmückten – voreiligerweise.

Im März landete Mithradates aus Pergamon bei Pelusion und schickte

seine leeren Schiffe weiter nach Alexandria. Während des Achillas Leute aber noch damit beschäftigt waren, die vor ihrer Küste kreuzende Flotte im Auge zu behalten, marschierte der mit Rom verbündete illegitime Sohn des großen Pontiers um das Delta herum zum Mareotis-See. Dort vereinigten sich die inzwischen nach Süden hin durchgebrochenen Legionäre mit ihm. Gemeinsam nahmen sie ihre Gegner in die Zange. Ptolemaios XIII., den Caesar aus dem Palast entlassen hatte, kam ums Leben, seine Leute wurden geschlagen. Daraufhin ergab sich auch die Stadt.
Die Königin heiratete nun ihren jüngeren Bruder Ptolemaios XIV. – und ging mit dem wahren Herrn des Landes auf Hochzeitsreise. Sie fuhren den Nil hinauf.
Purpurne Schatten auf dem Aussichtsdeck der Prunkyacht, Zedernholzduft in den Kabinen, nächtliche Wüste unter flackernden Riesensternen: der Julier, zum erstenmal seit Jahren wieder völlig entspannt, mag sich gefragt haben, ob er nicht hier und jetzt auf dem Gipfel seines Lebens stehe. Konnte er ihn festhalten, den köstlichen Augenblick? Warum nicht als lateinischer Diadoche regieren über dieses reiche Land, an der Seite dieser Frau? Die Welt hätte sich auch von Ägypten aus kontrollieren lassen. Es scheinen mehr als nur Träume gewesen zu sein.
Sueton, der Kaiserbiograph des zweiten Jahrhunderts n.Chr. behauptete, Caesar habe noch kurz vor seinem Tod immer wieder den Gedanken erwogen, »nach Alexandria überzusiedeln ... alle Machtmittel des Reichs aus dem durch Aushebungen erschöpften Italien dorthin zu verlegen und das Regiment in Rom seinen Freunden zu überlassen«. Hätte er es getan, es wäre für Kleopatra ein Sieg sondergleichen gewesen. Immerhin unternahm sie alles, ihn zu erringen.
Am 23. Juni 47 n.Chr., ziemlich genau neun Monate nach seiner Ankunft in Alexandria, gebar die Herrscherin von Ägypten ihrem Liebhaber den einzigen Sohn, den dieser Mann jemals haben sollte. Als das geschah, weilte der jedoch schon seit drei Wochen wieder am Tiber.

Dreiundzwanzig Dolche in den Leib

Caesar hatte gehen müssen, weil es an allen Grenzen seines Herrschaftsbereiches kriselte. Er schlug bei Zela (in Nordanatolien) Pharnakes II., den von der Krim herübergekommenen Sohn Mithradates' VI., der das pontische Reich wiedergewinnen wollte, und meldete nach Rom: »Veni, vidi, vici« (ich kam, ich sah, ich siegte). Er überwältigte bei Thapsus (im heutigen Tunesien) und bei Munda (nördlich von Malaga) die Anhänger des toten Pompeius. Danach trat er am Tiber die Königsherrschaft an, ohne sich freilich König zu nennen.

Seine Kanzlei stieß eine Anordnung nach der anderen aus. Er muß unablässig gearbeitet haben, doch das glich auch einer Flucht vor den drängenderen Problemen. Da er sich weigerte, eine neue Staatsform zu propagieren, stand die nur dem Namen nach fortbestehende Res publica als Gespenst wider ihn auf. Adelige Verschwörer fanden sich zusammen, gelegentlich murrte auch das Volk.

Daß im Sommer 46 v. Chr. dann Kleopatra am Tiber eintraf, daß er sie »mit Ehrenbeweisen und Geschenken überhäufte« (Sueton) und nun auch seinen Sohn anerkannte – er erhielt den Namen Caesar, wurde aber von den Griechen Kaisarion (Kleiner Caesar) genannt –, hat ihm in dieser Situation noch mehr geschadet. Die Römer beobachteten scheelen Blicks, wie ihr Diktator mit der gekrönten Exotin umging, wie diese in seiner Villa hofhielt, als sei sie bereits die Herrscherin des Landes, und wie die Gesellschaftslöwen ihr ergebenst zu Füßen lagen. Nahmen hier nicht die wirklichen Absichten, die man dem Julier unterstellte, schon greifbare Gestalt an?

Was immer Caesar selbst als Ziel vor Augen gehabt haben mag – ob er hoffte, über einen Stufenberg von Ehrungen, Titeln und immer neuen Vorrechten allmählich zu einem römischen Thron emporsteigen zu können, ob die Geliebte vom Nil in seinen Plänen eine Rolle spielte, oder ob es ihm auf die Dauer genügt hätte, auch ohne sie der stärkste Mann am Mittelmeer zu sein, blieb bis heute ein Rätsel. Doch ist er letztlich wohl daran gescheitert, daß er hochfliegende Träume zwar hegte, sie aber nicht in die Tat umzusetzen wagte.

Als man ihm am 15. Februar 44 v. Chr. auf öffentlichem Markt ein Königsdiadem anbot, »entstand nur schwaches, dumpfes Händeklatschen« (Plutarch). Als er es daraufhin zurückwies, brach Jubel aus.

Der Mann, der Caesar die Krone hingehalten hatte, war Marcus Antonius gewesen. Und an dem Tag, an dem es geschah, wurde das alte Hirtenfest der Luperkalien gefeiert, bei dem junge Leute unbekleidet durch die Straßen zu rennen pflegten. Da auch Marcus Antonius an diesem Kultlauf teilgenommen hatte, ist es denkbar, daß ihn nicht ein Fetzen Tuch umhüllte, als er zu seinem Patronus auf die Tribüne hinaufstieg. Er soll außerordentlich schön und wohlgebaut gewesen sein.

Ob Kleopatra ihn bei diesem Auftritt sah, wissen wir nicht, es ist jedoch keinesfalls ausgeschlossen. Sie war ja auch noch in Rom, als, einen Monat später, am Idus (der Monatsmitte) des März, Brutus, Cassius und ihre Mitverschwörer dem rechtmäßigen Diktator insgesamt dreiundzwanzig Dolche in den Leib stießen. Erst vier Wochen nach diesem Mord reiste sie in die Heimat zurück.

Was in den folgenden drei Jahren an ihrem Hof geschah, wird von niemandem überliefert. Was ihr danach widerfuhr, ist Gegenstand unzähliger Bücher, Theaterstücke, Filme, und doch nur Epilog. Alexanders letzte Erbin forderte ihre Gegner noch einmal in die Schranken.

ALEXANDERS LETZTE ERBIN

»*Cleopatra:* *Ist's wirklich Liebe? sag mir denn, wie groß?*
Antonius: *Armsel'ge Liebe, die sich messen ließe!*
Cleopatra: *Ich will den Grenzstein setzen deiner Liebe!*
Antonius: *So mußt du neue Erd' und Himmel schaffen.*«

>   WILLIAM SHAKESPEARE
>   Antonius und Cleopatra

Eine großangelegte strategische Operation

Tarsos, Spätherbst des Jahres 41 v. Chr. In der schönen alten Stadt am südlichen Ausgang der Kilikischen Pforte residiert Marcus Antonius. Er ist nunmehr einer der drei Herrn des römischen Reiches. Er hat sein letztes glänzendes Reiterstück vollbracht.
Nach Caesars Tod war es ihm gelungen, dessen Mörder auf geschickte Weise auszumanövrieren. Danach hatte er sich mit seinem Offizierskameraden M. Aemilius Lepidus zusammengetan und, als ein junger Patrizier namens C. Octavius auftauchte und zu aller Erstaunen nachwies, daß er von seinem Großonkel, dem ermordeten Diktator, adoptiert worden sei, auch diesen noch in ihr Bündnis aufgenommen. Am 11. November 43 v. Chr. begründeten die drei das sogenannte Zweite Triumvirat. Bei Philippi (in Nordostgriechenland) schlugen sie die Heere von Brutus und Cassius. Anschließend ging Antonius in den Osten, um dort nach dem Rechten zu sehen und einen Feldzug gegen die Parther vorzubereiten. Für dieses Unternehmen brauchte er auch ägyptische Hilfe. Er bat Kleopatra um einen Besuch. Die Königin sagte zu.
Am Tag ihrer Ankunft sitzt der Römer auf dem Marktplatz und hält Gericht. Plötzlich läuft alles Volk davon, zum Hafen hinab (Tarsos war damals noch durch eine Lagune mit dem Meer verbunden, später erlitt es das Schicksal Milets). Völlig allein bleibt er zurück. Aber die Aufregung der Leute ist verständlich.
Den Pydnos-Fluß herauf fährt ein Schiff mit vergoldetem Heck, »mit ausgespannten purpurnen Segeln, unter dem Klang von Zithern, Flöten und Schalmeien ... Sklavinnen von ungemeiner Schönheit, wie Nereiden oder Grazien gekleidet, an den Steuerrudern und an den Tauen. Von dem vielen angezündeten Räucherwerk verbreiten sich an beiden Ufern die schönsten Wohlgerüche.«
Es ist nichts weniger als eine großangelegte strategische Operation, die hier abläuft.
Kleopatra, Angriffsspitze und Hinterhalt zugleich, »liegt unter einem reichverzierten Baldachin, geschmückt und gekleidet, wie man Aphrodite zu malen pflegt«, also eingehüllt in ein Minimum an durchsichtigem Stoff. Sie hat gerade jenes Alter erreicht, »in dem die Schönheit der Frauen am herrlichsten erblüht, ihr Verstand zu völliger Reife gediehen ist«. (Sie zählte achtundzwanzig Jahre; sage keiner, daß Plutarch, der dies alles überliefert, nicht ein Mann von Welt gewesen sei!)
Antonius fordert die Ägypterin auf, an Land zu kommen. Sie antwortet mit einer Gegeneinladung. Als Herr des Ostens hätte er daraufhin bewaffnete Boten schicken können. Statt dessen kommt er allein. Stunden später hat der Osten eine Herrin.

Wein, auch Blut hineingemischt

Auch über den am Pydnos errungenen Sieg der Kleopatra wüßte man gerne etwas mehr als das, was Plutarch davon zu sagen weiß. Aber bisher hat vor allem Hollywood unsere Informationslücke ausgefüllt – es muß nicht einmal mit den völlig falschen Mitteln geschehen sein. Die Frau auf dem Prunkschiff war die letzte strahlende Verkörperung der dionysischen, hellenistischen Welt und Antonius, der sich schon frühzeitig dem tosenden Gott ausgeliefert hatte, ihr geborenes Opfer. In den zehn Monaten zwischen November 41 und September 40 v. Chr. müssen die beiden wie in einem Rausch gelebt haben. Das begann in Tarsos, das setzte sich fort in Alexandria: Feste, Gelage, Jagdpartien, Nilreisen, nächtliche Exkursionen in die verrufenen Viertel der Stadt, Delikatessen in Bergen, Wein in Strömen, auch Blut hineingemischt – auf Kleopatras Bitten hin wurde ihre kleine Schwester Arsinoë zu Ephesos brutal erschlagen.

Die Ägypterin gebar dem in dritter Ehe verheirateten Römer und Vater dreier Kinder noch vor seiner Rückkehr an den Tiber ein Zwillingspärchen. Sie war die ideale Geliebte, war Bettgefährtin, Kameradin, Trinkkumpan. Ihren Zeitgenossen galt sie bald als Zauberin; ältere Historiker gebrauchten Worte wie liebestoll und buhlerisch. Indes muß zumindest Antonius begriffen haben, wie wenig ihr dergleichen Klischees gerecht wurden. Und der ehemalige Reiteroffizier, der sich zum Herrn über ein halbes Weltreich emporgeschwungen hatte, ist gewiß kaum sonderlich willensstark, aber deswegen kein Schwächling, kaum übermäßig diszipliniert, aber deswegen nichts weniger als wirrköpfig gewesen. Er war ein Mann mit ausgeprägtem Sinn für Frauen, deswegen ahnte er auch: diese ließ sich mit keiner vergleichen.

Kleopatra schien die irdische Verkörperung all dessen zu sein, was im Osten an weiblichen Gottheiten jemals verehrt wurde: Isis, Kybele, Baalat, Aphrodite und natürlich die königliche Katze von Bubastis. Römische Lebenskraft nahm sie in sich auf, als ob dadurch alle ptolemäischen Inzeste ungeschehen gemacht werden könnten. Daß Antonius vor ihr kapitulierte, mag ihn als Politiker disqualifizieren, als Mensch läßt es ihn groß erscheinen. Er liebte, er betete an, er machte eine Leidenschaft zu seinem Schicksal und muß auch gelitten haben. Doch zum Narren wurde er nicht.

Im Jahr 34 v. Chr. demonstrierte der ehemalige Gefährte Caesars vor aller Welt, wie er selbst sein Verhältnis zu der Königin des Nillandes definierte. In einem Gymnasion von Alexandria war auf silberbeschlagener Bühne ein goldenes Podest errichtet worden. Dort saß Kleopatra, umringt von ihren Kindern, dem dreizehnjährigen Kaisarion, den sechsjährigen Zwillingen und dem zweijährigen dritten Sohn, den sie mittlerweile auch noch geboren hatte.

Antonius begnügte sich damit, als Herold vor das Volk zu treten und sie zur »Königin der Könige« auszurufen, ihre Kinder zu Königen. Für sich selbst beanspruchte er weder Krone noch Titel, und das war ebenso nobel wie klug, war eine Kampfansage an die Welt, aus der er kam, ein Salut der Tradition, die auf Alexander zurückging, eine Geste, so meint Hermann Bengtson, bestimmt von dem Respekt vor den »letzten Geheimnissen des antiken Herrschertums«.
Er selbst im ägyptischen Krönungsornat, das wäre eine Farce gewesen. Er selbst als Lord Protector neben dem Thron, das war eine Konstruktion, die doch auch den Stolz auf sein Römertum mit ausdrückte und ihm seine Stellung als Triumvir beließ.

Sie ist meine Frau

Zwischen Antonius' erster Begegnung mit Kleopatra und ihrer Inthronisierung waren sieben Jahre voll von unangenehmen und blutigen Ereignissen verstrichen.
41. Chr. hatte seine damalige Ehefrau Fulvia einen Bürgerkrieg gegen Octavius entfesselt und verloren. Um diese Affäre beizulegen, mußte er selbst Octavia, die schöne, gescheite Schwester des Caesar-Adoptivsohnes heiraten. Danach teilten die Triumvirn den römischen Auslandsbesitz untereinander auf. Octavius, der sich längst C. Julius Caesar nannte (nur bei den Geschichtsschreibern firmiert er als Octavianus), erhielt den Westen, Lepidus die Provinz Africa, Antonius den Osten einschließlich Ägyptens. Italien blieb ihr gemeinsames Eigentum. Aber diese Vereinbarung konnte nur ein Jahr lang aufrechterhalten werden. Schon 39 v. Chr. mußten sie auch Sextus, den Sohn des Cn. Pompeius in ihren Bund aufnehmen, denn dieser hatte so viele Anhänger seines toten Vaters um sich geschart und vor allem so viele Schiffe an sich gebracht, daß er Rom jederzeit von seinen überseeischen Kornkammern hätte abschneiden können. 37 v. Chr. tat er genau das. Antonius lieh dem Schwager seine Flotte, damit er die Blockade sprenge. Er selbst fuhr nach Kleinasien, um den immer wieder verschobenen Partherfeldzug endlich durchzuführen. Als er Rom verließ, soll Octavia zum dritten Mal seit ihrer Hochzeit schwanger gewesen sein.
Ihren Mann hinderte das jedoch nicht daran, die Ägypterin zu sich zu rufen, kaum daß er das für ihn so erinnerungsträchtige Tarsos passiert hatte. Natürlich kam sie.
Dieses Mal feierten die beiden ihre Feste in Antiocheia am Orontes, und dieses Mal war es schon mehr als nur ein Rausch. Am alten Sitz der Seleukiden sprach Antonius, Sueton zufolge, jene drei Worte, auf welche seine Geliebte schon lange gewartet haben mochte: »Uxor mea

est«, sie ist meine Frau. Die Mühe, der in Rom zurückgelassenen werdenden Mutter einen Scheidebrief zu schicken, machte er sich jedoch nicht, vergaß es vielleicht auch, denn noch im Jahr dieser zweiten Begegnung (36. v. Chr.) gebar Kleopatra ihr drittes gemeinsames Kind. Es erhielt den stolzen Namen Ptolemaios Philadelphos – Zeichen dafür, daß die Eltern damals an eine gemeinsam errichtete neue Dynastie zu denken begannen. Für den Triumvirn kam dies freilich einem Bruch mit Octavius gleich. Er scheint ihn jedoch in Kauf genommen zu haben, vertiefte ihn sogar bewußt.
Großzügig, als sei das römische Reich sein Privatbesitz, vermachte er der Königin des Nillandes die phönizische Küste und Teile Judäas. Mit sechzehn Legionen zog er dann gegen die Parther – das katastrophalste Unternehmen in seiner ganzen bisherigen Feldherrnlaufbahn. Vor den Mauern der medischen Festung Gazaka ist er verlustreich gescheitert – und natürlich konnte er nun nicht mehr auf Verstärkung aus Italien rechnen. Allein Octavia, die doch von den Ereignissen in Antiocheia gehört haben mußte, machte sich auf, um ihm zweitausend Soldaten zuzuführen. Antonius befahl ihr, auf halbem Wege umzukehren.
Damit waren die Brücken zur Heimat endgültig abgebrochen. Die von Rom aus regierte Mittelmeerwelt schien in zwei Hälften zu zerfallen, in den von Scipio und Caesar gewonnenen Westen samt der Apeninnenhalbinsel und in den alten diadochischen Osten. Wäre es dabei geblieben, hätte das alte Alexanderreich fortgelebt, aber sein Schöpfer gälte uns möglicherweise als ein orientalischer Herrscher. So jedoch hat der Krönungsakt von 34 v. Chr. den Bruch nur scheinbar besiegelt, die Tragödie aber vorangetrieben.
32 v. Chr. erhielt Octavia ihren Scheidungsbrief. Gleichzeitig erklärte der Senat Kleopatra den Krieg und Antonius für abgesetzt.
Der letzte Triumviratsvertrag war damals schon seit Monaten ausgelaufen und somit – zumindest in der Theorie – die alte Ordnung der Res publica wieder in Kraft getreten. Aber Octavius befand sich bereits auf dem Weg, den sein Adoptivvater nicht zu beschreiten gewagt hatte. Schon fünf Jahre später führte er den Ehrennamen Augustus. Damit begann eigentlich die römische Kaiserzeit. Man könnte auch sagen, sie begann bereits mit der Schlacht von Actium.

»Mit Mut nun Lebewohl«

Actium (griech.: Aktion) beherrschte die enge Einfahrt zum Golf von Ambrakios an der griechischen Westküste. Es lag ziemlich genau in der Mitte des Römischen Reiches. Während der letzten Augusttage des Jahres 31 v. Chr. entfaltete sich zu Füßen seines berühmten Apollontempels ein martialisches Schauspiel.

An der Nordküste der Bucht marschierte das Heer des Octavius auf, rund achzigtausend Fußsoldaten und zwölftausend Reiter, formiert in römischer Ordnung. An der Süd- und Ostküste standen die hunderttausend Mann des Antonius, unter ihnen ebenfalls Legionen, aber sonst – welches Gewimmel!

Eine hellenistische Armee – afrikanische, kilikische, kappadokische, paphlagonische, keltische, arabische, jüdische Krieger, geführt von ihren einheimischen Fürsten – entfaltete zum letzten Mal ihre ganze Farbenpracht. Auf dem Wasser lagen, so Plutarch, fünfhundert Schiffe, darunter riesige Fahrzeuge mit acht und zehn Ruderreihen, draußen, vor dem engen Flaschenhals zum Golf, noch einmal zweihundertfünfzig Segler von geringerer Größe. Indes, und damit ist beinahe alles über die nun beginnende Schlacht gesagt, die drinnen gehörten dem Herrn des Ostens, die draußen seinem Gegner.

Wie Antonius sich in diese unglückliche Situation hatte hineinmanövrieren lassen, wird aus den zeitgenössischen Berichten nicht restlos klar. Konstatieren läßt sich deshalb nur: er war eingeschlossen, er mußte die Umzingelung durchbrechen. Fragte sich freilich womit, mit dem Landheer oder der Flotte.

Ein Hauptmann der Infanterie, »welcher schon in vielen Schlachten für Antonius gefochten hatte und mit Narben ganz bedeckt war«, rief ihm zu, »›Ach Imperator, warum zweifelst du an diesen Wunden, an diesem Schwert . . .? Ägypter und Phönizier mögen zur See fechten, uns aber gib das Land, wo wir gewohnt sind, festen Fußes zu streiten‹«. (Plutarch)

Sein Feldherr – und darin soll er von Kleopatra, die ihn als Admiralin einer eigenen Flotte begleitete, bestärkt worden sein – mißachtete jedoch den möglicherweise guten Rat. Er ließ alle Schiffe bis auf sechzig verbrennen, bemannte diese mit Elitetruppen und griff, aus der engen Einfahrt heraus, die Armada des Octavius an. Es war ein Unternehmen, welches unmöglich gelingen konnte. Die gewaltigen Fahrzeuge, die er ausgewählt hatte, gewannen auf der kurzen Strecke zu wenig Fahrt, als daß sie die kleineren des Feindes mit voller Wucht hätten rammen können. Sie wurden umringt, sie wurden geentert. Die alte nautische Taktik der Römer – Landkriegsmethoden auf den Seekrieg übertragen – bewährte sich auch hier. Antonius selbst schien auf die ältere hellenistische Technik, das Ruderabfahren und das Artillerieduell, gesetzt zu haben.

Und dann geschah, was niemand vorherzusehen auch nur gewagt hätte: Kleopatra erwies sich als der bessere Stratege von den beiden. Sie war mit ihren eigenen Schiffen hinter denen des Gatten hergefahren. Nun, auf dem Höhepunkt der Auseinandersetzung, durchbrach sie in geschlossener Formation die gegnerische Flotte und segelte nach Süden davon.

Antonius aber, der große, ruhmreiche Feldherr, der tollkühne Draufgänger, läßt, als er die Segel vom Schiff der geliebten Frau am Horizont entschwinden sieht, alles stehen und liegen, gibt seine ganze, in diesem Moment noch unbesiegte Streitmacht dem Untergang preis, springt in ein Boot und fährt ihr nach. Es ist das Ende einer Schlacht, einer Karriere und einer Geschichtsepoche.

Das Datum: zweiter September 31 v. Chr. Zweihundertzweiundneunzig Jahre nach Alexanders Hinscheiden erhielt die von ihm begründete Welt den Todesstoß. Der Römer, der sie zuletzt vertreten hatte, war mit Männern wie Sulla oder Caesar sicherlich nicht zu vergleichen, aber in die Reihe der Diadochen fügt er sich so nahtlos ein, daß man ihn als den letzten ihres Schlages bezeichnen könnte.

Die Frau dagegen, die ihm zum Schicksal wurde, ist nicht nur eine der größten Herrscherinnen, sondern eine der bedeutendsten Herrschergestalten des Hellenismus gewesen.

Daß beide sich in eine Tragödie verstrickten, die auch ein Liebesdrama war, mag dort nicht schwer wiegen, wo nur Taten und Erfolge gezählt werden, aber es sorgte doch für ein diesem Zeitalter angemessenes Ende. »Der ernste Ausgang«, schrieb Shakespeare mehr als eineinhalb Jahrtausende später, »rührt / Selbst den, der ihn veranlaßt, und ihr Schicksal / Wirbt soviel Leid für sie, als Ruhm für den, / Der sie gestürzt.«

In *Antonius und Cleopatra* spricht diese Sätze Octavius, der Sieger von Actium.

Für den Geschlagenen aber galt, was der neugriechische Dichter Konstantin Kavafis formulierte: »Sag wie ein Mann, der schon seit je bereit, / Mit Mut nun Lebewohl der Stadt, / Die Dir entgleitet: Alexandria.«

Unter den Feigen eine Uräusschlange

Im Frühjahr 30 v. Chr. rückt der neue Herr Roms von zwei Seiten her gegen die Stadt am Mareotis-See vor. Sein ehemaliger Partner schlägt ihn noch einmal, faßt wieder Hoffnung, verliert aber ein zweites Treffen, weil ihm die eigenen Leute davonlaufen. Kleopatra schließt sich daraufhin in ihre nach ägyptischer Sitte längst fertiggestellte Begräbnisstätte ein und läßt verbreiten, sie sei tot.

Solcherart falsch informiert, rennt Antonius sich ein Schwert in den Leib. Die Wunde ist nicht tödlich. Blutbesudelt und vor Schmerzen brüllend, windet er sich auf dem Boden. Die Königin, die davon gehört hat, befiehlt, ihn zu ihr zu bringen. Durch ein Fenster wird er in die Totenburg hineingehievt. Dort verblutet er in den Armen der Frau, die ihm ein halbes Weltreich wert gewesen war.

Diese selbst entschließt sich, ein letztes Mal für die Rechte ihrer Kinder zu kämpfen. Bei Gesprächen, von der Höhe ihres Grabmals herab mit den Vertretern von Octavius geführt, wird sie überlistet, abgeschleppt und gefangengesetzt. Sie soll im Triumphzug des Siegers mitgeführt werden.
Als sie das erfährt, bittet sie um einen Korb voll Feigen, badet sich dann, schmückt sich und schreibt einen Brief an den künftigen Augustus. Als der ihn liest, weiß er, daß Kleopatra ihm entkommen ist. Das Schreiben enthielt nur die eine Bitte, an der Seite von Antonius begraben zu werden. Unter den Feigen soll eine Uräusschlange von jener Art verborgen gewesen sein, wie sie aufgebäumt und drohend die Pharaonenkronen schmückten, eine Kobra also.
Olympias, Alexanders Mutter, hatte Schlangen geliebt.

LITERATURVERZEICHNIS

Altheim, F.: »Zarathustra und Alexander«, Frankfurt 1960
Altheim, F.: »Weltgeschichte Asiens im griechischen Zeitalter«, Halle 1947
Altheim/Rehork (Hsg.): »Der Hellenismus in Mittelasien«, Darmstadt 1969
Andronicos, M.: »Die griechischen Museen, Thessaloniki«, Athen 1975
Bengtson, H.: »Griechische Geschichte«, München 1970
Bengtson, H.: »Römische Geschichte«, München 1973
Bengtson, H.: »Herrschergestalten des Hellenismus«, München 1975
Bevan, E. R.: »A History of Egypt under the Ptolemaic Dynasty«, London 1927
Blanck, H.: »Einführung in das Privatleben der Griechen und Römer«, Darmstadt 1976
Bouchet-Leclerq, A.: »Histoire des Lagides«, Paris 1903
Bouchet-Leclerq, A.: »Histoire des Séleucides«, Paris 1913
Buschor, E.: »Das hellenistische Bildnis«, München 1971
Camp, L. S. de: »The Ancient Engineers«, New York 1960
Cary, E. (Hsg.): »Dio Cassius, Roman History«, Cambridge 1965
Christ, K.: »Von Gibbon zu Rostovtzeff«, Darmstadt 1972
Christ, K.: »Antike Numismatik«, Darmstadt 1972
Dimont, M. J.: »Jews, God and History«, New York 1962
Droysen, J. G.: »Geschichte Alexanders des Großen«, Düsseldorf 1966
Droysen, J. G.: »Geschichte des Hellenismus«, Basel 1952
Eban, A.: »Dies ist mein Volk«, München 1974
Färber/Faltner (Hsg.): »Sallust, Werke«, München 1950
Foster, B. O. u. a. (Hsg.): »Livy, Books«, Cambridge 1964
Fox, R. L.: »Alexander the Great«, London 1973
Friedell, E.: »Kulturgeschichte Ägyptens und des Alten Orients«, London 1947
Friedell, E.: »Kulturgeschichte Griechenlands«, London 1949
Fritz, F. P. (Hsg.): »Theokrit, Gedichte«, München 1970
Havelock, C. M.: »Hellenistische Kunst«, Wien 1971
Heidegger, M.: »Die Technik und die Kehre«, Pfullingen 1976
Heinen, H.: »Untersuchungen zur hellenistischen Geschichte«, o. O. 1972
Hicks, R. D.: (Hsg.): »Diogenes Laertios, Books«, Cambridge 1970
Jouguet, P.: »L'impérialisme macédonien«, Paris 1926
Kahrstedt, U.: »Geschichte des griechisch-römischen Altertums«, München 1952
Kanner, J. Z.: »Jüdische Märchen«, Frankfurt 1976
Kerényi, K.: »Dionysos«, München 1976
Kleberg, T.: »Buchhandel und Verlagswesen in der Antike«, Darmstadt 1969
Lévêque, P.: »Pyrrhos«, Paris 1957
Lukonin, W. G.: »Archaeologia Mundi, Persien II«, Genf 1967
Mair, A. W. (Hsg.): »Callimachus, Hymns and Epigrams«, Cambridge 1969
Mann, G. (Hsg.): »Propyläen-Weltgeschichte«, Bde. III und IV, Berlin 1962
Manni, E.: »Demetrio Poliorcete«, Rom 1952
Mayer, R. (Hsg.): »Der Babylonische Talmud«, München 1963
Metzger, H.: »Archaeologia Mundi, Anatolien II«, Genf 1969
Meyer, E.: »Römischer Staat und Staatsgedanke«, Zürich 1961
Mommsen, Th.: »Römische Geschichte«, Leipzig 1856/57
Muller, H. J.: »The Loom of History«, New York 1969
Narain, A. K.: »The Indo-Greeks«, Oxford 1957
Nenci, G.: »Pirro«, Turin 1953
Nestle, W. (Hsg.): »Aristoteles, Hauptwerke«, Stuttgart 1958

Nilsson, M. P.: »Die hellenistische Schule«, München 1955
Norlin/Van Hook (Hsg.): »Isocrates, Speeches«, Cambridge 1968
Oldenberg, H.: »Buddha«, München 1961
Otto, W.: »Kulturgeschichte des Altertums«, München 1925
Otto/Bengtson: »Zur Geschichte des Niedergangs des Ptolemäerreiches«, o. J. 1938
Paton, W. R. (Hsg.): »Polybios, The Histories«, Cambridge 1967
Panikkar, K. M.: »Geschichte Indiens«, Düsseldorf 1957
Payne, R.: »Die Griechen«, München 1976
Perrin, B. (Hsg.): »Plutarch, The Parallel Lives«, Cambridge 1966
Pohlenz, M.: »Die Stoa«, Göttingen 1959
Rackham, H. (Hsg.): »Cicero, De Oratore«, Cambridge 1965
Reitzenstein, R.: »Die hellenistischen Mysterienreligionen«, Darmstadt 1972
Reitzenstein, R.: »Hellenistische Wundererzählungen«, Darmstadt 1974
Robson, E. I. (Hsg.): »Arrian, Anabasis Alexandri«, Cambridge 1966
Rolfes E. u. a. (Hsg.): »Aristoteles, Philosophische Werke«, Leipzig 1920–1923
Rostovtzeff, M.: »The Social and Economic History of the Hellenistic World«, Oxford 1941
Schalt, A. (Hsg.): »Zur Josephus-Forschung«, Darmstadt 1973
Schilling, K.: »Geschichte der sozialen Ideen«, Stuttgart 1957
Schlatter, D.: »Geschichte Israels von Alexander dem Großen bis Hadrian«, Stuttgart 1925
Schneider, C.: »Kulturgeschichte des Hellenismus«, München 1967
Shorey, P. (Hsg.): »Plato, The Republic«, Cambridge 1964
Skiadas A. D. (Hsg.): »Kallimachos«, Darmstadt 1975
Spengler, O.: »Der Untergang des Abendlandes«, München 1923
Stahr, A. (Hsg.): »Sueton, De vita Caesarum«, München 1961
Stöver, H. D.: »Die Römer«, Düsseldorf 1976
Tarn, W. W.: »Hellenistic Civilization«, London 1952
Tarn, W. W.: »Alexander the Great«, Cambridge 1948
Thackeray/Marcus (Hsg.): »Josephus, Books«, Cambridge 1966
Thiel, H. van (Hsg.): »Leben und Taten Alexanders von Makedonien«, Darmstadt 1974
Vince, J. H. (Hsg.): »Demosthenes, Speeches«, Cambridge 1965
Volkmann, H.: »Sullas Marsch auf Rom«, München 1958
Walton, F. R. (Hsg.): »Diodorus Siculus, Books«, Cambridge 1968
Warmington, E. H. (Hsg.): »The Geography of Strabo«, Cambridge 1967
Way, A. G. (Hsg.): »Caesar, Alexandrian, African and Spanish Wars«, Cambridge 1965
Weber, C. W.: »Die Spartaner«, Düsseldorf 1977
Wheeler, M.: »India and Pakistan«, London 1959
Wilamowitz-Moellendorff, U. v.: »Der Glaube der Hellenen«, Berlin 1931
Wirth, G. (Hsg.): »Cornelius Nepos, Berühmte Männer«, München o. J.
Zemb, J. M.: »Aristoteles«, Reinbek 1961

PERSONENREGISTER

Achaios 278f.
Achillas 382, 384f.
Agatharchides aus Knidos 267
Agathokles, Sohn des Lysimachos 87f., 175
Agathokles von Syrakus 55, 150
Agiatis 186
Agis 185ff.
Aiakides 143
Aischylos 205, 261
Alexander I. 145ff.
Alexander III. der Große 9f., 12, 14, 18ff., 22, 24ff., 39ff., 59ff., 64, 66ff., 72, 74ff., 79f., 82, 84ff., 94, 104ff., 113, 115, 123, 126, 132, 134, 137ff., 143ff., 148, 152, 155, 157, 162, 175, 180f., 197, 199, 203, 212f., 217, 220, 222, 225, 235ff., 248, 261, 265, 270f., 280, 283, 286, 290, 292f., 296, 313, 316, 320, 322, 329, 335, 350ff., 359ff., 369, 371, 374, 379f., 386, 390, 393
Alexander IV. 47, 52f.
Alexander, Sohn des Pyrrhos 174
Alexander, Festungskommandant 178f.
Alexander Balas 304f., 375
Ameinias 154
Amos 294
Anakreon 236
Anaxagoras 99
Anaximander 251
Anaximemes 249, 251f.
Andragoras 277, 279, 281
Andriskos, Schmied 338
Andronikos, Manlios 13, 18
Antigenes 48
Antigone, Tochter der Berenike 143, 150
Antigonos I. der Einäugige 42, 44, 46f., 49ff., 55ff., 59ff., 63ff., 74ff., 81ff., 89ff., 93, 133, 156, 318
Antigonos II. Gonatas 67f., 125f., 131ff., 151ff., 173f., 176ff., 205, 277, 312
Antigonos III. Doson 184, 187f., 312f.
Antimachos 287
Antiochos, Vater des Seleukos 77, 81, 90f.
Antiochios I. 134f., 137, 157, 172f., 175, 219, 251, 284, 352
Antiochos II. 176ff., 372
Antiochos III. der Große 278ff., 286f., 290, 293, 299ff., 312, 318f., 320ff., 325, 340, 342, 352, 374
Antiochos IV. Epiphanes 300ff., 322, 325, 329f., 333, 375
Antiochos XIII. 369
Antiochos I. von Kommagene 350
Antiochos Hierax 278, 281
Antipater 9, 34, 41, 43ff., 51, 55f., 78, 85f., 131, 155, 248
Antipater aus Sidon 127
Antisthenes 117
Antonius, Marcus 16, 379ff., 386, 388ff.
Apame 81, 90, 352
Apame, Schwester Antiochos' II. 371f.
Apollodoros 383
Apollodotos 288
Apollonios 169f.
Apollonios »der Rhodier« 206f., 214, 223
Apollonios aus Perge 259
Appianus 332
Aquilius, M. 360
Aratos aus Sikyon 179, 181ff., 226, 313f., 317, 335

Aratos aus Soloi 139, 207
Archelaos 12f., 20, 138, 364
Archelaos aus Komana 379, 381
Archestratos aus Gela 243
Archidamos 147
Archimedes aus Syrakus 259f.
Areos 153, 174
Argelaos 315f.
Ariarathes 175
Ariovist 380
Aristainos 336
Aristarch aus Samos 258
Aristion 363
Ariston 118
Aristonikos 341
Aristophanes 99
Aristophanes aus Byzanz 205
Aristoteles 21, 27, 56, 74, 106, 118, 145, 162, 246ff., 251, 253, 258f., 262, 265, 271, 284, 297
Arrhidaios, Bruder Alexander des Großen 40f., 52
Arrhidaios, angeblicher Sohn von Alexander des Großen Bruder 136
Arrianus, Flavius 94
Arsakes I. 279f.
Arsakes II. 279f.
Arsinoë I. 171
Arsinoë II. 87f., 91f., 108, 114, 136, 171ff., 175, 197, 204, 211, 213ff., 217, 251, 296, 371
Arsinoë III. 372, 374
Arsinoë, Schwester Kleopatras VII. 389
Artakame 85
Artaxerxes 295
Aschoka 284ff., 288ff.
Atatürk 13
Athanadoros 228
Attalos I. 220, 227f., 259, 339f.
Attalos II. 229, 340
Attalos III. 229, 341
Attalos, Vater Eumenes' I. 219
Attila 279
Augustus 106, 280, 388, 390ff.

Bachofen, Johann Jakob 101
Bamm, Peter 13
Bengtson, Hermann 65, 131, 371, 374, 390
Berenike I. 86f., 91f., 93f., 114, 143, 173
Berenike II. 177f., 371f.
Berenike III. 377
Berenike IV. 378, 381
Bessos 26, 42
Bevan, E. R. 376
Bias 235f.
Bindusara 284
Bion aus Borysthenes 140
Bloch, Ernst 124
Boyle, Robert 263
Brutus, Marcus Junius 383, 386, 388
Burckhardt, Jacob 107

Caesar, Gaius Julius 92, 369, 379ff., 388f., 391, 393
Campanella, Tommaso 162
Cassius, Gaius Longinus 386, 388
Catilina, L. Sergius 379
Cato maior, Marcus Porcius 343, 346
Celsus 255

Cicero, Marcus Tullius 16, 56, 124, 379
Cinna, L. Cornelius 361, 365
Chares aus Lindos 63
Chremonides 174
Crassus, L. Licinius 365, 369, 379 ff.

Dareios I. 236, 249, 351
Dareios III. Kodomannos 24, 26, 42, 350
Deidameia 143
Deinokrates 197, 250, 261
Demetrios, Dichter 243
Demetrios I. Poliorketes 54 ff., 75 f., 78 f., 84, 86 ff., 90 ff., 108, 114, 125, 131 ff., 136, 139, 143 f., 146, 150, 153, 155 f., 177, 181, 184, 261, 283, 287, 371
Demetrios II. 177, 183
Demetrios der Schöne 371
Demetrios aus Pharos 313, 315 f., 318
Demetrios von Phaleron 56, 74, 116, 156, 248
Demochares 156
Demokrit 120 f., 252
Demosthenes 16 ff., 56, 155 f., 174
Diaios 339
Diodorus Siculus 57 f., 62, 64, 78, 92, 139, 161, 163, 197, 293
Diodotos I, 278, 281
Diodotos II. 281
Diogenes 117, 265, 285
Diogenes Laertios 117, 126, 133
Diokles aus Karystos 244
Doidalses aus Bithynien 225
Droysen, Johann Gustav 106 ff., 305
Durrell, Lawrence 54, 212

Eirene 376
Epaminondas 14
Ephippos 9
Epikrates 244
Epikur 116, 119 ff., 123, 246, 248, 252, 305
Erasistratos aus Keos 254
Eratosthenes 259 f.
Esra 295
Eudemos aus Rhodos 247
Euhemeros 163 ff., 184
Euklid 259
Eukratides 288
Eulaios 302
Eumenes 9 f., 19, 33, 35, 39 ff., 49, 51, 63, 77 f., 139
Eumenes I., Neffe des Philetairos 175, 219 f.
Eumenes II. aus Pergamon 220, 224, 229, 321, 334, 340
Eumenes aus Kardia 351
Euripides 99 ff., 104 f., 109, 112, 114, 139, 205
Eurydike, Frau Antigonos' I. 57, 135
Eurydike, Frau Ptolemaios' II. 85 ff., 132, 134
Euthydemos 281 ff., 287 f.
Ezechiel 294

Fakhrani, Fawziel 200
Fichte, Johann Gottlieb 124
Flaminius, T. Quinctius 319, 334, 339
Fox, Robin Lane 35
Friedell, Egon 107
Friedrich der Große 132
Fulvia 390

Gabienus, A. 381
Galen 256
Galilei, Galileo 259
Glaukias 143
Goethe, Johann Wolfgang 90, 124
Gracchus, Gaius Sempronius 346, 354
Gracchus, Tiberius Sempronius 354

Grimal, Pierre 168, 177, 188

Hagesandros 228
Hannibal 313, 315, 317 f., 321, 329 f.
Harpalos 31
Hasmon 304
Havelock, Christine M. 222
Heidegger, Martin 261 f.
Heinen, Heinz 88
Hekataios aus Abdera 164 f., 292 ff.
Heliodoros aus Emesa 90
Hephaistion 22, 32, 39
Heraklit 121 f., 252
Herder, Johann Gottfried 305
Hermaios Soter 289
Hermogenes aus Priene 222
Herodes der Große 305
Herodot 13, 104, 214, 236
Heron aus Alexandria 264
Herophilos aus Chalkedon 254
Heuss, Alfred 366
Hieron II. 196, 204, 260 f.
Hieronymus aus Kardia 68, 139
Hipparchia 117
Hippodamos 249 ff.
Hippokrates 194
Hölderlin, Friedrich 105
Hoffmann, Wilhelm 335
Homer 18, 100, 102, 143, 200 f., 206, 222, 236, 245
Hosea 294
Humann, Carl 224, 244

Iambulos 161, 163 ff., 184
Idomeneos 121
Iktinos 221 f.
Iollas 10, 34
Isios 40
Isokrates 16 ff., 21

Jason 301 f.
Jeremia 294
Jesaja 294
Jonatan Apphos 304
Josephus, Flavius 299 f.
Joseph ben Mathitjahu siehe Josephus, Flavius
Judas Makkabaios 304
Julia, Tochter Caesars 381

Kahrstedt, Ulrich 268
Kaisarion 386, 389
Kallikrates 221 f.
Kallimachos aus Kyrene 205 ff., 213 f., 259, 313, 371
Kallisthenes 27
Kambyses 24
Kanischka 289 f.
Kassander 9 f., 34, 50 ff., 56, 59, 64 ff., 143, 248
Kavafis, Konstantin 393
Kerényi, Karl 99 f., 102, 105
Kiechle, Historiker 236
Kleinias 179
Kleitos 27
Kleomenes 43 f.
Kleomenes, König von Sparta 186 ff., 317, 372
Kleonymos 153
Kleopatra I. 374 f.
Kleopatra II. 376 f.
Kleopatra III. 376 f.
Kleopatra IV. 377 f.
Kleopatra V. 378, 382
Kleopatra VI. 378
Kleopatra VII. 74, 92, 107, 114, 216, 369, 379, 381 ff., 388 ff.

Kleopatra Selene 377ff.
Kopernikus, Nikolaus 258
Krates 116ff.
Krateros 41, 43ff., 48, 55
Kritolas 339
Ktesibios 263
Kyros II. 294

Laevinius, Publius Valerius 149
Lagos 41
Lamia 63
Laodike, Mutter Seleukos' I. 81
Laodike, Frau Antiochos' II. 177
Laodike, Mutter Mithradates VI. 352
Laodike, Schwester Mithradates' VI. 352
Laodike, Tochter Seleukos' IV. 334
Laqueur, Richard 106
Lennaios 302
Leonidas II. 185f.
Lepidus, M. Aemilius 388, 390f.
Lessing, Gotthold Ephraim 227
Leukippos 252
Livius, Titus 312
Lucullus, L. Licinius 365, 368
Lykortas 336
Lykurgos 164, 187
Lysandra 85, 87, 89
Lysimachos 9f., 19f., 33, 35, 42, 50, 52, 59, 64f., 67f., 84, 87, 89, 91, 112, 121, 136, 144, 146, 148, 173, 175, 251
Lysimachos, Sohn der Arsinoë 91
Lysippos aus Sikyon 63, 225, 228

Magas, Halbbruder des Ptolemaios Phildelphos 173, 177, 371
Magas, Sohn der Berenike 372
Marius, Gaius 355ff., 361, 364ff., 380
Mattathias 303
Medeios 9f., 14, 19, 32ff., 39, 41, 84
Megasthenes 283
Memnon aus Herakleia 88f.
Memphites 376
Menander 238, 266, 381
Menandros 288
Menedemos aus Eretria 126, 132, 136
Menelaos, Feldherr 57 ff.
Menelaos, Priester 301ff.
Menon 247, 254
Menoitios 22
Metodoros 360
Meyer, Eduard 40, 80
Milinda 288
Mithradates I. 351
Mithradates II. 351f.
Mithradates V. 352
Mithradates VI. 351, 353f., 357ff., 364, 367ff., 377, 379, 384f.
Mithres 121
Moiro 214
Molon 278
Mommsen, Theodor 146, 148, 327, 333, 346
Morus, Thomas 161
Moschion 245
Mucia Tertia 383
Murena 368
Mussolini, Benito 359

Napoleon I. 152
Nearchos 10, 19, 33, 35, 59
Nebukadnezar II. 294f.
Nehemia 295
Neoptolemos 39, 44f.
Nepos, Cornelius 45, 47, 49
Nietzsche, Friedrich 105, 112
Nikias, Arzt 257

Nikias, Student 195
Nikokles 179
Nikomedes I. von Bithynien 134f.
Nikomedes III. von Bithynien 353

Octavia 390f.
Octavius siehe Augustus
Olympias 10, 25, 47, 52, 104, 143, 394
Olympiodoros 155
Otto, Walter 371

Panaitios aus Rhodos 338
Panaitolos 282
Panikkar, Kavalam Madhava 285
Parmenion 26, 292
Paullus, L. Aemilius 335, 337, 340
Paulus, Apostel 272
Persaios 182
Persaios aus Kition 138
Perdikkas 9ff., 19, 33, 35, 39ff., 46, 77, 82
Perseus von Makedonien 333ff., 340, 342
Peukestas 48
Pharnakes I. 351, 353
Pharnakes II. 369, 385
Phidias 221
Phila, Frau Demetrios' I. 55, 131f., 134
Phila, Tochter der Stratonike 134, 139
Philemon 119
Philetairos aus Tieion 175, 219f., 224, 227, 341
Philipp II. von Makedonien 14ff., 19ff., 22, 25, 28ff., 32, 34, 39ff., 44, 50, 54, 62, 74ff., 108, 110, 136, 139, 145, 153, 155f., 183, 197, 240, 246, 286, 292
Philipp V. von Makedonien 312ff., 317ff., 328f., 334ff., 342, 374
Philipp, Sohn Arsinoës II. 91
Philipp, Sohn Demetrios' II. 183f.
Philippos 10, 33, 35
Philistion aus Lokrai 244
Philon aus Alexandrien 298
Philon aus Byzanz 264
Philopoimen 335f.
Philotas 26f., 42
Platon 116, 118, 161f., 164, 184, 248, 269, 284
Plinius d. Ä., Gaius P. Secundus 81, 227f.
Plutarch 26, 44ff., 49, 54, 56, 59, 63ff., 68, 101, 139, 142f., 148, 151ff., 179, 181, 186f., 260, 336, 363f., 381ff., 386, 388f., 392
Pöhlmann, Robert 161
Polybios 149, 179f., 182, 189, 282, 287, 310f., 314f., 320, 322ff., 329, 331, 335ff., 338ff., 346
Polybios Sophagasenos 286f.
Polydoros 228
Polyeuktes 156
Polyperchon 47f., 52
Pompeius, Cn. (Gnaeus) 365, 368f., 379ff., 385, 390
Pompeius, Sextus 390
Potheinos 382
Praxagoras 193
Protagoras 99
Ptolemais 85, 87
Ptolemaios I. Soter 9f., 19f., 33, 35, 41ff., 47ff., 52ff., 64f., 67f., 72ff., 82f., 85ff., 89, 91, 93f., 105, 107, 115, 132, 143, 146, 150, 199ff., 216, 255, 259, 296
Ptolemaios II. Philadelphos 91, 137, 157, 166f., 169ff., 174ff., 194, 196, 203, 211, 213f., 263, 371
Ptolemaios III. 178, 183, 188f., 216, 259, 372
Ptolemaios IV. 189, 200, 216, 372ff.

Ptolemaios V. 298, 374
Ptolemaios VI. 302, 375
Ptolemaios VII. 375 f.
Ptolemaios VIII. Euergetes 375 f.
Ptolemaios IX. 377 f.
Ptolemaios X. 377
Ptolemaios XI. 377
Ptolemaios XII. 379 f.
Ptolemaios XIII. 382, 384 f.
Ptolemaios XIV. 385
Ptolemaios, Sohn des Lysimachos 87 f., 91, 136, 172, 251
Ptolemaios, Stadtkommandant 189
Ptolemaios Keraunos 86 ff., 91 f., 108, 134 f., 172
Ptolemaios Philadelphos, Sohn Kleopatras VII. 391
Pyrrhon von Elis 139
Pyrrhos 67, 84, 91, 133, 141 ff., 148 ff., 174, 183, 196, 316

Reitzenstein, Richard 108
Rostovtzeff, Michel Iwanowitsch 53, 107, 131, 165 f., 270
Roxane 40 f., 47
Rufus, P. Sulpicius 358 f.

Sallust 366
Sappho aus Lesbos 236
Saturninus, L. Apuleius 357
Schlumberger, Daniel 284
Schneider, Carl 94, 110 f., 216 f., 285
Scipio, L. Cornelius, gen. Asiagenus 321
Scipio Aemilianus, Publius Cornelius, später Scipio Africanus minor 337, 341, 346, 391
Scipio Africanus maior, P. Cornelius 321, 337
Seleukos I. 42, 48, 50, 52 f., 56, 59, 64 f., 67 f., 77 ff., 86, 89 ff., 107, 112, 114 f., 133 f., 157, 172, 175, 177, 284, 286, 318, 321
Seleukos II., 178, 277, 279, 281
Seleukos III. 277 f.
Seleukos IV. 300, 334
Sertorius 368
Servilia 383
Shakespeare, William 393
Simon, Sohn des Mattathias 305
Smith, Sidney 53
Sokrates 99, 116 f., 270
Solon 164

Sophokles 205
Sosibios 189, 372 ff.
Sostratos aus Knidos 198
Sotades 171
Spartakus 267
Spengler, Oswald 270
Sphairos aus Borysthenes 186
Stilpon 118
Strabo 146 f., 170, 175, 197, 200, 204, 214, 222, 267 f., 288, 345
Straton aus Lampsakos 247, 262
Stratonike 65, 90, 134, 178
Sueton 385 f., 390
Sulla, Lucius Cornelius 357 ff., 361 ff., 368 f., 377, 379 f., 393

Tarn, William 30, 48, 107, 114, 131, 141, 166, 168, 188, 345
Teuta 313
Teutamos 48
Thaïs 85 f., 94, 114
Thales aus Milet 249, 251, 257, 272
Theokrit aus Syrakus 170 f., 173, 193, 195 f., 203 ff., 207 ff., 213, 216, 257
Theophrastos aus Eresos 193, 248
Theopompos 20
Theodotos 382
Tigranes, König von Armenien 368
Timon aus Pleios 139
Tiridates I. 279
Toynbee, Arnold J. 107
Tschandragupta 79, 283 f.
Tyrtamos gen. Theophrastos 247

Volkmann, Hans 366

Welles, C. Bradford 35
Wiegand, Archäologe 244
Winckelmann, Johann Joachim 227

Xenokrates aus Athen 226
Xenokrates aus Chalkedon 118
Xenophon 116
Xerxes 17, 25

Zenodotos aus Ephesos 205
Zenon 116 ff., 121 f., 131, 137 f., 141, 156, 163, 174, 186, 221, 246, 248, 252 f., 259, 266, 284, 297

BILDNACHWEIS

Archiv Herm: 14; Bildarchiv Foto Marburg: Nr. 24; Bildarchiv Preußischer Kulturbesitz: Nr. 19, 27, 31, 34; Christina Herm: Nr. 1, 2, 8, 9, 10, 11, 12, 16, 17, 22, 25, 28, 29, 32; Dieter Johannes, Kairo: Nr. 35; Doris Funk: Nr. 15; Hirmer, Fotoarchiv: Nr. 4, 5, 6, 7; Türkisches Fremdenverkehrsamt, München: Nr. 33; Verlag F. Bruckmann; Nr. 3, 13, 18, 20, 21, 23, 26, 30.